THE SYNAXARION OF THE MONASTERY
OF THE THEOTOKOS EVERGETIS
SEPTEMBER – FEBRUARY

BELFAST BYZANTINE TEXTS AND TRANSLATIONS

TITLES AVAILABLE

BBTT 1	The Life of Michael the Synkellos *Mary B. Cunningham*
BBTT 4.1	Alexios I Komnenos, vol. I, Papers *Margaret Mullett and Dion Smythe*
BBTT 6.1	The Theotokos Evergetis and eleventh-century monasticism *Margaret Mullett and Anthony Kirby*
BBTT 6.2	Work and Worship at the Theotokos Evergetis 1050–1200 *Margaret Mullett and Anthony Kirby*
BBTT 6.3	Founders and Refounders of Byzantine monasteries *Margaret Mullett*
BBTT 6.5	The Synaxarion of the monastery of the Theotokos Evergetis, vol. I, September–February *Robert Jordan*
BBTT 6.6	The Synaxarion of the monastery of the Theotokos Evergetis, vol. II, March–August, the moveable cycle *Robert Jordan*
BBTT 6.7	The Synaxarion of the monastery of the Theotokos Evergetis, vol. III, Indexes *Robert Jordan*
BBTT 8	One hundred practical texts of perception and spiritual discernment from Diadochos of Photike *Janet Elaine Rutherford*
BBTT 9	Metaphrastes, or, gained in translation: essays and translations in honour of Robert H. Jordan *Margaret Mullett*

All enquiries to Colenso Books, 68 Palatine Road, London N16 8ST   colensobooks@gmail.com

The Synaxarion of the monastery of the Theotokos Evergetis

September – February

Text and translation by Robert H. Jordan

SECOND EDITION
Published by Colenso Books for the Evergetis Project
2014

BELFAST BYZANTINE TEXTS AND TRANSLATIONS, 6.5

First published in 2000
by Belfast Byzantine Enterprises
The Institute of Byzantine Studies
The Queen's University of Belfast

Second, paperback edition with minor corrections published 2014
for the Evergetis Project by Colenso Books
Colenso Books
68 Palatine Road, London N16 8ST
colensobooks@gmail.com

© 2000 Belfast Byzantine Enterprises
© 2014 Robert Jordan

All rights reserved. No part of this publication may be reproduced, stored in a retrieval system, or transmitted, in any form or by any means, electronic, mechanical, photocopying, recording or otherwise without the prior permission of the publisher.

ISBN: 978-0-9928632-0-3
ISSN: 0960-9997

British Library Cataloguing-in-Publication Data

A catalogue record for this book
is available from the British Library

All text in Greek script in this volume utilizes the Hellenica font available from Linguist's Software, Inc., PO Box 580, Edmonds, WA, 98020-0580, USA.
www.lingsuistsoftware.com

Printed and bound in Great Britain by
Lightning Source UK Ltd
Chapter House, Pitfield, Kiln Farm
Milton Keynes, MK11 3LW

Contents

Acknowledgements	vii
Patterns of the services	ix
Manuscript	xi
Sigla	xii
Introduction	1
Note on the second edition	5
The *Synaxarion*	
September	6
October	104
November	164
December	250
January	382
February	496
Glossary	571

To Margaret, my wife

Acknowledgements

This has been to a considerable extent a collaborative venture and so I have a great many people to thank. In the very early days Anthony Kirby, then the Research Assistant to the Evergetis Project, persuaded the computers to store and manipulate very large files of text, first in English and later in Greek. Along the way I benefited greatly from the award of a Fellowship for 1995-96 by the Dr M. Alwyn Cotton Foundation which enabled me to make time in my heavy teaching schedule to give to the *Synaxarion*.

In the course of the translation work I had to consult a number of scholars with specialist expertise. Their help was invaluable; indeed, if it had not been available, this volume and its successors would not have appeared. Professor John Klentos of The Orthodox Institute, Berkeley gave me great help on many aspects of Orthodox liturgy. On Byzantine music I was fortunate to have the advice of Professor Christian Troelsgård of Copenhagen University; he was unstinting in his help, not only answering my questions but even conducting investigations for me on a number of musical problems. On questions regarding the calendar of saints and their commemorations I had the advice of Professor Nancy Ševčenko. When drawing up the apparatus criticus for the text I received help from Dr Jeffrey Featherstone, Professor Michael McGann and Dr Barbara Crostini Lappin who has also kindly supplied me with a short description of the manuscript. At an early stage Dr Rosemary Morris and Dr Lyn Rodley gave me advice on the accessibility of the translation for those unfamiliar with liturgical matters. In the final stages of preparation Evaggeli Skaka nobly read the entire Greek text and apart from spotting typographical errors suggested several improvements. Throughout the final year of preparation the Project Secretary, Mrs Penny Stanley, was a tower of strength, especially when the computers did terrible things to large portions of the text or the translation. In setting out the pages for the printer and lining up the paragraphs of the text opposite the translation I had the expert help of James George, a postgraduate

ACKNOWLEDGEMENTS

student and research assistant in Belfast. His ability to marry up what are two quite different sets of line spacing saved the day.

To all of the above I owe a great debt of gratitude for their help so generously given. The hand in the background guiding the liturgy side of the Evergetis Project was Professor Robert Taft SJ of the Pontificio Istituto Orientale in Rome. To his constant encouragement from the beginning of the Project, his practical help in liturgical meetings of the Project in 1995, 1997 and 2000 and above all his generous instruction and advice in Rome and Boston I owe far more than I can adequately express. I would also like to express my gratitude to the Fathers and Sisters of the Casa Aletti in Rome for their wonderful hospitality to my wife and myself during our visit in February 1993. Similarly my thanks go to the authorities of The Hellenic College in Boston who provided me with accommodation while I conferred with Professor Taft and Professor Klentos there. To print and publish a book of this size is a costly venture and I am most grateful for grants from the Publications Fund of Queen's University and from the London Hellenic Society.

This volume took many years to prepare, but the enthusiasm and encouragement of Professor Margaret Mullett, the Director of the Evergetis Project, never wavered. Finally, I must pay a tribute to my wife, Margaret, who has lived with the Evergetis texts now for nearly twenty years. Indeed she typed up the handwritten versions of my earliest translations for the Dumbarton Oaks Typikon Project, some more than once. To her I dedicate this volume.

The assistance, support and advice of so many enhanced my efforts immeasurably; any errors that remain are my responsibility.

Robert Jordan, 13 November 2000
(The Commemoration of St John Chrysostom)

Patterns of the services

Vespers

1. Continuous psalmody
2. Κύριε ἐκέκραξα (Ps 140)
3. Entrance
4. Prokeimenon/*Alleluia*
5. Readings
6. Ektene (Litany of fervent intercession)
7. Kataxioson ('Vouchsafe...')
8. Synapte (Litany)
9. Prayer of inclination
10. The stichos
11. Trisagion
12. Apolytikion

Pannychis

1. Canon
2. After the third ode
3. After the sixth ode
4. Reading

Orthros

1. Doxology
2. Hexapsalmos
3. Θεὸς Κύριος/*Alleluia*
4. Troparia/Triadika

SERVICES

5. Continuous psalmody
    (a) kathisma of psalmody
    (b) poetic kathisma
    (c) patristic reading
    (d) kathisma of psalmody
    (e) poetic kathisma
    (f) patristic reading
    (g) kathisma of psalmody/polyeleos/amomos
    (h) poetic kathisma/hypakoe
    (i) patristic reading
    (j) polyeleos/amomos (optional for great feasts)
    (k) hypakoe (optional for great feasts)
    (l) patristic reading (optional for great feasts)
6. Anabathmoi
7.
    (a) prokeimenon
    (b) Πᾶσα πνοή ('Let everything that hath breath...')
    (c) matins gospel
    (d) Ἀνάστασιν Χριστοῦ θεασάμενοι
8. Psalm 50
9. Canon(s)
    (a) after the third ode
    (b) after the sixth ode
10. Exaposteilarion
11. Ainoi (Lauds)
12. Stichos of the ainoi
13. Great doxology
14. Apolytikion
15. Apolysis

Liturgy

1. Typika, makarismoi, troparion etc.
2. Prokeimenon, apostle, *Alleluia*, gospel
3. Koinonikon

Manuscript
Brief description of ms Atheniensis graecus 788
(first quarter of the twelfth century)[1]

Barbara Crostini Lappin

CONTENTS: (ff 1-179v) *Synaxarion*; (ff 180r-222v) *Hypotyposis*.

FOLIATION: 221 parchment folios, numbered 1-222 with the omission of 192 and 196, plus a last unnumbered leaf.

DIMENSIONS: 270 x 195 mm.

RULING: Leroy type 32C1 (29 lines/page), system 1.

QUIRES: *Synaxarion*: quires 1-XIX^8 (ff 1-153); quire XX$^{8-2}$ (ff 154-158: the stubs of ff 153-154 are now bound with quire 19; their respective counterparts are now lost: textual lacuna after f 158); quires XXI-XXII^8 (ff 159-174); quire XXIII$^{8-3}$ (ff 175-179: the stubs of ff 175, 176 and 177 are visible after f 179: no textual lacuna); *Hypotyposis*: quires I-V^8 (ff 180-221: note that quire II is foliated as ff 188-197, but is really a quaternion due to the omission of nos 192 and 196), quire VI^2 (f 222 and one unnumbered leaf, devoid of text, form one bifolium).

QUIRE SIGNATURES: two series of signatures: α'-κγ' for the *Synaxarion*; α'-στ' for the *Hypotyposis*; all signatures are placed in the lower right margin of the recto of the first folio of each quire, precisely at the intersection of the lowest horizontal line of ruling with the vertical justifications of the text, and in the corresponding corner on the lower left margin of the verso of the last folio of each quire; the back signatures of quires XX, XXIII and of the last quire of the *Hypotyposis* are missing.

SCRIPT: one hand, writing two styles of calligraphic minuscule.

INK: brown for text, dark carminium, with occasional traces of gold, for rubrics.

---

[1] Another description of ms Atheniensis graecus 788 can be found in P. Gautier, 'Le typikon de la Théotokos Évergétis', *REB*, 40 (1982), pp 11-13.

MANUSCRIPT

ORNAMENT: decorated bands at the beginning of each month (ff 1r, 17r, 25r, 37v, 57r, 74v, 84r, 95r, 98r, 101v, 105v, 110r, 121r, 172r) and at the beginning of the *Hypotyposis* (f 180r); decorated initials at f 1r (15mm high) and at f 180r (45mm high; zoomorphic).

SUBSCRIPTION: at f 222v, scribal, in carmine: ἡδὺς ὁ λιμὴν τοῖς πλέουσι τυγχάνει· | καὶ τοῖς γραφεῦσι, τέρμα τῆς βίβλου πάλιν· | ἄμφω γὰρ ἀνάπαυλαν εἰσφέρει πόνων.

Sigla

BHG = Bibliotheca Hagiographica Graeca, ed. F. Halkin, 3 vols (Brussels, 1957)

< > = supplevi

cod. = Atheniensis graecus 788

D = A.A. Dmitrievskij, *Opisanie liturgicheskikh rukopisej, charanjastichcja v bibliotekach pravoslavnago vostoka*, I (Kiev, 1895 reprinted Hildesheim, 1965), 256-614

Men. = *Menaia*, 12 vols, Ἐκκλησιαστικὴ Βιβλιοθήκη "ΦΩΣ" (Athens, 1970)

Introduction

The *Synaxarion* of the monastery of Evergetis is probably the most detailed liturgical *typikon* to have survived from the medieval period. It is therefore an excellent document with which to begin a study of Greek Orthodox monastic liturgical practice in that period. This volume contains the months of September to February of the fixed cycle. A second volume in the series contains the remainder of the fixed cycle and the movable cycle. The third and final volume provides indexes of all feast days and commemorations, scriptural and non-scriptural readings, troparia, kontakia, koinonika, melodies and an index of general items.

This particular volume began nearly thirty years ago and was recast at least twice. It was in the 1980s when I was engaged on the translation of a number of *typika* for the Dumbarton Oaks Typikon Project that the *Synaxarion* of the monastery of Evergetis was first brought to my notice. A year or two later when I had finished my allocation of *typika*, I turned my attention to the *Synaxarion* and set out to translate the Dmitrievskij text.[1] For one with so little knowledge at that time of Orthodox liturgical forms and practice it was at times a baffling exercise. I tried the first version of the translation on a gathering of Byzantine scholars who were not liturgists. It proved to be too obscure and difficult to understand owing to the conventions that I had used. As a result of that meeting it was completely recast in an effort to make it more accessible. Then in 1991 the Evergetis Project was set up at Queen's University Belfast and I was able to call on the expertise of international liturgical and musical scholars; faster progress was achieved and misconceptions on my part were eliminated.

The Evergetis *Synaxarion* took a back seat for four years from 1993-1997 while I completed a doctoral thesis on the companion document, the ktetorikon *typikon* of the monastery, the *Hypotyposis* attributed to Timothy, the second founder. This document is found in the same manuscript as the *Synaxarion*,

---

[1] A.A. Dmitrievskij, *Opisanie liturgicheskikh rukopisej, charanjastichcja v bibliotekach pravoslavnago vostoka*, I (Kiev, 1895 reprinted Hildesheim, 1965), 256–614.

INTRODUCTION

Atheniensis graecus 788, and this gave me the chance to check the printed text of the *Synaxarion* also. In the course of my translation work on the *Synaxarion* I had noticed a number of possible mistakes in the printed text, and after consulting the manuscript I discovered that there were a number of misreadings, but in addition I discovered that Dmitrievskij had reduced a considerable number of the longer and complete troparia to incipits, thereby failing to supply a complete text of the document. After reporting this to the liturgy members of the Project, it was agreed that a new text should be prepared from the manuscript with an apparatus criticus showing where it differed from Dmitrievskij's printed text.

The new text meant that changes had to be made to the translation in some parts, and at that stage I incorporated into the translation the letter and number structure of the services which was the brainchild of Professor John Klentos of the Orthodox Institute, Berkeley. (Outlines of the services with their letter and number structures can be found above, pages ix-x.) The aim of this addition to the translation is to make it easier for those who are not Orthodox Christians by upbringing to make comparisons between services on different days. This third version of the translation is the one that appears in this volume.

It was the unanimous opinion of the liturgy members of the Evergetis Project that the translation should be the main feature of the volume, the Greek text being provided for those who wish to follow up points arising from the English. As a help to move easily from the translation to the Greek text, links have been inserted into the text in the form of numbers corresponding to the numbers present in the translation.

The translation
The style of the translation reflects the style of the Greek text. No attempt was made to cast what are essentially lists of different elements into flowing sentences.

The following conventions have been used:
1a The paragraphs preserve the general layout of the text as it appears in the manuscript.
1b Full width paragraphs mark the main services of each day.
1c Paragraphs indented on the left mark special services on the

INTRODUCTION

day concerned, if it falls on a Saturday or a Sunday or during the early part of Lent. The letter S. identifies a prescription for Saturday, K. for Sunday and T. for Lent. On any day with more than one of such prescriptions S.1, S.2 etc appear.

1d Paragraphs indented on the left and the right and set in smaller type mark either a note or an instruction and do not form part of a particular service. Such paragraphs have the prefix N.

2 The titles of the days are in bold type to help the reader move from one day to the next. The date has been added, Roman numeral for the month and Arabic for the day, for easy reference. The letter C. denotes commemoration.

3 The opening of each service has been put in bold type, again to help the reader. The letters V., PN., O. and L. identify the services across the whole document.

4 The numbers and letters 1., 2., 3., 4., 5a. and 5b. etc within the services refer to the patterns of services which are set out on pages ix and x above. Again they can be used for comparisons of individual elements in the services across the whole document.

5 The punctuation within the services does not copy that found in the manuscript but attempts to separate the individual elements of the services from one another while at the same time grouping together those that form parts of one complex unit, such as the canon.

6a Incipits of troparia, stichoi and patristic readings begin with a capital letter and remain in Greek; they are italicised.

6b Complete troparia and those stichoi which, like the antiphons in the great feasts, form a series of connected stichoi are translated; they too begin with a capital letter and are italicised.

7 Incipits of melodies begin with a capital letter and remain in Greek; they are not italicised.

8 Biblical references have been substituted for (a) the incipits of the apostolic and gospel readings in the Liturgy and (b) the readings from the Old Testament in Orthros. Biblical references have been placed in square brackets. References to the psalms use the numbering of the Septuagint.

9 Within the services the short sentences or phrases that contain instructions have been placed in curved brackets.

10 The translation of words that I have supplied to the text has been placed inside angled brackets.

INTRODUCTION

11   Words that I have added to the translation either to clarify the meaning or because they were clearly assumed by the scribe have been placed in square brackets. However, in order not to clutter the translation unnecessarily with square brackets, I have not put [the commemoration] in the title of the day or after the sixth [ode] in the canon at Orthros. These omissions are regular throughout the whole document.

12   There are generous footnotes cross-referencing individual elements within the services. These footnotes acknowledge the likelihood that readers will be consulting particular days or services, even individual liturgical elements, and so they do not presuppose an earlier reference but refer readers directly to other relevant portions of the translation. The result is that some footnotes at times recur frequently; but for the reader the additional information is quickly located.

13   A reference to any portion of the translation is made by the date and the letter and the number structure rather than page number. It is interesting to note that the margin of the manuscript has a quick reference system by service throughout the document.

14   To help readers further the dates of the services contained on each page appear in the header.

15   The spelling of saints' names is always a problem. In this volume the generally accepted spelling of well known saints is used; the names of less well-known saints have been transliterated. A distinction between the adjectives ἅγιος and ὅσιος has been maintained throughout.

16   Besides the names of people and places, the names of liturgical and patristic books begin with capital letters. Patristic works are italicised, liturgical books such as Panegyrikon and Menologion are not.

The text

The paragraphs of the text, like those of the translation, reflect the divisions in the manuscript; at the same time the paragraphs of the text have been set on the page as far as possible opposite the corresponding translation. In some of the great feasts, however, where there are large numbers of footnotes to the text some divergence proved inevitable.

INTRODUCTION

The following conventions have been used:
1   Each paragraph begins with a capital letter; this is the case also in the manuscript.
2   The punctuation does not copy that found in the manuscript, but like the punctuation in the translation (see 5 above) it attempts to separate individual elements in the services while at the same time grouping together those elements which form larger units.
3   Incipits of troparia, stichoi and patristic or biblical readings begin with a capital letter and are italicised.
4   Troparia and stichoi appearing in full begin with a capital letter and are also italicised.
5   Incipits of melodies begin with a capital letter but are not italicised.
6   I have endeavoured to maintain the distinction between cardinal and ordinal numbers found in the manuscript. Dmitrievskij largely ignored the distinction in his text.
7   References to the folios of the manuscript appear in the text in smaller type and are set in square brackets.
8   Numbers corresponding to those in the translation have been inserted into the text to help the reader move from the one to the other more easily.

Robert Jordan, revised 27 January 2014
(The Translation of the Relic of St John Chrysostom)

Note on the second edition by Anthony Hirst (technical editor)
The first edition of this volume has sold out, while considerable stocks remain of the second volume (*March to August, the moveable cycle*) and third volume (*Indexes*). Electronic files from which the first edition was produced survive but are in an obsolete Greek font. This has been converted, character by character, into Hellenica, causing many problems. Of these, one meant that the Greek text had to be realigned with the paragraphs of the facing translation; another was that many incomplete lines were left at the bottom of pages. The text could have been laboriously tidied up by transferring small groups of words backwards or forwards across page boundaries, but it was thought more important to retain the page breaks of the first edition, so that references to the first edition (by scholars and in the *Indexes* volume) would all remain correct for the second. Where incomplete bottom lines which are not the end of a paragraph (nor in most cases the end of a sentence) are too short for justification, a small arrow (→) has been inserted to indicate textual continuity with the top of the following page. Also, minor errors in the first edition, including those listed in the *Indexes* volume, pp. 306-307, have been corrected.

Συναξάριον σὺν Θεῷ, ἤτοι τυπικὸν ἐκκλησιαστικῆς ἀκολουθίας τῆς εὐαγοῦς μονῆς τῆς ὑπεραγίας Θεοτόκου τῆς εὐεργέτιδος, ἀρχόμενον ἀπὸ μηνὸς σεπτεμβρίου περιέχον πᾶσαν ἀκολουθίαν μέχρι συμπληρώσεως αὐγούστου· ὡσαύτως καὶ τῆς ἁγίας τεσσαρακοστῆς ἀπὸ τῆς κυριακῆς τοῦ τελώνου καὶ τοῦ φαρισαίου[1] μέχρι τῶν ἁγίων πάντων.

Μὴν Σεπτέμβριος[2]

Μηνὶ σεπτεμβρίῳ α´· ἀρχὴ τῆς ἰνδίκτου, καὶ τοῦ ὁσίου πατρὸς ἡμῶν Συμεὼν τοῦ στυλίτου, καὶ τῶν ἁγίων μ´ γυναικῶν.

Ἑσπέρας 1.οὐ στιχολογοῦμεν, 2.εἰς δὲ τὸ *Κύριε ἐκέκραξα* ἱστῶμεν ς´ καὶ ψάλλομεν στιχηρὰ γ´ τῆς ἰνδίκτου εἰς ἦχον α´ πρὸς τὸ Τῶν οὐρανίων ταγμάτων, καὶ γ´ τοῦ ὁσίου ἦχος πλάγιος α´, ἰδιόμελον *Ὅσιε πάτερ, καλὴν ἐφεῦρες κλίμακα,* καὶ τὰ τούτου προσόμοια πρὸς μίαν, *Δόξα καὶ νῦν,* θεοτοκίον *Ἐν τῇ ἐρυθρᾷ θαλάσσῃ.* 3.εἴσοδος εἰς τὸ *Φῶς ἱλαρόν.* 4.προκείμενον τῆς ἡμέρας, 5.εἶτα τὰ ἀναγνώσματα· τὸ α´ Ἡσαΐου, οὗ ἡ ἀρχὴ *Πνεῦμα Κυρίου ἐπ᾽ ἐμέ,* τὸ β´ Λευιτικοῦ *Ἐλάλησε Κύριος τοῖς υἱοῖς Ἰσραήλ,* τὸ γ´ Παροιμιῶν *Δίκαιος ἐὰν φθάσῃ τελευτῆσαι,* ζήτει ταῦτα εἰς τὸ[3] βιβλίον ἐν ᾧ ἔχει τὰς προφητείας τῶν ἑορτῶν καὶ τὸ ψαλτήριον. 10.εἰς τὸν[4] στίχον τῆς ὀκτωήχου οὐδέν, εἰ μὴ ἔσται κυριακή, ἀλλὰ τῆς ἰνδίκτου εἰς ἦχον β´ πρὸς τὸ Οἶκος τοῦ Ἐφραθᾶ στιχηρὰ δύο *Σοὶ τῷ βασιλεῖ, Μέγας εἶ ἀγαθέ,* καὶ ἰδιόμελον εἰς τὸν αὐτὸν ἦχον τοῦ ὁσίου *Ἐκ ῥίζης ἀγαθῆς, Δόξα καὶ νῦν,* ἰδιόμελον τῆς ἰνδίκτου ἦχος α´ *Χριστὲ ὁ Θεὸς ἡμῶν.* 12.ἀπολυτίκιον τοῦτο μόνον[5] ἑσπέρας ἦχος β´ *Ὁ πάσης δημιουργὸς τῆς κτίσεως, ὁ καιροὺς καὶ χρόνους ἐν τῇ ἰδίᾳ ἐξουσίᾳ θέμενος, εὐλόγησον* [1v] *τὸν στέφανον τοῦ ἐνιαυτοῦ τῆς χρηστότητός σου, Κύριε, φυλάττων ἐν εἰρήνῃ τὸν λαὸν καὶ τὴν πόλιν σου ἱκετεύοντας διὰ τῆς Θεοτόκου, μόνε φιλάνθρωπε.* 4.ἕτερον τοῦ ὁσίου ἦχος α´ εἰς τὸ *Θεὸς Κύριος, Δόξα καὶ νῦν, Ὑπομονῆς στύλος γέγονας ζηλώσας τοὺς προπάτορας, ὅσιε, τὸν Ἰὼβ ἐν τοῖς πάθεσι, τὸν Ἰωσὴφ ἐν*[6] *πειρασμοῖς, καὶ τὴν τῶν* →

---

[1] φαρισσαίου cod.
[2] tit. in marg. inf. cod.
[3] τὸν D
[4] τὸ D
[5] τοῦτο μόνον Troelsgård   τὸ αὐτὸ μόνον cod.   μόνον αὐτὸ τὸ D
[6] τοῖς add. D

Synaxarion with God's help, that is, rule of church services for the sacred monastery of the most holy Theotokos Evergetis, beginning from the month of September and containing every proper until the end of August; in the same way also of holy Lent from the Sunday of the Publican and the Pharisee until the feast of All Saints.

MONTH OF SEPTEMBER

IX.01C. 1st of September. Beginning of the Indiction, and the commemoration of our saintly father Symeon the Stylite, and of the Forty Holy Women.

V. At Vespers, 1.we do not recite the continuous psalmody, 2.but at Κύριε ἐκέκραξα we intercalate six times and chant three stichera of the Indiction in mode 1 to Τῶν οὐρανίων ταγμάτων and three of the saintly man in plagal mode 1, idiomelon: Ὅσιε πάτερ, καλὴν ἐφεῦρες κλίμακα and its prosomoia once, *Glory...both now...*, theotokion: Ἐν τῇ ἐρυθρᾷ θαλάσσῃ. 3.Entrance at Φῶς ἱλαρόν. 4.Prokeimenon of the day of the week. 5.Then the readings: the first from Isaiah beginning at [61:1], the second from Leviticus [26:3ff], the third from Proverbs [Wi 4:7ff] (look for these in the book which has the prophecies of the feasts and the psalter). 10.At the stichos nothing from the Oktoechos, unless it is a Sunday, but two stichera of the Indiction in mode 2 to Οἶκος τοῦ Ἐφραθᾶ: Σοὶ τῷ βασιλεῖ and Μέγας εἶ ἀγαθέ, and idiomelon of the saintly man in the same mode: Ἐκ ῥίζης ἀγαθῆς, *Glory...both now...*, idiomelon of the Indiction in mode 1: Χριστὲ ὁ Θεὸς ἡμῶν. 12.Apolytikion, only this one at **Vespers** in mode 2: *Maker of all creation, who in your own power set the seasons and times, bless the crown of the year of your goodness, Lord, protecting in peace your people and city who through the Theotokos supplicate you, alone merciful.* Another of the saintly man in mode 1 at **O.4.**Θεὸς Κύριος,[1] *Glory... both now..., You have become a pillar of endurance, saintly one, emulating the forefathers, Job in his calamities, Joseph in his trials and the state of the incorporeal ones while* →

---

[1] This troparion is chanted during Orthros after Θεὸς Κύριος.

ΣΕΠΤΕΜΒΡΙΟΣ

ἀσωμάτων πολιτείαν ὑπάρχων ἐν σώματι· διὸ πρέσβευε Χριστῷ τῷ Θεῷ σωθῆναι τὰς ψυχὰς ἡμῶν.

Εἰς τὴν παννυχίδα 1.τὸν κανόνα τῶν ἁγίων γυναικῶν ἦχος δ´ Θεοφάνους πρὸς τὸ Ἀνοίξω τὸ στόμα μου· 2.ἀπὸ γ´ ᾠδῆς οὐδέν· 3.ἀπὸ ς´ τὸ κάθισμα τῶν αὐτῶν ἁγίων ἦχος α´ πρὸς τὸ Τὸν τάφον σου Σωτήρ, Δόξα καὶ νῦν, θεοτοκίον. εἰ δὲ τύχῃ παρασκευῇ, 1.ἑσπέρας καταλιμπάνεται οὗτος ὁ κανὼν καὶ ψάλλεται νεκρώσιμος εἰς τοὺς τάφους τοῦ ἐνεστῶτος ἤχου ὡς σύνηθες.

Εἰς τὸν ὄρθρον 3.Θεὸς Κύριος ἦχος β´, καὶ 4.τροπάριον[7] τῆς ἰνδίκτου β´, Δόξα καὶ νῦν, τοῦ ὁσίου ἦχος α´. 5.στιχολογοῦμεν κάθισμα ἕν, κάθισμα τῆς ἰνδίκτου ἦχος πλάγιος δ´ <πρὸς τὸ> Τὴν σοφίαν τοῦ Λόγου[8] Ὁ καιροὺς καρποφόρους ὁ ψάλτης καὶ ὁ λαός, Δόξα καὶ νῦν, θεοτοκίον· ἀνάγνωσις ὁ βίος τοῦ ὁσίου, οὗ ἡ ἀρχὴ Συμεώνην[9] τὸν πάνυ. 9.κανόνες δύο· τῆς ἰνδίκτου ἦχος α´ Ἰωάννου μοναχοῦ εἰς ς´, καὶ τοῦ ὁσίου ἦχος πλάγιος δ´ Ἰωάννου μοναχοῦ εἰς ς´ <πρὸς τὸ> Ἄισωμεν τῷ Κυρίῳ πάντες· ἀπὸ γ´ ᾠδῆς κάθισμα τοῦ ὁσίου ἦχος πλάγιος δ´ καὶ θεοτοκίον, ἀνάγνωσις ἐκ τοῦ βίου αὐτοῦ· ἀπὸ ς´ τὸ κοντάκιον αὐτοῦ ἦχος β´ Τὰ ἄνω ζητῶν. 10.ἐξαποστειλάριον Ἅγιος Κύριος ὁ Θεὸς ἡμῶν τοῦ ἤχου οἵα ἂν τύχῃ ἡμέρα. 11.εἰς τοὺς αἴνους οὐδέν· 12.εἰς δὲ τὸν στίχον τῶν αἴνων στιχηρὰ ἦχος πλάγιος δ´ πρὸς τὸ Ὢ τοῦ παραδόξου θαύματος, τῆς ἰνδίκτου ἓν καὶ δύο τοῦ ὁσίου, Δόξα καὶ νῦν, εἰς τὸν αὐτὸν ἦχον τῆς ἰνδίκτου πρὸς τὸ Ὁ ἐν Ἐδὲμ παράδεισος, ὀκτώηχον γὰρ οὐδ᾽ ὅλως ψάλλομεν.

---

[7] τροπάρια D
[8] καὶ Λόγον Men. et D
[9] Συμεῶνα D

1 SEPTEMBER

you were in the body; wherefore intercede with Christ our God that our souls be saved.

PN. At Pannychis, 1.the canon of the holy women by Theophanes to Ἀνοίξω τὸ στόμα μου in mode 4; **2.**after the third ode, nothing; **3.**after the sixth ode, the poetic kathisma of the same holy ones in mode 1 to Τὸν τάφον σου Σωτήρ, *Glory...both now...*, theotokion. But if it falls on a Friday, **PN.1.**in the evening[2] this canon is omitted and a canon of the dead is chanted at the tombs in the established mode as is customary.[3]

O. At Orthros, 3.Θεὸς Κύριος in mode 2, and **4.**troparion of the Indiction twice, *Glory... both now...*, that of the saintly man in mode 1. **5a.**We recite one kathisma of continuous psalmody, **b.**poetic kathisma of the Indiction in plagal mode 4 <to> Τὴν σοφίαν τοῦ Λόγου: Ὁ καιροὺς καρποφόρους [by] the cantor and the people, *Glory...both now...*, theotokion, **c.**reading: the *Life* of the saintly man beginning Συμεώνην τὸν πάνυ [BHG, 1677c]. **9.**Two canons: from that of the Indiction in mode 1 by John the Monk six troparia, and from that of the saintly man in plagal mode 4 by John the Monk <to> Ἄισωμεν τῷ Κυρίῳ πάντες six troparia; **a.**after the third ode, poetic kathisma of the saintly man in plagal mode 4, and theotokion, reading: from his *Life*; **b.**after the sixth ode, his kontakion in mode 2: Τὰ ἄνω ζητῶν. **10.**Exaposteilarion: Ἅγιος Κύριος ὁ Θεὸς ἡμῶν of the mode whatever happens to be the day of the week.[4] **11.**At the ainoi, nothing; **12.**but at the stichos of the ainoi, stichera in plagal mode 4 to Ὢ τοῦ παραδόξου θαύματος: one of the Indiction and two of the saintly man, *Glory...both now...*, that of the Indiction in the same mode to Ὁ ἐν Ἐδὲμ παράδεισος (for we do not chant anything at all from the Oktoechos).

---

[2] That is, at Pannychis which on this day immediately follows Vespers.
[3] On Saturdays the services include liturgical elements in commemoration of the dead. The mode is set on Sunday for the following week according to the sequence laid out in the Oktoechos.
[4] The mode is set; see note 3.

ΣΕΠΤΕΜΒΡΙΟΣ

Εἰ δὲ ἐν κυριακῇ τύχῃ, ἑσπέρας 1.στιχολογοῦμεν *Μακάριος ἀνήρ*, 2.εἰς δὲ τὸ *Κύριε ἐκέκραξα* ἱστῶμεν η΄ καὶ ψάλλομεν ἀναστάσιμα στιχηρὰ γ΄ τοῦ ἤχου καὶ τῆς ἰνδίκτου γ΄ καὶ δύο τοῦ ὁσίου, *Δόξα καὶ νῦν*, τὸ αὐτὸ θεοτοκίον *Ἐν τῇ ἐρυθρᾷ θαλάσσῃ*. 3.εἴσοδος. 4.προκείμενον καὶ 5.τὰ ἀναγνώσματα. 10.εἰς δὲ τὸν στίχον τὸ ἀναστάσιμον τοῦ ἤχου β΄[10] [2r] καὶ ἓν ἰδιόμελον τοῦ ὁσίου ἦχος β΄ *Ἐκ ῥίζης ἀγαθῆς*, *Δόξα καὶ νῦν*, τὸ τῆς ἰνδίκτου ἰδιόμελον ἦχος α΄ *Χριστὲ ὁ Θεὸς ἡμῶν*. 12.τὸ δὲ ἀπολυτίκιον τῆς ἰνδίκτου. Εἰς δὲ τὸ ἀπόδειπνον τὸ ἀναστάσιμον καὶ τῆς ἰνδίκτου καὶ τοῦ ὁσίου. Ἐν τῷ ὄρθρῳ 4.τὸ ἀναστάσιμον β΄, *Δόξα*, τῆς ἰνδίκτου, *καὶ νῦν*, τοῦ ὁσίου. ἑσπέρας 1.ὁ κανὼν τῶν ἁγίων γυναικῶν· 2.ἀπὸ γ΄ ᾠδῆς τὸ κάθισμα αὐτῶν· 3.ἀπὸ ς΄ τὸ κοντάκιον τῆς Θεοτόκου. 5.εἰς τὸ τέλος τῶν στιχολογιῶν ἡ ὑπακοὴ τοῦ ἤχου· ἀνάγνωσις ὁ βίος τοῦ ὁσίου. 6.οἱ ἀναβαθμοί. 7.τὸ *Πᾶσα πνοή·* καὶ τὸ εὐαγγέλιον τῆς κυριακῆς. 9.κανόνες· ὁ ἀναστάσιμος ὁ πρῶτος τοῦ ἤχου εἰς ς΄, τῆς ἰνδίκτου ἦχος α΄ Ἰωάννου μοναχοῦ εἰς δ΄, ὁμοίως καὶ τοῦ ὁσίου ἦχος πλάγιος δ΄ εἰς δ΄· ἀπὸ γ΄ ᾠδῆς κάθισμα τῆς ἰνδίκτου· ἀπὸ ς΄ τὸ κοντάκιον τοῦ ἁγίου. 10.ἐξαποστειλάριον *Ἅγιος Κύριος*. 11.εἰς τοὺς αἴνους ἱστῶμεν η΄ καὶ ψάλλομεν δ΄ ἀναστάσιμα, καὶ δ΄ ἦχος πλάγιος δ΄ <πρὸς τὸ> *Ὦ τοῦ παραδόξου θαύματος*, ἐν τῆς ἰνδικτιῶνος καὶ γ΄ τοῦ ὁσίου, *Δόξα*, ἦχος β΄ ἰδιόμελον τῆς →

---

[10] β΄ ante ἤχου D

1 SEPTEMBER

IX.01 K.1 But if it falls on a Sunday, **V.at Vespers 1.**we recite the continuous psalmody *Μακάριος ἀνήρ* [kath 1],[5] **2.**and at *Κύριε ἐκέκραξα* we intercalate eight times and chant three resurrection stichera of the mode,[6] and three of the Indiction, and two of the saintly man, *Glory...both now...*, the same theotokion: *Ἐν τῇ ἐρυθρᾷ θαλάσσῃ*. **3.**Entrance. **4.**Prokeimenon, and **5.**the readings. **10.**At the stichos, the resurrection sticheron of the mode[7] twice, and one idiomelon of the saintly man in mode 2: *Ἐκ ῥίζης ἀγαθῆς*, *Glory...both now...*, the idiomelon of the Indiction in mode 1: *Χριστὲ ὁ Θεὸς ἡμῶν*, **12.**and the apolytikion of the Indiction. **AP.At Apodeipnon**, the resurrection troparion, and that of the Indiction, and that of the saintly man. **O.At Orthros**, **4.**the resurrection troparion twice, *Glory...*, that of the Indiction, *both now...*, that of the saintly man. **PN.**In the evening[8] **1.**the canon of the holy women; **2.**after the third ode, their poetic kathisma; **3.**after the sixth ode, the kontakion of the Theotokos. **O.5d.**At the end of the recitations of continuous psalmody, **h.**the hypakoe of the mode,[9] **i.**reading: the *Life* of the saintly man. **6.**The anabathmoi. **7b.***Πᾶσα πνοή*, and **c.**the gospel of the Sunday. **9.**Canons: from the first resurrection one of the mode[10] six troparia, from that of the Indiction in mode 1 by John the Monk four troparia, similarly also from that of the saintly man in plagal mode 4 four troparia; **a.**after the third ode, poetic kathisma of the Indiction; **b.**after the sixth ode, the kontakion of the holy man. **10.**Exaposteilarion: *Ἅγιος Κύριος*. **11.**At the ainoi, we intercalate eight times and chant four resurrection stichera, and four in plagal mode 4 <to> *Ὢ τοῦ παραδόξου θαύματος*: one of the Indiction and three of the saintly man, *Glory...*, in mode 2 idiomelon of the

---

[5] Psalms 1-8.
[6] The mode is set; see note 3.
[7] The mode is set; see note 3.
[8] That is, at Pannychis which on this day immediately follows Vespers.
[9] The mode is set; see note 3.
[10] The mode is set; see note 3.

ΣΕΠΤΕΜΒΡΙΟΣ

ἰνδίκτου *Ὁ ἐν σοφίᾳ τὰ πάντα δημιουργήσας, καὶ νῦν, Ὑπερευλογημένη*.

Χρὴ γινώσκειν ὅτι ὅταν ἐπιστῇ ἑορτὴ ἔχουσα ἀναγνώσματα, εἰς τὸ λυχνικὸν οὐ στιχολογοῦμεν, γίνεται δὲ εἴσοδος εἰς τὸ *Φῶς ἱλαρόν·* καὶ ἡ θεία λειτουργία τελεῖται ἐν τῷ ναῷ.

Εἰς τὴν λειτουργίαν 1.τυπικὰ καὶ ᾠδὴ τοῦ κανόνος τοῦ ὁσίου ἦχος πλάγιος δ´ ἡ ϛ´ <πρὸς τὸ> Χιτῶνά μοι παράσχου. μετὰ τὴν εἴσοδον τὸ τροπάριον τῆς ἰνδίκτου, *Δόξα καὶ νῦν*, τὸ κοντάκιον τοῦ ὁσίου. 2.προκείμενον ἦχος γ´ *Μέγας ὁ Κύριος ἡμῶν·* στίχος *Αἰνεῖτε τὸν Κύριον ὅτι ἀγαθὸς ψαλμός·* ὁ ἀπόστολος πρὸς Κολοσσαεῖς *Ἀδελφοί, ἐνδύσασθε*, ζήτει κυριακῇ λ´. Ἀλληλούια ἦχος δ´ *Σοὶ πρέπει ὕμνος ὁ Θεὸς ἐν Σιών, καὶ σοὶ ἀποδοθήσεται·*[11] στίχος β´ *Εὐλογήσεις τὸν στέφανον τοῦ ἐνιαυτοῦ τῆς χρηστότητός σου καὶ τὰ πεδία σου πλησθήσονται·*[12] εὐαγγέλιον κατὰ Λουκᾶν *Τῷ καιρῷ ἐκείνῳ ἦλθεν ὁ Ἰησοῦς εἰς Ναζαρέτ*. 3.κοινωνικὸν ἦχος α´ *Εὐλογήσεις τὸν στέφανον τοῦ ἐνιαυτοῦ τῆς χρηστότητός σου, καὶ τοῦ ὁσίου Εἰς μνημόσυνον*.

Εἰ δέ[13] ἐστι κυριακή, 1.μακαρισμοὶ ἀναστάσιμοι, τροπάριον τῆς ἰνδίκτου. μετὰ τὴν εἴσοδον *Δόξα καὶ νῦν*, τὸ κοντάκιον. 2.προκείμενον καὶ Ἀλληλούια τὰ προειρημένα τῆς ἡμέρας· ἀπόστολός τε καὶ εὐαγγέλιον ἀμφότερα· προηγοῦνται δὲ τῆς κυριακῆς, [2v] ἔπειτα τῆς ἡμέρας. 3.κοινωνικὰ τῆς ἡμέρας τὰ προειρημένα.

Μηνὶ τῷ αὐτῷ β´· τοῦ ἁγίου μεγαλομάρτυρος Μάμαντος, καὶ τοῦ ὁσίου Ἰωάννου τοῦ νηστευτοῦ.

Ἑσπέρας 1.ἡ στιχολογία ὡς σύνηθες, 2.εἰς δὲ τὸ *Κύριε ἐκέκραξα* ἱστῶμεν ϛ´ καὶ ψάλλομεν στιχηρὰ τοῦ μάρτυρος γ´ πρὸς τὸ *Ὢ τοῦ παραδόξου θαύματος* ἦχος πλάγιος δ´, καὶ ἕτερα γ´ τοῦ ὁσίου εἰς

---

[11] καὶ σοὶ ἀποδοθήσεται om. D
[12] τῆς χρηστότητός...πλησθήσονται om. D
[13] δ´ D

1-2 SEPTEMBER

Indiction: Ὁ ἐν σοφίᾳ τὰ πάντα δημιουργήσας, both now..., Ὑπερευλογημένη.

N. It is necessary to realise that whenever a feast with readings occurs, **V.**at **Lychnikon** we do not recite the continuous psalmody, but an entrance takes place at Φῶς ἱλαρόν, and **L.**the **Divine Liturgy** is celebrated in the church.

L. At the Liturgy, 1.typika, and the sixth ode of the canon of the saintly man in plagal mode 4 <to> Χιτῶνά μοι παράσχου.[11] After the entrance, the troparion of the Indiction, *Glory...both now...*, the kontakion of the saintly man. **2.**Prokeimenon in mode 3: *Μέγας ὁ Κύριος ἡμῶν* [Ps 146:5], stichos: *Αἰνεῖτε τὸν Κύριον ὅτι ἀγαθὸς ψαλμός* [Ps 146:1], the apostle: to the Colossians [3:12ff] (see the thirtieth Sunday). *Alleluia* in mode 4: *Σοὶ πρέπει ὕμνος ὁ Θεὸς ἐν Σιών, καὶ σοὶ ἀποδοθήσεται* [Ps 64:2], second stichos: *Εὐλογήσεις τὸν στέφανον τοῦ ἐνιαυτοῦ τῆς χρηστότητός σου καὶ τὰ πεδία σου πλησθήσονται* [Ps 64:12], gospel: according to Luke [4:16ff]. **3.**Koinonikon in mode 1: *Εὐλογήσεις τὸν στέφανον τοῦ ἐνιαυτοῦ τῆς χρηστότητός σου* [Ps 64:12], and of the saintly man: *Εἰς μνημόσυνον* [Ps 111:6].

IX.01 K.2 But if it is a Sunday, **L.1.**resurrection makarismoi, troparion of the Indiction. After the entrance, *Glory...both now...*, the kontakion. **2.**The aforementioned prokeimenon and *Alleluia* of the day; apostle and gospel, both sets; but those of the Sunday precede, next those of the day. **3.**The aforementioned koinonika of the day.

IX.02C. 2nd of the same month. The commemoration of the holy megalomartyr Mamas, and of saintly John the Faster.

V. At Vespers, 1.the recitation of continuous psalmody as usual, and **2.**at Κύριε ἐκέκραξα we intercalate six times and chant three stichera of the martyr to Ὢ τοῦ παραδόξου θαύματος in plagal mode 4, and another three of the saintly man in the same mode,

---

[11] Most probably means that refrains of the sixth ode are intercalated into the makarismoi.

ΣΕΠΤΕΜΒΡΙΟΣ

τὸν αὐτὸν ἦχον, ὅμοια τῶν αὐτῶν, *Δόξα καὶ νῦν*, θεοτοκίον. 4.ἀντὶ προκειμένου *Ἀλληλούια* μετὰ τοῦ στίχου τῆς ἡμέρας. ἀπὸ τοῦ προκειμένου 10.στιχηρὰ τῆς ὀκτωήχου, *Δόξα καὶ νῦν*, θεοτοκίον. 12.ἀπολυτίκιον *Θεοτόκε παρθένε* καὶ τὰ λοιπά. 1.εἶτα τὸν κανόνα τῆς ἡμέρας τῆς παννυχίδος.

Εἰς τὸν ὄρθρον 3.*Ἀλληλούια* καὶ 4.τὰ τριαδικὰ τοῦ ἤχου. 5.μετὰ τὴν στιχολογίαν κάθισμα τῆς ὀκτωήχου· ἀνάγνωσις ἐκ τοῦ βίου τοῦ ὁσίου Συμεών· καὶ ἀπὸ γ΄ ᾠδῆς τοῦ μάρτυρος, οὗ ἡ ἀρχὴ *Μάμας ὁ περιβόητος*. 9.κανόνες[14] γ΄· ἕνα τῆς ὀκτωήχου, καὶ ἕτερον τοῦ μάρτυρος ἦχος πλάγιος δ΄ Θεοφάνους <πρὸς τὸ> *Ἁρματηλάτην Φαραώ*, καὶ ἕτερον τοῦ ὁσίου ἦχος ὁ αὐτὸς Γερμανοῦ <πρὸς τὸ> *Τῷ ἐκτινάξαντι*, ἀνὰ δ΄· ἀπὸ γ΄ ᾠδῆς κάθισμα τοῦ μάρτυρος ἦχος πλάγιος δ΄ καὶ θεοτοκίον· ἀπὸ ς΄ κάθισμα τοῦ ὁσίου ἦχος γ΄. 10.ἐξαποστειλάριον τῆς ἡμέρας. 12.εἰς τὸν στίχον τῶν αἴνων στιχηρὰ τῆς ὀκτωήχου καὶ θεοτοκίον.

Εἰς τὴν λειτουργίαν πᾶσα ἡ ἀκολουθία τῆς ἡμέρας.

Μηνὶ τῷ αὐτῷ γ΄· τοῦ ἁγίου ἱερομάρτυρος Ἀνθίμου, καὶ τοῦ ὁσίου Θεοκτίστου μαθητοῦ τοῦ ἁγίου Εὐθυμίου τοῦ μεγάλου.

Ἑσπέρας 1.ἡ στιχολογία, 2.εἰς τὸ *Κύριε ἐκέκραξα* ἱστῶμεν ς΄ καὶ ψάλλομεν στιχηρὰ τοῦ ἱερομάρτυρος γ΄ ἦχος δ΄ πρὸς τὸ *Ἔδωκας σημείωσιν*, καὶ ἕτερα γ΄ τοῦ ὁσίου εἰς τὸν αὐτὸν ἦχον πρὸς τὸ *Ὁ ἐξ ὑψίστου κληθείς*, *Δόξα καὶ νῦν*, θεοτοκίον. 4.ἀντὶ προκειμένου

---

[14] κανόνας D

the same melody for these, *Glory...both now...*, theotokion. 4.Instead of a prokeimenon, *Alleluia* with the stichos of the day. After the prokeimenon,[12] 10.stichera from the Oktoechos, *Glory...both now...*, theotokion. 12.Apolytikion: Θεοτόκε παρθένε, and the rest. PN. 1.Then the canon of the day of **Pannychis**.[13]

O. At Orthros, 3.*Alleluia*, and 4.the triadika of the mode.[14] 5a.After the recitation of continuous psalmody,[15] b.poetic kathisma from the Oktoechos, c.reading: from the *Life* of the saintly Symeon, and 9a.after the third ode, that of the martyr beginning Μάμας ὁ περιβόητος [BHG, 1018]. 9.Three canons: one from the Oktoechos, and another of the martyr in plagal mode 4 by Theophanes <to> Ἁρματηλάτην Φαραώ,[16] and another of the saintly man in the same mode by Germanos <to> Τῷ ἐκτινάξαντι, four troparia from each; a.after the third ode, poetic kathisma of the martyr in plagal mode 4, and theotokion; b.after the sixth ode, poetic kathisma of the saintly man in mode 3. 10.Exaposteilarion of the day. 12.At the stichos of the ainoi, stichera from the Oktoechos, and theotokion.

L. At the Liturgy, all the service of the day.

IX.03C. 3rd of the same month. The commemoration of the holy hieromartyr Anthimos, and of saintly Theoktistos pupil of holy Euthymios the Great.

V. At Vespers, 1.the recitation of continuous psalmody, 2.at Κύριε ἐκέκραξα we intercalate six times and chant three stichera of the hieromartyr in mode 4 to Ἔδωκας σημείωσιν, and another three of the saintly man in the same mode to Ὁ ἐξ ὑψίστου κληθείς, *Glory...both now...*, theotokion. 4.Instead of a prokeimenon, *Alleluia*

---

[12] The scribe is using prokeimenon in a generic sense; in this case it is 'after *Alleluia*', i.e. after *Alleluia* with stichos.
[13] Pannychis immediately follows Vespers.
[14] The mode is set; see note 3.
[15] Only one kathisma of the psalter is specified.
[16] The heirmos.

ΣΕΠΤΕΜΒΡΙΟΣ

Ἀλληλούια μετὰ τοῦ στίχου τῆς ἡμέρας. 10.εἰς τὸν στίχον στιχηρὰ τῆς ὀκτωήχου καὶ θεοτοκίον.

Εἰς τὴν παννυχίδα 1.κανὼν τῆς ἡμέρας τοῦ ἤχου.[15]

Εἰς τὸν ὄρθρον 5.μετὰ τὴν στιχολογίαν, καθίσματα τῆς ὀκτωήχου· ἀνάγνωσις τὸ μαρτύριον τοῦ ἁγίου, οὗ ἡ ἀρχὴ *Τίς οὐκ οἶδε τὴν Νικομήδειαν*. 9.κανόνες γ´· εἷς τῆς ὀκτωήχου, καὶ τοῦ ἱερομάρτυρος ἦχος πλάγιος δ´ Ἰωάννου μοναχοῦ <πρὸς τὸ> "Αἰσωμεν τῷ Κυρίῳ, καὶ τοῦ ὁσίου εἰς τὸν αὐτὸν ἦχον Θεοφάνους <πρὸς τὸ> Ἡ κεκομμένη, ἀνὰ δ´· ἀπὸ γ´ ᾠδῆς κάθισμα τοῦ μάρτυρος ἦχος πλάγιος δ´· ἀπὸ ϛ´ τοῦ ὁσίου καὶ θεοτοκίον. 10.ἐξαποστειλάριον τοῦ ἤχου. 12.εἰς τὸν στίχον τῶν αἴνων στιχηρὰ τῆς ὀκτωήχου γ´ καὶ θεοτοκίον.

Εἰς τὴν λειτουργίαν πᾶσα ἡ ἀκολουθία τῆς ἡμέρας.

Μηνὶ τῷ αὐτῷ δ´· τοῦ ἁγίου ἱερομάρτυρος Βαβύλα ἐπισκόπου Ἀντιοχείας.

Ἑσπέρας 1.μετὰ τὴν στιχολογίαν 2.εἰς τὸ *Κύριε ἐκέκραξα* ἱστῶμεν ϛ´ καὶ ψάλλομεν στιχηρὰ τοῦ ἁγίου [3r] ἀνὰ β´ ἦχος πλάγιος β´ πρὸς τὸ *Ὅλην ἀποθέμενοι, Δόξα καὶ νῦν*, θεοτοκίον. 4.προκείμενον τῆς ἡμέρας. 10.εἰς τὸν στίχον στιχηρὰ τῆς ὀκτωήχου β´, καὶ ἰδιόμελον τοῦ ἁγίου ἦχος πλάγιος β´ *Βήματι τυράννου παρέστης, Δόξα καὶ νῦν*, θεοτοκίον. 12.ἀπολυτίκιον ἦχος δ´ *Καὶ τρόπων μέτοχος καὶ θρόνων διάδοχος τῶν ἀποστόλων γενόμενος τήν*.[16]

Εἰς τὸν ὄρθρον 3.*Θεὸς Κύριος* καὶ 4.τὸ αὐτὸ τροπάριον β´, *Δόξα καὶ νῦν*, θεοτοκίον. 5.μετὰ τὴν στιχολογίαν καθίσματα τῆς ὀκτωήχου·

---

[15] τοῦ ἤχου ante τῆς ἡμέρας D
[16] καὶ θρόνων...τήν om. D

with the stichos of the day. 10.At the stichos, stichera from the Oktoechos, and theotokion.

PN. At Pannychis, 1.canon of the day in the mode [of the day].

O. At Orthros, 5a.after the recitation of continuous psalmody,[17] b.poetic kathismata from the Oktoechos, c.reading: the *Martyrion* of the holy man beginning *Τίς οὐκ οἶδε τὴν Νικομήδειαν* [BHG, 135]. 9.Three canons: one from the Oktoechos, and that of the hieromartyr in plagal mode 4 by John the Monk <to> Ἄισωμεν τῷ Κυρίῳ, and that of the saintly man in the same mode by Theophanes <to> Ἡ κεκομμένη, four troparia from each; a.after the third ode, poetic kathisma of the martyr in plagal mode 4; b.after the sixth ode, that of the saintly man, and theotokion. 10.Exaposteilarion of the mode.[18] 12.At the stichos of the ainoi, three stichera from the Oktoechos, and theotokion.

L. At the Liturgy, all the service of the day.

IX.04C. 4th of the same month. The commemoration of the holy hieromartyr Babylas, bishop of Antioch.

V. At Vespers, 1.after the recitation of continuous psalmody, 2.at *Κύριε ἐκέκραξα* we intercalate six times and chant stichera of the holy man twice each in plagal mode 2 to Ὅλην ἀποθέμενοι, *Glory...both now...,* theotokion. 4.Prokeimenon of the day of the week. 10.At the stichos, two stichera from the Oktoechos, and idiomelon of the holy man in plagal mode 2: *Βήματι τυράννου παρέστης, Glory...both now...,* theotokion. 12.Apolytikion in mode 4: *Καὶ τρόπων μέτοχος καὶ θρόνων διάδοχος τῶν ἀποστόλων γενόμενος τήν.*

O. At Orthros, 3.*Θεὸς Κύριος,* and 4.the same troparion twice,[19] *Glory...both now...,* theotokion. 5a.After the recitation of continuous

---

[17] Only one kathisma of the psalter is specified.
[18] The mode is set; see note 3.
[19] The troparion used as apolytikion at V.12 repeated here.

ἀνάγνωσις τὸ μαρτύριον τοῦ ἁγίου, οὗ ἡ ἀρχὴ *Νουμεριανοῦ τὰ Ῥωμαίων σκῆπτρα*· 9.ἀπὸ γ΄ ᾠδῆς κάθισμα τοῦ ἁγίου ἦχος γ΄ <πρὸς τὸ> Θείας πίστεως καὶ θεοτοκίον· ἀπὸ ϛ΄ τὸ αὐτοῦ κοντάκιον. 9.κανόνες γ΄· οἱ δύο τῆς ὀκτωήχου εἰς ϛ΄, καὶ τοῦ ἁγίου ὁμοίως εἰς ϛ΄ ἦχος πλάγιος β΄ Ἰωάννου μοναχοῦ <πρὸς τὸ> *Ὡς ἐν ἠπείρῳ πεζεύσας ὁ Ἰσραήλ*. 10.ἐξαποστειλάριον <πρὸς τὸ> *Ὁ οὐρανὸν τοῖς ἄστροις*. 12.εἰς τὸν στίχον τῶν αἴνων στιχηρὰ τῆς ὀκτωήχου β΄, καὶ ἄλλο τοῦ ἁγίου ἦχος πλάγιος α΄ <πρὸς τὸ> Χαίροις, *Δόξα καὶ νῦν*, θεοτοκίον.

Εἰς τὴν λειτουργίαν 1.τυπικὰ τῆς ἡμέρας. 2.προκείμενον τοῦ ἁγίου, ὁμοίως καὶ τὸ τροπάριον αὐτοῦ ἦχος δ΄ *Θαυμαστὸς ὁ Θεός*· στίχος *Ἐν ἐκκλησίαις*· ὁ ἀπόστολος πρὸς Ἑβραίους *Ἀδελφοί, ὁ ἁγιάζων καὶ οἱ ἁγιαζόμενοι*. Ἀλληλούια ἦχος δ΄ *Ἐκέκραξαν οἱ δίκαιοι*· εὐαγγέλιον κατὰ Λουκᾶν *Εἶπεν ὁ Κύριος τοῖς ἑαυτοῦ μαθηταῖς· Ἰδοὺ δίδωμι ὑμῖν*, ζήτει σαββάτῳ ι΄ τοῦ Λουκᾶ. 3.κοινωνικὸν *Ἀγαλλιᾶσθε*.

Μηνὶ τῷ αὐτῷ ε΄· τοῦ ἁγίου προφήτου Ζαχαρίου, καὶ τοῦ ἁγίου Κυρίλλου ἐπισκόπου Γορτύνης.

Ἑσπέρας 1.μετὰ τὴν στιχολογίαν 2.εἰς τὸ *Κύριε ἐκέκραξα* ἱστῶμεν ϛ΄ καὶ ψάλλομεν στιχηρὰ τοῦ προφήτου δ΄ ἦχος πλάγιος δ΄ πρὸς τὸ *Ὦ τοῦ παραδόξου θαύματος*, καὶ ἕτερα β΄ τοῦ ἁγίου Κυρίλλου εἰς τὸν αὐτὸν ἦχον πρὸς τὸ *Οἱ μάρτυρές σου Κύριε*, *Δόξα καὶ νῦν*, θεοτοκίον. 4.προκείμενον τῆς ἡμέρας. 10.εἰς τὸν στίχον τῆς ὀκτωήχου στιχηρὰ β΄, καὶ ἰδιόμελον τοῦ προφήτου ἦχος πλάγιος δ΄ *Ἱερωσύνης νομικῆς* καὶ θεοτοκίον. 12.ἀπολυτίκιον ἦχος δ΄ πρὸς τὸ Κατεπλάγη Ἰωσήφ *Ἱερωσύνης στολισμὸν περιβαλλόμενος σαφῶς,*[17] *κατὰ τὸν νόμον τοῦ Θεοῦ ὁλοκαυτώματα δεκτὰ ἱεροπρεπῶς προσενήνοχας, Ζαχαρία, καὶ γέγονας φωστὴρ καὶ θεατὴς μυστικῶν· τὰ σύμβολα ἐν σοὶ τὰ τῆς χάριτος φέρων ἐδείχθης,*[18] *πάνσοφε,* →

---

[17] σοφέ Men. et D
[18] ἐκδήλως D

psalmody,[20] **b.**poetic kathismata from the Oktoechos, **c.**reading: the *Martyrion* of the holy man beginning Νουμεριανοῦ τὰ Ῥωμαίων σκῆπτρα [BHG, 206]. **9a.**After the third ode, poetic kathisma of the holy man in mode 3 <to> Θείας πίστεως, and theotokion; **b.**after the sixth ode, his kontakion. **9.**Three canons: from the two of the Oktoechos six troparia, and from that of the holy man similarly six troparia in plagal mode 2 by John the Monk <to> Ὡς ἐν ἠπείρῳ πεζεύσας ὁ Ἰσραήλ. **10.**Exaposteilarion <to> Ὁ οὐρανὸν τοῖς ἄστροις. **12.**At the stichos of the ainoi, two stichera from the Oktoechos, and another of the holy man in plagal mode 1 <to> Χαίροις, *Glory...both now...,* theotokion.

L. At the Liturgy, 1.typika of the day. **2.**Prokeimenon of the holy man, **1.**similarly also his troparion,[21] in mode 4: Θαυμαστὸς ὁ Θεός [Ps 67:36], stichos: Ἐν ἐκκλησίαις [Ps 67:27], the apostle: to the Hebrews [2:11ff]. *Alleluia* in mode 4: Ἐκέκραξαν οἱ δίκαιοι [Ps 33:18], gospel: according to Luke [10:19ff] (see the tenth Saturday of Luke). **3.**Koinonikon: Ἀγαλλιᾶσθε [Ps 32:1].

IX.05C. 5th of the same month. The commemoration of the holy prophet Zacharias, and of holy Cyril, bishop of Gortyne.

V. At Vespers, 1.after the recitation of continuous psalmody, **2.**at Κύριε ἐκέκραξα we intercalate six times and chant four stichera of the prophet in plagal mode 4 to Ὢ τοῦ παραδόξου θαύματος, and another two of holy Cyril in the same mode to Οἱ μάρτυρές σου Κύριε, *Glory...both now...,* theotokion. **4.**Prokeimenon of the day of the week. **10.**At the stichos, two stichera from the Oktoechos, and idiomelon of the prophet in plagal mode 4: Ἱερωσύνης νομικῆς, and theotokion. **12.**Apolytikion in mode 4 to Κατεπλάγη Ἰωσήφ: *Clearly putting on the attire of the priesthood, according to the law of God you reverently offered acceptable whole burnt offerings, Zacharias, and became a luminary and an observer of mysteries. You were shown bearing in yourself the marks of grace, all-wise one, and were killed by a*

---

[20] Only one kathisma of the psalter is specified.
[21] The troparion used as apolytikion at V.12 repeated here.

ΣΕΠΤΕΜΒΡΙΟΣ

καὶ ξίφει ἀναιρεθεὶς ἐν τῷ [3v] ναῷ τοῦ Θεοῦ, Χριστοῦ προφῆτα, σὺν τῷ προδρόμῳ πρέσβευε τοῦ σωθῆναι ἡμᾶς.

Εἰς τὸν ὄρθρον 3.Θεὸς Κύριος καὶ 4.τὸ αὐτὸ τροπάριον β΄, Δόξα καὶ νῦν, θεοτοκίον. 5.μετὰ τὴν στιχολογίαν καθίσματα τῆς ὀκτωήχου· ἀνάγνωσις ἐγκώμιον τοῦ ἁγίου Κοσμᾶ Βεστήτορος, οὗ ἡ ἀρχὴ Μύστα τῶν ἀρρήτων. 9.κανόνες γ΄· ἱστῶμεν στίχους ιβ΄, εἷς τῆς ὀκτωήχου εἰς δ΄, καὶ τοῦ ἁγίου Κυρίλλου εἰς δ΄ ἦχος πλάγιος δ΄ Ἰωσήφ, καὶ τοῦ προφήτου εἰς τὸν αὐτὸν ἦχον εἰς δ΄ Θεοφάνους <πρὸς τὸ> Ὑγρὰν διοδεύσας· ἀπὸ γ΄ ᾠδῆς κάθισμα τοῦ προφήτου ἦχος πλάγιος δ΄· ἀπὸ ς΄ τὸ κοντάκιον αὐτοῦ. 10.ἐξαποστειλάριον <πρὸς τὸ> Ὁ οὐρανὸν τοῖς ἄστροις. 12.εἰς τὸν στίχον στιχηρὰ τῆς ὀκτωήχου β΄, καὶ ἓν ἐκ τῶν προσομοίων τοῦ προφήτου ἦχος δ΄ <πρὸς τὸ> Ἔδωκας σημείωσιν Παιδίον ἑώρακας, Δόξα καὶ νῦν, θεοτοκίον.

Εἰς τὴν λειτουργίαν 2.προκείμενον ἦχος βαρὺς Εὐφρανθήσεται δίκαιος· στίχος Εἰσάκουσον ὁ Θεὸς φωνῆς[19] μου· ὁ ἀπόστολος πρὸς Ἑβραίους Ἀδελφοί, οὐχ ἑαυτῷ τις λαμβάνει,[20] ζήτει Ἰουνίῳ[21] ιδ΄. Ἀλληλούϊα ἦχος πλάγιος α΄ Φῶς ἀνέτειλε τῷ δικαίῳ καὶ τοῖς εὐθέσι τῇ καρδίᾳ·[22] εὐαγγέλιον κατὰ Ματθαῖον Εἶπεν ὁ Κύριος· Οὐαὶ ὑμῖν γραμματεῖς καὶ φαρισαῖοι, ζήτει τῇ δ΄ τῆς ια΄ ἑβδομάδος. 3.κοινωνικὸν Εἰς μνημόσυνον.

Μηνὶ τῷ αὐτῷ ς΄· ἡ μνήμη τοῦ ἀρχαγγέλου Μιχαὴλ εἰς τὸ θαῦμα τὸ ἐν ταῖς Χώναις.

Ἑσπέρας 1.οὐ στιχολογοῦμεν, 2.εἰς δὲ τὸ Κύριε ἐκέκραξα ἱστῶμεν ς΄ καὶ ψάλλομεν στιχηρὰ τοῦ ἀσωμάτου ἦχος δ΄ πρὸς τὸ Ὡς γενναῖον γ΄ ἐκ δευτέρου, Δόξα καὶ νῦν, θεοτοκίον. 4.προκείμενον. 10.εἰς τὸν στίχον τῆς ὀκτωήχου β΄, καὶ ἰδιόμελον τοῦ ἀσωμάτου ἦχος πλάγιος β΄ Συγχάρητε ἡμῖν, Δόξα καὶ νῦν, θεοτοκίον. 12.ἀπολυτίκιον ἦχος δ΄ Τῶν οὐρανίων στρατιῶν.

---

[19] τῆς praepos. D
[20] τίς λαμβάνῃ cod.
[21] Ἰουνίου D
[22] καὶ τοῖς...καρδίᾳ om. D

sword in the temple of God; prophet of Christ, along with the Prodromos intercede that we be saved.

O. At Orthros, 3.Θεὸς Κύριος, and **4.**the same troparion twice,[22] *Glory...both now...,* theotokion. **5a.**After the recitation of continuous psalmody,[23] **b.**poetic kathismata from the Oktoechos, **c.**reading: *Encomium* by holy Kosmas Bestetor beginning Μύστα τῶν ἀρρήτων [BHG, 1881r]. **9.**Three canons, we intercalate twelve stichoi: from one of the Oktoechos four troparia, and from that of holy Cyril four troparia in plagal mode 4 by Joseph, and from that of the prophet in the same mode by Theophanes <to> Ὑγρὰν διοδεύσας four troparia; **a.**after the third ode, poetic kathisma of the prophet in plagal mode 4; **b.**after the sixth ode, his kontakion. **10.**Exaposteilarion <to> Ὁ οὐρανὸν τοῖς ἄστροις. **12.**At the stichos, two stichera from the Oktoechos, and one of the prosomoia of the prophet in mode 4 <to> Ἔδωκας σημείωσιν: *Παιδίον ἑώρακας, Glory...both now...,* theotokion.

L. At the Liturgy, 2.prokeimenon in barys mode: *Εὐφρανθήσεται δίκαιος* [Ps 63:11], stichos: *Εἰσάκουσον ὁ Θεὸς φωνῆς μου* [Ps 63:2], the apostle: to the Hebrews [5:4ff] (see 14 June). *Alleluia* in plagal mode 1: *Φῶς ἀνέτειλε τῷ δικαίῳ καὶ τοῖς εὐθέσι τῇ καρδίᾳ* [Ps 96:11], gospel: according to Matthew [23:29ff] (see Wednesday of the eleventh week). **3.**Koinonikon: *Εἰς μνημόσυνον* [Ps 111:6].

IX.06C. 6th of the same month. The commemoration of the archangel Michael in the miracle at Chonai.

V. At Vespers, 1.we do not recite the continuous psalmody, **2.**but at *Κύριε ἐκέκραξα* we intercalate six times and chant three stichera of the Incorporeal One in mode 4 to Ὡς γενναῖον twice, *Glory...both now...,* theotokion. **4.**Prokeimenon. **10.**At the stichos, two [stichera] from the Oktoechos, and idiomelon of the Incorporeal One in plagal mode 2: *Συγχάρητε ἡμῖν, Glory... both now...,* theotokion. **12.**Apolytikion in mode 4: *Τῶν οὐρανίων στρατιῶν.*

---

[22] The troparion used as apolytikion at V.12 repeated here.
[23] Only one kathisma of the psalter is specified.

ΣΕΠΤΕΜΒΡΙΟΣ

Εἰς τὸν ὄρθρον 4.τὸ αὐτὸ τροπάριον β΄, *Δόξα καὶ νῦν, θεοτοκίον.* 5.ἀπὸ τῆς στιχολογίας κάθισμα τῆς ὀκτωήχου· ἀνάγνωσις τὸ θαῦμα τοῦ ἀσωμάτου, οὗ ἡ ἀρχὴ *Καὶ τὸ*²³ *περὶ τῶν ἄλλων ἁγίων διεξιέναι.* 9.κανόνες β΄· εἷς τῆς ὀκτωήχου εἰς δ΄, καὶ τοῦ ἀρχιστρατήγου ἦχος δ΄ Ἰωσὴφ <πρὸς τὸ> Τῷ ὁδηγήσαντι πάλαι εἰς η΄· ἀπὸ γ΄ ᾠδῆς κάθισμα τοῦ αὐτοῦ ἦχος β΄ *Οἱ τῷ ναῷ σου τῷ σεπτῷ·* ἀπὸ ς΄ τὸ κοντάκιον αὐτοῦ ἦχος δ΄ *Ἀρχιστράτηγε Θεοῦ.* 10.ἐξαποστειλάριον <πρὸς τὸ> *Ὁ οὐρανὸν τοῖς ἄστροις.* [4r] 11.εἰς τοὺς αἴνους οὐδέν· 12.εἰς τὸν στίχον στιχηρὰ τῆς ὀκτωήχου δύο, καὶ ἰδιόμελον τοῦ ἀσωμάτου ἦχος πλάγιος α΄ *Ὅπου ἐπισκιάσει, Δόξα καὶ νῦν, θεοτοκίον.* ἀναγινώσκεται δὲ καὶ τὸ μαρτύριον τοῦ ἁγίου μάρτυρος Εὐδοξίου καὶ τῶν λοιπῶν ἐν τῷ αὐτῷ ὄρθρῳ, οὗ ἡ ἀρχὴ *Τραϊανοῦ τοῦ δυσσεβοῦς.*

Εἰς τὴν λειτουργίαν 1.ἐν τοῖς τυπικοῖς ᾠδὴ τοῦ κανόνος τοῦ ἀσωμάτου ἡ ς΄. εἰς τὴν εἴσοδον τὸ τροπάριον, *Δόξα καὶ νῦν,* τὸ κοντάκιον αὐτοῦ. 2.προκείμενον ἦχος δ΄ *Ὁ ποιῶν τοὺς ἀγγέλους αὐτοῦ πνεύματα·* στίχος *Εὐλόγει ἡ ψυχή μου τόν·*²⁴ ὁ ἀπόστολος πρὸς Ἑβραίους *Ἀδελφοί, εἰ ὁ δι᾽ ἀγγέλων λαληθείς, ζήτει Νοεμβρίου εἰς τὴν η΄. Ἀλληλούϊα ἦχος β΄ *Αἰνεῖτε τὸν Κύριον πάντες οἱ ἄγγελοι αὐτοῦ, αἰνεῖτε αὐτὸν πᾶσαι.*²⁵ στίχος β΄ *Ὅτι αὐτὸς εἶπε καὶ ἐγενήθησαν, αὐτὸς ἐνετείλατο καὶ ἐκτίσθησαν·*²⁶ εὐαγγέλιον κατὰ Λουκᾶν *Εἶπεν ὁ Κύριος τοῖς ἑαυτοῦ μαθηταῖς· Ὁ ἀκούων ὑμῶν, ἐμοῦ ἀκούει.* 3.κοινωνικὸν *Ὁ ποιῶν τοὺς ἀγγέλους αὐτοῦ πνεύματα.*

Δεῖ γινώσκειν ὅτι ἐὰν τύχῃ ἐν ἡμέρᾳ σαββάτου τοῦ ἀσωμάτου οὐδὲν τῶν νεκρωσίμων ψάλλομεν. 11.εἰς δὲ τοὺς αἴνους λέγομεν →

---

²³ τὰ D
²⁴ om. D
²⁵ αἰνεῖτε αὐτὸν πᾶσαι om. D
²⁶ αὐτὸς ἐνετείλατο...ἐκτίσθησαν om. D

6 SEPTEMBER

O. At Orthros, 4.the same troparion twice,[24] *Glory...both now...*, theotokion. **5a.**After the recitation of continuous psalmody,[25] **b.**poetic kathisma from the Oktoechos, **c.**reading: the miracle of the Incorporeal One beginning *Καὶ τὸ περὶ τῶν ἄλλων ἁγίων διεξιέναι* [BHG, 1284]. **9.**Two canons: from one of the Oktoechos four troparia, and from that of the Chief Commander in mode 4 by Joseph <to> Τῷ ὁδηγήσαντι πάλαι eight troparia; **a.**after the third ode, poetic kathisma of the same one[26] in mode 2: *Οἱ τῷ ναῷ σου τῷ σεπτῷ*, **b.**after the sixth ode, his kontakion in mode 4: *Ἀρχιστράτηγε Θεοῦ*. **10.**Exaposteilarion <to> *Ὁ οὐρανὸν τοῖς ἄστροις*. **11.**At the ainoi, nothing; **12.**at the stichos, two stichera from the Oktoechos, and idiomelon of the Incorporeal One in plagal mode 1: *Ὅπου ἐπισκιάσει, Glory...both now...*, theotokion. The **Martyrion** of the holy martyr Eudoxios and the others is also read during the same **Orthros** beginning *Τραϊανοῦ τοῦ δυσσεβοῦς* [BHG, 1604].

L. At the Liturgy, 1.during the typika the sixth ode of the canon of the Incorporeal One.[27] At the entrance, the troparion,[28] *Glory...both now...*, his kontakion. **2.**Prokeimenon in mode 4: *Ὁ ποιῶν τοὺς ἀγγέλους αὐτοῦ πνεύματα* [Ps 103:4], stichos: *Εὐλόγει ἡ ψυχή μου τόν* [Ps 103:1], the apostle: to the Hebrews [2:2ff] (see 8 November). *Alleluia* in mode 2: *Αἰνεῖτε τὸν Κύριον πάντες οἱ ἄγγελοι αὐτοῦ, αἰνεῖτε αὐτὸν πᾶσαι* [Ps 148:2], second stichos: *Ὅτι αὐτὸς εἶπε καὶ ἐγενήθησαν, αὐτὸς ἐνετείλατο καὶ ἐκτίσθησαν* [Ps 148:5], gospel: according to Luke [10:16ff]. **3.**Koinonikon: *Ὁ ποιῶν τοὺς ἀγγέλους αὐτοῦ πνεύματα* [Ps 103:4].

IX.06 S.1 It is necessary to realise that if the commemoration of the Incorporeal One falls on a Saturday, we chant none of the stichera of the dead. **O.11.**At the ainoi we recite martyr

---

[24] The troparion used as apolytikion at V.12 repeated here.
[25] Only one kathisma of the psalter is specified.
[26] That is, of the Chief Commander, the archangel Michael.
[27] Most probably means that refrains of the sixth ode are intercalated into the makarismoi.
[28] The troparion used as apolytikion at V.12 repeated here.

στιχηρὰ μαρτυρικὰ τοῦ ἤχου, καὶ εἰς τὸ *Δόξα* τὸ ἰδιόμελον *Ὅπου ἐπισκιάσει ἡ χάρις* καὶ θεοτοκίον· 12.εἰς δὲ τὸν στίχον τὰ νεκρώσιμα τοῦ ἤχου. Εἰς δὲ τὸν ὄρθρον 9.ψάλλομεν κανόνα εἰ λάχῃ[27] κατανυκτικὸν εἴτε σταυρώσιμον· εἰ δὲ ἑτέρα ἡμέρα, τῆς Θεοτόκου εἰς δ΄, καὶ τοῦ ἀρχαγγέλου εἰς η΄.

Μηνὶ τῷ αὐτῷ ζ΄.[28] προεόρτια τῆς γεννήσεως τῆς Θεοτόκου, καὶ τοῦ ἁγίου μάρτυρος Σώζοντος.

Ἑσπέρας 1.μετὰ τὴν στιχολογίαν 2.εἰς τὸ *Κύριε ἐκέκραξα* ἱστῶμεν ϛ΄ καὶ ψάλλομεν στιχηρὰ τῆς Θεοτόκου προεόρτια β΄ ἦχος α΄ πρὸς τὸ Τῶν οὐρανίων ταγμάτων, δευτεροῦντες τὸ ἕν, καὶ γ΄ τοῦ ἁγίου ἦχος δ΄ πρὸς τὸ Ἔδωκας σημείωσιν, *Δόξα καὶ νῦν*, θεοτοκίον. 4.προκείμενον τῆς ἡμέρας. 10.εἰς τὸν στίχον στιχηρὰ τῆς ἑορτῆς, ζήτει ταῦτα εἰς τὸ τέλος τοῦ βιβλίου, *Δόξα καὶ νῦν*, ἦχος δ΄ τῆς Θεοτόκου *Τὴν πάνσεπτόν σου γέννησιν*. 12.ἀπολυτίκιον ἦχος α΄ πρὸς τὸ Τοῦ λίθου σφραγισθέντος *Τεχθεῖσα παραδόξως στειρωτικῶν ἐξ ὠδίνων, παρθενικῶν ἐκ λαγόνων ἐκύησας ὑπὲρ φύσιν· ὡραῖος φανεῖσα γὰρ βλαστός, ἐξήνθησας τῷ* [4v] *κόσμῳ τὴν ζωήν· διὰ τοῦτο αἱ δυνάμεις τῶν οὐρανῶν βοῶσί σοι, Θεοτόκε, Δόξα τῇ προόδῳ σου, ἁγνή, δόξα τῇ κυήσει σου, δόξα τῇ παρθενίᾳ σου, μῆτερ ἀνύμφευτε*.

Εἰς τὴν παννυχίδα 1.κανὼν προεόρτιος· 2.ἀπὸ γ΄ ᾠδῆς οὐδέν· 3.ἀπὸ ϛ΄ κοντάκιον τῆς Θεοτόκου ἐκ τῶν συνήθων.

Εἰς τὸν ὄρθρον 3.Θεὸς *Κύριος* ἦχος α΄, καὶ 4.τὸ αὐτὸ τροπάριον ἐκ γ΄. 5.μετὰ τὴν στιχολογίαν καθίσματα τῆς ὀκτωήχου· ἀνάγνωσις τὸ

---

[27] λάχοι D
[28] η΄ D

stichera of the mode,[29] and at *Glory....* the idiomelon: *Ὅπου ἐπισκιάσει ἡ χάρις,* and theotokion; 12.but at the stichos, [the stichera] of the dead of the mode.[30] O.At Orthros, 9.we chant a penitential canon, if it turns out so, or a crucifixion one;[31] but if it is another day, four troparia from that of the Theotokos, and eight troparia from that of the archangel.

IX.07C. 7th of the same month. Forefeast of the Birth of the Theotokos, and commemoration of the holy martyr Sozon.

V. At Vespers, 1.after the recitation of continuous psalmody, 2.at *Κύριε ἐκέκραξα* we intercalate six times and chant two forefeast stichera of the Theotokos in mode 1 to Τῶν οὐρανίων ταγμάτων, repeating the first, and three of the holy man in mode 4 to Ἔδωκας σημείωσιν, *Glory...both now...,* theotokion. 4.Prokeimenon of the day of the week. 10.At the stichos, stichera of the feast (look for these at the end of the book), *Glory...both now...,* in mode 4 that of the Theotokos: Τὴν πάνσεπτόν σου γέννησιν. 12.Apolytikion in mode 1 to Τοῦ λίθου σφραγισθέντος: *Born miraculously from barren birth pangs, from a virgin womb you conceived beyond nature, for appearing as a beautiful shoot you brought forth the flower of life to the world; for that reason the powers of heaven call out to you, Theotokos, 'Glory to your coming forth, pure one, glory to your conceiving, glory to your virginity, mother unwedded'.*

PN. At Pannychis, 1.forefeast canon; 2.after the third ode, nothing; 3.after the sixth ode, kontakion of the Theotokos from the customary ones.

O. At Orthros, 3.*Θεὸς Κύριος* in mode 1, and 4.the same troparion three times.[32] 5a.After the recitation of continuous psalmody,[33]

---

[29] The mode is set; see note 3.
[30] The mode is set; see note 3.
[31] At Evergetis a penitential canon is set for Monday, Tuesday and Thursday; a crucifixion canon for Wednesday and Friday.
[32] The troparion used as apolytikion at V.12 repeated here.
[33] Only one kathisma of the psalter is specified.

μαρτύριον τοῦ ἁγίου Σώζοντος, οὗ ἡ ἀρχὴ Μαξιμιανοῦ τῆς Κιλικίας. 9.κανόνες δύο· τῆς ἑορτῆς ὁ προεόρτιος εἰς η΄ ἦχος δ΄ ποίημα Γεωργίου <πρὸς τὸ> Ἀνοίξω τὸ στόμα μου, καὶ τοῦ ἁγίου εἰς τὸν αὐτὸν ἦχον Θεοφάνους <πρὸς τὸ> Θαλάσσης τὸ ἐρυθραῖον· ἀπὸ γ΄ ᾠδῆς κάθισμα τοῦ ἁγίου ἦχος δ΄· ἀπὸ ς΄ κάθισμα τῆς Θεοτόκου ἦχος πλάγιος δ΄ πρὸς τὸ Τὸ προσταχθέν μοι²⁹ *Ἀνανεώθητε Ἀδάμ, Δόξα καὶ νῦν, τὸ αὐτό.* 10.ἐξαποστειλάριον *Ἅγιος Κύριος.* 12.εἰς τὸν στίχον τῶν αἴνων στιχηρὰ...³⁰ τῆς ἑορτῆς, ζήτει εἰς τὸ τέλος τοῦ βιβλίου, ἦχος β΄, *Δόξα καὶ νῦν*, ἰδιόμελον τῆς ἑορτῆς ἦχος β΄ *Δεῦτε φιλοπάρθενοι πάντες.*

Εἰς τὴν λειτουργίαν 1.οἱ μακαρισμοὶ τοῦ ἤχου. μετὰ τὴν εἴσοδον...,³¹ *Δόξα καὶ νῦν* ἦχος α΄ τὸ τροπάριον τῆς Θεοτόκου. 2.προκείμενον ἦχος πλάγιος β΄ *Μνησθήσομαι τοῦ ὀνόματός σου·* στίχος *Ἄκουσον θύγατερ. Ἀλληλούια* ἦχος πλάγιος δ΄ *Ἀνάστηθι Κύριε εἰς τὴν ἀνάπαυσίν σου·* ἀπόστολος δὲ καὶ εὐαγγέλιον τῆς ἡμέρας. 3.κοινωνικὸν *Ποτήριον.*

Μηνὶ τῷ αὐτῷ η΄· τὸ γενέθλιον τῆς Θεοτόκου.

Ἑσπέρας 1.οὐ στιχολογοῦμεν, 2.εἰς δὲ τὸ *Κύριε ἐκέκραξα* ἱστῶμεν η΄ καὶ ψάλλομεν στιχηρὰ ἦχος πλάγιος β΄· *Σήμερον ὁ τοῖς νοεροῖς θρόνοις* λέγομεν β΄, *Εἰ καὶ θείῳ βουλήματι* λέγομεν γ΄, *Αὕτη ἡ³² ἡμέρα Κυρίου* λέγομεν³³ γ΄, *Δόξα καὶ νῦν, τὸ πρῶτον.*³⁴ 3.εἶτα εἴσοδος. 4.προκείμενον τῆς ἡμέρας. 5.ἀναγνώσματα τὰ εἰς τὴν κοίμησιν τῆς Θεοτόκου· τὸ α΄ Γενέσεως *Ἐξῆλθεν Ἰακώβ·* τὸ β΄ Ἰεζεκιὴλ *Ἔσται ἀπὸ τῆς ἡμέρας·* τὸ γ΄ Παροιμιῶν *Ἡ σοφία ᾠκοδόμησεν.* 10.εἰς τὸν στίχον στιχηρὰ ἰδιόμελα³⁵ ἦχος δ΄ *Ἡ παγκόσμιος χαρά*, στίχος *Μνήσθητι Κύριε τοῦ Δαβὶδ* ἕως τοῦ →

---

²⁹ μυστικῶς D
³⁰ post στιχηρὰ aliquid latet, fortasse numerus nescioqui
³¹ lacuna in cod. est, infra quam sunt duae litterae, fortasse τρ pro τροπάριον
³² om. D
³³ λέγεται D
³⁴ Εἰ καὶ...πρῶτον man. sec. quae verba primum in marg. inf. scripta postea sunt erasa et iterum scripta in marg sin.
³⁵ ἰδιόμελον D

b.poetic kathismata from the Oktoechos, c.reading: the *Martyrion* of holy Sozon beginning Μαξιμιανοῦ τῆς Κιλικίας [BHG, 1644]. 9.Two canons: from the forefeast canon of the feast, a composition of George <to> Ἀνοίξω τὸ στόμα μου, eight troparia in mode 4, and from that of the holy man in the same mode by Theophanes <to> Θαλάσσης τὸ ἐρυθραῖον.[34] a.After the third ode, poetic kathisma of the holy man in mode 4; b.after the sixth ode, poetic kathisma of the Theotokos in plagal mode 4 to Τὸ προσταχθέν μοι: Ἀνανεώθητε Ἀδάμ, *Glory...both now...*, the same repeated. 10.Exaposteilarion: Ἅγιος Κύριος. 12.At the stichos of the ainoi, ... stichera of the feast in mode 2 (look at the end of the book), *Glory...both now...*, idiomelon of the feast in mode 2: Δεῦτε φιλοπάρθενοι πάντες.

L. At the Liturgy, 1.the makarismoi of the mode.[35] After the entrance, ..., *Glory...both now...*, in mode 1 the troparion of the Theotokos.[36] 2.Prokeimenon in plagal mode 2: Μνησθήσομαι τοῦ ὀνόματός σου [Ps 44:18], stichos: Ἄκουσον θύγατερ [Ps 44:11]. Alleluia in plagal mode 4: Ἀνάστηθι Κύριε εἰς τὴν ἀνάπαυσίν σου [Ps 131:8]; apostle and gospel of the day. 3.Koinonikon: Ποτήριον [Ps 115:4].

IX.08C. 8th of the same month. The Nativity of the Theotokos.

V. At Vespers, 1.we do not recite the continuous psalmody, 2.but at Κύριε ἐκέκραξα we intercalate eight times and chant stichera[37] in plagal mode 2: Σήμερον ὁ τοῖς νοεροῖς θρόνοις we recite twice, Εἰ καὶ θείῳ βουλήματι we recite three times, Αὕτη ἡ ἡμέρα Κυρίου we recite three times, *Glory...both now...*, the first one. 3.Then entrance. 4.Prokeimenon of the day of the week. 5.The readings on the Dormition of the Theotokos: the first from Genesis [28:10ff], the second from Ezekiel [43:27, 44:1ff], the third from Proverbs [9:1ff]. 10.At the stichos, stichera idiomela in mode 4: Ἡ παγκόσμιος χαρά, stichos: Μνήσθητι Κύριε τοῦ Δαβὶδ as far as Ηὔξατο τῷ Θεῷ Ἰακώβ →

---

[34] Four troparia from this canon.
[35] The mode is set; see note 3.
[36] The troparion used as apolytikion at V.12 repeated here.
[37] These are stichera idiomela.

ΣΕΠΤΕΜΒΡΙΟΣ

Ηὔξατο τῷ Θεῷ Ἰακώβ· ἕτερον³⁶ Δι' ἀγγέλου προρρήσεως, στίχος *Ὤμοσε Κύριος τῷ Δαβὶδ ἀλήθειαν* ἕως τοῦ *Ἐκ καρποῦ τῆς κοιλίας σου θήσομαι ἐπὶ τοῦ θρόνου·* ἄλλο *Τὴν πάνσεπτόν σου γέννησιν, Δόξα καὶ νῦν,* ἦχος πλάγιος β' *Σήμερον στειρωτικαὶ πύλαι*. 12.ἀπολυτίκιον ἦχος α' *Ἡ γέννησίς σου Θεοτόκε*.

Εἰς τὴν παννυχίδα τῆς ἀγρυπνίας 1.κανόνες δύο· [5r] ὁ εἷς ποίημα Λέοντος δεσπότου ἦχος δ' <πρὸς τὸ> Ἀνοίξω τὸ στόμα μου εἰς ς' σὺν τοῖς εἱρμοῖς, καὶ ὁ ἕτερος Ἰωσὴφ εἰς τὸν αὐτὸν ἦχον <πρὸς τὸ> Γηθόμενοι σήμερον εἰς δ'· 2.ἀπὸ γ' ᾠδῆς κάθισμα τῆς ἑορτῆς· 3.ἀπὸ ς' τὸ κοντάκιον τῆς Θεοτόκου *Προστασία τῶν χριστιανῶν* καὶ τὸν οἶκον. μετὰ τὴν ἀπόλυσιν 4.ἡ ἀνάγνωσις εἰς τὸ πανηγυρικὸν βιβλίον τῆς Θεοτόκου, λόγος α' Ἰωάννου τοῦ Δαμασκηνοῦ, οὗ ἡ ἀρχὴ *Δεῦτε πάντα τὰ ἔθνη*. εἶτα μετὰ τὴν ἀνάγνωσιν σημαίνει καὶ ἀρχόμεθα τοῦ ὄρθρου.

Εἰς τὸν ὄρθρον 3.*Θεὸς Κύριος* ἦχος α', 4.τὸ τροπάριον ἐκ γ'. 5.εἶτα ἡ στιχολογία κάθισμα τῆς ἡμέρας τὸ ἐνόρδινον, κάθισμα τῆς ἑορτῆς ἦχος δ' πρὸς τὸ Κατεπλάγη Ἰωσήφ *Ἐκ τῆς ῥίζης Ἰεσσαί, Δόξα καὶ νῦν,* τὸ αὐτό· ἀνάγνωσις λόγος τοῦ αὐτοῦ ἁγίου Ἰωάννου τοῦ Δαμασκηνοῦ, οὗ ἡ ἀρχὴ *Εἰ μετρεῖται γῆ σπιθαμῇ·* εἶτα λέγομεν κάθισμα ς' τὸ *Κύριε μὴ τῷ θυμῷ σου ἐλέγξῃς με,* τὸ κάθισμα ὅλον, ἔπειτα³⁷ κάθισμα τῆς ἑορτῆς πρὸς τὸ Κατεπλάγη Ἰωσήφ *Ἡ παρθένος Μαριάμ, Δόξα καὶ νῦν,* τὸ αὐτό· ἀνάγνωσις λόγος³⁸ τοῦ αὐτοῦ κυροῦ Ἰωάννου τοῦ Δαμασκηνοῦ, οὗ ἡ ἀρχὴ *Ἄλλοι μὲν ἄλλας ἑορτῶν ὑποθέσεις·* ἔπειτα στιχολογοῦμεν τὸν πολυέλεον· κάθισμα ὁμοίως *Ἀναβόησον Δαβίδ, Δόξα καὶ νῦν,* τὸ αὐτό· ἀνάγνωσις λόγος τοῦ κυροῦ Ἀνδρέου ἐπισκόπου Κρήτης,³⁹ οὗ ἡ ἀρχὴ *Ἀρχὴ μὲν ἑορτῶν ἡ παροῦσα πανήγυρις*. μετὰ τὴν ἀνάγνωσιν 6.οἱ ἀναβαθμοὶ ἦχος δ' ἀντίφωνον ἕν. 7.προκείμενον ἦχος δ' *Μνησθήσομαι τοῦ* →

---

³⁶ ἕτερος D
³⁷ κάθισμα ὅλον, ἔπειτα om. D
³⁸ λόγου D
³⁹ κρίτης cod.

8 SEPTEMBER

[Ps 131:1f], another [sticheron]: Δι' ἀγγέλου προρρήσεως, stichos: Ὤμοσε Κύριος τῷ Δαβὶδ ἀλήθειαν as far as Ἐκ καρποῦ τῆς κοιλίας σου θήσομαι ἐπὶ τοῦ θρόνου [Ps 131:11], another [sticheron]: Τὴν πάνσεπτόν σου γέννησιν, Glory...both now..., in plagal mode 2 Σήμερον στειρωτικαὶ πύλαι. 12.Apolytikion in mode 1: Ἡ γέννησίς σου Θεοτόκε.

PN. At Pannychis of the Agrypnia, 1.two canons: from the one, a composition of Leo Despotes in mode 4 <to> Ἀνοίξω τὸ στόμα μου, six troparia including the heirmoi, and from the other by Joseph in the same mode <to> Γηθόμενοι σήμερον four troparia; **2.**after the third ode, poetic kathisma of the feast; **3.**after the sixth ode, the kontakion of the Theotokos: Προστασία τῶν χριστιανῶν, and the oikos. After the apolysis, **4.**the reading in the Panegyrikon on the Theotokos: the first Homily of John of Damascus beginning Δεῦτε πάντα τὰ ἔθνη [BHG, 1087]. Then after the reading the signal is given and we begin **Orthros**.

O. At Orthros, 3.Θεὸς Κύριος in mode 1, **4.**the troparion three times,[38] **5a.**then the recitation of continuous psalmody, the regular kathisma of the day, **b.**poetic kathisma of the feast: Ἐκ τῆς ῥίζης Ἰεσσαί in mode 4 to Κατεπλάγη Ἰωσήφ, Glory...both now..., the same repeated, **c.**reading: Homily of the same holy John of Damascus beginning Εἰ μετρεῖται γῇ σπιθαμῇ [BHG, 1092]; **d.**then we recite kathisma 6 [of the psalter]: Κύριε μὴ τῷ θυμῷ σου ἐλέγξῃς με, the whole kathisma,[39] **e.**next poetic kathisma of the feast to Κατεπλάγη Ἰωσήφ: Ἡ παρθένος Μαριάμ, Glory...both now..., the same repeated, **f.**reading: Homily of the same Kyr John of Damascus beginning Ἄλλοι μὲν ἄλλας ἑορτῶν ὑποθέσεις [BHG, 1080]; **g.**next we recite the polyeleos,[40] **h.**poetic kathisma to the same melody: Ἀναβόησον Δαβίδ, Glory...both now..., the same repeated, **i.**reading: Homily of Kyr Andrew, bishop of Crete, beginning Ἀρχὴ μὲν ἑορτῶν ἡ παροῦσα πανήγυρις [BHG, 1082]. After the reading, **6.**the anabathmoi in mode 4, one antiphon. **7a.**Prokeimenon in mode 4: →

---

[38] The troparion used as apolytikion at V.12 repeated here.
[39] Psalms 37-45.
[40] Psalms 134 and 135.

ΣΕΠΤΕΜΒΡΙΟΣ

ὀνόματός σου ἐν πάσῃ· στίχος *Ἄκουσον θύγατερ καὶ ἰδέ*· τὸ *Πᾶσα πνοή*· εὐαγγέλιον ἑωθινὸν τῆς Θεοτόκου *Ἀναστᾶσα Μαριάμ*· 8.εἶτα ὁ Ν´. 9.κανόνες β´· τῆς ἑορτῆς ἦχος β´ Ἰωάννου μοναχοῦ <πρὸς τὸ> *Δεῦτε λαοί· Τῷ Κυρίῳ ᾄσωμεν* οὐ λέγομεν, λέγομεν δὲ τοὺς εἱρμοὺς ἀνὰ β´, τὰ δὲ τροπάρια ἀνὰ δ´· καὶ ἕτερος κανὼν τοῦ κυροῦ Ἀνδρέου εἰς ϛ´ ἦχος πλάγιος δ´ <πρὸς τὸ> *Τῷ συντρίψαντι πολέμους*, ἔσχατον δὲ ἀμφότεροι οἱ χοροὶ ψάλλουσι τὴν καταβασίαν τοῦ σταυροῦ *Σταυρὸν χαράξας Μωσῆς*· ἀπὸ γ´ ᾠδῆς κάθισμα ἦχος πλάγιος δ´ <πρὸς τὸ> *Τὸ προσταχθέν μοι*[40] *Ἀγαλλιάσθω οὐρανός, Δόξα καὶ νῦν,* τὸ αὐτό, ἀνάγνωσις λόγος εἰς τὴν μετάφρασιν τοῦ ἁγίου Ἰακώβου ἱστορικός, οὗ ἡ ἀρχὴ *Ἐν ταῖς ἱστορίαις τῶν ιβ´ φυλῶν*· ἀπὸ ϛ´ τὸ κοντάκιον ἦχος δ´ *Ἰωακεὶμ καὶ Ἄννα* καὶ τὸν οἶκον. 10.ἐξαποστειλάριον *Ἅγιος Κύριος*, εἰ δ᾽ οὖν ἕτερον[41] πρὸς τὸ *Γυναῖκες ἀκουτίσθητε Ἀγάλλονται τὰ πέρατα*. 11.εἰς τοὺς αἴνους ἱστῶμεν ϛ´ καὶ ψάλλομεν [5v] στιχηρὰ ἦχος α´ ἀνὰ[42] β´ *Ὢ τοῦ παραδόξου θαύματος ἡ πηγὴ τῆς ζωῆς, Δόξα καὶ νῦν,* ἦχος πλάγιος β´ ἰδιόμελον *Σήμερον ἡ στεῖρα Ἄννα*. 13.δοξολογία μεγάλη. 14.ἀπολυτίκιον τῆς ἑορτῆς.

Εἰ δὲ τύχῃ ἐν κυριακῇ, ἑσπέρας 1.ἡ στιχολογία *Μακάριος ἀνήρ*, 2.εἰς δὲ τὸ *Κύριε ἐκέκραξα* ἱστῶμεν η´ καὶ ψάλλομεν τὰ γ´ ἀναστάσιμα καὶ τὰ γ´ τῆς ἑορτῆς τὰ προγραφέντα ἦχος πλάγιος β´ *Σήμερον ὁ τοῖς νοεροῖς θρόνοις, Αὕτη ἡ ἡμέρα Κυρίου, Εἰ καὶ θείῳ*

---

[40] μυστικῶς D
[41] ἕτερος D
[42] ἦχος α´ ἀνὰ om. D

8 SEPTEMBER

Μνησθήσομαι τοῦ ὀνόματός σου ἐν πάσῃ [Ps 44:18], stichos: Ἄκουσον θύγατερ καὶ ἰδέ [Ps 44:11], b.Πᾶσα πνοή, c.matins gospel of the Theotokos [Lk 1:39ff]. 8.Then psalm 50. 9.Two canons: from that of the feast in mode 2 by John the Monk <to> Δεῦτε λαοί[41] we do not recite Τῷ Κυρίῳ ᾄσωμεν [42] but recite the heirmoi twice each and the troparia four times each, and from another canon by Kyr Andrew in plagal mode 4 <to> Τῷ συντρίψαντι πολέμους[43] six troparia, and at the end both choirs chant the katabasia of the cross: Σταυρὸν χαράξας Μωσῆς. a.After the third ode, poetic kathisma in plagal mode 4 <to> Τὸ προσταχθέν μοι: Ἀγαλλιάσθω οὐρανός, Glory...both now..., the same repeated, reading: a narrative passage in the Metaphrasis of holy James[44] beginning Ἐν ταῖς ἱστορίαις τῶν ιβ΄ φυλῶν [BHG, 1046]; b.after the sixth ode, in mode 4 the kontakion: Ἰωακεὶμ καὶ Ἄννα, and the oikos. 10.Exaposteilarion: Ἅγιος Κύριος, and if there is no other one, to Γυναῖκες ἀκουτίσθητε: Ἀγάλλονται τὰ πέρατα. 11.At the ainoi, we intercalate six times and chant stichera[45] in mode 1 twice each: Ὦ τοῦ παραδόξου θαύματος ἡ πηγὴ τῆς ζωῆς, Glory...both now..., in plagal mode 2 idiomelon: Σήμερον ἡ στεῖρα Ἄννα. 13.Great doxology. 14.Apolytikion of the feast.

IX.08 K.1 But if it falls on a Sunday, **V.at Vespers, 1.**the recitation of continuous psalmody: Μακάριος ἀνήρ [kath 1],[46] **2.**and at Κύριε ἐκέκραξα we intercalate eight times and chant the three resurrection [stichera], and the three prescribed ones of the feast[47] in plagal mode 2: Σήμερον ὁ τοῖς νοεροῖς

---

[41] The heirmos.
[42] Ode 1.
[43] The heirmos.
[44] The Protoevangelion of James; see E. Hennecke, W. Schneemelcher, *New Testament Apocrypha* I (Philadelphia, 1963) 370-88, with English translation.
[45] That is, three stichera prosomoia; the following incipit is that of the first sticheron.
[46] Kathisma 1 of the psalter (psalms 1-8) is always chanted at Vespers on Saturday evenings.
[47] These are stichera idiomela.

ΣΕΠΤΕΜΒΡΙΟΣ

βουλήματι ἀνὰ δεύτερον μετὰ τοῦ *Δόξα καὶ νῦν.* 3.εἴσοδος. 4.προκείμενον καὶ 5.τὰ ἀναγνώσματα. 10.εἰς τὸν στίχον τὸ ἀναστάσιμον καὶ τῆς ἑορτῆς τὰ προγραφέντα ἦχος δ´ *Ἡ παγκόσμιος χαρά,* ἕτερον *Δι᾽ ἀγγέλου προρρήσεως πρὸς μίαν·* τοὺς δὲ στίχους τῆς ἑορτῆς, *Δόξα καὶ νῦν, Τὴν πάνσεπτόν σου γέννησιν.* 12.ἀπολυτίκιον τῆς Θεοτόκου. Εἰς δὲ τὴν παννυχίδα 1.κανόνας τοὺς προειρημένους τῆς Θεοτόκου. Εἰς δὲ τὸν ὄρθρον 4.τὸ ἀναστάσιμον τροπάριον 3.εἰς τὸ *Θεὸς Κύριος* δεύτερον, *Δόξα καὶ νῦν,* τῆς ἑορτῆς. 5.στιχολογοῦμεν τὰ β´ καθίσματα τῆς κυριακῆς *Ἐξομολογήσομαι* καὶ *Ἀγαπήσω σε Κύριε·* καθίσματα δὲ καὶ ἀναγνώσματα τῆς ἑορτῆς ὡς εἴρηνται·[43] μετὰ τὸν πολυέλεον ἡ ὑπακοὴ τοῦ ἤχου· ἀλλ᾽ εἰ ἔχει ἡ ὥρα, λέγομεν καὶ τὸν πολυέλεον, εἰ δὲ μή, μετὰ τὴν ἀνάγνωσιν. 6.οἱ ἀναβαθμοὶ τοῦ ἤχου τὰ γ´ ἀντίφωνα. 7.προκείμενον δὲ καὶ *Πᾶσα πνοὴ* καὶ εὐαγγέλιον ἑωθινὸν τῆς Θεοτόκου μόνα.

Οὕτω γὰρ διετάξατο ὁ Στουδίτης ποιεῖν καὶ εἰς ταύτην τὴν ἑορτὴν τῆς Θεοτόκου καὶ εἰς τὴν ὑπαπαντὴν καὶ εἰς[44] τὴν κοίμησιν καὶ εἰς τὸν εὐαγγελισμόν, καὶ τοῦτο εἰ μὴ τύχῃ ἡ κυριακὴ τῶν βαΐων, ἐν ταύτῃ γὰρ προτιμᾶται τὸ εὐαγγέλιον τῶν βαΐων· εἰς δὲ τὰ ἅγια τῶν ἁγίων τὸ ἀναστάσιμον προτιμᾶται, εἰ τύχῃ εἰς κυριακήν· εἰς δὲ τὴν λειτουργίαν ἀμφότερα εἰς πάσας τὰς ἑορτάς.

Εὐαγγέλιον τοίνυν καὶ προκείμενον τῆς Θεοτόκου ὡς εἴρηται· εἶτα *Ἀνάστασιν Χριστοῦ θεασάμενοι* καὶ 8.τὸν Ν´. 9.κανόνας δὲ →

---

[43] εἴρηται D
[44] om. D

8 SEPTEMBER

θρόνοις, Αὕτη ἡ ἡμέρα Κυρίου, Εἰ καὶ θείῳ βουλήματι, twice each[48] with Glory...both now.... 3.Entrance. 4.Prokeimenon and 5.the readings. 10.At the stichos, the resurrection [sticheron], and the prescribed ones of the feast in mode 4: Ἡ παγκόσμιος χαρά, another: Δι᾽ ἀγγέλου προρρήσεως, once through, and the stichoi of the feast, Glory...both now..., Τὴν πάνσεπτόν σου γέννησιν. 12.Apolytikion of the Theotokos.[49] PN.At Pannychis, 1.the aforementioned canons of the Theotokos. O.At Orthros, 3.at Θεὸς Κύριος, 4.the resurrection troparion twice, Glory...both now..., that of the feast.[50] 5.We recite continuous psalmody, the two kathismata of Sunday: Ἐξομολογήσομαι [kath 2] and Ἀγαπήσω σε Κύριε [kath 3], poetic kathismata and readings of the feast, as have been stated. 5g.After the polyeleos, h.the hypakoe of the mode;[51] if there is time we recite the polyeleos too, but if not, after the reading.[52] 6.The anabathmoi of the mode,[53] the three antiphons. 7a.Prokeimenon and b.Πᾶσα Πνοή, and c.matins gospel of the Theotokos only.

N. For Theodore the Studite instructed that this should be done, both at this feast of the Theotokos, and at [the feast of] the Meeting of Our Lord, and at [the feast of] the Dormition, and at [the feast of] the Annunciation; in the last case unless it happens to be Palm Sunday, for on that day the gospel of Palm Sunday takes precedence, but at [the feast of] the Holy of Holies[54] the resurrection gospel takes precedence if the feast falls on a Sunday. But at the **Liturgy** there should be both at all the feasts.

So then gospel and prokeimenon of the Theotokos, as has been stated, then d.Ἀνάστασιν Χριστοῦ θεασάμενοι and

---

[48] This specification of stichera is clearly incorrect; there are too many stichera for the intercalations.
[49] See V.12 above.
[50] The troparion used as apolytikion at V.12 repeated here.
[51] The mode is set; see note 3.
[52] That is, if by the end of the second patristic reading Orthros was running late the polyeleos is omitted.
[53] The mode is set; see note 3.
[54] Another name for the feast of the Entry of the Theotokos into the Temple or Holy of Holies.

ΣΕΠΤΕΜΒΡΙΟΣ

ψάλλομεν γ´· τὸν ἀναστάσιμον εἰς δ´, καὶ τῆς ἑορτῆς τὸν β´ ἦχον εἰς ϛ´, ὁμοίως δὲ καὶ τὸν πλάγιον δ´ εἰς ϛ´, λέγομεν δὲ καὶ *Τῷ Κυρίῳ ᾄσωμεν* καὶ ἱστῶμεν ιϛ´ *Ἡ δεξιά σου Κύριε δεδόξασται·* ἔσχατον δὲ τὴν καταβασίαν τοῦ σταυροῦ οἱ δύο χοροὶ ὁμοῦ· ἀπὸ γ´ ᾠδῆς τὸ τῆς ἑορτῆς κάθισμα ὡς εἴρηται, ὁμοίως δὲ καὶ ἡ ἀνάγνωσις· ἀπὸ ϛ´ τὸ κοντάκιον. 10.ἐξαποστειλάριον *Ἅγιος Κύριος*, καὶ τὸ τῆς ἑορτῆς. 11.εἰς τοὺς αἴνους ἱστῶμεν η´ καὶ ψάλλομεν τὰ δ´ ἀναστάσιμα [6r] καὶ τῆς ἑορτῆς τὰ γ´, δευτεροῦντες τὸ ἕν, *Ὦ τοῦ παραδόξου θαύματος* ἦχος α´, *Δόξα καὶ νῦν*, <*Ὑ*>*περευλογημένη*.[45] 14.ἀπολυτίκιον τὸ ἀναστάσιμον.

Εἰς τὴν θείαν λειτουργίαν 1.τυπικὰ καὶ μακαρισμοὶ τῆς ἑορτῆς ἦχος πλάγιος δ´ *Μνήσθητι ἡμῶν*, τροπάριον καὶ τριαδικὸν καὶ θεοτοκίον. 2.προκείμενον ἦχος γ´ ᾠδὴ τῆς Θεοτόκου *Μεγαλύνει ἡ ψυχή μου·* στίχος *Ὅτι ἐπέβλεψεν ἐπὶ τὴν ταπείνωσιν τῆς δούλης αὐτοῦ·* ὁ ἀπόστολος πρὸς Κορινθίους *Ἀδελφοί, τοῦτο φρονείσθω ἐν ὑμῖν*. *Ἀλληλούια* ἦχος πλάγιος δ´ *Ἄκουσον θύγατερ καὶ ἰδέ·* στίχος β´ *Τὸ πρόσωπόν σου λιτανεύσουσιν·* εὐαγγέλιον κατὰ Λουκᾶν *Τῷ καιρῷ ἐκείνῳ εἰσῆλθεν ὁ Ἰησοῦς εἰς κώμην τινά*. 3.κοινωνικὸν *Ποτήριον σωτηρίου*.

Εἰ δὲ τύχῃ ἐν κυριακῇ, 1.τυπικὰ καὶ μακαρισμοὶ ἀναστάσιμοι, *Δόξα καὶ νῦν*, τὸ κοντάκιον τῆς ἑορτῆς. 2.προκείμενον καὶ *Ἀλληλούια*, τὰ εἰρημένα τῆς ἑορτῆς· ἀπόστολος δὲ καὶ εὐαγγέλιον

---

[45] spatio vacante, littera Υ om. cod.

8 SEPTEMBER

8.psalm 50. 9.We chant three canons: from the resurrection [canon] four troparia, and from that of the feast in the second mode six troparia, and similarly also from that in the fourth plagal mode six troparia; we also recite *Τῷ Κυρίῳ ᾄσωμεν* [55] and intercalate sixteen times from *Ἡ δεξιά σου Κύριε δεδόξασται*, and finally the two choirs together [chant] the katabasia of the cross.[56] a.After the third ode, the poetic kathisma of the feast as has been stated, and similarly also the reading; b.after the sixth ode, the kontakion.[57] 10.Exaposteilarion: *Ἅγιος Κύριος*, and that of the feast.[58] 11.At the ainoi, we intercalate eight times and chant the four resurrection [stichera], and the three of the feast,[59] repeating the first: *Ὦ τοῦ παραδόξου θαύματος* in mode 1, *Glory...both now...*, <*Ὑ*>*περευλογημένη*. 14.The resurrection apolytikion.

L. At the Divine Liturgy, 1.typika, and makarismoi of the feast in plagal mode 4: *Μνήσθητι ἡμῶν* [Ps 105:4], troparion,[60] and triadikon, and theotokion. 2.Prokeimenon in mode 3, ode of the Theotokos: *Μεγαλύνει ἡ ψυχή μου* [Lk 1:46], stichos: *Ὅτι ἐπέβλεψεν ἐπὶ τὴν ταπείνωσιν τῆς δούλης αὐτοῦ* [Lk 1:48], the apostle: to the Corinthians[61] [Phil 2:5ff]. *Alleluia* in plagal mode 4: *Ἄκουσον θύγατερ καὶ ἰδέ* [Ps 44:11], second stichos: *Τὸ πρόσωπόν σου λιτανεύσουσιν* [Ps 44:13], gospel: according to Luke [10:38ff]. 3.Koinonikon: *Ποτήριον σωτηρίου* [Ps 115:4].

IX.08 K.2 But if it falls on a Sunday, 1.typika and resurrection makarismoi, *Glory...both now...*, the kontakion of the feast.[62] 2.The aforementioned prokeimenon and *Alleluia* of the feast; both sets of apostle and gospel, but those of the

---

[55] Ode 1; see O.9 above.
[56] See O.9 above.
[57] See O.9b above.
[58] See O.10 above.
[59] See O.11 above.
[60] The troparion used as apolytikion at V.12 repeated here.
[61] This apostolic reading is cited incorrectly.
[62] See O.9b above.

ΣΕΠΤΕΜΒΡΙΟΣ

ἀμφότερα, προηγοῦνται δὲ τῆς κυριακῆς. 3.κοινωνικὸν τῆς ἑορτῆς *Ποτήριον*.

Μηνὶ τῷ αὐτῷ θ'· τῶν ἁγίων Ἰωακεὶμ καὶ Ἄννης.

Ἑσπέρας 1.οὐ στιχολογοῦμεν, 2.ἀλλ' εἰς τὸ *Κύριε ἐκέκραξα* ἱστῶμεν ς' καὶ ψάλλομεν στιχηρὰ τῆς ἑορτῆς γ' ἦχος α' *Ὦ τοῦ παραδόξου θαύματος* καὶ τὰ τούτου προσόμοια πρὸς μίαν, εἶτα τῶν δικαίων ἦχος δ' πρὸς τὸ *Ἔδωκας σημείωσιν* γ', *Δόξα καὶ νῦν*, ἦχος δ' *Τὴν πάνσεπτόν σου γέννησιν*. 4.προκείμενον. 10.εἰς τὸν στίχον στιχηρὰ ἦχος β' πρὸς τὸ *Οἶκος τοῦ Ἐφραθᾶ Δεῦτε τὴν ἐκ Δαβίδ, Σήμερον εὐκλεῶς, Ῥίζης τοῦ Ἰεσσαί, Δόξα καὶ νῦν*, ἦχος δ' ἰδιόμελον *Στεῖρα ἄγονος ἡ Ἄννα σήμερον*. 12.ἀπολυτίκιον τῆς ἑορτῆς *Ἡ γέννησίς σου Θεοτόκε*.

Εἰς τὴν παννυχίδα 1.κανὼν τῆς ἑορτῆς ἦχος δ' Ἰωάννου <πρὸς τὸ> *Ἄισομαί σοι Κύριε ὁ Θεός μου*· 2.ἀπὸ γ' ᾠδῆς οὐδέν· 3.ἀπὸ ς' τὸ κοντάκιον τῆς Θεοτόκου ἦχος β' *Πρεσβεία θερμή*.

Εἰς τὸν ὄρθρον, εἰ μὴ τύχῃ κυριακῇ, ἐγειρόμεθα ὥρᾳ θ' διὰ τὸν κόπον. 3.εἰς τὸ *Θεὸς Κύριος* 4.τὸ τροπάριον τῆς ἑορτῆς ἐκ γ'· 5.οὐ στιχολογοῦμεν, ἀλλ' εὐθέως 8.τὸν Ν' καὶ 9.κανόνας β'· τῆς ἑορτῆς τὸν β' ἦχον <πρὸς> τὸ *Δεῦτε λαοί*, ὁμοίως καὶ τῶν ἁγίων εἰς τὸν αὐτὸν ἦχον, ἀνὰ ς'· ἀπὸ γ' ᾠδῆς κάθισμα τῶν δικαίων ἦχος πλάγιος α', ἀνάγνωσις λόγος ὁ περισσεύσας τῆς ἑορτῆς Ἰωάννου μοναχοῦ τοῦ Δαμασκηνοῦ, λόγος δ', οὗ ἡ ἀρχὴ *Πάλιν ἑορτὴ καὶ* →

8-9 SEPTEMBER

Sunday precede. 3.Koinonikon of the feast: *Ποτήριον* [Ps 115:4].

IX.09C. 9th of the same month. The commemoration of holy Joachim and Anna.[63]

V. At Vespers, 1.we do not recite the continuous psalmody, 2.but at *Κύριε ἐκέκραξα* we intercalate six times and chant three stichera of the feast in mode 1: *Ὦ τοῦ παραδόξου θαύματος* and the prosomoia of this once through, then three of the righteous ones in mode 4 to *Ἔδωκας σημείωσιν, Glory...both now...,* in mode 4: *Τὴν πάνσεπτόν σου γέννησιν.*[64] 4.Prokeimenon. 10.At the stichos, stichera in mode 2 to Οἶκος τοῦ Ἐφραθᾶ: *Δεῦτε τὴν ἐκ Δαβίδ, Σήμερον εὐκλεῶς, Ῥίζης τοῦ Ἰεσσαί, Glory...both now...,* in mode 4 idiomelon: *Στεῖρα ἄγονος ἡ Ἄννα σήμερον.* 12.Apolytikion of the feast: *Ἡ γέννησίς σου Θεοτόκε.*

PN. At Pannychis, 1.canon of the feast by John in mode 4 <to> *Ἄισομαί σοι Κύριε ὁ Θεός μου,* 2.after the third ode, nothing; 3.after the sixth ode, the kontakion of the Theotokos in mode 2: *Πρεσβεία θερμή.*

O. At Orthros, unless it falls on a Sunday, we rise at the ninth hour because of weariness. 3.At *Θεὸς Κύριος,* 4.the troparion of the feast three times.[65] 5.We do not recite the continuous psalmody, but immediately 8.psalm 50, and 9.two canons: from that of the feast in the second mode <to> Δεῦτε λαοί,[66] similarly also from that of the holy ones in the same mode, six troparia each; a.after the third ode, poetic kathisma of the righteous ones in plagal mode 1, reading: the *Homily* of the monk John of Damascus left over from the feast, the fourth *Homily* beginning *Πάλιν ἑορτὴ καὶ πάλιν πανήγυρις* →

---

[63] Afterfeast of the Nativity of the Theotokos begins = Synaxis: custom of celebrating on the first day of the afterfeast period personages intimately connected to the salvific event.
[64] A sticheron idiomelon.
[65] The troparion used as apolytikion at V.12 repeated here.
[66] The heirmos.

ΣΕΠΤΕΜΒΡΙΟΣ

πάλιν πανήγυρις· ἀπὸ ς΄ τὸ κοντάκιον. 10.ἐξαποστειλάριον Ἅγιος Κύριος ἢ τῆς ἑορτῆς Ἀγάλλονται τὰ πέρατα. 11.εἰς τοὺς αἴνους οὐδέν· [6v] 12.εἰς τὸν στίχον τῶν αἴνων στιχηρὰ τῆς ἑορτῆς γ΄ ἦχος α΄ πρὸς τὸ Τῶν οὐρανίων ταγμάτων Ἰωακεὶμ καὶ ἡ Ἄννα, Δόξα καὶ νῦν, ἦχος πλάγιος β΄ ἰδιόμελον Σήμερον τῆς παγκοσμίου χαρᾶς. 14.ἀπολυτίκιον τῆς ἑορτῆς.

Εἰς τὴν λειτουργίαν 1.τυπικὰ καὶ ᾠδὴ τοῦ κανόνος τῶν δικαίων ἡ ς΄, τὸ τροπάριον καὶ τὸ κοντάκιον τῆς ἑορτῆς. 2.προκείμενον ἦχος πλάγιος β΄ Εὐφράνθητε ἐπὶ Κύριον· στίχος Μακάριοι ὧν ἀφείθησαν[46] αἱ ἀνομίαι· ὁ ἀπόστολος πρὸς Ἑβραίους Ἀδελφοί, εἶχεν ἡ πρώτη σκηνή. Ἀλληλούια ἦχος α΄ Σωτηρία τῶν δικαίων παρὰ Κυρίου· εὐαγγέλιον κατὰ Λουκᾶν Εἶπεν ὁ Κύριος· Οὐδεὶς λύχνον ἅψας, ζήτει σαββάτῳ ς΄ τοῦ Λουκᾶ. 3.κοινωνικὸν Ἀγαλλιᾶσθε δίκαιοι.

Εἰ δὲ τύχῃ ἐν κυριακῇ, ἑσπέρας 1.μετὰ τὴν στιχολογίαν τὸ Μακάριος ἀνὴρ 2.εἰς τὸ Κύριε ἐκέκραξα ἱστῶμεν η΄ καὶ ψάλλομεν στιχηρὰ τὰ γ΄ ἀναστάσιμα, δευτεροῦντες τὸ πρῶτον, καὶ τῶν ἁγίων ἦχος δ΄ εἰς δ΄, Δόξα καὶ νῦν, Τὴν πάνσεπτόν σου. 3.εἴσοδος. 4.προκείμενον. 10.εἰς τὸν στίχον τὸ ἀναστάσιμον τοῦ στίχου καὶ ἕτερα δύο πρὸς τὸ Οἶκος τοῦ Ἐφραθᾶ, Δόξα καὶ νῦν, τὸ ἰδιόμελον ἦχος δ΄ Στεῖρα ἄγονος ἡ Ἄννα σήμερον. 12.ἀπολυτίκιον Ἡ γέννησίς σου Θεοτόκε. Εἰς τὴν παννυχίδα 1.τὸν κατανυκτικὸν τοῦ ἤχου εἰς ς΄, καὶ τὸν προγραφέντα τῆς ἑορτῆς εἰς δ΄ ἦχος δ΄ <πρὸς τὸ>

---

[46] ἀφέθησαν D

9 SEPTEMBER

[BHG, 1127]; b.after the sixth ode, the kontakion. 10.Exaposteilarion: Ἅγιος Κύριος, or that of the feast: Ἀγάλλονται τὰ πέρατα. 11.At the ainoi, nothing; 12.at the stichos of the ainoi, three stichera of the feast in mode 1 to Τῶν οὐρανίων ταγμάτων: Ἰωακεὶμ καὶ ἡ Ἄννα, Glory...both now..., in plagal mode 2 idiomelon: Σήμερον τῆς παγκοσμίου χαρᾶς. 14.Apolytikion of the feast.[67]

L. **At the Liturgy**, 1.typika, and the sixth ode of the canon of the righteous ones,[68] the troparion[69] and the kontakion of the feast.[70] 2.Prokeimenon in plagal mode 2: Εὐφράνθητε ἐπὶ Κύριον [Ps 31:11], stichos: Μακάριοι ὧν ἀφείθησαν αἱ ἀνομίαι [Ps 31:1], the apostle: to the Hebrews [9:1ff]. Alleluia in mode 1: Σωτηρία τῶν δικαίων παρὰ Κυρίου [Ps 36:39], gospel: according to Luke [8:16ff] (see the sixth Saturday of Luke). 3.Koinonikon: Ἀγαλλιᾶσθε δίκαιοι [Ps 32:1].

IX.09 K. But if it falls on a Sunday, **V.at Vespers**, 1.after the recitation of continuous psalmody: Μακάριος ἀνήρ [kath 1],[71] 2.at Κύριε ἐκέκραξα we intercalate eight times and chant the three resurrection stichera, repeating the first one, and four of the holy ones in mode 4, Glory...both now..., Τὴν πάνσεπτόν σου.[72] 3.Entrance. 4.Prokeimenon. 10.At the stichos, the resurrection [sticheron] of the stichos and two others to Οἶκος τοῦ Ἐφραθᾶ, Glory...both now..., the idiomelon in mode 4: Στεῖρα ἄγονος ἡ Ἄννα σήμερον. 12.Apolytikion: Ἡ γέννησίς σου Θεοτόκε. **PN.At Pannychis**, 1.from the penitential canon of the mode[73] six troparia, and from the prescribed [canon] of the feast in mode 4 <to> Ἄισομαί σοι →

---

[67] See IX.08 V.12.
[68] Most probably means that refrains of the sixth ode are intercalated into the makarismoi.
[69] The troparion used as apolytikion at V.12 repeated here.
[70] See IX.08 O.9b.
[71] Kathisma 1 of the psalter (psalms 1-8) is always chanted at Vespers on Saturday evenings.
[72] A sticheron idiomelon.
[73] The mode is set; see note 3.

ΣΕΠΤΕΜΒΡΙΟΣ

Άισομαί σοι Κύριε· 2.ἀπὸ γ´ ᾠδῆς κάθισμα κατανυκτικόν· 3.ἀπὸ ς´ τὸ κοντάκιον *Προστασία τῶν χριστιανῶν*. Εἰς τὸν ὄρθρον 5.αἱ στιχολογίαι καὶ τὰ καθίσματα καὶ αἱ ἀναγνώσεις, ἅπαντα τῆς κυριακῆς ὡς σύνηθες· ὁμοίως καὶ 6.οἱ ἀναβαθμοί. 7.τὸ προκείμενον, τὸ *Πᾶσα πνοή*, τὸ ἑωθινὸν εὐαγγέλιον, ἅπαντα τῆς κυριακῆς. 9.κανόνας δὲ ψάλλομεν γ´· τὸν ἀναστάσιμον εἰς ς´, καὶ τῆς ἑορτῆς τὸν δεύτερον ἦχον εἰς δ´, ὁμοίως καὶ τῶν ἁγίων εἰς τὸν αὐτὸν ἦχον εἰς δ´· ἀπὸ γ´ ᾠδῆς κάθισμα τῶν ἁγίων· ἀπὸ ς´ τὸ κοντάκιον τῆς ἑορτῆς. 10.ἐξαποστειλάριον *Ἅγιος Κύριος*. 11.εἰς τοὺς αἴνους ἱστῶμεν η´ καὶ λέγομεν τὰ δ´ ἀναστάσιμα καὶ τὰ δ´ τῆς ἑορτῆς τὰ εἰρημένα ἦχος α´ πρὸς τὸ Τῶν οὐρανίων ταγμάτων, *Δόξα καὶ νῦν*, *Ὑπερευλογημένη*. 14.ἀπολυτίκιον τὸ ἀναστάσιμον. Εἰς τὴν λειτουργίαν 1.τυπικὰ καὶ μακαρισμοὶ οἱ ἀναστάσιμοι. μετὰ τὴν εἴσοδον τροπάριον τὸ ἀναστάσιμον, *Δόξα καὶ νῦν*, τὸ κοντάκιον τῆς ἑορτῆς. 2.προκείμενον καὶ *Ἀλληλούια* τῶν δικαίων τὰ εἰρημένα· ἀπόστολος δὲ καὶ εὐαγγέλιον καὶ 3.κοινωνικὸν ἀμφοτέρων, προηγοῦνται δὲ τῆς κυριακῆς ἅπαντα. [7r]

Μηνὶ τῷ αὐτῷ ι´· τῶν ἁγίων μαρτύρων Μηνοδώρας, Μητροδώρας καὶ Νυμφοδώρας.

Ἑσπέρας 1.μετὰ τὴν στιχολογίαν 2.εἰς τὸ *Κύριε ἐκέκραξα* ἱστῶμεν ς´ καὶ ψάλλομεν στιχηρὰ τῆς ἑορτῆς ἦχος δ´ πρὸς <τὸ> *Ἔδωκας σημείωσιν* β´, καὶ τῶν ἁγίων εἰς τὸν αὐτὸν ἦχον β´· ψάλλομεν ἑσπέρας καὶ τὸν ἅγιον Σευηριανὸν στιχηρὰ β´, *Δόξα καὶ νῦν*, ἰδιόμελον ἦχος δ´ *Ἡ παγκόσμιος χαρά*. 4.προκείμενον. 10.εἰς τὸν

40

9–10 SEPTEMBER

Κύριε four troparia; 2.after the third ode, penitential poetic kathisma; 3.after the sixth ode, the kontakion: *Προστασία τῶν χριστιανῶν*. O.At **Orthros,** 5.the recitations of continuous psalmody and the poetic kathismata and the readings, all of the Sunday as is customary; similarly also 6.the anabathmoi. 7a.The prokeimenon, b.*Πᾶσα πνοή*, c.the matins gospel, all of the Sunday. 9.We chant three canons: from that of the resurrection six troparia, and from that of the feast in the second mode four troparia, similarly also from that of the holy ones in the same mode four troparia; a.after the third ode, poetic kathisma of the holy ones; b.after the sixth ode, the kontakion of the feast.[74] 10.Exaposteilarion: *Ἅγιος Κύριος*. 11.At the ainoi we intercalate eight times and recite the four resurrection [stichera], and the four aforementioned ones of the feast in mode 1 to Τῶν οὐρανίων ταγμάτων, *Glory...both now...*, Ὑπερευλογημένη. 14.The resurrection apolytikion. **L.At the Liturgy,** 1.typika and the resurrection makarismoi. After the entrance, the resurrection troparion, *Glory...both now...*, the kontakion of the feast.[75] 2.The aforementioned prokeimenon and *Alleluia* of the righteous ones; apostle and gospel and 3.koinonikon of both; but all those of the Sunday precede.

IX.10C. 10th of the same month. The commemoration of the holy martyrs, Menodora, Metrodora and Nymphodora.[76]

V. At Vespers, 1.after the recitation of continuous psalmody, 2.at *Κύριε ἐκέκραξα* we intercalate six times and chant two stichera of the feast in mode 4 to Ἔδωκας σημείωσιν, and two of the holy ones in the same mode, at **Vespers** we also chant two stichera [in celebration of] holy Severianos, *Glory...both now...*, idiomelon in mode 4: Ἡ παγκόσμιος χαρά. 4.Prokeimenon. 10.At the stichos, three stichera from the Oktoechos, *Glory...both now...*, idiomelon in

---

[74] See IX.08 O.9b.
[75] See IX.08 O.9b.
[76] Afterfeast of the Nativity of the Theotokos.

ΣΕΠΤΕΜΒΡΙΟΣ

στίχον στιχηρὰ τῆς ὀκτωήχου γ΄, *Δόξα καὶ νῦν*, ἰδιόμελον ἦχος β΄ *Ἡ προορισθεῖσα παντάνασσα*. 12.ἀπολυτίκιον *Ἡ γέννησίς σου*.

Εἰς τὴν παννυχίδα 1.κανὼν τῆς ἑορτῆς ἦχος δ΄ ποίημα Γεωργίου <πρὸς τὸ> Τριστάτας κραταιούς.

Εἰς τὸν ὄρθρον 5.ἡ στιχολογία κάθισμα ἕν· κάθισμα δέ, εἰ τύχῃ ἡμέρα[47] σταυρώσιμος ἢ ἀναστάσιμος, τοῦ ἤχου, εἰ δὲ μή γε, τῆς ἑορτῆς πρὸς τὸν ἦχον, *Δόξα καὶ νῦν*, τὸ αὐτό· ἀνάγνωσις τὸ μαρτύριον τῶν ἁγίων, οὗ ἡ ἀρχὴ *Οὐδὲ γυναιξὶν οὐδὲ κόραις*. 9.ψάλλομεν δὲ κανόνας β΄· τῆς ἑορτῆς τὸν πλάγιον δ΄ εἰς δ΄, καὶ τῶν ἁγίων εἰς δ΄ Ἰωσὴφ ἦχος δ΄ <πρὸς τὸ> Ἀνοίξω τὸ στόμα μου, καὶ δ΄ τοῦ μάρτυρος· ἀπὸ γ΄ ᾠδῆς κάθισμα τῶν ἁγίων ἦχος δ΄· ἀπὸ ς΄ τὸ κοντάκιον τῆς ἑορτῆς. 10.ἐξαποστειλάριον τῆς ἑορτῆς. 11.εἰς τοὺς αἴνους στιχηρὰ τῆς ὀκτωήχου γ΄, *Δόξα καὶ νῦν*, ἦχος πλάγιος δ΄ στιχηρὸν προσόμοιον πρὸς τὸ Δεῦτε ἄπαντες πιστοὶ πνευματικῶς εὐφρανθῶμεν. 14.ἀπολυτίκιον τῆς ἑορτῆς.

Εἰς τὴν λειτουργίαν 1.μακαρισμοὶ ἦχος πλάγιος δ΄, οἱ καταλειφθέντες τῆς ἑορτῆς, τροπάριον καὶ τὸ κοντάκιον τῆς ἑορτῆς. 2.προκείμενον ἦχος πλάγιος β΄ *Μνησθήσομαι τοῦ ὀνόματός σου*· στίχος *Ἄκουσον θύγατερ καὶ ἴδε*· ἀπόστολος τῆς ἡμέρας. Ἀλληλούια ἦχος πλάγιος δ΄ *Ὤμοσε Κύριος τῷ Δαβὶδ ἀλήθειαν*· εὐαγγέλιον τῆς ἡμέρας. 3.κοινωνικὸν *Ποτήριον σωτηρίου*.

---

[47] ἡ praepos. D

10 SEPTEMBER

mode 2: Ἡ προορισθεῖσα παντάνασσα. **12.**Apolytikion: Ἡ γέννησίς σου.

PN. At Pannychis, 1.canon of the feast in mode 4, a composition of George <to> Τριστάτας κραταιούς.

O. At Orthros, 5a.the recitation of continuous psalmody, one kathisma, and **b.**poetic kathisma of the mode[77] if it happens to be a crucifixion or resurrection day,[78] if not, that of the feast to the mode, *Glory...both now...*, the same repeated, **c.**reading: the *Martyrion* of the holy ones beginning Οὐδὲ γυναιξὶν οὐδὲ κόραις [BHG, 1273]. **9.**We chant two canons; from that of the feast in the fourth plagal [mode] four troparia, and from that of the holy ones by Joseph in mode 4 <to> Ἀνοίξω τὸ στόμα μου four troparia, and four [troparia] of the martyr;[79] **a.**after the third ode, poetic kathisma of the holy ones in mode 4; **b.**after the sixth ode, the kontakion of the feast.[80] **10.**Exaposteilarion of the feast.[81] **11.**At the ainoi, three stichera from the Oktoechos, *Glory...both now...*, in plagal mode 4 sticheron prosomoion to Δεῦτε ἅπαντες πιστοὶ πνευματικῶς εὐφρανθῶμεν. **14.**Apolytikion of the feast.[82]

L. At the Liturgy, 1.in plagal mode 4 the makarismoi of the feast that were left out, troparion[83] and the kontakion of the feast.[84] **2.**Prokeimenon in plagal mode 2: Μνησθήσομαι τοῦ ὀνόματός σου [Ps 44:18], stichos: Ἄκουσον θύγατερ καὶ ἰδέ [Ps 44:11], apostle: of the day. *Alleluia* in plagal mode 4 Ὤμοσε Κύριος τῷ Δαβὶδ ἀλήθειαν [Ps 131:11], gospel: of the day. **3.**Koinonikon: Ποτήριον σωτηρίου [Ps 115:4].

---

[77] The mode is set; see note 3.
[78] Wednesdays and Fridays are crucifixion days; Sunday is the resurrection day.
[79] Severianos; see V.2 above.
[80] See IX.08 O.9b.
[81] See IX.09 O.10.
[82] See IX.08 V.12.
[83] The troparion used as apolytikion at V.12 repeated here.
[84] See IX.08 O.9b.

ΣΕΠΤΕΜΒΡΙΟΣ

Μηνὶ τῷ αὐτῷ ια΄· τῆς ὁσίας μητρὸς ἡμῶν Θεοδώρας τῆς ἐν Ἀλεξανδρείᾳ.

Ἑσπέρας 1.μετὰ τὴν στιχολογίαν 2.εἰς τὸ *Κύριε ἐκέκραξα* ἱστῶμεν ϛ΄ καὶ ψάλλομεν στιχηρὰ τῆς ἑορτῆς β΄ ἦχος πλάγιος δ΄ πρὸς τὸ Τὴν ἔνδοξον καὶ ἄχραντον· εἶτα ἕτερα στιχηρὰ β΄ τοῦ ἁγίου Αὐτονόμου εἰς τὸν αὐτὸν ἦχον πρὸς τὸ Ὢ τοῦ παραδόξου, ζήτει ταῦτα εἰς τὰς ιβ΄ τοῦ μηνός, ἀφ᾽ ἑσπέρας γὰρ ψάλλομεν καὶ τὸν ἅγιον Αὐτόνομον διὰ τὸ ἀποδίδειν εἰς τὰς ιβ΄ τὴν ἑορτήν, καὶ ἕτερα β΄ τῆς ὁσίας ἦχος δ΄ πρὸς τὸ Ὡς γενναῖον, *Δόξα καὶ νῦν*, εἰς τὸν αὐτὸν ἦχον τῆς ἑορτῆς ἰδιόμελον *Δι᾽ ἀγγέλου προρρήσεως*. 10.εἰς τὸν στίχον στιχηρὰ τῆς ὀκτωήχου, *Δόξα καὶ νῦν*, ἰδιόμελον τῆς ἑορτῆς ἦχος α΄ *Ἡ ἀπαρχὴ τῆς ἡμῶν σωτηρίας*. 12.ἀπολυτίκιον *Ἡ γέννησις*.[48] [7v]

Εἰς τὴν παννυχίδα 1.κανὼν ἦχος δ΄ πρὸς τὸ Ἀνοίξω τὸ στόμα μου ποίημα Λέοντος δεσπότου *Γηράσαντα πάναγνε*.

Εἰς τὸν ὄρθρον 5.ἀπὸ τῆς στιχολογίας κάθισμα τῆς ὁσίας ἦχος πλάγιος δ΄· καὶ ἀναγινώσκομεν τὸν βίον αὐτῆς, οὗ ἡ ἀρχὴ *Ζήνων μὲν οὖν ἤδη τὴν*[49] *αὐτοκράτορα Ῥωμαίων*. 9.καὶ ψάλλομεν κανόνας γ΄· τῆς ἑορτῆς ἦχος β΄, τῆς ὁσίας ἦχος δ΄ Θεοφάνους <πρὸς τὸ> Ἀνοίξω τὸ στόμα μου, καὶ τοῦ ἁγίου Αὐτονόμου ἦχος πλάγιος δ΄, ἀνὰ δ΄· ἀπὸ γ΄ ᾠδῆς κάθισμα τοῦ ἁγίου ἦχος δ΄· ἀπὸ ϛ΄ κοντάκιον τῆς ἑορτῆς. 10.ἐξαποστειλάριον τῆς ἑορτῆς. 12.εἰς τὸν στίχον τῶν →

---

[48] σου add. D
[49] Ζήνων(α)...τὸν D

11 SEPTEMBER

IX.11C. 11th of the same month. The commemoration of our saintly mother Theodora of Alexandria.[85]

V. At Vespers, 1.after the recitation of continuous psalmody, **2.**at Κύριε ἐκέκραξα we intercalate six times and chant two stichera of the feast in plagal mode 4 to Τὴν ἔνδοξον καὶ ἄχραντον, then another two stichera of holy Autonomos in the same mode to ᾿Ω τοῦ παραδόξου (look for these at the twelfth of the month, for from **Vespers** we also chant [in celebration of] holy Autonomos because of the concluding of the feast[86] on the twelfth), and another two [stichera] of the saintly woman in mode 4 to ῾Ως γενναῖον, *Glory...both now...*, in the same mode idiomelon of the feast: Δι᾿ ἀγγέλου προρρήσεως. **10.**At the stichos, stichera from the Oktoechos, *Glory...both now...*, idiomelon of the feast in mode 1: ῾Η ἀπαρχὴ τῆς ἡμῶν σωτηρίας. **12.**Apolytikion: ῾Η γέννησις.

PN. At Pannychis, 1.canon in mode 4, a composition of Leo Despotes, to ᾿Ανοίξω τὸ στόμα μου: Γηράσαντα πάναγνε.

O. At Orthros, 5a.after the recitation of continuous psalmody,[87] **b.**poetic kathisma of the saintly woman in plagal mode 4, and **c.**we read her *Life* beginning Ζήνων μὲν οὖν ἤδη τὴν αὐτοκράτορα ῾Ρωμαίων [BHG, 1730]. **9.**And we chant three canons: from that of the feast in mode 2, from that of the saintly woman in mode 4 by Theophanes <to> ᾿Ανοίξω τὸ στόμα μου, and from that of holy Autonomos in plagal mode 8, four troparia each; **a.**after the third ode, poetic kathisma of the holy man in mode 4; **b.**after the sixth ode, kontakion of the feast.[88] **10.**Exaposteilarion of the feast.[89] **12.**At the stichos of the ainoi, stichera from the Oktoechos, *Glory...both* →

---

[85] Afterfeast of the Nativity of the Theotokos.
[86] The feast of the Nativity of the Theotokos.
[87] Only one kathisma of the psalter is specified.
[88] See IX.08 O.9b.
[89] See IX.09 O.10.

ΣΕΠΤΕΜΒΡΙΟΣ

αἴνων στιχηρὰ τῆς ὀκτωήχου, *Δόξα καὶ νῦν*, ἦχος β΄ τῆς ἑορτῆς ἰδιόμελον *Δεῦτε φιλοπάρθενοι πάντες*. 14.ἀπολυτίκιον τῆς ἑορτῆς.

Εἰς τὴν λειτουργίαν 1.τυπικὰ καὶ ᾠδὴ τοῦ κανόνος τῆς ἑορτῆς τοῦ πλαγίου δ΄ ἡ γ΄ ᾠδή, τροπάριον καὶ τὸ κοντάκιον τῆς ἑορτῆς. 2.προκείμενον καὶ Ἀλληλούια τῆς ἑορτῆς· ἀπόστολος δὲ καὶ εὐαγγέλιον τῆς ἡμέρας. 3.κοινωνικὸν *Ποτήριον σωτηρίου*.

Εἰ δὲ τύχῃ ἢ σαββάτῳ ἢ κυριακῇ, 2.καὶ προκείμενον καὶ Ἀλληλούια τῆς ἡμέρας.

Μηνὶ τῷ αὐτῷ ιβ΄· τοῦ ἁγίου μάρτυρος Αὐτονόμου. Ἐν ταύτῃ τῇ ἡμέρᾳ ἀποδίδοται ἡ ἑορτή, καὶ διὰ τοῦτο ὡς εἴρηται προεψάλλομεν[50] **τὸν ἅγιον εἰς τὰς ια΄.**

Τῇ ἑσπέρᾳ[51] 1.οὐ στιχολογοῦμεν διὰ τὸ ἀποδίδοσθαι τὴν ἑορτήν, 2.ἀλλ᾽ εἰς τὸ *Κύριε ἐκέκραξα* ἱστῶμεν ϛ΄ καὶ ψάλλομεν στιχηρὰ ἰδιόμελα ἦχος πλάγιος β΄ τὰ ἐν τῇ ἑορτῇ *Σήμερον ὁ τοῖς νοεροῖς θρόνοις, Αὕτη ἡ ἡμέρα Κυρίου, Εἰ καὶ θείῳ βουλήματι*, τὰ γ΄ ἐκ δευτέρου, *Δόξα καὶ νῦν*, τὸ πρῶτον *Σήμερον ὁ τοῖς νοεροῖς θρόνοις*. 4.προκείμενον τῆς ἡμέρας. 10.εἰς τὸν στίχον στιχηρὰ τῆς ἑορτῆς ἦχος δ΄ *Ἡ παγκόσμιος χαρὰ* καὶ τὰ ἕτερα δύο ὡς[52] καὶ ἐν τῇ ἑορτῇ μετὰ τῶν στίχων αὐτῶν, *Δόξα καὶ νῦν*, ἦχος πλάγιος β΄ *Σήμερον στειρωτικαὶ πύλαι*. 12.ἀπολυτίκιον *Ἡ γέννησίς σου Θεοτόκε*.

---

[50] προψάλλομεν D
[51] αὐτῇ praepos. D
[52] (ὡς) D

11-12 SEPTEMBER

now..., in mode 2 idiomelon of the feast: Δεῦτε φιλοπάρθενοι πάντες. 14.Apolytikion of the feast.[90]

L. At the Liturgy, 1.typika, and the third ode of the canon of the feast in the fourth plagal [mode],[91] troparion[92] and the kontakion of the feast.[93] 2.Prokeimenon and *Alleluia* of the feast;[94] apostle and gospel of the day. 3.Koinonikon: Ποτήριον σωτηρίου [Ps 115:4].

IX.11 S./K. But if it falls on either a Saturday or a Sunday, L2.both prokeimenon and *Alleluia* of the day.

IX.12C. 12th of the same month. The commemoration of the holy martyr Autonomos. On this day the feast is brought to an end,[95] and because of this, as has been stated, we chanted [in celebration of] the holy man beforehand on the 11th.

V. In the evening, 1.we do not recite the continuous psalmody because of the concluding of the feast, 2.but at Κύριε ἐκέκραξα we intercalate six times and chant stichera idiomela in plagal mode 2, those in the feast: Σήμερον ὁ τοῖς νοεροῖς θρόνοις, Αὕτη ἡ ἡμέρα Κυρίου, Εἰ καὶ θείῳ βουλήματι, the three of them twice, *Glory...both now...,* the first one: Σήμερον ὁ τοῖς νοεροῖς θρόνοις. 4.Prokeimenon of the day of the week. 10.At the stichos, stichera of the feast in mode 4: Ἡ παγκόσμιος χαρά and the two others, as also in the feast, with their stichoi,[96] *Glory...both now...,* in plagal mode 2: Σήμερον στειρωτικαὶ πύλαι. 12.Apolytikion: Ἡ γέννησίς σου Θεοτόκε.

---

[90] See IX.08 V.12.
[91] Most probably means that refrains of the third ode are intercalated into the makarismoi.
[92] The troparion used as apolytikion at V.12 repeated here.
[93] See IX.08 O.9b.
[94] See IX.08 L.2.
[95] The feast of the Nativity of the Theotokos.
[96] See IX.08 V.10.

ΣΕΠΤΕΜΒΡΙΟΣ

Εἰς τὴν παννυχίδα 1.κανὼν τῆς ἑορτῆς ἦχος δ΄ <πρὸς τὸ> Γηθόμενοι σήμερον.

Εἰς τὸν ὄρθρον 5.ἀπὸ τῆς στιχολογίας κάθισμα ἦχος δ΄ Ἀναβόησον Δαβίδ, Δόξα καὶ νῦν, τὸ αὐτό· ἀνάγνωσις τὸ μαρτύριον τοῦ ἁγίου Αὐτονόμου, οὗ ἡ ἀρχὴ Τῆς ἴσης ἀτοπίας εἶναι νομίζω. 9.κανόνες δύο τῆς ἑορτῆς ἀνὰ ς΄ τὸν δεύτερον ἦχον, καὶ τὸν πλάγιον δ΄· ἀπὸ γ΄ κάθισμα ἦχος πλάγιος δ΄ Ἀγαλλιάσθω οὐρανός, Δόξα καὶ νῦν, τὸ αὐτό· ἀπὸ ς΄ τὸ κοντάκιον. 10.ἐξαποστειλάριον τῆς ἑορτῆς. 12.εἰς τὸν στίχον τῶν αἴνων στιχηρὰ τῆς ἑορτῆς γ΄ ἦχος α΄ πρὸς τὸ Ὢ τοῦ παραδόξου [8r] πρὸς μίαν, Δόξα καὶ νῦν, ἦχος δ΄ Στεῖρα ἄγονος ἡ Ἄννα.

Εἰ δὲ τύχῃ κυριακῇ, προηγοῦνται τὰ ἀναστάσιμα πάντα, ψάλλονται δὲ μετ᾽ αὐτῶν καὶ τῆς ἑορτῆς ὡς ἐκεῖσε εἴρηται.

Εἰς τὴν λειτουργίαν πάντα τῆς ἑορτῆς ὡς εἰς αὐτὴν τὴν ἡμέραν τῆς ἑορτῆς.

Μηνὶ τῷ αὐτῷ ιγ΄· προεόρτια τοῦ τιμίου σταυροῦ, καὶ τοῦ ἁγίου Κορνηλίου τοῦ ἑκατοντάρχου.

Ἑσπέρας 1.μετὰ τὴν στιχολογίαν 2.εἰς τὸ Κύριε ἐκέκραξα ἱστῶμεν ς΄ καὶ ψάλλομεν στιχηρὰ τῆς ἑορτῆς τοῦ σταυροῦ ἦχος πλάγιος α΄ πρὸς τὸ Χαίροις γ΄, ζήτει εἰς τὴν ἑορτήν, καὶ γ΄ τοῦ ἁγίου ἦχος δ΄, Δόξα καὶ νῦν, θεοτοκίον. 4.προκείμενον. 10.εἰς τὸν στίχον στιχηρὰ τῆς ὀκτωήχου γ΄, Δόξα καὶ νῦν, ἦχος πλάγιος δ΄ πρὸς τὸ Δεῦτε

12-13 SEPTEMBER

PN. At Pannychis, 1.canon of the feast in mode 4 <to> Γηθόμενοι σήμερον.[97]

O. At Orthros, 5a.after the recitation of continuous psalmody,[98] b.poetic kathisma in mode 4: Ἀναβόησον Δαβίδ, *Glory...both now...*, the same repeated, c.reading: the *Martyrion* of holy Autonomos beginning Τῆς ἴσης ἀτοπίας εἶναι νομίζω [BHG, 198]. **9.**Two canons of the feast in the second mode and the fourth plagal [mode], six troparia from each; a.after the third [ode], poetic kathisma in plagal mode 4: Ἀγαλλιάσθω οὐρανός, *Glory...both now...*, the same repeated; b.after the sixth ode, the kontakion. **10.**Exaposteilarion of the feast.[99] **12.**At the stichos of the ainoi, three stichera of the feast[100] in mode 1 to Ὦ τοῦ παραδόξου once through, *Glory...both now...*, in mode 4: Στεῖρα ἄγονος ἡ Ἄννα.[101]

> **IX.12 K.** But if it falls on a Sunday, all the resurrection [stichera] precede, but with them those of the feast are also chanted, as has been stated in that connection.

L. At the Liturgy, all the elements of the feast, as on the day of the feast itself.

IX.13C. 13th of the same month. Forefeast of the Exaltation of the precious Cross, and the commemoration of holy Cornelius the centurion.

V. At Vespers, 1.after the recitation of continuous psalmody, 2.at Κύριε ἐκέκραξα we intercalate six times and chant three stichera of the feast of the Cross in plagal mode 1 to Χαίροις (look in the feast), and three of the holy man in mode 4, *Glory...both now...*, theotokion. **4.**Prokeimenon. **10.**At the stichos, three stichera from the Oktoechos, *Glory...both now...*, in plagal mode 4 to Δεῦτε

---

[97] The heirmos.
[98] Only one kathisma of the psalter is specified.
[99] See IX.09 O.10.
[100] Three stichera prosomoia.
[101] A sticheron idiomelon.

ΣΕΠΤΕΜΒΡΙΟΣ

ἅπαντες πιστοὶ Δεῦτε ἅπαντες πιστοὶ τὸ ζωοδώρητον ξύλον, ζήτει αὐτὸ εἰς τὴν ἑορτήν. 12.ἀπολυτίκιον ἦχος β΄ Τὸν ζωοποιὸν σταυρὸν τῆς σῆς ἀγαθότητος, ζήτει εἰς τὴν ὀκτώηχον σταυρώσιμον· τὸ αὐτὸ καὶ 4.εἰς τὸν ὄρθρον καὶ 14.εἰς τὸ τέλος τοῦ ὄρθρου.

Εἰς τὴν παννυχίδα 1.κανόνα τὸν προεόρτιον τοῦ σταυροῦ ἦχος δ΄ <πρὸς τό> Τριστάτας κραταιούς· 2.ἀπὸ γ΄ ᾠδῆς οὐδέν· 3.ἀπὸ ς΄ κάθισμα σταυρώσιμον ἦχος β΄ Σωτηρίαν εἰργάσω, Δόξα καὶ νῦν, θεοτοκίον.

Εἰς τὸν ὄρθρον 3.εἰς τὸ Θεὸς Κύριος 4.τροπάριον ἦχος β΄ Τὸν ζωοποιὸν σταυρὸν ἐκ γ΄. 5.ἡ στιχολογία κάθισμα ἕν· μετὰ τὴν στιχολογίαν πρὸς τὸν ἦχον κάθισμα σταυρώσιμον τῆς ὀκτωήχου, οἵα ἂν ἡμέρα ᾖ, Δόξα καὶ νῦν, θεοτοκίον· ἀνάγνωσις τὸ μαρτύριον τοῦ ἁγίου Κορνηλίου, οὗ ἡ ἀρχὴ Μετὰ τὴν σωτήριον ἐπὶ γῆς τοῦ Λόγου. 9.κανόνες β΄· τὸν προεόρτιον ἦχος δ΄ κατὰ ἀλφάβητον Ἀγάλλου οὐρανὲ εἰς η΄, καὶ τοῦ ἁγίου ἦχος πλάγιος α΄ Ἰωσὴφ εἰς δ΄· ἀπὸ γ΄ ᾠδῆς κάθισμα τοῦ ἁγίου ἦχος δ΄· ἀπὸ ς΄ κάθισμα ἦχος πλάγιος δ΄ πρὸς τὸ Τὸ προσταχθέν μοι[53] μυστικῶς Ἐπὶ σταυροῦ σε κατιδὼν ἀνυψωθέντα, ζήτει εἰς τὴν ὀκτώηχον, Δόξα καὶ νῦν, θεοτοκίον Τὸν ἀμνὸν καὶ ποιμένα. 10.ἐξαποστειλάριον Ἅγιος Κύριος. 12.εἰς τὸν στίχον τῶν αἴνων στιχηρὰ τῆς ὀκτωήχου γ΄, Δόξα καὶ νῦν, ἰδιόμελον ἦχος πλάγιος β΄ Σήμερον προέρχεται ὁ σταυρός. 14.ἀπολυτίκιον τὸ εἰρημένον.

Εἰς τὴν λειτουργίαν 1.τυπικὰ καὶ ἡ γ΄ ᾠδὴ τοῦ προεορτίου κανόνος. μετὰ τὴν εἴσοδον Δόξα καὶ νῦν, τροπάριον τὸ αὐτό. 2.προκείμενον ἦχος α΄ Γένοιτο Κύριε τὸ ἔλεος·[54] στίχος Ἀγαλλιᾶσθε δίκαιοι· ὁ ἀπόστολος τοῦ ἁγίου Πράξεων Ἐν ταῖς ἡμέραις ἐκείναις ἀνὴρ

---

[53] om. D
[54] σου add. D

13 SEPTEMBER

ἅπαντες πιστοί: *Δεῦτε ἅπαντες πιστοὶ τὸ ζωοδώρητον ξύλον* (look for it in the feast). **12.**Apolytikion in mode 2: *Τὸν ζωοποιὸν σταυρὸν τῆς σῆς ἀγαθότητος* (look in the Oktoechos for a crucifixion one). The same also at **Orthros O.4.** and **O.14.**at the end of **Orthros**.

PN. At Pannychis, 1.the forefeast canon of the Cross in mode 4 <to> Τριστάτας κραταιούς,[102] **2.**after the third ode, nothing, **3.**after the sixth ode, poetic crucifixion kathisma in mode 2: *Σωτηρίαν εἰργάσω*, *Glory...both now...*, theotokion.

O. At Orthros, 3.at *Θεὸς Κύριος*, **4.**troparion in mode 2: *Τὸν ζωοποιὸν σταυρόν* three times.[103] **5a.**The recitation of continuous psalmody, one kathisma; after the recitation, **b.**according to the mode a poetic crucifixion kathisma from the Oktoechos regardless what day it is, *Glory...both now...*, theotokion, **c.**reading: the *Martyrion* of holy Cornelius beginning *Μετὰ τὴν σωτήριον ἐπὶ γῆς τοῦ Λόγου* [BHG, 371]. **9.**Two canons: from the forefeast one in mode 4 following the alphabet: [104] *Ἀγάλλου οὐρανέ* eight troparia, and from that of the holy man in plagal mode 1 by Joseph four troparia; **a.**after the third ode, poetic kathisma of the holy man in mode 4; **b.**after the sixth ode, poetic kathisma in plagal mode 4 to Τὸ προσταχθέν μοι μυστικῶς: *Ἐπὶ σταυροῦ σε κατιδὼν ἀνυψωθέντα* (look in the Oktoechos), *Glory...both now...*, theotokion: *Τὸν ἀμνὸν καὶ ποιμένα*. **10.**Exaposteilarion: *Ἅγιος Κύριος*. **12.**At the stichos of the ainoi, three stichera from the Oktoechos, *Glory...both now...*, idiomelon in plagal mode 2: *Σήμερον προέρχεται ὁ σταυρός*. **14.**The aforementioned apolytikion.[105]

L. At the Liturgy, 1.typika, and the third ode of the forefeast canon. After the entrance, *Glory...both now...*, the same troparion.[106] **2.**Prokeimenon in mode 1: *Γένοιτο Κύριε τὸ ἔλεος* [Ps 32:22], stichos: *Ἀγαλλιᾶσθε δίκαιοι* [Ps 32:1], the apostle: of the holy man

---

[102] The heirmos.
[103] The troparion used as apolytikion at V.12 repeated here.
[104] The troparia of such a canon form an alphabetic acrostic.
[105] See V.12.
[106] The troparion used as apolytikion at V.12 repeated here.

ΣΕΠΤΕΜΒΡΙΟΣ

τις ἦν ἐν Καισαρείᾳ, ζήτει τῇ β' τῆς δ' ἑβδομάδος τοῦ πάσχα. Ἀλληλούια ἦχος α' *Ὁ Θεὸς ὁ διδοὺς ἐκδικήσεις ἐμοί·* [8v] εὐαγγέλιον κατὰ Ἰωάννην *Εἶπεν ὁ Κύριος· Ὁ φιλῶν τὴν ψυχὴν αὐτοῦ,* ζήτει τῇ γ' τῆς ϛ' ἑβδομάδος τοῦ πάσχα ἀπὸ τοῦ μέσου. 3.κοινωνικὸν *Αἰνεῖτε τὸν Κύριον.*

Σαββάτῳ πρὸ τῆς ὑψώσεως πᾶσα ἡ ἀκολουθία τῆς ἡμέρας, ἤγουν 2.προκείμενον καὶ Ἀλληλούια καὶ τυπικά· ἀπόστολος δὲ πρὸς Κορινθίους *Ἀδελφοί, σοφίαν λαλοῦμεν,* ζήτει σαββάτῳ[55] ιγ'· εὐαγγέλιον κατὰ Ματθαῖον *Εἶπεν ὁ Κύριος· Ὁ φιλῶν πατέρα ἢ μητέρα,* ζήτει σαββάτῳ[56] ζ'.

Κυριακῇ πρὸ τῆς ὑψώσεως πᾶσα ἡ ἀκολουθία τῆς ἡμέρας. 2.προκείμενον τῆς λειτουργίας ἦχος γ' *Μέγας ὁ Κύριος ἡμῶν·* στίχος *Αἰνεῖτε τὸν Κύριον ὅτι ἀγαθός·* ὁ ἀπόστολος πρὸς Γαλάτας *Ἀδελφοί, ἴδετε πηλίκοις,* ζήτει κυριακῇ κβ'. Ἀλληλούια τῆς ἡμέρας τοῦ ἤχου· εὐαγγέλιον κατὰ Ἰωάννην *Εἶπεν ὁ Κύριος· Οὐδεὶς ἀναβέβηκεν εἰς τὸν οὐρανόν, εἰ μὴ ὁ ἐκ τοῦ οὐρανοῦ καταβάς.* 3.κοινωνικὸν *Αἰνεῖτε τὸν Κύριον.*

Μηνὶ τῷ αὐτῷ ιδ'· ἡ ὕψωσις τοῦ τιμίου καὶ ζωοποιοῦ σταυροῦ.

Τῇ ἑσπέρᾳ μετὰ τὸ κροῦσαι τὴν θ' ἀνέρχεται ὁ ἐγκάθετος ἱερεὺς μετὰ τοῦ ἐκκλησιάρχου καὶ διακόνου ἐν τῷ σκευοφυλακίῳ ἠλλαγμένοι καὶ καταβιβάζουσι τὸν τίμιον σταυρόν, ψάλλοντες ἡσύχως τροπάριον *Σῶσον Κύριε τὸν λαόν σου,* καὶ ἀποτίθενται αὐτὸν ἔσωθεν ἐν τῷ ἁγίῳ θυσιαστηρίῳ. εἶθ' οὕτως σημαίνει τὸ ἑσπερινόν.

Ἑσπέρας δὲ 1.οὐ στιχολογοῦμεν· 2.εἰς τὸ *Κύριε ἐκέκραξα* ἱστῶμεν η' καὶ ψάλλομεν στιχηρὰ ἦχος πλάγιος β' πρὸς τὸ *"Ολην ἀποθέμενοι Σταυρὸς ἀνυψούμενος, Μωσῆς προετύπου,*[57] *Σταυρὲ πανσεβάσμιε,* τὰ γ' ἐκ δευτέρου, εἶτα ἰδιόμελον εἰς τὸν αὐτὸν ἦχον *Σήμερον ξύλον ἐφανερώθη,* καὶ τοῦτο ἐκ δευτέρου, *Δόξα καὶ νῦν,* ἦχος πλάγιος β' →

---

[55] σάββατον D
[56] σάββατον D
[57] σε add. D

13-14 SEPTEMBER

from Acts [10:1ff] (see Monday of the fourth week of Easter). *Alleluia* in mode 1: Ὁ Θεὸς ὁ διδοὺς ἐκδικήσεις ἐμοί [Ps 17:48], gospel: according to John [12:25ff] (see Tuesday of the sixth week of Easter, from the middle). 3.Koinonikon: Αἰνεῖτε τὸν Κύριον [Ps 148:1].

IX.13 S. On **Saturday before the Exaltation** all the service of the day, that is, L.2.prokeimenon and *Alleluia* and typika; apostle: to the Corinthians [I 2:6ff] (see the thirteenth Saturday), gospel: according to Matthew [10:37ff] (see the seventh Saturday).

IX.13 K. On **Sunday before the Exaltation** all the service of the day. L.2.Prokeimenon of the **Liturgy** in mode 3: Μέγας ὁ Κύριος ἡμῶν [Ps 146:5], stichos: Αἰνεῖτε τὸν Κύριον ὅτι ἀγαθός [Ps 146:1], the apostle: to the Galatians [6:11ff] (see the twenty-second Sunday). *Alleluia* of the day of the mode,[107] gospel: according to John [3:13ff]. 3.Koinonikon: Αἰνεῖτε τὸν Κύριον [Ps 148:1].

IX.14C. 14th of the same month. The Exaltation of the precious and life-giving Cross.

> N. In the evening after the ninth hour is sounded, the priest on duty goes up with the ekklesiarches and a deacon into the skeuophylakion and when they have vested they bring the precious cross down, quietly chanting the troparion: Σῶσον Κύριε τὸν λαόν σου, and they set it down inside in the holy sanctuary; then the signal for **Hesperinon** is given.

V. At Vespers, 1.we do not recite the continuous psalmody; 2.at Κύριε ἐκέκραξα we intercalate eight times and chant stichera in plagal mode 2 to Ὅλην ἀποθέμενοι: Σταυρὸς ἀνυψούμενος, Μωσῆς προετύπου, Σταυρὲ πανσεβάσμιε, the three of them twice, then idiomelon in the same mode: Σήμερον ξύλον ἐφανερώθη, this also twice, *Glory...both now...,* in plagal mode 2: Ὁ τετραπέρατος κόσμος.

---

[107] The mode is set; see note 3.

ΣΕΠΤΕΜΒΡΙΟΣ

Ὁ τετραπέρατος κόσμος. 3.ἔπειτα εἴσοδος. 4.προκείμενον τῆς ἡμέρας· 5.τὰ ἀναγνώσματα· τὸ πρῶτον τῆς Ἐξόδου Ἐξῆρε Μωσῆς, τὸ δεύτερον Παροιμιῶν Υἱὲ μὴ ὀλιγώρει, τὸ γ΄ Ἡσαΐου Τάδε λέγει Κύριος· Ἀνοιχθήσονται αἱ[58] πύλαι. 10.εἰς τὸν στίχον στιχηρὰ ἦχος πλάγιος δ΄ Ὅνπερ πάλαι Μωσῆς, στίχος Ὑψοῦτε Κύριον τὸν Θεὸν ἡμῶν· καὶ πάλιν τὸ αὐτὸ στιχηρόν, στίχος β΄ Ὑψώθητι ἐπὶ τοὺς οὐρανοὺς ὁ Θεός· ἄλλο Τῶν προφητῶν αἱ φωναί, Δόξα καὶ νῦν, ἰδιόμελον ἦχος γ΄ Χριστὲ ὁ Θεὸς ἡμῶν. 12.ἀπολυτίκιον ἦχος α΄ Σῶσον Κύριε τὸν λαόν σου καί.[59] [9r]

Χρὴ γινώσκειν ὅτι ἐὰν τύχῃ ἐν κυριακῇ ἡ ἑορτὴ αὕτη, οὐδὲν τῶν ἀναστασίμων ψάλλομεν, οὔτε στιχηρά, οὔτε κανόνας, οὔτε τι ἕτερον τῆς κυριακῆς ἀλλὰ πάντα τῆς ἑορτῆς ἐν τῷ ἑσπερινῷ καὶ τῷ ὄρθρῳ καὶ τῇ λειτουργίᾳ, μόνον δὲ ἐν τῷ ἑσπερινῷ στιχολογοῦμεν τὸ *Μακάριος ἀνήρ*.

Εἰς τὴν παννυχίδα 1.τὸν κατανυκτικὸν κανόνα τοῦ ἤχου τῆς ἡμέρας τῆς παννυχίδος εἰς ς΄, καὶ τοῦ σταυροῦ ἦχος δ΄ Γερμανοῦ <πρὸς τὸ> Ἄισομαί σοι Κύριε εἰς δ΄· 2.ἀπὸ γ΄ ᾠδῆς κάθισμα τοῦ σταυροῦ ἦχος α΄ τῆς ὀκτωήχου *Τὸ ὅπλον τοῦ σταυροῦ, Δόξα καὶ νῦν, Οἱ τὴν σὴν προστασίαν·* 3.ἀπὸ ς΄ τὸ κοντάκιον τῆς Θεοτόκου *Προστασία*.

Εἰς τὸν ὄρθρον 3.Θεὸς Κύριος ἦχος α΄, 4.τροπάριον *Σῶσον Κύριε* λέγομεν β΄, *Δόξα καὶ νῦν, Οἱ τὴν σὴν προστασίαν*. 5.ἡ στιχολογία τὸ κάθισμα τῆς ἡμέρας, κάθισμα εἰς τὸν ἦχον σταυρώσιμον τοῦ ἤχου

---

[58] om. D
[59] om. D

14 SEPTEMBER

3.Next, entrance. 4.Prokeimenon of the day of the week; 5.the readings: the first from Exodos [15:22ff], the second from Proverbs [3:11ff], the third from Isaiah [60:11ff]. 10.At the stichos, stichera in plagal mode 4: Ὅνπερ πάλαι Μωσῆς, stichos: Ὑψοῦτε Κύριον τὸν Θεὸν ἡμῶν [Ps 98:5], and again the same sticheron, the second stichos: Ὑψώθητι ἐπὶ τοὺς οὐρανοὺς ὁ Θεός [Ps 56:12], another [sticheron]: Τῶν προφητῶν αἱ φωναί, Glory...both now..., idiomelon in mode 3: Χριστὲ ὁ Θεὸς ἡμῶν. 12.Apolytikion in mode 1: Σῶσον Κύριε τὸν λαόν σου καί.

IX.14 K. It is necessary to realise that if this feast falls on a Sunday, we chant none of the resurrection elements, neither stichera, nor canons, nor anything else of the Sunday, but all the elements of the feast V.at **Hesperinon** and O.at **Orthros** and L.at the **Liturgy**. The only exception is that at **Hesperinon** we recite the continuous psalmody Μακάριος ἀνήρ [kath 1].[108]

PN. At Pannychis, 1.from the penitential canon of the mode of the day[109] for **Pannychis** six troparia, and from that of the Cross in mode 4 by Germanos <to> Ἄισομαί σοι Κύριε four troparia; **2.**after the third ode, poetic kathisma of the Cross in mode 1 from the Oktoechos: Τὸ ὅπλον τοῦ σταυροῦ, Glory...both now..., Οἱ τὴν σὴν προστασίαν, **3.**after the sixth ode, the kontakion of the Theotokos: Προστασία.[110]

O. At Orthros, 3.Θεὸς Κύριος in mode 1, **4.**we recite troparion: Σῶσον Κύριε twice,[111] Glory...both now..., Οἱ τὴν σὴν προστασίαν. **5a.**The recitation of continuous psalmody, the kathisma of the day, **b.**poetic crucifixion kathisma of the mode[112] whatever day it

---

[108] Kathisma 1 of the psalter (psalms 1-8) is always chanted at Vespers on Saturday evenings.
[109] The mode is set; see note 3.
[110] See IX.09 K. PN.3.
[111] The troparion used as apolytikion at V.12 repeated here.
[112] The mode is set; see note 3.

ΣΕΠΤΕΜΒΡΙΟΣ

οἵα ἂν ἡμέρα λάχῃ· ἀνάγνωσις ἀπὸ μὲν τῆς παννυχίδος εἰς τὸ χύμα τοῦ Πραξαποστόλου κατὰ τὴν ἀκολουθίαν τῶν κυριακῶν· ἀπὸ δὲ τῆς στιχολογίας τοῦ πρώτου καθίσματος ἀνάγνωσις λόγος εἰς τὸ πανηγυρικὸν Σωφρονίου Ἱεροσολύμων, οὗ ἡ ἀρχὴ *Σταυροῦ πανήγυρις καὶ τίς οὐ σκιρτήσειε*, καὶ ἕτερος λόγος Παντολέοντος διακόνου *Πάλιν ὑψοῦται*[60] *σταυρός*, τὰ β΄ συνημμένως εἰς μίαν ἀνάγνωσιν, καὶ ἕτερος λόγος εἰς τὸ μικρὸν πανηγυρικὸν Ἀλεξάνδρου μοναχοῦ· εἶτα στιχολογοῦμεν τὸ δεύτερον κάθισμα *Ἀγαθὸν τὸ ἐξομολογεῖσθαι τῷ Κυρίῳ*, τὰ γ΄ ἀντίφωνα εἰς τὸν ἐνεστῶτα ἦχον, κάθισμα δὲ εἰς τὸν αὐτὸν ἦχον προσόμοιον τοῦ αὐτοῦ ἤχου ἢ τῆς τετράδος ἢ τῆς παρασκευῆς, *Δόξα καὶ νῦν*, τὸ αὐτὸ θεοτοκίον· ἀνάγνωσις εἰς τὸ αὐτὸ βιβλίον λόγος τοῦ Χρυσοστόμου, οὗ ἡ ἀρχὴ *Τί εἴπω ἢ τί λαλήσω*·[61] ἔπειτα ὁ πολυέλεος εἰς ἦχον πλάγιον β΄, κάθισμα εἰς τὸν αὐτὸν ἦχον *Μόνον ἐπάγη τό*,[62] *Δόξα καὶ νῦν*, θεοτοκίον· ἀνάγνωσις λόγος εἰς τὴν μετάφρασιν τοῦ κυροῦ Ἀνδρέου, οὗ ἡ ἀρχὴ *Σταυροῦ πανήγυριν ἄγομεν εἰς δόσεις β΄*. μετὰ τὴν ἀνάγνωσιν 6.οἱ ἀναβαθμοὶ ἦχος δ΄ ἀντίφωνον ἕν, εἰ δὲ τύχῃ κυριακῇ, τοῦ ἤχου τὰ γ΄ ἀντίφωνα. 7.προκείμενον ἦχος δ΄ *Εἴδοσαν πάντα τὰ πέρατα τῆς γῆς τὸ σωτήριον τοῦ Θεοῦ ἡμῶν*· στίχος *Ἄισατε τῷ Κυρίῳ ᾆσμα καινόν*· *Πᾶσα πνοὴ* εἰς τὸν αὐτὸν ἦχον· εὐαγγέλιον κατὰ Ἰωάννην *Εἶπεν ὁ Κύριος· Πάτερ, δόξασόν σου τὸν υἱόν*· τὸ *Ἀνάστασιν Χριστοῦ θεασάμενοι*, οἵα ἂν ἡμέρα ᾖ, καὶ 8.τὸν Ν΄. 9.εἶτα ὁ κανὼν ἦχος πλάγιος δ΄ τοῦ κυροῦ Κοσμᾶ· λέγουσι τοὺς εἱρμοὺς πρὸς μίαν οἱ χοροί, τὰ δὲ τροπάρια ἀνὰ δ΄ ἐν αἷς [9v] ᾠδαῖς εἰσὶ τρία, *Δόξα καὶ νῦν*, καὶ πάλιν τὰ β΄ πρὸς μίαν· ἔσχατον δὲ ἀμφότεροι οἱ χοροὶ τοὺς εἱρμοὺς ἅπαξ ὡς εἴρηται, ἐν αἷς δέ εἰσι δύο τροπάρια ἀνὰ ϛ΄, *Δόξα*[63] *καὶ νῦν*, πάλιν τὰ αὐτὰ πρὸς μίαν.

---

[60] ὑψοῦτε cod.
[61] ; add. D
[62] om. D
[63] om. D

14 SEPTEMBER

happens to be.[113] **PN. 4.**Reading after **Pannychis** in simple style from the Praxapostolos in accordance with the sequence of Sundays.[114] **O.5.**But after the recitation of the first kathisma, c.reading: *Homily* of Sophronios of Jerusalem in the Panegyrikon beginning Σταυροῦ πανήγυρις καὶ τίς οὐ σκιρτήσειε [BHG, 444], and another *Homily*, of Pantoleon the Deacon: Πάλιν ὑψοῦται σταυρός [BHG, 430], the two joined together into one reading, and another *Homily*, of Alexander the Monk, in the small Panegyrikon; d.then we recite the second kathisma of continuous psalmody: Ἀγαθὸν τὸ ἐξομολογεῖσθαι τῷ Κυρίῳ [kath 13], the three antiphons[115] in the established mode,[116] and e.poetic kathisma in the same mode, a prosomoion of the same mode either of Wednesday or of Friday, *Glory...both now...*, the same theotokion, f.reading: in the same book *Homily* of Chrysostom beginning Τί εἴπω ἢ τί λαλήσω [BHG, 446], next g.the polyeleos in plagal mode 2, h.poetic kathisma in the same mode: Μόνον ἐπάγη τό, *Glory...both now...*, theotokion, i.reading: *Homily* of Kyr Andrew in the Metaphrasis beginning Σταυροῦ πανήγυριν ἄγομεν [BHG, 443] in two portions. After the reading, **6.**the anabathmoi in mode 4, one antiphon, but if it falls on a Sunday, the three antiphons of the mode.[117] **7a.**Prokeimenon in mode 4: Εἴδοσαν πάντα τὰ πέρατα τῆς γῆς τὸ σωτήριον τοῦ Θεοῦ ἡμῶν [Ps 97:3], stichos: Ἄισατε τῷ Κυρίῳ ᾆσμα καινόν [Ps 97:1], **b.**Πᾶσα πνοή in the same mode, **c.**gospel: according to John [12:28ff], **d.**Ἀνάστασιν Χριστοῦ θεασάμενοι whatever day it is, and **8.**psalm 50. **9.**Then the canon of Kyr Kosmas in plagal mode 4; the choirs recite the heirmoi once, but the troparia four times each in those odes where there are three, *Glory...both now...*, and again the two [troparia] once, finally both choirs recite the heirmoi once, as has been stated; but in those odes where there are two troparia, six times each, *Glory...both now...*, again the same repeated once.

---

[113] Normally Wednesdays and Fridays are crucifixion days.
[114] The scribe had forgotten to put in the reading for Pannychis and was reminded by the first reading at Orthros.
[115] Psalms 91-100 divided into three blocks: 91-93; 94-96; 97-100.
[116] The mode is set; see note 3.
[117] The mode is set; see note 3.

ΣΕΠΤΕΜΒΡΙΟΣ

Χρὴ δὲ γινώσκειν ὅτι προηυτρεπισμένου ὄντος τοῦ τετραποδίου μετὰ καὶ ἐνδυτῆς, προτιθέασιν αὐτὸ οἱ παρεκκλησιάρχαι ἐν τῷ δεξιῷ μέρει τοῦ βήματος ἔξωθεν ἐν τῷ ψάλλεσθαι τὸν Ν· ἅμα δὲ τοῦ ἄρξασθαι τὸν κανόνα <πρὸς τὸ> Σταυρὸν χαράξας Μωσῆς τοῦ ἱερέως ἠλλαγμένου ὄντος μετὰ φελωνίου καὶ ἐπιτραχηλίου, ὁμοίως δὲ καὶ διακόνου, λαβὼν ἐπὶ τῆς κεφαλῆς αὐτοῦ τὸ τίμιον ξύλον ὁ ἱερεὺς μετὰ τῆς θήκης αὐτοῦ ἄνωθεν μικροῦ ποτηροκαλύμματος κειμένου τοῦ σταυροῦ, προπορευομένου αὐτῷ καὶ τοῦ διακόνου μετὰ τοῦ πυρείου καὶ τῶν μανουαλίων τῆς εἰσόδου, ἐξέρχονται ἀπὸ τοῦ ἀριστεροῦ κλίματος καὶ ἔρχονται μέχρι τοῦ βήματος εἰσοδεύοντες, καὶ τιθέασιν αὐτὸν ἐπὶ τοῦ τετραποδίου ἔμπροσθεν τοῦ ἁγίου θυσιαστηρίου πλαγίως ὡς εἴρηται, ἱστῶντες καὶ τοὺς δύο κηροὺς τῆς εἰσόδου ἔμπροσθεν αὐτοῦ ἡμμένους, καὶ εὐθὺς εἰσέρχεται διὰ τῶν ἁγίων θυρίων[64] ἔνδοθεν τοῦ βήματος. ἔπειτα θυμιᾷ ὁ διάκονος τὸν λαὸν καὶ τὸν ναὸν ἅπαντα.

9.Ἀπὸ δὲ γ΄ ᾠδῆς κάθισμα ἦχος πλάγιος β΄ *Σήμερον τὸ προφητικόν, Δόξα καὶ νῦν*, τὸ αὐτό· ἀνάγνωσις λόγος τὸ καταλειφθὲν ἐκ τοῦ λόγου τοῦ κυροῦ Ἀνδρέου· ἀπὸ ς΄ τὸ κοντάκιον ἦχος δ΄ *Ὁ ὑψωθεὶς ἐν τῷ σταυρῷ*, καὶ εἰ ἔχει ἡ ὥρα ψάλλομεν καὶ κἂν τρεῖς οἴκους, καὶ ἀνάγνωσις λόγος τῆς εὑρέσεως τοῦ τιμίου σταυροῦ, οὗ ἡ ἀρχὴ *Τοῦ διακοσιοστοῦ τρίτου*· τῆς δὲ θ΄ ᾠδῆς τὰ τροπάρια ὅλα καὶ τῶν δύο εἱρμῶν ἀνὰ δ΄, τοὺς δὲ εἱρμοὺς ἀνὰ β΄. 10.ἐξαποστειλάριον *Ἅγιος Κύριος* ἢ τοῦ σταυροῦ *Σταυρὸς ὁ φύλαξ πάσης τῆς οἰκουμένης*. 11.εἰς τοὺς αἴνους στιχηρὰ προσόμοια ἦχος πλάγιος δ΄ πρὸς τὸ *Ὢ τοῦ παραδόξου θαύματος*, τὰ γ΄ ἐκ δευτέρου, *Δόξα καὶ νῦν*, ἦχος πλάγιος β΄ *Σήμερον τὸ φυτὸν τῆς ζωῆς*. 13.εἶτα δοξολογία μεγάλη.

Ταύτης δὲ ψαλλομένης ἀπέρχεται ὁ μέλλων ὑψῶσαι ἱερεὺς μετὰ καὶ διακόνων δύο καὶ βαλόντες[65] μετάνοιαν τῷ προεστῶτι ἀπέρχονται καὶ ἀλλάσσουσι τοῦ ἱερέως [10r] φοροῦντος τὴν στολὴν αὐτοῦ πᾶσαν μετὰ καὶ ἐπιμανίκων.[66] μετὰ δὲ τὸ τέλος τοῦ τρισαγίου ἀρχομένου τοῦ λαοῦ τοῦ τροπαρίου *Σῶσον Κύριε τὸν λαόν σου*, εὐθὺς ἐξέρχονται οἱ διάκονοι διὰ τῶν ἁγίων θυρίων[67] μετὰ θυμιατοῦ καὶ τοῦ ἱερέως. ἱσταμένου δὲ τοῦ ἱερέως ἐν τῷ τόπῳ τῶν ψαλτῶν, αἴρει ὁ διάκονος τὴν θήκην ἐπὶ χεῖρας καὶ →

---

[64] θυρῶν D
[65] βαλλόντες cod.
[66] ἐπιμανίκων cod. fortasse recte ἐπιμανικίων
[67] θυρῶν D

14 SEPTEMBER

N. It is necessary to realise that as the tetrapodion has been got ready beforehand with its covering also, the assistants to the ekklesiarches set it out on the right hand side of the bema outside during the chanting of psalm 50. And as the canon: <to> Σταυρὸν χαράξας Μωσῆς[118] begins, the priest vested in phelonion and epitrachelion, and the deacon vested also, the priest takes on his head on top of a small chalice veil the reliquary of precious wood[119] of the cross, the deacon walking ahead of him with the thurible and the processional candles of the entrance. They go out from the left hand side and entering they go up to the bema and place it transversely on the tetrapodion in front of the holy sanctuary, as has been stated, setting also the two lit candles of the entrance in front of it, and [the priest] immediately goes inside the bema through the holy doors. Next the deacon censes the people and all the church.

9a. And after the third ode, poetic kathisma in plagal mode 2: Σήμερον τὸ προφητικόν, Glory...both now..., the same repeated, reading: Homily, what was left from the Homily of Kyr Andrew; **b.** after the sixth ode, the kontakion in mode 4: Ὁ ὑψωθεὶς ἐν τῷ σταυρῷ, and, if there is time, we also chant up to three oikoi, and reading: Homily on the finding of the precious Cross beginning Τοῦ διακοσιοστοῦ τρίτου [cf BHG, 397p\398-9]; all the troparia of the ninth ode and those of the two heirmoi four times each, but the heirmoi twice each. **10.** Exaposteilarion: Ἅγιος Κύριος, or that of the Cross: Σταυρὸς ὁ φύλαξ πάσης τῆς οἰκουμένης. **11.** At the ainoi, the three stichera prosomoia twice in plagal mode 4 to Ὢ τοῦ παραδόξου θαύματος, Glory...both now..., in plagal mode 2: Σήμερον τὸ φυτὸν τῆς ζωῆς. **13.** Then the great doxology.

N. While this is chanted, the priest who is going to do the elevation goes away together with two deacons; they perform a metanoia before the proestos, go away and change all the vestments that the priest is wearing together with the epimanikia. After the end of the trisagion, as the people begin the troparion: Σῶσον Κύριε τὸν λαόν σου, the deacons go out at once through the holy doors with a censer and the priest. As the priest stands in the place of the cantors, the deacon raises the reliquary on his hands and the priest takes the precious cross →

---

[118] The heirmos.
[119] A relic of the true cross.

ΣΕΠΤΕΜΒΡΙΟΣ

ἀναλαμβάνεται ὁ ἱερεὺς τὸν τίμιον σταυρὸν ἐξ αὐτῆς, ἐξ εὐθείας κειμένου τοῦ τιμίου ξύλου· εἶτα πάλιν τίθησιν ὁ διάκονος τὴν θήκην μόνην[68] ἐν τῷ τετραποδίῳ καὶ ὑποστρέφει. ἵστανται οὖν οἱ δύο διάκονοι, εἷς ἐκ δεξιῶν καὶ εἷς ἐξ εὐωνύμων τοῦ ἱερέως, τοῦ ἑνὸς αὐτῶν τὸ πυρεῖον κατέχοντος, τοῦ δὲ λαοῦ πληροῦντος τὸ τροπάριον, ὁ ἱερεὺς σφραγίζειν ἀπάρχεται τοῦ ἐκκλησιάρχου μετὰ τῶν συνισταμένων αὐτῷ εὐθὺς ἐκβοῶντος τὸ *Κύριε ἐλέησον* ἐκ γ΄ μετὰ κραυγῆς ἰσχυρᾶς, καὶ καθ᾽ ἕκαστον *Κύριε ἐλέησον* σφραγίζει ὁ ἱερεὺς μετὰ τοῦ τιμίου σταυροῦ ἐκ γ΄ κατὰ ἀνατολὰς ἤγουν εἰς γ΄ μόνα *Κύριε ἐλέησον*. εἶτα ἵσταται κατὰ μικρὸν ὑψῶν τὸν σταυρὸν ἀμφοτέραις χερσίν, ἀνατείνων αὐτὰς εἰς ὕψος ἕως τῆς κεφαλῆς αὐτοῦ, ἱσταμένων καὶ τῶν διακόνων ὡς εἴρηται ἐκ δεξιῶν καὶ ἐξ εὐωνύμων. ὁ δὲ ἐκκλησιάρχης μετὰ τὸ τέλος τῆς γ΄ κραυγῆς καὶ σφραγίσεως ἅμα παντὶ τῷ λαῷ ἄρχεται τὸ *Κύριε ἐλέησον* ὁμαλώτερον μὲν τραχύτερον δὲ ὅμως, ὥστε[69] τὰς προλεχθείσας τρεῖς πρώτας φωνὰς ἀπαρχῆς ἐκτὸς εἶναι τοῦ ἀριθμοῦ τῆς ἑκατοστῆς. ἀφ᾽ οὗ δὲ πᾶς ὁ λαὸς τὰς φωνὰς κοινωσάμενος βοᾶν ἄρχονται, ἐξ αὐτῆς ἀριθμὸν δέχεται ἡ ἑκατοντάς. ἡνίκα δὲ φθάσῃ εἰς φς΄ *Κύριε ἐλέησον* ὑψοῖ πάλιν τὴν φωνὴν ὁ ἐκκλησιάρχης ὡς αἰσθόμενον τὸν ἱερέα τέλος λαμβάνειν τὴν ἑκατοστήν, ἐν ᾧ μέρει ἵσταται σφραγίζειν πάλιν ἐκ γ΄. αὐτοῦ δὲ ἐν ταὐτῷ σφραγίζοντος καὶ τοῦ λαοῦ τρισσῶς ἐκβοῶντος τὸ *Κύριε ἐλέησον*, τελειοῦται ἡ ἑκατοντάς. εὐθὺς δὲ ὁ ἱερεὺς πρὸς τὸ νότιον μέρος σταθεὶς σφραγίζει πάλιν ἐκ γ΄ καθ᾽ ἓν *Κύριε ἐλέησον* καὶ ἵσταται ἐκ τοῦ κατὰ μικρὸν ὑψῶν τὸν σταυρὸν συνεσομένων αὐτῷ καὶ τῶν διακόνων εἰς οἷον ἂν μέρος ἑαυτὸν ὑποκλίνῃ, ὑποκλινομένων καὶ αὐτῶν πρὸς τὸ ἵστασθαι ἐκ δεξιῶν καὶ ἐξ εὐωνύμων ἀεί. [10v] οὕτως ἐν τῇ ἀρχῇ τῆς ἑκατοστῆς ἔν τε τῷ τέλει καὶ ἐν ᾧ μέρει ἵσταται σφραγίζων ἐκ γ΄ τοῦ ἐκκλησιάρχου μετροῦντος καὶ ὑψοῦντος ὡς εἴρηται, τὴν φωνήν. εἶτα πρὸς δυσμὰς ὑποκλίνει κἀκεῖσε ὡσαύτως σφραγίσας ἐκ γ΄ ὑψοῖ κατὰ μικρὸν τὸν σταυρόν. εἶτα τοῖς πρὸς τὸ βόρειον μέρος ἑαυτὸν ἐμφανίζει κἀκεῖ ὁμοίως ποιήσας πάλιν ὑψοῖ πρὸς ἀνατολάς, τοῦ λαοῦ ὡσαύτως βοῶντος καθ᾽ ἓν ἕκαστον κλίτος τὸ *Κύριε ἐλέησον* ἀνὰ ρ΄ συγκεφαλαιούμενα εἰς φ΄. πληρώσαντες οὖν ὡς εἴρηται τὴν πεντάκις ὕψωσιν, εὐθὺς ἀρχόμεθα ψάλλειν τὸ κοντάκιον *Ὁ ὑψωθείς*. ὁ δὲ διάκονος λαβὼν τὸ τετραπόδιον μετὰ

---

[68] om. D
[69] ὥς τε D

14 SEPTEMBER

out of it with the precious wood lying straight. Then the deacon places the reliquary alone back on the tetrapodion and returns. So the two deacons stand, one on the right and one on the left of the priest, one of them holding the thurible. As the people complete the troparion, the priest begins to make the sign of the cross, while the ekklesiarches with those who are standing with him immediately exclaims Κύριε ἐλέησον three times in a loud voice. At each Κύριε ἐλέησον the priest makes the sign of the cross with the precious cross three times to the east, that is, at three shouts of Κύριε ἐλέησον only. Then he stands for a short while, elevating the cross on high in both hands and lifting them up to the height of his head, while the deacons, as has been stated, stand on the right and the left. After the end of the third shout and signing of the cross, the ekklesiarches along with all the people begins Κύριε ἐλέησον, quite gently but still quite emphatically, so that the first three utterances said at the beginning are not counted in the number of the hundred. After which all the people joining in the utterances begin to shout; from this one the number of one hundred starts. When the ninety seventh Κύριε ἐλέησον is reached, the ekklesiarches again raises his voice so that the priest realising it is the end picks up the hundredth and makes the sign of the cross again three times in the direction in which he is standing. As he makes the sign of the cross in the same direction and the people shout out Κύριε ἐλέησον three times, the hundred is completed. Immediately the priest, standing to face south, makes the sign of the cross again three times at each Κύριε ἐλέησον and stands after this elevating the cross aloft little by little, while the deacons will also accompany him, themselves bowing in whatever direction he bows in addition to standing always on the right and the left. Thus at the beginning of the hundred and at the end and in each direction he stands making the sign of the cross three times, while the ekklesiarches counts and raises his voice, as has been stated. Then he bows to the west and making the sign of the cross three times in that direction too in the same way, elevates the cross aloft little by little. Then he shows himself to those on the north side, and doing the same there too he again elevates it aloft to the east, as the people shout at each direction in the same way Κύριε ἐλέησον a hundred times each, totalling five hundred in all. So when we have completed the elevation five times as has been stated, we begin at once to chant the kontakion: Ὁ ὑψωθείς.[120] The deacon taking the tetrapodion with the reliquary places it in front of the priest, and the

---

[120] See O.9b above.

ΣΕΠΤΕΜΒΡΙΟΣ

τῆς θήκης, τιθεῖ αὐτὸ ἔμπροσθεν τοῦ ἱερέως καὶ ὁ ἱερεὺς εὐθὺς τίθησιν ἐν τῇ θήκῃ αὐτοῦ τὸν τίμιον σταυρὸν ἄνευ ποτηροκαλύμματος, καὶ ἀσπασάμενος εἰσέρχεται μετὰ καὶ ἑνὸς διακόνου τοῦ ἁγίου θυσιαστηρίου ἔσωθεν. μετὰ δὲ τὸ κοντάκιον εὐθὺς ἄρχεται ψάλλειν ὁ λαὸς *Τὸν σταυρόν σου προσκυνοῦμεν Δέσποτα* ἐκ γ΄· ἔπειτα τροπάριον ἦχος πλάγιος β΄ *Σήμερον τὸ προφητικόν*, καὶ πάλιν *Τὸν σταυρόν σου προσκυνοῦμεν* ἐκ γ΄· εἶτα τροπάριον *Μόνον ἐπάγη τὸ ξύλον*, καὶ πάλιν *Τὸν σταυρόν σου προσκυνοῦμεν*. τούτων δὲ ὡς εἴρηται ψαλλομένων ἀπέρχεται πρῶτος ὁ καθηγούμενος μόνος καὶ προσκυνεῖ, εἶτα καθεξῆς[70] πάντες δύο δύο ποιοῦντες ἴσως καὶ εὐτάκτως ἔμπροσθεν τοῦ τιμίου ξύλου ἀνὰ γ΄ μετανοίας. συνάγονται δὲ τῶν μοναχῶν οἱ ψάλλοντες εἰς τὸ δεξιὸν κλίτος πλησίον τοῦ σταυροῦ καὶ ἄρχονται ψάλλειν προσκυνούντων τῶν ἀδελφῶν στιχηρὸν ἰδιόμελον ἦχος β΄ *Δεῦτε πιστοὶ τὸ ζωοποιὸν ξύλον, Δόξα καὶ νῦν*, ἦχος πλάγιος β΄ *Σταυρὲ τοῦ Χριστοῦ* καὶ εὐθὺς *Τὸν σταυρόν σου* ἐκ γ΄. εἶτα ἐκτενὴς καὶ ἀπολύει. προκειμένου ἐκεῖσε τοῦ τιμίου σταυροῦ μετὰ κηρῶν δύο μέχρι τῆς λειτουργίας. ψάλλομεν δὲ καὶ τὴν πρώτην ὥραν, οὐκ ἀναγινώσκομεν δέ.

Εἰς τὴν λειτουργίαν 1.ἀντίφωνον τὸ πρῶτον *Ἀγαθὸν τὸ ἐξομολογεῖσθαι τῷ Κυρίῳ, Ταῖς πρεσβείαις τῆς Θεοτόκου*· τὸ δεύτερον *Ὁ Κύριος ἐβασίλευσεν, Σῶσον ἡμᾶς Υἱὲ Θεοῦ ὁ δι᾽ ἡμᾶς σταυρωθεὶς ψάλλοντας*· τὸ γ΄ *Δεῦτε ἀγαλλιασώμεθα*, [11r] ἦχος πρῶτος τὸ τροπάριον *Σῶσον Κύριε τὸν λαόν σου*. εἰς δὲ τὴν εἴσοδον οὐ λέγομεν τὸ *Δεῦτε προσκυνήσωμεν* ἀλλὰ τὸν στίχον τοῦτον *Ὑψοῦτε Κύριον τὸν Θεὸν ἡμῶν, Σῶσον Κύριε τὸν λαόν σου*. μετὰ τὴν εἴσοδον *Δόξα καὶ νῦν*, ἦχος δ΄ τὸ κοντάκιον *Ὁ ὑψωθείς*· ἀντὶ δὲ τρισαγίου *Τὸν σταυρόν σου προσκυνοῦμεν* χωρὶς συναπτῆς. 2.προκείμενον ἦχος βαρὺς *Ὑψοῦτε Κύριον*· στίχος *Ὁ Κύριος ἐβασίλευσεν ὀργιζέσθωσαν λαοί*· ὁ ἀπόστολος πρὸς Κορινθίους πρώτη *Ἀδελφοί, ὁ λόγος ὁ τοῦ σταυροῦ*, τέλος *Καὶ Θεοῦ σοφία*, ζήτει τῇ ἁγίᾳ καὶ μεγάλῃ παρασκευῇ ἀπ᾽ ἀρχῆς μέχρι τοῦ μέσου. *Ἀλληλούια* ἦχος α΄ *Μνήσθητι τῆς συναγωγῆς σου*· στίχος β΄ →

---

[70] καθ᾽ ἑξῆς cod.

14 SEPTEMBER

priest immediately places the precious cross without a chalice veil in its reliquary, and having kissed it goes inside the holy sanctuary along with one deacon. After the kontakion the people immediately begin to chant Τὸν σταυρόν σου προσκυνοῦμεν Δέσποτα three times, next troparion in plagal mode 2: Σήμερον τὸ προφητικόν,[121] and again Τὸν σταυρόν σου προσκυνοῦμεν three times, then troparion: Μόνον ἐπάγη τὸ ξύλον,[122] and again Τὸν σταυρόν σου προσκυνοῦμεν. While these are being chanted as has been stated, the kathegoumenos goes first alone and venerates, then all in succession two by two making even and orderly metanoiai three times each in front of the precious wood. Those of the monks who are chanting gather on the right hand side near the cross and while the brothers venerate they begin to chant in mode 2 sticheron idiomelon: Δεῦτε πιστοὶ τὸ ζωοποιὸν ξύλον, Glory...both now..., in plagal mode 2: Σταυρὲ τοῦ Χριστοῦ, and immediately Τὸν σταυρόν σου three times; then ektene and apolysis. The precious cross is set forth there with two candles until the **Liturgy**. We also chant the **First Hour**, but we do not have readings.

L. **At the Liturgy**, 1.the first antiphon: Ἀγαθὸν τὸ ἐξομολογεῖσθαι τῷ Κυρίῳ [Ps 91:2ff], Ταῖς πρεσβείαις τῆς Θεοτόκου, the second: Ὁ Κύριος ἐβασίλευσεν [Ps 92:1ff], Σῶσον ἡμᾶς Υἱὲ Θεοῦ ὁ δι' ἡμᾶς σταυρωθεὶς ψάλλοντας, the third: Δεῦτε ἀγαλλιασώμεθα [Ps 94:1ff] in the first mode,[123] the troparion: Σῶσον Κύριε τὸν λαόν σου. At the entrance we do not recite Δεῦτε προσκυνήσωμεν [Ps 94:6] but this stichos: Ὑψοῦτε Κύριον τὸν Θεὸν ἡμῶν [Ps 98:5], Σῶσον Κύριε τὸν λαόν σου. After the entrance, Glory...both now..., in mode 4 the kontakion: Ὁ ὑψωθείς.[124] Instead of a trisagion, Τὸν σταυρόν σου προσκυνοῦμεν without synapte. 2.Prokeimenon in barys mode: Ὑψοῦτε Κύριον [Ps 98:5], stichos: Ὁ Κύριος ἐβασίλευσεν ὀργιζέσθωσαν λαοί [Ps 98:1], the apostle: the first letter to the Corinthians [1:18ff] ending at [1:24] (see holy and great Friday, from the beginning as far as the middle). Alleluia in mode 1: Μνήσθητι τῆς συναγωγῆς σου [Ps 73:2], second stichos: Ὁ δὲ Θεὸς

---

[121] See O.9a above.
[122] See O.5h above.
[123] For these psalms see O.5d above.
[124] See O.9b above.

ΣΕΠΤΕΜΒΡΙΟΣ

Ὁ δὲ Θεὸς βασιλεὺς ἡμῶν πρὸ αἰῶνος· εὐαγγέλιον κατὰ Ἰωάννην *Τῷ καιρῷ ἐκείνῳ συμβούλιον ἐποίησαν*. 3.κοινωνικὸν ἦχος δ΄ *Ἐσημειώθη*.

Σαββάτῳ μετὰ τὴν ὕψωσιν 2.ὁ ἀπόστολος πρὸς Κορινθίους α΄ *Ἀδελφοί, βλέπετε τὴν κλῆσιν ὑμῶν*, ζήτει σαββάτῳ ιβ΄. εὐαγγέλιον κατὰ Ἰωάννην *Εἶπεν ὁ Κύριος· Ἐγὼ ὑπάγω καὶ ζητήσετέ με*, ζήτει τῇ παρασκευῇ τῆς δ΄ ἑβδομάδος τοῦ πάσχα.

Κυριακῇ μετὰ τὴν ὕψωσιν 2.ὁ ἀπόστολος πρὸς Γαλάτας *Ἀδελφοί, εἰδότες ὅτι οὐ δικαιοῦται*, ζήτει κυριακῇ κα΄. εὐαγγέλιον κατὰ Μάρκον *Εἶπεν ὁ Κύριος· Ὅστις θέλει*, ζήτει κυριακῇ γ΄ τῶν νηστειῶν. προκείμενον καὶ Ἀλληλούια τῆς ἡμέρας.

Μηνὶ τῷ αὐτῷ ιε΄· μεθέορτος[71] τοῦ σταυροῦ ἐν ᾗ καὶ ἀποδίδοται ἡ ἑορτή, καὶ τοῦ ἁγίου μάρτυρος Νικήτα.

Ἑσπέρας 1.οὐ στιχολογοῦμεν, οὐδὲ εἰς τὸν ὄρθρον διὰ τὸν κόπον, εἰ μὴ ἔστι σάββατον ὀψέ· 2.ἀλλ᾽ εἰς τὸ *Κύριε ἐκέκραξα* ἱστῶμεν ϛ΄ καὶ ψάλλομεν γ΄ τοῦ σταυροῦ ἦχος πλάγιος δ΄ *Ὢ τοῦ παραδόξου θαύματος* καὶ τὰ τούτου προσόμοια πρὸς μίαν, καὶ γ΄ τοῦ ἁγίου μάρτυρος Νικήτα εἰς ἦχον δ΄ πρὸς τὸ *Ἔδωκας σημείωσιν*, *Δόξα καὶ νῦν*, θεοτοκίον. 4.προκείμενον τῆς ἡμέρας. 10.εἰς τοὺς στίχους τοῦ σταυροῦ πρὸς τὸ *Οἶκος τοῦ Ἐφραθᾶ* γ΄, *Δόξα καὶ νῦν*, εἰς τὸν αὐτὸν ἦχον ἰδιόμελον *Σύ μου σκέπη κραταιά*. 12.ἀπολυτίκιον *Σῶσον Κύριε τὸν λαόν σου καὶ εὐλόγησον*.

Εἰ δὲ σάββατον[72] ὀψέ, 1.ἡ στιχολογία *Μακάριος ἀνὴρ* καὶ ἱστῶμεν η΄ καὶ ψάλλομεν στιχηρὰ ἀναστάσιμα γ΄ καὶ τρία[73] τοῦ σταυροῦ καὶ β΄ τοῦ ἁγίου, *Δόξα καὶ νῦν*, τὸ θεοτοκίον τοῦ ἤχου. 3.εἴσοδος

---

[71] μεθεορτὴ D
[72] σαββάτῳ D
[73] γ΄ D

14-15 SEPTEMBER

βασιλεὺς ἡμῶν πρὸ αἰῶνος [Ps 73:12], gospel: according to John [19:6ff]. 3.Koinonikon in mode 4: Ἐσημειώθη [Ps 4:7].

IX.14 S. On Saturday after the Exaltation, L2.the apostle: the first letter to the Corinthians [1:26ff] (see the twelfth Saturday), gospel: according to John [8:21ff] (see Friday of the fourth week of Easter).

IX.14 K. On Sunday after the Exaltation, L2.the apostle: to the Galatians [2:16ff] (see the twenty-first Sunday), gospel: according to Mark [8:34ff] (see the third Sunday of Lent). Prokeimenon and *Alleluia* of the day.

IX.15C. 15th of the same month. Afterfeast of the Cross; on this day the feast also ends, and the commemoration of the holy martyr Niketas.

V. At Vespers, 1.we do not recite the continuous psalmody, nor at **Orthros,** because of weariness, unless it is a Saturday evening, **2.**but at Κύριε ἐκέκραξα we intercalate six times and chant three [stichera] of the Cross in plagal mode 4: Ὦ τοῦ παραδόξου θαύματος and the prosomoia of this once through, and three of the holy martyr Niketas in mode 4 to Ἔδωκας σημείωσιν, *Glory...both now...*, theotokion. **4.**Prokeimenon of the day of the week. **10.**At the stichoi, three [stichera] of the Cross to Οἶκος τοῦ Ἐφραθᾶ, *Glory...both now...*, in the same mode idiomelon: Σύ μου σκέπη κραταιά. **12.**Apolytikion: Σῶσον Κύριε τὸν λαόν σου καὶ εὐλόγησον.[125]

IX.15 S. But if it is a Saturday evening, V.1.the recitation of continuous psalmody Μακάριος ἀνήρ [kath 1],[126] and we intercalate eight times and chant three resurrection stichera, and three of the Cross, and two of the holy man, *Glory...both*

---

[125] See IX.14 V.12.
[126] Kathisma 1 of the psalter (psalms 1-8) is always chanted at Vespers on Saturday evenings.

ΣΕΠΤΕΜΒΡΙΟΣ

καὶ 4.προκείμενον Ὁ Κύριος ἐβασίλευσεν. 10.εἰς τὸν στίχον τὸ ἀναστάσιμον τοῦ στίχου[74] εἰς ἅπαξ καὶ ἕτερα δύο τοῦ σταυροῦ πρὸς τὸ Οἶκος τοῦ, *Δόξα καὶ νῦν, Σύ μου σκέπη κραταιά*. 12.ἀπολυτίκιον *Σῶσον Κύριε τὸν λαόν σου καί*.[75] [11v] στίχους δὲ εἰς τὸν στίχον τοῦ ἑσπερινοῦ καὶ τοῦ ὄρθρου τοῦ σταυροῦ λέγομεν, κἄν τε κυριακή ἐστιν, κἄντε ἑτέρα ἡμέρα, τὸ *Ὑψοῦτε Κύριον τὸν Θεὸν ἡμῶν* καὶ *Ὑψώθητι ἐπὶ τοὺς οὐρανοὺς ὁ Θεός*. Εἰς τὴν παννυχίδα οὐδέν, καταλιμπάνεται γὰρ ἀφ᾽ ἑσπέρας ἡ παννυχίς, εἰ μὴ ἔστι σάββατον ὀψέ.

Εἰς τὸν ὄρθρον ἐγειρόμεθα ὥρᾳ θ´, εἰ μὴ ἔστι κυριακή· ψαλλομένης δὲ τῆς ἀκολουθίας ἐν τοῖς κελλίοις, σημαίνει ὥρα ι´ 2.καὶ μετὰ τὸν ἑξάψαλμον 3.*Θεὸς Κύριος* ἦχος α´, 4.*Σῶσον Κύριε τὸν λαόν, Δόξα καὶ νῦν*, θεοτοκίον. εἰ δὲ κυριακή, τὸ ἀναστάσιμον ἅπαξ καὶ ἅπαξ τοῦ σταυροῦ, *Δόξα καὶ νῦν*, θεοτοκίον *Οἱ τὴν σὴν προστασίαν*, τοῦ γὰρ μάρτυρος καταλιμπάνομεν. 9.ψάλλομεν δὲ κανόνας β´, οὐδὲ γὰρ στιχολογοῦμεν, εἰ μὴ ἔστι κυριακή· τοῦ σταυροῦ <πρὸς τὸ> Σταυρὸν χαράξας εἰς η´, καὶ τοῦ μάρτυρος εἰς δ´ Θεοφάνους ἦχος δ´ <πρὸς τὸ> Θαλάσσης τὸ ἐρυθραῖον πέλαγος. λέγομεν δὲ καὶ *Τῷ Κυρίῳ ᾄσωμεν*, ἱστῶμεν γὰρ ιβ´ μετὰ τοῦ *Δόξα καὶ νῦν*· ἀπὸ γ´ ᾠδῆς κάθισμα τοῦ ἁγίου ἦχος α´, ἀνάγνωσις τὸ μαρτύριον αὐτοῦ, οὗ ἡ ἀρχὴ *Νικητικοὺς ἀγῶνας*· ἀπὸ ς´ τὸ κοντάκιον τοῦ σταυροῦ καὶ οἴκους, εἰ ἔχει ἡ ὥρα, κἂν γ´. 10.ἐξαποστειλάριον Ἅγιος →

---

[74] ἤχου D
[75] om. D

15 SEPTEMBER

now..., the theotokion of the mode.[127] **3.Entrance** and **4.prokeimenon**: *Ὁ Κύριος ἐβασίλευσεν* [Ps 92:1]. **10.**At the stichos, the resurrection [sticheron] of the stichos once, and another two of the Cross to Οἶκος τοῦ,[128] *Glory...both now..., Σύ μου σκέπη κραταιά.*[129] **12.**Apolytikion: *Σῶσον Κύριε τὸν λαόν σου καί.*[130] At the stichos **V.10.**of **Hesperinon** and **O.12.**of **Orthros** we recite stichoi of the Cross whether it is a Sunday or another day: *Ὑψοῦτε Κύριον τὸν Θεὸν ἡμῶν* [Ps 98:5] and *Ὑψώθητι ἐπὶ τοὺς οὐρανοὺς ὁ Θεός* [Ps 56:12].[131] **PN.At Pannychis**, nothing; for after **Vespers**, unless it is a Saturday evening, **Pannychis** is omitted.

O. For Orthros we rise at the ninth hour, unless it is a Sunday, and as the office is chanted in the cells the tenth hour is sounded; **2.**and after the hexapsalmos, **3.***Θεὸς Κύριος* in mode 1, **4.***Σῶσον Κύριε τὸν λαόν,*[132] *Glory...both now...,* theotokion. But if it is a Sunday, the resurrection [troparion] once, and that of the Cross once, *Glory...both now...,* theotokion: *Οἱ τὴν σὴν προστασίαν,* for we omit that of the martyr. **9.**We chant two canons, for we do not recite the continuous psalmody unless it is a Sunday; from that of the Cross <to> Σταυρὸν χαράξας[133] eight troparia, and from that of the martyr by Theophanes in mode 4 <to> Θαλάσσης τὸ ἐρυθραῖον πέλαγος four troparia. We also recite *Τῷ Κυρίῳ ᾄσωμεν,*[134] for we intercalate twelve times with *Glory...both now....* **a.**After the third ode, poetic kathisma of the holy man in mode 1, reading: his *Martyrion* beginning Νικητικοὺς ἀγῶνας [BHG, 1340]; **b.**after the sixth ode, the kontakion of the Cross and oikoi, if there is time even as many as three.[135] **10.**Exaposteilarion: *Ἅγιος Κύριος,* or that

---

[127] The mode is set; see note 3.
[128] See V.10 above.
[129] See V.10 above.
[130] See V.12 above.
[131] See also IX.14 V.10.
[132] The troparion used as apolytikion at V.12 repeated here.
[133] The heirmos.
[134] Ode 1.
[135] See IX.14 O.9b.

ΣΕΠΤΕΜΒΡΙΟΣ

Κύριος, εἴτε τοῦ σταυροῦ. 11.εἰς τοὺς αἴνους οὐδέν· 12.εἰς δὲ τὸν στίχον λέγομεν στιχηρὰ τοῦ σταυροῦ γ´ ἦχος πλάγιος α´ πρὸς τὸ Χαίροις πρὸς μίαν, ἃ καὶ προεόρτια ἐψάλλομεν, στίχους δὲ τοῦ σταυροῦ τοὺς εἰρημένους, *Δόξα καὶ νῦν*, ἦχος πλάγιος β´ ἰδιόμελον *Τῶν προφητῶν αἱ φωναί*. 14.ἀπολυτίκιον *Σῶσον Κύριε τὸν λαόν σου καὶ εὐλόγησον τὴν κληρονομίαν σου*.[76]

Εἰ δὲ τύχῃ κυριακῇ, ἐν τῇ παννυχίδι 1.τὸν κατανυκτικὸν τοῦ ἤχου τὸν πρῶτον εἰς ς´, καὶ τοῦ σταυροῦ τὸν δ´ εἰς δ´ <πρὸς τὸ> ῎Αισομαί σοι Κύριε ὁ Θεός μου· τὰ δὲ λοιπὰ ὡς σύνηθες κατὰ τὴν ἀκολουθίαν τῆς ἀγρυπνίας τῆς κυριακῆς.   Εἰς τὸν ὄρθρον 5.ἐν τῷ τέλει τῶν στιχολογιῶν ἡ ὑπακοὴ τοῦ ἤχου. 6.οἱ ἀναβαθμοί. 7.τὸ προκείμενον· τὸ *Πᾶσα πνοὴ* καὶ τὸ ἑωθινὸν εὐαγγέλιον τῆς κυριακῆς. 9.κανόνες γ´· τὸν ἀναστάσιμον εἰς ς´, καὶ τοῦ σταυροῦ εἰς ς´, καὶ τοῦ ἁγίου εἰς δ´, ἱστῶμεν γὰρ ις´· ἀπὸ γ´ ᾠδῆς κάθισμα τοῦ μάρτυρος καὶ ἡ ἀνάγνωσις τὸ μαρτύριον αὐτοῦ· ἀπὸ ς´ τὸ κοντάκιον τοῦ σταυροῦ. 10.ἐξαποστειλάριον ῎Αγιος *Κύριος*. 11.εἰς τοὺς αἴνους στιχηρὰ ἀναστάσιμα δ´ καὶ τοῦ σταυροῦ τὰ εἰρημένα γ´[77] ἦχος πλάγιος α´ πρὸς τὸ Χαίροις πρὸς μίαν· καὶ τὸ ἰδιόμελον ἦχος πλάγιος β´ *Τῶν προφητῶν αἱ φωναί, Δόξα καὶ νῦν, Ὑπερευλογημένη*. [12r] 14.ἀπολυτίκιον τὸ ἀναστάσιμον.

Εἰς τὴν λειτουργίαν 1.τυπικὰ καὶ οἱ ἀναστάσιμοι μακαρισμοί· εἰ δὲ οὐκ ἔστι κυριακή, οἱ μακαρισμοὶ τοῦ σταυροῦ ἦχος δ´ *Διὰ*

---

[76] καὶ εὐλόγησον...σου om. D
[77] om. D

15 SEPTEMBER

of the Cross.[136] **11.**At the ainoi, nothing; **12.**but at the stichos, we recite three stichera of the Cross in plagal mode 1 to Χαίροις once through, the ones we chanted also at the forefeast, and the aforementioned stichoi of the Cross,[137] *Glory...both now...*, in plagal mode 2 idiomelon: *Τῶν προφητῶν αἱ φωναί*. **14.**Apolytikion: *Σῶσον Κύριε τὸν λαόν σου καὶ εὐλόγησον τὴν κληρονομίαν σου*.[138]

IX.15 K.1 But if it falls on a Sunday, **PN.**at **Pannychis**, **1.**from the first penitential canon of the mode[139] six troparia, and from that of the Cross in mode 4 <to> Ἀίσομαί σοι Κύριε ὁ Θεός μου four troparia, and the rest as is customary following the proper of the **Agrypnia** of the Sunday. **O.**At **Orthros**, **5.**at the end of the recitations of continuous psalmody,[140] the hypakoe of the mode.[141] **6.**The anabathmoi. **7a.**The prokeimenon, **b.***Πᾶσα πνοή*, and **c.**the matins gospel of the Sunday. **9.**Three canons: from the resurrection one six troparia, and from that of the Cross six troparia, and from that of the holy man four troparia, for we intercalate sixteen times; **a.**after the third ode, poetic kathisma of the martyr, and the reading: his *Martyrion*;[142] **b.**after the sixth ode, the kontakion of the Cross.[143] **10.**Exaposteilarion: *Ἅγιος Κύριος*. **11.**At the ainoi, four resurrection stichera, and the three aforementioned ones of the Cross in plagal mode 1 to Χαίροις once through, and the idiomelon in plagal mode 2: *Τῶν προφητῶν αἱ φωναί*,[144] *Glory...both now...*, *Ὑπερευλογημένη*. **14.**The resurrection apolytikion.

L. At the Liturgy, **1.**typika, and the resurrection makarismoi; but if it is not a Sunday, the makarismoi of the Cross in mode 4: *Διὰ*

---

[136] See IX.14 O.10.
[137] See above at the end of the prescription for Saturday and IX.14 V.10.
[138] The troparion used as apolytikion at V.12 repeated here.
[139] The mode is set; see note 3.
[140] Two kathismata of the psalter are specified for Sundays.
[141] The mode is set; see note 3.
[142] See O.9a above.
[143] See IX.14 O.9b.
[144] See O.12 above.

ΣΕΠΤΕΜΒΡΙΟΣ

ξύλου ὁ Ἀδάμ. εἰς τὴν εἴσοδον τὸ τροπάριον τοῦ σταυροῦ, *Δόξα καὶ νῦν*, τὸ κοντάκιον *Ὁ ὑψωθείς*, τὸ τρισάγιον. 2.προκείμενον ἦχος πλάγιος β΄ *Σῶσον Κύριε τὸν λαόν σου καί*·[78] στίχος *Πρὸς σὲ Κύριε κεκράξομαι·* ὁ ἀπόστολος πρὸς Ἑβραίους *Ἀδελφοί, μνημονεύετε τῶν ἡγουμένων*, ζήτει Ἰουλίῳ[79] ις΄. *Ἀλληλούια* ἦχος πρῶτος τοῦ σταυροῦ *Μνήσθητι τῆς συναγωγῆς·*[80] εὐαγγέλιον τῆς κυριακῆς. 3.κοινωνικὸν *Ἐσημειώθη*.

Εἰ δέ ἐστι κυριακή, 1.οἱ ἀναστάσιμοι μακαρισμοὶ ὡς εἴρηται· καὶ μετὰ τὴν εἴσοδον τὸ ἀναστάσιμον τροπάριον, *Δόξα καὶ νῦν*, τὸ κοντάκιον τοῦ σταυροῦ. 2.προκείμενον τὸ εἰρημένον τοῦ σταυροῦ· ἀπόστολος κυριακῇ[81] μετὰ τὴν ὕψωσιν. *Ἀλληλούια* τὸ αὐτὸ καὶ τῆς κυριακῆς· εὐαγγέλιον δὲ κυριακῇ[82] μετὰ τὴν ὕψωσιν *Εἶπεν ὁ Κύριος· Ὅστις θέλει*, ὅπερ λέγεται καὶ ἐν ἄλλῃ ἡμέρᾳ οἵα ἂν ᾖ, τῇ ἐπαύριον τῆς ὑψώσεως. 3.κοινωνικὸν *Αἰνεῖτε* καὶ *Ἐσημειώθη*.

Μηνὶ τῷ αὐτῷ ις΄· τῆς ἁγίας μεγαλομάρτυρος Εὐφημίας τῆς πανευφήμου.

Ἑσπέρας 1.μετὰ τὴν στιχολογίαν 2.εἰς τὸ *Κύριε ἐκέκραξα* ἱστῶμεν ς΄ καὶ ψάλλομεν στιχηρὰ τῆς ἁγίας ἦχος δ΄ <πρὸς τὸ> *Ὡς γενναῖον* γ΄, καὶ ἕτερα εἰς ἦχον πλάγιον α΄ γ΄ πρὸς τὸ Χαίροις, *Δόξα καὶ νῦν*, ὅμοιον θεοτοκίον. 4.προκείμενον. 10.εἰς τὸν στίχον στιχηρὰ τῆς ὀκτωήχου β΄ καὶ τῆς ἁγίας ἰδιόμελον ἦχος πλάγιος β΄ *Ἐκ δεξιῶν τοῦ Σωτῆρος*, *Δόξα καὶ νῦν*, θεοτοκίον. 12.ἀπολυτίκιον ἦχος δ΄ *Τὸν νυμφίον σου Χριστὸν ἀγαπήσασα, τὴν λαμπάδα σου φαιδρῶς εὐτρεπίσασα, ταῖς ἀρεταῖς διέλαμψας, πανεύφημε· ὅθεν εἰσελήλυθας*[83] *σὺν αὐτῷ εἰς τὸν γάμον, τὸ στέφος τῆς ἀθλήσεως παρ᾽ αὐτοῦ δεξαμένη· ἀλλ᾽ ἐκ κινδύνων λύτρωσαι ἡμᾶς, τοὺς ἐκτελοῦντας ἐν πίστει τὴν μνήμην σου.* τὸ αὐτὸ καὶ 4.εἰς τὸν ὄρθρον.

---

[78] om. D
[79] Ἰουλίου D
[80] σου add. D
[81] κυριακὴ D
[82] κυριακὴ D
[83] εἰς ἐλήλυθας D

15–16 SEPTEMBER

ξύλου ὁ Ἀδάμ. At the entrance, the troparion of the Cross,[145] Glory...both now..., the kontakion: Ὁ ὑψωθείς,[146] the trisagion. 2.Prokeimenon in plagal mode 2: Σῶσον Κύριε τὸν λαόν σου καί [Ps 27:9], stichos: Πρὸς σὲ Κύριε κεκράξομαι [Ps 27:1], the apostle: to the Hebrews [13:7ff] (see the 16 July). Alleluia of the Cross in the first mode: Μνήσθητι τῆς συναγωγῆς [Ps 73:2], gospel: of the Sunday.[147] 3.Koinonikon: Ἐσημειώθη [Ps 4:7].

IX.15 K.2 But if it is a Sunday, L.1.the resurrection makarismoi as has been stated; and after the entrance, the resurrection troparion, Glory...both now..., the kontakion of the Cross.[148] 2.The aforementioned prokeimenon of the Cross, apostle: of Sunday after the Exaltation. Alleluia: the same one also of the Sunday, and gospel: of Sunday after the Exaltation [Mk 8:34ff], which is also read out on the next day, the day after the Exaltation, whatever day it is. 3.Koinonikon: Αἰνεῖτε [Ps 148:1] and Ἐσημειώθη [Ps 4:7].

IX.16C. 16th of the same month. The commemoration of the holy megalomartyr Euphemia the wholly blessed.

V. At Vespers, 1.after the recitation of continuous psalmody, 2.at Κύριε ἐκέκραξα we intercalate six times and chant three stichera of the holy woman in mode 4 <to> Ὡς γενναῖον, and another three in plagal mode 1 to Χαίροις, Glory...both now..., theotokion to the same melody. 4.Prokeimenon. 10.At the stichos, two stichera from the Oktoechos, and idiomelon of the holy woman in plagal mode 2: Ἐκ δεξιῶν τοῦ Σωτῆρος, Glory...both now..., theotokion. 12.Apolytikion in mode 4: *Having loved Christ, your bridegroom, and made ready your lamp brightly, you shone out in your virtues, O wholly blessed one; as a result you entered with him into the marriage, receiving from him the crown of martyrdom; but deliver us from dangers, we who in faith perform your commemoration.* The same also **O.4.at Orthros.**

---

[145] The troparion used as apolytikion at V.12 repeated here.
[146] See IX.14 O.9b.
[147] That is, the Sunday after the Exaltation of the Cross.
[148] See IX.14 O.9b.

ΣΕΠΤΕΜΒΡΙΟΣ

Εἰς τὴν παννυχίδα 1.ὁ συνήθης κανὼν τῆς ὀκτωήχου εἰς ϛ´· ὁμοίως δὲ καὶ 2.τὸ κάθισμα καὶ 3.τὸ κοντάκιον.

Εἰς τὸν ὄρθρον 3.*Θεὸς Κύριος*, 4.ἦχος δ´ τὸ τροπάριον τῆς ἁγίας, *Δόξα καὶ νῦν*, θεοτοκίον. 5.ἡ στιχολογία καὶ σήμερον κάθισμα ἕν, καθίσματα τῆς ὀκτωήχου· ἀνάγνωσις τὸ μαρτύριον τῆς ἁγίας, οὗ ἡ ἀρχὴ *Διοκλητιανοῦ τὰ Ῥωμαίων σκῆπτρα διέποντος.* [12v] 8.ὁ Ν´. 9.κανόνες τρεῖς· τῆς ὀκτωήχου τοὺς β´ εἰς ϛ´, ἤγουν τοῦ πρώτου κανόνος τὸν εἱρμὸν καὶ τροπάρια γ´, εἰ τύχῃ κατανυκτικὸς ἢ σταυρώσιμος, τὰ γὰρ μαρτυρικὰ τροπάρια καταλιμπάνομεν τῶν αὐτῶν κανόνων, τοῦ δὲ δευτέρου κανόνος τροπάρια β´, εἰ τύχῃ τῶν ἀσωμάτων ἢ τοῦ προδρόμου ἢ τῶν ἁγίων ἀποστόλων ἢ τῆς Θεοτόκου, καὶ τῆς ἁγίας εἰς ϛ´ ἦχος πλάγιος δ´ Ἰωάννου μοναχοῦ <πρὸς τὸ> Ἄισωμεν τῷ Κυρίῳ· ἀπὸ γ´ ᾠδῆς κάθισμα τῆς ἁγίας ἦχος πλάγιος δ´· ἀπὸ ϛ´ τὸ κοντάκιον ἦχος δ´ πρὸς τὸ Ὁ ὑψωθεὶς *Ἐν τῇ ἀθλήσει σου καλῶς.* 10.ἐξαποστειλάριον <πρὸς τὸ> Ὁ οὐρανὸν τοῖς ἄστροις. 12.εἰς τὸν στίχον τῶν αἴνων στιχηρὰ τῆς ὀκτωήχου β´, καὶ ἓν ἰδιόμελον τῆς ἁγίας ἦχος γ´ Ἀληθείας κρατῆρα, *Δόξα καὶ νῦν*, θεοτοκίον.

Εἰς τὴν λειτουργίαν 1.τυπικὰ καὶ μακαρισμοὶ τῆς ἡμέρας. μετὰ τὴν εἴσοδον τὸ τροπάριον τῆς ἁγίας καὶ θεοτοκίον. 2.προκείμενον ἦχος δ´ *Θαυμαστὸς ὁ Θεός·* στίχος *Ἐν ἐκκλησίαις εὐλογεῖτε·* ὁ ἀπόστολος πρὸς Ῥωμαίους *Ἀδελφοί, ὅσοι Πνεύματι Θεοῦ ἄγονται*, ζήτει σαββάτῳ ε´. Ἀλληλούια ἦχος α´ *Ὑπομένων ὑπέμεινα τὸν Κύριον·* εὐαγγέλιον κατὰ Λουκᾶν *Τῷ καιρῷ ἐκείνῳ ἠρώτησέ τις τῶν φαρισαίων*,[84] ζήτει τῇ β´ τῆς δ´ ἑβδομάδος τοῦ Λουκᾶ. 3.κοινωνικὸν *Ἀγαλλιᾶσθε.*

---

[84] φαρισσαίων cod.

16 SEPTEMBER

PN. At Pannychis, 1.from the customary canon of the Oktoechos six troparia; and likewise both 2.the poetic kathisma and 3.the kontakion.

O. At Orthros, 3.*Θεὸς Κύριος*, 4.in mode 4 the troparion of the holy woman,[149] *Glory...both now...*, theotokion. 5a.The recitation of continuous psalmody, and today one kathisma, b.poetic kathismata from the Oktoechos, c.reading: the *Martyrion* of the holy woman beginning *Διοκλητιανοῦ τὰ 'Ρωμαίων σκῆπτρα διέποντος* [BHG, 620]. 8.Psalm 50. 9.Three canons: from the two of the Oktoechos six troparia, that is, the heirmos and three troparia of the first canon if it happens to be a penitential or crucifixion one, for we omit the martyr troparia of the same canons; and two troparia of the second canon if it happens to be of the Incorporeal Ones or of the Prodromos or of the Holy Apostles or of the Theotokos; and from that of the holy woman in plagal mode 4 by John the Monk <to> *Ἄισωμεν τῷ Κυρίῳ* six troparia. a.After the third ode, poetic kathisma of the holy woman in plagal mode 4; b.after the sixth ode, the kontakion in mode 4 to *Ὁ ὑψωθείς*: *Ἐν τῇ ἀθλήσει σου καλῶς*. 10.Exaposteilarion <to> *Ὁ οὐρανὸν τοῖς ἄστροις*. 12.At the stichos of the ainoi, two stichera from the Oktoechos, and one idiomelon of the holy woman in mode 3: *Ἀληθείας κρατῆρα*, *Glory...both now...*, theotokion.

L. At the Liturgy, 1.typika, and makarismoi of the day. After the entrance, the troparion of the holy woman,[150] and theotokion. 2.Prokeimenon in mode 4: *Θαυμαστὸς ὁ Θεός* [Ps 67:36], stichos: *Ἐν ἐκκλησίαις εὐλογεῖτε* [Ps 67:27], the apostle: to the Romans [8:14ff] (see the fifth Saturday). *Alleluia* in mode 1: *Ὑπομένων ὑπέμεινα τὸν Κύριον* [Ps 39:2], gospel: according to Luke [7:36ff] (see Monday of the fourth week of Luke). 3.Koinonikon: *Ἀγαλλιᾶσθε* [Ps 32:1].

---

[149] The troparion used as apolytikion at V.12 repeated here.
[150] The troparion used as apolytikion at V.12 repeated here.

ΣΕΠΤΕΜΒΡΙΟΣ

Μηνὶ τῷ αὐτῷ ιζ΄· τῆς ἁγίας μάρτυρος Σοφίας καὶ τῶν τέκνων αὐτῆς, Πίστεως Ἐλπίδος καὶ Ἀγάπης· ἔστι δὲ καὶ ἡ μνήμη τοῦ ἁγίου Φιλοθέου.

Ἑσπέρας 1.μετὰ τὴν στιχολογίαν ἱστῶμεν ϛ΄ καὶ ψάλλομεν στιχηρὰ τῶν ἁγίων γυναικῶν γ΄ ἦχος πρῶτος πρὸς τὸ Πανεύφημοι μάρτυρες, καὶ ἕτερα γ΄ τοῦ ὁσίου πατρὸς ἡμῶν Φιλοθέου ἦχος πλάγιος β΄ πρὸς τὸ Ὅλην ἀποθέμενοι, *Δόξα καὶ νῦν*, θεοτοκίον. 4.ἀντὶ προκειμένου *Ἀλληλούια*. 10.εἰς τὸν στίχον στιχηρὰ τῆς ὀκτωήχου γ΄ καὶ θεοτοκίον. 12.ἀπολυτίκιον *Θεοτόκε παρθένε*.

Εἰς τὸν ὄρθρον 2.μετὰ τὸν ἑξάψαλμον 3.*Ἀλληλούια* τοῦ ἤχου καὶ 4.τὰ τριαδικά.

Δεῖ γινώσκειν ὅτι ἀπὸ τῆς σήμερον ἡμέρας καὶ αὐτῆς[85] στιχολογοῦμεν καθ᾽ ἑκάστην ἡμέραν καθίσματα δύο, καὶ ποιοῦμεν ἀναγνώσεις γ΄ ἐγειρόμενοι ὥρᾳ η΄.

5.Ἀπὸ τῆς πρώτης στιχολογίας κάθισμα ἓν τῆς ἡμέρας, *Δόξα καὶ νῦν*, θεοτοκίον· ἀπὸ δευτέρας στιχολογίας ἕτερον κάθισμα τῆς ὀκτωήχου, οἷον τύχῃ· εἶτα στίχον[86] λέγοντος,[87] λέγομεν καὶ μαρτυρικόν, *Δόξα καὶ νῦν*, θεοτοκίον. ἀναγινώσκει δὲ κατὰ τὸ ἔθος μετὰ τὴν στιχολογίαν καὶ ἀπὸ γ΄ ὁμοίως, καί, εἰ μὲν ἔχει ὁ ἅγιος, τῆς ἡμέρας, εἰ δὲ μή γε, τὸ κατὰ Ματθαῖον, ἡ ἑρμηνεία τοῦ Χρυσοστόμου, βιβλίον τὸ δεύτερον· τὸ αὐτὸ γὰρ ἀναγινώσκομεν μέχρι τῆς κυριακῆς τῶν ἁγίων πατέρων πρὸ τῆς Χριστοῦ γεννήσεως. εἰ δὲ τοῦτο [13r] τελειωθῇ, πάλιν προτίθεται ἕτερον, Τὰ Ἠθικὰ τοῦ Χρυσοστόμου. 9.καὶ κανόνες γ΄· τῆς ὀκτωήχου εἷς, καὶ ἕτερος τῶν ἁγίων γυναικῶν ἦχος α΄ Θεοφάνους <πρὸς τὸ> Σοῦ ἡ τροπαιοῦχος, καὶ ἕτερος τοῦ ἁγίου Φιλοθέου ἦχος πλάγιος β΄ πρὸς τὸ Κύματι θαλάσσης, τοὺς γ΄ ἀνὰ δ΄ τροπαρίων μετὰ τοῦ εἱρμοῦ· ἀπὸ γ΄ ᾠδῆς κάθισμα τῶν ἁγίων γυναικῶν ἦχος α΄, ἀναγινώσκομεν δὲ καὶ →

---

[85] om. D
[86] στίχου D
[87] λέγοντο cod. λέγοντος D

17 SEPTEMBER

IX.17C. 17th of the same month. The commemoration of the holy martyr Sophia and her children, Faith, Hope and Charity. It is also the commemoration of holy Philotheos.

V. At Vespers, 1.after the recitation of continuous psalmody, 2.we intercalate six times and chant three stichera of the holy women in the first mode to Πανεύφημοι μάρτυρες, and another three of our saintly father Philotheos in plagal mode 2 to ῎Ολην ἀποθέμενοι, *Glory...both now...*, theotokion. 4.Instead of a prokeimenon, *Alleluia*. 10.At the stichos, three stichera from the Oktoechos, and theotokion. 12.Apolytikion: Θεοτόκε παρθένε.

O. At Orthros, 2.after the hexapsalmos, 3.*Alleluia* of the mode,[151] and 4.the triadika.

> **N.** It is necessary to realise that from this very day we recite each day two kathismata and do three readings, rising at the eighth hour.[152]

5a. After the first recitation of continuous psalmody, b.one poetic kathisma of the day, *Glory...both now...*, theotokion; d.after a second recitation of continuous psalmody, e.another poetic kathisma from the Oktoechos, whatever it happens to be, then when reciting a stichos we also recite a martyrikon, *Glory...both now...*, theotokion. There is a reading, as is customary, after the recitation of continuous psalmody, and after the third [ode] similarly, and if the holy man has one, that of the day; but if not, the *Commentary* of Chrysostom on the Gospel according to Matthew Book 2. For we read the same book until the Sunday of the Holy Fathers before the Nativity of Christ. If this is finished, again another is set out, *The Ethics* of Chrysostom. 9.And three canons: one from the Oktoechos, and another of the holy women in mode 1 by Theophanes <to> Σοῦ ἡ τροπαιοῦχος, and another of holy Philotheos in plagal mode 2 to Κύματι θαλάσσης, from the three [canons] four of the troparia each including the heirmos. a.After the third ode, poetic kathisma of the holy women in mode 1, and

---

[151] The mode is set; see note 3.
[152] See XII.27 N; 1.07 N.

ΣΕΠΤΕΜΒΡΙΟΣ

τὸ μαρτύριον αὐτῶν εἰς δόσεις δύο· ἀπὸ ς΄ κάθισμα τοῦ ἁγίου Φιλοθέου, ζήτει τὴν πᾶσαν ἀκολουθίαν τοῦ ἁγίου Φιλοθέου ἐν τῷ τέλει τοῦ μηναίου, ἀναγινώσκεται δὲ καὶ ὁ βίος αὐτοῦ, εἰ ἔστιν. 10.ἐξαποστειλάριον τοῦ ἤχου. 12.εἰς τὸν στίχον τῶν αἴνων στιχηρὰ τῆς[88] ὀκτωήχου γ΄ καὶ θεοτοκίον.

Εἰς τὴν πρώτην ὥραν μετανοίας ιε΄· τὰς μὲν πρώτας γ΄[89] ἀργάς, τὰς δὲ ἑτέρας ιβ΄ συντομωτέρας· οὕτως γὰρ ὀφείλομεν ποιεῖν καὶ εἰς πάσας τὰς ὥρας ὅτε ψάλλεται Ἀλληλούια. ἐν γὰρ τῷ τέλει τοῦ ἑσπερινοῦ, ὁμοίως δὲ καὶ ἐν τῷ τέλει τῆς παννυχίδος καὶ ἐν τῷ τέλει τοῦ ὄρθρου οὕτως ὀφείλομεν ποιεῖν ὅτε ψάλλεται Ἀλληλούια ὡς εἴρηται, τὰς μὲν πρώτας γ΄ ἀργὰς ὥστε[90] λέγειν ἐν τῷ ἐκτείνειν τὰς χεῖρας ἱστάμενον τὸ Ὁ Θεὸς ἱλάσθητί μοι τῷ ἁμαρτωλῷ ἐκ γ΄, ἐν δὲ[91] τῷ κλίνειν τὰ γόνατα χαμαὶ τὸ Ἥμαρτόν σοι Κύριε συγχώρησόν μοι ἐκ γ΄, εἰς δὲ τὰς ἑτέρας ιβ΄ λέγειν ἅπαξ ἱστάμενον μὲν τὸ Ὁ Θεὸς ἱλάσθητί μοι τῷ ἁμαρτωλῷ, ἐν δὲ τῷ πίπτειν χαμαὶ ἅπαξ ὁμοίως τὸ Ἥμαρτόν σοι Κύριε συγχώρησόν μοι. καὶ οὕτως μὲν ποιεῖν ὅτε ἔχομεν Ἀλληλούια, ὅτε δὲ ἔχομεν Θεὸς Κύριος ποιοῦμεν γ΄ μόνα προσκυνήματα ἀργὰ[92] καὶ αὐτά, καὶ τὰ αὐτὰ λέγομεν· μετανοίας γὰρ οὐδόλως ποιοῦμεν ἐν τῷ κοινῷ, ἀλλὰ μόνας ταύτας ὡς εἴρηται τὰς γ΄ προσκυνήσεις.

Εἰς τὴν λειτουργίαν 1.τυπικὰ καὶ μακαρισμοὶ τῆς ἡμέρας· 2.ὁμοίως δὲ καὶ τὸ προκείμενον καὶ τὸ εὐαγγέλιον τῆς ἡμέρας.

Μηνὶ τῷ αὐτῷ ιη΄· τοῦ ἁγίου ἱερομάρτυρος Συμεὼν τοῦ συγγενοῦς τοῦ Κυρίου.

Ἑσπέρας 1.μετὰ τὴν στιχολογίαν 2.εἰς τὸ *Κύριε ἐκέκραξα* ἱστῶμεν δ΄ καὶ ψάλλομεν στιχηρὰ τοῦ ἁγίου ἦχος δ΄ πρὸς τὸ[93] *Ὡς γενναῖον* τὰ γ΄ πρὸς μίαν, καὶ ἕτερον πρὸς τὸν αὐτὸν ἦχον πρὸς τὸ *Ὁ ἐξ ὑψίστου κληθείς, Δόξα καὶ νῦν*, θεοτοκίον. 4.Ἀλληλούια. 10.εἰς τὸν

---
[88] om. D
[89] τρεῖς D
[90] ὥς τε D
[91] μὲν D
[92] om. D
[93] πρὸς τὸ om. D

17-18 SEPTEMBER

we also read their *Martyrion* in two portions; b.after the sixth ode, poetic kathisma of holy Philotheos (look for all the proper of holy Philotheos at the end of the Menaion; and his *Life* is also read, if there is one). 10.Exaposteilarion of the mode.[153] 12.At the stichos of the ainoi, three stichera from the Oktoechos, and theotokion.

At the **First Hour**, fifteen metanoiai; the first three slowly, and the other twelve more quickly. For we ought to perform them like this also at all the **Hours** when *Alleluia* is chanted. For at the end of **Hesperinon**, and similarly at both the end of **Pannychis** and at the end of **Orthros** we ought to perform them like this when *Alleluia* is chanted as has been stated, the first three slowly, so as to recite while standing and stretching out the arms: Ὁ Θεὸς ἱλάσθητί μοι τῷ ἁμαρτωλῷ three times, and while kneeling on the ground: Ἥμαρτόν σοι Κύριε συγχώρησόν μοι three times; but at the other twelve to recite once while standing: Ὁ Θεὸς ἱλάσθητί μοι τῷ ἁμαρτωλῷ, and while falling to the ground similarly once: Ἥμαρτόν σοι Κύριε συγχώρησόν μοι. We ought to perform them like that when we have *Alleluia*; but when we have Θεὸς Κύριος we only perform three slow proskynemata and we recite the same things, for we do not perform metanoiai communally at all, but only these three proskyneseis, as has been stated.

L. At the **Liturgy**, 1.typika, and makarismoi of the day, 2.and similarly both the prokeimenon and the gospel of the day.

IX.18C. 18th of the same month. The commemoration of the holy hieromartyr Symeon the kinsman of the Lord.

V. At **Vespers**, 1.after the recitation of continuous psalmody, 2.at Κύριε ἐκέκραξα we intercalate four times and chant stichera of the holy man in mode 4 to Ὡς γενναῖον, the three once through, and another in the same mode to Ὁ ἐξ ὑψίστου κληθείς, *Glory...both now...*, theotokion. 4.*Alleluia.* 10.At the stichos, stichera from the Oktoechos, and theotokion. 12.Apolytikion: Θεοτόκε παρθένε.

---

[153] The mode is set; see note 3.

ΣΕΠΤΕΜΒΡΙΟΣ

στίχον στιχηρὰ τῆς ὀκτωήχου καὶ θεοτοκίον. 12.ἀπολυτίκιον *Θεοτόκε παρθένε.*

Εἰς τὸν ὄρθρον 3.*Ἀλληλούια* καὶ 4.τὰ τριαδικὰ τοῦ ἤχου. 5.αἱ στιχολογίαι καθίσματα β΄· ἀπὸ πρώτης στιχολογίας κάθισμα τῆς ἡμέρας, *Δόξα καὶ νῦν,* θεοτοκίον· ἀπὸ δευτέρας στιχολογίας ἕτερον κάθισμα καὶ μαρτυρικὸν καὶ θεοτοκίον· αἱ ἀναγνώσεις ἐκ τοῦ κατὰ Ματθαῖον. 9.κανόνες γ΄· τῆς ὀκτωήχου β΄, καὶ τοῦ ἁγίου ἦχος δ΄ Θεοφάνους <πρὸς τὸ> ῎Αισομαί σοι Κύριε ὁ Θεός μου, ἀνὰ δ΄· [13v] ἀπὸ γ΄ ᾠδῆς κάθισμα τοῦ ἁγίου, *Δόξα καὶ νῦν,* θεοτοκίον· ἀπὸ ϛ΄ τὸ προσόμοιον τῆς ἡμέρας, *Δόξα καὶ νῦν,* τὸ θεοτοκίον αὐτοῦ. 10.ἐξαποστειλάριον τοῦ ἤχου. 12.εἰς τὸν στίχον στιχηρὰ τῆς ὀκτωήχου καὶ θεοτοκίον.

Εἰς τὴν λειτουργίαν πᾶσα ἡ ἀκολουθία τῆς ἡμέρας.

Μηνὶ τῷ αὐτῷ ιθ΄· τῶν ἁγίων μαρτύρων Τροφίμου, Σαββατίου καὶ Δορυμέδοντος, καὶ τῆς ἁγίας ὁσιομάρτυρος Σωσάννης.

Ἑσπέρας 1.μετὰ τὴν στιχολογίαν 2.εἰς τὸ *Κύριε ἐκέκραξα* ἱστῶμεν ϛ΄ καὶ ψάλλομεν στιχηρὰ τῶν μαρτύρων γ΄ ἦχος πλάγιος δ΄ πρὸς τὸ Οἱ μάρτυρές σου Κύριε, καὶ ἕτερα τῆς ἁγίας ἦχος πλάγιος β΄ πρὸς τὸ ῞Ολην ἀποθέμενοι, καὶ θεοτοκίον. 4.*Ἀλληλούια.* 10.εἰς τὸν στίχον στιχηρὰ τῆς ὀκτωήχου καὶ θεοτοκίον. 12.ἀπολυτίκιον *Θεοτόκε παρθένε.*

Εἰς τὸν ὄρθρον 3.*Ἀλληλούια* καὶ 4.τὰ τριαδικὰ τοῦ ἤχου. 5.αἱ στιχολογίαι καὶ τὰ καθίσματα τῆς ὀκτωήχου ὡς σύνηθες· ἀνάγνωσις τὸ μαρτύριον τῶν ἁγίων, οὗ ἡ ἀρχὴ *Πρόβου τοῦ δυσσεβοῦς* εἰς δόσεις δύο. 8.ὁ Ν΄. 9.κανόνες γ΄· τῆς ὀκτωήχου εἷς,

78

18-19 SEPTEMBER

O. **At Orthros**, 3.*Alleluia,* and 4.the triadika of the mode.[154] 5.The recitations of continuous psalmody, two kathismata; a.after the first recitation, b.poetic kathisma of the day, *Glory...both now...*, theotokion, d.after the second recitation, e.another poetic kathisma, and martyrikon, and theotokion; the readings: from [the *Commentary* on] the Gospel according to Matthew.[155] 9.Three canons: two from the Oktoechos, and that of the holy man in mode 4 by Theophanes <to> Ἄισομαί σοι Κύριε ὁ Θεός μου, four troparia from each; a.after the third ode, poetic kathisma of the holy man, *Glory...both now...*, theotokion; b.after the sixth ode, the prosomoion of the day, *Glory...both now...*, its theotokion. 10.Exaposteilarion of the mode.[156] 12.At the stichos, stichera from the Oktoechos, and theotokion.

L. **At the Liturgy**, all the service of the day.

IX.19C. 19th of the same month. The commemoration of the holy martyrs Trophimos, Sabbatios and Dorymedon, and of the holy hosiomartyr Sosanna.

V. **At Vespers**, 1.after the recitation of continuous psalmody, 2.at Κύριε ἐκέκραξα we intercalate six times and chant three stichera of the martyrs in plagal mode 4 to Οἱ μάρτυρές σου Κύριε, and others of the holy woman in plagal mode 2 to Ὅλην ἀποθέμενοι, and theotokion. 4.*Alleluia*. 10.At the stichos, stichera from the Oktoechos, and theotokion. 12.Apolytikion: Θεοτόκε παρθένε.

O. **At Orthros**, 3.*Alleluia,* and 4.the triadika of the mode.[157] 5.The recitations of continuous psalmody,[158] and the poetic kathismata from the Oktoechos as is customary, reading: the *Martyrion* of the holy men beginning Πρόβου τοῦ δυσσεβοῦς [BHG, 1854] in two portions. 8.Psalm 50. 9.Three canons: one from the Oktoechos, and

---

[154] The mode is set; see note 3.
[155] See IX.17 O.5.
[156] The mode is set; see note 3.
[157] The mode is set; see note 3.
[158] Two kathismata of the psalter are to be chanted; see IX.17 Orthros N.

ΣΕΠΤΕΜΒΡΙΟΣ

καὶ τῶν ἁγίων μαρτύρων ἦχος πλάγιος δ΄ Ἰωσήφ, καὶ τῆς ἁγίας ἦχος πλάγιος β΄ Ἰωσήφ, ἀνὰ δ΄, πρὸς τὸν ἦχον δὲ προηγεῖται ἕκαστος αὐτῶν· ἀπὸ γ΄ ᾠδῆς κάθισμα τῆς ἁγίας ἦχος δ΄, ἀνάγνωσις ὁ βίος αὐτῆς· ἀπὸ ϛ΄ κάθισμα τῶν ἁγίων ἦχος πρῶτος. 10.ἐξαποστειλάριον τοῦ ἤχου. 12.εἰς τὸν στίχον στιχηρὰ τῆς ὀκτωήχου καὶ θεοτοκίον.

Εἰς τὴν λειτουργίαν πᾶσα ἡ ἀκολουθία τῆς ἡμέρας.

Μηνὶ τῷ αὐτῷ κ΄· τοῦ ἁγίου[94] μεγαλομάρτυρος Εὐσταθίου καὶ τῶν τέκνων αὐτοῦ.

Ἑσπέρας 1.οὐ στιχολογοῦμεν, 2.εἰς δὲ τὸ *Κύριε ἐκέκραξα* ἱστῶμεν ϛ΄ καὶ ψάλλομεν στιχηρὰ τῶν ἁγίων ϛ΄ ἦχος δ΄ πρὸς τὸ *Ἔδωκας σημείωσιν*, τὰ ἓξ πρὸς μίαν, *Δόξα καὶ νῦν*, θεοτοκίον. 4.προκείμενον τῆς ἡμέρας. 10.εἰς τὸν στίχον στιχηρὰ τῆς ὀκτωήχου β΄ καὶ ἰδιόμελον τοῦ ἁγίου ἦχος πλάγιος β΄ *Ἀδαμάντινε τῇ ψυχῇ*, *Δόξα καὶ νῦν*, θεοτοκίον. 12.ἀπολυτίκιον ἦχος δ΄ *Οἱ μάρτυρές σου Κύριε ἐν τῇ ἀθλήσει*.

Εἰς τὸν ὄρθρον 5.αἱ στιχολογίαι καθίσματα δύο, καθίσματα τῆς ὀκτωήχου ὡς σύνηθες· ἡ ἀνάγνωσις τὸ μαρτύριον τῶν ἁγίων, οὗ ἡ ἀρχὴ *Τραϊανοῦ*[95] *τὰ Ῥωμαίων σκῆπτρα*. 9.κανόνες γ΄· οἱ δύο τῆς ὀκτωήχου εἰς ϛ΄ ὡς εἴρηται, καὶ τοῦ ἁγίου ὁμοίως εἰς ϛ΄ ἦχος δ΄ Θεοφάνους <πρὸς τὸ> *Θαλάσσης τὸ ἐρυθραῖον*· ἀπὸ γ΄ ᾠδῆς κάθισμα τῶν ἁγίων ἦχος πλάγιος δ΄, ἀνάγνωσις ἐκ τοῦ μαρτυρίου αὐτοῦ· ἀπὸ ϛ΄ τὸ αὐτοῦ κοντάκιον ἦχος β΄. 10.ἐξαποστειλάριον <πρὸς τὸ> *Ὁ οὐρανὸν τοῖς ἄστροις*. 11.εἰς τοὺς αἴνους ἱστῶμεν δ΄ καὶ ψάλλομεν στιχηρὰ τῶν ἁγίων πρὸς τὸ *Ὡς γενναῖον* γ΄, δευτεροῦντες τὸ ἕν, *Δόξα καὶ νῦν*, θεοτοκίον. 12.εἰς τὸν στίχον τῶν

---

[94] om. D
[95] om. D

that of the holy martyrs in plagal mode 4 by Joseph, and that of the holy woman in plagal mode 2 by Joseph, four troparia from each, but each of them has precedence with reference to the mode; a.after the third ode, poetic kathisma of the holy woman in mode 4, reading: her *Life*; b.after the sixth ode, poetic kathisma of the holy men in the first mode. 10.Exaposteilarion of the mode.[159] 12.At the stichos, stichera from the Oktoechos, and theotokion.

L. At the Liturgy, all the service of the day.

IX.20C. 20th of the same month. The commemoration of the holy megalomartyr Eustathios and his children.

V. At Vespers, 1.we do not recite the continuous psalmody, 2.but at Κύριε ἐκέκραξα we intercalate six times and chant six stichera of the holy ones in mode 4 to Ἔδωκας σημείωσιν, the six once through, *Glory....both now...*, theotokion. 4.Prokeimenon of the day of the week. 10.At the stichos, two stichera from the Oktoechos, and idiomelon of the holy man in plagal mode 2: Ἀδαμάντινε τῇ ψυχῇ, *Glory...both now...*, theotokion. 12.Apolytikion in mode 4: Οἱ μάρτυρές σου Κύριε ἐν τῇ ἀθλήσει.

O. At Orthros, 5.the recitations of continuous psalmody, two kathismata, poetic kathismata from the Oktoechos as is customary, the reading: the *Martyrion* of the holy ones beginning Τραϊανοῦ τὰ Ῥωμαίων σκῆπτρα [BHG, 642]. 9.Three canons: from the two of the Oktoechos six troparia as has been stated, and from that of the holy man in mode 4 by Theophanes <to> Θαλάσσης τὸ ἐρυθραῖον similarly six troparia; a.after the third ode, poetic kathisma of the holy ones in plagal mode 4, reading: from his[160] *Martyrion*; b.after the sixth ode, his[161] kontakion in mode 2. 10.Exaposteilarion <to> Ὁ οὐρανὸν τοῖς ἄστροις. 11.At the ainoi, we intercalate four times and chant three stichera of the holy ones to Ὡς γενναῖον, repeating the first one, *Glory...both now...*, theotokion. 12.At the stichos of the →

---

[159] The mode is set; see note 3.
[160] Of Eustathios.
[161] Of Eustathios.

ΣΕΠΤΕΜΒΡΙΟΣ

αἴνων τῆς ὀκτωήχου στιχηρὰ β', καὶ τῶν μαρτύρων ἰδιόμελον ἦχος πλάγιος δ' *Τὴν στρατοπεδαρχίαν καὶ θεοτοκίον*. 14.ἀπολυτίκιον *Οἱ μάρτυρές σου Κύριε*.

Εἰς τὴν λειτουργίαν 1.τυπικὰ τῆς ἡμέρας, [14r] τροπάριον τῶν ἁγίων καὶ θεοτοκίον. 2.προκείμενον ἦχος δ' *Θαυμαστὸς ὁ Θεός*· στίχος *Ἐν ἐκκλησίαις*· ὁ ἀπόστολος πρὸς Ἐφεσίους *Ἀδελφοί, ἐνδυναμοῦσθε*, ζήτει κυριακῇ κζ'. Ἀλληλούια ἦχος δ' *Ἐκέκραξαν οἱ δίκαιοι*· εὐαγγέλιον κατὰ Λουκᾶν *Εἶπεν ὁ Κύριος τοῖς ἑαυτοῦ μαθηταῖς· Προσέχετε ἀπὸ τῶν*, ζήτει τῇ γ' τῆς ιβ' ἑβδομάδος τοῦ Λουκᾶ. 3.κοινωνικὸν *Ἀγαλλιᾶσθε* ἢ *Εἰς μνημόσυνον*.

Δεῖ γινώσκειν ὅτι καὶ τοῖς σάββασι δύο καθίσματα λέγομεν *Εἶπεν ὁ Κύριος τῷ κυρίῳ μου* καὶ *τὸν ἄμωμον* καί, εἰ μὲν τύχῃ ἑορταζόμενος ἅγιος, ψάλλομεν καὶ τὸν ἄμωμον μετὰ τῶν ἀλληλουϊαρίων τοῦ ἤχου, εἰ δὲ οὐκ ἔστιν ἑορταζόμενος, χωρὶς τῶν ἀλληλουϊαρίων· ψάλλονται καὶ τὰ τροπάρια αὐτοῦ.

Μηνὶ τῷ αὐτῷ κα'· τοῦ ἁγίου προφήτου Ἰωνᾶ, καὶ τοῦ ὁσίου Ἰωνᾶ τοῦ πρεσβυτέρου πατρὸς τοῦ κυροῦ Θεοφάνους τοῦ ποιητοῦ.

Ἑσπέρας 1.μετὰ τὴν στιχολογίαν 2.εἰς τὸ *Κύριε ἐκέκραξα* ἱστῶμεν ς' καὶ ψάλλομεν στιχηρὰ τοῦ προφήτου γ' ἦχος δ' πρὸς τὸ *Ἔδωκας σημείωσιν*, καὶ ἕτερα γ' ἦχος β' πρὸς τὸ *Ἄγγελος μὲν τὸ Χαῖρε*, τὸ πρῶτον ἅπαξ, τὸ *Κήρυκα μετανοίας*, τὸ ἔσχατον δὲ τὸ εἰς τὸν ὅσιον *Ὡς ἄγγελος ἐν κόσμῳ* δεύτερον, *Δόξα καὶ νῦν*, θεοτοκίον. 4.Ἀλληλούια. 10.εἰς τὸν στίχον στιχηρὰ τῆς ὀκτωήχου καὶ θεοτοκίον.

ainoi, two stichera from the Oktoechos, and idiomelon of the martyrs in plagal mode 4: *Τὴν στρατοπεδαρχίαν*, and theotokion.
14.Apolytikion: *Οἱ μάρτυρές σου Κύριε*.[162]

L. At the Liturgy, 1.typika of the day, troparion of the holy ones,[163] and theotokion. **2.**Prokeimenon in mode 4: *Θαυμαστὸς ὁ Θεός* [Ps 67:36], stichos: *Ἐν ἐκκλησίαις* [Ps 67:27], the apostle: to the Ephesians [6:10ff] (see the twenty-seventh Sunday). *Alleluia* in mode 4: *Ἐκέκραξαν οἱ δίκαιοι* [Ps 33:18], gospel: according to Luke [21:12ff] (see Tuesday of the twelfth week of Luke). **3.**Koinonikon: *Ἀγαλλιᾶσθε* [Ps 32:1] or *Εἰς μνημόσυνον* [Ps 111:6].

IX.20 S. It is necessary to realise also that on Saturdays O.5.we recite two kathismata: *Εἶπεν ὁ Κύριος τῷ κυρίῳ μου* [kath 16][164] and the amomos [kath 17];[165] and, if there happens to be a holy man being celebrated with a feast, we also chant the amomos with the alleluia responses of the mode,[166] but if there is no holy man being celebrated with a feast, without the alleluia responses; and his troparia are also chanted.

IX.21C. 21st of the same month. The commemoration of the holy prophet Jonah, and of saintly Jonah the presbyter, father of Kyr Theophanes the poet.

V. At Vespers, 1.after the recitation of continuous psalmody, **2.**at *Κύριε ἐκέκραξα* we intercalate six times and chant three stichera of the prophet in mode 4 to *Ἔδωκας σημείωσιν*, and another three in mode 2 to *Ἄγγελος μὲν τὸ Χαῖρε*, the first one: *Κήρυκα μετανοίας* once, but the last one, the one to the saintly man: *Ὡς ἄγγελος ἐν κόσμῳ* twice,[167] *Glory...both now...*, theotokion. **4.***Alleluia.* **10.**At the stichos, stichera from the Oktoechos, and theotokion.

---

[162] The troparion used as apolytikion at V.12 repeated here.
[163] The troparion used as apolytikion at V.12 repeated here.
[164] Psalms 109-117.
[165] Psalm 118.
[166] The mode is set; see note 3.
[167] This specification of stichera does not match the six intercalations.

ΣΕΠΤΕΜΒΡΙΟΣ

Εἰς τὸν ὄρθρον 3.Ἀλληλούια καὶ 4.τὰ τριαδικὰ τοῦ ἤχου. 5.αἱ στιχολογίαι· ἀπὸ πρώτης στιχολογίας κάθισμα τῆς ὀκτωήχου, ὁμοίως δὲ καὶ ἀπὸ τῆς δευτέρας, σὺν τῷ μαρτυρικῷ καὶ θεοτοκίῳ· αἱ ἀναγνώσεις ἐκ τοῦ προκειμένου βιβλίου τοῦ Χρυσοστόμου. 9.κανόνες γ΄· τῆς ὀκτωήχου τοὺς δύο εἰς ς΄ ὡς σύνηθες, καὶ τῶν δύο ἁγίων εἰς ς΄ δευτεροῦντες τὸ πρῶτον τροπάριον ἦχος β΄ Θεοφάνους <πρὸς τὸ> Ἐν βυθῷ κατέστρωσε· ἀπὸ γ΄ ᾠδῆς κάθισμα τοῦ προφήτου ἦχος δ΄· ἀπὸ ς΄ τὸ προσόμοιον τῆς ὀκτωήχου. 10.ἐξαποστειλάριον τοῦ ἤχου. 12.εἰς τὸν στίχον τῶν αἴνων στιχηρὰ τῆς ὀκτωήχου καὶ θεοτοκίον.

Εἰς τὴν λειτουργίαν ἡ ἀκολουθία τῆς ἡμέρας.

Μηνὶ τῷ αὐτῷ κβ΄· τοῦ ἁγίου ἀποστόλου Κοδράτου, καὶ τοῦ ἁγίου ἱερομάρτυρος Φωκᾶ.

Ἑσπέρας 1.μετὰ τὴν στιχολογίαν 2.εἰς τὸ *Κύριε ἐκέκραξα* ἱστῶμεν ς΄ καὶ ψάλλομεν στιχηρὰ τοῦ ἀποστόλου γ΄ ἦχος δ΄ πρὸς τὸ Ὁ ἐξ ὑψίστου κληθείς, καὶ γ΄ τοῦ ἱερομάρτυρος εἰς τὸν αὐτὸν ἦχον πρὸς τὸ Ὡς γενναῖον, *Δόξα καὶ νῦν*, θεοτοκίον. 4.προκείμενον τῆς ἡμέρας. 10.εἰς τὸν στίχον στιχηρὰ τῆς ὀκτωήχου δύο καὶ τοῦ ἀποστόλου προσόμοιον ἓν ἦχος α΄ πρὸς τὸ Τῶν οὐρανίων ταγμάτων, *Δόξα καὶ νῦν*, θεοτοκίον. 12.ἀπολυτίκιον Ἀπόστολε ἅγιε.

Εἰς τὸν ὄρθρον 3.Θεὸς Κύριος, 4.τροπάριον τὸ αὐτὸ καὶ θεοτοκίον. 5.αἱ στιχολογίαι καθίσματα δύο, τὰ καθίσματα [14v] τῆς ὀκτωήχου ὡς εἴρηται· ἀνάγνωσις τοῦ ἱερομάρτυρος τὸ μαρτύριον, οὗ ἡ ἀρχὴ *Ἱερὸς μὲν καὶ θεσπέσιος*. 9.κανόνες γ΄· τῆς ὀκτωήχου εἷς, καὶ τοῦ

21-22 SEPTEMBER

O. At Orthros, 3.*Alleluia,* and 4.the triadika of the mode.[168] 5.The recitations of continuous psalmody;[169] a.after the first recitation, b.poetic kathisma from the Oktoechos, and similarly also d.after the second, with the martyrikon and theotokion; c.f.the readings: from the book of Chrysostom set out.[170] 9.Three canons: from the two of the Oktoechos six troparia as is customary, and from that of the two holy men six troparia in mode 2 by Theophanes <to> Ἐν βυθῷ κατέστρωσε, repeating the first troparion; a.after the third ode, poetic kathisma of the prophet in mode 4; b.after the sixth ode, the prosomoion from the Oktoechos. 10.Exaposteilarion of the mode.[171] 12.At the stichos of the ainoi, stichera from the Oktoechos, and theotokion.

L. At the Liturgy, the service of the day.

IX.22C. 22nd of the same month. The commemoration of the holy apostle Kodratos, and of the holy hieromartyr Phocas.

V. At Vespers, 1.after the recitation of continuous psalmody, 2.at Κύριε ἐκέκραξα we intercalate six times and chant three stichera of the apostle in mode 4 to Ὁ ἐξ ὑψίστου κληθείς, and three of the hieromartyr in the same mode to Ὡς γενναῖον, Glory...both now..., theotokion. 4.Prokeimenon of the day of the week. 10.At the stichos, two stichera from the Oktoechos, and one prosomoion of the apostle in mode 1 to Τῶν οὐρανίων ταγμάτων, Glory...both now..., theotokion. 12.Apolytikion: Ἀπόστολε ἅγιε.

O. At Orthros, 3.Θεὸς Κύριος, 4.the same troparion,[172] and theotokion. 5.The recitations of continuous psalmody, two kathismata, the poetic kathismata from the Oktoechos as has been stated, reading: the *Martyrion* of the hieromartyr beginning Ἱερὸς μὲν καὶ θεσπέσιος [BHG, 1539]. 9.Three canons: one from the

---

[168] The mode is set; see note 3.
[169] Two kathismata of the psalter are to be chanted; see IX.17 Orthros N.
[170] See IX.17 O.5.
[171] The mode is set; see note 3.
[172] The troparion used as apolytikion at V.12 repeated here.

ΣΕΠΤΕΜΒΡΙΟΣ

ἀποστόλου ἦχος β΄ Ἰωσήφ, καὶ τοῦ ἱερομάρτυρος ἦχος δ΄ Ἰωσήφ· ἀπὸ γ΄ ᾠδῆς κάθισμα τοῦ ἀποστόλου ἦχος γ΄ καὶ θεοτοκίον· ἀπὸ ς΄ τοῦ ἱερομάρτυρος ἦχος πλάγιος δ΄. 10.ἐξαποστειλάριον <πρὸς τὸ> Ὁ οὐρανὸν τοῖς ἄστροις. 12.εἰς τὸν στίχον τῶν αἴνων στιχηρὰ τῆς ὀκτωήχου γ΄ καὶ θεοτοκίον.

Εἰς τὴν λειτουργίαν 1.τυπικὰ τῆς ἡμέρας, τροπάριον *Ἀπόστολε ἅγιε*. 2.προκείμενον *Εἰς πᾶσαν τὴν γῆν*· στίχος *Οἱ οὐρανοὶ διηγοῦνται δόξαν Θεοῦ*. Ἀλληλούια ἦχος α΄ *Ἐξομολογήσονται*· ἀπόστολος δὲ καὶ εὐαγγέλιον τῆς ἡμέρας. 3.κοινωνικὸν *Εἰς πᾶσαν τὴν γῆν*.

Δεῖ γινώσκειν ὅτι ἄρχεται ὁ Λουκᾶς ὁ εὐαγγελιστὴς ἀναγινώσκεσθαι ἀπὸ τῆς κυριακῆς μετὰ τὴν ὕψωσιν, τότε γὰρ καὶ ἡ ἰσημερία γίνεται, ὃ καλεῖται νέον ἔτος, ἢ ὅτι ἀπὸ τῆς κγ΄ τοῦ σεπτεμβρίου μηνὸς ἀναγινώσκεται· σαββάτῳ δὲ λέγομεν[96] καὶ κυριακῇ τοῦ Ματθαίου οἷα τύχωσιν, εἶτα σαββάτῳ καὶ κυριακῇ ιγ΄ ἢ ιδ΄ ἢ ιε΄, καὶ οὐκ ἄρχεται εἰς τὰς ἀρχὰς τοῦ χρόνου σαββάτῳ πρώτῳ τοῦ νέου ἔτους ἢ κυριακῇ, ἀλλὰ ἀναγινώσκεται ὁ Ματθαῖος ἐνορδίνως ὡς εἴρηται ἐκ τοῦ περιττεύοντος αὐτοῦ, εἶτα λέγεται σαββάτῳ καὶ κυριακῇ πρὸ τῆς ὑψώσεως καὶ πάλιν σαββάτῳ καὶ κυριακῇ μετὰ τὴν ὕψωσιν, ἐπεὶ ἄρχεται ὁ Λουκᾶς σαββάτῳ πρώτῳ καὶ κυριακῇ πρώτῃ τοῦ νέου ἔτους, προαρχόμενος ἀπὸ τῆς παρελθούσης δευτέρας τοῦ χύματος.

Μηνὶ τῷ αὐτῷ κγ΄· ἡ σύλληψις τοῦ ἁγίου Ἰωάννου τοῦ προδρόμου.

Ἑσπέρας 1.οὐ στιχολογοῦμεν, 2.εἰς δὲ τὸ *Κύριε ἐκέκραξα* ἱστῶμεν ς΄ καὶ ψάλλομεν στιχηρὰ γ΄ ἦχος δ΄ πρὸς τὸ Ὁ ἐξ ὑψίστου κληθείς, καὶ ἕτερα γ΄ ἦχος πλάγιος β΄ πρὸς τὸ Ὅλην ἀποθέμενοι, *Δόξα καὶ νῦν*, θεοτοκίον. 4.προκείμενον τῆς ἡμέρας. 10.εἰς τὸν στίχον στιχηρὰ τῆς ὀκτωήχου δύο καὶ ἰδιόμελον τοῦ προδρόμου ἦχος πλάγιος β΄ *Ἐκ στειρευούσης σήμερον*, *Δόξα καὶ νῦν*, θεοτοκίον. 12.ἀπολυτίκιον →

---

[96] om. D

22-23 SEPTEMBER

Oktoechos, and that of the apostle in mode 2 by Joseph, and that of the hieromartyr in mode 4 by Joseph; a.after the third ode, poetic kathisma of the apostle in mode 3, and theotokion; b.after the sixth ode, that of the hieromartyr in plagal mode 4. 10.Exaposteilarion <to> Ὁ οὐρανὸν τοῖς ἄστροις. 12.At the stichos of the ainoi, three stichera from the Oktoechos, and theotokion.

L. At the Liturgy, 1.typika of the day, troparion: Ἀπόστολε ἅγιε.[173] **2.**Prokeimenon: Εἰς πᾶσαν τὴν γῆν [Ps 18:5], stichos: Οἱ οὐρανοὶ διηγοῦνται δόξαν Θεοῦ [Ps 18:2]. Alleluia in mode 1: Ἐξομολογήσονται [Ps 88:6], apostle and gospel of the day. **3.**Koinonikon: Εἰς πᾶσαν τὴν γῆν [Ps 18:5].

> **N.** It is necessary to realise that [the Gospel according to] Luke the Evangelist begins to be read after the Sunday after the Exaltation, for then the equinox also occurs which is called the new year, or that it is read after 23 September; but on Saturday and Sunday we recite from [the Gospel of] Matthew whenever they fall, then on the thirteenth or fourteenth or fifteenth Saturday and Sunday, and [Luke] does not begin at the beginning of the year, on the first Saturday or Sunday of the new year, but Matthew is read continuously as has been stated, from the portion of him that is left over; then he is read on Saturday and Sunday before the Exaltation and again on Saturday and Sunday after the Exaltation, since Luke begins on the first Saturday and first Sunday of the new year, the continuous reading beginning from the preceding Monday.

IX.23C. 23rd of the same month. The Conception of holy John the Prodromos.

V. At Vespers, 1.we do not recite the continuous psalmody, **2.**but at Κύριε ἐκέκραξα we intercalate six times and chant three stichera in mode 4 to Ὁ ἐξ ὑψίστου κληθείς, and another three in plagal mode 2 to Ὅλην ἀποθέμενοι, Glory...both now..., theotokion. **4.**Prokeimenon of the day of the week. **10.**At the stichos, two stichera from the Oktoechos, and idiomelon of the Prodromos in plagal mode 2: Ἐκ στειρευούσης σήμερον, Glory...both now..., →

---

[173] See the troparion at V.12 and O.4 above.

ΣΕΠΤΕΜΒΡΙΟΣ

πρὸς τὸ Ταχὺ προκατάλαβε Ἡ πρώην οὐ τίκτουσα στεῖρα εὐφράνθητι· ἰδοὺ γὰρ συνέλαβες ἡλίου λύχνον σαφῶς φωτίζειν τὸν μέλλοντα πᾶσαν τὴν οἰκουμένην ἀβλεψίαν νοσοῦσαν· χόρευε, Ζαχαρία, ἐκβοῶν παρρησίᾳ· Προφήτης τοῦ Ὑψίστου ἐστὶν ὁ μέλλων τίκτεσθαι.[97]

Εἰς τὴν παννυχίδα 1.κανὼν τοῦ προδρόμου εἰς τὴν ὀκτώηχον ἦχος δ´ <πρὸς τὸ> Τριστάτας κραταιούς· 2.ἀπὸ γ´ ᾠδῆς οὐδέν· 3.ἀπὸ ϛ´ κάθισμα τοῦ προδρόμου καὶ θεοτοκίον.

Εἰς τὸν ὄρθρον 3.Θεὸς Κύριος, 4.τὸ αὐτὸ τροπάριον καὶ θεοτοκίον. 5.αἱ στιχολογίαι· ἀπὸ πρώτης στιχολογίας κάθισμα [15r] τῆς ὀκτωήχου μαρτυρικὸν καὶ θεοτοκίον· ἀπὸ δευτέρας στιχολογίας κάθισμα τοῦ προδρόμου ἦχος δ´ πρὸς τὸ Κατεπλάγη Θυμιῶντι ἐν ναῷ, Δόξα καὶ νῦν, θεοτοκίον· ἀνάγνωσις λόγος εἰς τὴν σύλληψιν, ζήτει εἰς τὸ πανηγυρικὸν τὸ μικρὸν τὸ δεύτερον. 9.κανόνες γ´· τῆς ὀκτωήχου εἷς εἰς δ´, οἷος ἂν λάχῃ, εἴτε κατανυκτικὸς ἢ σταυρώσιμος ἢ τῆς Θεοτόκου, καὶ τοῦ προδρόμου εἰς η´ ἦχος πλάγιος β´ Θεοφάνους <πρὸς τὸ> Ὡς ἐν ἠπείρῳ πεζεύσας·[98] ἀπὸ γ´ ᾠδῆς κάθισμα τοῦ αὐτοῦ ἦχος πλάγιος β´ πρὸς τὸ Ἀγγελικαὶ δυνάμεις, Δόξα καὶ νῦν, θεοτοκίον· ἀπὸ ϛ´ τὸ κοντάκιον ἦχος α´ πρὸς τὸ Χορὸς ἀγγελικὸς Εὐφραίνεται λαμπρῶς. 10.ἐξαποστειλάριον <πρὸς τὸ> Ὁ οὐρανὸν τοῖς ἄστροις. 11.εἰς τοὺς αἴνους ἱστῶμεν δ´ καὶ λέγομεν στιχηρὰ τοῦ προδρόμου ἦχος πλάγιος β´ πρὸς τὸ Τριήμερος γ´, δευτεροῦντες τὸ ἕν, Δόξα καὶ νῦν, θεοτοκίον. 12.εἰς τὸν στίχον στιχηρὰ τῆς ὀκτωήχου γ´ καὶ θεοτοκίον. 14.ἀπολυτίκιον τοῦ ἁγίου.

---

[97] ἰδοὺ γὰρ...τίκτεσθαι om. D
[98] om. D

23 SEPTEMBER

theotokion. **12.**Apolytikion to Ταχὺ προκατάλαβε: *You the barren one, who previously could not give birth, be glad, for behold, you have conceived a lamp of the sun who is going to enlighten clearly all the world sick with blindness. Dance, Zachariah, shouting with boldness, 'He who is going to be born is a prophet of the Most High'.*

PN. At Pannychis, 1.canon of the Prodromos in the Oktoechos in mode 4 <to> Τριστάτας κραταιούς, **2.**after the third ode, nothing, **3.**after the sixth ode, poetic kathisma of the Prodromos, and theotokion.

O. At Orthros, 3.Θεὸς Κύριος, **4.**the same troparion,[174] and theotokion. **5.**The recitations of continuous psalmody;[175] **a.**after the first recitation, **b.**poetic kathisma from the Oktoechos, martyrikon, and theotokion, **d.**after the second recitation, **e.**poetic kathisma of the Prodromos in mode 4 to Κατεπλάγη: Θυμιῶντι ἐν ναῷ, Glory...both now..., theotokion, **f.**reading: *Homily* on the Conception (look in the small Panegyrikon, the second one). **9.**Three canons: from one of the Oktoechos four troparia, whichever one it happens to be whether a penitential or crucifixion one or one of the Theotokos, and from that of the Prodromos in plagal mode 2 by Theophanes <to> Ὡς ἐν ἠπείρῳ πεζεύσας eight troparia; **a.**after the third ode, poetic kathisma of the same man in plagal mode 2 to Ἀγγελικαὶ δυνάμεις, Glory...both now..., theotokion; **b.**after the sixth ode, the kontakion in mode 1 to Χορὸς ἀγγελικός: Εὐφραίνεται λαμπρῶς. **10.**Exaposteilarion <to> Ὁ οὐρανὸν τοῖς ἄστροις. **11.**At the ainoi, we intercalate four times and recite three stichera of the Prodromos in plagal mode 2 to Τριήμερος, repeating the first one, Glory...both now..., theotokion. **12.**At the stichos, three stichera from the Oktoechos, and theotokion. **14.**Apolytikion of the holy man.[176]

---

[174] The troparion used as apolytikion at V.12 repeated here.
[175] Two kathismata are to be chanted; see IX.17 Orthros N.
[176] The troparion used as apolytikion at V.12 repeated here.

ΣΕΠΤΕΜΒΡΙΟΣ

Εἰς τὴν λειτουργίαν 1.τυπικὰ καὶ τοῦ κανόνος τοῦ προδρόμου ἡ γ´ ᾠδή· τροπάριον τοῦ αὐτοῦ καὶ θεοτοκίον. 2.προκείμενον ἦχος βαρὺς *Εὐφρανθήσεται δίκαιος·* στίχος *Εἰσάκουσον ὁ Θεός·* ὁ ἀπόστολος πρὸς Κορινθίους *Ἀδελφοί, Θεὸς*[99] *ὁ εἰπών*, ζήτει κυριακῇ ιε´. *Ἀλληλούια* ἦχος πλάγιος α´ *Φῶς ἀνέτειλε τῷ δικαίῳ·* εὐαγγέλιον κατὰ Λουκᾶν *Τῷ καιρῷ ἐκείνῳ ἐγένετό τις ἱερεὺς ὀνόματι Ζαχαρίας*, τέλος *Τὸ ὄνειδός μου ἐν ἀνθρώποις*, ζήτει Ἰουνίῳ κδ´. 3.κοινωνικὸν *Εἰς μνημόσυνον.*

Ἰστέον ὅτι ἐὰν τύχῃ ἡ ἡμέρα αὕτη τοῦ προδρόμου ἐν σαββάτῳ, στιχολογοῦμεν τὸν ἄμωμον μετὰ τῶν ἀλληλουϊαρίων τοῦ ἤχου· ψάλλομεν δὲ καὶ τὸν κανόνα τὸν νεκρώσιμον.

Μηνὶ τῷ αὐτῷ κδ´· τῆς ἁγίας πρωτομάρτυρος Θέκλας.

Ἑσπέρας 1.μετὰ τὴν στιχολογίαν 2.εἰς τὸ *Κύριε ἐκέκραξα* ἱστῶμεν ϛ´ καὶ ψάλλομεν στιχηρὰ τῆς ἁγίας ἦχος δ´ πρὸς τὸ *Ὁ ἐξ ὑψίστου κληθεὶς* γ´, καὶ ἕτερα γ´ ἦχος πλάγιος δ´ πρὸς τὸ *Κύριε εἰ καὶ κριτηρίῳ, Δόξα καὶ νῦν*, θεοτοκίον. 12.ἀπολυτίκιον *Ἡ ἀμνάς σου Ἰησοῦ·* τὸ αὐτὸ καὶ 4.εἰς τὸ *Θεὸς Κύριος* καὶ 14.εἰς τὸ τέλος τοῦ ὄρθρου.

Εἰς τὴν παννυχίδα ὡς σύνηθες.

Εἰς τὸν ὄρθρον 5.αἱ στιχολογίαι καθίσματα β´, τὰ καθίσματα τῆς ὀκτωήχου ὡς σύνηθες· ἀνάγνωσις τὸ μαρτύριον αὐτῆς, οὗ ἡ ἀρχὴ *Ἄρτι τοῦ μεγάλου τῆς ἀληθείας Παύλου.* 9.κανόνες γ´· τῆς ὀκτωήχου οἱ δύο εἰς ϛ´, καὶ τῆς ἁγίας ὁμοίως εἰς ϛ´ ἦχος πλάγιος δ´ <πρὸς τὸ> *Ἄισωμεν τῷ Κυρίῳ* Ἰωάννου μοναχοῦ· ἀπὸ γ´ ᾠδῆς κάθισμα τῆς ἁγίας ἦχος πλάγιος δ´ καὶ θεοτοκίον· ἀπὸ ϛ´ τὸ αὐτῆς →

---

[99] ὁ praepos. D

23-24 SEPTEMBER

L. At the Liturgy, 1.typika, and the third ode of the canon of the Prodromos,[177] troparion of the same man,[178] and theotokion. 2.Prokeimenon in barys mode: *Εὐφρανθήσεται δίκαιος* [Ps 63:11], stichos: *Εἰσάκουσον ὁ Θεός* [Ps 63:2], the apostle: to the Corinthians [II 4:6ff] (see the fifteenth Sunday). Alleluia in plagal mode 1: *Φῶς ἀνέτειλε τῷ δικαίῳ* [Ps 96:11], gospel: according to Luke [1:5] finishing at [1:25] (see 24 June). 3.Koinonikon: *Εἰς μνημόσυνον* [Ps 111:6].

> **N.** It should be known that if this day of the Prodromos falls on a Saturday, we recite the amomos[179] with the alleluia responses of the mode,[180] and we also chant the canon of the dead.

IX.24C. 24th of the same month. The commemoration of the holy protomartyr Thekla.

V. At Vespers, 1.after the recitation of continuous psalmody, 2.at *Κύριε ἐκέκραξα* we intercalate six times and chant three stichera of the holy woman in mode 4 to *Ὁ ἐξ ὑψίστου κληθείς*, and another three in plagal mode 4 to *Κύριε εἰ καὶ κριτηρίῳ*, *Glory...both now...*, theotokion. 12.Apolytikion: *Ἡ ἀμνάς σου Ἰησοῦ*. The same also at *Θεὸς Κύριος* O.4. and O.14.at the end of **Orthros**.

PN. At Pannychis, as is customary.

O. At Orthros, 5.the recitations of continuous psalmody, two kathismata, the poetic kathismata from the Oktoechos as is customary, reading: her *Martyrion* beginning *Ἄρτι τοῦ μεγάλου τῆς ἀληθείας Παύλου* [BHG, 1719]. 9.Three canons: from the two of the Oktoechos six troparia, and from that of the holy woman in plagal mode 4 <to> *Ἄισωμεν τῷ Κυρίῳ* by John the Monk similarly six troparia; a.after the third ode, poetic kathisma of the holy woman in plagal mode 4, and theotokion; b.after the sixth →

---

[177] Most probably means that refrains of the third ode are intercalated into the makarismoi.
[178] The troparion used as apolytikion at V.12 repeated here.
[179] Psalm 118.
[180] The mode is set; see note 3.

ΣΕΠΤΕΜΒΡΙΟΣ

κοντάκιον ἦχος πλάγιος δ΄ ἰδιόμελον. 10.ἐξαποστειλάριον <πρὸς τὸ> Ὁ οὐρανὸν τοῖς ἄστροις. 11.εἰς τοὺς αἴνους οὐδέν· 12.εἰς τὸν στίχον τῶν αἴνων στιχηρὰ τῆς ὀκτωήχου δύο καὶ ἰδιόμελον τῆς ἁγίας ἦχος πλάγιος δ΄ *Λεόντων ὁρμάς* καὶ θεοτοκίον. [15v]

Εἰς τὴν λειτουργίαν 1.τυπικὰ τῆς ἡμέρας, τροπάριον τῆς ἁγίας καὶ θεοτοκίον. 2.ὁ ἀπόστολος καὶ τὸ Ἀλληλούια τῆς ἁγίας. προκείμενον ἦχος δ΄ *Θαυμαστὸς ὁ Θεός*· στίχος *Ἐν ἐκκλησίαις*· ὁ ἀπόστολος πρὸς Τιμόθεον δευτέρα *Τέκνον Τιμόθεε, παρηκολούθηκάς μου*. Ἀλληλούια ἦχος α΄ *Ὑπομένων ὑπέμεινα τὸν Κύριον*· εὐαγγέλιον κατὰ Ματθαῖον *Εἶπεν ὁ Κύριος τὴν παραβολὴν ταύτην· Ὡμοιώθη ἡ βασιλεία τῶν οὐρανῶν δέκα παρθένοις*. 3.κοινωνικὸν *Ἀγαλλιᾶσθε*.

Μηνὶ τῷ αὐτῷ κε΄· τῶν ἁγίων μαρτύρων Παύλου καὶ Τάττης, καὶ τῆς ὁσίας Εὐφροσύνης τῆς ἐν Ἀλεξανδρείᾳ.

Ἑσπέρας 1.μετὰ τὴν στιχολογίαν 2.εἰς τὸ *Κύριε ἐκέκραξα* ἱστῶμεν ς΄ καὶ ψάλλομεν στιχηρὰ τῶν μαρτύρων γ΄ ἦχος πλάγιος δ΄ πρὸς τὸ Οἱ μάρτυρές σου Κύριε, καὶ ἕτερα γ΄ τῆς ὁσίας Εὐφροσύνης ἦχος πλάγιος α΄ πρὸς τὸ Ὅσιε πάτερ καὶ θεοτοκίον. 4.*Ἀλληλούια*. 10.εἰς τὸν στίχον στιχηρὰ τῆς ὀκτωήχου καὶ θεοτοκίον.

Εἰς τὸν ὄρθρον 5.αἱ στιχολογίαι καθίσματα β΄, καθίσματα τῆς ὀκτωήχου· ἀνάγνωσις ὁ βίος τῆς ὁσίας, οὗ ἡ ἀρχὴ *Ἄρτι τὰ Ῥωμαίων σκῆπτρα*. 9.κανόνες γ΄· εἷς τῆς ὀκτωήχου, καὶ τῶν μαρτύρων ἕτερος ἦχος πλάγιος δ΄ Θεοφάνους, καὶ τῆς ὁσίας ἦχος πλάγιος α΄ Ἰωσήφ, ἀνὰ δ΄· ἀπὸ γ΄ κάθισμα τῆς ὁσίας ἦχος πλάγιος α΄ <πρὸς τὸ> Τὸν συνάναρχον Λόγον· ἀπὸ ς΄ κάθισμα τῶν ἁγίων ἦχος δ΄ πρὸς τὸ Ὁ ὑψωθείς. 10.ἐξαποστειλάριον τοῦ ἤχου. 12.εἰς τὸν στίχον τῶν αἴνων στιχηρὰ τῆς ὀκτωήχου καὶ θεοτοκίον.

24-25 SEPTEMBER

ode, her kontakion idiomelon in plagal mode 4. **10.**Exaposteilarion <to> Ὁ οὐρανὸν τοῖς ἄστροις. **11.**At the ainoi, nothing; **12.**at the stichos of the ainoi, two stichera from the Oktoechos, and idiomelon of the holy woman in plagal mode 4: *Λεόντων ὁρμάς,* and theotokion.

L. At the Liturgy, 1.typika of the day, troparion of the holy woman,[181] and theotokion. 2.The apostle and the *Alleluia* of the holy woman. Prokeimenon in mode 4: *Θαυμαστὸς ὁ Θεός* [Ps 67:36], stichos: *Ἐν ἐκκλησίαις* [Ps 67:27], the apostle: the second letter to Timothy [3:10ff]. *Alleluia* in mode 1: *Ὑπομένων ὑπέμεινα τὸν Κύριον* [Ps 39:2], gospel: according to Matthew [25:1ff]. 3.Koinonikon: *Ἀγαλλιᾶσθε* [Ps 32:1].

IX.25C. 25th of the same month. The commemoration of the holy martyrs Paul and Tatta, and of saintly Euphrosyne in Alexandria.

V. At Vespers, 1.after the recitation of continuous psalmody, 2.at *Κύριε ἐκέκραξα* we intercalate six times and chant three stichera of the martyrs in plagal mode 4 to Οἱ μάρτυρές σου Κύριε, and another three of saintly Euphrosyne in plagal mode 1 to Ὅσιε πάτερ, and theotokion. 4.*Alleluia*. **10.**At the stichos, stichera from the Oktoechos, and theotokion.

O. At Orthros, 5.the recitations of continuous psalmody, two kathismata, poetic kathismata from the Oktoechos, reading: the *Life* of the saintly woman beginning Ἄρτι τὰ Ῥωμαίων σκῆπτρα [BHG, 626]. **9.**Three canons: one from the Oktoechos, and another of the martyrs in plagal mode 4 by Theophanes, and that of the saintly woman in plagal mode 1 by Joseph, four troparia from each; a.after the third ode, poetic kathisma of the saintly woman in plagal mode 1 <to> Τὸν συνάναρχον Λόγον, b.after the sixth ode, poetic kathisma of the holy ones in mode 4 to Ὁ ὑψωθείς. **10.**Exaposteilarion of the mode.[182] **12.**At the stichos of the ainoi, stichera from the Oktoechos, and theotokion.

---

[181] The troparion used as apolytikion at V.12 repeated here.
[182] The mode is set; see note 3.

ΣΕΠΤΕΜΒΡΙΟΣ

Εἰς τὴν λειτουργίαν ἡ ἀκολουθία τῆς ἡμέρας.

Μηνὶ τῷ αὐτῷ κς΄· ἡ μετάστασις τοῦ ἁγίου ἀποστόλου καὶ εὐαγγελιστοῦ Ἰωάννου τοῦ θεολόγου.

Ἑσπέρας 1.οὐ στιχολογοῦμεν, 2.εἰς δὲ τὸ *Κύριε ἐκέκραξα* ἱστῶμεν ς΄ καὶ ψάλλομεν στιχηρὰ τοῦ ἀποστόλου ἦχος α΄ πρὸς τὸ Τῶν οὐρανίων ταγμάτων, τὰ γ΄ ἀνὰ δεύτερον, *Δόξα καὶ νῦν*, θεοτοκίον. 4.προκείμενον. 10.εἰς τὸν στίχον στιχηρὰ τῆς ὀκτωήχου β΄ καὶ ἰδιόμελον τοῦ ἁγίου ἦχος πλάγιος δ΄ *Εὐαγγελιστὰ Ἰωάννη*, *Δόξα καὶ νῦν*, θεοτοκίον. 12.ἀπολυτίκιον ἦχος β΄ *Ἀπόστολε Χριστῷ τῷ Θεῷ ἠγαπημένε·* τὸ αὐτὸ καὶ 4.εἰς τὸ *Θεὸς Κύριος* καὶ 14.εἰς τὸ τέλος τοῦ ὄρθρου.

Εἰς τὴν παννυχίδα 1.κανὼν τοῦ θεολόγου· 2.ἀπὸ γ΄ ᾠδῆς οὐδέν· 3.ἀπὸ ς΄ τὸ κοντάκιον *Τὰ μεγαλεῖά σου*.

Εἰς τὸν ὄρθρον 5.αἱ στιχολογίαι καθίσματα δύο, καθίσματα τῆς ὀκτωήχου· ἀνάγνωσις τὸ ὑπόμνημα τοῦ θεολόγου, οὗ ἡ ἀρχὴ *Ὅτι μὴ πολὺ τῶν ἀγγέλων*. 9.κανόνες β΄· εἷς τῆς ὀκτωήχου εἰς δ΄, καὶ τοῦ ἀποστόλου εἰς η΄, ἀνὰ β΄ χωρὶς τῶν θεοτοκίων, τὰ γὰρ θεοτοκία πρὸς μίαν λέγομεν ἀεί, ἦχος β΄ <πρὸς τὸ> Ἐν βυθῷ κατέστρωσε [16r] Θεοφάνους· ἀπὸ γ΄ ᾠδῆς κάθισμα τοῦ ἀποστόλου ἦχος πλάγιος δ΄· ἀπὸ ς΄ τὸ κοντάκιον αὐτοῦ ἰδιόμελον ἦχος β΄ *Τὰ μεγαλεῖά σου*. 10.ἐξαποστειλάριον <πρὸς τὸ> Ὁ οὐρανὸν τοῖς ἄστροις. 11.εἰς τοὺς αἴνους ἱστῶμεν δ΄ ἦχος πλάγιος δ΄ καὶ ψάλλομεν στιχηρὰ τοῦ ἁγίου γ΄ πρὸς τὸ Ὦ τοῦ παραδόξου, δευτεροῦντες τὸ ἕν. 12.εἰς τὸν στίχον →

25-26 SEPTEMBER

L. At the Liturgy, the service of the day.

IX.26C. 26th of the same month. The Translation of the holy apostle and evangelist John the Theologian.

V. At Vespers, 1.we do not recite the continuous psalmody, **2.**but at Κύριε ἐκέκραξα we intercalate six times and chant the three stichera of the apostle twice each in mode 1 to Τῶν οὐρανίων ταγμάτων, Glory....both now..., theotokion. **4.**Prokeimenon. **10.**At the stichos, two stichera from the Oktoechos, and idiomelon of the holy man in plagal mode 4: Εὐαγγελιστὰ Ἰωάννη, Glory...both now..., theotokion. **12.**Apolytikion in mode 2: Ἀπόστολε Χριστῷ τῷ Θεῷ ἠγαπημένε. The same also at Θεὸς Κύριος **O.4.** and **O.14.**at the end of **Orthros**.

PN. At Pannychis, 1.canon of the Theologian; **2.**after the third ode, nothing; **3.**after the sixth, the kontakion: Τὰ μεγαλεῖά σου.[183]

O. At Orthros, 5.the recitations of continuous psalmody, two kathismata, poetic kathismata from the Oktoechos, reading: the *Memorial* of the Theologian beginning Ὅτι μὴ πολὺ τῶν ἀγγέλων [BHG, 919]. **9.**Two canons: from one of the Oktoechos four troparia, and from that of the apostle eight troparia, twice each except the theotokia for we always recite the theotokia once,[184] in mode 2 <to> Ἐν βυθῷ κατέστρωσε[185] by Theophanes; **a.**after the third ode, poetic kathisma of the apostle in plagal mode 4; **b.**after the sixth ode, his kontakion idiomelon in mode 2: Τὰ μεγαλεῖά σου.[186] **10.**Exaposteilarion <to> Ὁ οὐρανὸν τοῖς ἄστροις. **11.**At the ainoi, we intercalate four times in plagal mode 4 and chant three stichera of the holy man to Ὢ τοῦ παραδόξου, repeating the first one. **12.**At the stichos, two stichera from the Oktoechos, and

---

[183] See also O.9b below.
[184] This phrase was inserted to help in calculating the eight troparia.
[185] The heirmos.
[186] See also PN.3 above.

ΣΕΠΤΕΜΒΡΙΟΣ

στιχηρὰ τῆς ὀκτωήχου δύο καὶ τοῦ ἀποστόλου ἰδιόμελον ἦχος πρῶτος *Ποταμοὶ θεολογίας*. 14.ἀπολυτίκιον τοῦ ἀποστόλου.

Εἰς τὴν λειτουργίαν 1.τυπικὰ καὶ ᾠδὴ τοῦ κανόνος τοῦ ἀποστόλου ἡ ϛ΄, τροπάριον τοῦ αὐτοῦ, *Δόξα καὶ νῦν*, τὸ κοντάκιον. 2.προκείμενον ἦχος πλάγιος δ΄ *Εἰς πᾶσαν τὴν γῆν*· στίχος *Οἱ οὐρανοὶ διηγοῦνται*· ὁ ἀπόστολος καθολικῆς ἐπιστολῆς Ἰωάννου *Θεὸν οὐδεὶς ἑώρακεν*. Ἀλληλούια ἦχος πρῶτος *Ἐξομολογήσονται οἱ οὐρανοὶ τά*·[100] εὐαγγέλιον κατὰ Ἰωάννην *Τῷ καιρῷ ἐκείνῳ ἐφανέρωσεν ἑαυτὸν ὁ Ἰησοῦς τοῖς μαθηταῖς αὐτοῦ ἐγερθεὶς ἐκ νεκρῶν*. 3.κοινωνικὸν *Εἰς πᾶσαν τὴν γῆν*.

Μηνὶ τῷ αὐτῷ κζ΄· τοῦ ἁγίου μάρτυρος Καλλιστράτου.

Ἑσπέρας 1.μετὰ τὴν στιχολογίαν 2.εἰς τὸ *Κύριε ἐκέκραξα* ἱστῶμεν δ΄ καὶ ψάλλομεν στιχηρὰ τοῦ μάρτυρος γ΄ εἰς ἦχον α΄ πρὸς τὸ *Τῶν οὐρανίων ταγμάτων*, καὶ ἕτερον ἓν εἰς ἦχον πλάγιον δ΄ <πρὸς τὸ> *Ὦ τοῦ παραδόξου* καὶ θεοτοκίον. 10.εἰς τὸν στίχον στιχηρὰ τῆς ὀκτωήχου γ΄ καὶ θεοτοκίον. 12.ἀπολυτίκιον *Θεοτόκε παρθένε*.

Εἰς τὸν ὄρθρον 3.*Ἀλληλούια* καὶ 4.τὰ τριαδικὰ τοῦ ἤχου. 5.αἱ στιχολογίαι, καθίσματα τῆς ὀκτωήχου· ἀνάγνωσις τὸ μαρτύριον τοῦ ἁγίου, οὗ ἡ ἀρχὴ *Τὴν τοῦ Χριστοῦ ποίμνην ὅσαι ἡμέραι*. 9.κανόνες γ΄· τῆς ὀκτωήχου οἱ δύο, καὶ ἕτερος τοῦ ἁγίου ἀνὰ δ΄ ἦχος πλάγιος δ΄ Ἰωσὴφ <πρὸς τὸ> *Ἆισμα*· ἀπὸ γ΄ ᾠδῆς κάθισμα τοῦ ἁγίου →

---

[100] om. D

26-27 SEPTEMBER

idiomelon of the apostle in the first mode: Ποταμοὶ θεολογίας.
14.Apolytikion of the apostle.[187]

L. At the Liturgy, 1.typika, and the sixth ode of the canon of the apostle,[188] troparion of the same man,[189] Glory...both now..., the kontakion.[190] 2.Prokeimenon in plagal mode 4: Εἰς πᾶσαν τὴν γῆν [Ps 18:5], stichos: Οἱ οὐρανοὶ διηγοῦνται [Ps 18:2], the apostle: from the general epistle of John [I 4:12ff].[191] Alleluia in the first mode: Ἐξομολογήσονται οἱ οὐρανοὶ τά [Ps 88:6], gospel: according to John [21:14ff]. 3.Koinonikon: Εἰς πᾶσαν τὴν γῆν [Ps 18:5].

IX.27C. 27th of the same month. The commemoration of the holy martyr Kallistratos.

V. At Vespers, 1.after the recitation of continuous psalmody, 2.at Κύριε ἐκέκραξα we intercalate four times and chant three stichera of the martyr in mode 1 to Τῶν οὐρανίων ταγμάτων, and another one in plagal mode 4 <to> Ὢ τοῦ παραδόξου, and theotokion. 10.At the stichos, three stichera from the Oktoechos, and theotokion. 12.Apolytikion: Θεοτόκε παρθένε.

O. At Orthros, 3.Alleluia, and 4.the triadika of the mode.[192] 5.The recitations of continuous psalmody,[193] poetic kathismata from the Oktoechos, reading: the Martyrion of the holy man beginning Τὴν τοῦ Χριστοῦ ποίμνην ὅσαι ἡμέραι [BHG, 291]. 9.Three canons: the two from the Oktoechos, and another of the holy man in plagal mode 4 by Joseph <to> Ἄισμα, four troparia from each; a.after the third ode, poetic kathisma of the holy man in mode 4; b.after the

---

[187] The troparion used as apolytikion at V.12 repeated here.
[188] Most probably means that refrains of the sixth ode are intercalated into the makarismoi.
[189] The troparion used as apolytikion at V.12 repeated here.
[190] See O.9b above.
[191] In the Greek incipit of this apostolic reading there is some confusion with a similar gospel text, Jn. 1:18.
[192] The mode is set; see note 3.
[193] Two kathismata of the psalter are to be chanted; see IX.17 Orthros N.

ΣΕΠΤΕΜΒΡΙΟΣ

ἦχος δ΄· ἀπὸ ς΄ τὸ προσόμοιον τῆς ἡμέρας. 12.εἰς τὸν στίχον στιχηρὰ τῆς ὀκτωήχου καὶ θεοτοκίον.

Εἰς τὴν λειτουργίαν ἡ ἀκολουθία τῆς ἡμέρας.

Μηνὶ τῷ αὐτῷ κη΄· τοῦ ὁσίου πατρὸς ἡμῶν καὶ ὁμολογητοῦ Χαρίτωνος.

Ἑσπέρας 1.μετὰ τὴν στιχολογίαν 2.εἰς τὸ *Κύριε ἐκέκραξα* ἱστῶμεν ς΄ καὶ ψάλλομεν στιχηρὰ τοῦ ὁσίου ἦχος δ΄ πρὸς τὸ *Ἔδωκας σημείωσιν* γ΄ ἀνὰ δύο καὶ θεοτοκίον. 4.προκείμενον. 10.εἰς τὸν στίχον στιχηρὰ τῆς ὀκτωήχου δύο καὶ ἰδιόμελον τοῦ ἁγίου ἦχος δ΄ *Θεοφόρε Χαρίτων* καὶ θεοτοκίον. 12.ἀπολυτίκιον ἦχος πλάγιος δ΄ *Ἐν σοί, πάτερ, ἀκριβῶς διεσώθη τὸ κατ᾽ εἰκόνα· λαβὼν γὰρ τὸν σταυρὸν ἠκολούθησας τῷ Χριστῷ καὶ πράττων ἐδίδασκες τὸ ὑπερορᾶν σαρκός, παρέρχεται γάρ, ἐπιμελεῖσθαι δὲ ψυχῆς, πράγματος ἀθανάτου. διὸ* [16v] *καὶ μετὰ ἀγγέλων συναγάλλεται τὸ πνεῦμά σου·* τὸ αὐτὸ καὶ 4.εἰς τὸ *Θεὸς Κύριος* καὶ 14.εἰς τὸ τέλος τοῦ ὄρθρου.

Εἰς τὸν ὄρθρον 5.αἱ στιχολογίαι, καθίσματα τῆς ὀκτωήχου· ἀνάγνωσις ὁ βίος τοῦ ὁσίου, οὗ ἡ ἀρχὴ *Πολλὰ τῆς διδασκαλίας.* 9.κανόνες γ΄· τῆς ὀκτωήχου τοὺς δύο εἰς ς΄, καὶ τοῦ ὁσίου ὁμοίως εἰς ς΄ ἦχος δ΄ Ἰωάννου μοναχοῦ <πρὸς τὸ> *Θαλάσσης τὸ ἐρυθραῖον πέλαγος·* ἀπὸ γ΄ ᾠδῆς τὸ κάθισμα τοῦ ἁγίου· ἀπὸ ς΄ τὸ κοντάκιον αὐτοῦ. 10.ἐξαποστειλάριον <πρὸς τὸ> *Ὁ οὐρανὸν τοῖς ἄστροις.* 12.εἰς τὸν στίχον τῶν αἴνων στιχηρὰ τῆς ὀκτωήχου δύο καὶ ἕτερον προσόμοιον τοῦ ἁγίου ἦχος πλάγιος α΄ <πρὸς τὸ> *Χαίροις καὶ* θεοτοκίον.

Εἰς τὴν λειτουργίαν 1.τυπικὰ καὶ μακαρισμοὶ τῆς ἡμέρας, τροπάριον τοῦ ἁγίου καὶ θεοτοκίον. 2.προκείμενον ἦχος βαρὺς *Καυχήσονται ὅσιοι·* στίχος *Ἄισατε τῷ Κυρίῳ·* ὁ ἀπόστολος πρὸς

sixth ode, the prosomoion of the day. 12.At the stichos, stichera from the Oktoechos, and theotokion.

L. **At the Liturgy**, the service of the day.

IX.28C. 28th of the same month. The commemoration of our saintly father and confessor Chariton.

V. **At Vespers**, 1.after the recitation of continuous psalmody, 2.at Κύριε ἐκέκραξα we intercalate six times and chant three stichera of the saintly man twice each in mode 4 to Ἔδωκας σημείωσιν, and theotokion. 4.Prokeimenon. 10.At the stichos, two stichera from the Oktoechos, and idiomelon of the holy man in mode 4: Θεοφόρε Χαρίτων, and theotokion. 12.Apolytikion in plagal mode 4: *In you, father, that 'in his image' was exactly maintained. For taking up the cross you followed Christ, and in action you taught the despising of the flesh for it passes away, and the caring for the soul, an immortal entity. Wherefore your spirit rejoices together with the angels.* The same also at Θεὸς Κύριος O.4. and O.14.at the end of **Orthros**.

O. **At Orthros**, 5.the recitations of continuous psalmody,[194] poetic kathismata from the Oktoechos, reading: the *Life* of the saintly man beginning Πολλὰ τῆς διδασκαλίας [BHG, 301]. 9.Three canons: from the two of the Oktoechos six troparia, and from that of the saintly man in mode 4 by John the Monk <to> Θαλάσσης τὸ ἐρυθραῖον πέλαγος similarly six troparia; a.after the third ode, the poetic kathisma of the holy man; b.after the sixth ode, his kontakion. 10.Exaposteilarion <to> Ὁ οὐρανὸν τοῖς ἄστροις. 12.At the stichos of the ainoi, two stichera from the Oktoechos, and another prosomoion of the holy man in plagal mode 1 <to> Χαίροις, and theotokion.

L. **At the Liturgy**, 1.typika, and makarismoi of the day, troparion of the holy man,[195] and theotokion. 2.Prokeimenon in barys mode: Καυχήσονται ὅσιοι [Ps 149:5], stichos: Ἄισατε τῷ Κυρίῳ [Ps 149:1],

---

[194] Two kathismata of the psalter are to be chanted; see IX.17 Orthros N.
[195] The troparion used as apolytikion at V.12 repeated here.

ΣΕΠΤΕΜΒΡΙΟΣ

Γαλάτας *Ἀδελφοί, ὁ καρπὸς τοῦ Πνεύματος,* ζήτει σαββάτῳ κζ΄. *Ἀλληλούια* ἦχος πλάγιος β΄ *Μακάριος ἀνὴρ ὁ φοβούμενος·* εὐαγγέλιον, ζήτει εἰς ὅσιον εἰς τὸ μηνολόγιον τοῦ εὐαγγελίου. 3.κοινωνικὸν *Ἀγαλλιᾶσθε.*

Μηνὶ τῷ αὐτῷ κθ΄· τοῦ ὁσίου πατρὸς ἡμῶν Κυριακοῦ τοῦ ἀναχωρητοῦ.

Ἑσπέρας 1.μετὰ τὴν στιχολογίαν 2.εἰς τὸ *Κύριε ἐκέκραξα* ἱστῶμεν δ΄ καὶ ψάλλομεν στιχηρὰ τοῦ ἁγίου ἦχος πλάγιος δ΄ πρὸς τὸ Τί ὑμᾶς καλέσωμεν[101] ἅγιοι καὶ θεοτοκίον. 10.εἰς τὸν στίχον στιχηρὰ τῆς ὀκτωήχου καὶ θεοτοκίον. 12.ἀπολυτίκιον *Θεοτόκε παρθένε.*

Εἰς τὸν ὄρθρον 3.*Ἀλληλούια* καὶ 4.τὰ τριαδικὰ τοῦ ἤχου. 5.αἱ στιχολογίαι καθίσματα δύο, καθίσματα τῆς ὀκτωήχου· ἀνάγνωσις ὁ βίος τοῦ ὁσίου, οὗ ἡ ἀρχὴ *Τοὺς εὐλογοῦντάς σέ φησι πρὸς τὸν Ἀβραάμ.* 9.κανόνες γ΄· τῆς ὀκτωήχου δύο, καὶ τοῦ ὁσίου εἷς ἀνὰ δ΄ ἦχος πλάγιος δ΄ ποίημα Στεφάνου <πρὸς τὸ> *Ἆισμα·* ἀπὸ γ΄ ᾠδῆς κάθισμα τοῦ ἁγίου ἦχος δ΄· ἀπὸ ϛ΄ τὸ προσόμοιον τῆς ἡμέρας. 12.εἰς τὸν στίχον στιχηρὰ γ΄ τῆς ὀκτωήχου καὶ θεοτοκίον.

Εἰς τὴν λειτουργίαν πᾶσα ἡ ἀκολουθία τῆς ἡμέρας.

Μηνὶ τῷ αὐτῷ λ΄· τοῦ ἁγίου ἱερομάρτυρος Γρηγορίου τῆς μεγάλης Ἀρμενίας.

Ἑσπέρας 1.μετὰ τὴν στιχολογίαν 2.εἰς τὸ *Κύριε ἐκέκραξα* ἱστῶμεν ϛ΄ καὶ ψάλλομεν στιχηρὰ τοῦ ἁγίου γ΄ ἀνὰ δύο ἦχος πλάγιος β΄ πρὸς τὸ *Ὅλην* ἀποθέμενοι καὶ θεοτοκίον. 4.προκείμενον τῆς ἡμέρας. 10.εἰς τὸν στίχον στιχηρὰ τῆς ὀκτωήχου δύο καὶ ἰδιόμελον τοῦ

---

[101] καλέσομεν cod.

28-30 SEPTEMBER

the apostle: to the Galatians [5:22ff] (see the twenty-seventh Saturday). *Alleluia* in plagal mode 2: Μακάριος ἀνὴρ ὁ φοβούμενος [Ps 111:1], gospel: (look for the saintly man in the Menologion of the gospel). 3.Koinonikon: Ἀγαλλιᾶσθε [Ps 32:1].

IX.29C. 29th of the same month. The commemoration of our saintly father Kyriakos the anchorite.

V. At Vespers, 1.after the recitation of continuous psalmody, 2.at Κύριε ἐκέκραξα we intercalate four times and chant stichera of the holy man in plagal mode 4 to Τί ὑμᾶς καλέσωμεν ἅγιοι, and theotokion. 10.At the stichos, stichera from the Oktoechos, and theotokion. 12.Apolytikion: Θεοτόκε παρθένε.

O. At Orthros, 3.*Alleluia,* and 4.the triadika of the mode.[196] 5.The recitations of continuous psalmody, two kathismata, poetic kathismata from the Oktoechos, reading: the *Life* of the saintly man beginning Τοὺς εὐλογοῦντάς σέ φησι πρὸς τὸν Ἀβραάμ [BHG, 464]. 9.Three canons: two from the Oktoechos, and one of the saintly man in plagal mode 4 composed by Stephen <to> Ἄισμα, four troparia from each; a.after the third ode, poetic kathisma of the holy man in mode 4; b.after the sixth ode, the prosomoion of the day. 12.At the stichos, three stichera from the Oktoechos, and theotokion.

L. At the Liturgy, all the service of the day.

IX.30C. 30th of the same month. The commemoration of the holy hieromartyr Gregory of Greater Armenia.

V. At Vespers, 1.after the recitation of continuous psalmody, 2.at Κύριε ἐκέκραξα we intercalate six times and chant three stichera of the holy man twice each in plagal mode 2 to Ὅλην ἀποθέμενοι, and theotokion. 4.Prokeimenon of the day of the week. 10.At the stichos, two stichera from the Oktoechos, and idiomelon of the

---

[196] The mode is set; see note 3.

ΣΕΠΤΕΜΒΡΙΟΣ

ἁγίου ἦχος πλάγιος β΄ Εἰς τὸν ἄδυτον γνόφον καὶ θεοτοκίον. 12.ἀπολυτίκιον ἦχος δ΄ Καὶ τρόπων μέτοχος.

Εἰς τὴν παννυχίδα ὡς σύνηθες.

Εἰς τὸν ὄρθρον 3.Θεὸς Κύριος καὶ 4.τὸ αὐτὸ τροπάριον. 5.αἱ στιχολογίαι καθίσματα δύο, καθίσματα τῆς ὀκτωήχου· ἀνάγνωσις ὁ βίος τοῦ ἁγίου, οὗ ἡ ἀρχὴ Τῆς Περσῶν ἀρχῆς. 9.κανόνες γ΄· τῆς ὀκτωήχου [17r] οἱ δύο εἰς ϛ΄, καὶ τοῦ ἁγίου εἰς ϛ΄ ἦχος δ΄ Ἰωσὴφ <πρὸς τὸ> Τριστάτας κραταιοὺς ἔχοντα εἰς τὰ θεοτοκία τῶν ἁγίων γυναικῶν· ἀπὸ γ΄ ᾠδῆς κάθισμα τοῦ ἁγίου ἦχος πλάγιος δ΄· ἀπὸ ϛ΄ τὸ κοντάκιον αὐτοῦ. 10.ἐξαποστειλάριον <πρὸς τὸ> Ὁ οὐρανὸν τοῖς ἄστροις. 12.εἰς τὸν στίχον τῶν αἴνων στιχηρὰ τῆς ὀκτωήχου δύο καὶ ἄλλο τοῦ ἁγίου ἦχος βαρὺς πρὸς τὸ Σήμερον γρηγορεῖ ὁ Ἰούδας Σήμερον ὁ Χριστοῦ ἱεράρχης καὶ θεοτοκίον.

Εἰς τὴν λειτουργίαν 1.τυπικὰ καὶ μακαρισμοὶ τῆς ἡμέρας, τὸ τροπάριον τοῦ ἁγίου, Δόξα καὶ νῦν, θεοτοκίον. 2.προκείμενον ἦχος βαρὺς Τίμιος ἐναντίον Κυρίου· στίχος Τί ἀνταποδώσω· ὁ ἀπόστολος πρὸς Κολοσσαεῖς Ἀδελφοί, ἐνδύσασθε ὡς ἐκλεκτοί, ζήτει κυριακῇ λ΄. Ἀλληλούια ἦχος β΄ Οἱ ἱερεῖς σου Κύριε· εὐαγγέλιον κατὰ Ματθαῖον Εἶπεν ὁ Κύριος· Γρηγορεῖτε ὅτι οὐκ οἴδατε. 3.κοινωνικὸν Εἰς μνημόσυνον.

holy man in plagal mode 2: *Εἰς τὸν ἄδυτον γνόφον*, and theotokion.
12.Apolytikion in mode 4: *Καὶ τρόπων μέτοχος*.

PN. At Pannychis as is customary.

O. At Orthros, 3.*Θεὸς Κύριος*, and **4.**the same troparion.[197] **5.**The recitations of continuous psalmody, two kathismata, poetic kathismata from the Oktoechos, reading: the *Life* of the holy man beginning *Τῆς Περσῶν ἀρχῆς* [BHG, 713]. **9.**Three canons: from the two of the Oktoechos six troparia, and from that of the holy man six troparia in mode 4 by Joseph <to> *Τριστάτας κραταιούς*, having in place of the theotokia those of the holy women; a.after the third ode, poetic kathisma of the holy man in plagal mode 4; b.after the sixth ode, his kontakion. **10.**Exaposteilarion <to> *Ὁ οὐρανὸν τοῖς ἄστροις*. **12.**At the stichos of the ainoi, two stichera from the Oktoechos, and another of the holy man in barys mode to *Σήμερον γρηγορεῖ ὁ Ἰούδας: Σήμερον ὁ Χριστοῦ ἱεράρχης*, and theotokion.

L. At the Liturgy, 1.typika, and makarismoi of the day, the troparion of the holy man,[198] *Glory...both now...*, theotokion. **2.**Prokeimenon in barys mode: *Τίμιος ἐναντίον Κυρίου* [Ps 115:6], stichos: *Τί ἀνταποδώσω* [Ps 115:3], the apostle: to the Colossians [3:12ff] (see the thirtieth Sunday). *Alleluia* in mode 2: *Οἱ ἱερεῖς σου Κύριε* [Ps 131:9], gospel: according to Matthew [24:42ff]. **3.**Koinonikon: *Εἰς μνημόσυνον* [Ps 111:6].

---

[197] The troparion used as apolytikion at V.12 repeated here.
[198] The troparion used as apolytikion at V.12 repeated here.

Μὴν Ὀκτώβριος[1]

Μηνὶ ὀκτωβρίῳ[2] α΄· τοῦ ἁγίου ἀποστόλου Ἀνανίου, καὶ τοῦ ἁγίου Ῥωμανοῦ τοῦ μελῳδοῦ.

Ἑσπέρας 1.μετὰ τὴν στιχολογίαν 2.εἰς τὸ *Κύριε ἐκέκραξα* ἱστῶμεν ϛ΄ καὶ ψάλλομεν στιχηρὰ τοῦ ἀποστόλου γ΄ ἦχος δ΄ πρὸς τὸ Ὁ ἐξ ὑψίστου κληθείς, δευτεροῦντες τὸ α΄, καὶ ἕτερα δύο τοῦ ὁσίου ἦχος πλάγιος β΄ πρὸς τὸ Τριήμερος, *Δόξα καὶ νῦν,* θεοτοκίον. 4.προκείμενον. 10.εἰς τὸν στίχον στιχηρὰ τῆς ὀκτωήχου δύο καὶ ἰδιόμελον ἦχος α΄ *Τὸ σκεῦος τῆς ἐκλογῆς, Δόξα καὶ νῦν,* θεοτοκίον. 12.ἀπολυτίκιον ἦχος γ΄ *Ἀπόστολε ἅγιε πρέσβευε.*

Εἰς τὸν ὄρθρον 5.ἀπὸ α΄ στιχολογίας καθίσματα τῆς ὀκτωήχου τῆς ἡμέρας καὶ μαρτυρικὸν καὶ θεοτοκίον· ἀνάγνωσις ἐκ τοῦ μαρτυρίου τοῦ ἀποστόλου, οὗ ἡ ἀρχὴ *Λουκιανοῦ τοῦ δυσσεβοῦς.* εἰ δὲ καταλειφθῇ ἐκ τοῦ ἁγίου Γρηγορίου, ἀναγινώσκεται ἐξ αὐτοῦ. ἀπὸ δευτέρας στιχολογίας κάθισμα τοῦ ὁσίου Ῥωμανοῦ ἦχος πλάγιος α΄ καὶ θεοτοκίον. 9.κανόνες γ΄· τῆς ὀκτωήχου εἷς, καὶ τοῦ ὁσίου ἕτερος ἦχος πλάγιος β΄ πρὸς τὸ *Ὡς ἐν ἠπείρῳ πεζεύσας,* καὶ ἄλλος τοῦ ἀποστόλου ἦχος πλάγιος δ΄ Θεοφάνους πρὸς τὸ *Ὑγρὰν διοδεύσας ὡσεί,*[3] ἀνὰ δ΄· ἀπὸ γ΄ ᾠδῆς κάθισμα τοῦ ἀποστόλου ἦχος πλάγιος δ΄· ἀπὸ ϛ΄ τὸ κοντάκιον αὐτοῦ. 10.ἐξαποστειλάριον <πρὸς τὸ> *Ὁ οὐρανὸν τοῖς ἄστροις.* 12.εἰς τὸν στίχον τῶν αἴνων στιχηρὰ τῆς ὀκτωήχου β΄, καὶ ἕτερον τοῦ ἀποστόλου ἦχος πλάγιος β΄ πρὸς τὸ Ὅλην ἀποθέμενοι *Σήμερον ἐφέστηκε* καὶ θεοτοκίον.

Εἰς τὴν λειτουργίαν 1.τυπικὰ τῆς ἡμέρας, τὸ τροπάριον τοῦ ἀποστόλου καὶ θεοτοκίον. 2.προκείμενον *Εἰς πᾶσαν τὴν γῆν·* [17v] στίχος *Οἱ οὐρανοὶ διηγοῦνται·* ὁ ἀπόστολος Πράξεων *Ἐν ταῖς* →

---

[1] ὀκτώββριος cod. tit. in marg. sup. cod.
[2] ὀκτωνβρίῳ cod.
[3] om. D

MONTH OF OCTOBER

X.01C. 1st of October. The commemoration of the holy apostle Ananias, and of holy Romanos the melode.

V. At Vespers, 1.after the recitation of continuous psalmody, 2.at Κύριε ἐκέκραξα we intercalate six times and chant three stichera of the apostle in mode 4 to Ὁ ἐξ ὑψίστου κληθείς, repeating the first, and another two of the saintly man in plagal mode 2 to Τριήμερος, Glory...both now..., theotokion. 4.Prokeimenon. 10.At the stichos, two stichera from the Oktoechos, and idiomelon in mode 1: Τὸ σκεῦος τῆς ἐκλογῆς, Glory...both now..., theotokion. 12.Apolytikion in mode 3: Ἀπόστολε ἅγιε πρέσβευε.

O. At Orthros, 5a.after the first recitation of continuous psalmody, b.poetic kathismata of the day from the Oktoechos, and martyrikon, and theotokion, c.reading: from the *Martyrion* of the apostle beginning Λουκιανοῦ τοῦ δυσσεβοῦς [BHG, 76], but if anything is left over from that of holy Gregory, the reading comes from that; d.after the second recitation of continuous psalmody, e.poetic kathisma of saintly Romanos in plagal mode 1, and theotokion. 9.Three canons: one from the Oktoechos, another of the saintly man in plagal mode 2 to Ὡς ἐν ἠπείρῳ πεζεύσας, and another of the apostle in plagal mode 4 by Theophanes to Ὑγρὰν διοδεύσας ὡσεί, four troparia from each; a.after the third ode, poetic kathisma of the apostle in plagal mode 4; b.after the sixth ode, his kontakion. 10.Exaposteilarion <to> Ὁ οὐρανὸν τοῖς ἄστροις. 12.At the stichos of the ainoi, two stichera from the Oktoechos, and another of the apostle in plagal mode 2 to Ὅλην ἀποθέμενοι: Σήμερον ἐφέστηκε, and theotokion.

L. At the Liturgy, 1.typika of the day, the troparion of the apostle,[1] and theotokion. 2.Prokeimenon: Εἰς πᾶσαν τὴν γῆν [Ps 18:5], stichos: Οἱ οὐρανοὶ διηγοῦνται [Ps 18:2], the apostle: from Acts [9:10ff] (see Friday of the third week of Easter, from the

---

[1] The troparion used as apolytikion at V.12 repeated here.

ΟΚΤΩΒΡΙΟΣ

ἡμέραις ἐκείναις ἦν τις μαθητής, ζήτει τῇ παρασκευῇ τῆς γ΄ ἑβδομάδος τοῦ πάσχα, ἀπὸ τὸ μέσον. Ἀλληλούια ἦχος α΄ Ἐξομολογήσονται οἱ οὐρανοί· εὐαγγέλιον τῆς ἡμέρας καὶ τοῦ ἁγίου, ἐκ τοῦ κατὰ Λουκᾶν Εἶπεν ὁ Κύριος· Ὁ ἀκούων ὑμῶν ἐμοῦ ἀκούει. 3.κοινωνικὸν Εἰς πᾶσαν τὴν γῆν.

Μηνὶ τῷ αὐτῷ β΄· τοῦ ἁγίου ἱερομάρτυρος Κυπριανοῦ, καὶ Ἰουστίνης.

Ἑσπέρας 1.μετὰ τὴν στιχολογίαν 2.εἰς τὸ Κύριε ἐκέκραξα ἱστῶμεν ς΄ καὶ ψάλλομεν στιχηρὰ τοῦ ἁγίου ἦχος[4] δ΄ πρὸς τὸ Ὡς γενναῖον ἀνὰ β΄ καὶ θεοτοκίον. 4.προκείμενον. 10.εἰς τὸν στίχον στιχηρὰ τῆς ὀκτωήχου καὶ ἰδιόμελον τοῦ ἁγίου ἦχος β΄ Τὸν φωστῆρα τὸν θεολαμπῆ, Δόξα καὶ νῦν, θεοτοκίον. 12.ἀπολυτίκιον ἦχος δ΄ Καὶ τρόπων μέτοχος καὶ θρόνων διάδοχος τῶν ἀποστόλων γενόμενος, τὴν πρᾶξιν εὗρες, θεόπνευστε, τῆς θεωρίας ἐπίβασιν· διὰ τοῦτο τὸν λόγον τῆς ἀληθείας ὀρθοτομῶν καὶ τὴν πίστιν ἐνήθλησας μέχρις αἵματος· Κυπριανὲ ἱερομάρτυς, πρέσβευε Χριστῷ τῷ Θεῷ.[5]

Εἰς τὸν ὄρθρον 3.Θεὸς Κύριος καὶ 4.τὸ αὐτὸ τροπάριον. 5.αἱ στιχολογίαι καθίσματα δύο, τὰ καθίσματα τῆς ὀκτωήχου· ἀνάγνωσις πρώτη τοῦ Θεολόγου, οὗ ἡ ἀρχὴ Μικροῦ Κυπριανός. 9.κανόνες γ΄· τῆς ὀκτωήχου οἱ δύο εἰς ς΄, καὶ τοῦ ἱερομάρτυρος ὁμοίως εἰς ς΄ ἦχος δ΄ Θεοφάνους <πρὸς τὸ> Θαλάσσης τὸ ἐρυθραῖον· ἀπὸ γ΄ ᾠδῆς κάθισμα τοῦ ἁγίου ἦχος πλάγιος δ΄· ἀνάγνωσις τὸ μαρτύριον τοῦ ἁγίου, οὗ ἡ ἀρχὴ Πολλὰ μὲν καὶ μεγάλα· ἀπὸ ς΄ τὸ κοντάκιον αὐτοῦ. 10.ἐξαποστειλάριον <πρὸς τὸ> Ὁ οὐρανὸν τοῖς ἄστροις. 12.εἰς τὸν στίχον τῶν αἴνων στιχηρὰ τῆς ὀκτωήχου δύο καὶ ἓν τοῦ ἁγίου πρὸς τὸ Νεφέλην σε φωτός Ὁ μύστης τοῦ Θεοῦ καὶ θεοτοκίον.

---

[4] om. D
[5] καὶ θρόνων...Θεῷ om. D

middle). *Alleluia* in mode 1: *Ἐξομολογήσονται οἱ οὐρανοί* [Ps 88:6], gospel of the day, and of the holy man: from that according to Luke [10:16ff]. 3.Koinonikon: *Εἰς πᾶσαν τὴν γῆν* [Ps 18:5].

X.02C. 2nd of the same month. The commemoration of the holy hieromartyr Kyprianos, and of Justina.

V. At Vespers, 1.after the recitation of continuous psalmody, 2.at *Κύριε ἐκέκραξα* we intercalate six times and chant stichera of the holy man in mode 4 to *Ὡς γενναῖον* twice each, and theotokion. 4.Prokeimenon. 10.At the stichos, stichera from the Oktoechos, and idiomelon of the holy man in mode 2: *Τὸν φωστῆρα τὸν θεολαμπῆ*, Glory...both now..., theotokion. 12.Apolytikion in mode 4: *Sharing in their character and becoming a successor to the thrones of the apostles you found action, divinely inspired one, an entrance to contemplation; because of this, rightly expounding the word of truth and the faith, you maintained the struggle until death. Hieromartyr Kyprianos, intercede with Christ our God.*

O. At Orthros, 3.*Θεὸς Κύριος*, and 4.the same troparion.[2] 5.The recitations of continuous psalmody, two kathismata, the poetic kathismata from the Oktoechos, c.the first reading: from the Theologian beginning *Μικροῦ Κυπριανός* [BHG, 457]. 9.Three canons: from the two of the Oktoechos six troparia, and from that of the hieromartyr in mode 4 by Theophanes <to> Θαλάσσης τὸ ἐρυθραῖον similarly six troparia; a.after the third ode, poetic kathisma of the holy man in plagal mode 4, reading: the *Martyrion* of the holy man beginning *Πολλὰ μὲν καὶ μεγάλα* [BHG, 456]; b.after the sixth ode, his kontakion. 10.Exaposteilarion <to> *Ὁ οὐρανὸν τοῖς ἄστροις*. 12.At the stichos of the ainoi, two stichera from the Oktoechos, and one of the holy man to Νεφέλην σε φωτὸς *Ὁ μύστης τοῦ Θεοῦ*, and theotokion.

---

[2] The troparion used as apolytikion at V.12 repeated here.

ΟΚΤΩΒΡΙΟΣ

Εἰς τὴν λειτουργίαν 1.τυπικὰ τῆς ἡμέρας, τροπάριον τοῦ ἁγίου καὶ θεοτοκίον. 2.προκείμενον ἦχος βαρὺς *Τίμιος ἐναντίον Κυρίου*· στίχος *Τί ἀνταποδώσω*· ὁ ἀπόστολος πρὸς Τιμόθεον πρώτη *Χάριν ἔχω τῷ ἐνδυναμώσαντι. Ἀλληλούια* ἦχος β' *Οἱ ἱερεῖς σου Κύριε*· εὐαγγέλιον ἐκ τοῦ κατὰ Λουκᾶν *Εἶπεν ὁ Κύριος τοῖς ἑαυτοῦ μαθηταῖς· Προσέχετε ἀπὸ τῶν ἀνθρώπων*. 3.κοινωνικὸν *Ἀγαλλιᾶσθε*.

Μηνὶ τῷ αὐτῷ γ'· τοῦ ἁγίου ἱερομάρτυρος Διονυσίου τοῦ Ἀρεοπαγίτου.

Ἑσπέρας 1.μετὰ τὴν στιχολογίαν 2.εἰς τὸ *Κύριε ἐκέκραξα* ἱστῶμεν ς' καὶ ψάλλομεν στιχηρὰ τοῦ ἁγίου [18r] εἰς ἦχον α' πρὸς τὸ *Πανεύφημοι μάρτυρες* δ'[6] καὶ ἕτερα δύο εἰς τὸν αὐτὸν ἦχον πρὸς τὸ *Τῶν οὐρανίων ταγμάτων* καὶ θεοτοκίον. 4.προκείμενον. 10.εἰς τὸν στίχον στιχηρὰ τῆς ὀκτωήχου β' καὶ ἰδιόμελον τοῦ ἁγίου ἦχος πλάγιος δ' *Ἐν ἱερεῦσι καὶ μάρτυσι* καὶ[7] θεοτοκίον. 12.ἀπολυτίκιον ἦχος δ' *Χρηστότητα ἐκδιδαχθεὶς καὶ νήφων ἐν πᾶσιν, ἀγαθὴν συνείδησιν ἱεροπρεπῶς ἐνδυσάμενος ἤντλησας ἐκ τοῦ σκεύους τῆς ἐκλογῆς τὰ ἀπόρρητα· καὶ τὴν πίστιν τηρήσας τὸν ἴσον δρόμον ἐτέλεσας· ἱερομάρτυς Διονύσιε, πρέσβευε Χριστῷ.*[8]

Εἰς τὸν ὄρθρον 5.αἱ στιχολογίαι ὡς σύνηθες, καθίσματα τῆς ὀκτωήχου· ἀνάγνωσις τὸ μαρτύριον τοῦ ἁγίου, οὗ ἡ ἀρχὴ *Πάλαι μὲν ἐν τύποις*. 9.κανόνες γ'· τῆς ὀκτωήχου οἱ δύο εἰς ς', καὶ τοῦ ἁγίου εἰς ς' ἦχος πλάγιος δ' Θεοφάνους <πρὸς τὸ> *Ὑγρὰν διοδεύσας*· ἀπὸ γ' ᾠδῆς κάθισμα τοῦ ἁγίου ἦχος πλάγιος δ'· ἀπὸ ς' τὸ κοντάκιον αὐτοῦ. 10.ἐξαποστειλάριον <πρὸς τὸ> *Ὁ οὐρανὸν τοῖς ἄστροις*. 12.εἰς τὸν στίχον τῶν αἴνων στιχηρὰ τῆς ὀκτωήχου δύο καὶ →

---

[6] Δόξα D
[7] νῦν add. D
[8] καὶ νήφων...Χριστῷ om. D

L. At the Liturgy, 1.typika of the day, troparion of the holy man,[3] and theotokion. 2.Prokeimenon in barys mode: *Τίμιος ἐναντίον Κυρίου* [Ps 115:6], stichos: *Τί ἀνταποδώσω* [Ps 115:3], the apostle: to Timothy, the first epistle, [1:12ff]. Alleluia in mode 2: *Οἱ ἱερεῖς σου Κύριε* [Ps 131:9], gospel: from that according to Luke [21:12ff]. 3.Koinonikon: *Ἀγαλλιᾶσθε* [Ps 32:1].

X.03C. 3rd of the same month. The commemoration of the holy hieromartyr Dionysios the Areopagite.

V. At Vespers, 1.after the recitation of continuous psalmody, 2.at *Κύριε ἐκέκραξα* we intercalate six times and chant four stichera of the holy man in mode 1 to Πανεύφημοι μάρτυρες, and another two in the same mode to Τῶν οὐρανίων ταγμάτων, and theotokion. 4.Prokeimenon. 10.At the stichos, two stichera from the Oktoechos, and idiomelon of the holy man in plagal mode 4: *Ἐν ἱερεῦσι καὶ μάρτυσι*, and theotokion. 12.Apolytikion in mode 4: *Having been taught goodness and being vigilant in all things, you clothed yourself in a good conscience as befits a holy man and drew ineffable things from the vessel of election; and having kept the faith you completed your balanced course. Hieromartyr Dionysios, intercede with Christ.*

O. At Orthros, 5.the recitations of continuous psalmody as is customary,[4] poetic kathismata from the Oktoechos, reading: the *Martyrion* of the holy man beginning Πάλαι μὲν ἐν τύποις [BHG, 555]. 9.Three canons: from the two of the Oktoechos six troparia, and from that of the holy man in plagal mode 4 by Theophanes <to> Ὑγρὰν διοδεύσας six troparia; a.after the third ode, poetic kathisma of the holy man in plagal mode 4; b.after the sixth ode, his kontakion. 10.Exaposteilarion <to> Ὁ οὐρανὸν τοῖς ἄστροις. 12.At the stichos of the ainoi, two stichera from the Oktoechos, and one of the holy man in plagal mode 1 to Χαίροις ἀσκητικῶν:

---

[3] The troparion used as apolytikion at V.12 repeated here.
[4] Two kathismata of the psalter are to be chanted; see IX.17 Orthros N.

ΟΚΤΩΒΡΙΟΣ

ἐν τοῦ ἁγίου ἦχος πλάγιος α΄ πρὸς τὸ Χαίροις ἀσκητικῶν[9] *Χαίροις θεολογίας πηγή, Δόξα καὶ νῦν,* θεοτοκίον προσόμοιον αὐτοῦ.

Εἰς τὴν λειτουργίαν 1.τυπικὰ τῆς ἡμέρας, τροπάριον δὲ τοῦ ἁγίου καὶ θεοτοκίον. 2.προκείμενον ἦχος βαρὺς *Εὐφρανθήσεται δίκαιος·* στίχος *Εἰσάκουσον ὁ Θεός·* ὁ ἀπόστολος Πράξεων *Ἐν ταῖς ἡμέραις ἐκείναις ἐν ταῖς Ἀθήναις ἐκδεχομένου.* Ἀλληλούια ἦχος δ΄ *Δίκαιος ὡς φοῖνιξ ἀνθήσει·* εὐαγγέλιον κατὰ Ματθαῖον *Εἶπεν ὁ Κύριος· Ὁμοία ἐστὶν ἡ βασιλεία τῶν οὐρανῶν ἐμπόρῳ,* ζήτει εἰς τὸ μηνολόγιον τοῦ εὐαγγελίου. 3.κοινωνικὸν *Εἰς μνημόσυνον αἰώνιον.*

Μηνὶ τῷ αὐτῷ δ΄· τοῦ ἁγίου ἱερομάρτυρος Ἱεροθέου.

Ἑσπέρας 1.μετὰ τὴν στιχολογίαν 2.εἰς τὸ *Κύριε ἐκέκραξα* ἱστῶμεν δ΄ καὶ ψάλλομεν στιχηρὰ τοῦ ἁγίου ἦχος α΄ πρὸς τὸ *Πανεύφημοι, Δόξα καὶ νῦν,* θεοτοκίον. 4.Ἀλληλούια. 10.εἰς τὸν στίχον στιχηρὰ τῆς ὀκτωήχου καὶ θεοτοκίον. 12.ἀπολυτίκιον *Θεοτόκε παρθένε.*

Εἰς τὸν ὄρθρον 3.Ἀλληλούια καὶ 4.τὰ τριαδικὰ τοῦ ἤχου. 5.ἀνάγνωσις ἐκ τοῦ προκειμένου βιβλίου. 8.ὁ Ν΄. 9.κανόνες γ΄· τῆς ὀκτωήχου οἱ δύο, καὶ τοῦ ἁγίου ἦχος πλάγιος δ΄ Θεοφάνους <πρὸς τὸ> *Ὑγρὰν διοδεύσας,* ἀνὰ δ΄· ἀπὸ γ΄ ᾠδῆς κάθισμα τοῦ ἁγίου ἦχος α΄· ἀπὸ ς΄ κάθισμα προσόμοιον τοῦ ἤχου τῆς ἡμέρας. 10.ἐξαποστειλάριον τοῦ ἤχου. 12.εἰς τὸν στίχον τῶν αἴνων στιχηρὰ τῆς ὀκτωήχου καὶ θεοτοκίον.

Εἰς τὴν λειτουργίαν ἡ ἀκολουθία τῆς ἡμέρας.

---

[9] ἀσκητηκῶν D

3-4 OCTOBER

Χαίροις θεολογίας πηγή, Glory...both now..., its theotokion prosomoion.

L. At the Liturgy, 1.typika of the day, troparion of the holy man,[5] and theotokion. 2.Prokeimenon in barys mode: Εὐφρανθήσεται δίκαιος, [Ps 63:11], stichos: Εἰσάκουσον ὁ Θεός [Ps 63:2], the apostle: from Acts [17:16ff]. Alleluia in mode 4: Δίκαιος ὡς φοῖνιξ ἀνθήσει [Ps 91:13], gospel: according to Matthew [13:45ff] (look in the Menologion of the gospel). 3.Koinonikon: Εἰς μνημόσυνον αἰώνιον [Ps 111:6].

X.04C. 4th of the same month. The commemoration of the holy hieromartyr Hierotheos.

V. At Vespers, 1.after the recitation of continuous psalmody, 2.at Κύριε ἐκέκραξα we intercalate four times and chant stichera of the holy man in mode 1 to Πανεύφημοι, Glory...both now..., theotokion. 4.*Alleluia*. 10.At the stichos, stichera from the Oktoechos, and theotokion. 12.Apolytikion: Θεοτόκε παρθένε.

O. At Orthros, 3.*Alleluia,* and 4.the triadika of the mode.[6] 5.Reading: from the book set out.[7] 8.Psalm 50. 9.Three canons: the two from the Oktoechos, and that of the holy man in plagal mode 4 by Theophanes <to> Ὑγρὰν διοδεύσας, four troparia from each; a.after the third ode, poetic kathisma of the holy man in mode 1; b.after the sixth ode, poetic kathisma prosomoion of the mode of the day.[8] 10.Exaposteilarion of the mode.[9] 12.At the stichos of the ainoi, stichera from the Oktoechos, and theotokion.

L. At the Liturgy, the service of the day.

---

[5] The troparion used as apolytikion at V.12 repeated here.
[6] The mode is set on Sunday for the following week according to the sequence laid out in the Oktoechos.
[7] See IX.17 O.5.
[8] The mode is set; see note 6.
[9] The mode is set; see note 6.

ΟΚΤΩΒΡΙΟΣ

Μηνὶ τῷ αὐτῷ ε'· τῆς ἁγίας μάρτυρος Χαριτίνης.

Ἑσπέρας 1.μετὰ τὴν στιχολογίαν 2.εἰς τὸ *Κύριε ἐκέκραξα* ἱστῶμεν δ' καὶ ψάλλομεν στιχηρὰ τῆς ἁγίας ἦχος α' πρὸς τὸ Τῶν οὐρανίων, δευτεροῦντες τὸ ἕν, *Δόξα καὶ νῦν*, θεοτοκίον. 4.ἀντὶ προκειμένου *Ἀλληλούια*. 10.εἰς τὸν στίχον στιχηρὰ τῆς ὀκτωήχου καὶ θεοτοκίον. 12.ἀπολυτίκιον *Θεοτόκε παρθένε*. [18v]

Εἰς τὸν ὄρθρον 3.*Ἀλληλούια* καὶ 4.τὰ τριαδικὰ τοῦ ἤχου. 5.αἱ στιχολογίαι, καθίσματα τῆς ὀκτωήχου· αἱ ἀναγνώσεις ἐκ τοῦ προκειμένου βιβλίου. 9.κανόνες γ'· δύο τῆς ὀκτωήχου καὶ εἷς τῆς ἁγίας[10] Ἰωσὴφ ἦχος δ' <πρὸς τὸ> Θαλάσσης τὸ ἐρυθραῖον· ἀπὸ γ' ᾠδῆς κάθισμα τῆς ἁγίας[11] ἦχος πλάγιος δ', ἀνάγνωσις τὸ μαρτύριον αὐτῆς,[12] οὗ ἡ ἀρχὴ Ἐκράτει ποτὲ τὰ τῆς ἀσεβείας· ἀπὸ ϛ' ᾠδῆς τὸ προσόμοιον τῆς ἡμέρας. 10.ἐξαποστειλάριον τοῦ ἤχου. 12.εἰς τὸν[13] στίχον τῶν αἴνων στιχηρὰ τῆς ὀκτωήχου καὶ θεοτοκίον.

Εἰς τὴν λειτουργίαν πᾶσα ἡ συνήθης ἀκολουθία τῆς ἡμέρας.

Μηνὶ τῷ αὐτῷ ϛ'· τοῦ ἁγίου ἀποστόλου Θωμᾶ.

Ἑσπέρας 1.οὐ στιχολογοῦμεν, 2.εἰς δὲ τὸ *Κύριε ἐκέκραξα* ἱστῶμεν ϛ' καὶ ψάλλομεν στιχηρὰ τοῦ ἁγίου ἦχος δ' πρὸς τὸ Ὡς γενναῖον γ' ἐκ δευτέρου, *Δόξα καὶ νῦν*, θεοτοκίον. 4.προκείμενον. 10.εἰς τὸν στίχον στιχηρὰ τῆς ὀκτωήχου δύο καὶ ἰδιόμελον τοῦ ἀποστόλου ἦχος πλάγιος β' *Τῷ ἅρματι τῶν ἀρετῶν* καὶ θεοτοκίον. →

---

[10] τοῦ ἁγίου cod.
[11] τοῦ ἁγίου cod.
[12] αὐτοῦ cod.
[13] τὸ D

X.05C. 5th of the same month. The commemoration of the holy martyr Charitine.

V. At Vespers, 1.after the recitation of continuous psalmody, 2.at Κύριε ἐκέκραξα we intercalate four times and chant stichera of the holy woman in mode 1 to Τῶν οὐρανίων, repeating the first, Glory...both now..., theotokion. 4.Instead of a prokeimenon, Alleluia. 10.At the stichos, stichera from the Oktoechos, and theotokion. 12.Apolytikion: Θεοτόκε παρθένε.

O. At Orthros, 3.Alleluia, and 4.the triadika of the mode.[10] 5.The recitations of continuous psalmody,[11] poetic kathismata from the Oktoechos, the readings: from the book set out.[12] 9.Three canons: two from the Oktoechos, and one of the holy woman by Joseph in mode 4 <to> Θαλάσσης τὸ ἐρυθραῖον. a.After the third ode, poetic kathisma of the holy woman in plagal mode 4, reading: her Martyrion beginning Ἐκράτει ποτὲ τὰ τῆς ἀσεβείας [BHG, 300]; b.after the sixth ode, the prosomoion of the day. 10.Exaposteilarion of the mode.[13] 12.At the stichos of the ainoi, stichera from the Oktoechos, and theotokion.

L. At the Liturgy, all the customary service of the day.

X.06C. 6th of the same month. The commemoration of the holy apostle Thomas.

V. At Vespers, 1.we do not recite the continuous psalmody, 2.but at Κύριε ἐκέκραξα we intercalate six times and chant three stichera of the holy man in mode 4 to Ὡς γενναῖον twice, Glory...both now..., theotokion. 4.Prokeimenon. 10.At the stichos, two stichera from the Oktoechos, and idiomelon of the apostle in plagal mode 2: Τῷ ἅρματι τῶν ἀρετῶν, and theotokion. 12.Apolytikion in

---

[10] The mode is set; see note 6.
[11] Two kathismata of the psalter are to be chanted; see IX.17 Orthros N.
[12] See IX.17 O.5.
[13] The mode is set; see note 6.

ΟΚΤΩΒΡΙΟΣ

12.ἀπολυτίκιον ἦχος γ´ Ἀπόστολε ἅγιε, τὸ αὐτὸ καὶ 4.εἰς τὸ Θεὸς Κύριος καὶ 14.εἰς τὸ τέλος τοῦ ὄρθρου.

Εἰς δὲ τὴν παννυχίδα 1.κανὼν τοῦ ἀποστόλου Θεοφάνους ἦχος δ´ <πρὸς τὸ> Τριστάτας κραταιούς· 2.ἀπὸ γ´ οὐδέν· 3.ἀπὸ ς´ τὸ κοντάκιον Ὁ σοφίας χάριν.

Εἰς τὸν ὄρθρον 5.αἱ στιχολογίαι· ἀπὸ πρώτης στιχολογίας καθίσματα τῆς ὀκτωήχου καὶ μαρτυρικὸν καὶ θεοτοκίον· ἀπὸ δευτέρας στιχολογίας κάθισμα τοῦ ἁγίου ἦχος πλάγιος α´ καὶ θεοτοκίον· ἀνάγνωσις ὑπόμνημα εἰς αὐτόν, οὗ ἡ ἀρχὴ *Πάλαι μὲν τὰς κατὰ γῆν.* 9.κανόνες[14] δύο· ἕνα τῆς ὀκτωήχου εἰς δ´, καὶ ἕτερον τοῦ ἀποστόλου εἰς η´ Ἰωάννου μοναχοῦ ἦχος δ´ πρὸς τὸ Ἅρματα Φαραώ· ἀπὸ γ´ ᾠδῆς κάθισμα τοῦ ἁγίου ἦχος πλάγιος δ´· ἀπὸ ς´ τὸ κοντάκιον αὐτοῦ. 10.ἐξαποστειλάριον <πρὸς τὸ> Ὁ οὐρανόν. 11.εἰς τοὺς αἴνους ἱστῶμεν δ´ καὶ ψάλλομεν στιχηρὰ τοῦ ἀποστόλου ἦχος πλάγιος β´ πρὸς τὸ Ὅλην ἀποθέμενοι, δευτεροῦντες τὸ ἕν, *Δόξα καὶ νῦν,* θεοτοκίον. 12.εἰς τὸν στίχον στιχηρὰ τῆς ὀκτωήχου δύο καὶ ἓν τοῦ ἁγίου ἦχος δ´ πρὸς τὸ Ἔδωκας σημείωσιν *Ὥσπερ μαργαρίτην σε, Δόξα καὶ νῦν,* θεοτοκίον.

Εἰς τὴν λειτουργίαν 1.τυπικὰ καὶ ᾠδὴ τοῦ κανόνος τοῦ ἀποστόλου ἡ ς´. μετὰ τὴν εἴσοδον τροπάριον τοῦ ἁγίου, *Δόξα καὶ νῦν,* τὸ κοντάκιον. 2.προκείμενον *Εἰς πᾶσαν τὴν γῆν·* στίχος *Οἱ οὐρανοὶ διηγοῦνται·* ὁ ἀπόστολος πρὸς Ῥωμαίους *Ἀδελφοί, ὁ Θεὸς ἡμᾶς τοὺς ἀποστόλους,* ζήτει κυριακῇ ι´. Ἀλληλούια ἦχος α´ *Ἐξομολογήσονται οἱ οὐρανοί·* εὐαγγέλιον κατὰ Ἰωάννην *Οὔσης ὀψίας,* ζήτει κυριακῇ τοῦ ἀντίπασχα. 3.κοινωνικὸν *Εἰς πᾶσαν τὴν γῆν.*

---

[14] κανόνας D

6 OCTOBER

mode 3: Ἀπόστολε ἅγιε. The same also at Θεὸς Κύριος O.4. and O.14.at the end of **Orthros**.

PN. At Pannychis, 1.canon of the apostle by Theophanes in mode 4 <to> Τριστάτας κραταιούς, 2.after the third ode, nothing, 3.after the sixth ode, the kontakion: Ὁ σοφίας χάριν.

O. At Orthros, 5.the recitations of continuous psalmody; a.after the first recitation, b.poetic kathismata from the Oktoechos, and martyrikon, and theotokion, d.after the second recitation, e.poetic kathisma of the holy man in plagal mode 1, and theotokion, f.reading: *Memorial* to him beginning Πάλαι μὲν τὰς κατὰ γῆν [BHG, 1835]. 9.Two canons: from one of the Oktoechos four troparia, and from another of the apostle by John the Monk in mode 4 to Ἅρματα Φαραώ eight troparia; a.after the third ode, poetic kathisma of the holy man in plagal mode 4; b.after the sixth ode, his kontakion.[14] 10.Exaposteilarion <to> Ὁ οὐρανόν. 11.At the ainoi we intercalate four times and chant stichera of the apostle in plagal mode 2 to Ὅλην ἀποθέμενοι, repeating the first, *Glory...both now...*, theotokion. 12.At the stichos, two stichera from the Oktoechos, and one of the holy man in mode 4 to Ἔδωκας σημείωσιν: Ὥσπερ μαργαρίτην σε, *Glory...both now...*, theotokion.

L. At the Liturgy, 1.typika, and the sixth ode of the canon of the apostle.[15] After the entrance, troparion of the holy man,[16] *Glory...both now...*, the kontakion.[17] 2.Prokeimenon: Εἰς πᾶσαν τὴν γῆν [Ps 18:5], stichos: Οἱ οὐρανοὶ διηγοῦνται [Ps 18:2], the apostle: to the Romans[18] [1 Cor 4:9ff] (see the tenth Sunday). *Alleluia* in mode 1: Ἐξομολογήσονται οἱ οὐρανοί [Ps 88:6], gospel: according to John [20:19ff] (see the Sunday after Easter). 3.Koinonikon: Εἰς πᾶσαν τὴν γῆν [Ps 18:5].

---

[14] See PN.3 above.
[15] Most probably means that refrains of the sixth ode are intercalated into the makarismoi.
[16] The troparion used as apolytikion at V.12 repeated here.
[17] See PN.3 above.
[18] This apostolic reading is cited incorrectly.

ΟΚΤΩΒΡΙΟΣ

Κυριακῇ μετὰ τὴν μνήμην αὐτοῦ ἀναγινώσκονται ἐν τῇ ἀγρυπνίᾳ αἱ τούτου περίοδοι.

Μηνὶ τῷ αὐτῷ ζ΄· τῶν ἁγίων μαρτύρων Σεργίου καὶ Βάκχου.

Ἑσπέρας 1.μετὰ τὴν στιχολογίαν 2.εἰς τὸ *Κύριε ἐκέκραξα* ἱστῶμεν ϛ΄ καὶ ψάλλομεν στιχηρὰ τῶν ἁγίων γ΄ ἐκ δευτέρου [19r] ἦχος δ΄ πρὸς τὸ Ὁ ἐξ ὑψίστου, *Δόξα καὶ νῦν*, θεοτοκίον. 4.προκείμενον. 10.εἰς τὸν στίχον στιχηρὰ τῆς ὀκτωήχου δύο καὶ ἰδιόμελον τῶν ἁγίων ἦχος γ΄ *Εἴ τι καλὸν εἴ τι τερπνόν*, *Δόξα καὶ νῦν*, θεοτοκίον. 12.ἀπολυτίκιον ἦχος δ΄ *Οἱ μάρτυρές σου Κύριε ἐν τῇ ἀθλήσει αὐτῶν*, τὸ αὐτὸ καὶ 4.εἰς τὸ *Θεὸς Κύριος* καὶ 14.εἰς τὸ τέλος τοῦ ὄρθρου.

Εἰς τὸν ὄρθρον 5.αἱ στιχολογίαι καὶ καθίσματα τῆς ὀκτωήχου· ἀνάγνωσις τὸ μαρτύριον τῶν ἁγίων, οὗ ἡ ἀρχὴ *Μαξιμιανοῦ βασιλεύοντος τοῦ τυράννου*. 9.κανόνες γ΄· τῆς ὀκτωήχου οἱ δύο εἰς ϛ΄, καὶ τῶν ἁγίων ὁμοίως εἰς ϛ΄ Θεοφάνους ἦχος α΄ πρὸς τὸ Σοῦ ἡ τροπαιοῦχος δεξιά· ἀπὸ γ΄ ᾠδῆς κάθισμα τῶν ἁγίων ἦχος πλάγιος α΄, τὸ μὲν ἓν ὁ ψάλτης τὸ δὲ ἕτερον ὁ λαός, *Δόξα καὶ νῦν*, θεοτοκίον· ἀπὸ ϛ΄ τὸ κοντάκιον τῶν ἁγίων. 10.ἐξαποστειλάριον <πρὸς τὸ> Ὁ οὐρανὸν τοῖς ἄστροις. 12.εἰς τὸν στίχον τῶν αἴνων στιχηρὰ τῆς ὀκτωήχου δύο καὶ τῶν ἁγίων ἦχος πλάγιος α΄ πρὸς τὸ Χαίροις ἀσκητικῶν, *Δόξα καὶ νῦν*, θεοτοκίον.

Εἰς τὴν λειτουργίαν 1.τυπικὰ καὶ μακαρισμοὶ τῆς ἡμέρας, τροπάριον τῶν ἁγίων καὶ θεοτοκίον. 2.προκείμενον ἦχος δ΄ *Τοῖς*

6-7 OCTOBER

N. On the Sunday after his commemoration this man's *Periodoi* are read during the **Agrypnia**.

X.07C. 7th of the same month. The commemoration of the holy martyrs Sergios and Bacchos.

V. At Vespers, 1.after the recitation of continuous psalmody, **2.**at Κύριε ἐκέκραξα we intercalate six times and chant three stichera of the holy men twice in mode 4 to Ὁ ἐξ ὑψίστου, *Glory...both now...*, theotokion. **4.**Prokeimenon. **10.**At the stichos, two stichera from the Oktoechos, and idiomelon of the holy men in mode 3: Εἴ τι καλὸν εἴ τι τερπνόν, *Glory...both now...*, theotokion. **12.**Apolytikion in mode 4: Οἱ μάρτυρές σου Κύριε ἐν τῇ ἀθλήσει αὐτῶν. The same also at Θεὸς Κύριος **O.4.** and **O.14.**at the end of **Orthros**.

O. At Orthros, 5.the recitations of continuous psalmody,[19] and poetic kathismata from the Oktoechos, reading: the *Martyrion* of the holy men beginning Μαξιμιανοῦ βασιλεύοντος τοῦ τυράννου [BHG, 1625]. **9.**Three canons: from the two of the Oktoechos six troparia, and from that of the holy men by Theophanes in mode 1 to Σοῦ ἡ τροπαιοῦχος δεξιά[20] similarly six troparia; **a.**after the third ode, poetic kathisma of the holy men in plagal mode 1 (the cantor [chants] one and the people the other),[21] *Glory...both now...*, theotokion; **b.**after the sixth ode, the kontakion of the holy men. **10.**Exaposteilarion <to> Ὁ οὐρανὸν τοῖς ἄστροις. **12.**At the stichos of the ainoi, two stichera from the Oktoechos, and that of the holy men in plagal mode 1 to Χαίροις ἀσκητικῶν, *Glory...both now...*, theotokion.

L. At the Liturgy, 1.typika and makarismoi of the day, troparion of the holy men,[22] and theotokion. **2.**Prokeimenon in mode 4: Τοῖς

---

[19] Two kathismata of the psalter are to be chanted; see IX.17 Orthros N.
[20] The heirmos.
[21] This indicates that two kathismata are chanted; the first a solo by the cantor, the other chanted by everyone.
[22] The troparion used as apolytikion at V.12 repeated here.

ἁγίοις τοῖς ἐν τῇ γῇ αὐτοῦ· στίχος *Προωρώμην τόν·* ὁ ἀπόστολος πρὸς Ῥωμαίους *Ἀδελφοί, οἱ ἅγιοι πάντες,* ζήτει κυριακῇ πρώτῃ. Ἀλληλούια ἦχος β´ *Ἰδοὺ δὴ τί καλὸν ἢ τί τερπνόν·* εὐαγγέλιον κατὰ Λουκᾶν *Εἶπεν ὁ Κύριος· Προσέχετε ἀπὸ τῶν ἀνθρώπων.* 3.κοινωνικὸν *Ἀγαλλιᾶσθε.*

Μηνὶ τῷ αὐτῷ η'· τῆς ὁσίας Πελαγίας.

Ἑσπέρας 1.μετὰ τὴν στιχολογίαν 2.εἰς τὸ *Κύριε ἐκέκραξα* ἱστῶμεν δ´ καὶ ψάλλομεν στιχηρὰ τῆς ὁσίας γ´ ἦχος πλάγιος δ´ δευτεροῦντες τὸ ἓν καὶ θεοτοκίον. 4.Ἀλληλούια. 10.εἰς τὸν στίχον στιχηρὰ τῆς ὀκτωήχου γ´ καὶ θεοτοκίον. 12.ἀπολυτίκιον *Θεοτόκε παρθένε* καὶ τὰ λοιπά.

Εἰς τὸν ὄρθρον 5.αἱ στιχολογίαι καὶ καθίσματα τῆς ὀκτωήχου· ἀνάγνωσις ὁ βίος τῆς ὁσίας, οὗ ἡ ἀρχὴ *Γυναικείαν ἀρετήν.* 9.κανόνες γ´· δύο τῆς ὀκτωήχου, καὶ τῆς ὁσίας ἦχος δ´ <πρὸς τὸ> *Θαλάσσης* ἀνὰ δ´ Γεωργίου· ἀπὸ γ´ ᾠδῆς κάθισμα τῆς ὁσίας ἦχος δ´ καὶ θεοτοκίον· ἀπὸ ϛ´ τὸ προσόμοιον τῆς ἡμέρας. 10.ἐξαποστειλάριον τοῦ ἤχου. 12.εἰς τὸν στίχον τῶν αἴνων στιχηρὰ τῆς ὀκτωήχου γ´[15] καὶ θεοτοκίον.

Εἰς τὴν λειτουργίαν πᾶσα ἡ ἀκολουθία τῆς ἡμέρας.

Μηνὶ τῷ αὐτῷ θ'· τοῦ ἁγίου ἀποστόλου Ἰακώβου τοῦ Ἀλφαίου.

Ἑσπέρας 1.οὐ στιχολογοῦμεν, 2.εἰς δὲ τὸ *Κύριε ἐκέκραξα* ἱστῶμεν ϛ´ καὶ ψάλλομεν στιχηρὰ τοῦ ἁγίου γ´ ἀνὰ β´ ἦχος δ´ πρὸς τὸ *Ὡς*

---

[15] om. D

7-9 OCTOBER

ἁγίοις τοῖς ἐν τῇ γῇ αὐτοῦ [Ps 15:3], stichos: Προωρώμην τόν [Ps 15:8], the apostle: to the Romans[23] [Heb 11:33ff] (see the first Sunday). *Alleluia* in mode 2: Ἰδοὺ δὴ τί καλὸν ἢ τί τερπνόν [Ps 132:1], gospel: according to Luke [21:12ff]. 3.Koinonikon: Ἀγαλλιᾶσθε [Ps 32:1].

X.08C. 8th of the same month. The commemoration of saintly Pelagia.

V. At Vespers, 1.after the recitation of continuous psalmody, 2.at Κύριε ἐκέκραξα we intercalate four times and chant three stichera of the saintly woman in plagal mode 4, repeating the first, and theotokion. 4.*Alleluia*. 10.At the stichos, three stichera from the Oktoechos, and theotokion. 12.Apolytikion: Θεοτόκε παρθένε, and the rest.

O. At Orthros, 5.the recitations of continuous psalmody,[24] and poetic kathismata from the Oktoechos, reading: the *Life* of the saintly woman beginning Γυναικείαν ἀρετήν [BHG, 1479]. 9.Three canons: two from the Oktoechos, and that of the saintly woman in mode 4 <to> Θαλάσσης by George, four troparia from each; a.after the third ode, poetic kathisma of the saintly woman in mode 4, and theotokion; b.after the sixth ode, the prosomoion of the day. 10.Exaposteilarion of the mode.[25] 12.At the stichos of the ainoi, three stichera from the Oktoechos, and theotokion.

L. At the Liturgy, all the service of the day.

X.09C. 9th of the same month. The commemoration of the holy apostle James son of Alphaeus.

V. At Vespers, 1.we do not recite the continuous psalmody, 2.but at Κύριε ἐκέκραξα we intercalate six times and chant three stichera of the holy man twice each in mode 4 to Ὡς γενναῖον, →

---

[23] This apostolic reading is cited incorrectly.
[24] Two kathismata of the psalter are to be chanted; see IX.17 Orthros N.
[25] The mode is set; see note 6.

ΟΚΤΩΒΡΙΟΣ

γενναῖον καὶ θεοτοκίον. 4.προκείμενον τῆς ἡμέρας. 10.εἰς τὸν στίχον στιχηρὰ τῆς ὀκτωήχου β΄ καὶ ἰδιόμελον τοῦ ἁγίου ἦχος δ΄ *Τὴν τοῦ Θείου Πνεύματος σαφῶς, Δόξα καὶ νῦν*, θεοτοκίον. 12.ἀπολυτίκιον *Ἀπόστολε ἅγιε, τὸ αὐτὸ* καὶ 4.εἰς τὸ *Θεὸς Κύριος* καὶ 14.εἰς τὸ τέλος τοῦ ὄρθρου.

Εἰς τὸν ὄρθρον 5.αἱ στιχολογίαι καὶ καθίσματα τῆς ὀκτωήχου· ἀνάγνωσις ἐκ τοῦ προκειμένου βιβλίου. [19v] 9.κανόνες γ΄· τῆς ὀκτωήχου οἱ δύο εἰς ϛ΄, καὶ τοῦ ἁγίου ὁμοίως εἰς ϛ΄ ἦχος πλάγιος β΄ Θεοφάνους <πρὸς τὸ> Ὡς ἐν ἠπείρῳ πεζεύσας· ἀπὸ γ΄ ᾠδῆς κάθισμα τοῦ ἁγίου ἦχος πλάγιος α΄ καὶ θεοτοκίον· ἀπὸ ϛ΄ τὸ τούτου κοντάκιον. 10.ἐξαποστειλάριον <πρὸς τὸ> Ὁ οὐρανὸν τοῖς ἄστροις. 12.εἰς τὸν στίχον τῶν αἴνων στιχηρὰ τῆς ὀκτωήχου δύο καὶ ἓν τοῦ ἁγίου ἦχος πλάγιος α΄ πρὸς τὸ Χαίροις ἀσκητικῶν καὶ θεοτοκίον.

Εἰς τὴν λειτουργίαν 1.τυπικὰ καὶ μακαρισμοὶ τῆς ἡμέρας, τροπάριον τοῦ ἁγίου καὶ θεοτοκίον. 2.προκείμενον *Εἰς πᾶσαν τὴν γῆν·* στίχος *Οἱ οὐρανοὶ διηγοῦνται·* ὁ ἀπόστολος πρὸς Ῥωμαίους *Ἀδελφοί, ὁ Θεὸς ἡμᾶς τοὺς ἀποστόλους*, ζήτει κυριακῇ ι΄. *Ἀλληλούια Ἐξομολογήσονται οἱ οὐρανοί·* εὐαγγέλιον ζήτει ἐν τῷ μηνολογίῳ τοῦ εὐαγγελίου.

Μηνὶ τῷ αὐτῷ ι΄· τῶν ἁγίων μαρτύρων Εὐλαμπίου καὶ Εὐλαμπίας.

Ἑσπέρας 1.μετὰ τὴν στιχολογίαν 2.εἰς τὸ *Κύριε ἐκέκραξα* ἱστῶμεν δ΄ καὶ ψάλλομεν στιχηρὰ τῶν ἁγίων ἦχος α΄ πρὸς τὸ Τῶν οὐρανίων, δευτεροῦντες τὸ ἕν, *Δόξα καὶ νῦν*, θεοτοκίον. 4.Ἀλληλούια. 10.εἰς τὸν στίχον στιχηρὰ τῆς ὀκτωήχου γ΄ καὶ θεοτοκίον.

and theotokion. 4.Prokeimenon of the day of the week. 10.At the stichos, two stichera from the Oktoechos, and idiomelon of the holy man in mode 4: *Τὴν τοῦ Θείου Πνεύματος σαφῶς*, Glory...both now..., theotokion. 12.Apolytikion: *Ἀπόστολε ἅγιε*. The same also at *Θεὸς Κύριος* O.4. and O.14.at the end of **Orthros**.

O. At Orthros, 5.the recitations of continuous psalmody,[26] and poetic kathismata from the Oktoechos, reading: from the book set out.[27] 9.Three canons: from the two of the Oktoechos six troparia, and from that of the holy man in plagal mode 2 by Theophanes <to> *Ὡς ἐν ἠπείρῳ πεζεύσας* similarly six troparia; a.after the third ode, poetic kathisma of the holy man in plagal mode 1, and theotokion; b.after the sixth ode, this man's kontakion. 10.Exaposteilarion <to> *Ὁ οὐρανὸν τοῖς ἄστροις*. 12.At the stichos of the ainoi, two stichera from the Oktoechos, and one of the holy man in plagal mode 1 to *Χαίροις ἀσκητικῶν*, and theotokion.

L. At the Liturgy, 1.typika and makarismoi of the day, troparion of the holy man,[28] and theotokion. 2.Prokeimenon: *Εἰς πᾶσαν τὴν γῆν* [Ps 18:5], stichos: *Οἱ οὐρανοὶ διηγοῦνται* [Ps 18:2], the apostle: to the Romans[29] [1 Cor 4:9ff] (see the tenth Sunday). *Alleluia*: *Ἐξομολογήσονται οἱ οὐρανοί* [Ps 88:6], gospel: (look in the Menologion of the gospel).

X.10C. 10th of the same month. The commemoration of the holy martyrs Eulampios and Eulampia.

V. At Vespers, 1.after the recitation of continuous psalmody, 2.at *Κύριε ἐκέκραξα* we intercalate four times and chant stichera of the holy ones in mode 1 to *Τῶν οὐρανίων*, repeating the first, Glory...both now..., theotokion. 4.*Alleluia*. 10.At the stichos, three stichera from the Oktoechos, and theotokion.

---

[26] Two kathismata of the psalter are to be chanted; see IX.17 Orthros N.
[27] See IX.17 O.5.
[28] The troparion used as apolytikion at V.12 repeated here.
[29] This apostolic reading is cited incorrectly.

ΟΚΤΩΒΡΙΟΣ

Εἰς τὸν ὄρθρον 3.Ἀλληλούϊα καὶ 4.τὰ τριαδικὰ τοῦ ἤχου. 5.αἱ στιχολογίαι καὶ τὰ καθίσματα τοῦ ἤχου· ἀνάγνωσις τὸ μαρτύριον τῶν ἁγίων, οὗ ἡ ἀρχὴ Ἄρτι τῆς θεογνωσίας. 9.κανόνες γ΄· οἱ δύο τῆς ὀκτωήχου, καὶ τῶν ἁγίων ἦχος πλάγιος β΄ Ἰωσήφ, ἀνὰ δ΄· ἀπὸ γ΄ ᾠδῆς κάθισμα τῶν ἁγίων ἦχος πλάγιος δ΄· ἀπὸ ϛ΄ τὸ προσόμοιον τοῦ ἤχου. 10.ἐξαποστειλάριον τοῦ ἤχου. 12.εἰς τὸν στίχον τῶν αἴνων στιχηρὰ τῆς ὀκτωήχου καὶ θεοτοκίον.

Εἰς τὴν λειτουργίαν πᾶσα ἡ ἀκολουθία τῆς ἡμέρας.

Μηνὶ τῷ αὐτῷ ια΄· τοῦ ἁγίου ἀποστόλου Φιλίππου ἑνὸς τῶν ζ΄ διακόνων, καὶ τοῦ ἁγίου Θεοφάνους τοῦ ποιητοῦ καὶ ὁμολογητοῦ.

Ἑσπέρας 1.μετὰ τὴν στιχολογίαν 2.εἰς τὸ *Κύριε ἐκέκραξα* ἱστῶμεν ϛ΄ καὶ ψάλλομεν στιχηρὰ τοῦ ἀποστόλου γ΄ ἦχος δ΄ πρὸς τὸ *Ὁ ἐξ ὑψίστου κληθείς*, καὶ γ΄ τοῦ ὁσίου ἦχος πλάγιος β΄ πρὸς τὸ *Ὅλην ἀποθέμενοι*, *Δόξα καὶ νῦν*, θεοτοκίον. 4.προκείμενον. 10.εἰς τὸν στίχον στιχηρὰ τῆς ὀκτωήχου β΄ καὶ ἰδιόμελον τοῦ ἀποστόλου ἦχος β΄ *Τὸν τοῦ Στεφάνου*,[16] *Δόξα καὶ νῦν*, θεοτοκίον. 12.ἀπολυτίκιον *Ἀπόστολε ἅγιε*, τὸ αὐτὸ καὶ 4.εἰς τὸ *Θεὸς Κύριος* καὶ 14.εἰς τὸ τέλος τοῦ ὄρθρου.

Εἰς τὸν ὄρθρον 5.αἱ στιχολογίαι, καθίσματα τῆς ὀκτωήχου· ἀνάγνωσις ἐκ τοῦ προκειμένου βιβλίου. 9.κανόνες γ΄· τῆς ὀκτωήχου

---

[16] τὸν τοῦ Στεφάνου sec. man. cod.

10-11 OCTOBER

O. At Orthros, 3.*Alleluia,* and 4.the triadika of the mode.[30] 5.The recitations of continuous psalmody,[31] and the poetic kathismata of the mode,[32] reading: the *Martyrion* of the holy ones beginning Ἄρτι τῆς θεογνωσίας [BHG, 617]. 9.Three canons: the two from the Oktoechos, and that of the holy ones in plagal mode 2 by Joseph, four troparia from each; a.after the third ode, poetic kathisma of the holy ones in plagal mode 4; b.after the sixth ode, the prosomoion of the mode.[33] 10.Exaposteilarion of the mode.[34] 12.At the stichos of the ainoi, stichera from the Oktoechos, and theotokion.

L. At the Liturgy, all the service of the day.

X.11C. 11th of the same month. The commemoration of the holy apostle Philip one of the seven deacons, and of holy Theophanes the poet and confessor.

V. At Vespers, 1.after the recitation of continuous psalmody, 2.at Κύριε ἐκέκραξα we intercalate six times and chant three stichera of the apostle in mode 4 to Ὁ ἐξ ὑψίστου κληθείς, and three of the saintly man in plagal mode 2 to Ὅλην ἀποθέμενοι, *Glory...both now...,* theotokion. 4.Prokeimenon. 10.At the stichos, two stichera from the Oktoechos, and idiomelon of the apostle in mode 2: Τὸν τοῦ Στεφάνου, *Glory....both now...,* theotokion. 12.Apolytikion: Ἀπόστολε ἅγιε. The same also at Θεὸς Κύριος O.4. and O.14.at the end of Orthros.

O. At Orthros, 5.the recitations of continuous psalmody,[35] poetic kathismata from the Oktoechos, reading: from the book set out.[36] 9.Three canons: one from the Oktoechos, and that of the apostle

---

[30] The mode is set; see note 6.
[31] Two kathismata of the psalter are to be chanted; see IX.17 Orthros N.
[32] The mode is set; see note 6.
[33] The mode is set; see note 6.
[34] The mode is set; see note 6.
[35] Two kathismata of the psalter are to be chanted; see IX.17 Orthros N.
[36] See IX.17 O.5.

ΟΚΤΩΒΡΙΟΣ

εἷς, καὶ τοῦ ἀποστόλου ἦχος πλάγιος β΄ Ἰωσήφ, καὶ τοῦ ὁσίου ὁμοίως ἦχος πλάγιος β΄ <πρὸς τὸ> Ὡς ἐν ἠπείρῳ, ἀνὰ δ΄· ἀπὸ γ΄ ᾠδῆς κάθισμα τοῦ ἀποστόλου ἦχος πλάγιος δ΄ καὶ θεοτοκίον· ἀπὸ ϛ΄ τοῦ ὁσίου ἦχος δ΄. 10.ἐξαποστειλάριον <πρὸς τὸ> Ὁ οὐρανόν. [20r] 12.εἰς τὸν στίχον στιχηρὰ τῆς ὀκτωήχου β΄ καὶ ἓν ἐκ τῶν προσομοίων τοῦ ἀποστόλου τὸ πρῶτον ἦχος δ΄ Ὁ διακόνοις ἑπτὰ καὶ θεοτοκίον.

Εἰς τὴν λειτουργίαν 1.τυπικὰ καὶ μακαρισμοὶ τῆς ἡμέρας. 2.προκείμενον Εἰς πᾶσαν τὴν γῆν· στίχος Οἱ οὐρανοὶ διηγοῦνται· ὁ ἀπόστολος Πράξεων Ἐν ταῖς ἡμέραις ἐκείναις ἄγγελος Κυρίου,[17] ζήτει τῇ ε΄ τῆς γ΄ ἑβδομάδος τοῦ πάσχα. Ἀλληλούια Ἐξομολογήσονται· εὐαγγέλιον τῆς ἡμέρας εἰς τὸ χύμα. 3.κοινωνικὸν Εἰς πᾶσαν.

Μηνὶ τῷ αὐτῷ ιβ΄· τῶν ἁγίων μεγαλομαρτύρων Πρόβου, Ταράχου καὶ Ἀνδρονίκου.

Ἑσπέρας 1.μετὰ τὴν στιχολογίαν 2.εἰς τὸ Κύριε ἐκέκραξα ἱστῶμεν ϛ΄ καὶ ψάλλομεν στιχηρὰ τῶν ἁγίων γ΄ ἐκ δευτέρου ἦχος δ΄ πρὸς τὸ Ἔδωκας σημείωσιν καὶ θεοτοκίον. 4.προκείμενον. 10.εἰς τὸν στίχον στιχηρὰ τῆς ὀκτωήχου β΄[18] καὶ ἰδιόμελον τῶν ἁγίων ἦχος δ΄ Στρατευθέντες τῷ Χριστῷ καὶ θεοτοκίον. 12.ἀπολυτίκιον ἦχος δ΄ Οἱ μάρτυρές σου.

Εἰς τὸν ὄρθρον 3.Θεὸς Κύριος, 4.τὸ αὐτὸ τροπάριον καὶ θεοτοκίον. 5.αἱ στιχολογίαι, καθίσματα τῆς ὀκτωήχου· ἀνάγνωσις τὸ μαρτύριον τῶν ἁγίων, οὗ ἡ ἀρχὴ Διοκλητιανὸς[19] τὴν αὐτοκράτορα.[20] 9.κανόνες γ΄· τῆς ὀκτωήχου οἱ δύο[21] εἰς[22] ϛ΄, καὶ τῶν ἁγίων εἰς ϛ΄ ἦχος →

---

[17] Κύριος cod.
[18] η΄ D
[19] Διοκλητιανοῦ D
[20] αὐτοκρατορίαν D
[21] ὁ add. D
[22] εἷς D

in plagal mode 2 by Joseph, and that of the saintly man similarly in plagal mode 2 <to> Ὡς ἐν ἠπείρῳ, four troparia from each; a.after the third ode, poetic kathisma of the apostle in plagal mode 4, and theotokion; b.after the sixth ode, that of the saintly man in mode 4. 10.Exaposteilarion <to> Ὁ οὐρανόν. 12.At the stichos, two stichera from the Oktoechos, and one from the prosomoia of the apostle, the first one in mode 4: Ὁ διακόνοις ἑπτά, and theotokion.

L. At the Liturgy, 1.typika and makarismoi of the day. 2.Prokeimenon: Εἰς πᾶσαν τὴν γῆν [Ps 18:5], stichos: Οἱ οὐρανοὶ διηγοῦνται [Ps 18:2], the apostle: from Acts [8:26ff] (see Thursday of the third week of Easter). Alleluia: Ἐξομολογήσονται [Ps 88:6], gospel of the day in simple style. 3.Koinonikon: Εἰς πᾶσαν [Ps 18:5].

X.12C. 12th of the same month. The commemoration of the holy megalomartyrs Probos, Tarachos and Andronikos.

V. At Vespers, 1.after the recitation of continuous psalmody, 2.at Κύριε ἐκέκραξα we intercalate six times and chant three stichera of the holy men twice in mode 4 to Ἔδωκας σημείωσιν, and theotokion. 4.Prokeimenon. 10.At the stichos, two stichera from the Oktoechos, and idiomelon of the holy men in mode 4: Στρατευθέντες τῷ Χριστῷ, and theotokion. 12.Apolytikion in mode 4: Οἱ μάρτυρές σου.

O. At Orthros, 3.Θεὸς Κύριος, 4.the same troparion,[37] and theotokion. 5.The recitations of continuous psalmody,[38] poetic kathismata from the Oktoechos, reading: the Martyrion of the holy men beginning Διοκλητιανὸς τὴν αὐτοκράτορα [BHG, 1575]. 9.Three canons: from the two of the Oktoechos six troparia, and from that of the holy men in plagal mode 4 by Joseph: Μαρτυρικαῖς ἠγλαϊσμένοι six troparia; a.after the third ode,

---

[37] The troparion used as apolytikion at V.12 repeated here.
[38] Two kathismata of the psalter are to be chanted; see IX.17 Orthros N.

ΟΚΤΩΒΡΙΟΣ

πλάγιος δ΄ Ἰωσὴφ Μαρτυρικαῖς[23] ἠγλαϊσμένοι· ἀπὸ γ΄ ᾠδῆς κάθισμα τῶν ἁγίων ἦχος πλάγιος δ΄ ὁ ψάλτης, καὶ τὸ ἕτερον ὅμοιον τούτου ὁ λαός, Δόξα καὶ νῦν, θεοτοκίον· ἀπὸ ς΄ τὸ κοντάκιον. 10.ἐξαποστειλάριον <πρὸς τὸ> Ὁ οὐρανόν. 12.εἰς τὸν στίχον τῶν αἴνων στιχηρὰ τῆς ὀκτωήχου β΄ καὶ τῶν ἁγίων ἓν ἦχος πλάγιος δ΄ πρὸς τὸ Ὦ τοῦ παραδόξου Τρίπλοκον ἀγχόνην καὶ θεοτοκίον.

Εἰς τὴν λειτουργίαν 1.τυπικὰ καὶ μακαρισμοὶ τῆς ἡμέρας, τροπάριον τῶν ἁγίων καὶ θεοτοκίον. 2.προκείμενον ἦχος δ΄ Τοῖς ἁγίοις τοῖς· στίχος Προωρώμην τὸν Κύριον· ὁ ἀπόστολος πρὸς Ῥωμαίους Ἀδελφοί, οἱ ἅγιοι πάντες, ζήτει κυριακῇ πρώτῃ. Ἀλληλούια ἦχος δ΄ Ἐκέκραξαν οἱ δίκαιοι· εὐαγγέλιον εἰς τὸ μηνολόγιον τοῦ εὐαγγελίου.

Μηνὶ τῷ αὐτῷ ιγ΄· τῶν ἁγίων μαρτύρων Κάρπου καὶ Παπύλου.

Ἑσπέρας 1.μετὰ τὴν στιχολογίαν 2.στιχηρὰ εἰς τὸ Κύριε ἐκέκραξα τῶν ἁγίων ἦχος α΄ πρὸς τὸ Πανεύφημοι μάρτυρες β΄, καὶ ἕτερα β΄ εἰς ἦχον δ΄ πρὸς τὸ Ὡς γενναῖον, ἱστῶμεν γὰρ δ΄, Δόξα καὶ νῦν, θεοτοκίον. 4.Ἀλληλούια. 10.εἰς τὸν στίχον στιχηρὰ τῆς ὀκτωήχου γ΄ καὶ θεοτοκίον. 12.ἀπολυτίκιον Θεοτόκε παρθένε καὶ τὰ λοιπά.

Εἰς τὸν ὄρθρον 3.Ἀλληλούια καὶ 4.τὰ τριαδικὰ τοῦ ἤχου. 5.αἱ στιχολογίαι, καθίσματα τῆς ὀκτωήχου· ἀνάγνωσις τὸ μαρτύριον τῶν ἁγίων, οὗ ἡ ἀρχὴ Μεμνῆσθαι τῶν ὑπὲρ Χριστοῦ. 9.κανόνες γ΄· τῆς ὀκτωήχου β΄, καὶ τῶν ἁγίων ἦχος α΄ <πρὸς τὸ> Σοῦ ἡ τροπαιοῦχος Ἰωσήφ, ἀνὰ δ΄· ἀπὸ γ΄ ᾠδῆς κάθισμα τῶν ἁγίων ἦχος γ΄ καὶ →

---

[23] Μαρτυρικῶς D

12-13 OCTOBER

poetic kathisma of the holy men in plagal mode 4 [by] the cantor, and the other to the same melody as this one [by] the people,³⁹ *Glory...both now...*, theotokion; b.after the sixth ode, the kontakion. 10.Exaposteilarion <to> Ὁ οὐρανόν. 12.At the stichos of the ainoi, two stichera from the Oktoechos, and one of the holy men in plagal mode 4 to Ὦ τοῦ παραδόξου: Τρίπλοκον ἀγχόνην, and theotokion.

L. **At the Liturgy,** 1.typika and makarismoi of the day, troparion of the holy men,⁴⁰ and theotokion. 2.Prokeimenon in mode 4: Τοῖς ἁγίοις τοῖς [Ps 15:3], stichos: Προωρώμην τὸν Κύριον [Ps 15:8], the apostle: to the Romans⁴¹ [Heb 11:33ff] (see the first Sunday). *Alleluia* in mode 4: Ἐκέκραξαν οἱ δίκαιοι [Ps 33:18], gospel: in the Menologion of the gospel.

X.13C. 13th of the same month. The commemoration of the holy martyrs Karpos and Papylos.

V. **At Vespers,** 1.after the recitation of continuous psalmody, 2.at Κύριε ἐκέκραξα two stichera of the holy men in mode 1 to Πανεύφημοι μάρτυρες, and another two in mode 4 to Ὡς γενναῖον, for we intercalate four times, *Glory...both now...*, theotokion. 4.*Alleluia*. 10.At the stichos, three stichera from the Oktoechos, and theotokion. 12.Apolytikion: Θεοτόκε παρθένε and the rest.

O. **At Orthros,** 3.*Alleluia,* and 4.the triadika of the mode.⁴² 5.The recitations of continuous psalmody,⁴³ poetic kathismata from the Oktoechos, reading: the *Martyrion* of the holy men beginning Μεμνῆσθαι τῶν ὑπὲρ Χριστοῦ [BHG, 295]. 9.Three canons: two from the Oktoechos, and that of the holy men in mode 1 <to> Σοῦ ἡ τροπαιοῦχος by Joseph, four troparia from each; a.after the third ode, poetic kathisma of the holy men in mode 3, and theotokion;

---

³⁹ See also X.7 O.9a. and note.
⁴⁰ The troparion used as apolytikion at V.12 repeated here.
⁴¹ This apostolic reading is cited incorrectly.
⁴² The mode is set; see note 6.
⁴³ Two kathismata of the psalter are to be chanted; see IX.17 Orthros N.

ΟΚΤΩΒΡΙΟΣ

θεοτοκίον· ἀπὸ ϛ´ τὸ προσόμοιον τῆς ἡμέρας. 10.ἐξαποστειλάριον τοῦ ἤχου. 12.εἰς τὸν στίχον στιχηρὰ τῆς ὀκτωήχου καὶ θεοτοκίον.

Εἰς τὴν λειτουργίαν πᾶσα ἡ ἀκολουθία τῆς ἡμέρας. [20v]

Μηνὶ τῷ αὐτῷ ιδ´· τῶν ἁγίων μαρτύρων Ναζαρίου, Προτασίου, Γερβασίου καὶ Κελσίου.

Ἑσπέρας 1.μετὰ τὴν στιχολογίαν 2.ἱστῶμεν δ´ καὶ ψάλλομεν στιχηρὰ τῶν ἁγίων πρὸς τὸ Ὡς γενναῖον, δευτεροῦντες τὸ ἕν, καὶ θεοτοκίον. 4.Ἀλληλούια. 10.εἰς τὸν στίχον στιχηρὰ τῆς ὀκτωήχου καὶ θεοτοκίον. 12.ἀπολυτίκιον Θεοτόκε παρθένε καὶ τὰ λοιπά.

Εἰς τὸν ὄρθρον 3.Ἀλληλούια καὶ 4.τὰ τριαδικὰ τοῦ ἤχου. 5.αἱ στιχολογίαι, καθίσματα τῆς ὀκτωήχου· ἀνάγνωσις τὸ μαρτύριον τῶν ἁγίων, οὗ ἡ ἀρχὴ Νέρωνος ἄρτι. 9.ἀπὸ γ´ ᾠδῆς κάθισμα τῶν ἁγίων ἦχος πλάγιος δ´ καὶ θεοτοκίον· ἀπὸ ϛ´ τὸ προσόμοιον τῆς ἡμέρας. 10.ἐξαποστειλάριον τοῦ ἤχου. 12.εἰς τὸν στίχον τῶν αἴνων στιχηρὰ τῆς ὀκτωήχου καὶ θεοτοκίον.

Εἰς τὴν λειτουργίαν πᾶσα ἡ ἀκολουθία τῆς ἡμέρας.

Μηνὶ τῷ αὐτῷ ιε´· τοῦ ἁγίου ἱερομάρτυρος Λουκιανοῦ.

Ἑσπέρας 1.μετὰ τὴν στιχολογίαν 2.εἰς τὸ Κύριε ἐκέκραξα ἱστῶμεν δ´ καὶ ψάλλομεν στιχηρὰ τοῦ ἱερομάρτυρος β´ ἦχος δ´ πρὸς τὸ Ἔδωκας σημείωσιν, καὶ ἕτερα β´ εἰς ἦχον πλάγιον β´ πρὸς τὸ Ὅλην

b.after the sixth ode, the prosomoion of the day. 10.Exaposteilarion of the mode.⁴⁴ 12.At the stichos, stichera from the Oktoechos, and theotokion.

L. At the Liturgy, all the service of the day.

X.14C. 14th of the same month. The commemoration of the holy martyrs Nazarios, Protasios, Gerbasios and Kelsios.

V. At Vespers, 1.after the recitation of continuous psalmody, 2.we intercalate four times and chant stichera of the holy men to Ὡς γενναῖον, repeating the first, and theotokion. 4.Alleluia. 10.At the stichos, stichera from the Oktoechos, and theotokion. 12.Apolytikion: Θεοτόκε παρθένε and the rest.

O. At Orthros, 3.Alleluia, and 4.the triadika of the mode.⁴⁵ 5.The recitations of continuous psalmody,⁴⁶ poetic kathismata from the Oktoechos, reading: the Martyrion of the holy men beginning Νέρωνος ἄρτι [BHG, 1324]. 9a.After the third ode, poetic kathisma of the holy men in plagal mode 4, and theotokion; b.after the sixth ode, the prosomoion of the day. 10.Exaposteilarion of the mode.⁴⁷ 12.At the stichos of the ainoi, stichera from the Oktoechos, and theotokion.

L. At the Liturgy, all the service of the day.

X.15C. 15th of the same month. The commemoration of the holy hieromartyr Loukianos.

V. At Vespers, 1.after the recitation of continuous psalmody, 2.at Κύριε ἐκέκραξα we intercalate four times and chant two stichera of the hieromartyr in mode 4 to Ἔδωκας σημείωσιν, and another two in plagal mode 2 to Ὅλην ἀποθέμενοι, Glory...both now..., →

---

⁴⁴ The mode is set; see note 6.
⁴⁵ The mode is set; see note 6.
⁴⁶ Two kathismata of the psalter are to be chanted; see IX.17 Orthros N.
⁴⁷ The mode is set; see note 6.

ἀποθέμενοι, *Δόξα καὶ νῦν*, θεοτοκίον. 4.*Ἀλληλούια*. 10.εἰς τὸν στίχον στιχηρὰ τῆς ὀκτωήχου καὶ θεοτοκίον. 12.ἀπολυτίκιον *Θεοτόκε παρθένε* καὶ τὰ λοιπά.

Εἰς τὸν ὄρθρον 3.*Ἀλληλούια* καὶ 4.τὰ τριαδικὰ τοῦ ἤχου. 5.αἱ στιχολογίαι, καθίσματα τῆς ὀκτωήχου· ἀνάγνωσις τὸ μαρτύριον τοῦ ἁγίου, οὗ ἡ ἀρχὴ *Σαμόσατα πόλις τῆς Συρίας ἐστίν*. 9.ἀπὸ γ´ ᾠδῆς κάθισμα τοῦ ἁγίου ἦχος πλάγιος δ´ καὶ θεοτοκίον· ἀπὸ ϛ´ τὸ προσόμοιον τῆς ἡμέρας. κανόνες γ´· οἱ β´ τῆς ὀκτωήχου, καὶ τοῦ ἁγίου ἦχος δ´ <πρὸς τὸ> *Ἄισομαί σοι Κύριε ὁ Θεός μου* Θεοφάνους, ἀνὰ δ´. 10.ἐξαποστειλάριον τοῦ ἤχου. 12.εἰς τὸν στίχον στιχηρὰ τῆς ὀκτωήχου καὶ θεοτοκίον.

Εἰς τὴν λειτουργίαν ἡ ἀκολουθία τῆς ἡμέρας.

Τῇ αὐτῇ ἡμέρᾳ τοῦ ἁγίου Κοσμᾶ τοῦ ποιητοῦ καὶ ἁγιοπολίτου. ἀκολουθίαν ζήτει καὶ εἰ εὑρεθῇ ψάλλε καὶ ταύτην μετὰ τοῦ ἱερομάρτυρος. 2.εἰς γὰρ τὸ *Κύριε ἐκέκραξα*[24] ἱστῶμεν ϛ´ καὶ ψάλλομεν τὰ προγραφέντα στιχηρὰ τοῦ ἱερομάρτυρος εἰς ἦχον δ´ τὰ γ´, ὁμοίως δὲ καὶ τοῦ ὁσίου εἰς τὸν αὐτὸν ἦχον γ´ καὶ θεοτοκίον, ὁμοίως δὲ καὶ εἰς τὸν ὄρθρον. 9.κανόνες γ´· τῆς ὀκτωήχου εἷς, καὶ τοῦ ἱερομάρτυρος, καὶ τοῦ ὁσίου εἰς τὸν αὐτὸν ἦχον ἀνὰ δ´· καὶ τὸ κάθισμα τοῦ ὁσίου ψάλλεται ἀπὸ ϛ´, ἀναγινώσκεται δὲ καὶ ὁ βίος αὐτοῦ, οὗ ἡ ἀρχὴ *Νόμος ἐστί·* πλὴν 3.*Ἀλληλούια* ψάλλεται.

---

[24] κέκραξα D

15 OCTOBER

theotokion. **4.***Alleluia.* **10.**At the stichos, stichera from the Oktoechos, and theotokion. **12.**Apolytikion: Θεοτόκε παρθένε and the rest.

O. At Orthros, 3.*Alleluia,* and **4.**the triadika of the mode.[48] **5.**The recitations of continuous psalmody,[49] poetic kathismata from the Oktoechos, reading: the *Martyrion* of the holy man beginning Σαμόσατα πόλις τῆς Συρίας ἐστίν [BHG, 997]. **9a.**After the third ode, poetic kathisma of the holy man in plagal mode 4, and theotokion; **b.**after the sixth ode, the prosomoion of the day. **9.**Three canons: the two from the Oktoechos, and that of the holy man in mode 4 <to> Ἄισομαί σοι Κύριε ὁ Θεός μου by Theophanes, four troparia from each. **10.**Exaposteilarion of the mode.[50] **12.**At the stichos, stichera from the Oktoechos, and theotokion.

L. At the Liturgy, the service of the day.

> **N.** On the same day is the commemoration of holy Kosmas, the hagiopolite[51] poet. Look for the proper, and if it is found, chant this also with that of the hieromartyr. For **V.2.**at Κύριε ἐκέκραξα we intercalate six times and chant the three prescribed stichera of the hieromartyr in mode 4, and similarly also three of the saintly man in the same mode, and theotokion. Similarly also at **Orthros**: **O.9.**three canons: one from the Oktoechos, and that of the hieromartyr, and that of the saintly man in the same mode, four troparia from each, **b.**and the poetic kathisma of the saintly man is chanted after the sixth ode, and his *Life* is also read beginning Νόμος ἐστί [BHG, 394b], but **O.3.***Alleluia* is chanted.

---

[48] The mode is set; see note 6.
[49] Two kathismata of the psalter are to be chanted; see IX.17 Orthros N.
[50] The mode is set; see note 6.
[51] From Jerusalem.

ΟΚΤΩΒΡΙΟΣ

Μηνὶ τῷ αὐτῷ ις'· τοῦ ἁγίου Λογγίνου τοῦ ἑκατοντάρχου.

Ἑσπέρας 1.μετὰ τὴν στιχολογίαν 2.εἰς τὸ *Κύριε ἐκέκραξα* ἱστῶμεν ς' καὶ ψάλλομεν στιχηρὰ τοῦ ἁγίου γ' ἦχος πλάγιος δ' ἀνὰ β' πρὸς τὸ Κύριε εἰ καὶ κριτηρίῳ, καὶ θεοτοκίον. 4.προκείμενον. 10.εἰς τὸν στίχον στιχηρὰ τῆς ὀκτωήχου β' καὶ ἰδιόμελον τοῦ ἁγίου ἦχος πλάγιος β' *Ἐν τῷ σταυρῷ παρεστηκώς, Δόξα καὶ νῦν*, θεοτοκίον. 12.ἀπολυτίκιον ἦχος γ' *Ἀθλοφόρε ἅγιε*.

Εἰς τὸν ὄρθρον 3.*Θεὸς Κύριος* ἦχος γ' καὶ 4.τὸ αὐτὸ τροπάριον, *Δόξα καὶ νῦν*, θεοτοκίον. 5.αἱ στιχολογίαι, καθίσματα [21r] τῆς ὀκτωήχου· ἀνάγνωσις τὸ μαρτύριον τοῦ ἁγίου, οὗ ἡ ἀρχὴ *Τοῦ Θεοῦ Λόγου*.²⁵ 9.κανόνες γ'· οἱ δύο τῆς ὀκτωήχου εἰς ς', καὶ τοῦ ἁγίου εἰς ς' Ἰωσὴφ ἦχος δ' <πρὸς τὸ> *Θαλάσσης τὸ ἐρυθραῖον*· ἀπὸ γ' ᾠδῆς κάθισμα τοῦ ἁγίου ἦχος πλάγιος δ' καὶ θεοτοκίον· ἀπὸ ς' τὸ τούτου κοντάκιον. 10.ἐξαποστειλάριον <πρὸς τὸ> *Ὁ οὐρανόν*. 12.εἰς τὸν στίχον τῶν αἴνων στιχηρὰ τῆς ὀκτωήχου δύο καὶ τοῦ ἁγίου ἓν ἦχος πλάγιος δ' πρὸς τὸ *Τί ὑμᾶς καλέσωμεν*²⁶ ἅγιοι, καὶ θεοτοκίον.

Εἰς τὴν λειτουργίαν 1.τυπικὰ τῆς ἡμέρας, τροπάριον τοῦ ἁγίου καὶ θεοτοκίον. 2.προκείμενον ἦχος δ' *Εὐφρανθήσεται*· στίχος *Εἰσάκουσον ὁ Θεὸς φωνῆς*.²⁷ Ἀλληλούια ἦχος δ' *Δίκαιος ὡς φοῖνιξ ἀνθήσει*· ἀπόστολος²⁸ δὲ καὶ εὐαγγέλιον τῆς ἡμέρας. 3.κοινωνικὸν *Ἀγαλλιᾶσθε*.

---

²⁵ λόγος D
²⁶ καλέσομεν cod.
²⁷ τῆς praepos. D
²⁸ ἀπόστολον D

16 OCTOBER

X.16C. 16th of the same month. The commemoration of holy Longinus the centurion.

V. At Vespers, 1.after the recitation of continuous psalmody, **2.**at Κύριε εκέκραξα we intercalate six times and chant three stichera of the holy man in plagal mode 4 twice each to Κύριε ει και κριτηρίῳ, and theotokion. **4.**Prokeimenon. **10.**At the stichos, two stichera from the Oktoechos, and idiomelon of the holy man in plagal mode 2: Ἐν τῷ σταυρῷ παρεστηκώς, Glory...both now..., theotokion. **12.**Apolytikion in mode 3: Ἀθλοφόρε ἅγιε.

O. At Orthros, 3.Θεὸς Κύριος in mode 3, and **4.**the same troparion,[52] Glory...both now..., theotokion. **5.**The recitations of continuous psalmody,[53] poetic kathismata from the Oktoechos, reading: the Martyrion of the holy man beginning Τοῦ Θεοῦ Λόγου [BHG, 989]. **9.**Three canons: from the two of the Oktoechos six troparia, and from that of the holy man by Joseph in mode 4 <to> Θαλάσσης τὸ ἐρυθραῖον six troparia; **a.**after the third ode, poetic kathisma of the holy man in plagal mode 4, and theotokion; **b.**after the sixth ode, this man's kontakion. **10.**Exaposteilarion <to> Ὁ οὐρανόν. **12.**At the stichos of the ainoi, two stichera from the Oktoechos, and one of the holy man in plagal mode 4 to Τί ὑμᾶς καλέσωμεν ἅγιοι, and theotokion.

L. At the Liturgy, 1.typika of the day, troparion of the holy man,[54] and theotokion. **2.**Prokeimenon in mode 4: Εὐφρανθήσεται [Ps 63:11], stichos: Εἰσάκουσον ὁ Θεὸς φωνῆς [Ps 63:2]. Alleluia in mode 4: Δίκαιος ὡς φοῖνιξ ἀνθήσει [Ps 91:13], apostle and gospel of the day. **3.**Koinonikon: Ἀγαλλιᾶσθε [Ps 32:1].

---

[52] The troparion used as apolytikion at V.12 repeated here.
[53] Two kathismata of the psalter are to be chanted; see IX.17 Orthros N.
[54] The troparion used as apolytikion at V.12 repeated here.

ΟΚΤΩΒΡΙΟΣ

Μηνὶ τῷ αὐτῷ ιζ'· τοῦ ἁγίου προφήτου Ὡσηέ.

Ἑσπέρας 1.μετὰ τὴν στιχολογίαν 2.εἰς τὸ *Κύριε ἐκέκραξα* ἱστῶμεν δ' καὶ ψάλλομεν στιχηρὰ τοῦ ἁγίου προφήτου ἦχος α' πρὸς τὸ Πανεύφημοι, δευτεροῦντες τὸ ἕν, καὶ θεοτοκίον. 4.*Ἀλληλούια*. 10.εἰς τὸν στίχον στιχηρὰ τῆς ὀκτωήχου γ' καὶ θεοτοκίον. 12.ἀπολυτίκιον *Θεοτόκε παρθένε*.

Εἰς τὸν ὄρθρον 3.*Ἀλληλούια* καὶ 4.τὰ τριαδικὰ τοῦ ἤχου. 5.αἱ στιχολογίαι, καθίσματα τῆς ὀκτωήχου· ἀνάγνωσις ἐκ τοῦ προκειμένου βιβλίου. 9.κανόνες γ'· τῆς ὀκτωήχου δύο, καὶ τοῦ ἁγίου ἦχος α' Θεοφάνους <πρὸς τὸ> Τῷ βοηθήσαντι Θεῷ, ἀνὰ δ'· ἀπὸ γ' ᾠδῆς κάθισμα τοῦ ἁγίου· ἀπὸ ϛ' τὸ προσόμοιον τῆς ἡμέρας. 10.ἐξαποστειλάριον τοῦ ἤχου. 12.εἰς τὸν στίχον στιχηρὰ τῆς ὀκτωήχου καὶ θεοτοκίον.

Εἰς τὴν λειτουργίαν ἡ τῆς ἡμέρας ἀκολουθία.

Μηνὶ τῷ αὐτῷ ιη'· τοῦ ἁγίου ἀποστόλου καὶ εὐαγγελιστοῦ Λουκᾶ.

Ἑσπέρας 1.οὐ στιχολογοῦμεν, 2.ἀλλ' εἰς τὸ *Κύριε ἐκέκραξα* ἱστῶμεν ϛ' καὶ ψάλλομεν στιχηρὰ τοῦ ἀποστόλου ϛ' εἰς ἦχον πλάγιον δ' πρὸς τὸ Τί ὑμᾶς καλέσωμεν, πρὸς μίαν, καὶ θεοτοκίον. 4.προκείμενον. 10.εἰς τὸν στίχον στιχηρὰ τῆς ὀκτωήχου β' καὶ ἰδιόμελον τοῦ ἀποστόλου ἦχος πλάγιος β' *Ἀπόστολε Χριστοῦ καὶ τῶν θείων* καὶ θεοτοκίον. 12.ἀπολυτίκιον ἦχος γ' *Ἀπόστολε ἅγιε*.

17-18 OCTOBER

X.17C. 17th of the same month. The commemoration of the holy prophet Hosea.

V. At Vespers, 1.after the recitation of continuous psalmody, 2.at Κύριε ἐκέκραξα we intercalate four times and chant stichera of the holy prophet in mode 1 to Πανεύφημοι, repeating the first, and theotokion. 4.*Alleluia*. 10.At the stichos, three stichera from the Oktoechos, and theotokion. 12.Apolytikion: Θεοτόκε παρθένε.

O. At Orthros, 3.*Alleluia*, and 4.the triadika of the mode.[55] 5.The recitations of continuous psalmody,[56] poetic kathismata from the Oktoechos, reading: from the book set out.[57] 9.Three canons: two from the Oktoechos, and that of the holy man in mode 1 by Theophanes <to> Τῷ βοηθήσαντι Θεῷ, four troparia from each; a.after the third ode, poetic kathisma of the holy man; b.after the sixth ode, the prosomoion of the day. 10.Exaposteilarion of the mode.[58] 12.At the stichos, stichera from the Oktoechos, and theotokion.

L. At the Liturgy, the service of the day.

X.18C. 18th of the same month. The commemoration of the holy apostle and evangelist Luke.

V. At Vespers, 1.we do not recite the continuous psalmody, 2.but at Κύριε ἐκέκραξα we intercalate six times and chant six stichera of the apostle in plagal mode 4 to Τί ὑμᾶς καλέσωμεν once through, and theotokion. 4.Prokeimenon. 10.At the stichos, two stichera from the Oktoechos, and idiomelon of the apostle in plagal mode 2: Ἀπόστολε Χριστοῦ καὶ τῶν θείων, and theotokion. 12.Apolytikion in mode 3: Ἀπόστολε ἅγιε.

---

[55] The mode is set; see note 6.
[56] Two kathismata of the psalter are to be chanted; see IX.17 Orthros N.
[57] See IX.17 O.5.
[58] The mode is set; see note 6.

ΟΚΤΩΒΡΙΟΣ

Εἰς τὸν ὄρθρον 3.*Θεὸς Κύριος* καὶ 4.τὸ αὐτὸ τροπάριον, *Δόξα καὶ νῦν*, θεοτοκίον. 5.αἱ στιχολογίαι, καθίσματα τῆς ὀκτωήχου· ἀνάγνωσις τὸ ὑπόμνημα τοῦ ἀποστόλου, οὗ ἡ ἀρχὴ *Εἰ καὶ δικαίου μνήμη*. 9.κανόνες γ΄· τῆς ὀκτωήχου οἱ δύο εἰς ϛ΄, καὶ τοῦ ἀποστόλου ὁμοίως εἰς ϛ΄ ἦχος πλάγιος δ΄ Θεοφάνους <πρὸς τὸ> Ἡ κεκομμένη· ἀπὸ γ΄ ᾠδῆς κάθισμα τοῦ ἁγίου ἦχος πλάγιος δ΄, τὸ ἓν ὁ ψάλτης καὶ τὸ ἕτερον ὁ λαός, *Δόξα καὶ νῦν*, θεοτοκίον· ἀπὸ ϛ΄ τὸ κοντάκιον ἦχος δ΄. 10.ἐξαποστειλάριον <πρὸς τὸ> Ὁ οὐρανὸν τοῖς ἄστροις. 12.εἰς τὸν στίχον τῶν αἴνων στιχηρὰ τῆς ὀκτωήχου β΄ καὶ τοῦ ἀποστόλου ἦχος πρῶτος πρὸς τὸ Νεφέλην σε φωτὸς *Χριστοῦ τὸν μαθητήν*, *Δόξα καὶ νῦν*, τὸ αὐτοῦ θεοτοκίον.

Εἰς τὴν λειτουργίαν 1.τυπικὰ καὶ ᾠδὴ τοῦ κανόνος τοῦ ἀποστόλου ἡ ϛ΄, τροπάριον *Ἀπόστολε ἅγιε* καὶ θεοτοκίον. 2.προκείμενον ἦχος πλάγιος δ΄ *Εἰς πᾶσαν τὴν γῆν*· [21ν] στίχος *Οἱ οὐρανοὶ διηγοῦνται*· ὁ ἀπόστολος πρὸς Κολοσσαεῖς. Ἀλληλούια ἦχος α΄ *Ἐξομολογήσονται*· εὐαγγέλιον κατὰ Λουκᾶν *Εἶπεν ὁ Κύριος· Ὁ ἀκούων ὑμῶν ἐμοῦ ἀκούει*. 3.κοινωνικὸν *Εἰς πᾶσαν τὴν γῆν*.

Μηνὶ τῷ αὐτῷ ιθ΄· τοῦ ἁγίου προφήτου Ἰωήλ, καὶ τοῦ ἁγίου μάρτυρος Οὐάρου.

Ἑσπέρας 1.μετὰ τὴν στιχολογίαν 2.εἰς τὸ *Κύριε ἐκέκραξα* ἱστῶμεν ϛ΄ καὶ ψάλλομεν στιχηρὰ τοῦ προφήτου γ΄ ἦχος πλάγιος δ΄ πρὸς τὸ

18-19 OCTOBER

O. At Orthros, 3.Θεὸς Κύριος, and 4.the same troparion,[59] Glory...both now..., theotokion. 5.The recitations of continuous psalmody,[60] poetic kathismata from the Oktoechos, reading: the Memorial of the apostle beginning Εἰ καὶ δικαίου μνήμη [BHG, 991]. 9.Three canons: from the two of the Oktoechos six troparia, and from that of the apostle in plagal mode 4 by Theophanes <to> Ἡ κεκομμένη similarly six troparia; a.after the third ode, poetic kathisma of the holy man in plagal mode 4 (the cantor [chants] one and the people the other),[61] Glory...both now..., theotokion; b.after the sixth ode, the kontakion in mode 4. 10.Exaposteilarion <to> Ὁ οὐρανὸν τοῖς ἄστροις. 12.At the stichos of the ainoi, two stichera from the Oktoechos, and that of the apostle to Νεφέλην σε φωτός in the first mode: Χριστοῦ τὸν μαθητήν, Glory...both now..., its theotokion.

L. At the Liturgy, 1.typika, and the sixth ode of the canon of the apostle,[62] troparion: Ἀπόστολε ἅγιε,[63] and theotokion. 2.Prokeimenon in plagal mode 4: Εἰς πᾶσαν τὴν γῆν [Ps 18:5], stichos: Οἱ οὐρανοὶ διηγοῦνται [Ps 18:2], the apostle: to the Colossians.[64] Alleluia in mode 1: Ἐξομολογήσονται [Ps 88:6], gospel: according to Luke [10:16ff]. 3.Koinonikon: Εἰς πᾶσαν τὴν γῆν [Ps 18:5].

X.19C. 19th of the same month. The commemoration of the holy prophet Joel, and of the holy martyr Varus.

V. At Vespers, 1.after the recitation of continuous psalmody, 2.at Κύριε ἐκέκραξα we intercalate six times and chant three stichera of the prophet in plagal mode 4 to Ὢ τοῦ παραδόξου, and another

---

[59] The troparion used as apolytikion at V.12 repeated here.
[60] Two kathismata of the psalter are to be chanted; see IX.17 Orthros N.
[61] This indicates that two kathismata are chanted; the first a solo by the cantor, the other chanted by everyone.
[62] Most probably means that refrains of the sixth ode are intercalated into the makarismoi.
[63] The troparion used as apolytikion at V.12 repeated here.
[64] In the Typikon of St Saviour at Messina the passage cited is 4:5ff.

ΟΚΤΩΒΡΙΟΣ

Ὢ τοῦ παραδόξου, καὶ ἔτερα γ´ τοῦ μάρτυρος ἦχος πλάγιος β´ πρὸς τὸ Ὅλην ἀποθέμενοι καὶ θεοτοκίον. 4.Ἀλληλούια. 10.εἰς τὸν στίχον στιχηρὰ τῆς ὀκτωήχου γ´ καὶ θεοτοκίον. 12.ἀπολυτίκιον Θεοτόκε παρθένε καὶ τὰ λοιπά.

Εἰς τὸν ὄρθρον 5.αἱ στιχολογίαι, καθίσματα τῆς ὀκτωήχου· ἀνάγνωσις τὸ μαρτύριον τοῦ ἁγίου Οὐάρου, οὗ ἡ ἀρχὴ *Μαξιμιανοῦ τοῦ τυράννου*· 9.ἀπὸ γ´ ᾠδῆς κάθισμα τοῦ μάρτυρος ἦχος α´· ἀπὸ ς´ τοῦ προφήτου ἦχος β´. κανόνες γ´· τῆς ὀκτωήχου εἷς, καὶ τοῦ προφήτου ἦχος β´ Θεοφάνους <πρὸς τὸ> Δεῦτε λαοί, καὶ τοῦ μάρτυρος ἦχος πλάγιος β´ Ἰωσὴφ <πρὸς τὸ> Ὡς ἐν ἠπείρῳ, ἀνὰ δ´. 10.ἐξαποστειλάριον τοῦ ἤχου. 12.εἰς τὸν στίχον τῶν αἴνων στιχηρὰ τῆς ὀκτωήχου καὶ θεοτοκίον.

Εἰς τὴν λειτουργίαν πᾶσα ἡ ἀκολουθία τῆς ἡμέρας.

Μηνὶ τῷ αὐτῷ κ´· τοῦ ἁγίου μεγαλομάρτυρος Ἀρτεμίου.

Ἑσπέρας 1.οὐ στιχολογοῦμεν, 2.εἰς δὲ τὸ *Κύριε ἐκέκραξα* ἱστῶμεν ς´ καὶ ψάλλομεν στιχηρὰ γ´ τοῦ ἁγίου ἐκ δευτέρου ἦχος δ´ πρὸς τὸ Ὡς γενναῖον, *Δόξα καὶ νῦν*, θεοτοκίον. 4.προκείμενον. 10.εἰς τὸν στίχον στιχηρὰ τῆς ὀκτωήχου β´ καὶ ἰδιόμελον τοῦ ἁγίου ἦχος δεύτερος *Τὸν νοερὸν φωστῆρα* καὶ θεοτοκίον. 12.ἀπολυτίκιον *Ὁ μάρτυς σου Κύριε*, τὸ αὐτὸ καὶ 4.εἰς τὸ *Θεὸς Κύριος* καὶ 14.εἰς τὸ τέλος τοῦ ὄρθρου.

Εἰς τὸν ὄρθρον 5.αἱ στιχολογίαι, καθίσματα τῆς ὀκτωήχου· ἀνάγνωσις τὸ μαρτύριον τοῦ ἁγίου, οὗ ἡ ἀρχὴ *Μετὰ τὴν τοῦ* →

19-20 OCTOBER

three of the martyr in plagal mode 2 to Ὅλην ἀποθέμενοι, and theotokion. 4.*Alleluia.* 10.At the stichos, three stichera from the Oktoechos, and theotokion. 12.Apolytikion: Θεοτόκε παρθένε and the rest.

O. At Orthros, 5.the recitations of continuous psalmody,[65] poetic kathismata from the Oktoechos, reading: the *Martyrion* of holy Varus beginning Μαξιμιανοῦ τοῦ τυράννου [BHG, 1863]. 9a.After the third ode, poetic kathisma of the martyr in mode 1; b.after the sixth ode, that of the prophet in mode 2. 9.Three canons: one from the Oktoechos, and that of the prophet in mode 2 by Theophanes <to> Δεῦτε λαοί, and that of the martyr in plagal mode 2 by Joseph <to> Ὡς ἐν ἠπείρῳ, four troparia from each. 10.Exaposteilarion of the mode.[66] 12.At the stichos of the ainoi, stichera from the Oktoechos, and theotokion.

L. At the Liturgy, all the service of the day.

X.20C. 20th of the same month. The commemoration of the holy megalomartyr Artemios.

V. At Vespers, 1.we do not recite the continuous psalmody, 2.but at Κύριε ἐκέκραξα we intercalate six times and chant three stichera of the holy man twice in mode 4 to Ὡς γενναῖον, Glory...both now..., theotokion. 4.Prokeimenon. 10.At the stichos, two stichera from the Oktoechos, and idiomelon of the holy man in the second mode: Τὸν νοερὸν φωστῆρα, and theotokion. 12.Apolytikion: Ὁ μάρτυς σου Κύριε. The same also at Θεὸς Κύριος O.4. and O.14.at the end of Orthros.

O. At Orthros, 5.the recitations of continuous psalmody,[67] poetic kathismata from the Oktoechos, reading: the *Martyrion* of the holy man beginning Μετὰ τὴν τοῦ Κυρίου καὶ Σωτῆρος [BHG, 172].

---

[65] Two kathismata of the psalter are to be chanted; see IX.17 Orthros N.
[66] The mode is set; see note 6.
[67] Two kathismata of the psalter are to be chanted; see IX.17 Orthros N.

ΟΚΤΩΒΡΙΟΣ

Κυρίου καὶ Σωτῆρος. 9.κανόνες γ΄· οἱ δύο τῆς ὀκτωήχου εἰς ς΄, καὶ τοῦ ἁγίου εἰς ς΄ ἦχος β΄ <πρὸς τὸ> Ἐν βυθῷ κατέστρωσε, Ἰωσήφ· ἀπὸ γ΄ ᾠδῆς κάθισμα τοῦ ἁγίου ἦχος δ΄· ἀπὸ ς΄ τὸ τούτου κοντάκιον. 10.ἐξαποστειλάριον <πρὸς τὸ> Ὁ οὐρανόν. 12.εἰς τὸν στίχον τῶν αἴνων στιχηρὰ τῆς ὀκτωήχου β΄ καὶ ἓν τοῦ μάρτυρος ἦχος δ΄ <πρὸς τὸ> Ὁ ἐξ ὑψίστου καὶ θεοτοκίον.

Εἰς τὴν λειτουργίαν 1.τυπικὰ τῆς ἡμέρας, τροπάριον τοῦ μάρτυρος καὶ θεοτοκίον. 2.προκείμενον ἦχος δ΄ *Θαυμαστὸς ὁ Θεός*· στίχος *Ἐν ἐκκλησίαις εὐλογεῖτε*· ὁ ἀπόστολος πρὸς Ῥωμαίους *Ἀδελφοί, τοῖς ἀγαπῶσι*, ζήτει φεβρουαρίῳ²⁹ α΄. Ἀλληλούια ἦχος δ΄ *Ἐκέκραξαν οἱ δίκαιοι*· εὐαγγέλιον κατὰ Μάρκον *Εἶπεν ὁ Κύριος· Ὅστις θέλει ὀπίσω μου ἀκολουθεῖν*, ζήτει κυριακῇ γ΄ τῶν νηστειῶν. 3.κοινωνικὸν *Ἀγαλλιᾶσθε*.

Μηνὶ τῷ αὐτῷ κα΄· τοῦ ὁσίου πατρὸς ἡμῶν Ἱλαρίωνος.³⁰

Ἑσπέρας [22r] 1.μετὰ τὴν στιχολογίαν 2.εἰς τὸ *Κύριε ἐκέκραξα* ἱστῶμεν ς΄ καὶ ψάλλομεν στιχηρὰ τοῦ ὁσίου γ΄ ἦχος πλάγιος β΄ πρὸς τὸ Ὅλην ἀποθέμενοι, ἐκ δευτέρου, *Δόξα καὶ νῦν*, θεοτοκίον. 4.προκείμενον. 10.εἰς τὸν στίχον στιχηρὰ τῆς ὀκτωήχου β΄ καὶ ἰδιόμελον τοῦ ἁγίου ἦχος β΄ *Ἐκ νεότητός σου φέρων*, *Δόξα καὶ νῦν*, θεοτοκίον. 12.ἀπολυτίκιον ἦχος πλάγιος δ΄ *Ταῖς τῶν δακρύων σου ῥοαῖς τῆς ἐρήμου τὸ ἄγονον ἐγεώργησας, καὶ τοῖς ἐκ βάθους στεναγμοῖς εἰς ἑκατὸν τοὺς πόνους ἐκαρποφόρησας καὶ γέγονας φωστὴρ τῇ οἰκουμένῃ λάμπων τοῖς θαύμασι· πατὴρ ἡμῶν ὅσιε, πρέσβευε.*³¹ τὸ αὐτὸ καὶ 4.εἰς τὸ *Θεὸς Κύριος* καὶ 14.εἰς τὸ τέλος τοῦ ὄρθρου.

Εἰς τὸν ὄρθρον 5.αἱ στιχολογίαι, καθίσματα τῆς ὀκτωήχου· ἀνάγνωσις ὁ βίος τοῦ ὁσίου, οὗ ἡ³² ἀρχὴ *Ἐν Παλαιστίνῃ πόλις*. →

---

²⁹ φεβρ. D
³⁰ Ἱλαρίωνος D
³¹ τῆς ἐρήμου...πρέσβευε om. D
³² om. D

9.Three canons: from the two of the Oktoechos six troparia, and from that of the holy man by Joseph in mode 2 <to> Ἐν βυθῷ κατέστρωσε six troparia; a.after the third ode, poetic kathisma of the holy man in mode 4; b.after the sixth ode, this man's kontakion. 10.Exaposteilarion <to> Ὁ οὐρανόν. 12.At the stichos of the ainoi, two stichera from the Oktoechos, and one of the martyr in mode 4 <to> Ὁ ἐξ ὑψίστου, and theotokion.

L. At the Liturgy, 1.typika of the day, troparion of the martyr,[68] and theotokion. 2.Prokeimenon in mode 4: Θαυμαστὸς ὁ Θεός [Ps 67:36], stichos: Ἐν ἐκκλησίαις εὐλογεῖτε [Ps 67:27], the apostle: to the Romans [8:28ff] (see 1 February). *Alleluia* in mode 4: Ἐκέκραξαν οἱ δίκαιοι [Ps 33:18], gospel: according to Mark [8:34ff] (see the third Sunday of Lent). 3.Koinonikon: Ἀγαλλιᾶσθε [Ps 32:1].

X.21C. 21st of the same month. The commemoration of our saintly father Hilarion.

V. At Vespers, 1.after the recitation of continuous psalmody, 2.at Κύριε ἐκέκραξα we intercalate six times and chant three stichera of the saintly man in plagal mode 2 to Ὅλην ἀποθέμενοι twice, Glory...both now..., theotokion. 4.Prokeimenon. 10.At the stichos, two stichera from the Oktoechos, and idiomelon of the holy man in mode 2: Ἐκ νεότητός σου φέρων, Glory...both now..., theotokion. 12.Apolytikion in plagal mode 4: *You cultivated the barrenness of the desert with the streams of your tears, and with your deep groans you bore fruit in your labours one hundredfold and became a luminary for the world, giving light by your miracles. Our saintly father, intercede.* The same also at Θεὸς Κύριος O.4. and O.14.at the end of Orthros.

O. At Orthros, 5.the recitations of continuous psalmody,[69] poetic kathismata from the Oktoechos, reading: the *Life* of the saintly man beginning Ἐν Παλαιστίνῃ πόλις [BHG, 755]. 9.Three canons:

---

[68] The troparion used as apolytikion at V.12 repeated here.
[69] Two kathismata of the psalter are to be chanted; see IX.17 Orthros N.

ΟΚΤΩΒΡΙΟΣ

9.κανόνες γ΄· οἱ δύο τῆς ὀκτωήχου εἰς ς΄, καὶ τοῦ ὁσίου ὁμοίως εἰς ς΄ Θεοφάνους ἦχος β΄ <πρὸς τὸ> Ἐν βυθῷ κατέστρωσε· ἀπὸ γ΄ ᾠδῆς κάθισμα τοῦ ὁσίου ἦχος πλάγιος δ΄ καὶ θεοτοκίον· ἀπὸ ς΄ τὸ κοντάκιον αὐτοῦ. 10.ἐξαποστειλάριον <πρὸς τὸ> Ὁ οὐρανόν. 12.εἰς τὸν στίχον στιχηρὰ τῆς ὀκτωήχου β΄ καὶ τοῦ ὁσίου ἓν ἦχος δ΄ πρὸς τὸ Ὁ ἐξ ὑψίστου κληθείς, *Δόξα καὶ νῦν*, θεοτοκίον.

Εἰς τὴν λειτουργίαν 1.τυπικὰ τῆς ἡμέρας, τὸ τροπάριον τοῦ ὁσίου, καὶ θεοτοκίον. 2.προκείμενον ἦχος βαρὺς *Καυχήσονται ὅσιοι*·[33] στίχος *Ἄισατε τῷ Κυρίῳ ᾆσμα καινόν*· ὁ ἀπόστολος πρὸς Γαλάτας *Ἀδελφοί, ὁ καρπὸς τοῦ Πνεύματος*, ζήτει σαββάτῳ κζ΄. Ἀλληλούια ἦχος πλάγιος β΄ *Μακάριος ἀνὴρ ὁ φοβούμενος τὸν Κύριον*· εὐαγγέλιον κατὰ Λουκᾶν *Τῷ καιρῷ ἐκείνῳ ἔστη ὁ Ἰησοῦς ἐπὶ τόπου πεδινοῦ*,[34] ζήτει εἰς τὸ μηνολόγιον τοῦ εὐαγγελίου. 3.κοινωνικὸν *Εἰς μνημόσυνον*.

Μηνὶ τῷ αὐτῷ κβ΄· τοῦ ὁσίου πατρὸς ἡμῶν Ἀβερκίου, καὶ τῶν ἁγίων ζ΄ παίδων τῶν ἐν Ἐφέσῳ.

Ἑσπέρας 1.μετὰ τὴν στιχολογίαν 2.εἰς τὸ *Κύριε ἐκέκραξα* ἱστῶμεν ς΄ καὶ ψάλλομεν στιχηρὰ τοῦ ὁσίου γ΄ πρὸς τὸ *Κύριε εἰ καὶ κριτηρίῳ*,[35] καὶ ἕτερα γ΄ τῶν ἁγίων παίδων ἦχος δ΄ καὶ θεοτοκίον. 4.προκείμενον. 10.εἰς τὸν στίχον στιχηρὰ τῆς ὀκτωήχου β΄ καὶ ἰδιόμελον τοῦ ἁγίου ἦχος γ΄ *Ἀρχιερεῦ ὅσιε* καὶ θεοτοκίον. 12.ἀπολυτίκιον ἦχος δ΄ *Κανόνα πίστεως εἰκόνα*.[36]

Εἰς τὸν ὄρθρον 3.*Θεὸς Κύριος* καὶ 4.τὸ αὐτὸ τροπάριον, *Δόξα καὶ νῦν*, θεοτοκίον. 5.αἱ στιχολογίαι, καθίσματα τῆς ὀκτωήχου· ἀπὸ δευτέρας στιχολογίας κάθισμα τῶν ἁγίων παίδων ἦχος δ΄· →

---

[33] Καυχήσεται ὅσιος D
[34] πεδεινοῦ D
[35] κρητηρίῳ cod. et D
[36] [καὶ] praepos. D

142

21-22 OCTOBER

from the two of the Oktoechos six troparia, and from that of the saintly man by Theophanes in mode 2 <to> Ἐν βυθῷ κατέστρωσε similarly six troparia; a.after the third ode, poetic kathisma of the saintly man in plagal mode 4, and theotokion; b.after the sixth ode, his kontakion. 10.Exaposteilarion <to> Ὁ οὐρανόν. 12.At the stichos, two stichera from the Oktoechos, and one of the saintly man in mode 4 to Ὁ ἐξ ὑψίστου κληθείς, *Glory...both now...,* theotokion.

L. **At the Liturgy,** 1.typika of the day, the troparion of the saintly man,[70] and theotokion. 2.Prokeimenon in barys mode: *Καυχήσονται ὅσιοι* [Ps 149:5], stichos: *Ἄισατε τῷ Κυρίῳ ᾆσμα καινόν* [Ps 149:1], the apostle: to the Galatians [5:22ff] (see the twenty-seventh Saturday). *Alleluia* in plagal mode 2: *Μακάριος ἀνὴρ ὁ φοβούμενος τὸν Κύριον* [Ps 111:1], gospel: according to Luke [6:17ff] (look in the Menologion of the gospel). 3.Koinonikon: *Εἰς μνημόσυνον* [Ps 111:6].

X.22C. 22nd of the same month. The commemoration of our saintly father Aberkios, and of the seven holy children at Ephesus.

V. **At Vespers,** 1.after the recitation of continuous psalmody, 2.at *Κύριε ἐκέκραξα* we intercalate six times and chant three stichera of the saintly man to *Κύριε εἰ καὶ κριτηρίῳ*, and another three of the holy children in mode 4, and theotokion. 4.Prokeimenon. 10.At the stichos, two stichera from the Oktoechos, and idiomelon of the holy man in mode 3: *Ἀρχιερεῦ ὅσιε*, and theotokion. 12.Apolytikion in mode 4: *Κανόνα πίστεως εἰκόνα.*

O. **At Orthros,** 3.Θεὸς Κύριος, and 4.the same troparion,[71] *Glory...both now...,* theotokion. 5.The recitations of continuous psalmody,[72] poetic kathismata from the Oktoechos. d.After the second recitation, e.poetic kathisma of the holy children in mode

---

[70] The troparion used as apolytikion at V.12 repeated here.
[71] The troparion used as apolytikion at V.12 repeated here.
[72] Two kathismata of the psalter are to be chanted; see IX.17 Orthros N.

ΟΚΤΩΒΡΙΟΣ

ἀνάγνωσις ὁ βίος τοῦ ἱεράρχου, οὗ ἡ ἀρχὴ *Μάρκου Ἀντωνίνου·* 9.ἀπὸ γ´ ᾠδῆς κάθισμα τοῦ αὐτοῦ· ἀπὸ ς´ τὸ τούτου κοντάκιον. κανόνας δὲ ψάλλομεν γ´· ἕνα τῆς ὀκτωήχου, καὶ τοῦ ἱεράρχου ἦχος β´ Ἰωσήφ, καὶ τῶν ἁγίων παίδων ἦχος δ´ τοῦ αὐτοῦ, ἀνὰ δ´. [22v] 10.ἐξαποστειλάριον <πρὸς τὸ> Ὁ οὐρανὸν τοῖς ἄστροις. 12.εἰς τὸν στίχον στιχηρὰ τῆς ὀκτωήχου β´ καὶ ἓν τοῦ ὁσίου πρὸς τὸ Ὦ τοῦ παραδόξου, *Δόξα καὶ νῦν,* θεοτοκίον.

Εἰς τὴν λειτουργίαν 1.τυπικὰ καὶ μακαρισμοὶ τῆς ἡμέρας, τροπάριον τοῦ ὁσίου καὶ θεοτοκίον. 2.προκείμενον ἦχος βαρὺς *Τίμιος ἐναντίον Κυρίου·* στίχος *Τί ἀνταποδώσω. Ἀλληλούια* ἦχος δεύτερος *Οἱ ἱερεῖς σου Κύριε·* ἀπόστολος καὶ εὐαγγέλιον τῆς ἡμέρας. 3.κοινωνικὸν *Εἰς μνημόσυνον.*

Μηνὶ τῷ αὐτῷ κγ´· τοῦ ἁγίου Ἰακώβου τοῦ ἀδελφοθέου.

Ἑσπέρας 1.οὐ στιχολογοῦμεν, 2.εἰς δὲ τὸ *Κύριε ἐκέκραξα* ἱστῶμεν ς´ καὶ ψάλλομεν στιχηρὰ τοῦ ἀποστόλου γ´ ἦχος δ´ πρὸς τὸ *Ἔδωκας* σημείωσιν, καὶ ἕτερα γ´ ἦχος πλάγιος δ´ πρὸς τὸ *Κύριε εἰ καὶ κριτηρίῳ,*[37] καὶ θεοτοκίον. 4.προκείμενον. 10.εἰς τὸν στίχον στιχηρὰ τῆς ὀκτωήχου β´ καὶ ἰδιόμελον τοῦ ἀποστόλου ἦχος πλάγιος δ´ *Τοῦ ἀρχιποίμενος Χριστοῦ* καὶ θεοτοκίον. 12.ἀπολυτίκιον ἦχος β´, τὸ αὐτὸ καὶ 14.εἰς τὸν ὄρθρον, *Ὡς τοῦ Κυρίου μαθητὴς ἀνεδέξω, δίκαιε, τὸ εὐαγγέλιον· ὡς μάρτυς ἔχεις τὸ ἀπαράτρεπτον, τὴν παρρησίαν ὡς ἀδελφόθεος, τὸ πρεσβεύειν ὡς ἱερεύς. ἱκέτευε Χριστῷ τῷ Θεῷ σωθῆναι τὰς ψυχὰς ἡμῶν.*[38]

Εἰς τὸν ὄρθρον 3.*Θεὸς Κύριος* καὶ 4.τὸ αὐτὸ τροπάριον, *Δόξα καὶ νῦν,* θεοτοκίον. 5.αἱ στιχολογίαι, καθίσματα τῆς ὀκτωήχου· →

---

[37] κρητηρίῳ cod.
[38] ἀνεδέξω δίκαιε...ἡμῶν om. D

22-23 OCTOBER

4, reading: the *Life* of the hierarch beginning Μάρκου Ἀντωνίνου [BHG, 4]. 9a.After the third ode, poetic kathisma of the same man; b.after the sixth ode, this man's kontakion. 9.We chant three canons: one from the Oktoechos, and that of the hierarch in mode 2 by Joseph, and that of the holy children in mode 4 by the same man, four troparia from each. 10.Exaposteilarion <to> Ὁ οὐρανὸν τοῖς ἄστροις. 12.At the stichos, two stichera from the Oktoechos, and one of the saintly man to Ὢ τοῦ παραδόξου, *Glory...both now...,* theotokion.

L. At the Liturgy, 1.typika and makarismoi of the day, troparion of the saintly man,[73] and theotokion. 2.Prokeimenon in barys mode: Τίμιος ἐναντίον Κυρίου [Ps 115:6], stichos: Τί ἀνταποδώσω [Ps 115:3]. *Alleluia* in second mode: Οἱ ἱερεῖς σου Κύριε [Ps 131:9], apostle and gospel of the day. 3.Koinonikon: Εἰς μνημόσυνον [Ps 111:6].

X.23C. 23rd of the same month. The commemoration of holy James the brother of the Lord.

V. At Vespers, 1.we do not recite the continuous psalmody, 2.but at Κύριε ἐκέκραξα we intercalate six times and chant three stichera of the apostle in mode 4 to Ἔδωκας σημείωσιν, and another three in plagal mode 4 to Κύριε εἰ καὶ κριτηρίῳ, and theotokion. 4.Prokeimenon. 10.At the stichos, two stichera from the Oktoechos, and idiomelon of the apostle in plagal mode 4: Τοῦ ἀρχιποίμενος Χριστοῦ, and theotokion. 12.Apolytikion in mode 2, the same also O.14.at Orthros: *As a disciple of the Lord, just one, you stood as surety for the gospel; as a martyr you have steadfastness, as brother of the Lord liberty of approach, as a priest the ability to intercede. Supplicate Christ our God that our souls be saved.*

O. At Orthros, 3.Θεὸς Κύριος, and 4.the same troparion,[74] *Glory...both now...,* theotokion. 5.The recitations of continuous

---

[73] The troparion used as apolytikion at V.12 repeated here.
[74] The troparion used as apolytikion at V.12 repeated here.

ΟΚΤΩΒΡΙΟΣ

ἀνάγνωσις ὑπόμνημα εἰς τὸν ἀπόστολον, οὗ ἡ ἀρχὴ *Οὐχ ἡδύ τι τῷ φιλαρέτῳ*.[39] 9.κανόνες γ'· τῆς ὀκτωήχου οἱ δύο εἰς ς', καὶ τοῦ ἀποστόλου εἰς ς' Θεοφάνους ἦχος δ' <πρὸς τὸ> Θαλάσσης τὸ ἐρυθραῖον· ἀπὸ γ' ᾠδῆς κάθισμα τοῦ ἁγίου ἦχος πλάγιος δ'· ἀπὸ ς' τὸ κοντάκιον αὐτοῦ. 10.ἐξαποστειλάριον <πρὸς τὸ> Ὁ οὐρανόν. 12.εἰς τὸν στίχον τῶν αἴνων στιχηρὰ τῆς ὀκτωήχου β' καὶ ἓν τοῦ ἁγίου ἦχος πλάγιος δ' πρὸς τὸ Ὢ τοῦ παραδόξου θαύματος, καὶ θεοτοκίον.

Εἰς τὴν λειτουργίαν 1.τυπικὰ καὶ ᾠδὴ τοῦ κανόνος τοῦ ἁγίου ἡ γ', τὸ τροπάριον αὐτοῦ καὶ θεοτοκίον. 2.προκείμενον ἦχος πλάγιος δ' *Εἰς πᾶσαν τὴν γῆν*· στίχος *Οἱ οὐρανοί*· <ὁ ἀπόστολος> πρὸς Γαλάτας *Ἀδελφοί, γνωρίζω ὑμῖν τὸ εὐαγγέλιον*, ζήτει κυριακῇ η'. *Ἀλληλούια* ἦχος α' *Ἐξομολογήσονται*· εὐαγγέλιον κατὰ Λουκᾶν *Εἶπεν ὁ Κύριος· Οὐδεὶς λύχνον ἅψας*, ζήτει σαββάτῳ ς'. 3.κοινωνικὸν *Εἰς πᾶσαν τὴν γῆν*.

Μηνὶ τῷ αὐτῷ κδ'· τοῦ ἁγίου μάρτυρος Ἀρέθα καὶ τῶν σὺν αὐτῷ.

Ἑσπέρας 1.μετὰ τὴν στιχολογίαν 2.εἰς τὸ *Κύριε ἐκέκραξα* ἱστῶμεν ς' καὶ ψάλλομεν στιχηρὰ τῶν μαρτύρων ἦχος α' πρὸς τὸ Πανεύφημοι μάρτυρες, καὶ ἕτερα γ' εἰς ἦχον δ' πρὸς τὸ Ὡς γενναῖον, *Δόξα καὶ νῦν*, θεοτοκίον. 4.προκείμενον. 10.εἰς τὸν στίχον στιχηρὰ τῆς ὀκτωήχου β' καὶ ἰδιόμελον ἦχος δ' *Ἀισματικῶς τὸν ποιμενάρχην* [23r] καὶ θεοτοκίον. 12.ἀπολυτίκιον ἦχος δ' *Οἱ μάρτυρές σου Κύριε*, τὸ αὐτὸ καὶ 4.εἰς τὸ *Θεὸς Κύριος* καὶ 14.εἰς τὸ τέλος τοῦ ὄρθρου.

---

[39] τῶν φιλαρέτου D

psalmody,[75] poetic kathismata from the Oktoechos, reading: *Memorial to the apostle* beginning Οὐχ ἡδύ τι τῷ φιλαρέτῳ [BHG, 764]. 9.Three canons: from the two of the Oktoechos six troparia, and from that of the apostle by Theophanes in mode 4 <to> Θαλάσσης τὸ ἐρυθραῖον six troparia; a.after the third ode, poetic kathisma of the holy man in plagal mode 4; b.after the sixth ode, his kontakion. 10.Exaposteilarion <to> Ὁ οὐρανόν. 12.At the stichos of the ainoi, two stichera from the Oktoechos, and one of the holy man in plagal mode 4 to Ὦ τοῦ παραδόξου θαύματος, and theotokion.

L. At the Liturgy, 1.typika, and the third ode of the canon of the holy man,[76] his troparion,[77] and theotokion. 2.Prokeimenon in plagal mode 4: Εἰς πᾶσαν τὴν γῆν [Ps 18:5], stichos: Οἱ οὐρανοί [Ps 18:2], <the apostle>: to the Galatians [1:11ff] (see the eighth Sunday). *Alleluia* in mode 1: Ἐξομολογήσονται [Ps 88:6], gospel: according to Luke [8:16ff] (see the sixth Saturday). 3.Koinonikon: Εἰς πᾶσαν τὴν γῆν [Ps 18:5].

X.24C. 24th of the same month. The commemoration of the holy martyr Arethas and those with him.

V. At Vespers, 1.after the recitation of continuous psalmody, 2.at Κύριε ἐκέκραξα we intercalate six times and chant stichera of the martyrs in mode 1 to Πανεύφημοι μάρτυρες, and another three in mode 4 to Ὡς γενναῖον, *Glory...both now...*, theotokion. 4.Prokeimenon. 10.At the stichos, two stichera from the Oktoechos, and idiomelon in mode 4: Αἱματικῶς τὸν ποιμενάρχην, and theotokion. 12.Apolytikion in mode 4: Οἱ μάρτυρές σου Κύριε. The same also at Θεὸς Κύριος **O.4.** and **O.14.**at the end of **Orthros**.

---

[75] Two kathismata of the psalter are to be chanted; see IX.17 Orthros N.
[76] Most probably means that refrains of the third ode are intercalated into the makarismoi.
[77] The troparion used as apolytikion at V.12 repeated here.

ΟΚΤΩΒΡΙΟΣ

Εἰς τὸν ὄρθρον 5.αἱ στιχολογίαι, καθίσματα τῆς ὀκτωήχου· ἀνάγνωσις τὸ μαρτύριον αὐτοῦ, οὗ ἡ ἀρχὴ *Ἔτος μὲν ἤδη πέμπτον*. 9.κανόνες γ'· τῆς ὀκτωήχου οἱ δύο εἰς ς', καὶ τῶν ἁγίων εἰς ς' Θεοφάνους ἦχος πλάγιος δ' <πρὸς τὸ> *Ἆισμα ἀναπέμψωμεν λαοί*· ἀπὸ γ' ᾠδῆς κάθισμα τῶν ἁγίων ἦχος πλάγιος δ'· ἀπὸ ς' τὸ τούτων κοντάκιον. 10.ἐξαποστειλάριον <πρὸς τὸ> Ὁ οὐρανὸν τοῖς ἄστροις. 12.εἰς τὸν στίχον τῶν αἴνων στιχηρὰ τῆς ὀκτωήχου β' καὶ τῶν ἁγίων ἓν πρὸς τὸ Ὅσιε πάτερ, καὶ θεοτοκίον.

Εἰς τὴν λειτουργίαν 1.τυπικὰ καὶ μακαρισμοὶ τῆς ἡμέρας, τὸ τροπάριον τῶν ἁγίων καὶ θεοτοκίον. 2.προκείμενον ἦχος δ' *Τοῖς ἁγίοις τοῖς ἐν τῇ γῇ αὐτοῦ*· στίχος *Προωρώμην τὸν Κύριον*· ὁ ἀπόστολος πρὸς Ῥωμαίους *Ἀδελφοί, οἱ ἅγιοι πάντες*, ζήτει κυριακῇ α'. *Ἀλληλούια* ἦχος δ' *Ἐκέκραξαν οἱ δίκαιοι*· εὐαγγέλιον, ζήτει εἰς τὸ μηνολόγιον τοῦ εὐαγγελίου. 3.κοινωνικὸν *Ἀγαλλιᾶσθε*[40] *δίκαιοι ἐν Κυρίῳ*.

Μηνὶ τῷ αὐτῷ κε'· τῶν ἁγίων νοταρίων Μαρκιανοῦ καὶ Μαρτυρίου.

Ἑσπέρας 1.μετὰ τὴν στιχολογίαν 2.εἰς τὸ *Κύριε ἐκέκραξα* ἱστῶμεν δ' ἦχος δ' καὶ ψάλλομεν στιχηρὰ τῶν ἁγίων β' πρὸς τὸ Ὡς γενναῖον, καὶ ἕτερα β' εἰς τὸν αὐτὸν ἦχον πρὸς τὸ Ἔδωκας σημείωσιν, καὶ θεοτοκίον. 4.Ἀλληλούια. 10.εἰς τὸν στίχον στιχηρὰ τῆς ὀκτωήχου γ' καὶ θεοτοκίον. 12.ἀπολυτίκιον Θεοτόκε παρθένε.

Εἰς τὸν ὄρθρον 3.Ἀλληλούια καὶ 4.τὰ τριαδικὰ τοῦ ἤχου. 5.αἱ στιχολογίαι, καθίσματα τῆς ὀκτωήχου· ἀνάγνωσις τὸ μαρτύριον τῶν →

---

[40] Ἀγαλλιᾶθε D

24-25 OCTOBER

O. At Orthros, 5.the recitations of continuous psalmody,[78] poetic kathismata from the Oktoechos, reading: his *Martyrion* beginning Ἔτος μὲν ἤδη πέμπτον [BHG, 167]. 9.Three canons: from the two of the Oktoechos six troparia, and from that of the holy ones by Theophanes in plagal mode 4 <to> Ἄισμα ἀναπέμψωμεν λαοί six troparia; a.after the third ode, poetic kathisma of the holy ones in plagal mode 4; b.after the sixth ode, their kontakion. 10.Exaposteilarion <to> Ὁ οὐρανὸν τοῖς ἄστροις. 12.At the stichos of the ainoi, two stichera from the Oktoechos, and one of the holy ones to Ὅσιε πάτερ, and theotokion.

L. At the Liturgy, 1.typika and makarismoi of the day, the troparion of the holy ones,[79] and theotokion. 2.Prokeimenon in mode 4: Τοῖς ἁγίοις τοῖς ἐν τῇ γῇ αὐτοῦ [Ps 15:3], stichos: Προωρώμην τὸν Κύριον [Ps 15:8], the apostle: to the Romans[80] [Heb 11:33ff] (see the first Sunday). *Alleluia* in mode 4: Ἐκέκραξαν οἱ δίκαιοι [Ps 33:18], gospel: (look in the Menologion of the gospel). 3.Koinonikon: Ἀγαλλιᾶσθε δίκαιοι ἐν Κυρίῳ [Ps 32:1].

X.25C. 25th of the same month. The commemoration of the holy notaries Markianos and Martyrios.

V. At Vespers, 1.after the recitation of continuous psalmody, 2.at Κύριε ἐκέκραξα we intercalate four times in mode 4 and chant two stichera of the holy men to Ὡς γενναῖον, and another two in the same mode to Ἔδωκας σημείωσιν, and theotokion. 4.*Alleluia*. 10.At the stichos, three stichera from the Oktoechos, and theotokion. 12.Apolytikion: Θεοτόκε παρθένε.

O. At Orthros, 3.*Alleluia*, and 4.the triadika of the mode.[81] 5.The recitations of continuous psalmody,[82] poetic kathismata from the Oktoechos, reading: the *Martyrion* of the holy men beginning

---

[78] Two kathismata of the psalter are to be chanted; see IX.17 Orthros N.
[79] The troparion used as apolytikion at V.12 repeated here.
[80] This apostolic reading is cited incorrectly.
[81] The mode is set; see note 6.
[82] Two kathismata of the psalter are to be chanted; see IX.17 Orthros N.

ἁγίων, οὗ ἡ ἀρχὴ *Ἐπεχωρίαζε μὲν καὶ πρότερον.*[41] 9.κανόνες γ´· τῆς ὀκτωήχου οἱ δύο, καὶ τῶν ἁγίων ἦχος δ´ <πρὸς τὸ> Τριστάτας κραταιοὺς Ἰωσήφ, ἀνὰ δ´· ἀπὸ γ´ ᾠδῆς κάθισμα τῶν ἁγίων ἦχος γ´ <πρὸς τὸ> Τὴν ὡραιότητα καὶ θεοτοκίον· ἀπὸ ϛ´ τὸ προσόμοιον τῆς ἡμέρας. 10.ἐξαποστειλάριον τοῦ ἤχου. 12.εἰς τὸν στίχον στιχηρὰ τῆς ὀκτωήχου γ´ καὶ θεοτοκίον.

Εἰς τὴν λειτουργίαν πᾶσα ἡ τῆς ἡμέρας ἀκολουθία.

Μηνὶ τῷ αὐτῷ κϛ´· τοῦ ἁγίου μεγαλομάρτυρος Δημητρίου.

Ἑσπέρας 1.οὐ στιχολογοῦμεν, 2.εἰς δὲ τὸ *Κύριε ἐκέκραξα* ἱστῶμεν ϛ´ καὶ ψάλλομεν στιχηρὰ τοῦ ἁγίου γ´ ἐκ δευτέρου ἦχος πλάγιος δ´ πρὸς τὸ *Ὦ* τοῦ παραδόξου θαύματος, καὶ θεοτοκίον. 4.προκείμενον. 10.εἰς τὸν στίχον στιχηρὰ τῆς ὀκτωήχου β´ καὶ ἰδιόμελον τοῦ ἁγίου ἦχος α´ *Τῇ τῶν ᾀσμάτων τερπνότητι, Δόξα καὶ νῦν,* θεοτοκίον. 12.ἀπολυτίκιον ἦχος γ´ πρὸς τὸ *Θείας πίστεως Μέγαν εὕρατο ἐν τοῖς κινδύνοις σὲ ὑπέρμαχον Θεσσαλονίκη, ἀθλοφόρε, τὰ ἔθνη τροπούμενον. ὡς οὖν Λυαίου καθεῖλες* [23v] *τὴν ἔπαρσιν ἐν τῷ σταδίῳ θαρσύνας τὸν Νέστορα, οὕτως, ἅγιε, Χριστὸν τὸν Θεὸν ἱκέτευε δωρήσασθαι ἡμῖν τὸ μέγα ἔλεος.* τὸ αὐτὸ καὶ 4.εἰς τὸν ὄρθρον καὶ 14.εἰς τὸ τέλος τοῦ ὄρθρου.[42]

Εἰς τὴν παννυχίδα 1.κανὼν τοῦ ἁγίου ἦχος δ´ Θεοφάνους <πρὸς τὸ> *Θαλάσσης τὸ ἐρυθραῖον Δοξάσας τοῖς τῆς σαρκός σου μέλεσιν·* 2.ἀπὸ γ´ ᾠδῆς οὐδέν· 3.ἀπὸ ϛ´ κάθισμα ἦχος δ´ πρὸς τὸ Ταχὺ προκατάλαβε, καὶ θεοτοκίον.

Εἰς τὸν ὄρθρον 5.αἱ στιχολογίαι, καθίσματα τῆς ὀκτωήχου· ἀνάγνωσις τὸ μαρτύριον τοῦ ἁγίου, οὗ ἡ ἀρχὴ *Εἶχε μὲν τὰ* →

---

[41] προέτρεπε D
[42] ἀθλοφόρε...ὄρθρου om. D

25-26 OCTOBER

Ἐπεχωρίαζε μὲν καὶ πρότερον [BHG, 1029]. **9.**Three canons: the two from the Oktoechos, and that of the holy men in mode 4 <to> Τριστάτας κραταιούς by Joseph, four troparia from each; a.after the third ode, poetic kathisma of the holy men in mode 3 <to> Τὴν ὡραιότητα, and theotokion; b.after the sixth ode, the prosomoion of the day. **10.**Exaposteilarion of the mode.[83] **12.**At the stichos, three stichera from the Oktoechos, and theotokion.

L. At the Liturgy, all the service of the day.

X.26C. 26th of the same month. The commemoration of the holy megalomartyr Demetrios.

V. At Vespers, 1.we do not recite the continuous psalmody, **2.**but at Κύριε ἐκέκραξα we intercalate six times and chant three stichera of the holy man twice in plagal mode 4 to Ὢ τοῦ παραδόξου θαύματος, and theotokion. **4.**Prokeimenon. **10.**At the stichos, two stichera from the Oktoechos, and idiomelon of the holy man in mode 1: *Τῇ τῶν ᾀσμάτων τερπνότητι*, Glory...both now..., theotokion. **12.**Apolytikion in mode 3 to Θείας πίστεως: *In its dangers Thessalonike found in you, victorious one, a great defender putting nations to flight. Therefore as you destroyed the pride of Lyaios by emboldening Nestor in the amphitheatre, so, holy one, supplicate Christ our God to grant us his great mercy.* The same also at **Orthros O.4.** and **O.14.**at the end of **Orthros**.

PN. At Pannychis, 1.canon of the holy man in mode 4 by Theophanes <to> Θαλάσσης τὸ ἐρυθραῖον: *Δοξάσας τοῖς τῆς σαρκός σου μέλεσιν.* **2.**After the third ode, nothing, **3.**after the sixth ode, poetic kathisma in mode 4 to Ταχὺ προκατάλαβε, and theotokion.

O. At Orthros, 5.the recitations of continuous psalmody,[84] poetic kathismata from the Oktoechos, reading: the *Martyrion* of the

---

[83] The mode is set; see note 6.
[84] Two kathismata of the psalter are to be chanted; see IX.17 Orthros N.

ΟΚΤΩΒΡΙΟΣ

'Ρωμαίων σκῆπτρα. 9.κανόνες γ΄· τῆς ὀκτωήχου οἱ δύο εἰς ς΄, καὶ τοῦ ἁγίου εἰς ς΄ Θεοφάνους ἦχος δ΄ <πρὸς τὸ> Θαλάσσης Τὸν θεῖον τοῦ μαρτυρίου στέφανον· ἀπὸ γ΄ ᾠδῆς κάθισμα τοῦ μάρτυρος, Δόξα καὶ νῦν, θεοτοκίον· ἀπὸ ς΄ τὸ κοντάκιον αὐτοῦ ἰδιόμελον Τοῖς τῶν αἱμάτων σου ῥείθροις. 10.ἐξαποστειλάριον <πρὸς τὸ> Ὁ οὐρανὸν τοῖς ἄστροις. 12.εἰς τὸν στίχον τῶν αἴνων στιχηρὰ τῆς ὀκτωήχου β΄ καὶ τοῦ ἁγίου ἦχος πλάγιος α΄ πρὸς τὸ Χαίροις ἀσκητικῶν, τὸ γ΄, Δόξα καὶ νῦν, θεοτοκίον.

Εἰς τὴν λειτουργίαν 1.τυπικὰ καὶ ᾠδὴ τοῦ κανόνος τοῦ ὄρθρου ἡ πρώτη. μετὰ τὴν εἴσοδον τροπάριον τοῦ ἁγίου, Δόξα καὶ νῦν, τὸ κοντάκιον. 2.προκείμενον ἦχος βαρὺς Εὐφρανθήσεται· στίχος Εἰσάκουσον ὁ Θεός· ὁ ἀπόστολος πρὸς Τιμόθεον Τέκνον Τιμόθεε, ἐνδυναμοῦ, ζήτει κυριακῇ λθ΄. Ἀλληλούια ἦχος δ΄ Δίκαιος ὡς φοῖνιξ· εὐαγγέλιον κατὰ Ἰωάννην Εἶπεν ὁ Κύριος· Ταῦτα ἐντέλλομαι, ζήτει σαββάτῳ[43] γ΄ ἀπὸ τοῦ πάσχα. 3.κοινωνικὸν Ἀγαλλιᾶσθε δίκαιοι ἐν Κυρίῳ καὶ Εἰς μνημόσυνον.

Μηνὶ τῷ αὐτῷ κζ΄· τοῦ ἁγίου μάρτυρος Νέστορος.

Ἑσπέρας 1.μετὰ τὴν στιχολογίαν 2.εἰς τὸ Κύριε ἐκέκραξα ἱστῶμεν δ΄ καὶ ψάλλομεν στιχηρὰ τοῦ μάρτυρος γ΄ ἦχος πλάγιος δ΄ πρὸς τὸ Ὦ τοῦ παραδόξου θαύματος, δευτεροῦντες τὸ ἕν, καὶ θεοτοκίον. 4.Ἀλληλούια. 10.εἰς τὸν στίχον στιχηρὰ τῆς ὀκτωήχου γ΄ καὶ θεοτοκίον. 12.ἀπολυτίκιον Θεοτόκε παρθένε καὶ τὰ λοιπά.

---

[43] σαβ. D

holy man beginning Εἶχε μὲν τὰ 'Ρωμαίων σκῆπτρα [BHG, 498]. 9.Three canons: from the two of the Oktoechos six troparia, and six troparia from that of the holy man by Theophanes in mode 4 <to> Θαλάσσης: Τὸν θεῖον τοῦ μαρτυρίου στέφανον. a.After the third ode, poetic kathisma of the martyr, Glory....both now..., theotokion; b.after the sixth ode, his kontakion idiomelon: Τοῖς τῶν αἱμάτων σου ῥείθροις. 10.Exaposteilarion <to> Ὁ οὐρανὸν τοῖς ἄστροις. 12.At the stichos of the ainoi, two stichera from the Oktoechos, and the third of the holy man in plagal mode 1 to Χαίροις ἀσκητικῶν, Glory.....both now..., theotokion.

L. At the Liturgy, 1.typika, and the first ode of the canon of Orthros.[85] After the entrance, troparion of the holy man,[86] Glory....both now..., the kontakion.[87] 2.Prokeimenon in barys mode: Εὐφρανθήσεται [Ps 63:11], stichos: Εἰσάκουσον ὁ Θεός [Ps 63:2], the apostle: to Timothy [II 2:1ff] (see the thirty-ninth Sunday). Alleluia in mode 4: Δίκαιος ὡς φοῖνιξ [Ps 91:13], gospel: according to John [15:17ff] (see the third Saturday after Easter). 3.Koinonikon: Ἀγαλλιᾶσθε δίκαιοι ἐν Κυρίῳ [Ps 32:1] and Εἰς μνημόσυνον [Ps 111:6].

X.27C. 27th of the same month. The commemoration of the holy martyr Nestor.

V. At Vespers, 1.after the recitation of continuous psalmody, **2.**at Κύριε ἐκέκραξα we intercalate four times and chant three stichera of the martyr in plagal mode 4 to Ὦ τοῦ παραδόξου θαύματος, repeating the first, and theotokion. **4.**Alleluia. **10.**At the stichos, three stichera from the Oktoechos, and theotokion. **12.**Apolytikion: Θεοτόκε παρθένε and the rest.

---

[85] Most probably means that refrains of the first ode are intercalated into the makarismoi.
[86] The troparion used as apolytikion at V.12 repeated here.
[87] See O.9b above.

ΟΚΤΩΒΡΙΟΣ

Εἰς τὸν ὄρθρον 3.Ἀλληλούια καὶ 4.τὰ τριαδικὰ τοῦ ἤχου. 5.αἱ στιχολογίαι, καθίσματα τῆς ὀκτωήχου.

Εἰς δὲ τὰς ἀναγνώσεις χρὴ γινώσκειν ὅτι ἀπὸ τῆς σήμερον ἀρχόμεθα ἀναγινώσκειν τοὺς ε΄ λόγους τοῦ Χρυσοστόμου, τοὺς εἰς τὸν πλούσιον καὶ τὸν Λάζαρον. ἐὰν δὲ μεταξὺ ἐντύχῃ βίος ἢ μαρτύρων ἢ ὁσίων τῶν ἀναγινωσκομένων, προκρίνεται ἐκεῖνος, καὶ πάλιν ἀρχόμεθα ἀναγινώσκειν τὰ λείποντα ἕως τελειωθῶσιν οἱ ε΄ λόγοι μέχρι συμπληρώσεως τοῦ αὐτοῦ μηνός.

9.ψάλλομεν δὲ κανόνας τῇ [24r] αὐτῇ ἡμέρᾳ γ΄· τοὺς β΄ τῆς ὀκτωήχου, καὶ ἕνα τοῦ μάρτυρος Ἰωσὴφ ἦχος δ΄ <πρὸς τὸ> "Ἅρματα Φαραώ, ἀνὰ δ΄· ἀπὸ γ΄ ᾠδῆς κάθισμα τοῦ ἁγίου καὶ θεοτοκίον· ἀπὸ ς΄ τὸ προσόμοιον τῆς ἡμέρας. 10.ἐξαποστειλάριον τοῦ ἤχου. 12.εἰς τὸν στίχον στιχηρὰ τῆς ὀκτωήχου καὶ θεοτοκίον.

Εἰς τὴν λειτουργίαν ἡ τῆς ἡμέρας ἀκολουθία.

Μηνὶ τῷ αὐτῷ κη΄· τῶν ἁγίων μαρτύρων Τερεντίου καὶ Νεονίλλης καὶ τῶν τέκνων αὐτῶν.

Ἑσπέρας 1.μετὰ τὴν στιχολογίαν 2.εἰς τὸ *Κύριε ἐκέκραξα* ἱστῶμεν δ΄ καὶ ψάλλομεν στιχηρὰ τῶν ἁγίων ἦχος δ΄ πρὸς τὸ Ὡς γενναῖον γ΄, δευτεροῦντες τὸ ἕν, καὶ θεοτοκίον. 4.Ἀλληλούια. 10.εἰς τὸν στίχον στιχηρὰ τῆς ὀκτωήχου γ΄ καὶ θεοτοκίον. 12.ἀπολυτίκιον *Θεοτόκε παρθένε*.

Εἰς τὸν ὄρθρον 3.Ἀλληλούια καὶ 4.τὰ τριαδικὰ τοῦ ἤχου. 5.αἱ στιχολογίαι, καθίσματα τῆς ὀκτωήχου· αἱ ἀναγνώσεις ἐκ τῶν ε΄

27-28 OCTOBER

O. At Orthros, 3.*Alleluia,* and 4.the triadika of the mode.[88] 5.The recitations of continuous psalmody,[89] poetic kathismata from the Oktoechos.

> N. But at the readings it is necessary to realise that from today we begin to read the five homilies of Chrysostom, the ones on the rich man and Lazarus. But if in the meantime there should happen to be a *Life* of either martyrs or saintly ones that are read about, that is preferred and we begin again to read what is left until the five homilies are finished, up to the completion of the same month.

9.On the same day we chant three canons: the two from the Oktoechos, and one of the martyr by Joseph in mode 4 <to> Ἅρματα Φαραώ, four troparia from each; a.after the third ode, poetic kathisma of the holy man, and theotokion; b.after the sixth ode, the prosomoion of the day. 10.Exaposteilarion of the mode.[90] 12.At the stichos, stichera from the Oktoechos, and theotokion.

L. At the Liturgy, the service of the day.

X.28C. 28th of the same month. The commemoration of the holy martyrs Terentios and Neonilla and their children.

V. At Vespers, 1.after the recitation of continuous psalmody, 2.at *Κύριε ἐκέκραξα* we intercalate four times and chant three stichera of the holy ones in mode 4 to Ὡς γενναῖον, repeating the first, and theotokion. 4.*Alleluia.* 10.At the stichos, three stichera from the Oktoechos, and theotokion. 12.Apolytikion: *Θεοτόκε παρθένε.*

O. At Orthros, 3.*Alleluia,* and 4.the triadika of the mode.[91] 5.The recitations of continuous psalmody,[92] poetic kathismata from the Oktoechos, the readings: from the five homilies of Chrysostom.[93]

---

[88] The mode is set; see note 6.
[89] Two kathismata of the psalter are to be chanted; see IX.17 Orthros N.
[90] The mode is set; see note 6.
[91] The mode is set; see note 6.
[92] Two kathismata of the psalter are to be chanted; see IX.17 Orthros N.
[93] See X.27 Orthros N.

λόγων τοῦ Χρυσοστόμου. 9.κανόνες γ΄· οἱ δύο τῆς ὀκτωήχου, καὶ τῶν ἁγίων ἦχος δ΄ <πρὸς τὸ> Ἀνοίξω τὸ στόμα μου Ἰγνατίου· ἀπὸ γ΄ ᾠδῆς κάθισμα τῶν ἁγίων ἦχος πλάγιος δ΄ καὶ θεοτοκίον· ἀπὸ ς΄ τὸ προσόμοιον τῆς ἡμέρας. 10.ἐξαποστειλάριον τοῦ ἤχου. 12.εἰς τὸν στίχον τῶν αἴνων στιχηρὰ τῆς ὀκτωήχου καὶ θεοτοκίον.

Εἰς τὴν λειτουργίαν πᾶσα ἡ ἀκολουθία τῆς ἡμέρας.

Μηνὶ τῷ αὐτῷ κθ΄· τῆς ἁγίας ὁσιομάρτυρος Ἀναστασίας τῆς Ῥωμαίας, καὶ τοῦ ὁσίου πατρὸς ἡμῶν Ἀβραμίου.

Ἑσπέρας 1.μετὰ τὴν στιχολογίαν 2.εἰς τὸ *Κύριε ἐκέκραξα* ἱστῶμεν ς΄ καὶ ψάλλομεν στιχηρὰ τῆς μάρτυρος γ΄ ἦχος δ΄ πρὸς τὸ Ὡς γενναῖον, καὶ τοῦ ὁσίου ἦχος πλάγιος δ΄ πρὸς τὸ Ὦ τοῦ παραδόξου θαύματος καὶ θεοτοκίον. 4.*Ἀλληλούια*. 10.εἰς τὸν στίχον στιχηρὰ τῆς ὀκτωήχου καὶ θεοτοκίον. 12.ἀπολυτίκιον *Θεοτόκε παρθένε*[44] καὶ τὰ λοιπά.

Εἰς τὸν ὄρθρον 3.*Ἀλληλούια* καὶ 4.τὰ τριαδικὰ τοῦ ἤχου. 5.αἱ στιχολογίαι, καθίσματα τῆς ὀκτωήχου· ἀνάγνωσις ὁ βίος τῆς ὁσιομάρτυρος, οὗ ἡ ἀρχὴ *Διττὰς ἡμῖν ὁ λόγος εἰς δόσεις δύο*. 9.κανόνες γ΄· τῆς ὀκτωήχου ὁ εἷς, καὶ τῆς ἁγίας[45] ἦχος πλάγιος δ΄ Ἰωσὴφ <πρὸς τὸ> Ὑγρὰν διοδεύσας, καὶ τοῦ ὁσίου ὁμοίως εἰς τὸν αὐτὸν ἦχον Ἰωσὴφ <πρὸς τὸ> Ἄισωμεν τῷ Κυρίῳ, ἀνὰ δ΄· ἀπὸ γ΄ ᾠδῆς κάθισμα τῆς ἁγίας ἦχος πλάγιος δ΄· ἀνάγνωσις ἐκ τοῦ βίου τοῦ ὁσίου, οὗ ἡ ἀρχὴ *Ἀνδρῶν φιλαρέτων βίος*· ἀπὸ ς΄ κάθισμα τοῦ →

---

[44] om. D
[45] τοῦ ἁγίου cod.

9.Three canons: the two from the Oktoechos, and that of the holy ones in mode 4 <to> Ἀνοίξω τὸ στόμα μου by Ignatios; a.after the third ode, poetic kathisma of the holy ones in plagal mode 4, and theotokion; b.after the sixth ode, the prosomoion of the day. 10.Exaposteilarion of the mode.[94] 12.At the stichos of the ainoi, stichera from the Oktoechos, and theotokion.

L. At the Liturgy, all the service of the day.

X.29C. 29th of the same month. The commemoration of the holy hosiomartyr Anastasia the Roman, and of our saintly father Abramios.

V. At Vespers, 1.after the recitation of continuous psalmody, 2.at Κύριε ἐκέκραξα we intercalate six times and chant three stichera of the martyr in mode 4 to Ὡς γενναῖον, and those of the saintly man in plagal mode 4 to Ὢ τοῦ παραδόξου θαύματος, and theotokion. 4.*Alleluia*. 10.At the stichos, stichera from the Oktoechos, and theotokion. 12.Apolytikion: Θεοτόκε παρθένε and the rest.

O. At Orthros, 3.*Alleluia,* and 4.the triadika of the mode.[95] 5.The recitations of continuous psalmody,[96] poetic kathismata from the Oktoechos, reading: the *Life* of the hosiomartyr beginning Διττὰς ἡμῖν ὁ λόγος in two portions [BHG, 77]. 9.Three canons: the one from the Oktoechos, and that of the holy woman in plagal mode 4 by Joseph <to> Ὑγρὰν διοδεύσας, and that of the saintly man similarly in the same mode by Joseph <to> Ἄισωμεν τῷ Κυρίῳ, four troparia from each; a.after the third ode, poetic kathisma of the holy woman in plagal mode 4, reading: from the *Life* of the saintly man beginning Ἀνδρῶν φιλαρέτων βίος [BHG, 8]; b.after the sixth ode, poetic kathisma of the saintly man in mode 1.

---

[94] The mode is set; see note 6.
[95] The mode is set; see note 6.
[96] Two kathismata of the psalter are to be chanted; see IX.17 Orthros N.

ΟΚΤΩΒΡΙΟΣ

ὁσίου ἦχος α΄. 10.ἐξαποστειλάριον τοῦ ἤχου. 12.εἰς τὸν στίχον τῶν αἴνων στιχηρὰ τῆς ὀκτωήχου καὶ θεοτοκίον.

Εἰς τὴν λειτουργίαν ἡ ἀκολουθία τῆς ἡμέρας.

Μηνὶ τῷ αὐτῷ λ΄· τῶν ἁγίων ἀποστόλων Στάχυος, Ἀμπλίου, Οὐρβανοῦ καὶ τῶν λοιπῶν, καὶ τῶν ἁγίων μαρτύρων Ζηνοβίου καὶ Ζηνοβίας.

Ἑσπέρας 1.μετὰ τὴν στιχολογίαν 2.εἰς τὸ *Κύριε ἐκέκραξα* ἱστῶμεν ϛ΄ καὶ ψάλλομεν στιχηρὰ τῶν ἁγίων ἀποστόλων γ΄ ἦχος α΄ πρὸς τὸ Πανεύφημοι μάρτυρες, καὶ ἕτερα γ΄ τῶν μαρτύρων ἦχος δ΄ πρὸς τὸ Ὡς γενναῖον καὶ θεοτοκίον. 4.*Ἀλληλούια*. 10.εἰς τὸν στίχον στιχηρὰ τῆς ὀκτωήχου καὶ θεοτοκίον. 12.ἀπολυτίκιον Θεοτόκε παρθένε. [24v]

Εἰς τὸν ὄρθρον 3.*Ἀλληλούια* καὶ 4.τὰ τριαδικὰ τοῦ ἤχου. 5.αἱ στιχολογίαι, καθίσματα τῆς ὀκτωήχου· ἀνάγνωσις τῶν ἁγίων μαρτύρων Ζηνοβίου καὶ Ζηνοβίας, οὗ ἡ ἀρχὴ *Αἰγαὶ πόλις ἐστίν*. εἰ δὲ κατελείφθη[46] καὶ ἐκ τοῦ ὁσίου Ἀβραμίου, ἀναγινώσκεται κἀκεῖνο. 9.κανόνες γ΄· τῆς ὀκτωήχου εἷς, καὶ τῶν ἁγίων ἀποστόλων ἦχος α΄ <πρὸς τὸ> Σοῦ ἡ τροπαιοῦχος δεξιὰ[47] Ἰωσήφ, ἀνὰ δ΄· ἀπὸ γ΄ ᾠδῆς κάθισμα τῶν ἁγίων ἀποστόλων ἦχος α΄· ἀπὸ ϛ΄ τῶν μαρτύρων ἦχος ὁ αὐτός. 10.ἐξαποστειλάριον τοῦ ἤχου. 12.εἰς τὸν στίχον τῶν αἴνων στιχηρὰ τῆς ὀκτωήχου καὶ θεοτοκίον.

Εἰς τὴν λειτουργίαν πᾶσα ἡ ἀκολουθία τῆς ἡμέρας.

---

[46] κατελείφθη D
[47] καὶ τοῦ ἁγίου ἦχος πδ΄ in marg. dext. cod. et nescioquid incertum in marg. sin.

29-30 OCTOBER

10.Exaposteilarion of the mode.[97] 12.At the stichos of the ainoi, stichera from the Oktoechos, and theotokion.

L. At the Liturgy, the service of the day.

X.30C. 30th of the same month. The commemoration of the holy apostles Stachys, Amplias, Urbanus and the rest, and of the holy martyrs Zenobios and Zenobia.

V. At Vespers, 1.after the recitation of continuous psalmody, 2.at Κύριε ἐκέκραξα we intercalate six times and chant three stichera of the holy apostles in mode 1 to Πανεύφημοι μάρτυρες, and another three of the martyrs in mode 4 to Ὡς γενναῖον, and theotokion. 4.*Alleluia*. 10.At the stichos, stichera from the Oktoechos, and theotokion. 12.Apolytikion: Θεοτόκε παρθένε.

O. At Orthros, 3.*Alleluia,* and 4.the triadika of the mode.[98] 5.The recitations of continuous psalmody,[99] poetic kathismata from the Oktoechos, reading: on the holy martyrs Zenobios and Zenobia beginning Αἰγαὶ πόλις ἐστίν [BHG, 1885], and if anything was left also from [the *Life*] of saintly Abramios, that is also read.[100] 9.Three canons: one from the Oktoechos, and that of the holy apostles in mode 1 <to> Σοῦ ἡ τροπαιοῦχος δεξιά by Joseph,[101] four troparia from each; a.after the third ode, poetic kathisma of the holy apostles in mode 1; b.after the sixth ode, that of the martyrs in the same mode. 10.Exaposteilarion of the mode.[102] 12.At the stichos of the ainoi, stichera from the Oktoechos, and theotokion.

L. At the Liturgy, all the service of the day.

---

[97] The mode is set; see note 6.
[98] The mode is set; see note 6.
[99] Two kathismata of the psalter are to be chanted; see IX.17 Orthros N.
[100] See X.29 O.9a.
[101] One canon, that of the holy martyrs, is unspecified; see the addition in the margins of the ms, footnote 47 opposite.
[102] The mode is set; see note 6.

ΟΚΤΩΒΡΙΟΣ

Μηνὶ τῷ αὐτῷ λα'· τοῦ ἁγίου ἱερομάρτυρος Μαρκιανοῦ, καὶ τοῦ ἁγίου μάρτυρος Ἐπιμάχου.

Ἑσπέρας 1.μετὰ τὴν στιχολογίαν 2.εἰς τὸ *Κύριε ἐκέκραξα* ἱστῶμεν ς' καὶ ψάλλομεν στιχηρὰ γ' τοῦ ἱερομάρτυρος ἦχος δ' πρὸς τὸ *Ἔδωκας σημείωσιν*, καὶ ἕτερα γ' τοῦ ἁγίου Ἐπιμάχου ἦχος βαρὺς καὶ θεοτοκίον. 4.*Ἀλληλούια*. 10.εἰς τὸν στίχον στιχηρὰ τῆς ὀκτωήχου καὶ θεοτοκίον. 12.ἀπολυτίκιον *Θεοτόκε παρθένε*.

Εἰς τὸν ὄρθρον 3.*Ἀλληλούια* καὶ 4.τὰ τριαδικὰ τοῦ ἤχου. 5.αἱ στιχολογίαι, καθίσματα τῆς ὀκτωήχου· ἀνάγνωσις ἐκ τῶν ε' λόγων τοῦ Χρυσοστόμου. 9.κανόνες γ'· τῆς ὀκτωήχου εἷς, καὶ τοῦ ἱερομάρτυρος ἦχος δ' Θεοφάνους <πρὸς τὸ> *Τριστάτας κραταιούς*, καὶ τοῦ μάρτυρος ἦχος πλάγιος α' Ἀρσενίου μοναχοῦ, ἀνὰ δ', κατὰ τὸν ἦχον δὲ τῆς ὀκτωήχου πρωτεύει[48] ὁ εἷς τοῦ ἑτέρου· ἀπὸ γ' ᾠδῆς κάθισμα τοῦ ἱερομάρτυρος ἦχος δ'· ἀνάγνωσις τὸ μαρτύριον τοῦ ἁγίου Ἐπιμάχου, οὗ ἡ ἀρχὴ *Ἄρτι μὲν ἡ τῆς ἀσεβείας ἀχλύς*· ἀπὸ ς' τὸ κάθισμα αὐτοῦ. 10.ἐξαποστειλάριον τοῦ ἤχου. 12.εἰς τὸν στίχον τῶν αἴνων στιχηρὰ τῆς ὀκτωήχου καὶ θεοτοκίον.

Εἰς τὴν λειτουργίαν ἡ ἀκολουθία τῆς ἡμέρας.

Δεῖ δὲ γινώσκειν ὅτι εἰ περισσεύσουσιν ἀναγνώσματα ἐκ τῶν ε' λόγων τοῦ Χρυσοστόμου, ἀναγινώσκονται ἐν ταῖς ἀνὰ μέσον τῶν ἡμερῶν τούτων ἀγρυπνίαις, ἢ καὶ μετὰ τὸ παρελθεῖν ταύτας, ἐπὰν ἐπιστῇ κυριακή,[49] ἐπεὶ οὐ καταλιμπάνονται.

---

[48] προτεύει cod.
[49] κυριακῇ D

31 OCTOBER

X.31C. 31st of the same month. The commemoration of the holy hieromartyr Markianos, and of the holy martyr Epimachos.

V. At Vespers, 1.after the recitation of continuous psalmody, 2.at Κύριε ἐκέκραξα we intercalate six times and chant three stichera of the hieromartyr in mode 4 to Ἔδωκας σημείωσιν, and another three of holy Epimachos in barys mode, and theotokion. 4.*Alleluia*. 10.At the stichos, stichera from the Oktoechos, and theotokion. 12.Apolytikion: Θεοτόκε παρθένε.

O. At Orthros, 3.*Alleluia*, and 4.the triadika of the mode.[103] 5.The recitations of continuous psalmody,[104] poetic kathismata from the Oktoechos, reading: from the five homilies of Chrysostom.[105] 9.Three canons: one from the Oktoechos, and that of the hieromartyr in mode 4 by Theophanes <to> Τριστάτας κραταιούς, and that of the martyr in plagal mode 1 by Arsenios the Monk, four troparia from each, and the one has precedence over the other according to the mode of the Oktoechos. a.After the third ode, poetic kathisma of the hieromartyr in mode 4, reading: the *Martyrion* of holy Epimachos beginning Ἄρτι μὲν ἡ τῆς ἀσεβείας ἀχλύς [BHG, 594]; b.after the sixth ode, his poetic kathisma. 10.Exaposteilarion of the mode.[106] 12.At the stichos of the ainoi, stichera from the Oktoechos, and theotokion.

L. At the Liturgy, the service of the day.

> **N.1** It is necessary to realise that if there are going to be too many readings from the five homilies of Chrysostom,[107] they are read **PN.**at the **Agrypniai** on those intervening days, or even after those have past, whenever a Sunday is imminent,[108] since they are not left out.

---

[103] The mode is set; see note 6.
[104] Two kathismata of the psalter are to be chanted; see IX.17 Orthros N.
[105] See X.27 Orthros N.
[106] The mode is set; see note 6.
[107] See X.27 Orthros N.
[108] That is, at the Agrypnia that heralds a Sunday.

ΟΚΤΩΒΡΙΟΣ

Χρὴ δὲ γινώσκειν καὶ τοῦτο, ὅτι τῇ κυριακῇ πρὸ τοῦ νοεμβρίου μηνὸς ἀναγινώσκεται εἰς τὴν λειτουργίαν ἀπόστολος πρὸς Ἑβραίους Ἀδελφοί, ἔχοντες παρρησίαν εἰς τὴν εἴσοδον, ζήτει νοεμβρίου εʹ. προκείμενον δὲ λέγε τοῦ ἤχου. εὐαγγέλιον κατὰ Λουκᾶν Εἶπεν ὁ Κύριος τὴν παραβολὴν ταύτην· Ἄνθρωπός τις ἦν πλούσιος, Ἀλληλούια δὲ <ἦχος>⁵⁰ πλάγιος δʹ Κύριε μὴ τῷ θυμῷ σου ἐλέγξῃς με· στίχος βʹ⁵¹ Ἐλέησόν με Κύριε ὅτι ἀσθενής.

Ἀπὸ δὲ τῆς πρώτης τοῦ νοεμβρίου μηνὸς ἐν αἷς ἡμέραις οὐκ ἔστι βίος ἁγίου ἢ μαρτύριον, ἀναγινώσκονται λόγοι τοῦ Χρυσοστόμου, οἱ εἰς τὸν Ὀζίαν καὶ τὰ Σεραφίμ, οἱ γʹ, τὸν δὲ δʹ οὗ ἡ ἀρχὴ Μόλις ποτὲ τὸ κατὰ τὸν Ὀζίαν ἀναγινώσκομεν εἰς τὰς⁵² ηʹ τοῦ μηνός, αὐτῇ τῇ ἡμέρᾳ τῶν ἀσωμάτων· ζήτει δὲ αὐτοὺς εἰς τὸ Χρυσοστομικὸν βιβλίον, Τοὺς Μαργαρίτας, λόγος ιδʹ, ιεʹ, ιϛʹ. [25r]

---

⁵⁰ (ἦχος) D
⁵¹ om. D
⁵² τὴν D

31 OCTOBER

X.31 K. This also should be realised, that on the Sunday before the month of November **L.2.**at the **Liturgy** the apostle to the Hebrews is read [10:19ff] at the entrance (see 5 November), and recite a prokeimenon of the mode;[109] gospel: according to Luke [16:1ff], *Alleluia* in plagal [mode] 4: Κύριε μὴ τῷ θυμῷ σου ἐλέγξῃς με [Ps 6:2], second stichos: Ἐλέησόν με Κύριε ὅτι ἀσθενής [Ps 6:3].

N.2 After the first of November, on those days when there is no *Life* of a holy man or a *Martyrion*, the three homilies of Chrysostom are read, the ones on Uzziah and the Seraphim; and we read the fourth one beginning Μόλις ποτὲ τὸ κατὰ τὸν Ὀζίαν [BHG, 124] on the eighth of the month, the actual day of the commemoration of the Incorporeal Ones. Look for them in Chrysostom's book *The Pearls, Homilies* 14, 15 and 16.

---

[109] The mode is set; see note 6.

Μὴν Νοέμβριος[1]

Μηνὶ νοεμβρίῳ α΄· τῶν ἁγίων καὶ θαυματουργῶν Ἀναργύρων Κοσμᾶ καὶ Δαμιανοῦ.

Ἑσπέρας 1.οὐ στιχολογοῦμεν, 2.εἰς δὲ τὸ *Κύριε ἐκέκραξα* ἱστῶμεν ϛ΄ καὶ ψάλλομεν στιχηρὰ ἦχος πλάγιος β΄ γ΄[2] πρὸς τὸ *Ὅλην* ἀποθέμενοι, καὶ ἕτερα β΄ ὅμοια τούτου ἐκ δευτέρου, *Δόξα καὶ νῦν*, θεοτοκίον προσόμοιον. 4.προκείμενον. 10.εἰς τὸν στίχον στιχηρὰ τῆς ὀκτωήχου β΄ καὶ ἰδιόμελον τῶν ἁγίων ἦχος δ΄ *Πηγὴν ἰαμάτων ἔχοντες* καὶ θεοτοκίον. 12.ἀπολυτίκιον ἦχος πλάγιος δ΄ *Ἅγιοι Ἀνάργυροι καὶ θαυματουργοί, ἐπισκέψασθε ἡμῶν τὰς ἀσθενείας· δωρεὰν ἐλάβετε, δωρεὰν δότε ἡμῖν.*[3] τὸ αὐτὸ καὶ 4.εἰς τὴν ἀρχὴν καὶ 14.εἰς τὸ τέλος τοῦ ὄρθρου.

Εἰς τὴν παννυχίδα 1.κανὼν τῶν ἁγίων ἦχος α΄ Ἰωάννου μοναχοῦ <πρὸς τὸ> *Ἄισωμεν πάντες λαοί·* 2.ἀπὸ γ΄ ᾠδῆς οὐδέν· 3.ἀπὸ ϛ΄ τὸ κοντάκιον αὐτῶν.

Εἰς τὸν ὄρθρον 5.αἱ στιχολογίαι, καθίσματα τῆς ὀκτωήχου· ἀνάγνωσις ὁ βίος τῶν ἁγίων, οὗ ἡ ἀρχὴ *Ἄρτι τῆς εὐσεβείας ἀναλαμπούσης.* 9.κανόνες γ΄· τῆς ὀκτωήχου τοὺς δύο εἰς ϛ΄, καὶ τῶν ἁγίων εἰς ϛ΄ ἦχος δ΄ <πρὸς τὸ> *Τῷ ὁδηγήσαντι Ἰωσήφ·* ἀπὸ γ΄ ᾠδῆς κάθισμα τῶν ἁγίων ἦχος πλάγιος δ΄, ἓν ὁ ψάλτης καὶ ἕτερον ὁ λαός, *Δόξα καὶ νῦν*, θεοτοκίον· ἀνάγωσις τοῦ Χρυσοστόμου...,[4] ζήτει εἰς *Τοὺς Μαργαρίτας·* ἀπὸ ϛ΄ τὸ κοντάκιον τῶν ἁγίων ἦχος δεύτερος *Οἱ τὴν χάριν λαβόντες.* 10.ἐξαποστειλάριον <πρὸς τὸ> *Ὁ οὐρανὸν τοῖς ἄστροις.* 11.εἰς τοὺς αἴνους οὐδέν. 12.εἰς τὸν στίχον →

---

[1] tit.in marg. sup. cod.
[2] πλ. γ΄ D
[3] ἐπισκέψασθε ἡμῶν...ἡμῖν om. D
[4] lacuna est in cod., fortasse tit. lectionis erat scribendus

MONTH OF NOVEMBER

XI.01C. 1st of November. The commemoration of the holy miracle workers the Anargyroi Cosmas and Damian.

V. At Vespers, 1.we do not recite the continuous psalmody, 2.but at Κύριε εκέκραξα we intercalate six times and chant three stichera in plagal mode 2 to "Ὅλην ἀποθέμενοι, and another two prosomoia of this twice,[1] *Glory.....both now...,* theotokion prosomoion. 4.Prokeimenon. 10.At the stichos, two stichera from the Oktoechos, and idiomelon of the holy men in mode 4: *Πηγὴν ἰαμάτων ἔχοντες,* and theotokion. 12.Apolytikion in plagal mode 4: *Holy Anargyroi and miracle workers, visit our weaknesses; freely you received, freely give to us.* The same also O.4. at the beginning and O.14.at the end of Orthros.

PN. At Pannychis, 1.canon of the holy men in mode 1 by John the Monk <to> Ἄισωμεν πάντες λαοί,[2] 2.after the third ode, nothing, 3.after the sixth ode, their kontakion.

O. At Orthros, 5.the recitations of continuous psalmody,[3] poetic kathismata from the Oktoechos, reading: the *Life* of the holy men beginning Ἄρτι τῆς εὐσεβείας ἀναλαμπούσης [BHG, 374]. 9.Three canons: from the two of the Oktoechos six troparia, and from that of the holy men in mode 4 <to> Τῷ ὁδηγήσαντι by Joseph six troparia; a.after the third ode, poetic kathisma of the holy men in plagal mode 4 (the cantor [chants] one and the people the other),[4] *Glory....both now....,* theotokion, reading: from Chrysostom ..., (look in *The Pearls*);[5] b.after the sixth ode, the kontakion of the holy men in the second mode: *Οἱ τὴν χάριν λαβόντες.* 10.Exaposteilarion <to> Ὁ οὐρανὸν τοῖς ἄστροις. 11.At the ainoi, nothing; 12.at the

---

[1] This specification of stichera does not match the intercalations.
[2] The heirmos.
[3] Two kathismata of the psalter are to be chanted; see IX.17 Orthros N.
[4] This indicates that two kathismata are chanted; the first a solo by the cantor, the other chanted by everyone.
[5] See X.31 N2.

ΝΟΕΜΒΡΙΟΣ

στιχηρὰ τῆς ὀκτωήχου καὶ ἰδιόμελον τῶν ἁγίων ἦχος πλάγιος β΄ *Ἀτελεύτητος ὑπάρχει* καὶ θεοτοκίον.

Εἰς τὴν λειτουργίαν 1.οἱ μακαρισμοὶ τοῦ ἤχου, τὸ τροπάριον τῶν ἁγίων, *Δόξα καὶ νῦν*, τὸ κοντάκιον. 2.προκείμενον ἦχος δ΄ *Τοῖς ἁγίοις τοῖς ἐν τῇ γῇ*· στίχος *Προωρώμην τὸν Κύριον*· ὁ ἀπόστολος πρὸς Κορινθίους α΄ *Ἀδελφοί, ὑμεῖς ἐστε σῶμα Χριστοῦ*. Ἀλληλούια ἦχος β΄ *Ἰδοὺ δὴ τί καλὸν ἢ τί τερπνόν*· στίχος δεύτερος *Ὅτι ἐκεῖ ἐνετείλατο*· εὐαγγέλιον κατὰ Ματθαῖον *Τῷ καιρῷ ἐκείνῳ προσκαλεσάμενος ὁ Ἰησοῦς*, ζήτει εἰς τὸ μηνολόγιον τοῦ εὐαγγελίου. 3.κοινωνικὸν *Ἀγαλλιᾶσθε δίκαιοι ἐν Κυρίῳ*.

Μηνὶ τῷ αὐτῷ β΄· τῶν ἁγίων μαρτύρων Ἀκινδύνου, Πηγασίου, Ἐλπιδηφόρου, Ἀφθονίου καὶ Ἀνεμποδίστου.

Ἑσπέρας 1.μετὰ τὴν στιχολογίαν 2.εἰς τὸ *Κύριε ἐκέκραξα* ἱστῶμεν ϛ΄ καὶ ψάλλομεν στιχηρὰ τῶν ἁγίων ἦχος δ΄ πρὸς τὸ *Ὡς γενναῖον*, [25v] τὰ γ΄ πρὸς μίαν, καὶ ἕτερα γ΄ εἰς τὸν αὐτὸν ἦχον πρὸς τὸ *Ἔδωκας σημείωσιν*, καὶ θεοτοκίον. 4.προκείμενον. 10.εἰς τὸν στίχον στιχηρὰ τῆς ὀκτωήχου β΄ καὶ ἰδιόμελον τῶν ἁγίων ἦχος β΄ *Δεῦτε ἀγαλλιασώμεθα* καὶ θεοτοκίον. 12.ἀπολυτίκιον *Οἱ μάρτυρές σου Κύριε ἐν τῇ ἀθλήσει αὐτῶν.*[5] τὸ αὐτὸ καὶ 4.εἰς τὸν ὄρθρον.

Εἰς τὴν παννυχίδα τὸν συνήθη κατανυκτικὸν κανόνα.

Εἰς τὸν ὄρθρον 3.Θεὸς Κύριος καὶ 4.τὸ τροπάριον τῶν ἁγίων. 5.αἱ στιχολογίαι, καθίσματα τῆς ὀκτωήχου· ἀνάγνωσις τὸ μαρτύριον τῶν ἁγίων, οὗ ἡ ἀρχὴ *Εἰ καὶ πρῶτοι Πέρσαι Χριστόν*. 9.κανόνες γ΄· τῆς →

---

[5] ἐν τῇ...αὐτῶν om. D

stichos, stichera from the Oktoechos, and idiomelon of the holy men in plagal mode 2: Ἀτελεύτητος ὑπάρχει, and theotokion.

L. At the Liturgy, 1.the makarismoi of the mode,[6] the troparion of the holy men,[7] *Glory....both now....,* the kontakion.[8] 2.Prokeimenon in mode 4: Τοῖς ἁγίοις τοῖς ἐν τῇ γῇ [Ps 15:3], stichos: Προωρώμην τὸν Κύριον [Ps 15:8], the apostle: to the Corinthians, the first letter, [12:27ff]. *Alleluia* in mode 2: Ἰδοὺ δὴ τί καλὸν ἢ τί τερπνόν [Ps 132:1], second stichos: Ὅτι ἐκεῖ ἐνετείλατο [Ps 132:3], gospel: according to Matthew [10:1,5ff] (look in the Menologion of the gospel). 3.Koinonikon: Ἀγαλλιᾶσθε δίκαιοι ἐν Κυρίῳ [Ps 32:1].

XI.02C. 2nd of the same month. The commemoration of the holy martyrs Akindynos, Pegasios, Elpidephoros, Aphthonios and Anempodistos.

V. At Vespers, 1.after the recitation of continuous psalmody, 2.at Κύριε ἐκέκραξα we intercalate six times and chant the three stichera of the holy men once in mode 4 to Ὡς γενναῖον, and another three in the same mode to Ἔδωκας σημείωσιν, and theotokion. 4.Prokeimenon. 10.At the stichos, two stichera from the Oktoechos, and idiomelon of the holy men in mode 2: Δεῦτε ἀγαλλιασώμεθα, and theotokion. 12.Apolytikion: Οἱ μάρτυρές σου Κύριε ἐν τῇ ἀθλήσει αὐτῶν. The same also **O.4.at Orthros.**

PN. At Pannychis, 1.the customary penitential canon.

O. At Orthros, 3.Θεὸς Κύριος, and 4.the troparion of the holy men.[9] 5.The recitations of continuous psalmody,[10] poetic kathismata from the Oktoechos, reading: the *Martyrion* of the holy men beginning Εἰ καὶ πρῶτοι Πέρσαι Χριστόν [BHG, 23]. 9.Three canons: from the →

---

[6] The mode is set on Sunday for the following week according to the sequence laid out in the Oktoechos.
[7] The troparion used as apolytikion at V.12 repeated here.
[8] See O.9b above.
[9] The troparion used as apolytikion at V.12 repeated here.
[10] Two kathismata of the psalter are to be chanted; see IX.17 Orthros N.

ΝΟΕΜΒΡΙΟΣ

ὀκτωήχου οἱ δύο εἰς ϛ΄, καὶ τῶν ἁγίων εἰς ϛ΄ ἦχος δ΄ Θεοφάνους <πρὸς τὸ> Ἀνοίξω τὸ στόμα μου· ἀπὸ γ΄ ᾠδῆς κάθισμα τῶν ἁγίων ἦχος δ΄ καὶ θεοτοκίον· ἀπὸ ϛ΄ τὸ κοντάκιον αὐτῶν. 10.ἐξαποστειλάριον <πρὸς τὸ> Ὁ οὐρανὸν τοῖς ἄστροις. 12.εἰς τὸν στίχον τῶν αἴνων στιχηρὰ τῆς ὀκτωήχου καὶ ἕτερα[6] τῶν ἁγίων ἐκ τῶν προσομοίων τῆς ἑσπέρας ἢ ἰδιόμελον ἦχος πλάγιος β΄ *Σήμερον ἡ πενταυγής, Δόξα καὶ νῦν*, θεοτοκίον.

Εἰς τὴν λειτουργίαν 1.τυπικὰ καὶ μακαρισμοὶ τοῦ ἤχου, τροπάριον τῶν ἁγίων καὶ θεοτοκίον. 2.προκείμενον ἦχος δ΄ *Θαυμαστὸς ὁ Θεὸς ἐν τοῖς ἁγίοις αὐτοῦ·* στίχος *Ἐν ἐκκλησίαις εὐλογεῖτε τὸν Θεόν·* ὁ ἀπόστολος πρὸς Ἑβραίους *Ἀδελφοί, τοιοῦτον ἔχοντες*, ζήτει εἰς τὸ μηνολόγιον τοῦ ἀποστόλου. Ἀλληλούια ἦχος δ΄ *Ἐκέκραξαν οἱ δίκαιοι·* εὐαγγέλιον τῆς ἡμέρας καὶ τῶν ἁγίων, ζήτει εἰς τὸ μηνολόγιον τοῦ εὐαγγελίου. 3.κοινωνικὸν *Ἀγαλλιᾶσθε*.

Μηνὶ τῷ αὐτῷ γ΄· τῶν ἁγίων μαρτύρων Ἀκεψιμᾶ, Ἀειθαλᾶ καὶ Ἰωσήφ.

Ἑσπέρας 1.μετὰ τὴν στιχολογίαν 2.εἰς τὸ *Κύριε ἐκέκραξα* ἱστῶμεν ϛ΄ καὶ ψάλλομεν στιχηρὰ τῶν ἁγίων γ΄ ἦχος πλάγιος α΄ πρὸς τὸ Χαίροις ἀσκητικῶν, καὶ ἕτερα γ΄ ἦχος πλάγιος δ΄ πρὸς τὸ Ὢ τοῦ παραδόξου θαύματος, καὶ θεοτοκίον. 4.προκείμενον. 10.εἰς τὸν στίχον στιχηρὰ τῆς ὀκτωήχου β΄ καὶ ἰδιόμελον τῶν ἁγίων ἦχος β΄ *Ὑπὲρ τῆς εὐσεβείας*. 12.ἀπολυτίκιον ἦχος α΄ *Τὰς ἀλγηδόνας*.

Εἰς τὸν ὄρθρον 3.*Θεὸς Κύριος* καὶ 4.τὸ αὐτὸ τροπάριον, *Δόξα καὶ νῦν*, θεοτοκίον. 5.αἱ στιχολογίαι, καθίσματα τῆς ὀκτωήχου· →

---

[6] γ add. D

two of the Oktoechos six troparia, and from that of the holy men in mode 4 by Theophanes <to> Ἀνοίξω τὸ στόμα μου[11] six troparia; a.after the third ode, poetic kathisma of the holy men in mode 4, and theotokion; b.after the sixth ode, their kontakion. 10.Exaposteilarion <to> Ὁ οὐρανὸν τοῖς ἄστροις. 12.At the stichos of the ainoi, stichera from the Oktoechos, and others of the holy men from the prosomoia of **Vespers**,[12] or idiomelon in plagal mode 2: Σήμερον ἡ πενταυγής, Glory....both now...., theotokion.

L. At the Liturgy, 1.typika and makarismoi of the mode,[13] troparion of the holy men,[14] and theotokion. 2.Prokeimenon in mode 4: Θαυμαστὸς ὁ Θεὸς ἐν τοῖς ἁγίοις αὐτοῦ [Ps 67:36], stichos: Ἐν ἐκκλησίαις εὐλογεῖτε τὸν Θεόν [Ps 67:27], the apostle: to the Hebrews [12:1ff][15] (look in the Menologion of the apostle). Alleluia in mode 4: Ἐκέκραξαν οἱ δίκαιοι [Ps 33:18], gospel of the day and of the holy men (look in the Menologion of the gospel). 3.Koinonikon: Ἀγαλλιᾶσθε [Ps 32:1].

XI.03C. 3rd of the same month. The commemoration of the holy martyrs Akepsimas, Aeithalas and Joseph.

V. At Vespers, 1.after the recitation of continuous psalmody, 2.at Κύριε ἐκέκραξα we intercalate six times and chant three stichera of the holy men in plagal mode 1 to Χαίροις ἀσκητικῶν, and another three in plagal mode 4 to Ὦ τοῦ παραδόξου θαύματος, and theotokion. 4.Prokeimenon. 10.At the stichos, two stichera from the Oktoechos, and idiomelon of the holy men in mode 2: Ὑπὲρ τῆς εὐσεβείας. 12.Apolytikion in mode 1: Τὰς ἀλγηδόνας.

O. At Orthros, 3.Θεὸς Κύριος, and 4.the same troparion,[16] Glory.....both now...., theotokion. 5.The recitations of continuous →

---

[11] The heirmos.
[12] See V.2 above.
[13] The mode is set; see note 6.
[14] The troparion used as apolytikion at V.12 repeated here.
[15] Compare the Greek incipit with NT text; perhaps a confusion here with another incipit, see XI.06 L.2 apostolic reading.
[16] The troparion used as apolytikion at V.12 repeated here.

ΝΟΕΜΒΡΙΟΣ

ἀνάγνωσις τὸ μαρτύριον αὐτῶν, οὗ ἡ ἀρχὴ Ἐλύττα κατὰ χριστιανῶν Σαβώρ. 9.κανόνες γ΄· τοὺς β΄ τῆς ὀκτωήχου εἰς ς΄, καὶ τῶν ἁγίων εἰς ς΄ ἦχος δ΄ <πρὸς τὸ> Ἀνοίξω τὸ στόμα μου· ἀπὸ γ΄ ᾠδῆς κάθισμα τῶν ἁγίων ἦχος πλάγιος δ΄ καὶ θεοτοκίον· ἀπὸ ς΄ τὸ κοντάκιον αὐτῶν. 10.ἐξαποστειλάριον <πρὸς τὸ> Ὁ οὐρανὸν τοῖς ἄστροις. 12.εἰς τὸν στίχον τῶν αἴνων στιχηρὰ τῆς ὀκτωήχου β΄ καὶ ἰδιόμελον τῶν ἁγίων ἦχος πλάγιος β΄ *Προοίμιον τυπικοῦ* καὶ θεοτοκίον.

Εἰς τὴν λειτουργίαν 1.τυπικὰ καὶ μακαρισμοὶ τοῦ ἤχου, τὸ τροπάριον τῶν ἁγίων καὶ θεοτοκίον. 2.προκείμενον ἦχος δ΄ *Τοῖς ἁγίοις τοῖς ἐν τῇ γῇ αὐτοῦ·* στίχος *Προωρώμην τὸν Κύριον.* Ἀλληλούια ἦχος δ΄ *Πολλαὶ αἱ θλίψεις τῶν δικαίων·* ἀπόστολος δὲ καὶ εὐαγγέλιον [26r] τῆς ἡμέρας. 3.κοινωνικὸν *Ἀγαλλιᾶσθε δίκαιοι ἐν Κυρίῳ.*[7]

Μηνὶ τῷ αὐτῷ δ΄· τῶν ἁγίων μαρτύρων Νικάνδρου καὶ Ἑρμαίου, καὶ τοῦ ὁσίου πατρὸς ἡμῶν Ἰωαννικίου.

Ἑσπέρας 1.μετὰ τὴν στιχολογίαν 2.εἰς τὸ *Κύριε ἐκέκραξα* ἱστῶμεν ς΄ καὶ ψάλλομεν στιχηρὰ τῶν μαρτύρων γ΄ ἦχος β΄, καὶ ἕτερα γ΄ τοῦ ὁσίου ἦχος δ΄ πρὸς τὸ *Ὡς γενναῖον,* καὶ θεοτοκίον. 4.προκείμενον. 10.εἰς τὸν στίχον στιχηρὰ τῆς ὀκτωήχου καὶ ἰδιόμελον τοῦ ὁσίου ἦχος β΄ *Τῷ τοῦ Χριστοῦ ἔρωτι τρωθείς,* καὶ θεοτοκίον. 12.ἀπολυτίκιον ἦχος πλάγιος δ΄ *Ἐν σοί, πάτερ, ἀκριβῶς διεσώθη τὸ κατ' εἰκόνα. λαβὼν γὰρ τὸν σταυρὸν ἠκολούθησας τῷ Χριστῷ, καὶ πράττων ἐδίδασκες τὸ ὑπερορᾶν σαρκός, παρέρχεται γάρ, ἐπιμελεῖσθαι δὲ ψυχῆς πράγματος ἀθανάτου· διὸ καὶ μετὰ ἀγγέλων συναγάλλεται τὸ πνεῦμά σου.*[8] τὸ αὐτὸ καὶ 4.εἰς τὸ *Θεὸς Κύριος* καὶ 14.εἰς τὸ τέλος τοῦ ὄρθρου.

---

[7] δίκαιοι ἐν Κυρίῳ om. D
[8] λαβὼν γὰρ...σου om. D

psalmody,[17] poetic kathismata from the Oktoechos, reading: their *Martyrion* beginning Ἐλύττα κατὰ χριστιανῶν Σαβώρ [BHG, 20]. 9.Three canons: from the two of the Oktoechos six troparia, and from that of the holy men in mode 4 <to> Ἀνοίξω τὸ στόμα μου six troparia; a.after the third ode, poetic kathisma of the holy men in plagal mode 4, and theotokion; b.after the sixth ode, their kontakion. 10.Exaposteilarion <to> Ὁ οὐρανὸν τοῖς ἄστροις. 12.At the stichos of the ainoi, two stichera from the Oktoechos, and idiomelon of the holy men in plagal mode 2: Προοίμιον τυπικοῦ, and theotokion.

L. At the Liturgy, 1.typika and makarismoi of the mode,[18] the troparion of the holy men,[19] and theotokion. 2.Prokeimenon in mode 4: Τοῖς ἁγίοις τοῖς ἐν τῇ γῇ αὐτοῦ [Ps 15:3], stichos: Προωρώμην τὸν Κύριον [Ps 15:8]. Alleluia in mode 4: Πολλαὶ αἱ θλίψεις τῶν δικαίων [Ps 33:20]. Apostle and gospel of the day. 3.Koinonikon: Ἀγαλλιᾶσθε δίκαιοι ἐν Κυρίῳ [Ps 32:1].

XI.04C. 4th of the same month. The commemoration of the holy martyrs Nikandros and Hermaios, and of our saintly father Ioannikios.

V. At Vespers, 1.after the recitation of continuous psalmody, 2.at Κύριε ἐκέκραξα we intercalate six times and chant three stichera of the martyrs in mode 2, and another three of the saintly man in mode 4 to Ὡς γενναῖον, and theotokion. 4.Prokeimenon. 10.At the stichos, stichera from the Oktoechos, and idiomelon of the saintly man in mode 2: Τῷ τοῦ Χριστοῦ ἔρωτι τρωθείς, and theotokion. 12.Apolytikion in plagal mode 4: *In you, father, that 'in his image' was exactly maintained. For taking up the cross you followed Christ, and in action you taught the despising of the flesh for it passes away, and the caring for the soul, an immortal entity. Wherefore your spirit rejoices together with the angels.* The same also at Θεὸς Κύριος O.4. and O.14.at the end of **Orthros**.

---

[17] Two kathismata of the psalter are to be chanted; see IX.17 Orthros N.
[18] The mode is set; see note 6.
[19] The troparion used as apolytikion at V.12 repeated here.

Εἰς τὸν ὄρθρον 5.αἱ στιχολογίαι, καθίσματα τῆς ὀκτωήχου· ἀνάγνωσις ἐκ τοῦ βίου τοῦ ὁσίου, οὗ ἡ ἀρχὴ *Τὴν πρὸς ἀρετὴν ὁδὸν φέρουσαν*. 9.κανόνες[9] γ΄· ἕνα τῆς ὀκτωήχου, καὶ ἄλλον τῶν μαρτύρων ἦχος δ΄ <πρὸς τὸ> Χοροὶ Ἰσραὴλ Ἰωσήφ, καὶ τοῦ ὁσίου ἕτερον[10] ἦχος ὁ αὐτὸς <πρὸς τὸ> Ἀνοίξω τὸ στόμα μου Θεοφάνους· ψάλλομεν δὲ τοὺς γ΄ κανόνας ἐν τῷ ὄρθρῳ ἀνὰ δ΄· ἀπὸ γ΄ ᾠδῆς κάθισμα τῶν ἁγίων ἦχος γ΄ καὶ θεοτοκίον· ἀπὸ ϛ΄ κάθισμα τοῦ ὁσίου ἦχος πλάγιος δ΄. εἰ δὲ ἔχει κοντάκιον, ψάλλομεν τὸ αὐτὸ κάθισμα ἀπὸ τῆς δευτέρας στιχολογίας καὶ ἀπὸ ϛ΄ τὸ κοντάκιον. 10.ἐξαποστειλάριον τοῦ ὁσίου <πρὸς τὸ> Ὁ οὐρανὸν τοῖς ἄστροις. 12.εἰς τὸν στίχον τῶν αἴνων στιχηρὰ τῆς ὀκτωήχου β΄, καὶ τοῦ ὁσίου ἐκ τῶν προσομοίων ἓν πρὸς τὸ Ἔδωκας σημείωσιν *Νοῦν τὸν αὐτοκράτορα* καὶ θεοτοκίον ἢ ἰδιόμελον ἦχος β΄ *Ἀνδρειοφρόνως τελέσας*.

Εἰς τὴν λειτουργίαν 1.οἱ μακαρισμοὶ τῆς ἡμέρας, τροπάριον τοῦ ὁσίου καὶ θεοτοκίον. 2.προκείμενον ἦχος βαρὺς *Καυχήσονται ὅσιοι ἐν δόξῃ*· στίχος *Ἄισατε τῷ Κυρίῳ ᾆσμα*· ὁ ἀπόστολος πρὸς Τιμόθεον *Τέκνον Τιμόθεε, χάριν ἔχω*, ζήτει ὀκτωβρίῳ[11] β΄. Ἀλληλούια ἦχος β΄ *Μακάριος ἀνήρ*· εὐαγγέλιον τῆς ἡμέρας καὶ τοῦ ὁσίου, ζήτει εἰς τὸ μηνολόγιον τοῦ εὐαγγελίου. 3.κοινωνικὸν *Εἰς μνημόσυνον*.

Μηνὶ τῷ αὐτῷ ε΄· τῶν ἁγίων μαρτύρων Γαλακτίωνος καὶ Ἐπιστήμης.

Ἑσπέρας 1.μετὰ τὴν στιχολογίαν 2.εἰς τὸ *Κύριε ἐκέκραξα* ἱστῶμεν δ΄ καὶ ψάλλομεν στιχηρὰ τῶν ἁγίων γ΄ ἦχος πλάγιος δ΄ πρὸς τὸ *Ὢ τοῦ παραδόξου*, καὶ ἕτερον ἓν εἰς τὸν αὐτὸν ἦχον πρὸς τὸ *Τί ὑμᾶς*

---

[9] κανόνας D
[10] ἕτερος D
[11] Ὀκτωβρίου D

4–5 NOVEMBER

O. **At Orthros, 5.**the recitations of continuous psalmody,[20] poetic kathismata from the Oktoechos, reading: from the *Life* of the saintly man beginning Τὴν πρὸς ἀρετὴν ὁδὸν φέρουσαν [BHG, 937]. **9.**Three canons: one from the Oktoechos, and another of the martyrs in mode 4 <to> Χοροὶ Ἰσραήλ[21] by Joseph, and another of the saintly man in the same mode <to> Ἀνοίξω τὸ στόμα μου[22] by Theophanes; and from each of the three canons during **Orthros** we chant four troparia. **a.**After the third ode, poetic kathisma of the holy men in mode 3, and theotokion; **b.**after the sixth ode, poetic kathisma of the saintly man in plagal mode 4. But if he has a kontakion, we chant the same poetic kathisma **5e.**after the second recitation of continuous psalmody, and the kontakion **9b.**after the sixth ode. **10.**Exaposteilarion of the saintly man <to> Ὁ οὐρανὸν τοῖς ἄστροις. **12.**At the stichos of the ainoi, two stichera from the Oktoechos, and one of the prosomoia of the saintly man to Ἔδωκας σημείωσιν: Νοῦν τὸν αὐτοκράτορα, and theotokion, or idiomelon in mode 2: Ἀνδρειοφρόνως τελέσας.

L. **At the Liturgy, 1.**the makarismoi of the day, troparion of the saintly man,[23] and theotokion. **2.**Prokeimenon in barys mode: Καυχήσονται ὅσιοι ἐν δόξῃ [Ps 149:5], stichos: Ἄισατε τῷ Κυρίῳ ᾆσμα [Ps 149:1], the apostle: to Timothy [I 1:12ff] (see 2 October). *Alleluia* in mode 2: Μακάριος ἀνήρ [Ps 111:1], gospel: of the day and of the saintly man (look in the Menologion of the gospel). **3.**Koinonikon: Εἰς μνημόσυνον [Ps 111:6].

XI.05C. 5th of the same month. The commemoration of the holy martyrs Galaktion and Episteme.

V. **At Vespers, 1.**after the recitation of continuous psalmody, **2.**at Κύριε ἐκέκραξα we intercalate four times and chant three stichera of the holy ones in plagal mode 4 to Ὦ τοῦ παραδόξου, and another one in the same mode to Τί ὑμᾶς καλέσωμεν, and

---

[20] Two kathismata of the psalter are to be chanted; see IX.17 Orthros N.
[21] The heirmos.
[22] The heirmos.
[23] The troparion used as apolytikion at V.12 repeated here.

ΝΟΕΜΒΡΙΟΣ

καλέσωμεν, καὶ θεοτοκίον. [26v] 4.Ἀλληλούια. 10.εἰς τὸν στίχον στιχηρὰ τῆς ὀκτωήχου γ´ καὶ θεοτοκίον. 12.ἀπολυτίκιον *Θεοτόκε παρθένε* καὶ τὰ λοιπά.

Εἰς τὸν ὄρθρον 3.Ἀλληλούια καὶ 4.τὰ τριαδικὰ τοῦ ἤχου. 5.αἱ στιχολογίαι, καθίσματα τῆς ὀκτωήχου· ἀνάγνωσις εἰ κατελείφθη ἐκ τοῦ βίου τοῦ ὁσίου Ἰωαννικίου. 9.κανόνες γ´· οἱ δύο τῆς ὀκτωήχου, καὶ τῶν ἁγίων ἦχος πλάγιος δ´ Ἰωσήφ, ἀνὰ δ´· ἀπὸ γ´ ᾠδῆς κάθισμα τῶν ἁγίων ἦχος δ´· ἀνάγνωσις τὸ μαρτύριον αὐτοῦ, οὗ ἡ ἀρχὴ *Τῆς πρὸς τῷ Λιβάνῳ ὄρει Φοινίκης*·[12] ἀπὸ ς´ τὸ προσόμοιον κάθισμα τοῦ ἤχου. 12.εἰς τὸν στίχον τῶν αἴνων στιχηρὰ τῆς ὀκτωήχου γ´ καὶ θεοτοκίον.

Εἰς τὴν λειτουργίαν πᾶσα ἡ ἀκολουθία τῆς ἡμέρας.

Μηνὶ τῷ αὐτῷ ς´· τοῦ ὁσίου πατρὸς ἡμῶν Παύλου τοῦ ὁμολογητοῦ.

Ἑσπέρας 1.μετὰ τὴν στιχολογίαν 2.εἰς τὸ *Κύριε ἐκέκραξα* ἱστῶμεν ς´ καὶ ψάλλομεν στιχηρὰ τοῦ ἁγίου ς´ πρὸς μίαν ἦχος δ´ πρὸς τὸ *Ἔδωκας σημείωσιν*, καὶ θεοτοκίον.[13] 4.προκείμενον. 10.εἰς τὸν στίχον στιχηρὰ τῆς ὀκτωήχου δύο καὶ ἰδιόμελον τοῦ ἁγίου ἦχος α´ *Ἀρχιερατικὴν στολὴν* καὶ θεοτοκίον. 12.ἀπολυτίκιον ἦχος γ´ *Θείας πίστεως ὁμολογίᾳ*[14] *ἄλλον Παῦλόν σε ἡ ἐκκλησία ζηλωτὴν ἐν ἱερεῦσιν ἀνέδειξεν· συνεκβοᾷ σοι καὶ Ἄβελ πρὸς Κύριον καὶ Ζαχαρίου τὸ αἷμα τὸ δίκαιον. πάτερ ὅσιε, Χριστὸν τὸν Θεὸν ἱκέτευε δωρήσασθαι ἡμῖν τὸ μέγα ἔλεος.*[15]

---

[12] τῆς praepos. D
[13] κάθισμα D
[14] ὁμολογίᾳ D
[15] ἄλλον Παῦλόν...ἔλεος om. D

theotokion. 4.*Alleluia*. 10.At the stichos, three stichera from the Oktoechos, and theotokion. 12.Apolytikion: Θεοτόκε παρθένε and the rest.

O. At Orthros, 3.*Alleluia*, and 4.the triadika of the mode.²⁴ 5.The recitations of continuous psalmody,²⁵ poetic kathismata from the Oktoechos, reading: if anything was left from the *Life* of saintly Ioannikios.²⁶ 9.Three canons: the two from the Oktoechos, and that of the holy ones in plagal mode 4 by Joseph, four troparia from each; a.after the third ode, poetic kathisma of the holy ones in mode 4, reading: his²⁷ *Martyrion* beginning Τῆς πρὸς τῷ Λιβάνῳ ὄρει Φοινίκης [BHG, 666]; b.after the sixth ode, the poetic kathisma prosomoion of the mode.²⁸ 12.At the stichos of the ainoi, three stichera from the Oktoechos, and theotokion.

L. At the Liturgy, all the service of the day.

XI.06C. 6th of the same month. The commemoration of our saintly father Paul the Confessor.

V. At Vespers, 1.after the recitation of continuous psalmody, 2.at Κύριε ἐκέκραξα we intercalate six times and chant six stichera of the holy man once in mode 4 to Ἔδωκας σημείωσιν, and theotokion. 4.Prokeimenon. 10.At the stichos, two stichera from the Oktoechos, and idiomelon of the holy man in mode 1: Ἀρχιερατικὴν στολήν, and theotokion. 12.Apolytikion in mode 3: *Because of your confession of divine faith the church proclaimed you another Paul, zealous among priests. With you both Abel and the righteous blood of Zachariah cry out to the Lord. Saintly father, supplicate Christ our God to bestow on us his great mercy.*

---

²⁴ The mode is set; see note 6.
²⁵ Two kathismata of the psalter are to be chanted; see IX.17 Orthros N.
²⁶ See XI.04 O.5.
²⁷ That is, of Galaktion.
²⁸ The mode is set; see note 6.

ΝΟΕΜΒΡΙΟΣ

Εἰς τὸν ὄρθρον 3.Θεὸς Κύριος καὶ 4.τὸ αὐτὸ τροπάριον. 5.αἱ στιχολογίαι, καθίσματα τῆς ὀκτωήχου· ἀνάγνωσις ἐκ τοῦ βίου τοῦ ἁγίου, οὗ ἡ ἀρχὴ *Ἡνίκα Κωνστάντιος*.[16] 9.κανόνες γ´· τῆς ὀκτωήχου οἱ β´ εἰς ϛ´, καὶ τοῦ ἁγίου εἰς ϛ´ ἦχος δ´ <πρὸς τὸ> Ἀνοίξω τὸ στόμα μου Θεοφάνους· ἀπὸ γ´ ᾠδῆς κάθισμα τοῦ ἁγίου καὶ θεοτοκίον, τὸ ἓν ὁ ψάλτης τὸ δὲ ἕτερον ὁ λαός, ἦχος γ´· ἀπὸ ϛ´ τὸ κοντάκιον αὐτοῦ. 10.ἐξαποστειλάριον <πρὸς τὸ> Ὁ οὐρανὸν τοῖς ἄστροις. 12.εἰς τὸν στίχον στιχηρὰ τῆς ὀκτωήχου β´, καὶ τοῦ ἁγίου ἓν ἐκ τῶν προσομοίων *Παῦλε παμμακάριστε* καὶ θεοτοκίον.

Εἰς τὴν λειτουργίαν 1.οἱ μακαρισμοὶ τῆς ἡμέρας, τροπάριον τοῦ ἁγίου καὶ θεοτοκίον. 2.προκείμενον ἦχος βαρὺς *Τίμιος ἐναντίον Κυρίου*· στίχος *Τί ἀνταποδώσω*·[17] ὁ ἀπόστολος πρὸς Ἑβραίους *Ἀδελφοί, τοιοῦτον ἔχομεν ἀρχιερέα*, ζήτει εἰς τὸ μηνολόγιον τοῦ ἀποστόλου. *Ἀλληλούια* ἦχος β´ *Οἱ ἱερεῖς σου ἐνδύσονται δικαιοσύνην*· εὐαγγέλιον τὸ τῆς ἡμέρας καὶ τοῦ ἁγίου ἐν τῷ μηνολογίῳ. 3.κοινωνικὸν *Εἰς μνημόσυνον*.

Μηνὶ τῷ αὐτῷ ζ´· τῶν ἁγίων μαρτύρων τῶν ἐν Μελιτηνῇ·[18] τελοῦνται δὲ καὶ τὰ μνημόσυνα τοῦ ὁσίου Λαζάρου τοῦ Γαλησιώτου.[19]

Ἑσπέρας [27r] 1.μετὰ τὴν στιχολογίαν 2.εἰς τὸ *Κύριε ἐκέκραξα* ἱστῶμεν ϛ´ καὶ ψάλλομεν στιχηρὰ τῶν ἁγίων ἦχος α´, καὶ εἰ εἰσὶ καὶ τοῦ ὁσίου Λαζάρου γ´, *Δόξα καὶ νῦν*, θεοτοκίον· εἰ δὲ οὐκ εἰσίν, ψάλλομεν τῶν ἁγίων δύο εἰς ἦχον α´ καὶ ἕτερα δύο εἰς ἦχον δ´, ἱστῶμεν γὰρ δ´. 4.*Ἀλληλούια*. 10.εἰς τὸν στίχον στιχηρὰ τῆς →

---

[16] Κωνσταντίνου D
[17] ἀνταποδώσωμεν D
[18] Μελιτινῇ cod.
[19] γαλλησιώτου cod.

6-7 NOVEMBER

O. At Orthros, 3.Θεὸς Κύριος, and 4.the same troparion.[29] 5.The recitations of continuous psalmody,[30] poetic kathismata from the Oktoechos, reading: from the *Life* of the holy man beginning Ἡνίκα Κωνστάντιος [BHG, 1473]. 9.Three canons: from the two of the Oktoechos six troparia, and from that of the holy man in mode 4 <to> Ἀνοίξω τὸ στόμα μου[31] by Theophanes six troparia; a.after the third ode, poetic kathisma of the holy man, and theotokion (the cantor [chants] one and the people the other),[32] in mode 3; b.after the sixth ode, his kontakion. 10.Exaposteilarion <to> Ὁ οὐρανὸν τοῖς ἄστροις. 12.At the stichos, two stichera from the Oktoechos, and one from the prosomoia of the holy man: *Παῦλε παμμακάριστε*, and theotokion.

L. At the Liturgy, 1.the makarismoi of the day, troparion of the holy man,[33] and theotokion. 2.Prokeimenon in barys mode: *Τίμιος ἐναντίον Κυρίου* [Ps 115:6], stichos: *Τί ἀνταποδώσω* [Ps 115:3], the apostle: to the Hebrews [8:1ff] (look in the Menologion of the apostle). *Alleluia* in mode 2: *Οἱ ἱερεῖς σου ἐνδύσονται δικαιοσύνην* [Ps 131:9], gospel: that of the day and that of the holy man in the Menologion. 3.Koinonikon: *Εἰς μνημόσυνον* [Ps 111:6].

XI.07C. 7th of the same month. The commemoration of the holy martyrs in Melitene; the commemorations of saintly Lazaros the Galesiote are also carried out.

V. At Vespers, 1.after the recitation of continuous psalmody, 2.at *Κύριε ἐκέκραξα* we intercalate six times and chant stichera of the holy ones in mode 1 and, if there are any, three also of saintly Lazaros, *Glory.....both now....*, theotokion. But if there are none, we chant two of the holy ones in mode 1 and another two in mode 4, for we intercalate four times. 4.*Alleluia*. 10.At the stichos, three

---

[29] The troparion used as apolytikion at V.12 repeated here.
[30] Two kathismata of the psalter are to be chanted; see IX.17 Orthros N.
[31] The heirmos.
[32] This indicates that two kathismata are chanted; the first a solo by the cantor, the other chanted by everyone.
[33] The troparion used as apolytikion at V.12 repeated here.

ΝΟΕΜΒΡΙΟΣ

ὀκτωήχου γ´ καὶ θεοτοκίον. 12.ἀπολυτίκιον *Θεοτόκε παρθένε* καὶ τὰ λοιπά.

Εἰς τὸν ὄρθρον 3.*Ἀλληλούια* καὶ 4.τὰ τριαδικὰ τοῦ ἤχου. 5.αἱ στιχολογίαι, καθίσματα τῆς ὀκτωήχου· ἀνάγνωσις ἐκ τῶν λόγων[20] τοῦ Χρυσοστόμου τῶν[21] περὶ Ὀζίου, λόγοι[22] ιε´, ις´. 9.κανόνες γ´· τῆς ὀκτωήχου β´, καὶ τῶν ἁγίων ἦχος β´ Θεοφάνους <πρὸς τὸ> Δεῦτε λαοί, εἰ δέ ἐστι κανὼν τοῦ ὁσίου Λαζάρου, καταλιμπάνομεν τὸν ἕνα τῆς ὀκτωήχου· ἀπὸ γ´ ᾠδῆς κάθισμα τῶν ἁγίων ἦχος δ´ καὶ θεοτοκίον· ἀνάγνωσις τὸ μαρτύριον αὐτῶν, οὗ ἡ ἀρχὴ Ἱέρωνι[23] τῷ γενναίῳ· ἀπὸ ς´ τὸ προσόμοιον κάθισμα τῆς ἡμέρας. 10.ἐξαποστειλάριον τοῦ ἤχου. 12.εἰς τὸν στίχον τῶν αἴνων στιχηρὰ τῆς ὀκτωήχου καὶ θεοτοκίον.

Εἰς τὴν λειτουργίαν πᾶσα ἡ τῆς ἡμέρας ἀκολουθία.

Μηνὶ τῷ αὐτῷ η´· ἡ σύναξις τῶν ἀσωμάτων.

Ἑσπέρας 1.οὐ στιχολογοῦμεν διὰ τὴν ἀγρυπνίαν, 2.εἰς δὲ τὸ *Κύριε ἐκέκραξα* ἱστῶμεν ς´ καὶ ψάλλομεν στιχηρὰ τῶν ἀσωμάτων ἦχος α´ πρὸς τὸ Τῶν οὐρανίων ταγμάτων γ´, καὶ ἕτερα γ´ ἦχος δ´ πρὸς τὸ Ὡς γενναῖον, καὶ θεοτοκίον. 3.μετὰ τὴν εἴσοδον 4.προκείμενον· εἶτα 5.αἱ προφητεῖαι....[24] 10.εἰς τὸν στίχον στιχηρὰ τῆς ὀκτωήχου β´ καὶ ἰδιόμελον τῶν ἀσωμάτων ἦχος πλάγιος β´ *Συγχάρητε* καὶ θεοτοκίον. 12.ἀπολυτίκιον ἦχος δ´ *Τῶν οὐρανίων στρατιῶν*. τὸ αὐτὸ καὶ 4.εἰς τὸν ὄρθρον καὶ 14.εἰς τὸ τέλος τοῦ ὄρθρου.

---

[20] τοῦ λόγου D
[21] τοῦ D
[22] λόγος D
[23] Ἱέρων D
[24] lacuna est in cod.

stichera from the Oktoechos, and theotokion. 12.Apolytikion: Θεοτόκε παρθένε and the rest.

O. At Orthros, 3.*Alleluia*, and 4.the triadika of the mode.³⁴ 5.The recitations of continuous psalmody,³⁵ poetic kathismata from the Oktoechos, reading: from the homilies of Chrysostom concerning Uzziah, *Homilies* 15 and 16.³⁶ 9.Three canons: two from the Oktoechos, and that of the holy ones in mode 2 by Theophanes <to> Δεῦτε λαοί,³⁷ but if there is a canon of saintly Lazaros, we omit the first one from the Oktoechos; a.after the third ode, poetic kathisma of the holy ones in mode 4, and theotokion, reading: their *Martyrion* beginning Ἱέρωνι τῷ γενναίῳ [BHG, 750]; b.after the sixth ode, the poetic kathisma prosomoion of the day. 10.Exaposteilarion of the mode.³⁸ 12.At the stichos of the ainoi, stichera from the Oktoechos, and theotokion.

L. At the Liturgy, all the service of the day.

XI.08C. 8th of the same month. The Synaxis of the Incorporeal Ones.

V. At Vespers, 1.we do not recite the continuous psalmody because of the **Agrypnia**, 2.but at Κύριε ἐκέκραξα we intercalate six times and chant three stichera of the Incorporeal Ones in mode 1 to Τῶν οὐρανίων ταγμάτων, and another three in mode 4 to Ὡς γενναῖον, and theotokion. 3.After the entrance, 4.prokeimenon; then 5.the prophecies .... 10.At the stichos, two stichera from the Oktoechos, and idiomelon of the Incorporeal Ones in plagal mode 2: Συγχάρητε, and theotokion. 12.Apolytikion in mode 4: Τῶν οὐρανίων στρατιῶν. The same also at **Orthros O.4.** and **O.14.**at the end of **Orthros**.

---

³⁴ The mode is set; see note 6.
³⁵ Two kathismata of the psalter are to be chanted; see IX.17 Orthros N.
³⁶ See X.31 N2.
³⁷ The heirmos.
³⁸ The mode is set; see note 6.

ΝΟΕΜΒΡΙΟΣ

Εἰς τὴν παννυχίδα 1.κανόνα κατανυκτικὸν τῆς ἡμέρας εἰς ς', καὶ τῶν ἀσωμάτων εἰς δ' ἦχος δ' Ἰωσὴφ <πρὸς τὸ> *Ἀνοίξω τὸ στόμα μου*· 2.ἀπὸ γ' ᾠδῆς κάθισμα κατανυκτικόν· 3.ἀπὸ ς' τὸ κοντάκιον ἦχος πλάγιος β' πρὸς τὸ *Ἐκ τῶν οὐρανῶν*, καὶ οἶκον, ζήτει αὐτὸ εἰς τὰς ς' σεπτεμβρίου. μετὰ τὴν ἀπόλυσιν 4.ἀνάγνωσις Παντολέοντος διακόνου εἰς τὰ θαύματα τῶν ἀσωμάτων, ὦν ἡ ἀρχὴ *Μεγάλαι καὶ πολλαὶ καὶ ποικίλαι*. ἔπειτα σημαίνοντος ἀρχόμεθα τοῦ ὄρθρου.

Εἰς τὸν ὄρθρον 3.*Θεὸς Κύριος* καὶ 4.τὸ τροπάριον τῶν ἀσωμάτων καὶ θεοτοκίον. 5.αἱ στιχολογίαι, κατὰ ἀκολουθίαν καθίσματα γ'· καὶ εἰς μὲν τὰ β' λέγομεν καθίσματα τῆς ὀκτωήχου τῆς ἡμέρας, εἰς δὲ τὸ γ' κάθισμα λέγομεν[25] τῶν ἀσωμάτων ἦχος δ', ὁ ψάλτης καὶ ὁ λαός, καὶ θεοτοκίον. εἶτα αἱ λοιπαὶ ἀναγνώσεις ἐκ τῶν αὐτῶν θαυμάτων, εἰς γὰρ δ' δόσεις γίνονται· εἰς τὸ τρίτον δὲ κάθισμα λέγομεν τὸν πολυέλεον καὶ ψάλλομεν ἕτερον κάθισμα εἰς ἦχον δ' τῶν ἀσωμάτων καὶ θεοτοκίον· ἀνάγνωσις, εἰ ἔχει ἡ ὥρα, λόγος τοῦ Χρυσοστόμου περὶ εὐταξίας, οὗ ἡ ἀρχὴ *Πολλοῖς ὁρῶ τὴν σπουδήν*, ζήτει εἰς Τοὺς Μαργαρίτας λόγος ιγ'. [27v] εἶτα 6.οἱ ἀναβαθμοὶ ἦχος δ' ἀντίφωνον ἕν. καὶ εὐθὺς 7.προκείμενον ἦχος δ' *Αἰνεῖτε τὸν Κύριον πάντες οἱ ἄγγελοι αὐτοῦ, αἰνεῖτε αὐτὸν πᾶσαι αἱ δυνάμεις αὐτοῦ*.[26] στίχος *Ὅτι αὐτὸς εἶπεν καὶ ἐγενήθησαν*[27] *Πᾶσα πνοή*· εὐαγγέλιον κατὰ Ματθαῖον, ζήτει τῇ ἐπαύριον τῆς πεντηκοστῆς, *Εἶπεν ὁ Κύριος· Ὁρᾶτε·* 8.ὁ Ν'. καὶ 9.οἱ κανόνες· τῆς ὀκτωήχου οἱ δύο εἰς ς', καὶ τῶν ἀσωμάτων εἰς η' ἦχος πλάγιος δ' Ἰωάννου μοναχοῦ <πρὸς τὸ> *Ἆισμα ἀναπέμψωμεν λαοί*· ἀπὸ γ' ᾠδῆς κάθισμα τῶν ἀσωμάτων ὁ ψάλτης καὶ ὁ λαός, *Δόξα καὶ νῦν*, θεοτοκίον· ἀνάγνωσις λόγος τοῦ Χρυσοστόμου εἰς τὰ Σεραφίμ, οὗ ἡ ἀρχὴ *Μόλις ποτὲ τὸ κατὰ τὸν Ὀζίαν*, ζήτει εἰς τὸ αὐτὸ βιβλίον →

---

[25] λέγουσι D
[26] αἰνεῖτε αὐτὸν...αὐτοῦ om. D
[27] ἐγεννήθησαν D

8 NOVEMBER

PN. At Pannychis, 1.from a penitential canon of the day six troparia, and from that of the Incorporeal Ones in mode 4 by Joseph <to> Ἀνοίξω τὸ στόμα μου four troparia; 2.after the third ode, penitential poetic kathisma; 3.after the sixth ode, the kontakion in plagal mode 2 to Ἐκ τῶν οὐρανῶν, and oikos (look for it at 6 September). After the apolysis, 4.reading: of Pantoleon the Deacon on the miracles of the Incorporeal Ones beginning *Μεγάλαι καὶ πολλαὶ καὶ ποικίλαι* [BHG, 1285]. Next when the signal is given, we begin **Orthros**.

O. At Orthros, 3.*Θεὸς Κύριος*, and 4.the troparion of the Incorporeal Ones,[39] and theotokion. 5.The recitations of continuous psalmody, in accordance with the proper three kathismata. At the two kathismata of continuous psalmody, we recite poetic kathismata of the day from the Oktoechos, but at the third kathisma, we recite that of the Incorporeal Ones in mode 4 ([by] the cantor and the people), and theotokion. Then the remaining readings of the same miracles, for they are in four portions. g.At the third kathisma of continuous psalmody, we recite the polyeleos[40] and h.chant another poetic kathisma of the Incorporeal Ones in mode 4, and theotokion, i.reading, if there is time: *Homily* of Chrysostom concerning good order beginning *Πολλοῖς ὁρῶ τὴν σπουδήν* (look in *The Pearls, Homily* 13). Then 6.the anabathmoi in mode 4 one antiphon. And immediately 7a.prokeimenon in mode 4: *Αἰνεῖτε τὸν Κύριον πάντες οἱ ἄγγελοι αὐτοῦ, αἰνεῖτε αὐτὸν πᾶσαι αἱ δυνάμεις αὐτοῦ* [Ps 148:2], stichos: *Ὅτι αὐτὸς εἶπεν καὶ ἐγενήθησαν* [Ps 148:5], b.*Πᾶσα πνοή*, c.gospel: according to Matthew [18:10ff] (look at the day after Pentecost); 8.psalm 50. And 9.the canons: from the two of the Oktoechos six troparia, and from that of the Incorporeal Ones in plagal mode 4 by John the Monk <to> *Ἆισμα ἀναπέμψωμεν λαοί*[41] eight troparia; a.after the third ode, poetic kathisma of the Incorporeal Ones ([by] the cantor and people), *Glory.....both now....*, theotokion, reading: *Homily* of Chrysostom on the Seraphim beginning *Μόλις ποτὲ τὸ κατὰ τὸν* →

---

[39] The troparion used as apolytikion at V.12 repeated here.
[40] Psalms 134 and 135.
[41] The heirmos.

λόγον ιζ΄· ἀπὸ ς΄ ᾠδῆς τὸ κοντάκιον ἦχος β΄ *Ἀρχιστράτηγοι*[28] *Θεοῦ*. 10.ἐξαποστειλάριον *Ἅγιος Κύριος*. 11.εἰς τοὺς αἴνους ἱστῶμεν ς΄ καὶ ψάλλομεν στιχηρὰ τῆς ὀκτωήχου β΄ καὶ τῶν ἀσωμάτων ἕτερα β΄ ἦχος πλάγιος α΄, δευτεροῦντες αὐτά, *Δόξα*, ἰδιόμελον ἦχος πλάγιος β΄ *Οἱ ἄγγελοί σου, καὶ νῦν*, θεοτοκίον. 13.δοξολογία μεγάλη. 14.ἀπολυτίκιον τῶν ἀσωμάτων καὶ ἡ α΄ ὥρα.

Εἰ δὲ τύχῃ ἐν κυριακῇ, ψάλλονται κοινῶς τά τε στιχηρὰ καὶ οἱ κανόνες τῶν ἀσωμάτων μετὰ τῶν ἀναστασίμων, οἵ τε ἀναβαθμοὶ τοῦ ἤχου καὶ τὸ *Πᾶσα πνοή*, ὁμοίως δὲ καὶ εὐαγγέλιον ἑωθινόν. Εἰς δὲ τὴν λειτουργίαν 2.προκείμενον καὶ *Ἀλληλούια* τῶν ἀσωμάτων· ἀπόστολος δὲ καὶ εὐαγγέλιον ἀμφοτέρων καὶ 3.κοινωνικόν.

Εἰς τὴν λειτουργίαν 1.τυπικὰ καὶ ᾠδὴ τοῦ κανόνος τῶν ἀσωμάτων ἡ γ΄· μετὰ τὴν εἴσοδον τὸ τροπάριον αὐτῶν καὶ τὸ κοντάκιον. 2.προκείμενον ἦχος δ΄ *Ὁ ποιῶν τοὺς ἀγγέλους αὐτοῦ*· στίχος *Εὐλόγει ἡ ψυχή μου*· ὁ ἀπόστολος πρὸς Ἑβραίους *Ἀδελφοί, εἰ ὁ δι᾿ ἀγγέλων λαληθείς*. *Ἀλληλούια* ἦχος β΄ *Αἰνεῖτε τὸν Κύριον πάντες οἱ ἄγγελοι αὐτοῦ*· στίχος β΄ *Ὅτι αὐτὸς εἶπεν καὶ ἐγενήθησαν*· εὐαγγέλιον κατὰ Λουκᾶν *Εἶπεν ὁ Κύριος· Ὁ ἀκούων ὑμῶν ἐμοῦ ἀκούει*, ζήτει ὀκτωβρίου ιη΄. 3.κοινωνικὸν *Ὁ ποιῶν τοὺς ἀγγέλους*.

Μηνὶ τῷ αὐτῷ θ΄· τῆς ὁσίας Ματρώνης, καὶ τῶν ἁγίων μαρτύρων Ὀνησιφόρου καὶ Πορφυρίου.

Ἑσπέρας 1.οὐ στιχολογοῦμεν διὰ τὸν κόπον τῆς ἀγρυπνίας, 2.εἰς δὲ τὸ *Κύριε ἐκέκραξα* ἱστῶμεν ς΄ καὶ ψάλλομεν στιχηρὰ γ΄ τῆς ὁσίας

---

[28] Ἀρχιστράτηγε D

8–9 NOVEMBER

Ὀζίαν (look in the same book, *Homily* 17)[42] [BHG, 124]; **b.**after the sixth ode, the kontakion in mode 2: Ἀρχιστράτηγοι Θεοῦ. **10.**Exaposteilarion: Ἅγιος Κύριος. **11.**At the ainoi we intercalate six times and chant two stichera from the Oktoechos, and another two of the Incorporeal Ones in plagal mode 1, repeating them, *Glory....,* idiomelon in plagal mode 2: Οἱ ἄγγελοί σου, *both now....,* theotokion. **13.**Great doxology. **14.**Apolytikion of the Incorporeal Ones,[43] and the **First Hour**.

> **XI.08 K.** But if it falls on a Sunday, O.both the stichera and the canons of the Incorporeal Ones are chanted together with the resurrection ones, and the anabathmoi of the mode[44] and Πᾶσα πνοή, and similarly also the matins gospel. **L.**At the **Liturgy, 2.**prokeimenon and *Alleluia* of the Incorporeal Ones, but apostle and gospel of both, and **3.**koinonikon.

L. At the Liturgy. 1.typika, and the third ode of the canon of the Incorporeal Ones;[45] after the entrance, their troparion[46] and kontakion.[47] **2.**Prokeimenon in mode 4: Ὁ ποιῶν τοὺς ἀγγέλους αὐτοῦ [Ps 103:4], stichos: Εὐλόγει ἡ ψυχή μου [Ps 103:1], the apostle: to the Hebrews [2:2ff]. *Alleluia* in mode 2: Αἰνεῖτε τὸν Κύριον πάντες οἱ ἄγγελοι αὐτοῦ [Ps 148:2], second stichos: Ὅτι αὐτὸς εἶπεν καὶ ἐγενήθησαν [Ps 148:5], gospel: according to Luke [10:16ff] (see 18 October). **3.**Koinonikon: Ὁ ποιῶν τοὺς ἀγγέλους [Ps 103:4].

XI.09C. 9th of the same month. The commemoration of saintly Matrona, and of the holy martyrs Onesiphoros and Porphyrios.

V. At Vespers, 1.we do not recite the continuous psalmody because of weariness from the **Agrypnia, 2.**but at Κύριε ἐκέκραξα

---

[42] See X.31 N2.
[43] The troparion used as apolytikion at V.12 repeated here.
[44] The mode is set; see note 6.
[45] Most probably means that refrains of the third ode are intercalated into the makarismoi.
[46] The troparion used as apolytikion at V.12 repeated here.
[47] See O.9b above.

ἦχος δ΄, καὶ τῶν ἁγίων μαρτύρων ἕτερα γ΄ ἦχος πλάγιος δ΄ καὶ θεοτοκίον. 4.Ἀλληλούια. 10.εἰς τὸν στίχον στιχηρὰ τῆς ὀκτωήχου γ΄ καὶ θεοτοκίον.

Εἰς τὸν ὄρθρον 3.Ἀλληλούια καὶ 4.τὰ τριαδικὰ τοῦ ἤχου. 5.αἱ στιχολογίαι, καθίσματα τῆς ὀκτωήχου· ἀνάγνωσις ὁ βίος τῆς ὁσίας, οὗ ἡ ἀρχὴ *Τοὺς σώφρονας τὸν βίον*[29] *καὶ φιλαρέτους*. 9.κανόνες[30] γ΄· ἕνα τῆς ὀκτωήχου καὶ ἕτερον τῆς ὁσίας [28r] ἦχος πλάγιος δ΄ Ἰωσήφ, καὶ ἄλλον τῶν μαρτύρων ἦχος δ΄ Ἰωσήφ, ἀνὰ δ΄, πλὴν πρὸς τὸν ἦχον πρωτεύει ὁ εἷς τοῦ ἑτέρου· ἀπὸ γ΄ ᾠδῆς κάθισμα τῆς ὁσίας ἦχος πλάγιος δ΄· ἀπὸ ϛ΄ τῶν μαρτύρων ἦχος α΄. 10.ἐξαποστειλάριον τοῦ ἤχου. 12.εἰς τὸν στίχον τῶν αἴνων στιχηρὰ τῆς ὀκτωήχου καὶ θεοτοκίον.

Εἰς τὴν λειτουργίαν πᾶσα ἡ ἀκολουθία τῆς ἡμέρας.

Μηνὶ τῷ αὐτῷ ι΄· τῶν ἁγίων ἀποστόλων[31] **Ὀλυμπᾶ, Ῥοδίωνος καὶ τῶν λοιπῶν, καὶ τοῦ ἁγίου μάρτυρος Ὀρέστου.**

Ἑσπέρας 1.μετὰ τὴν στιχολογίαν 2.εἰς τὸ *Κύριε ἐκέκραξα* ἱστῶμεν ϛ΄ καὶ ψάλλομεν στιχηρὰ γ΄ τῶν ἀποστόλων ἦχος α΄, καὶ ἕτερα γ΄ τοῦ μάρτυρος εἰς τὸν αὐτὸν ἦχον καὶ θεοτοκίον. 4.Ἀλληλούια. 10.εἰς τὸν στίχον στιχηρὰ τῆς ὀκτωήχου καὶ θεοτοκίον.

Εἰς τὸν ὄρθρον 3.Ἀλληλούια καὶ 4.τὰ τριαδικὰ τοῦ ἤχου. 5.αἱ στιχολογίαι, καθίσματα τῆς ὀκτωήχου· ἀνάγνωσις ὁ βίος τῆς ὁσίας

---

[29] τὸν βίον cod. τοὺς D
[30] κανόνας D
[31] ἀποστόλων om. D

9-10 NOVEMBER

we intercalate six times and chant three stichera of the saintly woman in mode 4, and another three of the holy martyrs in plagal mode 4, and theotokion. 4.*Alleluia.* 10.At the stichos, three stichera from the Oktoechos, and theotokion.

O. At Orthros, 3.*Alleluia*, and 4.the triadika of the mode.[48] 5.The recitations of continuous psalmody,[49] poetic kathismata from the Oktoechos, reading: the *Life* of the saintly woman beginning Τοὺς σώφρονας τὸν βίον καὶ φιλαρέτους [BHG, 1222]. 9.Three canons: one from the Oktoechos, and another of the saintly woman in plagal mode 4 by Joseph, and another of the martyrs in mode 4 by Joseph, four troparia from each (but the one has precedence over the other with reference to the mode); a.after the third ode, poetic kathisma of the saintly woman in plagal mode 4; b.after the sixth ode, that of the martyrs in mode 1. 10.Exaposteilarion of the mode.[50] 12.At the stichos of the ainoi, stichera from the Oktoechos, and theotokion.

L. At the Liturgy, all the service of the day.

XI.10C. 10th of the same month. The commemoration of the holy apostles Olympas, Rhodion and the rest, and of the holy martyr Orestes.

V. At Vespers, 1.after the recitation of continuous psalmody, 2.at Κύριε ἐκέκραξα we intercalate six times and chant three stichera of the apostles in mode 1, and another three of the martyr in the same mode, and theotokion. 4.*Alleluia.* 10.At the stichos, stichera from the Oktoechos, and theotokion.

O. At Orthros, 3.*Alleluia*, and 4.the triadika of the mode.[51] 5.The recitations of continuous psalmody,[52] poetic kathismata from the

---

[48] The mode is set; see note 6.
[49] Two kathismata of the psalter are to be chanted; see IX.17 Orthros N.
[50] The mode is set; see note 6.
[51] The mode is set; see note 6.
[52] Two kathismata of the psalter are to be chanted; see IX.17 Orthros N.

ΝΟΕΜΒΡΙΟΣ

Θεοκτίστης τῆς Λεσβίας, οὗ ἡ ἀρχὴ Εἰκόνες καὶ στῆλαι καὶ ἀνδριάντες. 9.κανόνες γ'· τῆς ὀκτωήχου εἷς, καὶ τῶν ἀποστόλων ἦχος α' Ἰωσήφ, καὶ τοῦ μάρτυρος ἦχος β' τοῦ αὐτοῦ, ἀνὰ δ', κατὰ δὲ τὸν ἦχον τῆς ὀκτωήχου πρωτεύει ὁ εἷς τοῦ ἑτέρου· ἀπὸ γ' ᾠδῆς κάθισμα τῶν ἀποστόλων ἦχος α'· ἀπὸ ϛ' κάθισμα τῶν μαρτύρων ἦχος δ'. 10.ἐξαποστειλάριον τοῦ ἤχου. 12.εἰς τὸν στίχον τῶν αἴνων στιχηρὰ τῆς ὀκτωήχου καὶ θεοτοκίον.

Εἰς τὴν λειτουργίαν πᾶσα ἡ ἀκολουθία τῆς ἡμέρας.

Δεῖ γινώσκειν ὅτι εἰ τύχῃ τοῦ Χρυσοστόμου γενέσθαι εἰς ἡμέραν κυριακὴν ἢ σάββατον ἢ δευτέραν ἢ γ', προαναγινώσκεται ἢ μεταναγινώσκεται ὁ βίος αὐτοῦ ἐν τῇ ἀγρυπνίᾳ· εἰ δὲ τύχῃ ἐν τετράδι,[32] ἀναγινώσκομεν ἀπ' ἐκείνης τῆς ἡμέρας μέχρις οὗ τελειωθῇ. ἀναγινώσκομεν δὲ καὶ σήμερον ἐξ αὐτοῦ, οὗ ἡ ἀρχὴ Καὶ πάντων μὲν τῶν κατὰ Θεόν.

Μηνὶ τῷ αὐτῷ ια'· τῶν ἁγίων μαρτύρων Μηνᾶ καὶ τῶν σὺν αὐτῷ, καὶ τοῦ ὁσίου πατρὸς ἡμῶν Θεοδώρου ἡγουμένου τῶν Στουδίου.

Ἑσπέρας 1.μετὰ τὴν στιχολογίαν 2.εἰς τὸ Κύριε ἐκέκραξα ἱστῶμεν ϛ' καὶ ψάλλομεν στιχηρὰ τοῦ μάρτυρος γ' ἦχος πλάγιος δ', καὶ ἕτερα γ' τοῦ ὁσίου εἰς τὸν αὐτὸν ἦχον καὶ θεοτοκίον. 4.προκείμενον. 10.εἰς τὸν στίχον στιχηρὰ τῆς ὀκτωήχου β', καὶ ἰδιόμελον τῶν ἁγίων ἦχος δεύτερος Δεῦτε φίλαθλοι καὶ θεοτοκίον. 12.ἀπολυτίκιον Οἱ μάρτυρές σου Κύριε ἐν τῇ ἀθλήσει.

Εἰς τὸν ὄρθρον 3.Θεὸς Κύριος καὶ 4.τὸ αὐτὸ τροπάριον δίς, Δόξα, καὶ λέγομεν <ἦχος> πλάγιος δ' τοῦ ὁσίου ἅπαξ, καὶ νῦν, θεοτοκίον·

---

[32] τῇ praepos. D

10-11 NOVEMBER

Oktoechos, reading: the *Life* of saintly Theoktiste of Lesbos beginning Εἰκόνες καὶ στῆλαι καὶ ἀνδριάντες [BHG, 1725]. **9.**Three canons: one from the Oktoechos, and that of the apostles in mode 1 by Joseph, and that of the martyr in mode 2 by the same composer, four troparia from each (but the one has precedence over the other in accordance with the mode of the Oktoechos); a.after the third ode, poetic kathisma of the apostles in mode 1; b.after the sixth ode, poetic kathisma of the martyrs[53] in mode 4. **10.**Exaposteilarion of the mode.[54] **12.**At the stichos of the ainoi, stichera from the Oktoechos, and theotokion.

L. At the Liturgy, all the service of the day.

> **N.** It is necessary to realise that if [the commemoration] of Chrysostom[55] happens to fall on a Sunday or Saturday or Monday or Tuesday, his *Life* is read beforehand or afterwards during the **Agrypnia**. But if it falls on a Wednesday, we read it from that day until it is finished. Today we also read from it beginning Καὶ πάντων μὲν τῶν κατὰ Θεόν [BHG, 875].

XI.11C. 11th of the same month. The commemoration of the holy martyrs Menas and those with him, and of our saintly father Theodore hegoumenos of Stoudios.

V. At Vespers, 1.after the recitation of continuous psalmody, 2.at Κύριε ἐκέκραξα we intercalate six times and chant three stichera of the martyr in plagal mode 4, and another three of the saintly man in the same mode, and theotokion. **4.**Prokeimenon. **10.**At the stichos, two stichera from the Oktoechos, and idiomelon of the holy ones in the second mode: Δεῦτε φίλαθλοι, and theotokion. **12.**Apolytikion: Οἱ μάρτυρές σου Κύριε ἐν τῇ ἀθλήσει.

O. At Orthros, 3.Θεὸς Κύριος, and 4.the same troparion twice,[56] *Glory...*, and we recite that of the saintly man once in plagal mode

---

[53] Probably a scribal error for 'of the martyr'.
[54] The mode is set; see note 6.
[55] XI.13.
[56] The troparion used as apolytikion at V.12 repeated here.

ΝΟΕΜΒΡΙΟΣ

Ὀρθοδοξίας ὁδηγέ, εὐσεβείας διδάσκαλε καὶ σεμνότητος, τῆς οἰκουμένης ὁ φωστήρ, τῶν μοναζόντων θεόπνευστον ἐγκαλλώπισμα, λύρα τοῦ Πνεύματος, ταῖς διδαχαῖς σου πάντας ἐφώτισας· [28v] πάτερ[33] ἡμῶν ὅσιε, πρέσβευε Χριστῷ τῷ Θεῷ σωθῆναι τὰς ψυχὰς ἡμῶν.[34] 5.αἱ στιχολογίαι, καθίσματα τῆς ὀκτωήχου· ἀνάγνωσις τὸ μαρτύριον τῶν ἁγίων, οὗ ἡ ἀρχὴ Βασιλεύοντος Διοκλητιανοῦ καὶ Μαξιμιανοῦ.

ὁ δὲ βίος τοῦ ὁσίου Θεοδώρου ἀναγινώσκεται ἐν ταῖς μεταξὺ κυριακαῖς ἐν ταῖς ἀγρυπνίαις, εἰ οὐκ ἔχουσιν ἀναγνώσματα οἰκεῖα αὐτῶν· εἰ δέ εἰσιν, ἀναγινώσκεται ἐν τῇ τραπέζῃ ἀντὶ Πατερικοῦ. ἀναγινώσκεται δὲ ἄρτι μόνη ἡ ἐπιστολὴ Ναυκρατίου περὶ τῆς κοιμήσεως αὐτοῦ.

9.κανόνες γ'· τῆς ὀκτωήχου εἷς, καὶ τῶν μαρτύρων ἦχος δ' Θεοφάνους, καὶ τοῦ ὁσίου ἦχος πλάγιος δ' Θεοφάνους, ἀνὰ δ', πρὸς τὸν ἦχον δὲ πρωτεύει ὁ εἷς τοῦ ἑτέρου· ἀπὸ γ' ᾠδῆς κάθισμα τῶν μαρτύρων ἦχος πλάγιος δ' καὶ θεοτοκίον· ἀπὸ ς' τοῦ ὁσίου ἦχος γ'. εἰ δὲ ἔχουσι κοντάκιον οἱ ἅγιοι, ψάλλεται τὸ κάθισμα αὐτῶν 5.ἀπὸ τῆς δευτέρας στιχολογίας, τὸ δὲ τούτων κοντάκιον 9.ἀπὸ ς' ᾠδῆς. 10.ἐξαποστειλάριον <πρὸς τὸ> Ὁ οὐρανὸν τοῖς ἄστροις. 12.εἰς τὸν στίχον τῶν αἴνων στιχηρὰ τῆς ὀκτωήχου β' καὶ ἓν τῶν μαρτύρων ἦχος δ' πρὸς τὸ Ὡς γενναῖον, καὶ θεοτοκίον. 14.ἀπολυτίκιον τῶν μαρτύρων.

Εἰς τὴν λειτουργίαν 1.τυπικὰ τῆς ἡμέρας· μετὰ τὴν εἴσοδον τροπάριον τῶν ἁγίων καὶ θεοτοκίον. 2.προκείμενον ἦχος δ' Θαυμαστὸς ὁ Θεός· στίχος Ἐν ἐκκλησίαις· ὁ ἀπόστολος πρὸς Ἐφεσίους Ἀδελφοί, ἐνδυναμοῦσθε, ζήτει κυριακῇ κζ'. Ἀλληλούια ἦχος δ' Ἐκέκραξαν οἱ δίκαιοι· εὐαγγέλιον κατὰ Λουκᾶν Εἶπεν ὁ Κύριος τοῖς ἑαυτοῦ μαθηταῖς· Προσέχετε ἀπὸ τῶν ἀνθρώπων, ζήτει τῇ γ' τῆς ιβ' ἑβδομάδος τοῦ Λουκᾶ. 3.κοινωνικὸν Ἀγαλλιᾶσθε.

---

[33] πατὴρ cod.
[34] τῆς οἰκουμένης...ἡμῶν om. D

11 NOVEMBER

4, both now..., theotokion. Guide of orthodoxy, teacher of devotion and reverence, the luminary of the world, divinely inspired ornament of monastics, lyre of the Spirit, by your teaching you enlightened all. Our saintly father, intercede with Christ our God that our souls be saved.[57] 5.The recitations of continuous psalmody,[58] poetic kathismata from the Oktoechos, reading: the Martyrion of the holy ones beginning Βασιλεύοντος Διοκλητιανοῦ καὶ Μαξιμιανοῦ [BHG, 1250].

> N. The Life of saintly Theodore is read on the intervening Sundays during the Agrypniai, if they do not have their own readings; but if they do, it is read in the trapeza instead of the Paterikon. But now only the Letter of Naukratios concerning his death is read.

9.Three canons: one from the Oktoechos, and that of the martyrs in mode 4 by Theophanes, and that of the saintly man in plagal mode 4 by Theophanes, four troparia from each (the one has precedence over the other with reference to the mode); a.after the third ode, poetic kathisma of the martyrs in plagal mode 4, and theotokion; b.after the sixth ode, that of the saintly man in mode 3. But if the holy ones have a kontakion, their poetic kathisma is chanted 5e.after the second recitation of continuous psalmody, and their kontakion 9b.after the sixth ode. 10.Exaposteilarion <to> Ὁ οὐρανὸν τοῖς ἄστροις. 12.At the stichos of the ainoi, two stichera from the Oktoechos, and one of the martyrs in mode 4 to Ὡς γενναῖον, and theotokion. 14.Apolytikion of the martyrs.[59]

L. At the Liturgy, 1.typika of the day; after the entrance, troparion of the holy ones,[60] and theotokion. 2.Prokeimenon in mode 4: Θαυμαστὸς ὁ Θεός [Ps 67:36], stichos: Ἐν ἐκκλησίαις [Ps 67:27], the apostle: to the Ephesians [6:10ff] (see the twenty-seventh Sunday). Alleluia in mode 4: Ἐκέκραξαν οἱ δίκαιοι [Ps 33:18], gospel: according to Luke [21:12ff] (see Tuesday of the twelfth week of Luke). 3.Koinonikon: Ἀγαλλιᾶσθε [Ps 32:1].

---

[57] This is the complete troparion in honour of Theodore not the theotokion.
[58] Two kathismata of the psalter are to be chanted; see IX.17 Orthros N.
[59] The troparion used as apolytikion at V.12 repeated here.
[60] The troparion used as apolytikion at V.12 repeated here.

ΝΟΕΜΒΡΙΟΣ

Μηνὶ τῷ αὐτῷ ιβ'· τοῦ ὁσίου πατρὸς ἡμῶν Ἰωάννου τοῦ Ἐλεήμονος πατριάρχου Ἀλεξανδρείας, καὶ τοῦ ὁσίου πατρὸς ἡμῶν Νείλου μοναχοῦ.

Ἑσπέρας 1.μετὰ τὴν στιχολογίαν 2.εἰς τὸ *Κύριε ἐκέκραξα* ἱστῶμεν ς' καὶ ψάλλομεν στιχηρὰ γ' τοῦ ἱεράρχου ἦχος δ', καὶ ἕτερα γ' τοῦ ὁσίου ἦχος πλάγιος δ' καὶ θεοτοκίον. 4.προκείμενον. 10.εἰς τὸν στίχον στιχηρὰ τῆς ὀκτωήχου β' καὶ ἰδιόμελον τοῦ ἱεράρχου ἦχος β' *Ἡ τοῦ ἐλέους πηγὴ* καὶ θεοτοκίον. 12.ἀπολυτίκιον ἦχος δ' *Ὁ Θεὸς τῶν πατέρων ἡμῶν ὁ ποιῶν ἀεὶ μεθ' ἡμῶν*.

Εἰς τὸν ὄρθρον 3.*Θεὸς Κύριος* καὶ 4.τὸ αὐτὸ τροπάριον καὶ θεοτοκίον. 5.αἱ στιχολογίαι, καθίσματα τῆς ὀκτωήχου καὶ μαρτυρικὸν καὶ θεοτοκίον· ἀπὸ δευτέρας[35] στιχολογίας κάθισμα τοῦ ἱεράρχου ἦχος πλάγιος δ' καὶ θεοτοκίον· ἀνάγνωσις ὁ βίος τοῦ Ἐλεήμονος, οὗ ἡ ἀρχὴ *Τὰς τῶν ἀγαθῶν ἀνδρῶν*. 9.κανόνες γ'· τῆς ὀκτωήχου εἷς, καὶ τοῦ Ἐλεήμονος ἦχος β', καὶ τοῦ ὁσίου ἦχος πλάγιος δ' Θεοφάνους, ἀνὰ δ'· ἀπὸ γ' ᾠδῆς κάθισμα τοῦ ὁσίου Νείλου καὶ θεοτοκίον· ἀπὸ ς' τὸ κοντάκιον τοῦ Ἐλεήμονος. 10.ἐξαποστειλάριον <πρὸς τὸ> *Ὁ οὐρανὸν τοῖς ἄστροις*. 12.εἰς τὸν στίχον τῶν αἴνων στιχηρὰ τῆς ὀκτωήχου β' καὶ τοῦ Ἐλεήμονος ἕτερον [29r] ἦχος πλάγιος α' πρὸς τὸ *Χαίροις ἀσκητικῶν*, καὶ θεοτοκίον. 14.ἀπολυτίκιον *Ὁ Θεὸς τῶν πατέρων ἡμῶν*.

Εἰς τὴν λειτουργίαν 1.τυπικὰ τῆς ἡμέρας, τροπάριον τῶν ἁγίων καὶ θεοτοκίον. 2.προκείμενον ἦχος βαρὺς *Τίμιος ἐναντίον Κυρίου*· στίχος *Τί ἀνταποδώσω*.[36] Ἀλληλούια ἦχος β' *Οἱ ἱερεῖς σου Κύριε*· ἀπόστολος καὶ εὐαγγέλιον τῆς ἡμέρας. 3.κοινωνικὸν *Εἰς μνημόσυνον*.

---

[35] τῆς praepos. D
[36] ἀνταποδώσωμεν D

12 NOVEMBER

XI.12C. 12th of the same month. The commemoration of our saintly father John Eleemon patriarch of Alexandria, and of our saintly father Neilos the monk.

V. At Vespers, 1.after the recitation of continuous psalmody, 2.at Κύριε ἐκέκραξα we intercalate six times and chant three stichera of the hierarch in mode 4, and another three of the saintly man in plagal mode 4, and theotokion. 4.Prokeimenon. 10.At the stichos, two stichera from the Oktoechos, and idiomelon of the hierarch in mode 2: Ἡ τοῦ ἐλέους πηγή, and theotokion. 12.Apolytikion in mode 4: Ὁ Θεὸς τῶν πατέρων ἡμῶν, ὁ ποιῶν ἀεὶ μεθ᾽ ἡμῶν.[61]

O. At Orthros, 3.Θεὸς Κύριος, and 4.the same troparion,[62] and theotokion. 5.The recitations of continuous psalmody,[63] poetic kathismata from the Oktoechos, and martyrikon, and theotokion; 5d.after the second recitation, e.poetic kathisma of the hierarch in plagal mode 4, and theotokion, f.reading: the *Life* of Eleemon beginning Τὰς τῶν ἀγαθῶν ἀνδρῶν [BHG, 888]. 9.Three canons: one from the Oktoechos, and that of Eleemon in mode 2, and that of the saintly man in plagal mode 4 by Theophanes, four troparia from each; a.after the third ode, poetic kathisma of saintly Neilos, and theotokion; b.after the sixth ode, the kontakion of Eleemon. 10.Exaposteilarion <to> Ὁ οὐρανὸν τοῖς ἄστροις. 12.At the stichos of the ainoi, two stichera from the Oktoechos, and another of Eleemon in plagal mode 1 to Χαίροις ἀσκητικῶν, and theotokion. 14.Apolytikion: Ὁ Θεὸς τῶν πατέρων ἡμῶν.[64]

L. At the Liturgy, 1.typika of the day, troparion of the holy ones,[65] and theotokion. 2.Prokeimenon in barys mode: Τίμιος ἐναντίον Κυρίου [Ps 115:6], stichos: Τί ἀνταποδώσω [Ps 115:3]. Alleluia in mode 2: Οἱ ἱερεῖς σου Κύριε [Ps 131:9]. Apostle and gospel of the day. 3.Koinonikon: Εἰς μνημόσυνον [Ps 111:6].

---

[61] This apolytikion is in honour of both holy men.
[62] The troparion used as apolytikion at V.12 repeated here.
[63] Two kathismata of the psalter are to be chanted; see IX.17 Orthros N.
[64] The troparion used as apolytikion at V.12 repeated here.
[65] The troparion used as apolytikion at V.12 repeated here.

Μηνὶ τῷ αὐτῷ ιγ'· τοῦ ἐν ἁγίοις πατρὸς ἡμῶν Ἰωάννου τοῦ Χρυσοστόμου.

Ἑσπέρας 1.οὐ στιχολογοῦμεν, 2.εἰς δὲ τὸ *Κύριε ἐκέκραξα* ἱστῶμεν ς' καὶ ψάλλομεν στιχηρὰ γ' τοῦ Χρυσοστόμου ἦχος δ' πρὸς τὸ *Ὡς γενναῖον*, ἀνὰ δεύτερον, καὶ θεοτοκίον. 4.προκείμενον. 10.εἰς τὸν στίχον στιχηρά· τῆς ὀκτωήχου ἓν καὶ τοῦ ἁγίου ἰδιόμελα β' ἦχος δ', *Ἔπρεπε τῇ βασιλίδι τῶν πόλεων*, ἕτερον *Γέγονας Χρυσόστομε* καὶ θεοτοκίον. 12.ἀπολυτίκιον ἦχος πλάγιος δ' *Ἡ τοῦ στόματός σου.* τὸ αὐτὸ καὶ 4.εἰς τὸ *Θεὸς Κύριος.*

Εἰς τὴν παννυχίδα 1.κανὼν τοῦ ἁγίου ἦχος πλάγιος β' <πρὸς τὸ> *Ὡς ἐν ἠπείρῳ*, ποίημα Κωνσταντίνου, εἰς δ', ἔνδοθεν δὲ τοῦ ναοῦ ψάλλεται ἡ παννυχίς· 2.ἀπὸ γ' ᾠδῆς οὐδέν· 3.ἀπὸ δὲ ς' τὸ[37] κοντάκιον αὐτοῦ.

Εἰς τὸν ὄρθρον ἐγειρόμεθα, εἰ μὴ ἔστι κυριακή, ἀρχῇ ὥρας ζ'. 3.εἰς τὸ *Θεὸς Κύριος* 4.τὸ τροπάριον τοῦ ἁγίου καὶ θεοτοκίον. 5.αἱ στιχολογίαι, καθίσματα β'· ἀπὸ τῆς α' στιχολογίας κάθισμα τῆς ὀκτωήχου καὶ μαρτυρικὸν καὶ θεοτοκίον· ἀπὸ τῆς δευτέρας στιχολογίας κάθισμα τοῦ ἁγίου ἦχος πλάγιος α' *Τὸν λειμῶνα τῶν λόγων* καὶ θεοτοκίον· ἀνάγνωσις ἐκ τοῦ βίου αὐτοῦ. 9.κανόνες[38] β'· τῆς ὀκτωήχου τὸν ἕνα, καὶ τοῦ ἁγίου ἦχος πλάγιος δ' <πρὸς τὸ> *Ἁρματηλάτην Φαραὼ* εἰς η' Θεοφάνους· ἀπὸ γ' ᾠδῆς κάθισμα τοῦ ἁγίου ἦχος πλάγιος δ' *Τὴν ἐξ ὕψους σοφίαν* καὶ θεοτοκίον· ἀπὸ ς' τὸ κοντάκιον ἦχος πλάγιος β' *Ἐκ τῶν οὐρανῶν ἐδέξω.* 10.ἐξαποστειλάριον <πρὸς τὸ> *Ὁ οὐρανόν.* 11.εἰς τοὺς αἴνους ἱστῶμεν δ' καὶ ψάλλομεν στιχηρὰ τοῦ ἁγίου ἦχος πλάγιος α' πρὸς τὸ *Χαίροις* καὶ θεοτοκίον προσόμοιον. 12.εἰς τὸν στίχον στιχηρὰ τῆς →

---

[37] om. D
[38] κανόνας D

13 NOVEMBER

XI.13C. 13th of the same month. The commemoration of our father among the holy ones John Chrysostom.

V. At Vespers, 1.we do not recite the continuous psalmody, **2.**but at Κύριε ἐκέκραξα we intercalate six times and chant three stichera of Chrysostom in mode 4 to ῍Ως γενναῖον twice each, and theotokion. **4.**Prokeimenon. **10.**At the stichos, stichera: one from the Oktoechos, and two idiomela of the holy man in mode 4: ῎Επρεπε τῇ βασιλίδι τῶν πόλεων, another: Γέγονας Χρυσόστομε, and theotokion. **12.**Apolytikion in plagal mode 4: ῾Η τοῦ στόματός σου. The same also O.4.at Θεὸς Κύριος.

PN. At Pannychis, 1.from the canon of the holy man in plagal mode 2 <to> ῍Ως ἐν ἠπείρῳ composed by Constantine, four troparia; **Pannychis** is chanted inside the church. **2.**After the third ode, nothing; **3.**but after the sixth ode, his kontakion.

O. At Orthros, (unless it is a Sunday, we rise at the beginning of the seventh hour) **3.**at Θεὸς Κύριος, **4.**the troparion of the holy man,[66] and theotokion. **5.**The recitations of continuous psalmody, two kathismata; **a.**after the first recitation, **b.**poetic kathisma from the Oktoechos, and martyrikon, and theotokion; **d.**after the second recitation, **e.**poetic kathisma of the holy man in plagal mode 1: Τὸν λειμῶνα τῶν λόγων, and theotokion, **f.**reading: from his *Life*. **9.**Two canons: the one from the Oktoechos, and from that of the holy man by Theophanes in plagal mode 4 <to> ῾Αρματηλάτην Φαραώ[67] eight troparia; **a.**after the third ode, poetic kathisma of the holy man in plagal mode 4: Τὴν ἐξ ὕψους σοφίαν, and theotokion; **b.**after the sixth ode, the kontakion in plagal mode 2: ᾽Εκ τῶν οὐρανῶν ἐδέξω. **10.**Exaposteilarion <to> ῾Ο οὐρανόν. **11.**At the ainoi, we intercalate four times and chant stichera of the holy man in plagal mode 1 to Χαίροις, and theotokion prosomoion. **12.**At the stichos, two stichera from the Oktoechos, and idiomelon of the holy man in →

---

[66] The troparion used as apolytikion at V.12 repeated here.
[67] The heirmos.

ΝΟΕΜΒΡΙΟΣ

ὀκτωήχου β΄ καὶ ἰδιόμελον τοῦ ἁγίου ἦχος πλάγιος δ΄ *Χρυσέοις*[39] *ἔπεσι* καὶ θεοτοκίον· καὶ 14.ἀπολυτίκιον τὸ αὐτοῦ.

Εἰς τὴν λειτουργίαν 1.τυπικὰ καὶ ᾠδὴ τοῦ κανόνος τοῦ ἁγίου ἡ γ΄· μετὰ τὴν εἴσοδον τὸ αὐτοῦ[40] τροπάριον, *Δόξα καὶ νῦν*, τὸ κοντάκιον. 2.προκείμενον ἦχος α΄ *Τὸ στόμα μου λαλήσει·* στίχος *Ἀκούσατε ταῦτα πάντα·* ὁ ἀπόστολος πρὸς Ἑβραίους *Ἀδελφοί, τοιοῦτος ἡμῖν ἔπρεπεν ἀρχιερεύς*. Ἀλληλούια ἦχος β΄ *Στόμα δικαίου μελετήσει σοφίαν·* στίχος β΄ *Ὁ νόμος τοῦ Θεοῦ αὐτοῦ ἐν καρδίᾳ·* εὐαγγέλιον κατὰ Ἰωάννην *Εἶπεν ὁ Κύριος· Ἐγώ εἰμι ἡ θύρα*. 3.κοινωνικὸν *Εἰς μνημόσυνον*.

Μηνὶ τῷ αὐτῷ ιδ΄· τοῦ ἁγίου ἀποστόλου Φιλίππου.

Ἑσπέρας 1.οὐ στιχολογοῦμεν, 2.εἰς δὲ τὸ *Κύριε ἐκέκραξα* ἱστῶμεν ς΄ καὶ ψάλλομεν στιχηρὰ τοῦ ἁγίου γ΄ ἦχος πλάγιος β΄ πρὸς τὸ *Ὅλην ἀποθέμενοι*, δευτεροῦντες αὐτά, καὶ θεοτοκίον προσόμοιον. 4.προκείμενον. 10.εἰς τὸν στίχον στιχηρὰ τῆς [29v] ὀκτωήχου β΄ καὶ ἰδιόμελον τοῦ ἀποστόλου ἦχος γ΄ *Τὴν τῶν ἰχθύων ἄγραν* καὶ θεοτοκίον. 12.ἀπολυτίκιον *Ἀπόστολε ἅγιε*. τὸ αὐτὸ καὶ 4.εἰς τὸν ὄρθρον.

Εἰς τὴν παννυχίδα ὡς σύνηθες.

Εἰς τὸν ὄρθρον 5.αἱ στιχολογίαι καθίσματα β΄, καθίσματα τῆς ὀκτωήχου· ἀνάγνωσις τὸ ὑπόμνημα τοῦ ἀποστόλου, οὗ ἡ[41] ἀρχὴ *Ὁ τοῦ Θεοῦ Λόγος ἀϊδίως συνών*. 9.κανόνες[42] γ΄· τοὺς β΄ τῆς ὀκτωήχου εἰς ς΄, καὶ τοῦ ἀποστόλου εἰς ς΄ ἦχος πλάγιος β΄ Θεοφάνους <πρὸς τὸ> *Ὡς ἐν ἠπείρῳ·* ἀπὸ γ΄ ᾠδῆς κάθισμα[43] τοῦ αὐτοῦ ἦχος πλάγιος

---

[39] χρυσοῖς D
[40] αὐτὸ D
[41] om. D
[42] κανόνας D
[43] καθίσμα(τα) D

13-14 NOVEMBER

plagal mode 4: *Χρυσέοις έπεσι*, and theotokion; and 14.his apolytikion.⁶⁸

L. At the Liturgy, 1.typika, and the third ode of the canon of the holy man;⁶⁹ after the entrance, his troparion,⁷⁰ *Glory.....both now....*, the kontakion.⁷¹ 2.Prokeimenon in mode 1: *Τὸ στόμα μου λαλήσει* [Ps 48:4], stichos: *Ἀκούσατε ταῦτα πάντα* [Ps 48:2], the apostle: to the Hebrews [7:26ff]. *Alleluia* in mode 2: *Στόμα δικαίου μελετήσει σοφίαν* [Ps 36:30], second stichos: *Ὁ νόμος τοῦ Θεοῦ αὐτοῦ ἐν καρδίᾳ* [Ps 36:31], gospel: according to John [10:9ff]. 3.Koinonikon: *Εἰς μνημόσυνον* [Ps 111:6].

XI.14C. 14th of the same month. The commemoration of the holy apostle Philip.

V. At Vespers, 1.we do not recite the continuous psalmody, 2.but at *Κύριε ἐκέκραξα* we intercalate six times and chant three stichera of the holy man in plagal mode 2 to *Ὅλην ἀποθέμενοι*, repeating them, and theotokion prosomoion. 4.Prokeimenon. 10.At the stichos, two stichera from the Oktoechos, and idiomelon of the apostle in mode 3: *Τὴν τῶν ἰχθύων ἄγραν*, and theotokion. 12.Apolytikion: *Ἀπόστολε ἄγιε*. The same also O.4. at Orthros.

PN. At Pannychis, as is customary.

O. At Orthros, 5.the recitations of continuous psalmody, two kathismata, poetic kathismata from the Oktoechos, reading: the *Memorial* of the apostle beginning *Ὁ τοῦ Θεοῦ Λόγος ἀιδίως συνών* [BHG, 1527]. 9.Three canons: from the two of the Oktoechos six troparia, and from that of the apostle in plagal mode 2 by Theophanes <to> *Ὡς ἐν ἠπείρῳ*⁷² six troparia; a.after the third ode, →

---

⁶⁸ The troparion used as apolytikion at V.12 repeated here.
⁶⁹ Most probably means that refrains of the third ode are intercalated into the makarismoi.
⁷⁰ The troparion used as apolytikion at V.12 repeated here.
⁷¹ See O.9b above.
⁷² The heirmos.

δ΄, τὸ ἓν ὁ ψάλτης τὸ δὲ ἕτερον ὁ λαός, καὶ θεοτοκίον· ἀπὸ ς΄ τὸ κοντάκιον ἦχος πλάγιος δ΄ *Ὁ μαθητὴς καὶ φίλος σου*. 10.ἐξαποστειλάριον <πρὸς τὸ> Ὁ οὐρανόν. 11.εἰς τοὺς αἴνους οὐδέν· 12.εἰς δὲ τὸν στίχον στιχηρὰ τῆς ὀκτωήχου β΄ καὶ ἄλλο τοῦ ἁγίου ἦχος α΄ πρὸς τὸ Τῶν οὐρανίων *Διὰ σταυροῦ τὸν ἀγῶνα*[44] καὶ θεοτοκίον τὸ αὐτό. 14.ἀπολυτίκιον τοῦ αὐτοῦ.

Εἰς τὴν λειτουργίαν 1.τυπικὰ καὶ ᾠδὴ τοῦ κανόνος τοῦ ἁγίου ἡ γ΄, *Δόξα καὶ νῦν*, τὸ αὐτοῦ κοντάκιον. 2.προκείμενον ἦχος πλάγιος δ΄ *Εἰς πᾶσαν τὴν γῆν*· στίχος *Οἱ οὐρανοὶ διηγοῦνται*· ὁ ἀπόστολος πρὸς Κορινθίους *Ἀδελφοί, ὁ Θεὸς ἡμᾶς τοὺς ἀποστόλους*, ζήτει κυριακῇ ι΄. *Ἀλληλούια* ἦχος α΄ *Ἐξομολογήσονται*· εὐαγγέλιον κατὰ Ἰωάννην *Τῷ καιρῷ ἐκείνῳ ἠθέλησεν ὁ Ἰησοῦς ἐξελθεῖν*, ζήτει κυριακῇ α΄ τῶν νηστειῶν. 3.κοινωνικὸν *Εἰς πᾶσαν τὴν γῆν*.

Μηνὶ τῷ αὐτῷ ιε΄· τῶν ἁγίων ὁμολογητῶν Γουρία, Σαμωνᾶ καὶ Ἀβίβου.

Ἑσπέρας 1.οὐ στιχολογοῦμεν, 2.εἰς δὲ τὸ *Κύριε ἐκέκραξα* ἱστῶμεν δ΄ καὶ ψάλλομεν στιχηρὰ τῶν ἁγίων ἦχος δ΄ πρὸς τὸ Ἔδωκας σημείωσιν, δευτεροῦντες τὸ α΄, καὶ θεοτοκίον. 4.Ἀλληλούια. 10.εἰς τὸν στίχον στιχηρὰ τῆς ὀκτωήχου γ΄ καὶ θεοτοκίον. 12.ἀπολυτίκιον *Θεοτόκε παρθένε*. Τὴν δὲ παννυχίδα ἀφ᾽ ἑσπέρας καταλιμπάνομεν διὰ τὴν τῆς ἀπόκρεω παράκλησιν.

Εἰς τὸν ὄρθρον 4.τὰ τριαδικὰ τοῦ ἤχου. 5.αἱ στιχολογίαι, καθίσματα τῆς ὀκτωήχου· ἀνάγνωσις τὸ μαρτύριον τῶν ἁγίων, οὗ ἡ ἀρχὴ *Ἔτος* →

---

[44] om. D

14-15 NOVEMBER

poetic kathisma of the same man in plagal mode 4 (the cantor [chants] one and the people the other),[73] and theotokion; b.after the sixth ode, the kontakion in plagal mode 4: Ὁ μαθητὴς καὶ φίλος σου. 10.Exaposteilarion <to> Ὁ οὐρανόν. 11.At the ainoi, nothing; but 12.at the stichos, two stichera from the Oktoechos, and another of the holy man in mode 1 to Τῶν οὐρανίων: Διὰ σταυροῦ τὸν ἀγῶνα, and the same theotokion. 14.Apolytikion of the same man.[74]

L. At the Liturgy, 1.typika, and the third ode of the canon of the holy man,[75] Glory.....both now...., his kontakion.[76] 2.Prokeimenon in plagal mode 4: Εἰς πᾶσαν τὴν γῆν [Ps 18:5], stichos: Οἱ οὐρανοὶ διηγοῦνται [Ps 18:2], the apostle: to the Corinthians [I 4:9ff] (see the tenth Sunday). Alleluia in mode 1: Ἐξομολογήσονται [Ps 88:6], gospel: according to John [1:43ff] (see the first Sunday of Lent). 3.Koinonikon: Εἰς πᾶσαν τὴν γῆν [Ps 18:5].

XI.15C. 15th of the same month. The commemoration of the holy confessors Gourias, Samonas and Abibos.

V. At Vespers, 1.we do not recite the continuous psalmody, 2.but at Κύριε ἐκέκραξα we intercalate four times and chant stichera of the holy men in mode 4 to Ἔδωκας σημείωσιν, repeating the first one, and theotokion. 4.Alleluia. 10.At the stichos, three stichera from the Oktoechos, and theotokion. 12.Apolytikion: Θεοτόκε παρθένε. PN.We omit **Pannychis** after **Vespers** through the consolation for the fast.

O. At Orthros, 4.the triadika of the mode.[77] 5.The recitations of continuous psalmody,[78] poetic kathismata from the Oktoechos, reading: the Martyrion of the holy men beginning Ἔτος μὲν ἤδη →

---

[73] This indicates that two kathismata are chanted; the first a solo by the cantor, the other chanted by everyone.

[74] The troparion used as apolytikion at V.12 repeated here.

[75] Most probably means that refrains of the third ode are intercalated into the makarismoi.

[76] See O.9b above.

[77] The mode is set; see note 6.

[78] Two kathismata of the psalter are to be chanted; see IX.17 Orthros N.

μὲν ἤδη ἀπὸ τῆς Ἀλεξάνδρου,[45] ὁμοίως καὶ τὸ θαῦμα αὐτῶν, οὗ ἡ ἀρχὴ *Τοιοῦτον μὲν δὴ καὶ ὁ μάρτυς Ἄβιβος*. 9.κανόνες γ΄· τῆς ὀκτωήχου β΄, καὶ τῶν ἁγίων ἦχος δ΄ Θεοφάνους <πρὸς τὸ> Θαλάσσης τὸ ἐρυθραῖον· ἀπὸ γ΄ ᾠδῆς κάθισμα τῶν ἁγίων ἦχος πλάγιος δ΄ καὶ θεοτοκίον· ἀπὸ ς΄ τὸ προσόμοιον τῆς ἡμέρας. 10.ἐξαποστειλάριον τοῦ ἤχου. 12.εἰς τὸν στίχον στιχηρὰ τῆς ὀκτωήχου γ΄ καὶ θεοτοκίον.

Δεῖ γινώσκειν ὅτι ἀπὸ τῆς σήμερον ἡμέρας εἰσέρχεται ἡ τῶν Χριστουγέννων ἁγία τεσσαρακοστή, καὶ εἰ μέν ἐστιν ἑορταζόμενος ἅγιος τῆς ἡμέρας καὶ ψάλλεται *Θεὸς Κύριος*, οὐ ψάλλεται ὥρα ἐν τῷ κοινῷ οὔτε μετανοίας ποιοῦμεν, ἀλλ᾽ ἰδίᾳ ἕκαστος ἐν ταῖς κέλλαις ἡμῶν ποιοῦμεν τὴν ἀκολουθίαν ἡμῶν ὡς σύνηθες· ἐσθίομεν δὲ [30r] καὶ δὶς τῆς ἡμέρας. εἰ δὲ τύχῃ εἶναι ἀνεόρταστον ἅγιον,[46] ψάλλοντες Ἀλληλούϊα, ψάλλομεν καὶ τὰς ὥρας ἐν τῷ κοινῷ μετὰ τῶν στιχολογιῶν ἐν τῷ νάρθηκι τοῦ ναοῦ.

Μετὰ δὲ τὴν θ΄ ὥραν, εἴπερ οὐ γίνεται[47] λειτουργία, εὐθὺς ἐπισυνάπτομεν καὶ τὰ τυπικά, οὐ μετὰ ἤχου δέ. ἔπειτα μετὰ τὸ τέλος αὐτῶν σημαίνει καὶ ἀρχόμεθα τοῦ ἑσπερινοῦ, καὶ μετὰ τὴν τούτου ἀπόλυσιν ἀπερχόμεθα ἐν τῇ τραπέζῃ, ἅπαξ γὰρ τῆς ἡμέρας ἐσθίομεν μεταλαμβάνοντες καὶ ἑψητῶν καὶ οἴνου μετὰ τοῦ μεγάλου κρασοβολίου.

Ἐὰν δὲ καὶ ἔστι καὶ ἅγιος ἐπίσημος, εἴ τε ἔχομεν τὸ λείψανον αὐτοῦ, ποιοῦμεν καὶ λειτουργίαν καὶ μετὰ τὴν λειτουργίαν ψάλλομεν τὴν θ΄ χωρὶς τυπικῶν,[48] καὶ εὐθὺς ἀπαρχόμεθα τοῦ ἑσπερινοῦ καὶ καθεξῆς ὡς δεδήλωται.

Εἰ δέ εἰσι[49] μνημόσυνα ἀδελφοῦ, γίνεται εἰς τοὺς τάφους λειτουργία μετὰ τὴν ἀπόλυσιν τῆς ς΄, ἔπειτα σημαίνει τὴν θ΄. τὴν δὲ παννυχίδα ψάλλομεν συνημμένως ἐν τοῖς ἀποδείπνοις· τὰς γὰρ λοιπὰς ἡμέρας ἐν αἷς ψάλλεται *Θεὸς Κύριος* μετὰ τοῦ ἑσπερινοῦ συνημμένως ψάλλομεν ταύτην ὡς ἀεί.

---

[45] Ἀλεξανδρείας D
[46] ἀνεόρταστος ἅγιος D
[47] γίνηται cod.
[48] τυπικοῦ D
[49] om. D

15 NOVEMBER

ἀπὸ τῆς Ἀλεξάνδρου [BHG, 736], likewise also their miracle beginning Τοιοῦτον μὲν δὴ καὶ ὁ μάρτυς Ἄβιβος [BHG, 738]. 9.Three canons: two from the Oktoechos, and that of the holy men in mode 4 <to> Θαλάσσης τὸ ἐρυθραῖον[79] by Theophanes; a.after the third ode, poetic kathisma of the holy men in plagal mode 4, and theotokion; b.after the sixth ode, the prosomoion of the day. 10.Exaposteilarion of the mode.[80] 12.At the stichos, three stichera from the Oktoechos, and theotokion.

N.1 It is necessary to realise that from today the holy fast of Christ's Nativity begins, and if there is a holy man of the day celebrated by a feast and Θεὸς Κύριος is chanted, no **Hour** is chanted communally nor do we perform metanoiai, but we carry out our service each of us privately in our cells as is customary, and we also eat twice during the day. But if it happens that a holy man is not celebrated by a feast, chanting *Alleluia* we also chant the **Hours** with the recitations of continuous psalmody communally in the narthex of the church.

N.2 After the **Ninth Hour**, if there is no **Liturgy**, we immediately add on **Typika** also, but not with a mode.[81] Next after the end of them, a signal is given and we begin **Hesperinon**, and after the apolysis of this we go away to the trapeza; for we eat once during the day, partaking of both cooked food and wine with the large measure.

N.3 If there is also a notable holy man, and if we have his relic, we celebrate the **Liturgy** also, and after the **Liturgy** we chant the **Ninth Hour** without **Typika**, and we immediately begin **Hesperinon** and so on, as has been made clear.

N.4 If there is a commemoration of a brother, a **Liturgy** takes place at the tombs after the apolysis of the **Sixth Hour**; next there is a signal for the **Ninth Hour**. We chant **Pannychis** without a break at **Apodeipnon**; for during the rest of the days on which Θεὸς Κύριος is chanted, we chant this without a break with **Hesperinon** as always.

---

[79] The heirmos.
[80] The mode is set; see note 6.
[81] That is, not chanted to a melody.

ΝΟΕΜΒΡΙΟΣ

Ἡ α´ ὥρα συνημμένως ὡς σύνηθες μετὰ τῆς ἀναγνώσεως ἐκτὸς στιχολογίας· τὴν γὰρ α´ ὥραν οὐ στιχολογοῦμεν, εἰ μὴ μόνον τῇ ἁγίᾳ καὶ μεγάλῃ τεσσαρακοστῇ.

Ἀρχῇ[50] δὲ γ´ ὥρας κρούεται τὸ συνακτήριον σήμαντρον οὐ τρία μόνον ὡς καθ᾽ ἡμέραν, ἀλλὰ μετὰ τὸ κρουσθῆναι τὰ γ´ σημαίνει αὐτὸ καὶ πλείονα ὅπερ ἀεὶ ὀφείλει γίνεσθαι ταῖς ἐν τῷ κοινῷ συνάξεσι· καὶ εὐθὺς συναγόμενοι ψάλλομεν τὴν γ´ ὥραν τρίψαλμον ἐν τῷ νάρθηκι, ἔπειτα ἡ στιχολογία, ἀρχομένου τοῦ κατὰ τὴν ἡμέραν ἐναρξαμένου χοροῦ. ἄρχεται δὲ τὰ πρῶτα ἀλληλουϊάρια[51] τοῦ πλαγίου β´ ἤχου διὰ τὸ μὴ στιχολογεῖν ὡς εἴρηται τὴν πρώτην ὥραν. εἶθ᾽ οὕτως μετὰ τὸ τέλος τῆς στιχολογίας τὸ προκείμενον *Κύριε ὁ τὸ πανάγιόν σου* λιτῶς μὲν καὶ οὐ μετὰ ἤχου, τρανότερον[52] δὲ καὶ ἀργότερον, *Δόξα καὶ νῦν, Θεοτόκε σὺ εἶ*. εἶτα τὸ τρισάγιον, τὸ *Κύριε ἐλέησον με´* καὶ ἡ εὐχὴ *Ὁ ἐν παντὶ καιρῷ*. καὶ μετὰ τὸ τέλος τῆς εὐχῆς μετανοίας ιε´ ὡς σύνηθες, τὰς μὲν γ´ ἀργῶς, τὰς δὲ ιβ´ συντομώτερον.[53] ἔπειτα ἡ εὐχὴ τὸ *Κύριε ὁ Θεὸς ἡμῶν* καὶ ἀπολύει. ἐν δὲ τοῖς κελλίοις ἡμῶν ψάλλομεν τὰ μεσώρια ταῦτα.

Ἀρχῇ[54] δὲ ὥρας ς´ κρουομένου πάλιν τοῦ αὐτοῦ μικροῦ σημαντῆρος ὡς δεδήλωται συναγόμενοι ψάλλομεν τὴν ς´ ὥραν τρίψαλμον καὶ ἡ στιχολογία εὐθύς, ἀρχομένου τοῦ ἑτέρου χοροῦ· τὰ ἀλληλουϊάρια τοῦ δευτέρου ἤχου, τὰ πρῶτα, καὶ μετὰ τὸ τέλος τὸ προκείμενον [30v] ἦχος δεύτερος *Ὁ ἐν ἕκτῃ ἡμέρᾳ τε καὶ ὥρᾳ, Δόξα καὶ νῦν, Ὅτι οὐκ ἔχομεν παρρησίαν* καὶ εὐθὺς εἰσέρχεται ὁ μέλλων ἱερουργῆσαι ἱερεὺς εἴπερ καὶ θέλει γενέσθαι λειτουργίαν, ὁμοίως δὲ σὺν αὐτῷ καὶ οἱ παρεκκλησιάρχαι τὰ κατὰ τὴν θείαν ἱερουργίαν ἑτοιμαζόμενοι, ἔξωθεν ψαλλόντων τῶν ἀδελφῶν τὰ πρόλοιπα τῆς ς´ ὥρας, ἤγουν τὸ τρισάγιον, τὸ *Κύριε ἐλέησον με´*, τὴν εὐχήν, τὰς

---

[50] ἀρχὴ cod. et D
[51] ἀλληλουάρια D
[52] τρανώτερον D
[53] συντομότερον cod.
[54] ἀρχὴ cod. et D

15 NOVEMBER

As is customary the **First Hour** follows without a break with the reading but without recitation of continuous psalmody; for during the **First Hour** we do not recite the continuous psalmody, except in the holy and great fast only.

At the beginning of the **Third Hour** the synaxis semantron is sounded, not just three times as happens daily, but after it is sounded three times, it is sounded some more times also; this always ought to happen for communal synaxeis. And gathering immediately we chant the tripsalmos of the **Third Hour** in the narthex, next the recitation of continuous psalmody, the choir that started on the day beginning. The first alleluia responses of the second plagal mode begin, because there is no recitation of continuous psalmody during the **First Hour** as has been stated. So then after the end of the recitation of continuous psalmody, the prokeimenon: Κύριε ὁ τὸ πανάγιόν σου simply and not with a mode[82] but more distinctly and more slowly, Glory.....both now....., Θεοτόκε, σὺ εἶ. Then the trisagion, Κύριε ἐλέησον forty five times, and the prayer: Ὁ ἐν παντὶ καιρῷ. And after the end of the prayer, fifteen metanoiai as is customary, three slowly but twelve more quickly; next the prayer: Κύριε ὁ Θεὸς ἡμῶν, and the apolysis. In our cells we chant these **Interhours**.

At the beginning of the **Sixth Hour**, as the same small semantron is again sounded as has been made clear, gathering together we chant the tripsalmos of the **Sixth Hour**, and immediately the recitation of continuous psalmody, the other choir beginning. The first alleluia responses of the second mode, and after the end of them, the prokeimenon in the second mode: Ὁ ἐν ἕκτῃ ἡμέρᾳ τε καὶ ὥρᾳ, Glory....both now...., Ὅτι οὐκ ἔχομεν παρρησίαν, and immediately the priest who is going to carry out the sacrament enters, if it is wished that a **Liturgy** take place, and likewise also with him the assistants of the ekklesiarches who prepare the things for the divine sacrament, while outside the brothers chant what remains of the **Sixth Hour** - that is, the trisagion, Κύριε ἐλέησον →

---

[82] That is, not chanted to a melody.

ΝΟΕΜΒΡΙΟΣ

μετανοίας καὶ τὴν ἑτέραν εὐχὴν τῆς αὐτῆς ὥρας καὶ ἀπολύει.[55] εὐθὺς δὲ σημαίνει τὸν μέγαν[56] σημαντῆρα καὶ θυμιᾷ ὁ ἱερεὺς εἴτε ὁ διάκονος εἰ ἔστι, καὶ ἄρχεται τῆς θείας λειτουργίας. καὶ ψάλλεται πᾶσα ἡ ἀκολουθία τοῦ κατὰ τὴν ἡμέραν ἁγίου ἑορταζομένου οὗτινος καὶ τὸ λείψανον πρόκειται, εἰ καὶ *Θεὸς Κύριος* αὐτὸ[57] οὐκ ἐψάλλομεν διὰ τὴν νηστείαν.

Μετὰ δὲ τὴν ἀπόλυσιν τῆς θείας λειτουργίας διακλυομένων τῶν ἀδελφῶν τῶν μεταλαβόντων τῆς θείας μεταλήψεως, εὐθὺς εἰ ἔχει ἡ ὥρα, ἤγουν εἰ ἐνειστήκει ἡ ἀρχὴ τῆς η΄ ὥρας, κρουομένου τῆς θ΄ τοῦ μικροῦ σημαντῆρος ὡς σύνηθες, ἀρχόμεθα ταύτης. καὶ ψάλλομεν ταύτην[58] ὡς καὶ τὰς λοιπὰς τρίψαλμον καὶ στιχολογοῦμεν, ἀρχομένου πάλιν τοῦ ἑτέρου χοροῦ, ἤγουν τοῦ καὶ τὴν ἔναρξιν ἔχοντος, εἰς ἦχον πλάγιον δ΄ τὰ πρῶτα ἀλληλουϊάρια, εἰς γὰρ πάσας τὰς ὥρας ταύτας τὰ πρῶτα ἀλληλουϊάρια λέγομεν. μετὰ δὲ τὴν στιχολογίαν τὸ προκείμενον ἦχος πλάγιος δ΄ *Ὁ ἐν τῇ ἐννάτῃ ὥρᾳ*, *Δόξα καὶ νῦν*, *Ὁ δι᾽ ἡμᾶς γεννηθείς*, τὸ τρισάγιον, τὸ *Κύριε ἐλέησον με*΄ καὶ εὐχὴ *Ὁ ἐν παντὶ καιρῷ*, αἱ ιε΄[59] μετάνοιαι ὡς σύνηθες, καὶ ἡ εὐχὴ ὁμοίως *Δέσποτα Κύριε Ἰησοῦ Χριστὲ ὁ Θεὸς ἡμῶν* καὶ ἀπολύει.[60] καὶ εὐθέως εἰσερχόμεθα εἰς τὸν ναὸν καὶ σημαίνοντος τοῦ μεγάλου σημαντῆρος θυμιᾷ ὁ ἱερεὺς καὶ ἀρχόμεθα τοῦ λυχνικοῦ.

Εἰ δὲ οὐ θέλει γενέσθαι λειτουργίαν,[61] μετὰ τὸ τέλος τῆς θ΄ ἐπισυνάπτομεν καὶ τὰ τυπικὰ λιτῶς καὶ οὐ μετὰ ἤχου· ἔπειτα ἀρχόμεθα τοῦ ἑσπερινοῦ.

Εἰ δὲ γένηται ἡ θεία λειτουργία ταχὺ μὴ ἐνισταμένης τῆς η΄ ὥρας ὡς προλέλεκται, ἀπερχόμεθα μικρὸν ἐν ταῖς κέλλαις ἡμῶν →

---

[55] ἀπωλύει D
[56] μέγα D
[57] αὐτὸν cod. et D
[58] om. D
[59] om. D
[60] ἀπολύομεν D
[61] λειτουργία D

15 NOVEMBER

forty five times, the prayer, the metanoiai, and the other prayer of the same **Hour** and apolysis. Immediately the large semantron is sounded and the priest censes, or the deacon if there is one, and he begins L.the **Divine Liturgy**. And all the proper of the holy man being celebrated by a feast on the day is chanted, and his relic is also set out, although we did not chant Θεὸς Κύριος itself because of the fast.

After the apolysis of the **Divine Liturgy**, while the brothers who partook of the holy communion are having a collation, immediately if it is the hour, that is, if the beginning of the eighth hour were imminent, the small semantron is sounded for the **Ninth Hour** as is customary and we begin that. And we chant that like the remaining **Hours**, reciting the tripsalmos also, with the other choir (that is, the one that also has the introduction) again beginning the first alleluia responses in plagal mode 4, for we recite the first alleluia responses at all these **Hours**. After the recitation of continuous psalmody, the prokeimenon in plagal mode 4: Ὁ ἐν τῇ ἐννάτῃ ὥρᾳ, Glory....both now...., Ὁ δι᾿ ἡμᾶς γεννηθείς, the trisagion, Κύριε ἐλέησον forty five times, and prayer: Ὁ ἐν παντὶ καιρῷ, the fifteen metanoiai as is customary, and similarly the prayer: Δέσποτα Κύριε Ἰησοῦ Χριστὲ ὁ Θεὸς ἡμῶν, and apolysis. We immediately enter the church and, while the great semantron is sounding, the priest censes and V.we begin **Lychnikon**.

> **N.5** But if there is no wish that a **Liturgy** take place, after the end of the **Ninth Hour** we also add on **Typika** in a simple form and not with a mode;[83] next V.we begin **Hesperinon**.

> **N.6** But if the **Divine Liturgy** takes place quickly and the eighth hour is not imminent as has been stated before, we go away for a short time to our cells, chanting by ourselves the **Interhours**

---

[83] That is, not chanted to a melody.

ψάλλοντες καθ' εαυτούς τα της ς- και θ' μεσώρια καί τι εργαζόμενοι μικρόν, είτε διακονίαν τινά οι κεκτημένοι, είτε εργόχειρον έως ου κρουσθή ο μικρός σημαντήρ της θ' ώρας. Αρχομένου δε του εσπερινού ούσης νηστείας, ου στιχολογούμεν, ήγουν εν αις ημέραις ψάλλομεν τας ώρας κοινώς, εν αις δε ψάλλεται *Θεός Κύριος* και έχομεν αργίαν των ωρών στιχολογούμεν εν τω εσπερινώ, ει [31r] μη τί γε καταλειφθή δια μνήμην εορτής τινός, ή[62] μεγάλου αγίου εκ των εορταζομένων, άτινα σεσημειωμένα ευρήσεις μίαν εκάστην ημέραν εν τη τάξει αυτής.

Μηνί τω αυτώ ις'· του αγίου αποστόλου και ευαγγελιστού Ματθαίου.

Εσπέρας 1.ου στιχολογούμεν, 2.εις δε το *Κύριε εκέκραξα* ιστώμεν ς- και ψάλλομεν στιχηρά του αγίου ς- προς μίαν ήχος δ' προς το *Ο εξ υψίστου κληθείς*, και θεοτοκίον προσόμοιον. 4.προκείμενον. 10.εις τον στίχον στιχηρά της οκτωήχου β' και ιδιόμελον του αγίου ήχος πλάγιος β' *Εκ πυθμένος κακίας* και θεοτοκίον. 12.απολυτίκιον ήχος γ' *Απόστολε άγιε*. το αυτό και 4.εις το *Θεός Κύριος*.

Δει γινώσκειν ότι εστί[63] σήμερον και η μνήμη του αγίου μάρτυρος Βαρλαάμ, ψάλλομεν δε αυτόν εις τας ιθ' του αυτού μηνός.

Εις τον όρθρον 3.*Θεός Κύριος* και 4.το τροπάριον του αποστόλου, *Δόξα και νυν*, θεοτοκίον. 5.αι στιχολογίαι ως σύνηθες και τα καθίσματα της οκτωήχου· ανάγνωσις το υπόμνημα του αποστόλου, ου η αρχή *Ήδη μεν την παρά του πλάσαντος ημάς*. 9.κανόνες γ'· της οκτωήχου οι δύο εις ς-, και του αποστόλου ομοίως εις ς- ήχος →

---

[62] ήγουν D
[63] ει praepos. D

15-16 NOVEMBER

of the **Sixth** and **Ninth Hours** and doing some work for a short time - whether it is some office in the case of those who have one or a manual task - until the small semantron is sounded for the **Ninth Hour**. When **Hesperinon** begins, since it is a fast, we do not recite the continuous psalmody, that is, on the days when we chant the **Hours** communally, but on the days when Θεὸς Κύριος is chanted and we have a suspension of the **Hours** we recite the continuous psalmody during **Hesperinon**, unless something is omitted because of a commemoration of some feast, or of an important holy man from those celebrated by a feast; these things you will find noted down during each single day in its ordering.

XI.16C. 16th of the same month. The commemoration of the holy apostle and evangelist Matthew.

V. At Vespers, 1.we do not recite the continuous psalmody, 2.but at Κύριε ἐκέκραξα we intercalate six times and chant six stichera of the holy man once in mode 4 to Ὁ ἐξ ὑψίστου κληθείς, and theotokion prosomoion. 4.Prokeimenon. 10.At the stichos, two stichera from the Oktoechos, and idiomelon of the holy man in plagal mode 2: Ἐκ πυθμένος κακίας, and theotokion. 12.Apolytikion in mode 3: Ἀπόστολε ἅγιε. The same also O.4.at Θεὸς Κύριος.

> N. It is necessary to realise that today is also the commemoration of the holy martyr Barlaam, but we chant [in celebration] of him on the nineteenth of the same month.

O. At Orthros, 3.Θεὸς Κύριος, and 4.the troparion of the apostle,[84] Glory......both now...., theotokion. 5.The recitations of continuous psalmody as is customary,[85] and the poetic kathismata from the Oktoechos, reading: the *Memorial* of the apostle beginning Ἤδη μὲν τὴν παρὰ τοῦ πλάσαντος ἡμᾶς [BHG, 1226]. 9.Three canons: from the two of the Oktoechos six troparia, and from that of the apostle in mode 4 <to> Ἀνοίξω τὸ στόμα[86] similarly six troparia;

---

[84] The troparion used as apolytikion at V.12 repeated here.
[85] Two kathismata of the psalter are to be chanted; see IX.17 Orthros N.
[86] The heirmos.

ΝΟΕΜΒΡΙΟΣ

δ´ <πρὸς τὸ> Ἀνοίξω τὸ στόμα· ἀπὸ γ´ ᾠδῆς κάθισμα τοῦ ἀποστόλου ἦχος πλάγιος δ´, ἐν ὁ ψάλτης καὶ ἕτερον ὁ λαὸς προσόμοιον αὐτοῦ, Δόξα καὶ νῦν, θεοτοκίον· ἀνάγνωσις, εἰ ἔχει ἡ ὥρα, ἐκ τοῦ βίου τοῦ ἁγίου μεγάλου Γρηγορίου τοῦ θαυματουργοῦ, οὗ ἡ ἀρχὴ Ὁ μὲν σκοπὸς εἷς ἐστι· ἀπὸ ϛ´ τὸ κοντάκιον τοῦ ἀποστόλου. 10.ἐξαποστειλάριον <πρὸς τὸ> Ὁ οὐρανὸν τοῖς ἄστροις. 12.εἰς τὸν στίχον στιχηρὰ τῆς ὀκτωήχου καὶ θεοτοκίον, καὶ τοῦ ἁγίου ἓν ἦχος πλάγιος α´ πρὸς τὸ Χαίροις ἀσκητικῶν, καὶ θεοτοκίον προσόμοιον.

Εἰς τὴν λειτουργίαν 1.τυπικὰ καὶ ᾠδὴ τοῦ κανόνος τοῦ ἁγίου ἡ ϛ´· τὸ τροπάριον αὐτοῦ καὶ θεοτοκίον. 2.προκείμενον ἦχος πλάγιος δ´ Εἰς πᾶσαν τὴν γῆν· στίχος Οἱ οὐρανοὶ διηγοῦνται· ὁ ἀπόστολος πρὸς Κορινθίους Ἀδελφοί, ὁ Θεὸς ἡμᾶς τοὺς ἀποστόλους, ζήτει κυριακῇ ι´. Ἀλληλούϊα ἦχος α´ Ἐξομολογήσονται οἱ οὐρανοί· εὐαγγέλιον κατὰ Ματθαῖον Τῷ καιρῷ ἐκείνῳ παράγων ὁ Ἰησοῦς, ζήτει σαββάτῳ ε´ τοῦ αὐτοῦ. 3.κοινωνικὸν Εἰς πᾶσαν τὴν γῆν.

Μηνὶ τῷ αὐτῷ ιζ´· τοῦ ἁγίου καὶ μεγάλου Γρηγορίου τοῦ θαυματουργοῦ.

Ἑσπέρας 1.οὐ στιχολογοῦμεν, 2.ἀλλ᾽ εἰς τὸ Κύριε ἐκέκραξα ἱστῶμεν ϛ´ καὶ ψάλλομεν στιχηρὰ τοῦ ἁγίου ἦχος πλάγιος δ´ γ´[64] ἀνὰ β´ πρὸς τὸ Τί ὑμᾶς καλέσωμεν, Δόξα καὶ νῦν, θεοτοκίον. 4.προκείμενον. 10.εἰς τὸν στίχον στιχηρὰ τῆς ὀκτωήχου β´ καὶ ἰδιόμελον τοῦ ἁγίου ἦχος πλάγιος β´ Εἰς βάθος θεωρίας καὶ θεοτοκίον. 12.ἀπολυτίκιον[65] ἦχος πλάγιος δ´ Ἐν προσευχαῖς γρηγορῶν, ταῖς τῶν θαυμάτων ἐργασίαις ἐγκαρτερῶν, ἐπωνυμίαν ἐκτήσω τὰ κατορθώματα· ἀλλὰ πρέσβευε Χριστῷ τῷ Θεῷ, [31v] πάτερ Γρηγόριε, φωτίσαι τὰς ψυχὰς ἡμῶν μήποτε ὑπνώσωμεν εἰς θάνατον.[66]

---

[64] om. D
[65] om. D
[66] ταῖς τῶν...θάνατον om. D

16-17 NOVEMBER

a.after the third ode, poetic kathisma of the apostle in plagal mode 4 (the cantor [chants] one and the people the other, a prosomoion of it),[87] *Glory.....both now....*, theotokion, reading if there is time: from the *Life* of holy and great Gregory the miracle worker beginning Ὁ μὲν σκοπὸς εἷς ἐστι [BHG, 715]; b.after the sixth ode, the kontakion of the apostle. 10.Exaposteilarion <to> Ὁ οὐρανὸν τοῖς ἄστροις. 12.At the stichos, stichera from the Oktoechos, and theotokion, and one [sticheron] of the holy man in plagal mode 1 to Χαίροις ἀσκητικῶν, and theotokion prosomoion.

L. At the Liturgy, 1.typika, and the sixth ode of the canon of the holy man,[88] his troparion,[89] and theotokion. 2.Prokeimenon in plagal mode 4: *Εἰς πᾶσαν τὴν γῆν* [Ps 18:5], stichos: *Οἱ οὐρανοὶ διηγοῦνται* [Ps 18:2], the apostle: to the Corinthians [I 4:9ff] (see the tenth Sunday). *Alleluia* in mode 1: *Ἐξομολογήσονται οἱ οὐρανοί* [Ps 88:6], gospel: according to Matthew [9:9ff] (see the fifth Saturday of the same).[90] 3.Koinonikon: *Εἰς πᾶσαν τὴν γῆν* [Ps 18:5].

XI.17C. 17th of the same month. The commemoration of holy and great Gregory the miracle worker.

V. At Vespers, 1.we do not recite the continuous psalmody, 2.but at *Κύριε ἐκέκραξα* we intercalate six times and chant three stichera of the holy man in plagal mode 4 twice each to Τί ὑμᾶς καλέσωμεν, *Glory....both now....*, theotokion. 4.Prokeimenon. 10.At the stichos, two stichera from the Oktoechos, and idiomelon of the holy man in plagal mode 2: *Εἰς βάθος θεωρίας*, and theotokion. 12.Apolytikion in plagal mode 4: *Being vigilant in prayers and persevering in the working of miracles you gained a surname for your achievements; but intercede with Christ our God, father Gregory, that he enlighten our souls lest we fall asleep into death.*

---

[87] This indicates that two kathismata are chanted; the first a solo by the cantor, the other chanted by everyone.
[88] Most probably means that refrains of the sixth ode are intercalated into the makarismoi.
[89] The troparion used as apolytikion at V.12 repeated here.
[90] That is, the fifth Saturday of Matthew.

ΝΟΕΜΒΡΙΟΣ

Εἰς τὸν ὄρθρον 3.Θεὸς Κύριος καὶ 4.τὸ αὐτὸ τροπάριον καὶ θεοτοκίον. 5.αἱ στιχολογίαι, καθίσματα τῆς ὀκτωήχου· ἀνάγνωσις ὁ βίος αὐτοῦ συγγραφεὶς παρὰ Γρηγορίου Νύσσης. 9.κανόνες γ´· τοὺς β´ τῆς ὀκτωήχου εἰς ϛ´, καὶ τοῦ ἁγίου εἰς ϛ´ Θεοφάνους ἦχος πλάγιος δ´ <πρὸς τὸ> Ἁρματηλάτην· ἀπὸ γ´ ᾠδῆς κάθισμα τοῦ ἁγίου, ἓν ὁ ψάλτης καὶ ἕτερον ὁ λαός, καὶ θεοτοκίον· ἀπὸ ϛ´ τὸ αὐτοῦ κοντάκιον. 10.ἐξαποστειλάριον <πρὸς τὸ> Ὁ οὐρανὸν τοῖς ἄστροις. 12.εἰς τὸν στίχον τῶν αἴνων στιχηρὰ τῆς ὀκτωήχου β´, καὶ ἓν τοῦ ἁγίου ἦχος πλάγιος α´ πρὸς τὸ Χαίροις, τὸ γ´, καὶ θεοτοκίον.

Εἰς τὴν λειτουργίαν 1.τυπικὰ τῆς ἡμέρας, τροπάριον τοῦ ἁγίου καὶ θεοτοκίον. 2.προκείμενον ἦχος βαρὺς *Τίμιος ἐναντίον Κυρίου·* στίχος *Τί ἀνταποδώσω·*[67] ὁ ἀπόστολος πρὸς Κορινθίους α´ *Ἀδελφοί, ἑκάστῳ δίδοται ἡ φανέρωσις.* Ἀλληλούια ἦχος β´ *Οἱ ἱερεῖς σου Κύριε ἐνδύσονται δικαιοσύνην·* εὐαγγέλιον κατὰ Ματθαῖον *Τῷ καιρῷ ἐκείνῳ προσκαλεσάμενος*[68] *ὁ Ἰησοῦς,* ζήτει τῶν ἁγίων Ἀναργύρων. 3.κοινωνικὸν *Εἰς μνημόσυνον.*

Χρὴ γινώσκειν ὅτι ἐν τῇ ἐννάτῃ κυριακῇ τοῦ Λουκᾶ ἀναγινώσκεται ἐν τῷ ὄρθρῳ λόγος τοῦ μεγάλου Βασιλείου ἐν Τοῖς Ἠθικοῖς εἰς τὸ ῥητὸν τῆς ἑρμηνείας τοῦ Καθελῶ μου τὰς ἀποθήκας, λόγος ιθ´.

---

[67] ἀνταποδώσωμεν D
[68] προσκαλεσάμεος D

17 NOVEMBER

O. At Orthros, 3.Θεὸς Κύριος, and 4.the same troparion,[91] and theotokion. 5.The recitations of continuous psalmody,[92] poetic kathismata from the Oktoechos, reading: his *Life* written by Gregory of Nyssa. 9.Three canons: from the two of the Oktoechos six troparia, and from that of the holy man by Theophanes in plagal mode 4 <to> Ἁρματηλάτην[93] six troparia; a.after the third ode, poetic kathisma of the holy man (the cantor [chants] one and the people the other),[94] and theotokion; b.after the sixth ode, his kontakion. 10.Exaposteilarion <to> Ὁ οὐρανὸν τοῖς ἄστροις. 12.At the stichos of the ainoi, two stichera from the Oktoechos, and one of the holy man in plagal mode 1 to Χαίροις, the third one, and theotokion.

L. At the Liturgy, 1.typika of the day, troparion of the holy man,[95] and theotokion. 2.Prokeimenon in barys mode: *Τίμιος ἐναντίον Κυρίου* [Ps 115:6], stichos: *Τί ἀνταποδώσω* [Ps 115:3], the apostle: to the Corinthians, the first letter [12:7ff]. Alleluia in mode 2: *Οἱ ἱερεῖς σου, Κύριε, ἐνδύσονται δικαιοσύνην* [Ps 131:9], gospel: according to Matthew [10:1,5ff] (look at the commemoration of the holy Anargyroi).[96] 3.Koinonikon: *Εἰς μνημόσυνον* [Ps 111:6].

N. It is necessary to realise that on the ninth Sunday of Luke during **Orthros** a *Homily* of Basil the Great in his *Ethics* is read, in the section of the *Commentary* on Καθελῶ μου τὰς ἀποθήκας,[97] Homily 19.

---

[91] The troparion used as apolytikion at V.12 repeated here.
[92] Two kathismata of the psalter are to be chanted; see IX.17 Orthros N.
[93] The heirmos.
[94] This indicates that two kathismata are chanted; the first a solo by the cantor, the other chanted by everyone.
[95] The troparion used as apolytikion at V.12 repeated here.
[96] XI.01.
[97] Lk 12:18.

ΝΟΕΜΒΡΙΟΣ

Μηνὶ τῷ αὐτῷ ιη'· τοῦ ἁγίου μάρτυρος Πλάτωνος, καὶ τοῦ ἁγίου μάρτυρος Ῥωμανοῦ.

Ἑσπέρας 1.μετὰ τὴν στιχολογίαν 2.εἰς τὸ *Κύριε ἐκέκραξα* ἱστῶμεν ς' καὶ ψάλλομεν στιχηρὰ τοῦ ἁγίου Πλάτωνος γ' ἦχος πλάγιος δ', καὶ τοῦ ἁγίου Ῥωμανοῦ ἕτερα γ' ἦχος δ' καὶ θεοτοκίον. 4.*Ἀλληλούια*. 10.εἰς τὸν στίχον στιχηρὰ τῆς ὀκτωήχου γ' καὶ θεοτοκίον. 12.ἀπολυτίκιον *Θεοτόκε παρθένε*.

Εἰς τὸν ὄρθρον 3.*Ἀλληλούια* καὶ 4.τὰ τριαδικὰ τοῦ ἤχου. 5.αἱ στιχολογίαι καθίσματα β', καθίσματα τῆς ὀκτωήχου· ἀνάγνωσις τὸ μαρτύριον τοῦ ἁγίου Πλάτωνος, οὗ ἡ ἀρχὴ *Οὐ ξένα Γαλατῶν τὰ παρόντα*, καὶ ἐγκώμιον τοῦ Χρυσοστόμου εἰς τὸν ἅγιον Ῥωμανόν. 9.κανόνες γ'· τῆς ὀκτωήχου εἷς, καὶ ἕτερος τοῦ ἁγίου Ῥωμανοῦ ἦχος δ', καὶ ἄλλος τοῦ ἁγίου Πλάτωνος ἦχος πλάγιος δ', πλὴν πρὸς τὸν ἦχον τῆς ὀκτωήχου πρωτεύει ὁ εἷς τοῦ ἑτέρου, ποίημα ἀμφοτέρων Θεοφάνους·[69] ἀπὸ γ' ᾠδῆς κάθισμα τοῦ ἁγίου Ῥωμανοῦ ἦχος δ' καὶ θεοτοκίον· ἀπὸ ς' τοῦ ἁγίου Πλάτωνος ἦχος πλάγιος δ' καὶ θεοτοκίον. 10.ἐξαποστειλάριον τοῦ ἤχου. 12.εἰς τὸν στιχηρὰ τῆς ὀκτωήχου καὶ θεοτοκίον.

Μηνὶ τῷ αὐτῷ ιθ'· τοῦ ἁγίου προφήτου Ἀβδιοῦ, καὶ τοῦ ἁγίου μάρτυρος Βαρλαάμ.

Ἑσπέρας 1.οὐ στιχολογοῦμεν, 2.εἰς δὲ τὸ *Κύριε ἐκέκραξα* ἱστῶμεν ς' καὶ ψάλλομεν στιχηρὰ τοῦ προφήτου γ' ἦχος α' [32r] καὶ τοῦ μάρτυρος ἕτερα γ' ἦχος δ' πρὸς τὸ *Ὡς γενναῖον*, *Δόξα καὶ νῦν*, θεοτοκίον. 4.*Ἀλληλούια*. 10.εἰς τὸν στίχον στιχηρὰ τῆς ὀκτωήχου γ' καὶ θεοτοκίον. 12.ἀπολυτίκιον *Θεοτόκε παρθένε* καὶ τὰ λοιπά, εἶτα 14.μετανοίας γ' ἀργῶς ὡς σύνηθες καὶ 15.ἡ εὐχὴ τοῦ ἑσπερινοῦ καὶ 16.ἀπολύει.[70]

---

[69] Θεοφάνων D
[70] ἀπολύομεν D

XI.18C. 18th of the same month. The commemoration of the holy martyr Platon, and of the holy martyr Romanos.

V. At Vespers, 1.after the recitation of continuous psalmody, 2.at Κύριε ἐκέκραξα we intercalate six times and chant three stichera of holy Platon in plagal mode 4, and another three of holy Romanos in mode 4, and theotokion. 4.*Alleluia.* 10.At the stichos, three stichera from the Oktoechos, and theotokion. 12.Apolytikion: Θεοτόκε παρθένε.

O. At Orthros, 3.*Alleluia,* and 4.the triadika of the mode.[98] 5.The recitations of continuous psalmody, two kathismata, poetic kathismata from the Oktoechos, reading: the *Martyrion* of holy Platon beginning Οὐ ξένα Γαλατῶν τὰ παρόντα [BHG, 1551], and Chrysostom's *Encomium* on holy Romanos. 9.Three canons: one from the Oktoechos, and another of holy Romanos in mode 4, and another of holy Platon in plagal mode 4 (but the one has precedence over the other with reference to the mode of the Oktoechos), composition of both by Theophanes; a.after the third ode, poetic kathisma of holy Romanos in mode 4, and theotokion; b.after the sixth ode, that of holy Platon in plagal mode 4, and theotokion. 10.Exaposteilarion of the mode.[99] 12.At the stichos, stichera from the Oktoechos, and theotokion.

XI.19C. 19th of the same month. The commemoration of the holy prophet Obadiah, and of the holy martyr Barlaam.

V. At Vespers, 1.we do not recite the continuous psalmody, 2.but at Κύριε ἐκέκραξα we intercalate six times and chant three stichera of the prophet in mode 1, and another three of the martyr in mode 4 to Ὡς γενναῖον, Glory....both now...., theotokion. 4.*Alleluia.* 10.At the stichos, three stichera from the Oktoechos, and theotokion. 12.Apolytikion: Θεοτόκε παρθένε, and the rest; then 14.three metanoiai slowly as is customary, and 15.the prayer of **Hesperinon**, and 16.apolysis.

---

[98] The mode is set; see note 6.
[99] The mode is set; see note 6.

ΝΟΕΜΒΡΙΟΣ

Καὶ κρουομένου τοῦ ξύλου τῆς τραπέζης ἀρχόμεθα τοῦ συνήθους ψαλμοῦ, καὶ μετὰ τὸ γεύσασθαι πάλιν ἡ συνήθης εὐχαριστία καὶ ἀπερχόμεθα μικρὸν ἐν ταῖς κέλλαις ἡμῶν ἐργαζόμενοι τὰ ἐργόχειρα ἡμῶν. πρὸς ὥραν δὲ ια΄ πάλιν κρουομένου τοῦ μικροῦ σημαντῆρος συναγόμεθα ψάλλοντες τὰ ἀπόδειπνα μετὰ τοῦ κανόνος τῆς παννυχίδος ὥσπερ καὶ ταῖς ἑτέραις δυσὶν ἁγίαις τεσσαρακοσταῖς, μήτε αὔξοντες μήτε μὴν τὸ οἱονοῦν ἐλαττοῦντες παρὰ τὸν εἰρημένον ἐκεῖνον[71] κανόνα. εἰ δέ γε ὧραι οὐκ εἰσὶν ἐν τῷ κοινῷ ἀλλὰ *Θεὸς Κύριος*, συνημμένως τῷ ἑσπερινῷ ψάλλομεν καὶ τὴν παννυχίδα διὰ τὸ δὶς τῆς ἡμέρας τίθεσθαι τὴν τράπεζαν· τὰς γὰρ ἄλλας ἡμέρας ἐν αἷς ψάλλομεν *Ἀλληλούϊα* ἅπαξ τῆς ἡμέρας ἐσθίομεν. οὗτος ὁ κανὼν φυλαττέσθω πάσῃ τῇ ἁγίᾳ τεσσαρακοστῇ ταύτῃ.

Εἰς τὸν ὄρθρον 3.*Ἀλληλούϊα* καὶ 4.τὰ τριαδικὰ τοῦ ἤχου. 5.αἱ στιχολογίαι καθίσματα β΄, καὶ τὰ τῆς ὀκτωήχου καθίσματα· αἱ ἀναγνώσεις ἐγκώμιον τοῦ μεγάλου Βασιλείου ἐν Τοῖς Ἠθικοῖς εἰς τὸν μάρτυρα Βαρλαὰμ λόγος λδ΄, καὶ ἕτερον ἐγκώμιον τοῦ Χρυσοστόμου εἰς τὸν αὐτὸν μάρτυρα. 9.κανόνες γ΄· τῆς ὀκτωήχου εἷς, καὶ[72] ἄλλος τοῦ προφήτου ἦχος πλάγιος α΄ <πρὸς τὸ> Τῷ Σωτῆρι Θεῷ Θεοφάνους, καὶ ἕτερος τοῦ μάρτυρος ποίημα ὅμοιον,[73] ἀνὰ δ΄, πρωτεύει δὲ ὁ εἷς τοῦ ἑτέρου πρὸς τὸν ἦχον τῆς ὀκτωήχου· ἀπὸ γ΄ ᾠδῆς κάθισμα τοῦ προφήτου ἦχος α΄ καὶ θεοτοκίον· ἀπὸ ϛ΄ κάθισμα τοῦ μάρτυρος ἦχος δ΄ καὶ θεοτοκίον. 10.ἐξαποστειλάριον τοῦ ἤχου. 12.εἰς τὸν στίχον στιχηρὰ τῆς ὀκτωήχου καὶ θεοτοκίον.

Ἡ α΄ ὥρα ὡς σύνηθες καὶ αἱ λοιπαὶ ὁμοίως κατὰ τὸν προειρημένον τύπον τῆς ἁγίας τεσσαρακοστῆς μετὰ στιχολογιῶν· ὁμοίως δὲ καὶ ἡ λοιπὴ πᾶσα ἀκολουθία ὡς προλέλεκται.

---

[71] ἐκεῖ D
[72] om. D
[73] ὁμοίως τοῦ αὐτοῦ D

19 NOVEMBER

N. And while the semantron of the trapeza is being sounded, we begin the customary psalm,[100] and after eating, again the customary thanksgiving, and we go away, working for a short time at our manual tasks in our cells. But coming up to the eleventh hour when the small semantron is being sounded again, we gather together, chanting **Apodeipnon** with the canon of **Pannychis** as in the other two holy fasts also, neither increasing nor yet diminishing in any way at all that stated canon. But if there are no communal **Hours** but *Θεὸς Κύριος*, we chant **Pannychis** also joined on to **Hesperinon** because of the fact that the trapeza is set twice in the day; for on the other days when we chant *Alleluia* we eat once in the day. Let this rule be observed in all of this holy fast.

O. At Orthros, 3.*Alleluia*, and 4.the triadika of the mode.[101] 5.The recitations of continuous psalmody, two kathismata, and the poetic kathismata from the Oktoechos, the readings: *Encomium* by Basil the Great on the martyr Barlaam in his *Ethics, Homily* 34, and another *Encomium* by Chrysostom on the same martyr. 9.Three canons: one from the Oktoechos, and another of the prophet in plagal mode 1 <to> Τῷ Σωτῆρι Θεῷ[102] by Theophanes, and another of the martyr, a similar composition,[103] four troparia from each (but the one has precedence over the other with reference to the mode of the Oktoechos); a.after the third ode, poetic kathisma of the prophet in mode 1, and theotokion; b.after the sixth ode, poetic kathisma of the martyr in mode 4, and theotokion. 10.Exaposteilarion of the mode.[104] 12.At the stichos, stichera from the Oktoechos, and theotokion.

The First Hour as is customary, and the remaining [Hours] similarly according to the aforementioned pattern of the holy fast with recitations of continuous psalmody;[105] and similarly also all the remaining procedure, as has been previously stated.

---

[100] Psalm 144.
[101] The mode is set; see note 6.
[102] The heirmos.
[103] That is, by Theophanes also.
[104] The mode is set; see note 6.
[105] See XI.15 after Orthros for the various detailed prescriptions.

ΝΟΕΜΒΡΙΟΣ

Μηνὶ τῷ αὐτῷ κ'· προεόρτια τῶν εἰσοδίων τῆς ἁγίας δεσποίνης ἡμῶν Θεοτόκου, καὶ τοῦ ὁσίου πατρὸς ἡμῶν Γρηγορίου τοῦ Δεκαπολίτου, καὶ τοῦ ἁγίου Πρόκλου ἀρχιεπισκόπου Κωνσταντινουπόλεως, μαθητοῦ τοῦ Χρυσοστόμου.

Ἑσπέρας 1.οὐ στιχολογοῦμεν διὰ τὴν θ' τῆς νηστείας, 2.εἰς δὲ τὸ *Κύριε ἐκέκραξα* ἱστῶμεν ς' καὶ ψάλλομεν προεόρτια τῆς Θεοτόκου εἰς ἦχον α' δύο πρὸς τὸ Τῶν οὐρανίων, [32v] καὶ ἕτερα δύο τοῦ ἁγίου Γρηγορίου εἰς τὸν αὐτὸν ἦχον, καὶ ἕτερα στιχηρὰ δύο τοῦ ἁγίου Πρόκλου εἰς ἦχον δ', *Δόξα καὶ νῦν*, θεοτοκίον τῆς ἑορτῆς εἰς ἦχον δ' *Δεῦτε πάντες οἱ λαοί*. 4.προκείμενον. 10.εἰς τὸν στίχον στιχηρὰ προεόρτια ἦχος α' πρὸς τὸ Πανεύφημοι μάρτυρες *Σκηνὴν τὴν εὐρύχωρον* καὶ ἕτερα β' ὅμοια τοῦ αὐτοῦ, ἅτινα καὶ ζήτει εἰς τὸ τέλος τοῦ βιβλίου, *Δόξα καὶ νῦν*, *Παρθένε πανύμνητε*. 12.ἀπολυτίκιον ἦχος α' πρὸς τὸ Τὸν τάφον σου *Δικαίων ὁ καρπὸς Ἰωακεὶμ καὶ τῆς Ἄννης προσφέρεται Θεῷ*[74] *ἱερῷ ἐν ἁγίῳ, σαρκὶ νηπιάζουσα ἡ τροφὸς τῆς ζωῆς ἡμῶν ἣν εὐλόγησεν ὁ ἱερὸς Ζαχαρίας· ταύτην ἅπαντες ὡς τοῦ Κυρίου μητέρα πιστῶς μακαρίσωμεν.*

Τὰ ἀπόδειπνα συνημμένως καὶ τὴν παννυχίδα· 1.κανὼν προεόρτιος ἦχος α' εἰς δ'.

Εἰς τὸν ὄρθρον 3.*Θεὸς Κύριος* ἦχος α' καὶ 4.τὸ προγραφὲν τροπάριον ἐκ γ'. 5.αἱ στιχολογίαι καθίσματα β'· ἀπὸ πρώτης στιχολογίας κάθισμα προεόρτιον, *Δόξα καὶ νῦν*, τὸ αὐτό, εἰ δὲ οὐκ ἔχει, εἰπὲ τῆς ἑορτῆς· ἀπὸ δευτέρας στιχολογίας κάθισμα τοῦ ὁσίου Γρηγορίου ἦχος πλάγιος δ' καὶ θεοτοκίον· ἀνάγνωσις ὁ βίος αὐτοῦ εἰ ἔστιν, εἰ δ' οὖν, ἐκ τοῦ προκειμένου βιβλίου τοῦ Χρυσοστόμου ἑρμηνεία τοῦ κατὰ Ματθαῖον ἢ ἑτέρου τινός. 9.κανόνες γ'· ὁ προεόρτιος ἦχος α' Γεωργίου <πρὸς τὸ> Σοῦ ἡ τροπαιοῦχος, καὶ τοῦ ἁγίου Πρόκλου εἰς τὸν αὐτὸν ἦχον, καὶ τοῦ ὁσίου Γρηγορίου ἦχος πλάγιος δ' Ἰωσήφ, →

---

[74] τῷ praepos. D

20 NOVEMBER

XI.20C. 20th of the same month. Forefeast of the Entry of our holy Lady the Theotokos, and the commemoration of our saintly father Gregory of Decapolis, and of holy Proklos archbishop of Constantinople and disciple of Chrysostom.

V. At Vespers, 1.we do not recite the continuous psalmody because of the **Ninth Hour** of the fast, 2.but at Κύριε ἐκέκραξα we intercalate six times and chant two forefeast [stichera] of the Theotokos in mode 1 to Τῶν οὐρανίων, and another two of holy Gregory in the same mode, and another two stichera of holy Proklos in mode 4, *Glory...both now...*, theotokion of the feast in mode 4: Δεῦτε πάντες οἱ λαοί. 4.Prokeimenon. 10.At the stichos, forefeast stichera in mode 1 to Πανεύφημοι μάρτυρες· Σκηνὴν τὴν εὐρύχωρον, and another two to the same melody (and look for these at the end of the book), *Glory...both now...*, Παρθένε πανύμνητε. 12.Apolytikion in mode 1 to Τὸν τάφον σου: *The fruit of righteous Joachim and Anna is offered to God in the holy temple, she who sustains our life, a young child in the flesh whom holy Zacharias blessed. Let us all faithfully call her blessed as mother of the Lord.*

AP. Apodeipnon and following without a break **PN. Pannychis;** 1.from a forefeast canon in mode 1 four troparia.

O. At Orthros, 3.Θεὸς Κύριος in mode 1, and 4.the troparion written above[106] three times. 5.The recitations of continuous psalmody, two kathismata; a.after the first recitation, b.forefeast poetic kathisma, *Glory...both now...*, the same repeated (but if you do not have one, say that of the feast); d.after the second recitation, e.poetic kathisma of saintly Gregory in plagal mode 4, and theotokion, f.reading: his *Life* if there is one, but if not, from the book of Chrysostom set out, *Commentary* on the [Gospel] according to Matthew, or from some other one.[107] 9.Three canons: the forefeast one in mode 1 by George <to> Σοῦ ἡ τροπαιοῦχος, and that of holy Proklos in the same mode, and that of saintly Gregory →

---

[106] The troparion used as apolytikion at V.12 repeated here.
[107] On readings from the works of Chrysostom see IX.17 O.5; X.27 Orthros N; X.31 N1 and in particular N2.

τοὺς γ΄ ἀνὰ δ΄· ἀπὸ γ΄ ᾠδῆς κάθισμα τοῦ ἁγίου Πρόκλου ἦχος γ΄ καὶ θεοτοκίον· ἀπὸ ς΄ κάθισμα τῆς ἑορτῆς ἀντὶ κοντακίου ἦχος δ΄ πρὸς τὸ Ἐπεφάνης σήμερον *Εὐφροσύνης σήμερον*· λέγομεν δὲ καὶ ἕνα οἶκον ἐκ τῶν τῆς ἑορτῆς, τὸν δ΄. 10.ἐξαποστειλάριον *Ἅγιος Κύριος*. 12.εἰς τὸν στίχον τῶν αἴνων στιχηρὰ προεόρτια γ΄ ἦχος δ΄ πρὸς τὸ Εὐφραίνεσθε δίκαιοι *Ἀγάλλεσθε δίκαιοι*, καὶ ἕτερα δύο ὅμοια τοῦ αὐτοῦ ἃ καὶ ζήτει εἰς τὸ τέλος τοῦ μηνός, *Δόξα καὶ νῦν*, ἦχος δεύτερος *Σήμερον τῷ ναῷ προσάγεται*.

Ἡ πρώτη ὥρα ὡς σύνηθες καὶ ἡ ἀνάγνωσις καὶ ἀπολύει.[75] ἄγομεν γὰρ ἀργίαν τῶν ὡρῶν ἐν τῷ κοινῷ.

Εἰς τὴν λειτουργίαν 1.τυπικὰ καὶ ᾠδὴ τοῦ προεορτίου κανόνος ἡ γ΄, *Δόξα καὶ νῦν*, τὸ τροπάριον. 2.προκείμενον ἦχος πλάγιος β΄ *Μνησθήσομαι τοῦ ὀνόματός σου*· στίχος *Ἄκουσον θύγατερ καὶ ἰδέ*. Ἀλληλούια ἦχος πλάγιος δ΄ *Ἀνάστηθι Κύριε εἰς τὴν ἀνάπαυσίν σου*. 3.κοινωνικὸν *Ποτήριον σωτηρίου*.

Εἰ δὲ εἴη κυριακή, πάντα τὰ τῆς κυριακῆς· οἵ τε μακαρισμοὶ τοῦ ἤχου ὁμοίως καὶ προκείμενον καὶ ἀλληλούια καὶ τὰ λοιπά. [33r]

Μηνὶ τῷ αὐτῷ κα΄· τὰ εἰσόδια τῆς ὑπεραγίας Θεοτόκου ἐν τῷ ναῷ.

Ἑσπέρας 1.οὐ στιχολογοῦμεν, 2.εἰς δὲ τὸ *Κύριε ἐκέκραξα* ἱστῶμεν ἡ καὶ ψάλλομεν στιχηρὰ προσόμοια γ΄ εἰς ἦχον α΄ πρὸς τὸ Ὢ τοῦ παραδόξου θαύματος, *Σήμερον πιστοὶ χορεύσωμεν* λέγεται δεύτερον, τὰ δὲ ἕτερα δύο ἀνὰ γ΄, *Δόξα καὶ νῦν*, πάλιν τὸ πρῶτον.

---

[75] ἀπολύομεν D

20-21 NOVEMBER

in plagal mode 4 by Joseph, from the three of them four troparia each; a.after the third ode, poetic kathisma of holy Proklos in mode 3, and theotokion; b.after the sixth ode, instead of a kontakion poetic kathisma of the feast in mode 4 to Ἐπεφάνης σήμερον: Εὐφροσύνης σήμερον. We recite one oikos also from those of the feast, the fourth one. 10.Exaposteilarion: Ἅγιος Κύριος. 12.At the stichos of the ainoi, three forefeast stichera in mode 4 to Εὐφραίνεσθε δίκαιοι: Ἀγάλλεσθε δίκαιοι, and another two to the same melody (look for these too at the end of the month), Glory...both now..., in the second mode Σήμερον τῷ ναῷ προσάγεται.

The First Hour as is customary and the reading and dismissal; for we observe a suspension of the communal **Hours**.

L. At the Liturgy, 1.typika, and the third ode of the forefeast canon,[108] Glory...both now..., the troparion.[109] 2.Prokeimenon in plagal mode 2: Μνησθήσομαι τοῦ ὀνόματός σου [Ps 44:18], stichos: Ἄκουσον θύγατερ καὶ ἰδέ [Ps 44:11]. Alleluia in plagal mode 4: Ἀνάστηθι Κύριε εἰς τὴν ἀνάπαυσίν σου [Ps 131:8]. 3.Koinonikon: Ποτήριον σωτηρίου [Ps 115:4].

XI.20 K. But if it were a Sunday, all the elements of the Sunday: L.both the makarismoi of the mode,[110] and similarly prokeimenon and Alleluia and the rest.

XI.21C. 21st of the same month. The Entry of the most holy Theotokos into the temple.

V. At Vespers, 1.we do not recite the continuous psalmody, 2.but at Κύριε ἐκέκραξα we intercalate eight times and chant three stichera prosomoia in mode 1 to Ὢ τοῦ παραδόξου θαύματος: Σήμερον πιστοὶ χορεύσωμεν is recited twice but the other two three times each, Glory...both now..., again the first one. 3.Entrance.

---

[108] Most probably means that refrains of the third ode are intercalated into the makarismoi.
[109] The troparion used as apolytikion at V.12 repeated here.
[110] The mode is set; see note 6.

ΝΟΕΜΒΡΙΟΣ

3.εἴσοδος. 4.προκείμενον τῆς ἡμέρας, καὶ εὐθὺς 5.τὰ ἀναγνώσματα τῆς Θεοτόκου, ζήτει ταῦτα εἰς τὴν κοίμησιν τῆς Θεοτόκου, τὸ πρῶτον *Ἐξῆλθεν Ἰακώβ*, τὸ δεύτερον *Ἔσται ἀπὸ τῆς ἡμέρας*, τὸ γ΄ *Ἡ σοφία ᾠκοδόμησεν*. 10.εἰς τὸν στίχον στιχηρὰ ἰδιόμελα ἦχος δ΄ *Σήμερον ὁ θεοχώρητος ναός*· στίχος *Ἀπενεχθήσονται τῷ βασιλεῖ*, καὶ πάλιν τὸ αὐτὸ στιχηρὸν *Σήμερον ὁ θεοχώρητος*· στίχος δεύτερος *Ἀπενεχθήσονται ἐν εὐφροσύνῃ καὶ ἀγαλλιάσει ἀχθήσονται εἰς ναὸν βασιλέως*· ἕτερα στιχηρὰ *Δεῦτε πάντες οἱ λαοί*, *Δόξα καὶ νῦν*, ἦχος πλάγιος δ΄ *Μετὰ τὸ τεχθῆναί σε*. 12.ἀπολυτίκιον ἦχος δ΄ πρὸς τὸ *Σήμερον τῆς σωτηρίας ἡμῶν τὸ κεφάλαιον Σήμερον τῆς εὐδοκίας Θεοῦ τὸ προοίμιον καὶ τῆς τῶν ἀνθρώπων σωτηρίας ἡ προκήρυξις· ἐν ναῷ τοῦ Θεοῦ τρανῶς ἡ παρθένος δείκνυται καὶ τὸν Χριστὸν τοῖς πᾶσιν εὐαγγελίζεται· αὐτῇ καὶ ἡμεῖς μεγαλοφώνως βοήσωμεν Χαῖρε τῆς οἰκονομίας τοῦ Κτίστου ἡ ἐκπλήρωσις*.[76] τὸ αὐτὸ τροπάριον εἰς τὸ ἀπόδειπνον, εἰς τὸ *Δόξα καὶ νῦν* τὸ κοντάκιον.

Εἰς τὴν παννυχίδα τῆς ἀγρυπνίας 1.τὸν κανόνα τοῦ ἤχου τῆς ἡμέρας εἰς ϛ΄, καὶ τῆς ἑορτῆς ὁμοίως εἰς ϛ΄ ἦχος δ΄ <πρὸς τὸ> *Ἀνοίξω τὸ στόμα μου Ἁγίων εἰς ἅγια Ἰωσήφ*· 2.ἀπὸ γ΄ ᾠδῆς κάθισμα τοῦ ἤχου κατανυκτικόν· 3.ἀπὸ ϛ΄ τὸ κοντάκιον *Προστασία τῶν χριστιανῶν* καὶ τὸν οἶκον.

Εἰ δέ ἐστι κυριακή, ἑσπέρας τὸν κανόνα τῆς Θεοτόκου τοῦ ἤχου εἰς δ΄, καὶ τῆς ἑορτῆς εἰς ϛ΄, τὰ δὲ λοιπὰ ὡς εἴρηται· 4.ἡ ἀνάγνωσις ἐν τῷ Πραξαποστόλῳ μετὰ τὸ τέλος τῆς παννυχίδος κατὰ τὴν ἀκολουθίαν τῶν κυριακῶν.

Εἰς τὸν ὄρθρον 3.τὸ *Θεὸς Κύριος* ἦχος δ΄, καὶ 4.τὸ τροπάριον τῆς ἑορτῆς ἐκ γ΄. 5.αἱ στιχολογίαι καθίσματα β΄ τῆς ἡμέρας, καὶ →

---

[76] καὶ τῆς...ἐκπλήρωσις om. D

21 NOVEMBER

4.Prokeimenon of the day of the week, and immediately **5.**the readings of the Theotokos (look for these at the Dormition of the Theotokos): the first [Gen 28:10ff], the second [Ezek 43:27ff], the third [Prov 9:1ff]. **10.**At the stichos, stichera idiomela in mode 4: *Σήμερον ὁ θεοχώρητος ναός*, stichos: *Ἀπενεχθήσονται τῷ βασιλεῖ* [Ps 44:15], and again the same sticheron: *Σήμερον ὁ θεοχώρητος*, second stichos: *Ἀπενεχθήσονται ἐν εὐφροσύνῃ καὶ ἀγαλλιάσει ἀχθήσονται εἰς ναὸν βασιλέως* [Ps 44:16], other stichera: *Δεῦτε πάντες οἱ λαοί*, Glory...both now..., in plagal mode 4: *Μετὰ τὸ τεχθῆναί σε*. **12.**Apolytikion in mode 4 to *Σήμερον τῆς σωτηρίας ἡμῶν τὸ κεφάλαιον*: Today is the prelude to God's goodwill and the proclamation in advance of mankind's salvation. In the temple of God the virgin is clearly shown forth and announces the good news of Christ to all. Let us too shout out in a loud voice to her 'Hail, fulfilment of the Creator's dispensation'. The same troparion at **Apodeipnon**; at Glory...both now... the kontakion.

PN. At Pannychis of the Agrypnia, 1.from the canon of the mode of the day six troparia,[111] and from that of the feast similarly six troparia in mode 4 <to> *Ἀνοίξω τὸ στόμα μου*:[112] *Ἁγίων εἰς ἅγια* by Joseph; **2.**after the third ode, penitential poetic kathisma of the mode;[113] **3.**after the sixth ode, the kontakion: *Προστασία τῶν χριστιανῶν* and the oikos.

> **XI.21 K.1** But if it is a Sunday, **PN.**in the evening, from the canon of the Theotokos of the mode four troparia,[114] and from that of the feast six troparia, and the rest as has been stated; **4.**after the end of **Pannychis**, the reading: in the Praxapostolos according to the sequence of Sundays.

O. At Orthros, 3.*Θεὸς Κύριος* in mode 4, and **4.**the troparion of the feast[115] three times. **5.**The recitations of continuous psalmody, two

---

[111] The mode is set; see note 6.
[112] The heirmos.
[113] The mode is set; see note 6.
[114] The mode is set; see note 6.
[115] The troparion used as apolytikion at V.12 repeated here.

ΝΟΕΜΒΡΙΟΣ

καθίσματα τῆς ἑορτῆς, ἓν ὁ ψάλτης καὶ ἕτερον ὁ λαός, *Δόξα καὶ νῦν*, τὸ αὐτό· ἀνάγνωσις ἐκ τοῦ προκειμένου βιβλίου· εἶτα στιχολογοῦμεν τὸ *Κύριε μὴ τῷ θυμῷ σου ἐλέγξῃς με* ὅλον τὸ κάθισμα· ἔπειτα ὁ πολυέλεος καὶ λέγομεν κάθισμα ἦχος πλάγιος δ´ *Ἀγαλλιάσθω ὁ Δαβίδ, Δόξα καὶ νῦν*, τὸ αὐτό· ἀνάγνωσις λόγος τοῦ κυροῦ Γεωργίου εἰς δόσεις δύο, οὗ ἡ ἀρχὴ *Καλὰς ἡμῖν ὑποθέσεις*, ζήτει εἰς τὸ πανηγυρικὸν [33v] τὸ μικρόν, τὸ πρῶτον. 6.ἔπειτα οἱ ἀναβαθμοὶ ἦχος δ´, ἀντίφωνον ἕν. 7.προκείμενον ἦχος δ´ *Ἀπενεχθήσονται τῷ βασιλεῖ*· στίχος *Ἄκουσον θύγατερ καὶ ἰδέ*· τὸ *Πᾶσα πνοή*· εὐαγγέλιον κατὰ Λουκᾶν *Τῷ καιρῷ ἐκείνῳ ἀναστᾶσα Μαριάμ*. 8.ὁ Ν´ καὶ εὐθὺς 9.οἱ κανόνες, οὐ γὰρ λέγομεν *Τῷ Κυρίῳ ᾄσωμεν*· ὁ εἷς αὐτῶν ἦχος α´ εἰς η´ μετὰ τοῦ εἱρμοῦ *Ὠιδὴν ἐπινίκιον*, καταλιμπάνονται δὲ τὰ τριαδικὰ τροπάρια, ποίημα Βασιλείου, ὁ δὲ ἕτερος Γεωργίου ἦχος δ´ <πρὸς τὸ> Ἀνοίξω τὸ στόμα μου, *Σοφίας πανάχραντε σὲ θησαυρὸν ἐπιστάμεθα* καὶ αὐτὸν εἰς η´, ἐσχάτως δὲ οἱ χοροὶ ὁμοῦ τοὺς εἱρμοὺς *Ἀνοίξω τὸ στόμα*· ἀπὸ γ´ ᾠδῆς κάθισμα ἦχος δ´ <πρὸς τὸ> Κατεπλάγη Ἰωσὴφ *Ἡ ἀμίαντος ἀμνάς, Δόξα καὶ νῦν, Τῇ ἀνατραφείσῃ*· ἀνάγνωσις τὸ καταλειφθὲν ἐκ τοῦ λόγου τοῦ Γεωργίου· ἀπὸ ς´ τὸ κοντάκιον ἦχος δ´ *Ὁ καθαρώτατος ναὸς* καὶ κἂν γ´ οἴκους εἰ ἔχει ἡ ὥρα· ἀνάγνωσις εἰς τὸ πανηγυρικὸν λόγους δύο μικροὺς συνημμένως Πρόκλου καὶ Γερμανοῦ. 10.ἐξαποστειλάριον *Ἅγιος Κύριος*, εἰ δὲ ἔχει ἡ ἑορτὴ λέγομεν αὐτό. 11.εἰς τοὺς αἴνους ἱστῶμεν ς´ εἰς ἦχον δ´ καὶ λέγομεν στιχηρὰ τῆς ἑορτῆς γ´ ἀνὰ β´ πρὸς τὸ *Ὡς γενναῖον Τῶν ἁγίων εἰς ἅγια, Δόξα καὶ νῦν*, ἦχος πλάγιος β´ *Σήμερον τὰ στίφη*. 13.δοξολογία μεγάλη· τὸ τροπάριον τῆς ἑορτῆς καὶ ἡ[77] πρώτη ὥρα.

---

[77] om. D

21 NOVEMBER

kathismata of the day, and poetic kathismata of the feast (the cantor [chants] one and the people the other),[116] *Glory...both now...*, the same repeated, reading: from the book set out.[117] Then we recite *Κύριε μὴ τῷ θυμῷ σου ἐλέγξῃς με* [kath 6] the whole kathisma,[118] next the polyeleos,[119] and we recite poetic kathisma in plagal mode 4: *Ἀγαλλιάσθω ὁ Δαβίδ, Glory...both now...*, the same repeated, reading: *Homily* of Kyr George in two portions beginning *Καλὰς ἡμῖν ὑποθέσεις* (look in the first small Panegyrikon) [BHG, 1108]. 6.Next the anabathmoi in mode 4 one antiphon. 7a.Prokeimenon in mode 4: *Ἀπενεχθήσονται τῷ βασιλεῖ* [Ps 44:15], stichos: *Ἄκουσον θύγατερ καὶ ἰδέ* [Ps 44:11], b.*Πᾶσα πνοή*, c.gospel: according to Luke [1:39ff]. 8.Psalm 50 and immediately 9.the canons, for we do not recite *Τῷ Κυρίῳ ᾄσωμεν*:[120] from the first of them in mode 1 eight troparia with the heirmos: *Ὠιδὴν ἐπινίκιον* composed by Basil (but the troparia triadika are omitted), the second by George in mode 4 <to> *Ἀνοίξω τὸ στόμα μου*,[121] *Σοφίας πανάχραντε σὲ θησαυρὸν ἐπιστάμεθα*, from it also eight troparia, and finally the choirs together chant the heirmoi: *Ἀνοίξω τὸ στόμα*. a.After the third ode, poetic kathisma in mode 4 <to> Κατεπλάγη Ἰωσήφ: *Ἡ ἀμίαντος ἀμνάς, Glory...both now..., Τῇ ἀνατραφείσῃ*, reading: what was left from the *Homily* of George; b.after the sixth ode, the kontakion in mode 4: *Ὁ καθαρώτατος ναός*, and up to three oikoi if there is time, reading: in the Panegyrikon two small homilies of Proklos and Germanos following without a break. 10.Exaposteilarion: *Ἅγιος Κύριος*, but if the feast has one we recite that. 11.At the ainoi, we intercalate six times in mode 4 and recite three stichera of the feast twice each to *Ὡς γενναῖον: Τῶν ἁγίων εἰς ἅγια, Glory...both now...*, in plagal mode 2 *Σήμερον τὰ στίφη*. 13.Great doxology, 14.the troparion of the feast,[122] and the **First Hour**.

---

[116] This indicates that two kathismata are chanted; the first a solo by the cantor, the other chanted by everyone.
[117] See X.31 N2.
[118] Psalms 37-45.
[119] Psalms 134 and 135.
[120] Ode 1.
[121] The heirmos.
[122] The troparion used as apolytikion at V.12 repeated here.

ΝΟΕΜΒΡΙΟΣ

Εἰ δὲ τύχῃ γενέσθαι ἐν κυριακῇ αὕτη ἡ ἑορτή, τῷ σαββάτῳ[78] ἑσπέρας 1.στιχολογοῦμεν τὸ *Μακάριος ἀνήρ*, 2.εἰς δὲ τὸ *Κύριε ἐκέκραξα* ἱστῶμεν η΄ καὶ ψάλλομεν τὰ γ΄ ἀναστάσιμα στιχηρὰ τοῦ ἤχου εἰς δ΄ δευτεροῦντες τὸ πρῶτον, καὶ τῆς ἑορτῆς τὰ εἰρημένα εἰς δ΄ δευτεροῦντες τὸ γ΄, *Δόξα καὶ νῦν*, τὸ πρῶτον τῶν αὐτῶν στιχηρῶν τῆς ἑορτῆς. 3.εἴσοδος. 4.προκείμενον *Ὁ Κύριος ἐβασίλευσεν*. 5.αἱ προφητεῖαι. 10.εἰς τὸν στίχον τὸ ἀναστάσιμον τοῦ στίχου ἅπαξ, καὶ τῆς ἑορτῆς τὰ εἰρημένα δύο ἰδιόμελα πρὸς μίαν μετὰ καὶ τῶν ἐπ' αὐτοῖς στίχων, *Δόξα καὶ νῦν*, ἦχος πλάγιος δ΄ *Μετὰ τὸ τεχθῆναί σε*. 12.ἀπολυτίκιον τῆς Θεοτόκου *Σήμερον τῆς εὐδοκίας Θεοῦ τὸ προοίμιον*. Εἰς τὴν παννυχίδα ὡς εἴρηται. Εἰς δὲ τὸν ὄρθρον τὸ 3.*Θεὸς Κύριος* καὶ 4.τὸ ἀναστάσιμον τροπάριον β΄, *Δόξα καὶ νῦν*, τῆς ἑορτῆς. 5.αἱ στιχολογίαι ὡς εἴρηται· ὁμοίως δὲ καὶ αἱ ἀναγνώσεις μετὰ τὸ τέλος τῶν στιχολογιῶν· ἡ ὑπακοὴ τοῦ ἤχου. ὁμοίως καὶ 6.οἱ ἀναβαθμοὶ τοῦ ἤχου τὰ γ΄ ἀντίφωνα. καὶ 7.τὸ ἀναστάσιμον προκείμενον τοῦ ἤχου· καὶ τὸ *Πᾶσα πνοή*· καὶ τὸ ἑωθινὸν ἀναστάσιμον εὐαγγέλιον· τὸ *Ἀνάστασιν Χριστοῦ θεασάμενοι*.[79] 8.ὁ Ν΄ καὶ 9.οἱ κανόνες· ὁ ἀναστάσιμος εἰς ς΄, καὶ τῆς Θεοτόκου ὁ δ΄ ἦχος εἰς η΄, καὶ ἔσχατον τοὺς αὐτοὺς εἱρμοὺς οἱ χοροί· λέγομεν δὲ καὶ *Τῷ Κυρίῳ ᾄσωμεν*. ὁ δὲ ἕτερος κανών, ὁ εἰς

---

[78] τὸ σάββατον D
[79] θεσάμενοι D

21 NOVEMBER

XI.21 K.2 But if this feast happens to fall on a Sunday, **V.at Vespers** on Saturday **1.**we recite the continuous psalmody Μακάριος ἀνήρ [kath 1],[123] and **2.**at Κύριε ἐκέκραξα we intercalate eight times and chant the three resurrection stichera of the mode up to four by repeating the first one,[124] and the aforementioned ones of the feast[125] up to four by repeating the third one, *Glory...both now...*, the first of the same stichera of the feast. **3.**Entrance. **4.**Prokeimenon: Ὁ Κύριος ἐβασίλευσεν [Ps 92:1]. **5.**The prophecies. **10.**At the stichos, the resurrection [sticheron] of the stichos once, and the two aforementioned idiomela of the feast[126] once through with the stichoi for them also, *Glory...both now...*, in plagal mode 4 Μετὰ τὸ τεχθῆναί σε. **12.**Apolytikion of the Theotokos: Σήμερον τῆς εὐδοκίας Θεοῦ τὸ προοίμιον.[127] **PN.At Pannychis**, as has been stated. **O.At Orthros**, **3.**Θεὸς Κύριος, and **4.**the resurrection troparion twice, *Glory...both now...*, that of the feast.[128] **5.**The recitations of continuous psalmody as has been stated, and similarly also **c.**f.the readings after the end of the recitations of continuous psalmody, **h.**the hypakoe of the mode.[129] Similarly also **6.**the anabathmoi of the mode the three antiphons.[130] And **7a.**the resurrection prokeimenon of the mode,[131] and **b.**Πᾶσα πνοή, and **c.**the resurrection matins gospel, **d.**Ἀνάστασιν Χριστοῦ θεασάμενοι. **8.**Psalm 50 and **9.**the canons: from the resurrection one six troparia, and from that of the Theotokos[132] in the fourth mode eight troparia, and at the end the choirs chant the same heirmoi; and we also recite Τῷ

---

[123] Kathisma 1 of the psalter (psalms 1-8) is always chanted at Vespers on Saturday evenings.
[124] The mode is set; see note 6.
[125] See V.2 above.
[126] See V.10 above.
[127] See V.12 above for a full English translation of the apolytikion.
[128] The troparion used as apolytikion at V.12 repeated here.
[129] The mode is set; see note 6.
[130] The mode is set; see note 6.
[131] The mode is set; see note 6.
[132] Canon by George; see O.9 above.

ΝΟΕΜΒΡΙΟΣ

ἦχον α΄ τῆς ἑορτῆς, [34r] λέγεται ἐπὶ τῇ αὔριον. 11.εἰς τοὺς αἴνους ἱστῶμεν η΄ καὶ λέγομεν τὰ δ΄ ἀναστάσιμα καὶ τῆς ἑορτῆς τὰ εἰρημένα εἰς δ΄, *Δόξα*, ἦχος πλάγιος β΄ *Σήμερον τὰ στίφη, καὶ νῦν, Ὑπερευλογημένη ὑπάρχεις*. 14.ἀπολυτίκιον τὸ ἀναστάσιμον. ἡ πρώτη ὥρα ὡς σύνηθες μετὰ τῆς ἀναγνώσεως.

Εἰς τὴν λειτουργίαν 1.τυπικὰ καὶ ᾠδὴ τοῦ κανόνος τῆς Θεοτόκου ἡ γ΄ τοῦ δ΄ ἤχου· λέγομεν δὲ καὶ τὸν εἱρμὸν ἀντὶ τοῦ *Διὰ ξύλου*. εἰς δὲ τὴν εἴσοδον, εἰ μέν ἐστι κυριακή, λέγομεν τὸ *Δεῦτε προσκυνήσωμεν*, εἰ δὲ ἄλλη ἡμέρα, λέγομεν στίχον *Ἀπενεχθήσονται τῷ βασιλεῖ* καὶ εὐθὺς τὸ τροπάριον τῆς ἑορτῆς, *Δόξα καὶ νῦν*, τὸ κοντάκιον. ὁ τρισάγιος, εἶτα ᾠδὴ τῆς Θεοτόκου. 2.προκείμενον ἦχος γ΄ *Μεγαλύνει ἡ ψυχή μου τὸν Κύριον·* στίχος *Ὅτι ἐπέβλεψεν ἐπὶ τὴν ταπείνωσιν·* ὁ ἀπόστολος πρὸς Ἑβραίους *Ἀδελφοί, εἶχεν ἡ πρώτη σκηνή*. Ἀλληλούια ἦχος πλάγιος δ΄ *Ἄκουσον θύγατερ καὶ ἰδέ·* στίχος β΄ *Τὸ πρόσωπόν σου λιτανεύσουσιν οἱ πλούσιοι·* εὐαγγέλιον κατὰ Λουκᾶν *Τῷ καιρῷ ἐκείνῳ εἰσῆλθεν ὁ Ἰησοῦς εἰς κώμην τινά*. 3.κοινωνικὸν *Ἀπενεχθήσονται*.

Εἰ δὲ τύχῃ κυριακῇ,[80] 1.τυπικὰ καὶ οἱ μακαρισμοὶ τοῦ ἤχου, τροπάρια γ΄ καὶ ἕτερα γ΄ τῆς Θεοτόκου, τὰ προειρημένα μετὰ τοῦ *Δόξα καὶ νῦν*. εἰς τὴν εἴσοδον *Δεῦτε προσκυνήσωμεν* καὶ εὐθὺς τὸ ἀναστάσιμον τροπάριον, *Δόξα καὶ νῦν*, τὸ κοντάκιον τῆς ἑορτῆς. 2.προκείμενον καὶ Ἀλληλούια τῆς ἑορτῆς· ἀπόστολος δὲ καὶ →

---

[80] κυριακή D

21 NOVEMBER

Κυρίῳ ᾄσωμεν.[133] But the other canon, the one of the feast in mode 1,[134] is recited tomorrow. 11.At the ainoi, we intercalate eight times and recite the four resurrection [stichera] and the aforementioned ones of the feast[135] up to four, Glory..., in plagal mode 2 Σήμερον τὰ στίφη, both now..., Ὑπερευλογημένη ὑπάρχεις. 14.The resurrection apolytikion; the First Hour as is customary with the reading.

L. At the Liturgy, 1.typika, and the third ode of the canon of the Theotokos of mode 4;[136] we also recite the heirmos instead of Διὰ ξύλου. At the entrance, if it is a Sunday, we recite Δεῦτε προσκυνήσωμεν [Ps 94:6], but if it is another day, we recite stichos: Ἀπενεχθήσονται τῷ βασιλεῖ [Ps 44:15], and immediately the troparion of the feast,[137] Glory...both now..., the kontakion.[138] The trisagion, then ode of the Theotokos.[139] 2.Prokeimenon in mode 3: Μεγαλύνει ἡ ψυχή μου τὸν Κύριον [Lk 1:46], stichos: Ὅτι ἐπέβλεψεν ἐπὶ τὴν ταπείνωσιν [Lk 1:48], the apostle: to the Hebrews [9:1ff]. Alleluia in plagal mode 4: Ἄκουσον θύγατερ καὶ ἰδέ [Ps 44:11], second stichos: Τὸ πρόσωπόν σου λιτανεύσουσιν οἱ πλούσιοι [Ps 44:13], gospel: according to Luke [10:38ff]. 3.Koinonikon: Ἀπενεχθήσονται [Ps 44:15].

XI.21 K.3 But if it falls on a Sunday, L.1.typika and the makarismoi of the mode,[140] three troparia and another three of the Theotokos, the aforementioned ones, with Glory...both now.... At the entrance, Δεῦτε προσκυνήσωμεν [Ps 94:6] and immediately the resurrection troparion, Glory...both now..., the kontakion of the feast.[141] 2.Prokeimenon and Alleluia of

---

[133] Ode 1.
[134] Composed by Basil the Great; see O.9 above.
[135] See O.11 above.
[136] Most probably means that refrains of the third ode are intercalated into the makarismoi.
[137] The troparion used as apolytikion at V.12 repeated here.
[138] See O.9b above.
[139] The ninth ode of the canon, Lk 1:46-55.
[140] The mode is set; see note 6.
[141] See O.9b above.

ΝΟΕΜΒΡΙΟΣ

εὐαγγέλιον, ἀμφότερα· προηγοῦνται δὲ τὰ τῆς κυριακῆς. 3.κοινωνικὸν Αἰνεῖτε καὶ τῆς ἑορτῆς Ἀπενεχθήσονται τῷ βασιλεῖ.

Μηνὶ τῷ αὐτῷ κβ'· μεθέορτα, καὶ τῆς ἁγίας μάρτυρος Κικιλίας.

Ἑσπέρας 1.οὐ στιχολογοῦμεν διὰ τὸν κόπον τῆς ἀγρυπνίας, 2.εἰς δὲ τὸ Κύριε ἐκέκραξα ἱστῶντες ἐξ ψάλλομεν στιχηρὰ τῆς ἑορτῆς γ' ἦχος δ' πρὸς τὸ Ὡς γενναῖον Τῶν ἁγίων εἰς ἅγια, καὶ ἕτερα γ' τῆς ἁγίας εἰς τὸν αὐτὸν ἦχον πρὸς τὸ Ἔδωκας σημείωσιν, Δόξα καὶ νῦν, ἦχος δ' Δεῦτε πάντες οἱ λαοί. 4.προκείμενον τῆς ἡμέρας. 10.εἰς δὲ τὸν στίχον στιχηρὰ τῆς ἑορτῆς ἦχος δεύτερος πρὸς τὸ Οἶκος τοῦ Ἐφραθᾶ γ', Δόξα καὶ νῦν, ἐξ αὐτῶν τὸ δ', λέγομεν δὲ καὶ τοὺς στίχους τῆς ἑορτῆς Ἀπενεχθήσονται τῷ βασιλεῖ καὶ ἕτερον Ἀπενεχθήσονται ἐν εὐφροσύνῃ. 12.ἀπολυτίκιον τῆς ἑορτῆς.

Τὴν παννυχίδα δὲ ἀφ' ἑσπέρας καταλιμπάνομεν διὰ τὸν κόπον τῆς ἀγρυπνίας, ἀλλὰ μόνα τὰ ἀπόδειπνα, εἰ μή που τύχῃ κυριακῇ.[81]

Εἰς τὸν ὄρθρον 3.Θεὸς Κύριος ἦχος δ' καὶ 4.τὸ τροπάριον τῆς ἑορτῆς ἐκ δευτέρου, Δόξα καὶ νῦν, Τῇ ἀνατραφείσῃ. ἐγειρόμεθα δὲ βραδύτερον καὶ 5.στιχολογοῦμεν κάθισμα ἕν· ἀπὸ τῆς στιχολογίας κάθισμα τῆς ἑορτῆς ἦχος δ' Ἡ ἀμίαντος ἀμνάς, Δόξα καὶ νῦν, Κατεπλάγη Ἰωσήφ· ἀνάγνωσις ἐκ τοῦ βίου τοῦ ἁγίου Γρηγορίου τοῦ Ἀκραγαντίνου, οὗ ἡ ἀρχὴ Κάλλιστόν τι χρῆμα. [34v] 9.κανόνες δύο· τῆς ἑορτῆς ὁ πρῶτος ἦχος <πρὸς τὸ> Ὠιδὴν ἐπινίκιον εἰς η', →

---

[81] κυριακή D

the feast; apostle and gospel, both sets; but those of the Sunday precede. 3.Koinonikon: Αἰνεῖτε [Ps 148:1] and that of the feast Ἀπενεχθήσονται τῷ βασιλεῖ [Ps 44:15].

XI.22C. 22nd of the same month. Afterfeast, and the commemoration of the holy martyr Kikilia.

V. At Vespers, 1.we do not recite the continuous psalmody because of weariness from the **Agrypnia,** 2.but at Κύριε ἐκέκραξα intercalating six times we chant three stichera of the feast in mode 4 to Ὡς γενναῖον: Τῶν ἁγίων εἰς ἅγια,[142] and another three of the holy woman in the same mode to Ἔδωκας σημείωσιν, Glory...both now..., in mode 4 Δεῦτε πάντες οἱ λαοί. 4.Prokeimenon of the day of the week. 10.But at the stichos, three stichera of the feast in the second mode to Οἶκος τοῦ Ἐφραθᾶ, Glory...both now..., the fourth of them; we also recite the stichoi of the feast: Ἀπενεχθήσονται τῷ βασιλεῖ [Ps 44:15] and another: Ἀπενεχθήσονται ἐν εὐφροσύνῃ [Ps 44:16]. 12.Apolytikion of the feast.[143]

> N. After **Vespers** we omit PN.Pannychis because of weariness from the **Agrypnia,** but there is **Apodeipnon** only, unless of course it falls on a Sunday.

O. At Orthros, 3.Θεὸς Κύριος in mode 4, and 4.the troparion of the feast[144] twice, Glory...both now..., Τῇ ἀνατραφείσῃ.[145] But we rise later and 5a.recite one kathisma of continuous psalmody; after the recitation of continuous psalmody, b.poetic kathisma of the feast in mode 4: Ἡ ἀμίαντος ἀμνάς,[146] Glory...both now..., Κατεπλάγη Ἰωσήφ, c.reading: from the Life of holy Gregory of Akragas beginning Κάλλιστόν τι χρῆμα [BHG, 708]. 9.Two canons: from that of the feast in the first mode[147] <to> Ὠιδὴν ἐπινίκιον[148] eight

---

[142] See XI.21 O.11.
[143] See XI.21 V.12.
[144] The troparion used as apolytikion at XI.21 V.12 repeated here.
[145] See XI.21 O.9a.
[146] See XI.21 O.9a.
[147] See XI.21 O.9.
[148] The heirmos.

ΝΟΕΜΒΡΙΟΣ

καὶ τῆς ἁγίας εἰς τὸν αὐτὸν ἦχον πρὸς τὸ Χριστὸς γεννᾶται εἰς δ΄· λέγομεν[82] δὲ καὶ *Τῷ Κυρίῳ ᾄσωμεν, ἱστῶμεν γὰρ ιβ΄·* ἀπὸ γ΄ ᾠδῆς κάθισμα τῆς ἁγίας ἦχος α΄ καὶ θεοτοκίον· ἀπὸ ϛ΄ τὸ κοντάκιον τῆς ἑορτῆς καὶ οἴκους κἂν γ΄. 10.ἐξαποστειλάριον τῆς ἑορτῆς· εἰ δὲ οὐκ ἔχει,[83] λέγομεν[84] *Ἅγιος Κύριος*. 11.εἰς τοὺς αἴνους οὐδέν· 12.εἰς δὲ τὸν στίχον τῶν αἴνων στιχηρὰ τῆς ἑορτῆς ἦχος δ΄ πρὸς τὸ *Εὐφραίνεσθε δίκαιοι*, τὰ γ΄ πρὸς μίαν, *Δόξα καὶ νῦν*, ἦχος πλάγιος δ΄ *Ὁ Δαβὶδ προανεφώνει σοι ἄχραντε·* στίχους δὲ λέγομεν τῆς ἑορτῆς τοὺς προγεγραμμένους. 14.ἀπολυτίκιον τῆς ἑορτῆς καὶ ἡ πρώτη ὥρα· αἱ δὲ λοιπαὶ ὧραι ἐν ταῖς κέλλαις ἡμῶν.

Εἰς[85] τὴν λειτουργίαν 1.τυπικὰ καὶ ᾠδὴ τοῦ κανόνος τῆς ἑορτῆς τοῦ πρώτου ἤχου ἡ γ΄, τροπάριον ἦχος δ΄· λέγομεν δὲ καὶ τὸ *Διὰ βρώσεως ἐξήγαγε*, τὸ τροπάριον καὶ τὸ κοντάκιον τῆς ἑορτῆς. 2.προκείμενον ἦχος πλάγιος β΄. *Μνησθήσομαι τοῦ ὀνόματός σου·* στίχος *Ἄκουσον θύγατερ·* ἀπόστολος δὲ καὶ εὐαγγέλιον τῆς ἡμέρας. εἰ δέ ἐστι κυριακή, πάντα τὰ τῆς κυριακῆς μόνα, τὸ δὲ κοντάκιον τῆς ἑορτῆς.

Μηνὶ τῷ αὐτῷ κγ΄· μεθέορτα, καὶ τοῦ ἁγίου ἀποστόλου Φιλήμονος, καὶ τοῦ ἁγίου Ἀμφιλοχίου ἐπισκόπου Ἰκονίου.

Ἑσπέρας 2.ψάλλομεν στιχηρὰ τοῦ ἀποστόλου γ΄ ἦχος β΄, καὶ τοῦ ἁγίου Ἀμφιλοχίου ἕτερα γ΄ ἦχος δ΄, *Δόξα καὶ νῦν*, ἰδιόμελον ἦχος δ΄ *Σήμερον ὁ θεοχώρητος ναός*. 4.προκείμενον τῆς ἡμέρας. 10.εἰς τὸν

---

[82] λέγεται D
[83] ἔχεις D
[84] λέγε D
[85] δὲ add. D

22-23 NOVEMBER

troparia, and from that of the holy woman in the same mode to Χριστὸς γεννᾶται[149] four troparia, we also recite Τῷ Κυρίῳ ᾄσωμεν,[150] for we intercalate twelve times; a.after the third ode, poetic kathisma of the holy woman in mode 1, and theotokion; b.after the sixth ode, the kontakion of the feast, and up to three oikoi. 10.Exaposteilarion of the feast; but if it does not have one, we recite Ἅγιος Κύριος. 11.At the ainoi, nothing; but 12.at the stichos of the ainoi, the three stichera of the feast in mode 4 to Εὐφραίνεσθε δίκαιοι once through, Glory...both now..., in plagal mode 4 Ὁ Δαβὶδ προανεφώνει σοι ἄχραντε, and we recite the stichoi of the feast written above.[151] 14.Apolytikion of the feast[152] and the **First Hour**; but the rest of the **Hours** in our cells.

L. At the Liturgy, 1.typika, and the third ode of the canon of the feast of the first mode,[153] troparion in mode 4; and we also recite Διὰ βρώσεως ἐξήγαγε, the troparion and the kontakion of the feast.[154] **2.**Prokeimenon in plagal mode 2: Μνησθήσομαι τοῦ ὀνόματός σου [Ps 44:18], stichos: Ἄκουσον θύγατερ [Ps 44:11]. Apostle and gospel of the day. But if it is a Sunday, all the elements of the Sunday only, but the kontakion of the feast.

XI.23C. 23rd of the same month. Afterfeast, and the commemoration of the holy apostle Philemon, and of holy Amphilochios bishop of Iconium.

V. At Vespers, 2.we chant three stichera of the apostle in mode 2 and another three of holy Amphilochios in mode 4, Glory...both now..., idiomelon in mode 4: Σήμερον ὁ θεοχώρητος ναός.[155] **4.**Prokeimenon of the day of the week. **10.**At the stichos, three →

---

[149] The heirmos.
[150] Ode 1.
[151] See V.10 above.
[152] See XI.21 V.12.
[153] Most probably means that refrains of the third ode are intercalated into the makarismoi. For this canon see XI.21 O.9.
[154] The troparion used as apolytikion at XI.21 V.12 repeated here; for the kontakion of the feast see XI.21 O.9b.
[155] Sticheron idiomelon of the feast of the Theotokos; see XI.21 V.10.

ΝΟΕΜΒΡΙΟΣ

στίχον στιχηρὰ τῆς ἑορτῆς γ΄ ἦχος πλάγιος α΄ πρὸς τὸ Χαίροις, *Δόξα καὶ νῦν*, ἰδιόμελον ἦχος ὁ αὐτὸς *Ἐπέλαμψεν ἡμέρα*. 12.ἀπολυτίκιον τῆς ἑορτῆς, καὶ ἀποδίδοται ἑσπέρας ἡ ἑορτή, διὸ οὐδὲ[86] στιχολογοῦμεν[87] ἑσπέρας.

Εἰς τὴν παννυχίδα 1.τὸν κανόνα τῆς ἑορτῆς τοῦ κυροῦ Ἰωσὴφ ἦχος δ΄[88] *Ἁγίων εἰς ἅγια* εἰς δ΄, τὴν δὲ η΄ ᾠδὴν καὶ θ΄ εἰς ς΄· 2.ἀπὸ γ΄ ᾠδῆς οὐδέν· 3.ἀπὸ ς΄ τὸ κοντάκιον τῆς ἑορτῆς.

Εἰς τὸν ὄρθρον 3.*Θεὸς Κύριος* ἦχος δ΄, 4.τὸ τροπάριον τῆς ἑορτῆς δεύτερον, *Δόξα καὶ νῦν, Τῇ ἀνατραφείσῃ*. 5.αἱ στιχολογίαι καθίσματα δύο· ἀπὸ τοῦ πρώτου καθίσματος κάθισμα τῆς ἑορτῆς, *Δόξα καὶ νῦν*, τὸ αὐτό· ἀπὸ δευτέρου καθίσματος τοῦ ἁγίου Φιλήμονος ἦχος πλάγιος δ΄ καὶ θεοτοκίον· ἀνάγνωσις ὁ βίος τοῦ ἁγίου Ἀμφιλοχίου εἰς δόσιν μίαν, οὗ ἡ ἀρχὴ *Καὶ*[89] *τί τῶν καλῶν ἔσται τις*.[90] 9.κανόνες γ΄· τῆς ἑορτῆς ἦχος δ΄ Γεωργίου <πρὸς τὸ> *Ἀνοίξω τὸ στόμα μου Σοφίας πανάχραντε*, καὶ τοῦ ἁγίου Ἀμφιλοχίου εἰς τὸν αὐτὸν ἦχον Θεοφάνους <πρὸς τὸ> *Θαλάσσης τὸ ἐρυθραῖον*, καὶ τοῦ ἁγίου ἀποστόλου Φιλήμονος ἦχος β΄ Ἰωσήφ, ἀνὰ δ΄· ἀπὸ γ΄ ᾠδῆς κάθισμα τοῦ ἁγίου Ἀμφιλοχίου ἦχος δ΄ καὶ θεοτοκίον· ἀνάγνωσις ἐκ τοῦ βίου τοῦ ἁγίου Γρηγορίου· ἀπὸ ς΄ τὸ κοντάκιον τῆς ἑορτῆς καὶ οἴκους γ΄. εἰς τὴν η΄ καὶ θ΄ ᾠδὴν [35r] ἱστῶμεν ιδ΄, καὶ ψάλλομεν τὸν κανόνα τῆς ἑορτῆς εἰς ς΄ καὶ τῶν ἁγίων ἀνὰ δ΄. 10.ἐξαποστειλάριον *Ἅγιος Κύριος*, ἢ τῆς ἑορτῆς,

---

[86] οὐ D
[87] τὸ add. D
[88] [Τῶν] add. D
[89] om. D
[90] τίς cod.

23 NOVEMBER

stichera of the feast in plagal mode 1 to Χαίροις, Glory....both now...., idiomelon in the same mode: Ἐπέλαμψεν ἡμέρα. 12.Apolytikion of the feast.[156] And at **Vespers** the feast is brought to an end, for that reason we do not recite the continuous psalmody at **Vespers** either.

PN. At Pannychis, 1.from the canon of the feast by Kyr Joseph in mode 4: Ἁγίων εἰς ἅγια,[157] four troparia, but from the eighth ode and the ninth six troparia; 2.after the third ode, nothing; 3.after the sixth ode, the kontakion of the feast.[158]

O. At Orthros, 3.Θεὸς Κύριος in mode 4, 4.the troparion of the feast[159] twice, Glory...both now..., Τῇ ἀνατραφείσῃ.[160] 5.The recitations of continuous psalmody, two kathismata; a.after the first kathisma, b.poetic kathisma of the feast, Glory...both now..., the same repeated, d.after the second kathisma, e.that of holy Philemon in plagal mode 4, and theotokion, f.reading: the Life of holy Amphilochios in one portion beginning Καὶ τί τῶν καλῶν ἔσται τις [BHG, 72]. 9.Three canons: that of the feast in mode 4 by George <to> Ἀνοίξω τὸ στόμα μου:[161] Σοφίας πανάχραντε,[162] and that of holy Amphilochios in the same mode by Theophanes <to> Θαλάσσης τὸ ἐρυθραῖον,[163] and that of the holy apostle Philemon in mode 2 by Joseph, four troparia from each; a.after the third ode, poetic kathisma of holy Amphilochios in mode 4, and theotokion, reading: from the Life of holy Gregory; b.after the sixth ode, the kontakion of the feast and three oikoi.[164] In the eighth and ninth odes we intercalate fourteen times; and from the canon of the feast we chant six troparia, and from those of the holy men, four troparia each. 10.Exaposteilarion: Ἅγιος Κύριος or that of the feast,

---

[156] See XI.21 V.12.
[157] See XI.21 PN.1.
[158] See XI.21 O.9b.
[159] The troparion used as apolytikion at XI.21 V.12 repeated here.
[160] See XI.21 O.9a.
[161] The heirmos.
[162] See XI.21 O.9.
[163] The heirmos.
[164] See XI.21 O.9b.

ΝΟΕΜΒΡΙΟΣ

εἴπερ ἔχει. 12.εἰς τὸν στίχον τῶν αἴνων στιχηρὰ τῆς ἑορτῆς ἦχος δ΄ *Τῶν ἁγίων εἰς ἅγια* γ΄, *Δόξα καὶ νῦν*, ἦχος πλάγιος δ΄ ἰδιόμελον *Μετὰ τὸ τεχθῆναί σε*. 14.ἀπολυτίκιον τῆς ἑορτῆς. ἄγομεν δὲ ἀργίαν τῶν ὡρῶν ἐν τῷ κοινῷ.

Εἰς τὴν λειτουργίαν πᾶσα ἡ ἀκολουθία τῆς ἑορτῆς ὡς εἰς αὐτὴν τὴν ἡμέραν τῆς ἑορτῆς, 1.τά τε τυπικά, 2.τὸ προκείμενον, ὁ ἀπόστολος, τὸ *Ἀλληλούια* καὶ τὸ εὐαγγέλιον, καὶ 3.τὸ κοινωνικὸν ὁμοίως.

Εἰ δὲ τύχῃ ἐν κυριακῇ, προηγοῦνται πάντα τὰ ἀναστάσιμα, τά τε στιχηρά, οἱ κανόνες, ὁ ἀπόστολος, τὸ εὐαγγέλιον, καὶ ἁπλῶς καθὼς δεδήλωται ἐν αὐτῇ τῇ ἡμέρᾳ τῆς ἑορτῆς.

Μηνὶ τῷ αὐτῷ[91] **κδ΄· τοῦ ἁγίου Γρηγορίου ἐπισκόπου Ἀκραγαντίνων, καὶ τῆς ἁγίας μάρτυρος Αἰκατερίνης.**

Ἑσπέρας 1.μετὰ τὴν στιχολογίαν 2.εἰς τὸ *Κύριε ἐκέκραξα* ἱστῶμεν ς΄ καὶ ψάλλομεν στιχηρὰ τῆς ἁγίας γ΄ ἦχος δ΄ πρὸς τὸ *Ἔδωκας σημείωσιν*, καὶ τοῦ ἁγίου Γρηγορίου ἕτερα γ΄ ἦχος πλάγιος δ΄ καὶ θεοτοκίον. 4.προκείμενον. 10.εἰς τὸν στίχον στιχηρὰ τῆς ὀκτωήχου β΄ καὶ ἰδιόμελον τῆς ἁγίας ἦχος β΄ *Βίον ἄϋλον ἐξησκημένη* καὶ θεοτοκίον. 12.ἀπολυτίκιον ἦχος δ΄ *Ἡ ἀμνάς σου Ἰησοῦ*.

Εἰς τὸν ὄρθρον 4.τὸ αὐτὸ τροπάριον τῆς ἁγίας, *Δόξα καὶ νῦν*, θεοτοκίον. 5.αἱ στιχολογίαι καθίσματα δύο· ἀπὸ α΄ στιχολογίας κάθισμα τῆς ὀκτωήχου καὶ μαρτυρικὸν καὶ θεοτοκίον· ἀπὸ τῆς δευτέρας κάθισμα τῆς ἁγίας ἦχος πλάγιος δ΄ καὶ θεοτοκίον· ἀνάγνωσις τὸ μαρτύριον αὐτῆς εἰς δόσεις δύο, οὗ ἡ ἀρχὴ →

---

[91] αὐτῇ D

if it has one. 12.At the stichos of the ainoi, three stichera of the feast in mode 4: *Τῶν ἁγίων εἰς ἅγια*,[165] Glory...both now..., in plagal mode 4 idiomelon: *Μετὰ τὸ τεχθῆναί σε*.[166] 14.Apolytikion of the feast;[167] and we observe a suspension of the communal Hours.

L. At the Liturgy, all the service of the feast as on the very day of the feast: 1.both the typika, 2.the prokeimenon, the apostle, the *Alleluia* and the gospel, and 3.the koinonikon similarly.

XI.23 K. But if it falls on a Sunday, all the resurrection elements precede: both the stichera, the canons, the apostle, the gospel and simply just as it has been made clear on the very day of the feast.

XI.24C. 24th of the same month. The commemoration of holy Gregory bishop of Akragas, and of the holy martyr Aikaterina.

V. At Vespers, 1.after the recitation of continuous psalmody, 2.at *Κύριε ἐκέκραξα* we intercalate six times and chant three stichera of the holy woman in mode 4 to Ἔδωκας σημείωσιν, and another three of holy Gregory in plagal mode 4, and theotokion. 4.Prokeimenon. 10.At the stichos, two stichera from the Oktoechos, and idiomelon of the holy woman in mode 2: *Βίον ἄϋλον ἐξησκημένη*, and theotokion. 12.Apolytikion in mode 4: *Ἡ ἀμνάς σου Ἰησοῦ*.

O. At Orthros, 4.the same troparion of the holy woman,[168] Glory...both now..., theotokion. 5.The recitations of continuous psalmody, two kathismata; a.after the first recitation, b.poetic kathisma from the Oktoechos, and martyrikon, and theotokion, d.after the second, e.poetic kathisma of the holy woman in plagal mode 4, and theotokion, f.reading: her *Martyrion* in two portions beginning *Βασιλεύοντος τοῦ ἀσεβεστάτου Μαξεντίου* [BHG, 32].

---

[165] See XI.21 O.11.
[166] See XI.21 V.10.
[167] The troparion used as apolytikion at XI.21 V.12.
[168] The troparion used as apolytikion at V.12 repeated here.

ΝΟΕΜΒΡΙΟΣ

Βασιλεύοντος τοῦ ἀσεβεστάτου Μαξεντίου. 9.κανόνες γ'· τῆς ὀκτωήχου εἷς, καὶ τοῦ ἁγίου ἦχος πλάγιος δ' Ἰωσὴφ <πρὸς τὸ> Τῷ συντρίψαντι πολέμους,[92] καὶ τῆς ἁγίας εἰς τὸν αὐτὸν ἦχον Θεοφάνους <πρὸς τὸ> Ἁρματηλάτην Φαραώ, ζήτει δὲ αὐτὸν εἰς τὰς κε' τοῦ αὐτοῦ μηνός, ἀνὰ δ'· ἀπὸ γ' ᾠδῆς κάθισμα τοῦ ἁγίου Γρηγορίου ἦχος πλάγιος δ' καὶ θεοτοκίον· ἀνάγνωσις τὸ λοιπὸν τοῦ βίου αὐτοῦ· ἀπὸ ϛ' τὸ κοντάκιον τῆς ἁγίας. 10.ἐξαποστειλάριον <πρὸς τὸ> Ὁ οὐρανόν. 12.εἰς τὸν στίχον τῶν αἴνων στιχηρὰ τῆς ὀκτωήχου β', καὶ τοῦ ἁγίου Γρηγορίου ἓν ἦχος πλάγιος α' πρὸς τὸ Ὅσιε πάτερ, καὶ θεοτοκίον. ἄγομεν δὲ ἀργίαν τῶν ὡρῶν ἐν τῷ μέσῳ.

Εἰς τὴν λειτουργίαν 1.τυπικὰ καὶ μακαρισμοὶ τῆς ἡμέρας, τὸ τροπάριον τῆς μάρτυρος καὶ θεοτοκίον. 2.προκείμενον ἦχος δ' *Θαυμαστὸς ὁ Θεός·* στίχος *Ἐν ἐκκλησίαις·* ἀπόστολος δὲ καὶ εὐαγγέλιον τῆς ἡμέρας. Ἀλληλούια ἦχος α' *Ὑπομένων ὑπέμεινα τὸν Κύριον*. 3.κοινωνικὸν *Ἀγαλλιᾶσθε*.

Μηνὶ τῷ αὐτῷ κε'· τῶν ἁγίων πατέρων ἡμῶν Κλήμεντος Ῥώμης καὶ Πέτρου Ἀλεξανδρείας.

Ἑσπέρας 1.μετὰ τὴν στιχολογίαν 2.εἰς τὸ *Κύριε ἐκέκραξα* ἱστῶμεν ϛ' καὶ ψάλλομεν στιχηρὰ τοῦ ἁγίου Κλήμεντος γ' ἦχος β' πρὸς τὸ Ὅτε ἐκ τοῦ ξύλου σε, καὶ τοῦ ἁγίου Πέτρου ἕτερα γ' [35v] ἦχος πλάγιος α', *Δόξα καὶ νῦν*, θεοτοκίον. 4.προκείμενον. 10.εἰς τὸν στίχον στιχηρὰ τῆς ὀκτωήχου β', καὶ ἰδιόμελον τοῦ ἁγίου Πέτρου ἦχος δ' *Χειρὶ Θεοῦ* καὶ θεοτοκίον. 12.ἀπολυτίκιον ἦχος δ', ἀλλ' ὡς εἴρηται ὧδε, λέγομεν δὲ[93] τοῦτο καὶ εἰς τὸν ὄρθρον, *Καὶ τρόπων μέτοχοι καὶ θρόνων διάδοχοι τῶν ἀποστόλων γενόμενοι, τὴν πρᾶξιν εὕρατε, θεόπνευστοι, τῆς θεωρίας ἐπίβασιν· διὰ τοῦτο τὸν λόγον τῆς ἀληθείας ὀρθοτομοῦντες καὶ τὴν πίστιν ἐνηθλήσατε μέχρις αἵματος*.

---

[92] πολέμῳ D
[93] καὶ add. D

9.Three canons: one from the Oktoechos, and that of the holy man in plagal mode 4 by Joseph <to> Τῷ συντρίψαντι πολέμους,[169] and that of the holy woman in the same mode by Theophanes <to> Ἁρματηλάτην Φαραώ[170] (look for it at the twenty-fifth of the same month), four troparia from each; a.after the third ode, poetic kathisma of holy Gregory in plagal mode 4, and theotokion, reading: the rest of his *Life*; b.after the sixth ode, the kontakion of the holy woman. 10.Exaposteilarion <to> Ὁ οὐρανόν. 12.At the stichos of the ainoi, two stichera from the Oktoechos, and one of holy Gregory in plagal mode 1 to Ὅσιε πάτερ, and theotokion. And we observe a suspension of the communal **Hours**.

L. At the Liturgy, 1.typika and makarismoi of the day, the troparion of the martyr,[171] and theotokion. 2.Prokeimenon in mode 4: *Θαυμαστὸς ὁ Θεός* [Ps 67:36], stichos: *Ἐν ἐκκλησίαις* [Ps 67:27], and apostle and gospel of the day. *Alleluia* in mode 1: *Ὑπομένων ὑπέμεινα τὸν Κύριον* [Ps 39:2]. 3.Koinonikon: *Ἀγαλλιᾶσθε* [Ps 32:1].

XI.25C. 25th of the same month. The commemoration of our holy fathers Clement of Rome and Peter of Alexandria.

V. At Vespers, 1.after the recitation of continuous psalmody, 2.at *Κύριε ἐκέκραξα* we intercalate six times and chant three stichera of holy Clement in mode 2 to Ὅτε ἐκ τοῦ ξύλου σε, and another three of holy Peter in plagal mode 1, *Glory...both now...*, theotokion. 4.Prokeimenon. 10.At the stichos, two stichera from the Oktoechos, and idiomelon of holy Peter in mode 4: *Χειρὶ Θεοῦ*, and theotokion. 12.Apolytikion in mode 4; but as has been stated here, we recite this also **O.4**.at **Orthros**: *Sharing in their character and becoming successors to the thrones of the apostles, you found action, divinely inspired ones, an entrance to contemplation; because of this, rightly expounding the word of truth and the faith, you maintained the*

---

[169] The heirmos.
[170] The heirmos.
[171] The troparion used as apolytikion at V.12 repeated here.

ΝΟΕΜΒΡΙΟΣ

ἱερομάρτυρες ἔνδοξοι, πρεσβεύσατε Χριστῷ τῷ Θεῷ σωθῆναι τὰς ψυχὰς ἡμῶν.[94]

Ἡ παννυχὶς μετὰ τοῦ ἑσπερινοῦ συνημμένως.

Εἰς τὸν ὄρθρον 4.τὸ αὐτὸ τροπάριον καὶ θεοτοκίον. 5.αἱ στιχολογίαι καθίσματα β΄· ἀπὸ α΄[95] στιχολογίας κάθισμα τῆς ὀκτωήχου σὺν τῷ μαρτυρικῷ καὶ θεοτοκίον·[96] ἀπὸ β΄ κάθισμα τοῦ ἁγίου Πέτρου ἦχος πλάγιος δ΄ καὶ θεοτοκίον· ἀνάγνωσις τὸ μαρτύριον τοῦ ἁγίου Πέτρου εἰς δόσεις δύο, οὗ ἡ ἀρχὴ *Εἶχε μὲν ἡ ἐπιφανὴς Νικομήδεια*. 9.ἀπὸ γ΄ ᾠδῆς κάθισμα τοῦ ἁγίου Κλήμεντος ἦχος πλάγιος δ΄ *Ὡς πολύφορον* καὶ θεοτοκίον· ἀπὸ ϛ΄ τὸ κοντάκιον αὐτοῦ. 10.ἐξαποστειλάριον <πρὸς τὸ> Ὁ οὐρανὸν τοῖς ἄστροις. 12.εἰς τὸν στίχον τῶν αἴνων στιχηρὰ τῆς ὀκτωήχου β΄, καὶ ἕτερον τοῦ ἁγίου Πέτρου ἦχος α΄ πρὸς τὸ Τῶν οὐρανίων ταγμάτων *Ποιμαντικῶς διαπρέψας* καὶ θεοτοκίον. 9.κανόνας δὲ λέγομεν γ΄· ἕνα τῆς ὀκτωήχου, καὶ ἄλλον τοῦ ἁγίου Πέτρου ἦχος πλάγιος δ΄ Θεοφάνους, καὶ ἕτερον τοῦ ἁγίου Κλήμεντος ἦχος δ΄ Ἰωσήφ, ἀνὰ δ΄. προηγεῖται δὲ ὁ εἷς τοῦ ἑτέρου πρὸς τὸν τῆς ὀκτωήχου ἦχον.

Εἰς τὴν λειτουργίαν 1.τυπικὰ καὶ μακαρισμοὶ τῆς ἡμέρας, τὸ τροπάριον τῶν ἁγίων καὶ θεοτοκίον. 2.προκείμενον ἦχος βαρὺς *Τίμιος ἐναντίον Κυρίου*· στίχος *Τί ἀνταποδώσω*·[97] ὁ ἀπόστολος πρὸς Φιλιππησίους *Ἀδελφοί, ἡμῶν τὸ πολίτευμα*. Ἀλληλούια ἦχος β΄ *Οἱ ἱερεῖς σου Κύριε*· εὐαγγέλιον κατὰ Ἰωάννην *Εἶπεν ὁ Κύριος· Ταῦτα ἐντέλλομαι ὑμῖν*, ζήτει σαββάτῳ γ΄ τοῦ πάσχα. 3.κοινωνικὸν *Ἀγαλλιᾶσθε δίκαιοι*.

Δεῖ γινώσκειν ὅτι εἰ τύχῃ ἡ ἡμέρα αὕτη τῶν ἁγίων ἐν μέσῃ ἑβδομάδι, τῇ μετὰ τὴν μνήμην αὐτῶν κυριακῇ ἐν τῇ ἀγρυπνίᾳ →

---

[94] τῶν ἀποστόλων...ἡμῶν om. D
[95] πρώτης D
[96] θεοτοκίῳ D
[97] ἀνταποδώσωμεν D

25 NOVEMBER

struggle until death. Glorious hieromartyrs, intercede with Christ our God that our souls be saved.

PN. Pannychis follows **Hesperinon** without a break.

O. At Orthros, 4.the same troparion,[172] and theotokion. **5.**The recitations of continuous psalmody, two kathismata; **a.**after the first recitation, **b.**poetic kathisma from the Oktoechos with the martyrikon, and theotokion, **d.**after the second, **e.**poetic kathisma of holy Peter in plagal mode 4, and theotokion, **f.**reading: the *Martyrion* of holy Peter in two portions beginning Εἶχε μὲν ἡ ἐπιφανὴς Νικομήδεια [BHG, 1503]. **9a.**After the third ode, poetic kathisma of holy Clement in plagal mode 4: Ὡς πολύφορον, and theotokion; **b.**after the sixth ode, his kontakion. **10.**Exaposteilarion <to> Ὁ οὐρανὸν τοῖς ἄστροις. **12.**At the stichos of the ainoi, two stichera from the Oktoechos, and another of holy Peter in mode 1 to Τῶν οὐρανίων ταγμάτων: Ποιμαντικῶς διαπρέψας, and theotokion. **9.**We recite three canons: one from the Oktoechos, and another of holy Peter in plagal mode 4 by Theophanes, and another of holy Clement in mode 4 by Joseph, four troparia from each (the one precedes the other with reference to the mode of the Oktoechos).

L. At the Liturgy, 1.typika and makarismoi of the day, the troparion of the holy men,[173] and theotokion. **2.**Prokeimenon in barys mode: Τίμιος ἐναντίον Κυρίου [Ps 115:6], stichos: Τί ἀνταποδώσω [Ps 115:3], the apostle: to the Philippians [3:20ff]. Alleluia in mode 2: Οἱ ἱερεῖς σου Κύριε [Ps 131:9], gospel: according to John [15:17ff] (see the third Saturday of Easter). **3.**Koinonikon: Ἀγαλλιᾶσθε δίκαιοι [Ps 32:1].

> **N.** It is necessary to realise that if this day of the holy men happens to fall in the middle of a week, on the Sunday after their commemoration during the **Agrypnia** the works of Clement are read beginning Κλήμης Ἰακώβῳ τῷ κυρίῳ [BHG, 321]. But if it happens to fall on Monday or Wednesday, they

---

[172] The troparion used as apolytikion at V.12 repeated here.
[173] The troparion used as apolytikion at V.12 repeated here.

ΝΟΕΜΒΡΙΟΣ

ἀναγινώσκονται τὰ Κλήμεντος ὧν ἡ ἀρχὴ *Κλήμης Ἰακώβῳ τῷ κυρίῳ.*[98] εἰ δὲ δευτέρᾳ τύχῃ ἢ τετράδι,[99] προαναγινώσκονται τῇ πρὸ τῆς μνήμης [36r] αὐτῶν κυριακῇ διὰ τὸ τῇ ἑτέρᾳ κυριακῇ ἀναγινώσκεσθαι τὸν βίον τοῦ ἁγίου Στεφάνου τοῦ νέου.

Μηνὶ τῷ αὐτῷ κϛ'· τοῦ ὁσίου πατρὸς ἡμῶν Ἀλυπίου,[100] καὶ τοῦ ἁγίου μάρτυρος Μερκουρίου.

Ἑσπέρας 1.μετὰ τὴν στιχολογίαν 2.εἰς τὸ *Κύριε ἐκέκραξα* ἱστῶμεν ϛ' καὶ ψάλλομεν στιχηρὰ τοῦ ὁσίου γ' ἦχος α', καὶ τοῦ μάρτυρος ἕτερα γ' ἦχος δ' καὶ θεοτοκίον. 4.*Ἀλληλούια.* 10.εἰς τὸν στίχον στιχηρὰ τῆς ὀκτωήχου γ' καὶ θεοτοκίον. 12.ἀπολυτίκιον *Θεοτόκε παρθένε.*

Εἰς τὸν ὄρθρον 3.*Ἀλληλούια* καὶ 4.τὰ τριαδικὰ τοῦ ἤχου. 5.αἱ στιχολογίαι καθίσματα β', καθίσματα τῆς ὀκτωήχου· ἀνάγνωσις ὁ βίος τοῦ ὁσίου Ἀλυπίου, οὗ ἡ ἀρχὴ *Καλοὶ μὲν καὶ οἱ τῶν μαρτύρων ἄθλοι* εἰς δόσεις δύο. 9.κανόνες γ'· εἷς τῆς ὀκτωήχου, καὶ ἄλλος τοῦ ὁσίου ἦχος πλάγιος α' Ἰωσήφ, καὶ ἕτερος τοῦ μάρτυρος ἦχος πλάγιος δ' Ἰωσήφ, ἀνὰ δ'· πρωτεύει δὲ πρὸς τὸν ἦχον ὁ εἷς τοῦ ἑτέρου· ἀπὸ γ' ᾠδῆς κάθισμα τοῦ ὁσίου ἦχος πλάγιος δ' καὶ θεοτοκίον· ἀνάγνωσις τὸ μαρτύριον τοῦ ἁγίου, οὗ ἡ ἀρχὴ *Δέκιος ἡνίκα καὶ Βαλλεριανός·* ἀπὸ ϛ' τὸ κάθισμα τοῦ αὐτοῦ μάρτυρος ἦχος δ' καὶ θεοτοκίον. 10.ἐξαποστειλάριον τοῦ ἤχου. 12.εἰς τὸν στίχον στιχηρὰ τῆς ὀκτωήχου καὶ θεοτοκίον. αἱ ὧραι ἐν τῷ κοινῷ καὶ ἡ θ'.

Μηνὶ τῷ αὐτῷ κζ'· τοῦ ἁγίου μάρτυρος Ἰακώβου τοῦ Πέρσου.

Ἑσπέρας 1.οὐ στιχολογοῦμεν διὰ τὴν θ' τῆς τεσσαρακοστῆς, 2.εἰς δὲ τὸ *Κύριε ἐκέκραξα* ἱστῶμεν δ' καὶ ψάλλομεν στιχηρὰ τοῦ ἁγίου γ'

---

[98] Κυρίου D
[99] δευτέραν ἢ τετράδα D
[100] Ἀλύπου D

25-27 NOVEMBER

are read beforehand on the Sunday before their commemoration, because the *Life* of holy Stephen the Younger is read on the next Sunday.

XI.26C. 26th of the same month. The commemoration of our saintly father Alypios, and of the holy martyr Merkourios.

V. At Vespers, 1.after the recitation of continuous psalmody, 2.at Κύριε ἐκέκραξα we intercalate six times and chant three stichera of the saintly man in mode 1, and another three of the martyr in mode 4, and theotokion. 4.*Alleluia*. 10.At the stichos, three stichera from the Oktoechos, and theotokion. 12.Apolytikion: Θεοτόκε παρθένε.

O. At Orthros, 3.*Alleluia*, and 4.the triadika of the mode.[174] 5.The recitations of continuous psalmody, two kathismata, poetic kathismata from the Oktoechos, reading: the *Life* of saintly Alypios beginning Καλοὶ μὲν καὶ οἱ τῶν μαρτύρων ἆθλοι in two portions [BHG, 64]. 9.Three canons: one from the Oktoechos, and another of the saintly man in plagal mode 1 by Joseph, and another of the martyr in plagal mode 4 by Joseph, four troparia from each (but the one has precedence over the other with reference to the mode); a.after the third ode, poetic kathisma of the saintly man in plagal mode 4, and theotokion, reading: the *Martyrion* of the holy man beginning Δέκιος ἡνίκα καὶ Βαλλεριανός, b.after the sixth ode, the poetic kathisma of the same martyr in mode 4, and theotokion. 10.Exaposteilarion of the mode.[175] 12.At the stichos, stichera from the Oktoechos, and theotokion. The **Hours** communally including the **Ninth**.

XI.27C. 27th of the same month. The commemoration of the holy martyr James the Persian.

V. At Vespers, 1.we do not recite the continuous psalmody because of the **Ninth Hour** of the fast, 2.but at Κύριε ἐκέκραξα we

---

[174] The mode is set; see note 6.
[175] The mode is set; see note 6.

ΝΟΕΜΒΡΙΟΣ

ἦχος β΄, δευτεροῦντες τὸ πρῶτον, καὶ θεοτοκίον. 4.Ἀλληλούια. 10.εἰς τὸν στίχον στιχηρὰ τῆς ὀκτωήχου καὶ θεοτοκίον. 12.ἀπολυτίκιον Θεοτόκε παρθένε.

Ὁ κανὼν τῆς παννυχίδος μετὰ τῶν ἀποδείπνων.

Εἰς τὸν ὄρθρον 3.Ἀλληλούια καὶ 4.τὰ τριαδικὰ τοῦ ἤχου. 5.αἱ στιχολογίαι καθίσματα β΄, καθίσματα τῆς ὀκτωήχου· ἀνάγνωσις τὸ μαρτύριον τοῦ ἁγίου εἰς δόσεις δύο, οὗ ἡ ἀρχὴ Ἀρκαδίου τὰ Ῥωμαίων διέποντος. 9.κανόνες γ΄· οἱ δύο τῆς ὀκτωήχου, καὶ τοῦ ἁγίου ἦχος β΄ Θεοφάνους· ἀπὸ γ΄ ᾠδῆς κάθισμα τοῦ ἁγίου ἦχος πλάγιος δ΄ καὶ[101] θεοτοκίον· ἀναγινώσκεται δὲ ἐκ τοῦ βίου τοῦ ἁγίου Στεφάνου ἡ πρώτη ἀνάγνωσις, οὗ ἡ ἀρχὴ Θεῖόν τι χρῆμα ἡ ἀρετή· ἀπὸ ς΄ τὸ προσόμοιον κάθισμα τῆς ὀκτωήχου. 10.ἐξαποστειλάριον τοῦ ἤχου. 12.εἰς τὸν στίχον τῶν αἴνων στιχηρὰ τῆς ὀκτωήχου καὶ θεοτοκίον.

Αἱ ὧραι ἐν τῷ κοινῷ μετὰ στιχολογιῶν, διὰ δὲ τὸ ὑπάρχειν τὸ τοῦ ἁγίου λείψανον καὶ προκεῖσθαι μετὰ τὴν ς΄ ὥραν, εἰ προστάξει ὁ προεστώς, ποιοῦμεν καὶ λειτουργίαν διὰ τὸν ἅγιον. ψάλλομεν δὲ καὶ 2.προκείμενον καὶ Ἀλληλούια τοῦ ἁγίου Εὐφρανθήσεται δίκαιος καὶ Δίκαιος ὡς φοῖνιξ. ἀπόστολος δὲ καὶ εὐαγγέλιον τῆς ἡμέρας. 3.κοινωνικὸν Ἀγαλλιᾶσθε καὶ μετὰ τὴν ἀπόλυσιν ἡ θ΄ ὥρα καὶ τὸ ἑσπερινὸν καὶ ἡ ἅπαξ βρῶσις. [36v]

---

[101] om. D

27 NOVEMBER

intercalate four times and chant three stichera of the holy man in mode 2, repeating the first, and theotokion. 4.*Alleluia.* 10.At the stichos, stichera from the Oktoechos, and theotokion. 12.Apolytikion: Θεοτόκε παρθένε.

AP.The canon of **Pannychis** with **Apodeipnon**.

O. At **Orthros**, 3.*Alleluia,* and 4.the triadika of the mode.[176] 5.The recitations of continuous psalmody, two kathismata, poetic kathismata from the Oktoechos, reading: the *Martyrion* of the holy man in two portions beginning Ἀρκαδίου τὰ Ῥωμαίων διέποντος [BHG, 773]. 9.Three canons: the two from the Oktoechos, and that of the holy man in mode 2 by Theophanes; a.after the third ode, poetic kathisma of the holy man in plagal mode 4, and theotokion, and the first reading from the *Life* of holy Stephen is read beginning Θεῖόν τι χρῆμα ἡ ἀρετή [BHG, 1667]; b.after the sixth ode, the poetic kathisma prosomoion from the Oktoechos. 10.Exaposteilarion of the mode.[177] 12.At the stichos of the ainoi, stichera from the Oktoechos, and theotokion.

The **Hours** communally with recitations of continuous psalmody, but because the relic of the holy man exists and is displayed after the **Sixth Hour**, if the proestos orders it, we also carry out a **Liturgy** on account of the holy man.[178] We chant both L.2.prokeimenon and *Alleluia* of the holy man: Εὐφρανθήσεται δίκαιος [Ps 63:11] and Δίκαιος ὡς φοῖνιξ [Ps 91:13]. Apostle and gospel of the day. 3.Koinonikon: Ἀγαλλιᾶσθε [Ps 32:1], and after the apolysis, the **Ninth Hour** and **Hesperinon** and the single meal.

---

[176] The mode is set; see note 6.
[177] The mode is set; see note 6.
[178] See XI.15 for the detailed prescriptions for the Hours and the Divine Liturgy during the Christmas fast.

ΝΟΕΜΒΡΙΟΣ

Μηνὶ τῷ αὐτῷ κη΄· τοῦ ἁγίου ὁσιομάρτυρος Στεφάνου τοῦ νέου, καὶ τοῦ ἁγίου μάρτυρος Εἰρηνάρχου.

Ἑσπέρας 1.οὐ στιχολογοῦμεν διὰ τὴν θ΄, 2.εἰς δὲ τὸ *Κύριε ἐκέκραξα* ἱστῶμεν ς΄ καὶ ψάλλομεν στιχηρὰ τοῦ ἁγίου Στεφάνου δ΄ ἦχος πλάγιος β΄ πρὸς τὸ "Ὅλην ἀποθέμενοι, καὶ ἕτερα β΄ τοῦ ἁγίου Εἰρηνάρχου ἦχος πλάγιος δ΄, τοῦ γὰρ ἁγίου Στεφάνου δευτεροῦμεν τὸ α΄, *Δόξα καὶ νῦν*, θεοτοκίον. 4.προκείμενον. 10.εἰς τὸν στίχον στιχηρὰ τῆς ὀκτωήχου β΄, καὶ ἰδιόμελον τοῦ ἁγίου Στεφάνου ἦχος πλάγιος β΄ *Ἐκ βρέφους τῷ Θεῷ* καὶ θεοτοκίον. 12.ἀπολυτίκιον ἦχος δ΄, τὸ αὐτὸ καὶ εἰς τὸν ὄρθρον, *Ἀσκητικῶς προγυμνασθεὶς ἐν τῷ ὄρει τὰς νοητὰς τῶν δυσμενῶν παρατάξεις τῇ πανοπλίᾳ ὤλεσας, παμμάκαρ, τοῦ σταυροῦ· αὖθις δὲ πρὸς ἄθλησιν ἀνδρικῶς ἀπεδύσω, κτείνας τὸν Κοπρώνυμον τῷ τῆς πίστεως ξίφει καὶ δι᾽ ἀμφοῖν ἐστέφθης ἐκ Θεοῦ, ὁσιομάρτυς ἀοίδιμε Στέφανε.*[102]

Εἰς τὸν ὄρθρον 3.*Θεὸς Κύριος* καὶ 4.τὸ αὐτὸ[103] τροπάριον καὶ θεοτοκίον. 5.αἱ στιχολογίαι καθίσματα β΄· ἀπὸ α΄ στιχολογίας κάθισμα τῆς ὀκτωήχου καὶ μαρτυρικὸν καὶ θεοτοκίον· ἀπὸ δευτέρας στιχολογίας κάθισμα τοῦ ἁγίου Στεφάνου ἦχος α΄ καὶ θεοτοκίον· ἀνάγνωσις ἐκ τοῦ βίου αὐτοῦ. 9.κανόνες γ΄· τῆς ὀκτωήχου εἷς, καὶ τοῦ ἁγίου Εἰρηνάρχου ἄλλος Θεοφάνους ἦχος πλάγιος β΄, καὶ τοῦ ἁγίου Στεφάνου ἕτερος εἰς τὸν αὐτὸν ἦχον Ἰωσὴφ <πρὸς τὸ> *Ὡς ἐν ἠπείρῳ*, ἀνὰ δ΄· ἀπὸ γ΄ ᾠδῆς τὸ τοῦ ἁγίου Εἰρηνάρχου κάθισμα ἦχος α΄ καὶ θεοτοκίον· ἀπὸ ς΄ τὸ κοντάκιον τοῦ ἁγίου Στεφάνου. 10.ἐξαποστειλάριον <πρὸς τὸ> *Ὁ οὐρανὸν τοῖς ἄστροις*. 12.εἰς τὸν στίχον τῶν αἴνων στιχηρὰ τῆς ὀκτωήχου β΄, καὶ ἕτερα τοῦ ἁγίου →

---

[102] τὰς νοητὰς...Στέφανε om. D
[103] om. D

28 NOVEMBER

XI.28C. 28th of the same month. The commemoration of the holy hosiomartyr Stephen the Younger, and of the holy martyr Eirenarchos.

V. At Vespers, 1.we do not recite the continuous psalmody because of the **Ninth Hour, 2.**but at Κύριε ἐκέκραξα we intercalate six times and chant four stichera of holy Stephen in plagal mode 2 to Ὅλην ἀποθέμενοι, and another two of holy Eirenarchos in plagal mode 4, for we repeat the first one of holy Stephen,[179] *Glory...both now...,* theotokion. **4.**Prokeimenon. **10.**At the stichos, two stichera from the Oktoechos, and idiomelon of holy Stephen in plagal mode 2: Ἐκ βρέφους τῷ Θεῷ, and theotokion. **12.**Apolytikion in mode 4, the same also at **Orthros:** *Trained in advance ascetically on the mountain, wholly-blessed one, you destroyed the spiritual companies of your enemies with the panoply of the cross. But once again in a manly way you stripped off for a contest, killed Kopronymos with the sword of faith and for both things you were crowned by God, famous hosiomartyr Stephen.*

O. At Orthros, 3.Θεὸς Κύριος, and **4.**the same troparion,[180] and theotokion. **5.**The recitations of continuous psalmody, two kathismata; a.after the first recitation, b.poetic kathisma from the Oktoechos, and martyrikon, and theotokion, d.after the second recitation, e.poetic kathisma of holy Stephen in mode 1, and theotokion, f.reading: from his *Life.* **9.**Three canons: one from the Oktoechos, and another of holy Eirenarchos by Theophanes in plagal mode 2, and another of holy Stephen in the same mode by Joseph <to> Ὡς ἐν ἠπείρῳ,[181] four troparia from each; a.after the third ode, the poetic kathisma of holy Eirenarchos in mode 1, and theotokion; b.after the sixth ode, the kontakion of holy Stephen. **10.**Exaposteilarion <to> Ὁ οὐρανὸν τοῖς ἄστροις. **12.**At the stichos of the ainoi, two stichera from the Oktoechos, and others of holy

---

[179] We must assume that there are three stichera of holy Stephen, the first of which is repeated.
[180] The troparion used as apolytikion at V.12 repeated here.
[181] The heirmos.

ΝΟΕΜΒΡΙΟΣ

Στεφάνου ἐκ τῶν προσομοίων ἦχος πλάγιος α΄ πρὸς τὸ Χαίροις. ἄγομεν δὲ καὶ ἀργίαν τῶν ὡρῶν ἐν τῷ κοινῷ.

Εἰς τὴν λειτουργίαν 1.τυπικὰ καὶ μακαρισμοὶ τῆς ἡμέρας, τὸ τροπάριον τοῦ ἁγίου καὶ θεοτοκίον. 2.προκείμενον ἦχος βαρὺς *Καυχήσονται ὅσιοι ἐν δόξῃ·* στίχος *Ἄισατε τῷ Κυρίῳ ᾆσμα καινόν. Ἀλληλούια* ἦχος πλάγιος β΄ *Μακάριος ἀνὴρ ὁ φοβούμενος·* ἀπόστολος καὶ εὐαγγέλιον τῆς ἡμέρας. 3.κοινωνικὸν *Εἰς μνημόσυνον.*

Μηνὶ τῷ αὐτῷ κθ΄· τοῦ ἁγίου μάρτυρος Παραμόνου, καὶ τοῦ ὁσίου Ἀκακίου τοῦ ἐν τῇ Κλίμακι.

Ἑσπέρας 1.μετὰ τὴν στιχολογίαν 2.εἰς τὸ *Κύριε ἐκέκραξα* ἱστῶμεν ς΄ καὶ ψάλλομεν στιχηρὰ γ΄ τοῦ μάρτυρος ἦχος δ΄ πρὸς τὸ *Ὁ ἐξ ὑψίστου κληθείς,* καὶ ἕτερα γ΄ τοῦ ἁγίου Ἀκακίου εἰς τὸν αὐτὸν ἦχον πρὸς τὸ *Ὡς γενναῖον,* καὶ θεοτοκίον. 4.*Ἀλληλούια.* 10.εἰς τὸν στίχον στιχηρὰ τῆς [37r] ὀκτωήχου καὶ θεοτοκίον. 12.ἀπολυτίκιον *Θεοτόκε παρθένε.*

Ἡ παννυχὶς συνημμένως τῷ ἑσπερινῷ.

Εἰς τὸν ὄρθρον 3.*Ἀλληλούια* καὶ 4.τὰ τριαδικὰ τοῦ ἤχου. 5.αἱ στιχολογίαι καθίσματα β΄,[104] ὁμοίως καὶ τὰ καθίσματα τῆς ὀκτωήχου· ἀνάγνωσις ἐκ τοῦ βίου τοῦ ἁγίου Στεφάνου ἢ ἐκ τῶν καταλειφθέντων ἑτέρων ἁγίων. 9.κανόνες γ΄· τῆς ὀκτωήχου εἷς, καὶ ἕτερος τοῦ ἁγίου Παραμόνου εἰς ἦχον δ΄ <πρὸς τὸ> *Θαλάσσης τὸ ἐρυθραῖον* Ἰωσήφ, καὶ ἄλλος τοῦ ὁσίου ἦχος ὁ αὐτὸς Θεοφάνους, ἀνὰ δ΄· ἀπὸ γ΄ ᾠδῆς κάθισμα τοῦ ἁγίου Παραμόνου ἦχος δ΄ καὶ θεοτοκίον· ἀπὸ ς΄ κάθισμα τοῦ ὁσίου εἰς τὸν αὐτὸν ἦχον καὶ θεοτοκίον. 10.ἐξαποστειλάριον τοῦ ἤχου. 12.εἰς τὸν στίχον τῶν

---

[104] δύο D

Stephen from the prosomoia in plagal mode 1 to Χαίροις. We also observe a suspension of the communal **Hours**.

L. At the Liturgy, 1.typika and makarismoi of the day, the troparion of the holy man,[182] and theotokion. 2.Prokeimenon in barys mode: *Καυχήσονται ὅσιοι ἐν δόξῃ* [Ps 149:5], stichos: *Ἄισατε τῷ Κυρίῳ ᾆσμα καινόν* [Ps 149:1]. Alleluia in plagal mode 2: *Μακάριος ἀνὴρ ὁ φοβούμενος* [Ps 111:1]. Apostle and gospel of the day. 3.Koinonikon: *Εἰς μνημόσυνον* [Ps 111:6].

XI.29C. 29th of the same month. The commemoration of the holy martyr Paramonos, and of saintly Akakios in *The Ladder*.

V. At Vespers, 1.after the recitation of continuous psalmody, 2.at *Κύριε ἐκέκραξα* we intercalate six times and chant three stichera of the martyr in mode 4 to Ὁ ἐξ ὑψίστου κληθείς, and another three of holy Akakios in the same mode to Ὡς γενναῖον, and theotokion. 4.*Alleluia*. 10.At the stichos, stichera from the Oktoechos, and theotokion. 12.Apolytikion: *Θεοτόκε παρθένε*.

PN. Pannychis [follows] **Hesperinon** without a break.

O. At Orthros, 3.*Alleluia*, and 4.the triadika of the mode.[183] 5.The recitations of continuous psalmody, two kathismata, similarly also the poetic kathismata from the Oktoechos, reading: from the *Life* of holy Stephen, or from what was left of the *Lives* of other holy ones. 9.Three canons: one from the Oktoechos, and another of holy Paramonos in mode 4 <to> Θαλάσσης τὸ ἐρυθραῖον[184] by Joseph, and another of the saintly man in the same mode by Theophanes, four troparia from each; a.after the third ode, poetic kathisma of holy Paramonos in mode 4, and theotokion; b.after the sixth ode, poetic kathisma of the saintly man in the same mode, and theotokion. 10.Exaposteilarion of the mode.[185] 12.At the stichos of →

---

[182] The troparion used as apolytikion at V.12 repeated here.
[183] The mode is set; see note 6.
[184] The heirmos.
[185] The mode is set; see note 6.

αἴνων στιχηρὰ τῆς ὀκτωήχου καὶ θεοτοκίον. αἱ ὧραι κοινῶς μετὰ στιχολογίας.

Μηνὶ τῷ αὐτῷ λ΄· τοῦ ἁγίου ἀποστόλου Ἀνδρέου.

Ἑσπέρας 1.οὐ στιχολογοῦμεν, 2.εἰς δὲ τὸ *Κύριε ἐκέκραξα* ἱστῶμεν ϛ΄ καὶ ψάλλομεν στιχηρὰ τοῦ ἀποστόλου ἦχος δ΄[105] γ΄ ἐκ δευτέρου πρὸς τὸ *Ὁ ἐξ ὑψίστου κληθείς*, καὶ θεοτοκίον. 4.προκείμενον. 10.εἰς τὸν στίχον στιχηρὰ τῆς ὀκτωήχου β΄, καὶ ἰδιόμελον τοῦ ἀποστόλου ἦχος γ΄ *Τὸν συναίμονα Πέτρου* καὶ θεοτοκίον. 12.ἀπολυτίκιον ἦχος δ΄ *Ὡς τῶν ἀποστόλων πρωτόκλητος καὶ τοῦ κορυφαίου αὐτάδελφος τῷ Δεσπότῃ τῶν ὅλων, Ἀνδρέα, ἱκέτευε εἰρήνην τῇ οἰκουμένῃ δωρήσασθαι καὶ ταῖς ψυχαῖς ἡμῶν τὸ μέγα ἔλεος.*[106]

Εἰς τὴν παννυχίδα 1.κανὼν[107] τοῦ ἁγίου, εἰ ἔστι περισσός, εἰ δ᾽ οὖν,[108] τῆς ἡμέρας.

Εἰς τὸν ὄρθρον 3.*Θεὸς Κύριος*, 4.τὸ τροπάριον καὶ θεοτοκίον. 5.αἱ στιχολογίαι καθίσματα β΄· ἀπὸ τῆς α΄ στιχολογίας κάθισμα τῆς ὀκτωήχου καὶ μαρτυρικὸν καὶ θεοτοκίον· ἀπὸ δευτέρας στιχολογίας κάθισμα τοῦ ἁγίου ἦχος πλάγιος α΄ καὶ θεοτοκίον· ἀνάγνωσις τὸ ὑπόμνημα τοῦ ἀποστόλου, οὗ ἡ ἀρχὴ *Ἄρτι τοῦ παιδὸς Ζαχαρίου*. 9.κανόνες γ΄· τῆς ὀκτωήχου οἱ δύο εἰς ϛ΄, καὶ τοῦ ἁγίου ὁμοίως εἰς ϛ΄ ἦχος α΄ Ἰωάννου μοναχοῦ <πρὸς τὸ> *Σοῦ ἡ τροπαιοῦχος*· ἀπὸ γ΄ ᾠδῆς κάθισμα τοῦ ἀποστόλου ἦχος πλάγιος δ΄ *Ὡς πρωτόκλητον πάντες·*[109] ἀπὸ ϛ΄ τὸ κοντάκιον αὐτοῦ ἦχος β΄ *Τὸν τῆς ἀνδρείας*. 10.ἐξαποστειλάριον <πρὸς τὸ> *Ὁ οὐρανόν*. 11.εἰς τοὺς αἴνους ἱστῶμεν δ΄ καὶ ψάλλομεν στιχηρὰ τοῦ ἀποστόλου γ΄ εἰς ἦχον α΄, δευτεροῦντες τὸ ἕν, πρὸς τὸ *Νεφέλην σε φωτός*, *Δόξα καὶ νῦν*, τὸ αὐτὸ θεοτοκίον. 12.εἰς τὸν στίχον τῶν αἴνων στιχηρὰ τῆς ὀκτωήχου →

---

[105] om. D
[106] καὶ τοῦ...ἔλεος om. D
[107] κανόνα D
[108] οὐ D
[109] πάντων Men. et D

the ainoi, stichera from the Oktoechos, and theotokion. The **Hours** communally with recitation of continuous psalmody.

XI.30C. 30th of the same month. The commemoration of the holy apostle Andrew.

V. At Vespers, 1.we do not recite the continuous psalmody, 2.but at Κύριε ἐκέκραξα we intercalate six times and chant three stichera of the apostle in mode 4 twice to Ὁ ἐξ ὑψίστου κληθείς, and theotokion. 4.Prokeimenon. 10.At the stichos, two stichera from the Oktoechos, and idiomelon of the apostle in mode 3: Τὸν συναίμονα Πέτρου, and theotokion. 12.Apolytikion in mode 4: *As the first one of the apostles to be called and full brother of the chief apostle supplicate the Master of all things, Andrew, to bestow peace on the world and his great mercy on our souls.*

PN. At Pannychis, 1.canon of the holy man, if there is an extra one; but if not, that of the day.

O. At Orthros, 3.Θεὸς Κύριος, 4.the troparion,[186] and theotokion. 5.The recitations of continuous psalmody, two kathismata; a.after the first recitation, b.poetic kathisma from the Oktoechos, and martyrikon, and theotokion, d.after the second recitation, e.poetic kathisma of the holy man in plagal mode 1, and theotokion, f.reading: the *Memorial* of the apostle beginning Ἄρτι τοῦ παιδὸς Ζαχαρίου [BHG, 101]. 9.Three canons: from the two of the Oktoechos six troparia, and from that of the holy man in mode 1 by John the Monk <to> Σοῦ ἡ τροπαιοῦχος[187] similarly six troparia; a.after the third ode, poetic kathisma of the apostle in plagal mode 4: Ὡς πρωτόκλητον πάντες, b.after the sixth ode, his kontakion in mode 2: Τὸν τῆς ἀνδρείας. 10.Exaposteilarion <to> Ὁ οὐρανόν. 11.At the ainoi, we intercalate four times and chant three stichera of the apostle in mode 1, repeating the first, to Νεφέλην σε φωτός, *Glory...both now...*, the same theotokion. 12.At the stichos of the

---

[186] The troparion used as apolytikion at V.12 repeated here.
[187] The heirmos.

ΝΟΕΜΒΡΙΟΣ

β' καὶ ἰδιόμελον τοῦ ἀποστόλου ἦχος α' *Ὁ πρωτόκλητος μαθητὴς* καὶ θεοτοκίον.

Εἰς τὴν λειτουργίαν 1.τυπικὰ καὶ ᾠδὴ τοῦ κανόνος τοῦ ἀποστόλου ἡ ς'. μετὰ τὴν εἴσοδον τὸ τροπάριον αὐτοῦ, *Δόξα καὶ νῦν*, ἦχος β' καὶ τὸ κοντάκιον. 2.προκείμενον ἦχος πλάγιος δ' *Εἰς πᾶσαν τὴν γῆν·* στίχος *Οἱ οὐρανοὶ διηγοῦνται·* ὁ ἀπόστολος πρὸς Ῥωμαίους *Ἀδελφοί, ὁ Θεὸς ἡμᾶς τοὺς ἀποστόλους*, [37v] ζήτει κυριακῇ ι'. *Ἀλληλούια* ἦχος α' *Ἐξομολογήσονται·* εὐαγγέλιον κατὰ Ἰωάννην *Τῷ καιρῷ ἐκείνῳ εἱστήκει ὁ Ἰωάννης καὶ ἐκ τῶν μαθητῶν*, ζήτει δ' τῆς διακαινησίμου. 3.κοινωνικὸν *Εἰς πᾶσαν τὴν γῆν*. καὶ ἄγομεν ἀργίαν τῶν ὡρῶν ἐν τῷ μέσῳ σήμερον.

30 NOVEMBER

ainoi, two stichera from the Oktoechos, and idiomelon of the apostle in mode 1: Ὁ πρωτόκλητος μαθητής, and theotokion.

L. At the Liturgy, 1.typika, and the sixth ode of the canon of the apostle.[188] After the entrance, his troparion,[189] *Glory...both now...*, in mode 2 the kontakion also.[190] 2.Prokeimenon in plagal mode 4: *Εἰς πᾶσαν τὴν γῆν* [Ps 18:5], stichos: *Οἱ οὐρανοὶ διηγοῦνται* [Ps 18:2], the apostle: to the Romans[191] [I Cor 4:9ff] (see the tenth Sunday). *Alleluia* in mode 1: *Ἐξομολογήσονται* [Ps 88:6], gospel: according to John [1:35ff] (see Wednesday of the week after Easter). 3.Koinonikon: *Εἰς πᾶσαν τὴν γῆν* [Ps 18:5]. And we observe a suspension of the communal **Hours** today.

---

[188] Most probably means that refrains of the sixth ode are intercalated into the makarismoi.
[189] The troparion used as apolytikion at V.12 repeated here.
[190] See O.9b above.
[191] This apostolic reading is cited incorrectly; the same incorrect attribution appears in the *Typikon* of St Saviour, Messina.

Μὴν Δεκέμβριος[1]

Μηνὶ δεκεμβρίῳ α΄· τοῦ ἁγίου προφήτου Ναούμ.

Ἑσπέρας 1.μετὰ τὴν στιχολογίαν 2.εἰς τὸ *Κύριε ἐκέκραξα* ἱστῶντες δ΄ ψάλλομεν στιχηρὰ τοῦ προφήτου γ΄ ἦχος γ΄ καὶ ἓν ἦχος δ΄ πρὸς τὸ *Ὁ ἐξ ὑψίστου κληθείς*, καὶ θεοτοκίον. 4.*Ἀλληλούια*. 10.εἰς τὸν στίχον στιχηρὰ τῆς ὀκτωήχου καὶ θεοτοκίον. 12.ἀπολυτίκιον *Θεοτόκε παρθένε*.

Εἰς τὸν ὄρθρον 3.*Ἀλληλούια* καὶ 4.τὰ τριαδικὰ τοῦ ἤχου. 5.αἱ στιχολογίαι καθίσματα β΄· ἀνάγνωσις ἀπὸ τοῦ βίου[2] τοῦ ὁσίου Σάβα,[3] οὗ ἡ ἀρχὴ *Οὐδὲν οὕτω κινῆσαι ψυχὴν εἰς ἀρετῆς*. 9.κανόνες γ΄· τῆς ὀκτωήχου β΄, καὶ ἕτερος τοῦ προφήτου Θεοφάνους ἦχος πλάγιος α΄ <πρὸς τὸ> *Ἵππον καὶ ἀναβάτην*, ἀνὰ δ΄· ἀπὸ γ΄ ᾠδῆς κάθισμα τοῦ ἁγίου ἦχος πλάγιος α΄ καὶ θεοτοκίον· ἀπὸ ς΄ τὸ προσόμοιον τῆς ἡμέρας. 12.εἰς τὸν στίχον τῶν αἴνων στιχηρὰ τῆς ὀκτωήχου. αἱ ὧραι κοινῶς.

Μηνὶ τῷ αὐτῷ β΄· τοῦ ἁγίου προφήτου Ἀββακούμ, καὶ τοῦ ὁσίου πατρὸς ἡμῶν Ἰωάννου τοῦ Δαμασκηνοῦ.

Ἑσπέρας 1.οὐ στιχολογοῦμεν διὰ τὴν θ΄, 2.εἰς δὲ τὸ *Κύριε ἐκέκραξα* ἱστῶμεν ς΄ καὶ ψάλλομεν στιχηρὰ τοῦ προφήτου γ΄ ἦχος δ΄ πρὸς τὸ *Ὡς γενναῖον*, καὶ ἕτερα γ΄ τοῦ ὁσίου εἰς τὸν αὐτὸν ἦχον, ζήτει εἰς τὴν δ΄ τοῦ μηνός. 4.προκείμενον. 10.εἰς τὸν στίχον στιχηρὰ τῆς ὀκτωήχου β΄ καὶ τοῦ ὁσίου ἓν ἦχος β΄ πρὸς τὸ *Ὅτε ἐκ τοῦ ξύλου σε νεκρὸν Μύστης*. 12.ἀπολυτίκιον ἦχος πλάγιος δ΄ *Ὀρθοδοξίας ὁδηγέ*.

---

[1] tit. in marg. sup. cod.
[2] τοῦ βίου om. D
[3] Σάββα D

MONTH OF DECEMBER

XII.01C. 1st of December. The commemoration of the holy prophet Nahum.

V. At Vespers, 1.after the recitation of continuous psalmody, 2.at Κύριε ἐκέκραξα intercalating four times we chant three stichera of the prophet in mode 3, and one in mode 4 to Ὁ ἐξ ὑψίστου κληθείς, and theotokion. 4.*Alleluia*. 10.At the stichos, stichera from the Oktoechos, and theotokion. 12.Apolytikion: Θεοτόκε παρθένε.

O. At Orthros, 3.*Alleluia*, and 4.the triadika of the mode.[1] 5.The recitations of continuous psalmody, two kathismata, reading: from the *Life* of saintly Sabas beginning Οὐδὲν οὕτω κινῆσαι ψυχὴν εἰς ἀρετῆς [BHG, 1609]. 9.Three canons: two from the Oktoechos, and another of the prophet by Theophanes in plagal mode 1 <to> Ἵππον καὶ ἀναβάτην,[2] four troparia from each; a.after the third ode, poetic kathisma of the holy man in plagal mode 1, and theotokion; b.after the sixth ode, the prosomoion of the day. 12.At the stichos of the ainoi, stichera from the Oktoechos. The **Hours** communally.

XII.02C. 2nd of the same month. The commemoration of the holy prophet Habakkuk, and of our saintly father John of Damascus.

V. At Vespers, 1.we do not recite the continuous psalmody because of the **Ninth Hour,** 2.but at Κύριε ἐκέκραξα we intercalate six times and chant three stichera of the prophet in mode 4 to Ὡς γενναῖον, and another three of the saintly man in the same mode (see the fourth day of the month). 4.Prokeimenon. 10.At the stichos, two stichera from the Oktoechos, and one of the saintly man in mode 2 to Ὅτε ἐκ τοῦ ξύλου σε νεκρόν: Μύστης. 12.Apolytikion in plagal mode 4: Ὀρθοδοξίας ὁδηγέ.

---

[1] The mode is set on Sunday for the following week according to the sequence laid out in the Oktoechos.
[2] The heirmos.

ΔΕΚΕΜΒΡΙΟΣ

Ἡ παννυχὶς μετὰ τῶν ἀποδείπνων.

Εἰς τὸν ὄρθρον 3.*Θεὸς Κύριος*, 4.τὸ τροπάριον τοῦ ὁσίου καὶ θεοτοκίον. 5.αἱ στιχολογίαι καθίσματα β΄, καθίσματα τῆς ὀκτωήχου· αἱ ἀναγνώσεις ἐκ τοῦ βίου τοῦ ὁσίου Σάβα.[4] ἀναγινώσκομεν δὲ καὶ τὸν βίον τοῦ ὁσίου Ἰωάννου τοῦ Δαμασκηνοῦ. 9.κανόνες γ΄· εἷς τῆς ὀκτωήχου, καὶ ἕτερος τοῦ προφήτου ἦχος δ΄ <πρὸς τὸ> ''Αἰσομαί σοι Κύριε ὁ Θεός μου Θεοφάνους,[5] καὶ ἕτερος τοῦ ὁσίου ἦχος β΄ τοῦ αὐτοῦ τροπάρια β΄ καὶ θεοτοκίον, οἱ γ΄ ἀνὰ δ΄· ἀπὸ γ΄ ᾠδῆς κάθισμα τοῦ προφήτου ἦχος δ΄ καὶ[6] θεοτοκίον· ἀπὸ ς΄ κάθισμα τοῦ ὁσίου ἦχος πλάγιος α΄ καὶ θεοτοκίον. 10.ἐξαποστειλάριον <πρὸς τὸ> Ὁ οὐρανόν. 12.εἰς τὸν στίχον τῶν αἴνων στιχηρὰ τῆς ὀκτωήχου.

Εἰς τὴν λειτουργίαν 1.τυπικά. 2.προκείμενον *Καυχήσονται*. *Ἀλληλούια Μακάριος ἀνήρ*· ἀπόστολος καὶ εὐαγγέλιον τῆς ἡμέρας.

Μηνὶ τῷ αὐτῷ γ΄· τοῦ ἁγίου προφήτου Σοφονίου, καὶ τῶν ἁγίων μαρτύρων Ἴνδη, [38r] **Δόμνας καὶ τῶν[7] σὺν αὐτῷ.[8]**

Ἑσπέρας 1.μετὰ τὴν στιχολογίαν 2.εἰς τὸ *Κύριε ἐκέκραξα* ἱστῶμεν ς΄ καὶ ψάλλομεν στιχηρὰ γ΄ τοῦ προφήτου ἦχος δ΄, καὶ ἕτερα γ΄ τῶν[9] μαρτύρων ἦχος ὁ αὐτός, τοῦ προφήτου πρὸς τὸ Ὁ ἐξ ὑψίστου, τῶν μαρτύρων πρὸς τὸ Ἔδωκας σημείωσιν, καὶ θεοτοκίον. 4.*Ἀλληλούια*. 10.εἰς τὸν στίχον στιχηρὰ τῆς ὀκτωήχου καὶ θεοτοκίον. 12.ἀπολυτίκιον *Θεοτόκε παρθένε*.

Εἰς τὸν ὄρθρον 3.*Ἀλληλούια* καὶ 4.τὰ τριαδικὰ τοῦ ἤχου. 5.αἱ στιχολογίαι, καθίσματα τῆς ὀκτωήχου· ἀνάγνωσις ἐκ τοῦ βίου τοῦ

---

[4] Σάββα D
[5] om. D
[6] om. D
[7] om. D
[8] αὐτῇ D
[9] ἁγίων add. D

2-3 DECEMBER

PN. Pannychis with **Apodeipnon**.

O. At Orthros, 3.Θεὸς Κύριος, **4.**the troparion of the saintly man,[3] and theotokion. **5.**The recitations of continuous psalmody, two kathismata, poetic kathismata from the Oktoechos, the readings: from the *Life* of saintly Sabas; and we also read the *Life* of saintly John of Damascus. **9.**Three Canons: one from the Oktoechos, and another of the prophet in mode 4 <to> ῎Αισομαί σοι Κύριε ὁ Θεός μου[4] by Theophanes, and another of the saintly man in mode 2 by the same man, two troparia and theotokion; from the three of them four troparia each. a.After the third ode, poetic kathisma of the prophet in mode 4, and theotokion; b.after the sixth ode, poetic kathisma of the saintly man in plagal mode 1, and theotokion. **10.**Exaposteilarion <to> ῾Ο οὐρανόν. **12.**At the stichos of the ainoi, stichera from the Oktoechos.

L. At the Liturgy, 1.typika. **2.**Prokeimenon: *Καυχήσονται* [Ps 149:5]. *Alleluia*: *Μακάριος ἀνήρ* [Ps 111:1], apostle and gospel of the day.

XII.03C. 3rd of the same month. The commemoration of the holy prophet Zephaniah, and of the holy martyrs Indes, Domna and those with him.

V. At Vespers, 1.after the recitation of continuous psalmody, **2.**at *Κύριε ἐκέκραξα* we intercalate six times and chant three stichera of the prophet in mode 4, and another three of the martyrs in the same mode, those of the prophet to ῾Ο ἐξ ὑψίστου, those of the martyrs to ῎Εδωκας σημείωσιν, and theotokion. **4.***Alleluia*. **10.**At the stichos, stichera from the Oktoechos, and theotokion. **12.**Apolytikion: *Θεοτόκε παρθένε*.

O. At Orthros, 3.*Alleluia*, and **4.**the triadika of the mode.[5] **5.**The recitations of continuous psalmody,[6] poetic kathismata from the

---

[3] The troparion used as apolytikion at V.12 repeated here.
[4] The heirmos.
[5] The mode is set; see note 1.
[6] Two kathismata of the psalter are to be chanted; see IX.17 Orthros N.

253

ΔΕΚΕΜΒΡΙΟΣ

ὁσίου Σάβα.[10] 9.κανόνες γ΄· τῆς ὀκτωήχου εἷς, καὶ τοῦ προφήτου ἕτερος ἦχος πλάγιος β΄ <πρὸς τό> Ὡς ἐν ἠπείρῳ Θεοφάνους, καὶ ἄλλος τῶν μαρτύρων ἦχος πλάγιος δ΄ Ἰωσήφ, ἀνὰ δ΄· ἀπὸ γ΄ ᾠδῆς κάθισμα τοῦ προφήτου ἦχος γ΄ καὶ θεοτοκίον· ἀπὸ ς΄ τῶν μαρτύρων ἦχος πλάγιος δ΄ καὶ θεοτοκίον. 10.ἐξαποστειλάριον τοῦ ἤχου. 12.εἰς τὸν στίχον τῶν αἴνων στιχηρὰ τῆς ὀκτωήχου καὶ θεοτοκίον. αἱ ὧραι κοινῶς μετὰ καὶ στιχολογιῶν.

Μηνὶ τῷ αὐτῷ δ΄· τῆς ἁγίας μάρτυρος Βαρβάρας.

Ἑσπέρας 1.οὐ στιχολογοῦμεν διὰ τὴν θ΄, 2.εἰς δὲ τὸ *Κύριε ἐκέκραξα* ἱστῶμεν ς΄ καὶ ψάλλομεν στιχηρὰ τῆς ἁγίας γ΄ ἦχος β΄ πρὸς τὸ Ὅτε ἐκ τοῦ ξύλου σε ἐκ δευτέρου καὶ θεοτοκίον. 4.προκείμενον τῆς ἡμέρας. 10.εἰς τὸν στίχον στιχηρὰ τῆς ὀκτωήχου β΄ καὶ[11] ἰδιόμελον τῆς ἁγίας ἦχος β΄ *Ἡ θεόκλητος μάρτυς Βαρβάρα* καὶ θεοτοκίον. 12.ἀπολυτίκιον ἦχος δ΄ *Ἡ ἀμνάς σου.*

Ἡ παννυχὶς μετὰ τῶν ἀποδείπνων.

Εἰς τὸν ὄρθρον 3.*Θεὸς Κύριος* καὶ 4.τὸ τροπάριον τῆς ἁγίας καὶ θεοτοκίον. 5.αἱ στιχολογίαι καθίσματα β΄, καθίσματα τῆς ὀκτωήχου· αἱ ἀναγνώσεις ἐκ τοῦ βίου τοῦ ὁσίου Σάβα.[12] 9.κανόνες γ΄· τῆς ὀκτωήχου οἱ δύο εἷς ς΄, καὶ τῆς μάρτυρος εἷς ς΄ Στεφάνου ἦχος β΄ <πρὸς τό> Ἐν βυθῷ κατέστρωσε· ἀπὸ γ΄ ᾠδῆς κάθισμα τῆς μάρτυρος ἦχος γ΄ καὶ θεοτοκίον· ἀνάγνωσις τὸ μαρτύριον αὐτῆς, οὗ ἡ ἀρχὴ →

---

[10] Σάββα D
[11] om. D
[12] Σάββα D

Oktoechos, reading: from the *Life* of saintly Sabas. 9.Three canons: one from the Oktoechos, and another of the prophet in plagal mode 2 <to> Ὡς ἐν ἠπείρῳ[7] by Theophanes, and another of the martyrs in plagal mode 4 by Joseph, four troparia from each; a.after the third ode, poetic kathisma of the prophet in mode 3, and theotokion; b.after the sixth ode, that of the martyrs in plagal mode 4, and theotokion. 10.Exaposteilarion of the mode.[8] 12.At the stichos of the ainoi, stichera from the Oktoechos, and theotokion. The **Hours** communally with recitations of continuous psalmody also.

XII.04C. 4th of the same month. The commemoration of the holy martyr Barbara.

V. At Vespers, 1.we do not recite the continuous psalmody because of the **Ninth Hour,** 2.but at Κύριε ἐκέκραξα we intercalate six times and chant three stichera of the holy woman in mode 2 to Ὅτε ἐκ τοῦ ξύλου σε twice, and theotokion. 4.Prokeimenon of the day of the week. 10.At the stichos, two stichera from the Oktoechos, and idiomelon of the holy woman in mode 2: Ἡ θεόκλητος μάρτυς Βαρβάρα, and theotokion. 12.Apolytikion in mode 4: Ἡ ἀμνάς σου.

PN. Pannychis with **Apodeipnon.**

O. At Orthros, 3.Θεὸς Κύριος, and 4.the troparion of the holy woman,[9] and theotokion. 5.The recitations of continuous psalmody, two kathismata, poetic kathismata from the Oktoechos, the readings: from the *Life* of saintly Sabas. 9.Three canons: from the two of the Oktoechos six troparia, and from that of the martyr by Stephen in mode 2 <to> Ἐν βυθῷ κατέστρωσε[10] six troparia; a.after the third ode, poetic kathisma of the martyr in mode 3, and theotokion, reading: her *Martyrion* beginning Μαξιμιανῷ τῷ

---

[7] The heirmos.
[8] The mode is set; see note 1.
[9] The troparion used as apolytikion at V.12 repeated here.
[10] The heirmos.

ΔΕΚΕΜΒΡΙΟΣ

Μαξιμιανῷ τῷ δυσσεβεῖ εἰς δόσιν μίαν· ἀπὸ ϛ´ τὸ κοντάκιον τῆς ἁγίας. 10.ἐξαποστειλάριον <πρὸς τὸ> Ὁ οὐρανόν. 11.εἰς τοὺς αἴνους οὐδέν. 12.εἰς τὸν στίχον τῶν αἴνων στιχηρὰ τῆς ὀκτωήχου β´ καὶ ἰδιόμελον τῆς μάρτυρος ἦχος πλάγιος β´ *Πατρίδα γένος ὕπαρξιν* καὶ θεοτοκίον.

Εἰς τὴν λειτουργίαν 1.τυπικὰ καὶ μακαρισμοὶ τῆς ἡμέρας. μετὰ τὴν εἴσοδον τὸ τροπάριον τῆς ἁγίας καὶ θεοτοκίον. 2.προκείμενον ἦχος δ´ *Θαυμαστὸς ὁ Θεός·* στίχος *Ἐν ἐκκλησίαις·* ὁ ἀπόστολος πρὸς Γαλάτας *Ἀδελφοί, πρὸ τοῦ ἐλθεῖν τὴν πίστιν,* ζήτει τῇ ε´ τῆς ιε´ ἑβδομάδος.[13] *Ἀλληλούϊα* ἦχος α´ *Ὑπομένων ὑπέμεινα·* εὐαγγέλιον κατὰ Μάρκον *Τῷ καιρῷ ἐκείνῳ ἠκολούθησαν τῷ Ἰησοῦ ὄχλοι πολλοί.*[14] 3.κοινωνικὸν *Ἀγαλλιᾶσθε.*

Μηνὶ τῷ αὐτῷ ε´· τοῦ ὁσίου πατρὸς ἡμῶν Σάβα.[15]

Ἑσπέρας 1.μετὰ τὴν στιχολογίαν 2.εἰς τὸ *Κύριε ἐκέκραξα* ἱστῶμεν ϛ´ καὶ ψάλλομεν στιχηρὰ τοῦ ὁσίου γ´ ἦχος πλάγιος α´ πρὸς τὸ Χαίροις [38v] ἐκ δευτέρου καὶ θεοτοκίον. 4.προκείμενον τῆς ἡμέρας. 10.εἰς τὸν στίχον στιχηρὰ τῆς ὀκτωήχου δύο καὶ ἰδιόμελον τοῦ ἁγίου ἦχος β´ *Τῶν ὑπὲρ νοῦν* καὶ θεοτοκίον. 12.ἀπολυτίκιον ἦχος πλάγιος δ´ *Ταῖς τῶν δακρύων σου ῥοαῖς τῆς ἐρήμου τὸ ἄγονον ἐγεώργησας καὶ τοῖς ἐκ βάθους στεναγμοῖς εἰς ἑκατὸν τοὺς πόνους ἐκαρποφόρησας· καὶ γέγονας φωστὴρ τῇ οἰκουμένῃ λάμπων τοῖς θαύμασι, Σάβα πατὴρ ἡμῶν. πρέσβευε Χριστῷ τῷ Θεῷ σωθῆναι τὰς ψυχὰς ἡμῶν.*[16]

Εἰς τὸν ὄρθρον 3.*Θεὸς Κύριος* καὶ 4.τὸ αὐτὸ τροπάριον καὶ θεοτοκίον. 5.αἱ στιχολογίαι, καθίσματα τῆς ὀκτωήχου· αἱ ἀναγνώσεις ἐκ τοῦ βίου αὐτοῦ, οὗ ἡ ἀρχὴ *Οὐδὲν οὕτω κινῆσαι*

---

[13] τῇ (κυριακῇ) ιε´ τῆς ἑβδομάδος D
[14] fortasse recte ἠκολούθει τῷ Ἰησοῦ ὄχλος πολύς
[15] Σάββα D
[16] καὶ τοῖς...ἡμῶν om. D

4-5 DECEMBER

δυσσεβεῖ [BHG, 216] in one portion; b.after the sixth ode, the kontakion of the holy woman. 10.Exaposteilarion <to> Ὁ οὐρανόν. 11.At the ainoi, nothing; 12.at the stichos of the ainoi, two stichera from the Oktoechos, and idiomelon of the martyr in plagal mode 2: Πατρίδα γένος ὕπαρξιν, and theotokion.

L. At the Liturgy, 1.typika and makarismoi of the day. After the entrance, the troparion of the holy woman,[11] and theotokion. 2.Prokeimenon in mode 4: Θαυμαστὸς ὁ Θεός [Ps 67:36], stichos: Ἐν ἐκκλησίαις [Ps 67:27], the apostle: to the Galatians [3:23ff] (see Thursday of the fifteenth week). Alleluia in mode 1: Ὑπομένων ὑπέμεινα [Ps 39:2], gospel: according to Mark [Mk 5:24ff]. 3.Koinonikon: Ἀγαλλιᾶσθε [Ps 32:1].

XII.05C. 5th of the same month. The commemoration of our saintly father Sabas.

V. At Vespers, 1.after the recitation of continuous psalmody, 2.at Κύριε ἐκέκραξα we intercalate six times and chant three stichera of the saintly man in plagal mode 1 to Χαίροις twice, and theotokion. 4.Prokeimenon of the day of the week. 10.At the stichos, two stichera from the Oktoechos, and idiomelon of the holy man in mode 2: Τῶν ὑπὲρ νοῦν, and theotokion. 12.Apolytikion in plagal mode 4: *With the streams of your tears you cultivated the barrenness of the desert and with deep groans you bore fruit in your labours one hundredfold; and shining with your miracles, our father Sabas, you have become a luminary for the world. Intercede with Christ our God that our souls be saved.*

O. At Orthros, 3.Θεὸς Κύριος, and 4.the same troparion,[12] and theotokion. 5.The recitations of continuous psalmody,[13] poetic kathismata from the Oktoechos, the readings: from his *Life* beginning Οὐδὲν οὕτω κινῆσαι ψυχὴν εἰς ἀρετῆς [BHG, 1609].[14]

---

[11] The troparion used as apolytikion at V.12 repeated here.
[12] The troparion used as apolytikion at V.12 repeated here.
[13] Two kathismata of the psalter are to be chanted; see IX.17 Orthros N.
[14] On the *Life* of saintly Sabas see also XII.01 O.5.

ΔΕΚΕΜΒΡΙΟΣ

ψυχὴν εἰς ἀρετῆς. 9.κανόνες γ΄· τῆς ὀκτωήχου οἱ δύο εἰς ϛ΄, καὶ τοῦ ἁγίου εἰς ϛ΄ ἦχος πλάγιος δ΄· ἀπὸ γ΄ ᾠδῆς κάθισμα τοῦ ὁσίου ἦχος ὁ αὐτὸς καὶ θεοτοκίον· ἀπὸ ϛ΄ τὸ κοντάκιον αὐτοῦ. 10.ἐξαποστειλάριον <πρὸς τὸ> Ὁ οὐρανόν. 12.εἰς τὸν στίχον στιχηρὰ τῆς ὀκτωήχου β΄ καὶ ἓν τοῦ ὁσίου ἦχος πλάγιος α΄ πρὸς τὸ Ὅσιε πάτερ τὸ α΄ καὶ θεοτοκίον.

Εἰς τὴν λειτουργίαν 1.τυπικὰ καὶ μακαρισμοὶ τῆς ἡμέρας, τροπάριον τοῦ ἁγίου. 2.προκείμενον ἦχος βαρὺς *Καυχήσονται ὅσιοι ἐν δόξῃ*· στίχος *Ἄισατε τῷ Κυρίῳ*· ὁ ἀπόστολος πρὸς Γαλάτας *Ἀδελφοί, ὁ καρπὸς τοῦ Πνεύματος,* ζήτει σαββάτῳ[17] κζ΄. *Ἀλληλούια* ἦχος πλάγιος β΄ *Μακάριος ἀνήρ*· εὐαγγέλιον τῆς ἡμέρας καὶ τοῦ ὁσίου. 3.κοινωνικὸν *Εἰς μνημόσυνον.*

Μηνὶ τῷ αὐτῷ ϛ΄· τοῦ ὁσίου πατρὸς ἡμῶν Νικολάου.

Ἑσπέρας 1.οὐ στιχολογοῦμεν, 2.εἰς δὲ τὸ *Κύριε ἐκέκραξα* ἱστῶμεν ϛ΄ καὶ ψάλλομεν στιχηρὰ τοῦ ἁγίου εἰς ἦχον[18] β΄ γ΄ ἐκ δευτέρου πρὸς τὸ Ὅτε ἐκ τοῦ ξύλου σε, καὶ θεοτοκίον ὅμοιον *Πάντων προστατεύεις*. 4.προκείμενον. 10.εἰς τὸν στίχον στιχηρά, τῆς ὀκτωήχου ἕν, καὶ ἰδιόμελα τοῦ ἁγίου β΄ ἦχος πλάγιος β΄ *Ἄνθρωπε τοῦ Θεοῦ* καὶ *Κληρονόμε Θεοῦ* καὶ θεοτοκίον. 12.ἀπολυτίκιον ἦχος δ΄ *Κανόνα πίστεως*.

Εἰς τὴν παννυχίδα 1.κανὼν τοῦ ἁγίου ἦχος β΄ *Στεφηφόρος βήματι Χριστοῦ* εἰς δ΄· 2.ἀπὸ γ΄ οὐδέν· 3.ἀπὸ ϛ΄ τὸ κοντάκιον.

Εἰς τὸν ὄρθρον 3.*Θεὸς Κύριος* καὶ 4.τὸ τροπάριον τοῦ ἁγίου β΄ καὶ θεοτοκίον. 5.αἱ στιχολογίαι· ἀπὸ α΄ στιχολογίας τὸ τῆς ὀκτωήχου

---

[17] σάββατον D
[18] εἰς ἦχον cod. ἦχος D

5-6 DECEMBER

9.Three canons: from the two of the Oktoechos six troparia, and from that of the holy man in plagal mode 4 six troparia; **a.**after the third ode, poetic kathisma of the saintly man in the same mode, and theotokion; **b.**after the sixth ode, his kontakion. **10.**Exaposteilarion <to> Ὁ οὐρανόν. **12.**At the stichos, two stichera from the Oktoechos, and one of the saintly man in plagal mode 1 to Ὅσιε πάτερ the first one, and theotokion.

L. At the Liturgy, 1.typika and makarismoi of the day, troparion of the holy man.[15] **2.**Prokeimenon in barys mode: *Καυχήσονται ὅσιοι ἐν δόξῃ* [Ps 149:5], stichos: *Ἄισατε τῷ Κυρίῳ* [Ps 149:1], the apostle: to the Galatians [5:22ff] (see the twenty-seventh Saturday). *Alleluia* in plagal mode 2: *Μακάριος ἀνήρ* [Ps 111:1], gospel of the day and of the saintly man. **3.**Koinonikon: *Εἰς μνημόσυνον* [Ps 111:6].

XII.06C. 6th of the same month. The commemoration of our saintly father Nicholas.

V. At Vespers, 1.we do not recite the continuous psalmody, **2.**but at *Κύριε ἐκέκραξα* we intercalate six times and chant three stichera of the holy man in mode 2 twice to Ὅτε ἐκ τοῦ ξύλου σε, and theotokion to the same melody: *Πάντων προστατεύεις*. **4.**Prokeimenon. **10.**At the stichos, stichera: one from the Oktoechos, and two idiomela of the holy man in plagal mode 2: *Ἄνθρωπε τοῦ Θεοῦ* and *Κληρονόμε Θεοῦ*, and theotokion. **12.**Apolytikion in mode 4: *Κανόνα πίστεως*.

PN. At Pannychis, 1.from the canon of the holy man in mode 2: *Στεφηφόρος βήματι Χριστοῦ* four troparia; **2.**after the third ode, nothing; **3.**after the sixth ode, the kontakion.

O. At Orthros, 3.*Θεὸς Κύριος*, and **4.**the troparion of the holy man[16] twice, and theotokion. **5.**The recitations of continuous psalmody; **a.**after the first recitation, **b.**the poetic kathisma from

---

[15] The troparion used as apolytikion at V.12 repeated here.
[16] The troparion used as apolytikion at V.12 repeated here.

ΔΕΚΕΜΒΡΙΟΣ

κάθισμα καὶ μαρτυρικὸν καὶ θεοτοκίον· ἀπὸ δευτέρας στιχολογίας κάθισμα τοῦ ἁγίου ἦχος πλάγιος δ΄ *Ἀναβὰς εἰς τὰ ὕψη τῶν ἀρετῶν* καὶ θεοτοκίον· ἀνάγνωσις ὁ βίος αὐτοῦ, οὗ ἡ ἀρχὴ *Σοφόν τι χρῆμα*. 9.κανόνες γ΄· τῆς ὀκτωήχου εἷς, καὶ τοῦ ἁγίου ἦχος β΄ Θεοφάνους <πρὸς τὸ> Ἐν βυθῷ κατέστρωσε, καὶ ἕτερος ἦχος α΄ Ἰωσὴφ *Διὰ στύλου*[19] *πυρός*, ἀνὰ δ΄. 10.ἐξαποστειλάριον <πρὸς τὸ> Ὁ οὐρανόν. 11.εἰς τοὺς αἴνους ἱστῶμεν δ΄ καὶ ψάλλομεν [39r] στιχηρὰ τοῦ ἁγίου ἦχος πλάγιος α΄ πρὸς τὸ Χαίροις δευτεροῦντες τὸ α΄, καὶ θεοτοκίον. 12.εἰς δὲ τὸν στίχον λέγομεν στιχηρὰ τῆς ὀκτωήχου β΄ καὶ ἰδιόμελον τοῦ ἁγίου ἦχος πλάγιος α΄ *Σαλπίσωμεν ἐν*[20] καὶ θεοτοκίον.

Εἰς τὴν λειτουργίαν 1.τυπικὰ καὶ ᾠδὴ τοῦ κανόνος τοῦ ἁγίου ἡ γ΄ εἰς τὸν δεύτερον ἦχον, δευτεροῦντες τὸ ἓν τροπάριον. μετὰ τὴν εἴσοδον τὸ τροπάριον τοῦ ἁγίου, *Δόξα καὶ νῦν*, τὸ κοντάκιον αὐτοῦ. 2.προκείμενον ἦχος βαρὺς *Τίμιος ἐναντίον Κυρίου*· στίχος *Τί ἀνταποδώσω*[21] *τῷ Κυρίῳ*· ὁ ἀπόστολος πρὸς Ἑβραίους *Ἀδελφοί, πείθεσθε τοῖς ἡγουμένοις*. Ἀλληλούια ἦχος β΄ *Οἱ ἱερεῖς σου Κύριε*· εὐαγγέλιον κατὰ Λουκᾶν *Τῷ καιρῷ ἐκείνῳ ἔστη ὁ Ἰησοῦς ἐπὶ τόπου πεδινοῦ*, ζήτει τῇ παρασκευῇ τῆς β΄ ἑβδομάδος. 3.κοινωνικὸν *Εἰς μνημόσυνον*.

Μηνὶ τῷ αὐτῷ ζ΄· τοῦ ὁσίου πατρὸς ἡμῶν Ἀμβροσίου.

Ἑσπέρας 1.μετὰ τὴν στιχολογίαν 2.εἰς τὸ *Κύριε ἐκέκραξα* ἱστῶμεν δ΄ καὶ ψάλλομεν στιχηρὰ τοῦ ἁγίου γ΄ ἦχος πλάγιος α΄ πρὸς τὸ Ὅσιε πάτερ, καὶ ἕτερον ἓν πρὸς τὸ Χαίροις, καὶ θεοτοκίον. 4.*Ἀλληλούια*. 10.εἰς τὸν στίχον στιχηρὰ τῆς ὀκτωήχου καὶ θεοτοκίον. 12.ἀπολυτίκιον *Θεοτόκε παρθένε*.

---

[19] στήλης D
[20] om. D
[21] ἀνταποδώσωμεν D

the Oktoechos, and martyrikon, and theotokion; d.after the second recitation, e.poetic kathisma of the holy man in plagal mode 4: Ἀναβὰς εἰς τὰ ὕψη τῶν ἀρετῶν, and theotokion, f.reading: his *Life* beginning Σοφόν τι χρῆμα [BHG, 1349]. 9.Three canons: one from the Oktoechos, and that of the holy man in mode 2 by Theophanes <to> Ἐν βυθῷ κατέστρωσε,[17] and another in mode 1 by Joseph: Διὰ στύλου πυρός, four troparia from each. 10.Exaposteilarion <to> Ὁ οὐρανόν. 11.At the ainoi, we intercalate four times and chant stichera of the holy man in plagal mode 1 to Χαίροις, repeating the first, and theotokion. 12.At the stichos, we recite two stichera from the Oktoechos, and idiomelon of the holy man in plagal mode 1: Σαλπίσωμεν ἐν, and theotokion.

L. At the Liturgy, 1.typika, and the third ode of the canon of the holy man in the second mode,[18] repeating the first troparion. After the entrance, the troparion of the holy man,[19] *Glory...both now...*, his kontakion. **2.**Prokeimenon in barys mode: Τίμιος ἐναντίον Κυρίου [Ps 115:6], stichos: Τί ἀνταποδώσω τῷ Κυρίῳ [Ps 115:3], the apostle: to the Hebrews [13:17ff]. *Alleluia* in mode 2: Οἱ ἱερεῖς σου Κύριε [Ps 131:9], gospel: according to Luke [6:17ff] (see Friday of the second week). **3.**Koinonikon: Εἰς μνημόσυνον [Ps 111:6].

XII.07C. 7th of the same month. The commemoration of our saintly father Ambrose.

V. At Vespers, 1.after the recitation of continuous psalmody, **2.**at Κύριε ἐκέκραξα we intercalate four times and chant three stichera of the holy man in plagal mode 1 to Ὅσιε πάτερ, and another one to Χαίροις, and theotokion. **4.***Alleluia*. **10.**At the stichos, stichera from the Oktoechos, and theotokion. **12.**Apolytikion: Θεοτόκε παρθένε.

---

[17] The heirmos.
[18] Most probably means that refrains of the third ode are intercalated into the makarismoi.
[19] The troparion used as apolytikion at V.12 repeated here.

ΔΕΚΕΜΒΡΙΟΣ

Εἰς τὸν ὄρθρον 3.*Ἀλληλούια* καὶ 4.τὰ τριαδικὰ τοῦ ἤχου. 5.αἱ στιχολογίαι καθίσματα β΄, καθίσματα τῆς ὀκτωήχου· ἀνάγνωσις ὁ βίος τοῦ ἁγίου Ἀμβροσίου, οὗ ἡ ἀρχὴ *Οὐαλεντινιανὸς μετὰ τὴν τελευτήν*. 9.κανόνες γ΄· δύο τῆς ὀκτωήχου, καὶ τοῦ ἁγίου ἦχος πλάγιος δ΄ Θεοφάνους, ἀνὰ δ΄· ἀπὸ γ΄ ᾠδῆς κάθισμα τοῦ ἁγίου ἦχος δ΄ καὶ θεοτοκίον· ἀπὸ ς΄ τὸ προσόμοιον τῆς ἡμέρας. 10.ἐξαποστειλάριον τοῦ ἤχου. 12.εἰς τὸν στίχον τῶν αἴνων στιχηρὰ τῆς ὀκτωήχου καὶ θεοτοκίον. οὐ λειτουργοῦμεν, ψάλλομεν δὲ τὰς ὥρας κοινῶς καὶ ἐσθίομεν ἅπαξ τῆς ἡμέρας.

Μηνὶ τῷ αὐτῷ η΄· τοῦ ὁσίου πατρὸς ἡμῶν Παταπίου.

Ἑσπέρας 1.οὐ στιχολογοῦμεν, 2.εἰς δὲ τὸ *Κύριε ἐκέκραξα* ἱστῶμεν δ΄ καὶ ψάλλομεν στιχηρὰ τοῦ ὁσίου εἰς ἦχον α΄ πρὸς τὸ Πανεύφημοι μάρτυρες δευτεροῦντες τὸ α΄, καὶ θεοτοκίον. 4.*Ἀλληλούια*. 10.εἰς τὸν στίχον στιχηρὰ τῆς ὀκτωήχου καὶ θεοτοκίον. 12.ἀπολυτίκιον *Θεοτόκε παρθένε*.

Ἡ παννυχὶς μετὰ τῶν ἀποδείπνων.

Εἰς τὸν ὄρθρον 3.*Ἀλληλούια* καὶ 4.τὰ τριαδικὰ τοῦ ἤχου. 5.αἱ στιχολογίαι ὡς σύνηθες, καθίσματα τῆς ὀκτωήχου· ἀνάγνωσις ὁ βίος τοῦ ὁσίου, οὗ ἡ ἀρχὴ *Οὐ πολλοὺς Αἴγυπτος*. ἀρχόμεθα δὲ ἀπὸ τῆς σήμερον καὶ τοῦ βίου τοῦ ὁσίου Δανιήλ, οὗ ἡ ἀρχὴ *Ὥσπερ ἐπὶ τῶν ἀριστέων*. 9.κανόνες γ΄· τῆς ὀκτωήχου β΄, καὶ τοῦ ὁσίου ἦχος β΄, ἀνὰ δ΄· ἀπὸ γ΄ ᾠδῆς κάθισμα τοῦ ὁσίου ἦχος πλάγιος δ΄ καὶ θεοτοκίον· ἀπὸ ς΄ τὸ προσόμοιον τῆς ἡμέρας. 10.ἐξαποστειλάριον

7-8 DECEMBER

O. At Orthros, 3.*Alleluia*, and 4.the triadika of the mode.[20] 5.The recitations of continuous psalmody, two kathismata, poetic kathismata from the Oktoechos, reading: the *Life* of holy Ambrose beginning Οὐαλεντινιανὸς μετὰ τὴν τελευτήν [BHG, 69]. 9.Three canons: two from the Oktoechos, and that of the holy man in plagal mode 4 by Theophanes, four troparia from each; a. after the third ode, poetic kathisma of the holy man in mode 4, and theotokion; b.after the sixth ode, the prosomoion of the day. 10.Exaposteilarion of the mode.[21] 12.At the stichos of the ainoi, stichera from the Oktoechos, and theotokion. We do not celebrate the **Liturgy**, but we chant the **Hours** communally and eat once during the day.

XII.08C. 8th of the same month. The commemoration of our saintly father Patapios.

V. At Vespers, 1.we do not recite the continuous psalmody, 2.but at Κύριε ἐκέκραξα we intercalate four times and chant stichera of the saintly man in mode 1 to Πανεύφημοι μάρτυρες repeating the first, and theotokion. 4.*Alleluia*. 10.At the stichos, stichera from the Oktoechos, and theotokion. 12.Apolytikion: Θεοτόκε παρθένε.

PN. Pannychis with Apodeipnon.

O. At Orthros, 3.*Alleluia*, and 4.the triadika of the mode.[22] 5.The recitations of continuous psalmody as is customary,[23] poetic kathismata from the Oktoechos, reading: the *Life* of the saintly man beginning Οὐ πολλοὺς Αἴγυπτος [BHG, 1424]. From today we begin also the *Life* of saintly Daniel beginning Ὥσπερ ἐπὶ τῶν ἀριστέων [BHG, 490]. 9.Three canons: two from the Oktoechos, and that of the saintly man in mode 2, four troparia from each; a.after the third ode, poetic kathisma of the saintly man in plagal mode 4, and theotokion; b.after the sixth ode, the prosomoion of the day.

---

[20] The mode is set; see note 1.
[21] The mode is set; see note 1.
[22] The mode is set; see note 1.
[23] Two kathismata of the psalter are to be chanted; see IX.17 Orthros N.

ΔΕΚΕΜΒΡΙΟΣ

τοῦ ἤχου. 12.εἰς τὸν στίχον τῶν αἴνων στιχηρὰ τῆς ὀκτωήχου καὶ θεοτοκίον. αἱ ὧραι κοινῶς μετὰ καὶ στιχολογιῶν.

Μηνὶ τῷ αὐτῷ θ΄· ἡ σύλληψις τῆς ἁγίας Ἄννης τῆς μητρὸς τῆς Θεοτόκου.

Ἑσπέρας 1.οὐ στιχολογοῦμεν, 2.εἰς δὲ τὸ *Κύριε ἐκέκραξα* ἱστῶμεν ϛ΄ καὶ ψάλλομεν στιχηρὰ τῆς ἑορτῆς ἦχος δ΄ πρὸς τὸ *Ὁ ἐξ ὑψίστου κληθεὶς* ἐκ δευτέρου τὰ γ΄, καὶ θεοτοκίον. 4.προκείμενον. [39v] 10.καὶ εἰς τὸν στίχον στιχηρὰ τῆς ἑορτῆς ἦχος β΄ πρὸς τὸ *Οἶκος τοῦ Ἐφραθᾶ* γ΄, ζήτει ταῦτα εἰς τὸ τέλος τοῦ βιβλίου, *Δόξα καὶ νῦν*, ἰδιόμελον ἦχος β΄ *Τὸ ἀπόρρητον τοῖς ἀγγέλοις*. 12.<ἀπολυτίκιον> ἦχος δ΄[22] *Σήμερον ἡ ἀπαρχὴ τῆς σωτηρίας ἡμῶν φύεται καὶ καρπογονεῖται ἐν τῇ μήτρᾳ τῆς ἀκάρπου γαστρός, καὶ ἀγάλλεται λοιπὸν ἡ Ἄννα σὺν τῷ Ἰωακείμ, καὶ ὁ Ἀδὰμ συγχαίρει ἐλευθερούμενος. διὸ καὶ ἡμεῖς τῇ Θεοτόκῳ βοήσωμεν Χαῖρε κεχαριτωμένη, ὁ Κύριος μετὰ σοῦ.*

Εἰς τὴν παννυχίδα 1.τὸν συνήθη κανόνα τῆς ὀκτωήχου.

Δεῖ γινώσκειν ὅτι εἰ τύχῃ ἡ ἑορτὴ αὕτη ἐν σαββάτῳ, οὐδὲν τῶν νεκρωσίμων ψάλλομεν, οὔτε στιχηρὰ οὔτε κανόνας· τὴν δὲ παννυχίδα ψάλλομεν μετὰ τῶν ἀποδείπνων ἐν τοῖς τάφοις τὸν νεκρώσιμον κανόνα τοῦ ἤχου· στιχηρὰ δὲ λέγομεν τὰ μαρτυρικὰ εἰς τοὺς αἴνους, τὰ δ΄, καὶ θεοτοκίον· εἰς δὲ τὸν στίχον τῶν αἴνων τὰ τῆς ἑορτῆς.

Εἰς τὸν ὄρθρον 3.*Θεὸς Κύριος* καὶ 4.τὸ τροπάριον τῆς ἑορτῆς ἐκ γ΄. 5.αἱ στιχολογίαι καθίσματα β΄· ἀπὸ α΄ στιχολογίας κάθισμα τῆς ὀκτωήχου καὶ μαρτυρικὸν καὶ θεοτοκίον· ἀπὸ β΄ στιχολογίας κάθισμα τῆς ἑορτῆς ἦχος α΄ *Χορὸς προφητικός*, *Δόξα καὶ νῦν*, τὸ

---

[22] ἦχος δ΄ in marg. sin. cod.

10.Exaposteilarion of the mode.²⁴ 12.At the stichos of the ainoi, stichera from the Oktoechos, and theotokion. The **Hours** communally with recitations of continuous psalmody also.

XII.09C. 9th of the same month. The Conception of holy Anna the mother of the Theotokos.

V. At Vespers, 1.we do not recite the continuous psalmody, 2.but at Κύριε ἐκέκραξα we intercalate six times and chant the three stichera of the feast in mode 4 to Ὁ ἐξ ὑψίστου κληθείς twice, and theotokion. 4.Prokeimenon. 10.And at the stichos, three stichera of the feast in mode 2 to Οἶκος τοῦ Ἐφραθᾶ (look for these at the end of the book), Glory...both now..., idiomelon in mode 2: Τὸ ἀπόρρητον τοῖς ἀγγέλοις. 12.<Apolytikion> in mode 4: *Today the first-fruit of our salvation comes into being and fruit is produced in the womb of the barren belly; and so Anna rejoices with Joachim, and Adam shares in the joy as he is freed. Wherefore let us too shout to the Theotokos 'Hail, thou that art favoured, the Lord is with thee'.*

PN. At Pannychis, 1.the customary canon from the Oktoechos.

XII.09 S.1 It is necessary to realise that if this feast falls on a Saturday, we chant none of the stichera or canons of the dead, but we chant **PN.Pannychis** with **Apodeipnon**, the canon of the dead of the mode at the tombs.²⁵ We recite the four martyrika at the ainoi, and theotokion, and at the stichos of the ainoi, the stichera of the feast.

O. At Orthros, 3.Θεὸς Κύριος, and 4.the troparion of the feast²⁶ three times. 5.The recitations of continuous psalmody, two kathismata; a.after the first recitation, b.poetic kathisma from the Oktoechos, and martyrikon, and theotokion; d.after the second recitation, e.poetic kathisma of the feast in mode 1: Χορὸς προφητικός, Glory...both now..., the same repeated, f.reading: from

---

²⁴ The mode is set; see note 1.
²⁵ The mode is set; see note 1.
²⁶ The troparion used as apolytikion at V.12 repeated here.

ΔΕΚΕΜΒΡΙΟΣ

αὐτό· ἀνάγνωσις ἐκ τοῦ μαρτυρίου τοῦ ἁγίου Μηνᾶ, οὗ ἡ ἀρχὴ *Μετὰ τὴν ἐπὶ γῆς τοῦ Σωτῆρος Χριστοῦ*. 9.κανόνες γ΄· τῆς ὀκτωήχου εἷς, καὶ δύο τῆς ἑορτῆς, ὁ εἷς αὐτῶν ἦχος α΄ <πρὸς τὸ> Ὠιδὴν ἐπινίκιον καὶ ὁ ἕτερος εἰς τὸν αὐτὸν ἦχον κατὰ ἀλφάβητον, ἀνὰ δ΄. εἰ δὲ τύχῃ ἐν σαββάτῳ, ψάλλομεν τοὺς δύο μόνους τῆς ἑορτῆς, τὸν ἕνα εἰς η΄ καὶ τὸν ἕτερον εἰς δ΄· ἀπὸ γ΄ ᾠδῆς κάθισμα τῆς ἑορτῆς ἦχος δ΄ *Ἰωακεὶμ ὁ ἱερὸς* καὶ θεοτοκίον· ἀνάγνωσις λόγος Γεωργίου εἰς τὴν αὐτὴν ἑορτήν· ἀπὸ ς΄ τὸ[23] κοντάκιον. 10.ἐξαποστειλάριον *Ἅγιος Κύριος ὁ Θεὸς ἡμῶν*. 11.εἰς τοὺς αἴνους, εἰ μέν ἐστι σάββατον ἱστῶμεν δ΄ καὶ ψάλλομεν τὰ δ΄ μαρτυρικὰ τοῦ ἤχου, εἰ δὲ ἄλλη ἡμέρα εἰς τοὺς αἴνους οὐδέν, 12.εἰς δὲ τὸν στίχον λέγομεν στιχηρὰ τῆς ἑορτῆς γ΄ πρὸς τὸ Οἶκος τοῦ Ἐφραθᾶ, ζήτει εἰς τὸ τέλος τοῦ βιβλίου, *Δόξα καὶ νῦν* ἦχος πλάγιος α΄ πρὸς τὸ Χαίροις.

Εἰ δὲ τύχῃ ἐν κυριακῇ ψάλλονται πάντα κοινά· 2.εἰς γὰρ τὸ *Κύριε ἐκέκραξα* ἱστῶμεν η΄ καὶ ψάλλομεν τὰ γ΄ ἀναστάσιμα, δευτεροῦντες τὸ α΄, *Δόξα καὶ νῦν*, δογματικὸν τοῦ ἤχου. 4.ἀπὸ τοῦ προκειμένου 10.τὸ ἀναστάσιμον τοῦ στίχου ἅπαξ καὶ δύο τῆς ἑορτῆς ἦχος β΄ πρὸς τὸ Οἶκος τοῦ Ἐφραθᾶ, *Δόξα καὶ νῦν*, ἰδιόμελον ἦχος ὁ αὐτὸς *Τὸ ἀπόρρητον τοῖς ἀγγέλοις*. 12.ἀπολυτίκιον τὸ τῆς ἑορτῆς. Εἰς τὴν παννυχίδα 1.τοὺς συνήθεις κανόνας τοῦ ἤχου [40r] τῆς ἀγρυπνίας καὶ τὴν λοιπὴν πᾶσαν ἀκολουθίαν ὁμοίως. Εἰς τὸν ὄρθρον 3.εἰς τὸ *Θεὸς Κύριος* 4.τὸ ἀναστάσιμον β΄, *Δόξα καὶ νῦν*, τὸ τῆς ἑορτῆς. 5.αἱ στιχολογίαι, τὰ καθίσματα, αἱ ἀναγνώσεις κοινά.

---

[23] om. D

9 DECEMBER

the *Martyrion* of holy Menas beginning Μετὰ τὴν ἐπὶ γῆς τοῦ Σωτῆρος Χριστοῦ [BHG, 1271]. **9**.Three canons: one from the Oktoechos, and two of the feast: the first of them in mode 1 <to> Ὠιδὴν ἐπινίκιον,[27] and the other alphabetic one in the same mode, four troparia from each. But if it falls on a Saturday, we only chant the two canons of the feast: from the one eight troparia, and from the other four troparia. **a**.After the third ode, poetic kathisma of the feast in mode 4: Ἰωακεὶμ ὁ ἱερός, and theotokion, reading: *Homily* of George on the same feast; **b**.after the sixth ode, the kontakion. **10**.Exaposteilarion: Ἅγιος Κύριος ὁ Θεὸς ἡμῶν. **11**.At the ainoi, if it is a Saturday we intercalate four times and chant the four martyrika of the mode;[28] but if it is another day, at the ainoi, nothing, **12**.but at the stichos, we recite three stichera of the feast to Οἶκος τοῦ Ἐφραθᾶ (look at the end of the book), *Glory...both now...* in plagal mode 1 to Χαίροις.

XII.09 K.1 But if it falls on a Sunday, all the elements are chanted jointly; **V2**.for at Κύριε ἐκέκραξα we intercalate eight times and chant the three resurrection [stichera], repeating the first one,[29] *Glory...both now...*, dogmatikon of the mode.[30] **4**.After the prokeimenon, **10**.the resurrection [sticheron] of the stichos once, and two of the feast in mode 2 to Οἶκος τοῦ Ἐφραθᾶ, *Glory...both now...*, idiomelon in the same mode: Τὸ ἀπόρρητον τοῖς ἀγγέλοις.[31] **12**.The apolytikion of the feast.[32] **PN**.**At Pannychis**, **1**.the customary canons of the mode of the **Agrypnia**,[33] and similarly all the remaining service. **O**.**At Orthros**, **3**.at Θεὸς Κύριος, **4**.the resurrection [troparion] twice, *Glory...both now...*, that of the feast.[34] **5**.The recitations of continuous psalmody, the poetic kathismata, →

---

[27] The heirmos.
[28] The mode is set; see note 1.
[29] Stichera of the feast are also chanted; see V.2 above.
[30] The mode is set; see note 1.
[31] See V.10 above.
[32] See V.12 above.
[33] The mode is set; see note 1.
[34] The troparion used as apolytikion at V.12 repeated here.

ΔΕΚΕΜΒΡΙΟΣ

6.οἱ ἀναβαθμοὶ τοῦ ἤχου τὰ γ΄ ἀντίφωνα. 7.τὸ *Πᾶσα πνοή*, ὁμοίως καὶ τὸ ἑωθινὸν εὐαγγέλιον. 9.οἱ κανόνες· ὁ ἀναστάσιμος εἰς ϛ΄, καὶ οἱ δύο τῆς ἑορτῆς εἰς η΄. 11.εἰς δὲ τοὺς αἴνους τὰ δ΄ ἀναστάσιμα πρὸς μίαν, καὶ ἕτερα δ΄ τῆς ἑορτῆς πρὸς τὸ Οἶκος τοῦ Ἐφραθᾶ, *Δόξα* ἦχος πλάγιος α΄ πρὸς τὸ Χαίροις, *καὶ νῦν, Ὑπερευλογημένη ὑπάρχεις Θεοτόκε παρθένε*.

Εἰς τὴν λειτουργίαν 1.τυπικὰ καὶ ᾠδὴ τοῦ κανόνος ἡ γ΄, ἤγουν τῆς ἑορτῆς *Καρπὸν κοιλίας εἰ παράσχοις*[24] *μοι*. μετὰ τὴν εἴσοδον τὸ τροπάριον μετὰ τοῦ *Δόξα καὶ νῦν*. 2.προκείμενον ἦχος πλάγιος β΄ *Εὐφράνθητε ἐπὶ Κύριον·* στίχος *Μακάριοι ὧν ἀφέθησαν αἱ ἀνομίαι·* ὁ ἀπόστολος πρὸς Ἑβραίους *Ἀδελφοί, εἶχεν ἡ πρώτη σκηνή*. *Ἀλληλούια* ἦχος α΄ *Σωτηρία τῶν δικαίων παρὰ Κυρίου·* εὐαγγέλιον[25] δὲ ζήτει σαββάτῳ ϛ΄ τοῦ Λουκᾶ. 3.κοινωνικὸν *Ἀγαλλιᾶσθε*.

Εἰ δὲ τύχῃ ἐν κυριακῇ ψάλλονται ἅπαντα κοινὰ καὶ ἀναγινώσκονται, πλὴν *Ἀλληλούια* τῆς ἑορτῆς, προκείμενον δὲ ἄμνημον. προηγοῦνται δὲ τὰ ἀναστάσιμα, οἵ τε μακαρισμοί, ὁ ἀπόστολος καὶ τὸ εὐαγγέλιον· ὁμοίως δὲ καὶ τὸ τροπάριον, κοινωνικὸν δὲ *Αἰνεῖτε τὸν Κύριον* καὶ *Ἀγαλλιᾶσθε*.

Μηνὶ τῷ αὐτῷ ι΄· τῶν ἁγίων μαρτύρων Μηνᾶ, Ἑρμογένους καὶ Εὐγράφου.

Ἑσπέρας 1.μετὰ τὴν στιχολογίαν 2.εἰς τὸ *Κύριε ἐκέκραξα* ἱστῶμεν ϛ΄ καὶ ψάλλομεν στιχηρὰ τῶν μαρτύρων γ΄ εἰς ἦχον δ΄ ἀνὰ β΄ πρὸς

---

[24] παράσχῃς D
[25] εὐαγγέλον D

the readings jointly. 6.The anabathmoi of the mode,[35] the three antiphons. 7b.*Πᾶσα πνοή*, similarly also c.the matins gospel. 9.The canons: from the resurrection one six troparia, and from the two of the feast[36] eight troparia. 11.At the ainoi, the four resurrection [stichera] once, and another four of the feast to Οἶκος τοῦ Ἐφραθᾶ, *Glory*... in plagal mode 1 to Χαίροις,[37] both *now*..., Ὑπερευλογημένη ὑπάρχεις Θεοτόκε παρθένε.

L. At the Liturgy, 1.typika, and the third ode of the canon, that is, [the canon] of the feast: *Καρπὸν κοιλίας εἰ παράσχοις μοι*.[38] After the entrance, the troparion[39] with *Glory...both now....* 2.Prokeimenon in plagal mode 2: *Εὐφράνθητε ἐπὶ Κύριον* [Ps 31:11], stichos: *Μακάριοι ὧν ἀφέθησαν αἱ ἀνομίαι* [Ps 31:1], the apostle: to the Hebrews [9:1ff]. *Alleluia* in mode 1: *Σωτηρία τῶν δικαίων παρὰ Κυρίου* [Ps 36:39], (see the gospel on the sixth Saturday of Luke).[40] 3.Koinonikon: *Ἀγαλλιᾶσθε* [Ps 32:1].

XII.09 K.2 But if it falls on a Sunday, all the elements are chanted and read jointly, except *Alleluia* of the feast and a non-commemorative prokeimenon. The resurrection elements precede, both the makarismoi, the apostle and the gospel; similarly also the troparion, and koinonikon: *Αἰνεῖτε τὸν Κύριον* [Ps 148:1] and *Ἀγαλλιᾶσθε* [Ps 32:1].

XII.10C. 10th of the same month. The commemoration of the holy martyrs Menas, Hermogenes and Eugraphos.

V. At Vespers, 1.after the recitation of continuous psalmody, **2.**at *Κύριε ἐκέκραξα* we intercalate six times and chant three stichera of the martyrs in mode 4 twice each to Ὡς γενναῖον, and theotokion.

---

[35] The mode is set; see note 1.
[36] See O.9 above.
[37] See O.12 above.
[38] Most probably means that refrains of the third ode are intercalated into the makarismoi.
[39] The troparion used as apolytikion at V.12 repeated here.
[40] Lk 8:16ff.

ΔΕΚΕΜΒΡΙΟΣ

τὸ Ὡς γενναῖον, καὶ θεοτοκίον. 4.προκείμενον τῆς ἡμέρας. 10.εἰς τὸν στίχον στιχηρὰ τῆς ὀκτωήχου β΄ καὶ ἰδιόμελον τῶν ἁγίων ἦχος πλάγιος β΄ Ὄντως ἡ γλῶσσά σου, Δόξα καὶ νῦν, θεοτοκίον. 12.ἀπολυτίκιον ἦχος δ΄ Οἱ μάρτυρές σου Κύριε.

Εἰς τὴν παννυχίδα 1.ὁ συνήθης κανὼν μετὰ τοῦ ἑσπερινοῦ συνημμένως.

Εἰς τὸν ὄρθρον 3.Θεὸς Κύριος καὶ 4.τὸ αὐτὸ τροπάριον καὶ θεοτοκίον. 5.αἱ στιχολογίαι· ἀπὸ α΄ στιχολογίας κάθισμα τῆς ὀκτωήχου καὶ μαρτυρικὸν καὶ θεοτοκίον· ἀπὸ β΄ στιχολογίας κάθισμα τῶν μαρτύρων ἦχος α΄ καὶ θεοτοκίον· ἀνάγνωσις ἐκ τοῦ μαρτυρίου αὐτῶν. 9.κανόνες γ΄· τῆς ὀκτωήχου οἱ δύο εἰς ς΄, καὶ τῶν ἁγίων εἰς ς΄ ἦχος α΄ Ἰωσὴφ <πρὸς τὸ> Χριστὸς γεννᾶται δοξάσατε· ἀπὸ γ΄ ᾠδῆς κάθισμα τῶν ἁγίων καὶ θεοτοκίον· ἀπὸ ς΄ τὸ κοντάκιον. 10.ἐξαποστειλάριον <πρὸς τὸ> Ὁ οὐρανὸν τοῖς ἄστροις. 12.εἰς τὸν στίχον τῶν αἴνων στιχηρὰ τῆς ὀκτωήχου β΄, καὶ τῶν ἁγίων ἓν ἦχος πλάγιος α΄ πρὸς τὸ Χαίροις, καὶ θεοτοκίον.

Εἰς τὴν λειτουργίαν 1.τυπικὰ καὶ μακαρισμοὶ τῆς ἡμέρας, τὸ τροπάριον τῶν ἁγίων καὶ θεοτοκίον. [40v] 2.προκείμενον ἦχος δ΄ Θαυμαστὸς ὁ Θεός· στίχος Ἐν ἐκκλησίαις. Ἀλληλούϊα ἦχος δ΄ Ἐκέκραξαν οἱ δίκαιοι· ἀπόστολος δὲ καὶ εὐαγγέλιον τῆς ἡμέρας. 3.κοινωνικὸν Ἀγαλλιᾶσθε. ἄγομεν γὰρ ἀργίαν τῶν ὡρῶν.

Μηνὶ τῷ αὐτῷ ια΄· τοῦ ὁσίου πατρὸς ἡμῶν Δανιὴλ τοῦ στυλίτου.

Ἑσπέρας 1.μετὰ τὴν στιχολογίαν 2.εἰς τὸ Κύριε ἐκέκραξα ἱστῶμεν ς΄ καὶ ψάλλομεν στιχηρὰ γ΄ τοῦ ὁσίου εἰς ἦχον πλάγιον δ΄ πρὸς τὸ

10-11 DECEMBER

4.Prokeimenon of the day of the week. 10.At the stichos, two stichera from the Oktoechos, and idiomelon of the holy men in plagal mode 2: Ὄντως ἡ γλῶσσά σου, Glory...both now..., theotokion. 12.Apolytikion in mode 4: Οἱ μάρτυρές σου Κύριε.

PN. At Pannychis, 1.the customary canon with Hesperinon without a break.

O. At Orthros, 3.Θεὸς Κύριος, and 4.the same troparion,[41] and theotokion. 5.The recitations of continuous psalmody; a.after the first recitation, b.poetic kathisma from the Oktoechos, and martyrikon, and theotokion, d.after the second recitation, e.poetic kathisma of the martyrs in mode 1, and theotokion, f.reading: from their *Martyrion*. 9.Three canons: from the two of the Oktoechos six troparia, and from that of the holy men in mode 1 by Joseph <to> Χριστὸς γεννᾶται δοξάσατε[42] six troparia; a.after the third ode, poetic kathisma of the holy men, and theotokion; b.after the sixth ode, the kontakion. 10.Exaposteilarion <to> Ὁ οὐρανὸν τοῖς ἄστροις. 12.At the stichos of the ainoi, two stichera from the Oktoechos, and one of the holy men in plagal mode 1 to Χαίροις, and theotokion.

L. At the Liturgy, 1.typika and makarismoi of the day, the troparion of the holy men,[43] and theotokion. 2.Prokeimenon in mode 4: Θαυμαστὸς ὁ Θεός [Ps 67:36], stichos: Ἐν ἐκκλησίαις [Ps 67:27]. *Alleluia* in mode 4: Ἐκέκραξαν οἱ δίκαιοι [Ps 33:18], apostle and gospel of the day. 3.Koinonikon Ἀγαλλιᾶσθε [Ps 32:1]. For we observe a suspension of the **Hours**.

XII.11C. 11th of the same month. The commemoration of our saintly father Daniel the Stylite.

V. At Vespers, 1.after the recitation of continuous psalmody, 2.at Κύριε ἐκέκραξα we intercalate six times and chant three stichera of

---

[41] The troparion used as apolytikion at V.12 repeated here.
[42] The heirmos.
[43] The troparion used as apolytikion at V.12 repeated here.

ΔΕΚΕΜΒΡΙΟΣ

Τί ὑμᾶς καλέσωμεν ἀνὰ δεύτερον καὶ θεοτοκίον. 4.προκείμενον τῆς ἡμέρας. 10.εἰς τὸν στίχον στιχηρὰ τῆς ὀκτωήχου β΄ καὶ ἰδιόμελον τοῦ ὁσίου ἦχος πλάγιος α΄ *Τὸ ἐμπιστευθέν σοι τάλαντον*. 12.ἀπολυτίκιον ἦχος α΄ *Ὑπομονῆς στύλος γέγονας ζηλώσας*.

Εἰς τὸν ὄρθρον 3.*Θεὸς Κύριος* ἦχος α΄ καὶ 4.τὸ τροπάριον τὸ αὐτὸ καὶ θεοτοκίον. 5.αἱ στιχολογίαι, καθίσματα τῆς ὀκτωήχου· αἱ ἀναγνώσεις ἐκ τοῦ βίου αὐτοῦ. 9.κανόνες γ΄· τῆς ὀκτωήχου οἱ δύο εἰς ς΄, καὶ τοῦ ἁγίου εἰς ς΄ ἦχος πλάγιος δ΄ Ἰωσήφ· ἀπὸ γ΄ ᾠδῆς κάθισμα τοῦ ὁσίου ἦχος πλάγιος δ΄ καὶ θεοτοκίον· ἀπὸ ς΄ τὸ κοντάκιον τοῦ ἁγίου. 10.ἐξαποστειλάριον <πρὸς τὸ> *Ὁ οὐρανόν*. 12.εἰς τὸν στίχον στιχηρὰ τῆς ὀκτωήχου β΄ καὶ ἕτερον ἓν τοῦ ὁσίου ἦχος πλάγιος α΄ πρὸς τὸ *Ὅσιε πάτερ*.

Εἰς τὴν λειτουργίαν 1.τυπικὰ καὶ μακαρισμοὶ τοῦ ἤχου, τὸ τροπάριον τοῦ ἁγίου, *Δόξα καὶ νῦν*, θεοτοκίον. 2.προκείμενον ἦχος βαρὺς *Καυχήσονται ὅσιοι ἐν δόξῃ*· στίχος *Ἄισατε τῷ Κυρίῳ*. *Ἀλληλούια* ἦχος πλάγιος β΄[26] *Μακάριος ἀνήρ*· ἀπόστολος δὲ καὶ εὐαγγέλιον τῆς ἡμέρας. 3.κοινωνικὸν *Εἰς μνημόσυνον*.

Μηνὶ τῷ αὐτῷ ιβ΄· τοῦ ὁσίου πατρὸς ἡμῶν Σπυρίδωνος.

Ἑσπέρας 1.μετὰ τὴν στιχολογίαν 2.εἰς τὸ *Κύριε ἐκέκραξα* ἱστῶμεν δ΄ καὶ ψάλλομεν στιχηρὰ τοῦ ἁγίου δύο ἦχος α΄ πρὸς τὸ *Νεφέλην σε φωτός*, καὶ ἕτερα β΄ ἦχος πλάγιος α΄ πρὸς τὸ *Χαίροις*, καὶ θεοτοκίον. 4.*Ἀλληλούια*. 10.εἰς τὸν στίχον στιχηρὰ τῆς ὀκτωήχου καὶ θεοτοκίον. 12.ἀπολυτίκιον[27] *Θεοτόκε παρθένε* καὶ τὰ λοιπά.

---

[26] πλ. α΄ D
[27] ἀπολυτίκον D

11-12 DECEMBER

the saintly man in plagal mode 4 to Τί ὑμᾶς καλέσωμεν twice each, and theotokion. 4.Prokeimenon of the day of the week. 10.At the stichos, two stichera from the Oktoechos, and idiomelon of the saintly man in plagal mode 1: *Τὸ ἐμπιστευθέν σοι τάλαντον*. 12.Apolytikion in mode 1: *Ὑπομονῆς στύλος γέγονας ζηλώσας*.

O. At Orthros, 3.*Θεὸς Κύριος* in mode 1, and 4.the same troparion,[44] and theotokion. 5.The recitations of continuous psalmody,[45] poetic kathismata from the Oktoechos, the readings: from his *Life*. 9.Three canons: from the two of the Oktoechos six troparia, and from that of the holy man in plagal mode 4 by Joseph six troparia; a.after the third ode, poetic kathisma of the saintly man in plagal mode 4, and theotokion; b.after the sixth ode, the kontakion of the holy man. 10.Exaposteilarion <to> Ὁ οὐρανόν. 12.At the stichos, two stichera from the Oktoechos, and another one of the saintly man in plagal mode 1 to Ὅσιε πάτερ.

L. At the Liturgy, 1.typika and makarismoi of the mode,[46] the troparion of the holy man,[47] *Glory...both now...*, theotokion. 2.Prokeimenon in barys mode: *Καυχήσονται ὅσιοι ἐν δόξῃ* [Ps 149:5], stichos: *Ἄισατε τῷ Κυρίῳ* [Ps 149:1]. *Alleluia* in plagal mode 2: *Μακάριος ἀνήρ* [Ps 111:1], apostle and gospel of the day. 3.Koinonikon: *Εἰς μνημόσυνον* [Ps 111:6].

XII.12C. 12th of the same month. The commemoration of our saintly father Spyridon.

V. At Vespers, 1.after the recitation of continuous psalmody, 2.at *Κύριε ἐκέκραξα* we intercalate four times and chant two stichera of the holy man in mode 1 to Νεφέλην σε φωτός, and another two in plagal mode 1 to Χαίροις, and theotokion. 4.*Alleluia*. 10.At the stichos, stichera from the Oktoechos, and theotokion. 12.Apolytikion: *Θεοτόκε παρθένε* and the rest.

---

[44] The troparion used as apolytikion at V.12 repeated here.
[45] Two kathismata of the psalter are to be chanted; see IX.17 Orthros N.
[46] The mode is set; see note 1.
[47] The troparion used as apolytikion at V.12 repeated here.

ΔΕΚΕΜΒΡΙΟΣ

Εἰς τὸν ὄρθρον 3.Ἀλληλούια καὶ 4.τὰ τριαδικὰ τοῦ ἤχου. 5.αἱ στιχολογίαι, καθίσματα τῆς ὀκτωήχου· ἀνάγνωσις ὁ βίος τοῦ ἁγίου, οὗ ἡ ἀρχὴ *Μέγιστον εἰς ψυχῆς ὠφέλειαν*. 9.κανόνες γ'· τῆς ὀκτωήχου οἱ β',[28] καὶ τοῦ ἁγίου ἦχος β' Θεοφάνους, ἀνὰ δ'· ἀπὸ γ' ᾠδῆς κάθισμα τοῦ ἁγίου ἦχος πλάγιος δ' καὶ θεοτοκίον· ἀπὸ ϛ' τὸ προσόμοιον τῆς ἡμέρας. 10.ἐξαποστειλάριον τοῦ ἤχου. 12.εἰς τὸν στίχον τῶν αἴνων στιχηρὰ τῆς ὀκτωήχου καὶ θεοτοκίον. αἱ ὧραι κοινῶς.

Μηνὶ τῷ αὐτῷ ιγ'· τῶν ἁγίων μαρτύρων Εὐστρατίου, Αὐξεντίου, Εὐγενίου, Μαρδαρίου καὶ Ὀρέστου.

Ἑσπέρας 1.οὐ στιχολογοῦμεν, 2.εἰς δὲ τὸ *Κύριε ἐκέκραξα* ἱστῶμεν ϛ' καὶ ψάλλομεν στιχηρὰ τῶν ἁγίων γ' ἐκ δευτέρου ἦχος δ' πρὸς τὸ *Ἔδωκας σημείωσιν*, καὶ θεοτοκίον. 4.προκείμενον. 10.εἰς τὸν στίχον στιχηρὰ τῆς ὀκτωήχου β' καὶ ἰδιόμελον τῶν ἁγίων ἦχος γ' *Ῥητορικοῖς ἔπεσιν* [41r] 12.ἀπολυτίκιον ἦχος δ' *Οἱ μάρτυρές σου Κύριε ἐν τῇ ἀθλήσει αὐτῶν*.

Εἰς τὸν ὄρθρον 3.*Θεὸς Κύριος* καὶ 4.τὸ αὐτὸ τροπάριον καὶ θεοτοκίον. 5.αἱ στιχολογίαι· ἀπὸ α' στιχολογίας κάθισμα τῆς ὀκτωήχου καὶ μαρτυρικὸν καὶ θεοτοκίον· ἀπὸ τῆς δευτέρας στιχολογίας κάθισμα τῶν μαρτύρων ἦχος δ' πρὸς τὸ *Ταχὺ προκατάλαβε*, καὶ θεοτοκίον· ἀνάγνωσις τὸ μαρτύριον αὐτῶν εἰς δόσεις γ', οὗ ἡ ἀρχὴ *Βασιλεύοντος Διοκλητιανοῦ καὶ Μαξιμιανοῦ*. 9.κανόνες γ'· τῆς ὀκτωήχου οἱ β' εἰς ϛ', καὶ τῶν ἁγίων ὁμοίως εἰς ϛ' ἦχος δ' Ἰωάννου μοναχοῦ· ἀπὸ γ' ᾠδῆς κάθισμα τῶν ἁγίων ἦχος

---

[28] δύο D

12-13 DECEMBER

O. At Orthros, 3.*Alleluia,* and 4.the triadika of the mode.[48] 5.The recitations of continuous psalmody,[49] poetic kathismata from the Oktoechos, reading: the *Life* of the holy man beginning Μέγιστον εἰς ψυχῆς ὠφέλειαν [BHG, 1648]. 9.Three canons: the two from the Oktoechos, and that of the holy man in mode 2 by Theophanes, four troparia from each; a.after the third ode, poetic kathisma of the holy man in plagal mode 4, and theotokion; b.after the sixth ode, the prosomoion of the day.[50] 10.Exaposteilarion of the mode.[51] 12.At the stichos of the ainoi, stichera from the Oktoechos, and theotokion. The **Hours** communally.

XII.13C. 13th of the same month. The commemoration of the holy martyrs Eustratios, Auxentios, Eugenios, Mardarios and Orestes.

V. At Vespers, 1.we do not recite the continuous psalmody, 2.but at Κύριε ἐκέκραξα we intercalate six times and chant three stichera of the holy men twice in mode 4 to Ἔδωκας σημείωσιν, and theotokion. 4.Prokeimenon. 10.At the stichos, two stichera from the Oktoechos, and idiomelon of the holy men in mode 3: Ῥητορικοῖς ἔπεσιν. 12.Apolytikion in mode 4: Οἱ μάρτυρές σου, Κύριε, ἐν τῇ ἀθλήσει αὐτῶν.

O. At Orthros, 3.Θεὸς Κύριος, and 4.the same troparion,[52] and theotokion. 5.The recitations of continuous psalmody; a.after the first recitation, b.poetic kathisma from the Oktoechos, and martyrikon, and theotokion, d.after the second recitation, e.poetic kathisma of the martyrs in mode 4 to Ταχὺ προκατάλαβε, and theotokion, f.reading: their *Martyrion* in three portions beginning Βασιλεύοντος Διοκλητιανοῦ καὶ Μαξιμιανοῦ [BHG, 646]. 9.Three canons: from the two of the Oktoechos six troparia, and from that of the holy men in mode 4 by John the Monk similarly six troparia; a.after the third ode, poetic kathisma of the holy men in plagal

---

[48] The mode is set; see note 1.
[49] Two kathismata of the psalter are to be chanted; see IX.17 Orthros N.
[50] Probably a poetic kathisma prosomoion.
[51] The mode is set; see note 1.
[52] The troparion used as apolytikion at V.12 repeated here.

ΔΕΚΕΜΒΡΙΟΣ

πλάγιος δ΄ καὶ θεοτοκίον· ἀπὸ ϛ΄ τὸ κοντάκιον αὐτῶν ἦχος β΄. 10.ἐξαποστειλάριον <πρὸς τὸ> Ὁ οὐρανὸν τοῖς ἄστροις. 11.εἰς τοὺς αἴνους ἱστῶμεν δ΄ καὶ ψάλλομεν στιχηρὰ τῶν ἁγίων γ΄ πρὸς τὸ Ὡς γενναῖον, καὶ ἓν ἰδιόμελον εἰς τὸν αὐτὸν ἦχον Ὑπὲρ τὴν τῶν Ἑλλήνων παιδείαν[29] καὶ θεοτοκίον. 12.εἰς τὸν στίχον στιχηρὰ τῆς ὀκτωήχου δύο καὶ ἓν τῶν ἁγίων ἦχος πλάγιος α΄ πρὸς τὸ Χαίροις, καὶ θεοτοκίον.

Εἰς τὴν λειτουργίαν 1.τυπικὰ καὶ ᾠδὴ τῶν ἁγίων ἡ γ΄, τροπάριον τῶν ἁγίων καὶ θεοτοκίον. 2.προκείμενον ἦχος δ΄ *Θαυμαστὸς ὁ Θεός·* στίχος *Ἐν ἐκκλησίαις·* ὁ ἀπόστολος πρὸς Ἐφεσίους *Ἀδελφοί, ἐνδυναμοῦσθε ἐν Κυρίῳ,* ζήτει κυριακῇ κζ΄. *Ἀλληλούια* ἦχος δ΄ *Ἐκέκραξαν οἱ δίκαιοι·* εὐαγγέλιον τῆς ἡμέρας καὶ τῶν ἁγίων, ζήτει εἰς τὸ μηνολόγιον τοῦ εὐαγγελίου. λέγομεν δὲ καὶ τὸν ἀπόστολον τῆς ἡμέρας μετὰ τῶν ἁγίων. 3.κοινωνικὸν *Εἰς μνημόσυνον.*

Μηνὶ τῷ αὐτῷ ιδ΄· τῶν ἁγίων μαρτύρων Θύρσου καὶ τῆς συνοδίας αὐτοῦ.

Ἑσπέρας 1.μετὰ τὴν στιχολογίαν 2.εἰς τὸ *Κύριε ἐκέκραξα* ἱστῶμεν δ΄ καὶ ψάλλομεν στιχηρὰ τῶν ἁγίων εἰς ἦχον δ΄ πρὸς τὸ Ὡς γενναῖον δευτεροῦντες τὸ α΄, καὶ θεοτοκίον. 4.Ἀλληλούια. 10.εἰς τὸν στίχον στιχηρὰ τῆς ὀκτωήχου γ΄ καὶ θεοτοκίον. 12.ἀπολυτίκιον *Θεοτόκε παρθένε* καὶ τὰ λοιπά.

Εἰς τὸν ὄρθρον 3.Ἀλληλούια καὶ 4.τὰ τριαδικὰ τοῦ ἤχου. 5.αἱ στιχολογίαι καθίσματα β΄, καθίσματα τῆς ὀκτωήχου· ἀνάγνωσις τὸ μαρτύριον τῶν ἁγίων, οὗ ἡ ἀρχὴ *Τοῦ Κυρίου ἡμῶν Ἰησοῦ Χριστοῦ κοινωνίᾳ.* 9.κανόνες γ΄· τῆς ὀκτωήχου οἱ δύο, καὶ τῶν ἁγίων ἦχος

---

[29] παίδων D

13-14 DECEMBER

mode 4, and theotokion; b.after the sixth ode, their kontakion in mode 2. 10.Exaposteilarion <to> Ὁ οὐρανὸν τοῖς ἄστροις. 11.At the ainoi, we intercalate four times and chant three stichera of the holy men to Ὡς γενναῖον, and one idiomelon in the same mode: Ὑπὲρ τὴν τῶν Ἑλλήνων παιδείαν, and theotokion. 12.At the stichos, two stichera from the Oktoechos, and one of the holy men in plagal mode 1 to Χαίροις, and theotokion.

L. At the Liturgy, 1.typika, and the third ode [of the canon] of the holy men,[53] troparion of the holy men,[54] and theotokion. 2.Prokeimenon in mode 4: Θαυμαστὸς ὁ Θεός [Ps 67:36], stichos: Ἐν ἐκκλησίαις [Ps 67:27], the apostle: to the Ephesians [6:10ff] (see the twenty-seventh Sunday). *Alleluia* in mode 4: Ἐκέκραξαν οἱ δίκαιοι [Ps 33:18], gospel of the day and of the holy men (look in the Menologion of the gospel). We also recite the apostle of the day with that of the holy men. 3.Koinonikon: Εἰς μνημόσυνον [Ps 111:6].

XII.14C. 14th of the same month. The commemoration of the holy martyrs Thyrsos and his company.

V. At Vespers, 1.after the recitation of continuous psalmody, 2.at Κύριε ἐκέκραξα we intercalate four times and chant stichera of the holy ones in mode 4 to Ὡς γενναῖον repeating the first one, and theotokion. 4.*Alleluia*. 10.At the stichos, three stichera from the Oktoechos, and theotokion. 12.Apolytikion: Θεοτόκε παρθένε and the rest.

O. At Orthros, 3.*Alleluia*, and 4.the triadika of the mode.[55] 5.The recitations of continuous psalmody, two kathismata, poetic kathismata from the Oktoechos, reading: the *Martyrion* of the holy ones beginning Τοῦ Κυρίου ἡμῶν Ἰησοῦ Χριστοῦ κοινωνίᾳ [BHG, 1845]. 9.Three canons: the two from the Oktoechos, and that of the

---

[53] Most probably means that refrains of the third ode are intercalated into the makarismoi.
[54] The troparion used as apolytikion at V.12 repeated here.
[55] The mode is set; see note 1.

ΔΕΚΕΜΒΡΙΟΣ

πλάγιος β', ἀνὰ δ'· ἀπὸ γ' ᾠδῆς κάθισμα τῶν ἁγίων ἦχος πλάγιος δ' καὶ θεοτοκίον· ἀπὸ ς' τὸ προσόμοιον τῆς ἡμέρας. 10.ἐξαποστειλάριον τοῦ ἤχου. 12.στιχηρὰ τῆς ὀκτωήχου. αἱ ὧραι κοινῶς μετὰ στιχολογιῶν.

Εἰ δὲ διὰ τὸ λείψανον τοῦ ἁγίου θέλει γενέσθαι λειτουργίαν,[30] πᾶσα ἡ ἀκολουθία τῆς ἡμέρας. 2.προκείμενον καὶ *Ἀλληλούια* τῶν ἁγίων. εὐαγγέλιον δὲ καὶ ἀπόστολος κοινὰ τῆς ἡμέρας καὶ τῶν ἁγίων. 3.κοινωνικὸν *Ἀγαλλιᾶσθε δίκαιοι*.

Μηνὶ τῷ αὐτῷ ιε'· τοῦ ἁγίου ἱερομάρτυρος Ἐλευθερίου.

Ἑσπέρας 1.οὐ στιχολογοῦμεν διὰ τὴν θ', 2.εἰς δὲ τὸ *Κύριε ἐκέκραξα* ἱστῶμεν δ' καὶ ψάλλομεν στιχηρὰ τοῦ ἁγίου γ' [41v] εἰς ἦχον δ' πρὸς τὸ *Ἔδωκας σημείωσιν* δευτεροῦντες τὸ α', καὶ θεοτοκίον. 4.*Ἀλληλούια*. 10.εἰς τὸν στίχον στιχηρὰ τῆς ὀκτωήχου καὶ θεοτοκίον. 12.ἀπολυτίκιον *Θεοτόκε παρθένε* καὶ τὰ λοιπά.

Εἰς τὸν ὄρθρον 3.*Ἀλληλούια* καὶ 4.τὰ τριαδικὰ τοῦ ἤχου. 5.αἱ στιχολογίαι, τὰ καθίσματα τῆς ὀκτωήχου· αἱ ἀναγνώσεις τὸ μαρτύριον τοῦ ἁγίου, οὗ ἡ ἀρχὴ *Αἰλίου Ἀδριανοῦ Ῥωμαίων*. 9.κανόνες γ'· δύο τῆς ὀκτωήχου, καὶ τοῦ ἁγίου ἦχος α' Ἰωσὴφ <πρὸς τὸ> *Ὠιδὴν ἐπινίκιον*, ἀνὰ δ'· ἀπὸ γ' ᾠδῆς κάθισμα τοῦ ἁγίου ἦχος α' καὶ θεοτοκίον· ἀπὸ ς' τὸ προσόμοιον τῆς ἡμέρας. 10.ἐξαποστειλάριον τοῦ ἤχου. 12.εἰς τὸν στίχον στιχηρὰ τῆς ὀκτωήχου. αἱ ὧραι κοινῶς.

---

[30] λειτουργία D

278

14-15 DECEMBER

holy ones in plagal mode 2, four troparia from each; a.after the third ode, poetic kathisma of the holy ones in plagal mode 4, and theotokion; b.after the sixth ode, the prosomoion of the day. 10.Exaposteilarion of the mode.[56] 12.Stichera from the Oktoechos. The **Hours** communally with recitations of continuous psalmody.

> N. But if there is a wish that a **Liturgy** be celebrated because of the relic of the holy man, all the service of the day. L.2.Prokeimenon and *Alleluia* of the holy ones, gospel and apostle of the day and of the holy ones jointly. 3.Koinonikon: Ἀγαλλιᾶσθε δίκαιοι [Ps 32:1].

XII.15C. 15th of the same month. The commemoration of the holy hieromartyr Eleutherios.

V. At **Vespers**, 1.we do not recite the continuous psalmody because of the **Ninth Hour**, 2.but at Κύριε ἐκέκραξα we intercalate four times and chant three stichera of the holy man in mode 4 to Ἔδωκας σημείωσιν repeating the first, and theotokion. 4.*Alleluia.* 10.At the stichos, stichera from the Oktoechos, and theotokion. 12.Apolytikion: Θεοτόκε παρθένε and the rest.

O. At **Orthros**, 3.*Alleluia*, and 4.the triadika of the mode.[57] 5.The recitations of continuous psalmody,[58] the poetic kathismata from the Oktoechos, the readings: the *Martyrion* of the holy man beginning Αἰλίου Ἀδριανοῦ Ῥωμαίων [BHG, 571]. 9.Three canons: two from the Oktoechos, and that of the holy man in mode 1 by Joseph <to> Ὠιδὴν ἐπινίκιον,[59] four troparia from each; a.after the third ode, poetic kathisma of the holy man in mode 1, and theotokion; b.after the sixth ode, the prosomoion of the day. 10.Exaposteilarion of the mode.[60] 12.At the stichos, stichera from the Oktoechos. The **Hours** communally.

---

[56] The mode is set; see note 1.
[57] The mode is set; see note 1.
[58] Two kathismata of the psalter are to be chanted; see IX.17 Orthros N.
[59] The heirmos.
[60] The mode is set; see note 1.

ΔΕΚΕΜΒΡΙΟΣ

Μηνὶ τῷ αὐτῷ ις'· τοῦ ἁγίου προφήτου Ἀγγαίου, καὶ τοῦ ἁγίου μάρτυρος Μαρίνου.

Ἑσπέρας 1.οὐ στιχολογοῦμεν διὰ τὴν θ', 2.εἰς δὲ τὸ *Κύριε ἐκέκραξα* ἱστῶμεν ς' καὶ ψάλλομεν στιχηρὰ τοῦ προφήτου γ' εἰς ἦχον πλάγιον δ' πρὸς τὸ Οἱ μάρτυρές σου Κύριε, καὶ ἕτερα τοῦ μάρτυρος γ' εἰς τὸν αὐτὸν ἦχον πρὸς τὸ Ὦ τοῦ παραδόξου, καὶ θεοτοκίον. 4.*Ἀλληλούια*. 10.εἰς τὸν στίχον στιχηρὰ τῆς ὀκτωήχου καὶ θεοτοκίον. 12.ἀπολυτίκιον *Θεοτόκε παρθένε*.

Εἰς τὸν ὄρθρον 3.*Ἀλληλούια* καὶ 4.τὰ τριαδικὰ τοῦ ἤχου. 5.αἱ στιχολογίαι, καθίσματα τῆς ὀκτωήχου· ἀνάγνωσις ἐκ τοῦ ὑπομνήματος τῶν ἁγίων τριῶν παίδων καὶ Δανιὴλ τοῦ προφήτου, οὗ ἡ ἀρχὴ Ἄρτι Ναβουχοδονόσορ. 9.κανόνες γ'· τῆς[31] ὀκτωήχου εἷς, καὶ ἕτερος τοῦ προφήτου ἦχος β' Θεοφάνους, καὶ ἄλλος τοῦ μάρτυρος Ἰωσήφ, ἀνὰ δ', πρωτεύει δὲ ὁ εἷς τοῦ ἑτέρου πρὸς τὸν ἦχον· ἀπὸ γ' ᾠδῆς κάθισμα τοῦ προφήτου ἦχος α' καὶ θεοτοκίον· ἀπὸ ς' κάθισμα[32] τοῦ μάρτυρος ἦχος γ'. 10.ἐξαποστειλάριον τοῦ ἤχου. 12.εἰς τὸν στίχον στιχηρὰ τῆς ὀκτωήχου καὶ θεοτοκίον. αἱ ὧραι κοινῶς.

Κυριακῇ πρὸ τῶν ἁγίων πατέρων, ἤγουν τῶν προπατόρων, ἑσπέρας 1.μετὰ τὴν στιχολογίαν τοῦ *Μακάριος ἀνὴρ* 2.εἰς τὸ *Κύριε ἐκέκραξα* ἱστῶμεν η' καὶ ψάλλομεν στιχηρὰ τῆς ὀκτωήχου γ' δευτεροῦντες τὸ α', καὶ τῶν ἁγίων προπατόρων ἕτερα γ' ἦχος πλάγιος δ' πρὸς τὸ Ὁ ἐν Ἐδὲμ παράδεισος δευτεροῦντες τὸ α', *Δόξα καὶ νῦν*, τὸ α' →

---

[31] om. D
[32] om. D

16 DECEMBER

XII.16C. 16th of the same month. The commemoration of the holy prophet Haggai, and of the holy martyr Marinos.

V. At Vespers, 1.we do not recite the continuous psalmody because of the **Ninth Hour, 2.**but at Κύριε ἐκέκραξα we intercalate six times and chant three stichera of the prophet in plagal mode 4 to Οἱ μάρτυρές σου Κύριε, and another three of the martyr in the same mode to Ὦ τοῦ παραδόξου, and theotokion. **4.***Alleluia.* **10.**At the stichos, stichera from the Oktoechos, and theotokion. **12.**Apolytikion: Θεοτόκε παρθένε.

O. At Orthros, 3.*Alleluia*, and **4.**the triadika of the mode.[61] **5.**The recitations of continuous psalmody,[62] poetic kathismata from the Oktoechos, reading: from the *Memorial* of the Three Holy Children and Daniel the prophet beginning Ἄρτι Ναβουχοδονόσορ [BHG, 485]. **9.**Three canons: one from the Oktoechos, and another of the prophet in mode 2 by Theophanes, and another of the martyr by Joseph, four troparia from each (and the one has precedence over the other with reference to the mode); **a.**after the third ode, poetic kathisma of the prophet in mode 1, and theotokion; **b.**after the sixth ode, poetic kathisma of the martyr in mode 3. **10.**Exaposteilarion of the mode.[63] **12.**At the stichos, stichera from the Oktoechos, and theotokion. The **Hours** communally.

XII.16 K. On Sunday before the feast of the holy Fathers, that is, of the Patriarchs,[64] **V.at Vespers 1.**after the recitation of Μακάριος ἀνήρ [kath 1],[65] **2.**at Κύριε ἐκέκραξα we intercalate eight times and chant three stichera from the Oktoechos repeating the first, and another three of the holy Patriarchs in plagal mode 4 to Ὁ ἐν Ἐδὲμ παράδεισος repeating the first, *Glory...both now...*, the first dogmatikon of

---

[61] The mode is set; see note 1.
[62] Two kathismata of the psalter are to be chanted; see IX.17 Orthros N.
[63] The mode is set; see note 1.
[64] Here Patriarchs refers to the great figures of the Old Testament.
[65] Kathisma 1 of the psalter (psalms 1-8) is always chanted at Vespers on Saturday evenings.

ΔΕΚΕΜΒΡΙΟΣ

δογματικὸν τοῦ ἤχου. 10.εἰς τὸν στίχον στιχηρά, τὸ ἀναστάσιμον τοῦ στίχου ἅπαξ καὶ ἕτερον ἐκ τῶν κδ΄, καὶ τὸ ἰδιόμελον τῶν ἁγίων προπατόρων ἦχος πλάγιος β΄ *Τοὺς πρὸ τοῦ νόμου πατέρας*, *Δόξα καὶ νῦν*, εἰς τὸν αὐτὸν ἦχον ἰδιόμελον *Δανιὴλ ἀνὴρ ἐπιθυμιῶν*.

Εἰ δέ ἐστιν ἑορταζόμενος ἅγιος, 2.λέγομεν τὰ γ΄ ἀναστάσιμα ἅπαξ καὶ τὰ γ΄ ὁμοίως τῶν προπατόρων καὶ δύο τοῦ ἁγίου. εἰς τὸ *Δόξα καὶ νῦν* τὸ δογματικόν, ὡς εἴρηται. 10.εἰς τὸν στίχον δέ, τοῦ στίχου τὸ ἀναστάσιμον ἅπαξ καὶ τὸ ἰδιόμελον τῶν ἁγίων [42r] προπατόρων, καὶ τοῦ ἁγίου ὁμοίως, *Δόξα καὶ νῦν*, *Δανιὴλ ἀνὴρ ἐπιθυμιῶν*.

12.ἀπολυτίκιον ἦχος β΄[33] *Ἐν πίστει τοὺς προπάτορας ἐδικαίωσας τὴν ἐξ ἐθνῶν δι᾽ αὐτῶν προμνηστευσάμενος ἐκκλησίαν· καυχῶνται ἐν δόξῃ οἱ ἅγιοι ὅτι ἐκ σπέρματος αὐτῶν ὑπάρχει καρπὸς ἡ ἀσπόρως τεκοῦσά σε. ταῖς αὐτῶν ἱκεσίαις, Χριστὲ ὁ Θεός, ἐλέησον ἡμᾶς*.[34] Εἰς δὲ τὰ ἀπόδειπνα τὸ ἀναστάσιμον καὶ εἰ ἔστι μέγας ἅγιος, καὶ τοῦ ἁγίου, *Δόξα καὶ νῦν*, τῶν προπατόρων. Εἰς τὴν παννυχίδα 1.κανόνες τῆς ὀκτωήχου τῆς παννυχίδος, ὁ εἷς εἰς ς΄, καὶ τῶν ἁγίων προπατόρων εἰς δ΄ ἦχος α΄ <πρὸς τὸ> Χριστὸς γεννᾶται *Πατράσιν ὕμνον*· 2.ἀπὸ γ΄ ᾠδῆς κάθισμα τὸ κατανυκτικὸν τοῦ ἤχου· 3.ἀπὸ ς΄ τὸ κοντάκιον τῆς Θεοτόκου καὶ τὸν οἶκον. μετὰ τὴν ἀπόλυσιν 4.ἡ τοῦ πραξαποστόλου ἀνάγνωσις, τὸ ἥμισυ τῆς πρὸς Ἑβραίους ἐπιστολῆς, τὸ δὲ ἕτερον ἥμισυ τῇ κυριακῇ τῶν ἁγίων πατέρων. Εἰς τὸν ὄρθρον 3.Θεὸς *Κύριος* καὶ 4.τὸ ἀναστάσιμον τοῦ ἤχου τροπάριον δεύτερον, *Δόξα καὶ νῦν*, τὸ τῶν προπατόρων *Ἐν*

---

[33] ἀπολυτίκιον ἦχος β΄ in marg. dext. cod.
[34] τὴν ἐξ...ἡμᾶς om. D

16 DECEMBER

the mode.⁶⁶ **10.**At the stichos, stichera: the resurrection sticheron of the stichos once, and another from the twenty-four,⁶⁷ and the idiomelon of the holy Patriarchs in plagal mode 2: Τοὺς πρὸ τοῦ νόμου πατέρας, Glory...both now..., in the same mode idiomelon: Δανιὴλ ἀνὴρ ἐπιθυμιῶν.

N.1 But if there is a holy man celebrated with a feast, V.2.we recite the three resurrection [stichera] once, and similarly the three of the Patriarchs, and two of the holy man; at Glory...both now..., the dogmatikon as has been stated. 10.But at the stichos, the resurrection [sticheron] of the stichos once, and the idiomelon of the holy Patriarchs, and similarly that of the holy man, Glory...both now..., Δανιὴλ ἀνὴρ ἐπιθυμιῶν.

12. Apolytikion in mode 2: *In faith you justified the patriarchs, having betrothed to yourself in advance the church from the nations through them. The holy ones boast in glory that from their seed exists the fruit, she who without seed gave birth to you. Through their supplications, Christ our God, have mercy on us.* **AP.At Apodeipnon**, the resurrection [troparion], and if there is a great holy man, that of the holy man also, Glory...both now..., that of the Patriarchs.⁶⁸ **PN.At Pannychis**, **1.**canons from the Oktoechos of the **Pannychis**: from the one six troparia, and from that of the holy Patriarchs <to> Χριστὸς γεννᾶται⁶⁹ in mode 1: Πατράσιν ὕμνον four troparia; **2.**after the third ode, the penitential poetic kathisma of the mode;⁷⁰ **3.**after the sixth ode, the kontakion of the Theotokos and the oikos. After the apolysis, **4.**the reading from the Praxapostolos, half of the epistle to the Hebrews; the other half on the Sunday of the holy Fathers. **O.At Orthros, 3.**Θεὸς Κύριος, and **4.**the resurrection troparion of the mode twice,⁷¹ Glory...both now..., that of the Patriarchs: Ἐν πίστει τοὺς

---

⁶⁶ The mode is set; see note 1.
⁶⁷ The twenty four alphabetic stichera of the Oktoechos.
⁶⁸ The troparion used as apolytikion at V.12 repeated here.
⁶⁹ The heirmos.
⁷⁰ The mode is set; see note 1.
⁷¹ The mode is set; see note 1.

ΔΕΚΕΜΒΡΙΟΣ

πίστει τοὺς προπάτορας ἐδικαίωσας. εἰ δέ ἐστι μέγας ἅγιος, τὸ ἀναστάσιμον δεύτερον, *Δόξα*, τοῦ ἁγίου, καὶ νῦν, τῶν προπατόρων. 5.αἱ στιχολογίαι καθίσματα β΄ *Ἐξομολογήσομαί σοι* καὶ *Ἀγαπήσω σε*· καθίσματα ἀναστάσιμα τοῦ ἤχου· ἀνάγνωσις ἐκ τοῦ προκειμένου βιβλίου· ἔπειτα ὁ πολυέλεος ἢ ὁ ἄμωμος· κάθισμα ἀναστάσιμον τοῦ ἤχου· ἀνάγνωσις ἐκ τοῦ προκειμένου βιβλίου ἢ μᾶλλον λόγος τοῦ Χρυσοστόμου εἰς τὸ μὴ πλησιάζειν θεάτροις, καὶ εἰς τὸν Ἀβραάμ, ζήτει εἰς τὸ πανηγυρικὸν εἰς δόσεις β΄, οὗ ἡ ἀρχὴ *Πολλοὺς οἶμαι*. εἶτα εἰ ἔχει ἡ ὥρα, καὶ ὁ ἄμωμος μετὰ τῶν ἀναστασίμων τροπαρίων αὐτοῦ καὶ εὐθὺς ἡ ὑπακοὴ ἢ τὸ *Ἄγγελος παίδων* ἢ τὸ *Εἰς δρόσον*. ἐὰν γὰρ λάχῃ ὁ β΄ ἦχος ἢ ὁ πλάγιος β΄ ἢ ὁ δ΄ ἢ ὁ βαρύς, ψάλλεται πρῶτον τὸ *Εἰς δρόσον*· εἰ δὲ λάχῃ ὁ γ΄ ἢ ὁ πλάγιος α΄ ἢ ὁ α΄ ἢ ὁ πλάγιος δ΄, ψάλλεται τὸ *Ἄγγελος παίδων*. ψάλλεται δὲ οὕτως· πρῶτον ὁ ψάλτης, ἔπειτα ὁ λαὸς μετὰ χειρονομίας, εἶτα ὁ ψάλτης τὸν στίχον ἢ τὸ *Ἀλαλάξατε τῷ Κυρίῳ* ἢ τὸ *Ὁ Θεὸς ἐν τοῖς ὠσὶν ἡμῶν*· τὸ γὰρ *Ἀλαλάξατε* ἔνι τοῦ *Ἄγγελος παίδων*· τὸ δὲ *Ὁ Θεὸς ἐν τοῖς ὠσὶν ἡμῶν* ἐστὶ τοῦ *Εἰς δρόσον*. μετὰ δὲ τὸν στίχον ψάλλει ὁ λαὸς πάλιν τὸ τέλος τῆς ὑπακοῆς οἷον *Ὑπάρχει γὰρ ζωή* [42v] ἢ *Ὁ ἀρχηγὸς τῆς ζωῆς ἡμῶν*, καὶ εὐθὺς ἡ ἀνάγνωσις τὸ λοιπὸν τοῦ λόγου τοῦ Χρυσοστόμου, ἤγουν ἡ δευτέρα ἀνάγνωσις. μετὰ δὲ τὴν ἀνάγνωσιν 6.οἱ ἀναβαθμοὶ τοῦ ἤχου. 7.τὸ προκείμενον· ὁμοίως καὶ τὸ *Πᾶσα πνοή*· εὐαγγέλιον ἑωθινὸν τὸ ἐνόρδινον· τὸ *Ἀνάστασιν Χριστοῦ θεασάμενοι*· καὶ 8.ὁ Ν΄. 9.κανόνες γ΄· τὸν ἀναστάσιμον εἰς δ΄, καὶ τοῦ ἁγίου τῆς ἡμέρας εἰς δ΄, καὶ τῶν

16 DECEMBER

προπάτορας ἐδικαίωσας.[72] But if there is a great holy man, the resurrection troparion twice, *Glory...*, that of the holy man, *both now...*, that of the Patriarchs. 5.The recitations of continuous psalmody, two kathismata: Ἐξομολογήσομαί σοι [kath 2] and Ἀγαπήσω σε [kath 3], resurrection poetic kathismata of the mode,[73] reading: from the book set out.[74] g.Next the polyeleos or amomos, h.resurrection poetic kathisma of the mode,[75] i.reading: from the book set out[76] or instead *Homily* of Chrysostom on not going near theatres, and on Abraham (look in the Panegyrikon in two portions beginning Πολλοὺς οἶμαι) [BHG, 2355]. Then, if there is time, j.the amomos also with its resurrection troparia, and immediately k.the hypakoe either Ἄγγελος παίδων or Εἰς δρόσον. For if it is the turn of the second mode, or the plagal second, or the fourth, or the barys, Εἰς δρόσον is chanted first; but if it is the turn of the third, or the plagal first, or the first, or the plagal fourth, Ἄγγελος παίδων is chanted. And it is chanted like this: first the cantor, next the people with cheironomia; then the cantor [chants] the stichos, either Ἀλαλάξατε τῷ Κυρίῳ [Ps 99:1] or Ὁ Θεὸς ἐν τοῖς ὠσὶν ἡμῶν [Ps 43:2]. For Ἀλαλάξατε is part of Ἄγγελος παίδων, but Ὁ Θεὸς ἐν τοῖς ὠσὶν ἡμῶν is part of Εἰς δρόσον. After the stichos, the people chant the end of the hypakoe again, i.e. Ὑπάρχει γὰρ ζωή or Ὁ ἀρχηγὸς τῆς ζωῆς ἡμῶν, and immediately l.the reading: the rest of Chrysostom's *Homily*, that is the second reading. And after the reading, 6.the anabathmoi of the mode.[77] 7a.The prokeimenon, b.similarly also Πᾶσα πνοή, c.the regular matins gospel, d.Ἀνάστασιν Χριστοῦ θεασάμενοι, and 8.psalm 50. 9.Three canons: from the resurrection canon four troparia, and from that of the holy man of the day four troparia, and six troparia from that

---

[72] See V.12 above for a full translation of this troparion.
[73] The mode is set; see note 1.
[74] For the works of John Chrysostom set out to be read see IX.17 O.5.
[75] The mode is set; see note 1.
[76] For the book set out see IX.17 O.5.
[77] The mode is set; see note 1.

ΔΕΚΕΜΒΡΙΟΣ

προπατόρων ἦχος πλάγιος β´ Ἰωσὴφ πρὸς τὸ Κύματι θαλάσσης εἰς ς´ Ἅγιε ἁγίων. εἰ δὲ τύχῃ μέγας ἅγιος, τὸν ἀναστάσιμον τὸν πρῶτον εἰς δ´, καὶ τοῦ ἁγίου ὁμοίως εἰς δ´, καὶ τῶν προπατόρων εἰς ς´· προηγεῖται[35] δὲ ὁ εἷς τοῦ ἑτέρου πρὸς τὸν ἦχον· ἀπὸ γ´ ᾠδῆς κάθισμα τῶν πατέρων, Δόξα καὶ νῦν, θεοτοκίον. εἰ δέ ἐστι μέγας ἅγιος, τοῦ ἁγίου, τὸ δὲ τῶν προπατόρων λέγεται ἀπὸ τοῦ δευτέρου καθίσματος· ἀναγινώσκομεν δὲ καί, εἰ ἔχει ἡ ὥρα, τοῦ ἑορταζομένου ἁγίου τὸ μαρτύριον ἢ ἐγκώμιον ἢ βίον· ἀπὸ ς´ τὸ κοντάκιον ἦχος πλάγιος β´ *Χειρόγραφον*. εἰ δὲ οὐκ ἔχει ὁ ἅγιος ἀνάγνωσιν, ἀναγινώσκομεν λόγον τοῦ ἁγίου Γρηγορίου Νύσσης εἰς τὸν Ἀβραάμ· ἀναγινώσκομεν δὲ καὶ τὰς ὁράσεις τοῦ Δανιήλ, εἰ ἔχει ἡ ὥρα, καὶ τὸ μαρτύριον τῶν ἁγίων γ´[36] παίδων.

Χρὴ δὲ εἰδέναι ὅτι εἰ τύχῃ τῶν ἁγίων γ´[37] παίδων καὶ τοῦ προφήτου Δανιὴλ ἐν ταύτῃ τῇ κυριακῇ τῶν προπατόρων, 9.ψάλλομεν κανόνα τὸν ἀναστάσιμον εἰς ς´, καὶ τοὺς δύο κανόνας τῶν ἁγίων ἦχος πλάγιος δ´, ἀνὰ δ´, τὸν δὲ[38] πλάγιον β´ *Ἅγιε ἁγίων* καταλιμπάνομεν.

10.ἐξαποστειλάριον *Ἅγιος Κύριος*. 11.εἰς τοὺς αἴνους ἱστῶμεν η´ καὶ ψάλλομεν στιχηρὰ τὰ ἀναστάσιμα τοῦ ἤχου, τὰ δ´ πρὸς μίαν, καὶ ἕτερα τῶν ἁγίων προπατόρων ἦχος πλάγιος β´ πρὸς τὸ Ὅλην ἀποθέμενοι δευτεροῦντες τὸ ἕν, Δόξα, ἦχος β´ πρὸς τὸ Οἶκος τοῦ Ἐφραθᾶ *Ἤστραψεν ἀληθῶς, καὶ νῦν, Ὑπερευλογημένη*. 13.δοξολογία μεγάλη. 14.ἀπολυτίκιον *Ἀναστὰς ἐκ τοῦ μνήματος* ἢ τὸν γ´ *Σήμερον σωτηρία*. Εἰς τὴν λειτουργίαν 1.τυπικὰ καὶ μακαρισμοὶ τοῦ ἤχου οἱ ἀναστάσιμοι. μετὰ τὴν εἴσοδον τροπάριον τὸ ἀναστάσιμον, Δόξα καὶ νῦν, τὸ κοντάκιον *Χειρόγραφον*. →

---

[35] προηγοῦνται D
[36] τριῶν D
[37] τριῶν D
[38] om. D

16 DECEMBER

of the Patriarchs in plagal mode 2 by Joseph to Κύματι θαλάσσης: Ἅγιε ἁγίων. But if there happens to be a great holy man, from the first resurrection canon four troparia, and from that of the holy man similarly four troparia, and six troparia from that of the Patriarchs (the one precedes the other with reference to the mode). a.After the third ode, poetic kathisma of the Fathers, Glory...both now..., theotokion. But if there is a great holy man, that of the holy man; and that of the Patriarchs is recited after the second kathisma of continuous psalmody. And if there is time, we also read the Martyrion or Encomium or Life of the holy man being celebrated with a feast. b.After the sixth ode, the kontakion in plagal mode 2: Χειρόγραφον. If the holy man does not have a reading, we read the Homily of holy Gregory of Nyssa on Abraham; and we also read the visions of Daniel if there is time, and the Martyrion of the Three Holy Children.

N.2 It is necessary to know that if the commemoration of the Three Holy Children and the prophet Daniel falls on this Sunday of the Patriarchs, 9.we chant from the resurrection canon six troparia, and from the two canons of the holy ones in plagal mode 4 four troparia each; but we omit the canon in plagal mode 2: Ἅγιε ἁγίων.

10. Exaposteilarion: Ἅγιος Κύριος. **11.**At the ainoi, we intercalate eight times and chant the four resurrection stichera of the mode once,[78] and others of the holy Patriarchs in plagal mode 2 to Ὅλην ἀποθέμενοι repeating the first, Glory..., in mode 2 to Οἶκος τοῦ Ἐφραθᾶ Ἥστραψεν ἀληθῶς, both now..., Ὑπερευλογημένη. **13.**Great doxology. **14.**Apolytikion: Ἀναστὰς ἐκ τοῦ μνήματος or in mode 3 Σήμερον σωτηρία. **L.At the Liturgy**, 1.typika, and the resurrection makarismoi of the mode.[79] After the entrance, the resurrection troparion, Glory...both now..., the kontakion:

---

[78] The mode is set; see note 1.
[79] The mode is set; see note 1.

ΔΕΚΕΜΒΡΙΟΣ

2.προκείμενον ἦχος δ΄ Θαυμαστὸς ὁ Θεός· στίχος Ἐν ἐκκλησίαις· ὁ ἀπόστολος πρὸς Κολοσσαεῖς Ἀδελφοί, ὅταν ὁ Χριστὸς φανερωθῇ, ζήτει κυριακῇ κθ΄. Ἀλληλούια ἦχος δ΄ Ἐκέκραξαν οἱ δίκαιοι· εὐαγγέλιον κατὰ Λουκᾶν Εἶπεν ὁ Κύριος τὴν παραβολὴν ταύτην· Ἄνθρωπός τις ἐποίησε δεῖπνον. 3.κοινωνικὸν Αἰνεῖτε τὸν Κύριον.

Μηνὶ τῷ αὐτῷ ιζ΄· τῶν ἁγίων γ΄[39] παίδων καὶ Δανιὴλ τοῦ προφήτου.

Ἑσπέρας, εἰ μὴ τύχῃ κυριακῇ, 1.οὐ στιχολογοῦμεν διὰ τὴν θ΄, 2.εἰς δὲ τὸ Κύριε ἐκέκραξα ἱστῶμεν ϛ΄ καὶ ψάλλομεν στιχηρὰ τῶν ἁγίων γ΄[40] παίδων πρὸς τὸ Ὡς γενναῖον, καὶ ἕτερα γ΄ τοῦ προφήτου [43r] πρὸς τὸ Ἔδωκας σημείωσιν, Δόξα καὶ νῦν, ἦχος ὁ αὐτὸς ἰδιόμελον προεόρτιον Ἡσαΐα χόρευε. 4.προκείμενον. 10.εἰς τὸν στίχον στιχηρὰ τῆς ὀκτωήχου δύο καὶ ἰδιόμελον ἦχος πλάγιος β΄ Δανιὴλ ἀνὴρ ἐπιθυμιῶν καὶ θεοτοκίον. 12.ἀπολυτίκιον ἦχος β΄ Μεγάλα τὰ τῆς πίστεως κατορθώματα, ἐν τῇ πηγῇ τῆς φλογὸς ὡς ἐπὶ ὕδατος ἀναπαύσεως οἱ ἅγιοι παῖδες ἠγάλλοντο καὶ ὁ προφήτης Δανιὴλ λεόντων ποιμὴν ὡς προβάτων ἐδείκνυτο. ταῖς αὐτῶν ἱκεσίαις, Χριστὲ ὁ Θεός, ἐλέησον ἡμᾶς.[41]

Εἰς τὸν ὄρθρον 3.Θεὸς Κύριος καὶ 4.τὸ αὐτὸ τροπάριον, Δόξα καὶ νῦν, θεοτοκίον. 5.αἱ στιχολογίαι καθίσματα β΄, καθίσματα τῆς ὀκτωήχου· αἱ ἀναγνώσεις ἐκ τοῦ ὑπομνήματος τοῦ προφήτου. 9.κανόνες γ΄· τῆς ὀκτωήχου εἷς, καὶ τῶν ἁγίων γ΄[42] παίδων ἕτερος ἦχος πλάγιος δ΄ Ἰωσὴφ <πρὸς τὸ> Ὑγρὰν διοδεύσας ὡσεὶ ξηράν, καὶ ἕτερος τοῦ προφήτου εἰς τὸν αὐτὸν ἦχον Θεοφάνους· ἀπὸ γ΄ ᾠδῆς κάθισμα τῶν ἁγίων ἦχος πλάγιος δ΄, τὸ ἓν ὁ ψάλτης τὸ δὲ[43]

---

[39] τριῶν D
[40] τριῶν D
[41] ἐν τῇ...ἡμᾶς om. D
[42] τριῶν D
[43] om. D

16-17 DECEMBER

Χειρόγραφον.[80] **2.**Prokeimenon in mode 4: *Θαυμαστὸς ὁ Θεός* [Ps 67:36], stichos: *Ἐν ἐκκλησίαις* [Ps 67:27], the apostle: to the Colossians [3:4ff] (see the twenty-ninth Sunday). *Alleluia* in mode 4: *Ἐκέκραξαν οἱ δίκαιοι* [Ps 33:18], gospel: according to Luke [14:16ff]. **3.**Koinonikon: *Αἰνεῖτε τὸν Κύριον* [Ps 148:1].

XII.17C. 17th of the same month. The commemoration of the Three Holy Children and Daniel the prophet.

V. At Vespers, unless it falls on a Sunday, 1.we do not recite the continuous psalmody because of the **Ninth Hour**, 2.but at *Κύριε ἐκέκραξα* we intercalate six times and chant stichera of the Three Holy Children to *Ὡς γενναῖον*, and another three of the prophet to *Ἔδωκας σημείωσιν*, *Glory...both now...*, in the same mode forefeast idiomelon: *Ἡσαΐα χόρευε*. **4.**Prokeimenon. **10.**At the stichos, two stichera from the Oktoechos, and idiomelon in plagal mode 2: *Δανιὴλ ἀνὴρ ἐπιθυμιῶν*, and theotokion. **12.**Apolytikion in mode 2: *Great are the achievements of faith; in the fount of flame as though on the water of repose the Holy Children rejoiced and the prophet Daniel was shown to be a shepherd of lions like sheep. Through their supplications, Christ our God, have mercy on us.*

O. At Orthros, 3.*Θεὸς Κύριος*, and 4.the same troparion,[81] *Glory...both now...*, theotokion. 5.The recitations of continuous psalmody, two kathismata, poetic kathismata from the Oktoechos, the readings: from the *Memorial* of the prophet. 9.Three canons: one from the Oktoechos, another of the Three Holy Children in plagal mode 4 by Joseph <to> *Ὑγρὰν διοδεύσας ὡσεὶ ξηράν*,[82] and another of the prophet in the same mode by Theophanes; a.after the third ode, poetic kathisma of the holy ones in plagal mode 4 (the cantor [chants] the one and the people the other),[83] *Glory...both* →

---

[80] See O.9b above.
[81] The troparion used as apolytikion at V.12 repeated here.
[82] The heirmos.
[83] This indicates that two kathismata are chanted: the first a solo by the cantor, the other chanted by everyone.

ΔΕΚΕΜΒΡΙΟΣ

ἕτερον ὁ λαός, *Δόξα καὶ νῦν*, θεοτοκίον· ἀπὸ ϛ΄ τὸ κοντάκιον. 10.ἐξαποστειλάριον <πρὸς τὸ> *Ὁ οὐρανὸν τοῖς ἄστροις*.[44] 12.εἰς τὸν στίχον τῶν αἴνων στιχηρὰ γ΄, ἓν τῆς ὀκτωήχου καὶ ἓν τῶν ἁγίων γ΄[45] παίδων ἐκ τῶν προσομοίων τῆς ἑσπέρας πρὸς τὸ *Ἔδωκας σημείωσιν*, καὶ ἓν τοῦ προφήτου ἐκ τῶν αὐτῶν πρὸς τὸ *Ὡς γενναῖον*, καὶ θεοτοκίον.

Εἰς τὴν λειτουργίαν 1.τυπικὰ καὶ μακαρισμοὶ τῆς ἡμέρας, τὸ τροπάριον τῶν ἁγίων, *Δόξα καὶ νῦν*, τὸ κοντάκιον. 2.προκείμενον ἦχος δ΄ *Θαυμαστὸς ὁ Θεός*· στίχος *Ἐν ἐκκλησίαις*. Ἀλληλούια ἦχος δ΄ *Ἐκέκραξαν οἱ δίκαιοι*. ἀπόστολος δὲ καὶ εὐαγγέλιον τῆς ἡμέρας. 3.κοινωνικὸν *Ἀγαλλιᾶσθε*.

Χρὴ εἰδέναι ὅτι εἰ τύχῃ ἡ μνήμη αὕτη τῶν ἁγίων τῇ κυριακῇ τῶν ἁγίων προπατόρων, ἑσπέρας 1.μετὰ τὴν συνήθη στιχολογίαν 2.εἰς τὸ *Κύριε ἐκέκραξα* ψάλλομεν στιχηρὰ ἀναστάσιμα γ΄ πρὸς μίαν, καὶ γ΄ τῶν ἁγίων πατέρων ἦχος πλάγιος δ΄ <πρὸς τὸ> *Ὁ ἐν Ἐδὲμ παράδεισός ποτε*, καὶ δύο τοῦ προφήτου πρὸς τὸ *Ὡς γενναῖον* ἦχος δ΄, *Δόξα καὶ νῦν*, τὸ πρῶτον δογματικὸν τοῦ ἤχου. 4.ἀπὸ δὲ τοῦ προκειμένου 10.λέγεται καθὼς ἐκεῖσε εἰρήκαμεν, ἤτοι τὸ ἀναστάσιμον τοῦ στίχου καὶ ἕτερον ἐκ τῶν κδ΄ καὶ ἰδιόμελον ἦχος πλάγιος β΄ *Τοὺς πρὸ τοῦ νόμου πατέρας*, *Δόξα καὶ νῦν*, *Δανιὴλ ἀνὴρ ἐπιθυμιῶν*. 12.ἀπολυτίκιον ἦχος β΄ *Ἐν πίστει τούς*. Εἰς δὲ τὴν παννυχίδα ὡς εἴρηται ἐκεῖσε. Εἰς τὸν ὄρθρον 9.κανόνες γ΄· τῆς ὀκτωήχου ὁ εἷς εἰς ϛ΄, καὶ τοῦ προφήτου ἕτερος, καὶ τῶν ἁγίων γ΄[46] παίδων ὁμοίως, οἱ καὶ προγραφέντες ἀμφότεροι ἦχος πλάγιος δ΄, οἱ

---

[44] ἄστροος D
[45] τριῶν D
[46] τριῶν D

17 DECEMBER

now..., theotokion; **b.**after the sixth ode, the kontakion. **10.**Exaposteilarion <to> Ὁ οὐρανὸν τοῖς ἄστροις. **12.**At the stichos of the ainoi, three stichera: one from the Oktoechos, and one of the Three Holy Children from the prosomoia of **Vespers** to Ἔδωκας σημείωσιν, and one of the prophet from the same ones to Ὡς γενναῖον, and theotokion.

L. At the Liturgy, 1.typika and makarismoi of the day, the troparion of the holy ones,[84] *Glory...both now...,* the kontakion. **2.**Prokeimenon in mode 4: Θαυμαστὸς ὁ Θεός [Ps 67:36], stichos: Ἐν ἐκκλησίαις [Ps 67:27]. Alleluia in mode 4: Ἐκέκραξαν οἱ δίκαιοι [Ps 33:18]. Apostle and gospel of the day. **3.**Koinonikon: Ἀγαλλιᾶσθε [Ps 32:1].

> **XII.17 K.** It is necessary to know that if this commemoration of the holy ones falls on the **Sunday of the holy Patriarchs,**[85] **V.at Vespers, 1.**after the customary recitation of continuous psalmody, **2.**at Κύριε ἐκέκραξα we chant three resurrection stichera once, and three of the holy Fathers in plagal mode 4 <to> Ὁ ἐν Ἐδὲμ παράδεισός ποτε, and two of the prophet to Ὡς γενναῖον in mode 4, *Glory...both now...,* the first dogmatikon of the mode.[86] **4.**And after the prokeimenon, **10.**the reciting is as we have stated there,[87] i.e. the resurrection [sticheron] of the stichos, and another from the twenty-four, and idiomelon in plagal mode 2: Τοὺς πρὸ τοῦ νόμου πατέρας, *Glory...both now...,* Δανιὴλ ἀνὴρ ἐπιθυμιῶν. **12.**Apolytikion in mode 2: Ἐν πίστει τούς.[88] **PN.At Pannychis,** as has been stated there.[89] **O.At Orthros, 9.**three canons: from the one of the Oktoechos six troparia, and another of the prophet, and that of the Three Holy Children similarly, both are also the prescribed ones in plagal mode 4,

---

[84] The troparion used as apolytikion at V.12 repeated here.
[85] See also XII.16 K.1.
[86] The mode is set; see note 1.
[87] See XII.16 K.1 V.10.
[88] See XII.16 K.1 V.12 for a full translation of this apolytikion.
[89] See XII.16 K.1 Pannychis.

ΔΕΚΕΜΒΡΙΟΣ

δύο ἀνὰ δ΄, ὁ δὲ πλάγιος β΄ τῆς κυριακῆς καταλιμπάνεται· [43v] ἀπὸ γ΄ ᾠδῆς κάθισμα τῶν ἁγίων καὶ ἡ ἀνάγνωσις τὸ ὑπόμνημα τοῦ προφήτου· ἀπὸ ϛ΄ τὸ κοντάκιον. 11.εἰς τοὺς αἴνους ὡς εἴρηται ἐν τῇ κυριακῇ τῶν προπατόρων. ὁμοίως δὲ καὶ ἐν τῇ λειτουργίᾳ.

Χρὴ δὲ εἰδέναι ὅτι εἰ τύχῃ ἡ μνήμη αὕτη τῶν ἁγίων γ΄[47] παίδων κοινῇ ἡμέρᾳ ἐκτὸς κυριακῆς, στιχολογοῦμεν τὴν ζ΄ ᾠδὴν πᾶσαν εἰς τὸν ἦχον τοῦ πρώτου κανόνος, τοῦ κατὰ τὴν ἡμέραν ψαλλομένου ἤχου. ἡ δὲ ἔναρξις τῆς ᾠδῆς ἐστὶν οὕτως *Τῶν πατέρων ὁ Θεὸς εὐλογητὸς εἶ Κύριε*. εἰς δὲ τὸ τέλος τῆς η΄ ᾠδῆς εἰς τὸ *Αἰνοῦμεν εὐλογοῦμεν* λέγομεν εἱρμὸν εἰς ἦχον πλάγιον δ΄ *Ἱερουσαλὴμ ἡγιασμένη* ἢ ἄλλον *Ἀποβλεψάμενος ὁ τύραννος*. εἰ δὲ τύχῃ ἐν κυριακῇ, τὸν μὲν εἱρμὸν λέγομεν, τὴν δὲ ᾠδὴν οὐ στιχολογοῦμεν.

Μηνὶ τῷ αὐτῷ ιη΄· τοῦ ἁγίου μάρτυρος Σεβαστιανοῦ καὶ τῶν σὺν αὐτῷ.

Ἑσπέρας 1.μετὰ τὴν στιχολογίαν 2.εἰς τὸ *Κύριε ἐκέκραξα* ἱστῶμεν δ΄ καὶ ψάλλομεν στιχηρὰ τῶν μαρτύρων ἦχος α΄ πρὸς τὸ Πανεύφημοι μάρτυρες δευτεροῦντες τὸ α΄, καὶ θεοτοκίον. 4.Ἀλληλούια. 10.εἰς τὸν στίχον στιχηρὰ τῆς ὀκτωήχου γ΄ καὶ θεοτοκίον. 12.ἀπολυτίκιον *Θεοτόκε παρθένε* καὶ τὰ λοιπά.

Εἰς τὸν ὄρθρον 3.Ἀλληλούια καὶ 4.τὰ τριαδικὰ τοῦ ἤχου. 5.αἱ στιχολογίαι καθίσματα β΄, καθίσματα τῆς ὀκτωήχου· ἀνάγνωσις τὸ μαρτύριον τῶν ἁγίων, οὗ ἡ ἀρχὴ *Πολλῶν κατὰ διαφόρους καιρούς*. 9.κανόνες γ΄· τῆς ὀκτωήχου β΄, καὶ τοῦ ἁγίου ἦχος α΄ <πρὸς τὸ> Σοῦ ἡ τροπαιοῦχος Ἰωσήφ, ἀνὰ δ΄· ἀπὸ γ΄ ᾠδῆς κάθισμα τῶν ἁγίων ἦχος

---

[47] τριῶν D

from the two [canons] four troparia each; but the one of the Sunday in plagal mode 2 is omitted.[90] a.After the third ode, poetic kathisma of the holy ones, and the reading: the *Memorial* of the prophet; b.after the sixth ode, the kontakion.[91] 11.At the ainoi, as has been stated on the Sunday of the Patriarchs. Similarly also during L.the Liturgy.

N. It is necessary to know that if this commemoration of the Three Holy Children falls on an ordinary day apart from a Sunday, we recite all the seventh ode in the mode of the first canon, the mode being chanted on the day. And the beginning of the ode is as follows: Τῶν πατέρων ὁ Θεὸς εὐλογητὸς εἶ Κύριε. But at the end of the eighth ode, at Αἰνοῦμεν εὐλογοῦμεν, we recite heirmos in plagal mode 4: Ἰερουσαλὴμ ἡγιασμένη, or another: Ἀποβλεψάμενος ὁ τύραννος. But if it falls on a Sunday, we recite the heirmos but we do not recite the ode.

XII.18C. 18th of the same month. The commemoration of the holy martyr Sebastian and those with him.

V. At Vespers, 1.after the recitation of continuous psalmody, 2.at Κύριε ἐκέκραξα we intercalate four times and chant stichera of the martyrs in mode 1 to Πανεύφημοι μάρτυρες repeating the first, and theotokion. 4.*Alleluia*. 10.At the stichos, three stichera from the Oktoechos, and theotokion. 12.Apolytikion: Θεοτόκε παρθένε and the rest.

O. At Orthros, 3.*Alleluia*, and 4.the triadika of the mode.[92] 5.The recitations of continuous psalmody, two kathismata, poetic kathismata from the Oktoechos, reading: the *Martyrion* of the holy ones beginning Πολλῶν κατὰ διαφόρους καιρούς [BHG, 1620]. 9.Three canons: two from the Oktoechos, and that of the holy man in mode 1 <to> Σοῦ ἡ τροπαιοῦχος[93] by Joseph, four troparia from each; a.after the third ode, poetic kathisma of the holy ones in mode 1; b.after the sixth ode, the prosomoion of the day.

---

[90] See XII.16 K.1 N.2.
[91] See XII.16 K.1 O.9b.
[92] The mode is set; see note 1.
[93] The heirmos.

ΔΕΚΕΜΒΡΙΟΣ

α΄· ἀπὸ ς΄ τὸ προσόμοιον τῆς ἡμέρας. 10.ἐξαποστειλάριον τοῦ ἤχου. 12.εἰς τὸν στίχον τῶν αἴνων στιχηρὰ τῆς ὀκτωήχου καὶ θεοτοκίον. αἱ ὧραι κοινῶς ἐν τῷ μέσῳ.

Μηνὶ τῷ αὐτῷ ιθ΄· τῶν ἁγίων μαρτύρων Ἀθηνοδώρου καὶ Βονιφατίου.

Ἑσπέρας 1.οὐ στιχολογοῦμεν διὰ τὴν θ΄, 2.εἰς δὲ τὸ *Κύριε ἐκέκραξα* ἱστῶμεν ς΄ καὶ ψάλλομεν στιχηρὰ γ΄ τοῦ ἁγίου Βονιφατίου εἰς ἦχον δ΄ πρὸς τὸ Ἔδωκας σημείωσιν, καὶ ἕτερα γ΄ τοῦ ἁγίου Ἀθηνοδώρου ἦχος πλάγιος β΄ πρὸς τὸ Τριήμερος, καὶ θεοτοκίον. 4.*Ἀλληλούια.* 10.εἰς τὸν στίχον στιχηρὰ τῆς ὀκτωήχου καὶ θεοτοκίον.12.ἀπολυτίκιον *Θεοτόκε παρθένε.*

Εἰς τὸν ὄρθρον 3.*Ἀλληλούια* καὶ 4.τὰ τριαδικὰ τοῦ ἤχου. 5.αἱ στιχολογίαι καθίσματα β΄, καθίσματα τῆς ὀκτωήχου· ἀνάγνωσις τὸ μαρτύριον τοῦ ἁγίου Βονιφατίου, οὗ ἡ ἀρχὴ *Καὶ τὰ τῶν ἄλλων μὲν τοῦ Χριστοῦ μαρτύρων.* 9.κανόνες γ΄· τῆς ὀκτωήχου εἷς, καὶ τοῦ ἁγίου Βονιφατίου ἦχος δ΄ <πρὸς τὸ> Τριστάτας κραταιοὺς Ἰωσήφ, καὶ τοῦ ἁγίου Ἀθηνοδώρου ἦχος πλάγιος α΄ <πρὸς τὸ> Ἵππον καὶ ἀναβάτην· ἀπὸ γ΄ ᾠδῆς κάθισμα τοῦ ἑνὸς ἁγίου ἦχος δ΄· ἀπὸ ς΄ κάθισμα τοῦ ἑτέρου ἁγίου ἦχος πλάγιος α΄· εἰς τὸ *Δόξα καὶ νῦν* θεοτοκίον. 10.ἐξαποστειλάριον τοῦ ἤχου. 12.εἰς τὸν στίχον τῶν αἴνων στιχηρὰ τῆς ὀκτωήχου καὶ θεοτοκίον. αἱ ὧραι ἐν τῷ μέσῳ κοινῶς. καὶ ἡ τράπεζα ἅπαξ ὡς εἴρηται.

Σαββάτῳ πρὸ τῆς Χριστοῦ γεννήσεως, ἤγουν τῶν ἁγίων πατέρων, εἰς τὴν λειτουργίαν 2.ὁ ἀπόστολος *Ἀδελφοί,* [44r] *προϊδοῦσα ἡ*

10.Exaposteilarion of the mode.[94] 12.At the stichos of the ainoi, stichera from the Oktoechos, and theotokion. The **Hours** communally in the middle.

XII.19C. 19th of the same month. The commemoration of the holy martyrs Athenodoros and Boniface.

V. At Vespers, 1.we do not recite the continuous psalmody because of the **Ninth Hour,** 2.but at Κύριε ἐκέκραξα we intercalate six times and chant three stichera of holy Boniface in mode 4 to Ἔδωκας σημείωσιν, and another three of holy Athenodoros in plagal mode 2 to Τριήμερος, and theotokion. 4.*Alleluia*. 10.At the stichos, stichera from the Oktoechos, and theotokion. 12.Apolytikion: Θεοτόκε παρθένε.

O. At Orthros, 3.*Alleluia*, and 4.the triadika of the mode.[95] 5.The recitations of continuous psalmody, two kathismata, poetic kathismata from the Oktoechos, reading: the *Martyrion* of holy Boniface beginning Καὶ τὰ τῶν ἄλλων μὲν τοῦ Χριστοῦ μαρτύρων [BHG, 281]. 9.Three canons: one from the Oktoechos, and that of holy Boniface by Joseph in mode 4 <to> Τριστάτας κραταιούς,[96] and that of holy Athenodoros in plagal mode 1 <to> Ἵππον καὶ ἀναβάτην. a.After the third ode, poetic kathisma of the one holy man in mode 4; b.after the sixth ode, poetic kathisma of the other holy man in plagal mode 1, at *Glory...both now...* theotokion. 10.Exaposteilarion of the mode.[97] 12.At the stichos of the ainoi, stichera from the Oktoechos, and theotokion. The **Hours** communally in the middle, and the table once as has been stated.[98]

XII.19 S. On **Saturday before the Nativity of Christ,** that is, that of the holy Fathers, **L.at the Liturgy,** 2.the apostle: [Gal

---

[94] The mode is set; see note 1.
[95] The mode is set; see note 1.
[96] The heirmos.
[97] The mode is set; see note 1.
[98] That is, only one meal to be eaten.

ΔΕΚΕΜΒΡΙΟΣ

γραφή, ζήτει σαββάτῳ⁴⁸ κς΄. εὐαγγέλιον κατὰ Λουκᾶν *Ὡμοιώθη ἡ βασιλεία τῶν οὐρανῶν κόκκῳ σινάπεως.* ἡ δὲ λοιπὴ ἀκολουθία πᾶσα τοῦ σαββάτου.

Κυριακῇ πρὸ τῆς Χριστοῦ γεννήσεως, ἤγουν τῶν ἁγίων πατέρων, σαββάτῳ ἑσπέρας 1.ἡ στιχολογία τὸ *Μακάριος ἀνήρ,* 2.εἰς τὸ *Κύριε ἐκέκραξα* ἱστῶμεν η΄ καὶ ψάλλομεν στιχηρὰ ἀναστάσιμα γ΄ δευτεροῦντες τὸ α΄, καὶ τῶν ἁγίων πατέρων ἕτερα γ΄ ἦχος πλάγιος α΄ πρὸς τὸ Χαίροις δευτεροῦντες ἐξ αὐτῶν τὸ α΄, *Δόξα καὶ νῦν*, ἰδιόμελον προεόρτιον εἰς τὸν αὐτὸν ἦχον *Μὴ στύγναζε Ἰωσήφ*. 3.μετὰ τὴν εἴσοδον 4.τὸ προκείμενον. 10.εἰς τὸν στίχον τὸ ἀναστάσιμον τοῦ στίχου ἅπαξ καὶ β΄ τῶν ἁγίων πατέρων ἦχος β΄ πρὸς τὸ Οἶκος τοῦ Ἐφραθᾶ *Ἔσβεσαν τοῦ πυρός, Πάντες τὴν τῶν σεπτῶν*, ζήτει δὲ ταῦτα τῇ κυριακῇ τῶν προπατόρων, *Δόξα καὶ νῦν*, ἦχος βαρὺς ἰδιόμελον *Δεῦτε ἅπαντες πιστῶς πανηγυρίσωμεν*. 12.ἀπολυτίκιον ἦχος β΄ *Μεγάλα τὰ τῆς πίστεως*, προεγράφη τῶν ἁγίων γ΄⁴⁹ παίδων. Εἰς δὲ τὸ ἀπόδειπνον πρῶτον τὸ ἀναστάσιμον, ἔπειτα τοῦτο καὶ κοντάκιον.

Εἰ δὲ τύχῃ μέγας ἅγιος, λέγομεν 2.εἰς τὸ *Κύριε ἐκέκραξα* τὰ γ΄ ἀναστάσιμα πρὸς μίαν, καὶ τῶν ἁγίων πατέρων τὰ προγραφέντα γ΄, καὶ ἕτερα β΄ τοῦ ἁγίου, *Δόξα καὶ νῦν*, τὸ ἰδιόμελον. 10.εἰς δὲ τὸν στίχον τὸ ἀναστάσιμον ἅπαξ καὶ ἐὰν ἔχει ὁ κατὰ τὴν ἡμέραν ἅγιος ἰδιόμελον, καὶ τῶν ἁγίων πατέρων τὰ δύο πρὸς τὸ Οἶκος τοῦ Ἐφραθᾶ μετὰ τοῦ *Δόξα καὶ νῦν*, τὸ δὲ ἰδιόμελον τὸ εἰς ἦχον βαρὺν καταλιμπάνομεν. 12.ἀπολυτίκιον τῶν ἁγίων πατέρων.

Εἰς τὴν παννυχίδα 1.κανόνα τὸν κατανυκτικὸν τοῦ ἤχου τῆς ἡμέρας τὸν πρῶτον εἰς ϛ΄, καὶ τὸν προεόρτιον τῶν ἁγίων πατέρων ἦχος δ΄

---

⁴⁸ σάββατον D
⁴⁹ τριῶν D

19 DECEMBER

3:8ff] (see the twenty-sixth Saturday); gospel: according to Luke [13:19ff] and all the remaining service of the Saturday.

XII.19 K. On Sunday before the Nativity of Christ, that is, that of the holy Fathers, **V.**on Saturday at Vespers, 1.the recitation of continuous psalmody *Μακάριος ἀνήρ* [kath 1],[99] 2.at *Κύριε ἐκέκραξα* we intercalate eight times and chant three resurrection stichera repeating the first, and another three of the holy Fathers in plagal mode 1 to Χαίροις repeating the first of them, *Glory...both now...*, forefeast idiomelon in the same mode: *Μὴ στύγναζε Ἰωσήφ*. 3.After the entrance, 4.the prokeimenon. 10.At the stichos, the resurrection [sticheron] of the stichos once, and two of the holy Fathers in mode 2 to Οἶκος τοῦ Ἐφραθᾶ: *Ἔσβεσαν τοῦ πυρός, Πάντες τὴν τῶν σεπτῶν* (and look for these at the Sunday of the Patriarchs), *Glory...both now...*, in barys mode idiomelon: *Δεῦτε ἅπαντες πιστῶς πανηγυρίσωμεν*. 12.Apolytikion in mode 2: *Μεγάλα τὰ τῆς πίστεως*, it was prescribed for the commemoration of the Three Holy Children.[100] **AP.**At Apodeipnon, first the resurrection [troparion], next this one[101] and the kontakion.

N. But if there happens to be a great holy man, **V**2.at *Κύριε ἐκέκραξα* we recite the three resurrection [stichera] once, and the three of the holy Fathers prescribed, and another two of the holy man, *Glory...both now...*, the idiomelon. 10.And at the stichos, the resurrection sticheron once, and an idiomelon, if the holy man of the day has one, and the two of the holy Fathers to Οἶκος τοῦ Ἐφραθᾶ with *Glory...both now...*; and we omit the idiomelon in barys mode. 12.Apolytikion of the holy Fathers.

PN. At Pannychis, 1.from the first penitential canon of the mode of the day six troparia,[102] and from the forefeast canon of the holy Fathers in mode 4 to *Ὤφθησαν αἱ πηγαί* four

---

[99] Kathisma 1 of the psalter (psalms 1-8) is always chanted at Vespers on Saturday evenings.
[100] See XII.17 V.12 for a full translation of this apolytikion.
[101] The troparion used as apolytikion at V.12 repeated here.
[102] The mode is set; see note 1.

ΔΕΚΕΜΒΡΙΟΣ

πρὸς τὸ Ὤφθησαν αἱ πηγαὶ σὺν τοῖς εἱρμοῖς εἰς δ´· 2.ἀπὸ γ´ ᾠδῆς κάθισμα τὸ κατανυκτικὸν τῆς ἡμέρας καὶ θεοτοκίον· 3.ἀπὸ ϛ´ τὸ κοντάκιον τῆς Θεοτόκου. μετὰ δὲ τὴν ἀπόλυσιν 4.ἀνάγνωσις ἐν τῷ πραξαποστόλῳ τὸ καταλειφθὲν ἥμισυ τῆς πρὸς Ἑβραίους ἐπιστολῆς. Εἰς τὸν ὄρθρον 3.*Θεὸς Κύριος* καὶ 4.τὸ ἀναστάσιμον τροπάριον β´, *Δόξα καὶ νῦν*, ἦχος β´ *Μεγάλα τὰ τῆς πίστεως*, εἰ δὲ ἔχει ὁ ἅγιος, λέγομεν τοῦ ἁγίου εἰς τὸ *Δόξα* καὶ εἰς τὸ *καὶ νῦν* τὸ τῶν ἁγίων πατέρων. 5.αἱ στιχολογίαι καθίσματα β´ *Ἐξομολογήσομαί σοι Κύριε* καὶ τὸ *Ἀγαπήσω σε*, καθίσματα ἀναστάσιμα· αἱ ἀναγνώσεις, ἀρχόμεθα γὰρ ἀπὸ τῆς σήμερον τῆς εἰς τὸ κατὰ Ματθαῖον ἑρμηνείας τοῦ Χρυσοστόμου τοῦ πρώτου βιβλίου *Βίβλος γενέσεως*· ἔπειτα ὁ πολυέλεος καὶ ἡ ὑπακοὴ τοῦ ἤχου ἡ ἀναστάσιμος· εἶτα ὁ ἄμωμος σὺν τοῖς ἀναστασίμοις αὐτοῦ τροπαρίοις, καὶ εὐθὺς ἡ ἐπιλαγχάνουσα ὑπακοὴ τῆς ἡμέρας ἢ τὸ *Ἄγγελος παίδων* ἢ τὸ *Εἰς δρόσον*, ψάλλεται δὲ καθὼς εἰρήκαμεν ἐν τῇ ἑτέρᾳ κυριακῇ τῶν ἁγίων προπατόρων, καὶ ἀνάγνωσις λόγος τοῦ ἁγίου Ἐφραὶμ εἰς τὸν πάγκαλον Ἰωσήφ, οὗ ἡ ἀρχὴ [44v] *Ὁ Θεὸς τοῦ Ἀβραάμ*. 6.ἔπειτα οἱ ἀναβαμοί. 7.τὸ προκείμενον τοῦ ἤχου· τὸ *Πᾶσα πνοή*· εὐαγγέλιον ἑωθινὸν ἀναστάσιμον· τὸ *Ἀνάστασιν Χριστοῦ θεασάμενοι*, καὶ 8.ὁ Ν. 9.κανόνα δὲ ἀναστάσιμον οὐ ψάλλομεν, ἀλλὰ λέγομεν *Τῷ Κυρίῳ ᾄσωμεν* καὶ ἱστῶμεν ιϛ´ καὶ ψάλλομεν τὸν κανόνα τῶν ἁγίων πατέρων εἰς ἦχον πλάγιον β´ <πρὸς τὸ> *Κύματι θαλάσσης Βήματι πίστεως*[50] εἰς η´ μετὰ τῶν εἱρμῶν, δευτεροῦντες τὰ πρῶτα →

---

[50] om. D

19 DECEMBER

troparia including the heirmoi; 2.after the third ode, the penitential poetic kathisma of the day, and theotokion; 3.after the sixth ode, the kontakion of the Theotokos. After the apolysis, 4.reading: in the Praxapostolos, the half of the epistle to the Hebrews that was left. **O.At Orthros, 3.**Θεὸς Κύριος, and 4.the resurrection troparion twice, Glory...both now..., in mode 2 Μεγάλα τὰ τῆς πίστεως.[103] But if the holy man has one, we recite that of the holy man at Glory..., and at both now... that of the holy Fathers. 5.The recitations of continuous psalmody, two kathismata: Ἐξομολογήσομαί σοι Κύριε [kath 2][104] and Ἀγαπήσω σε [kath 3],[105] resurrection poetic kathismata, the readings; for from today we begin the first book of Chrysostom's Commentary on the [Gospel] according to Matthew [1.1ff].[106] g.Next the polyeleos, and h.the resurrection hypakoe of the mode;[107] j.then the amomos with its resurrection troparia, k.and immediately the allotted hypakoe of the day, either Ἄγγελος παίδων or Εἰς δρόσον, and it is chanted just as we stated at the other Sunday of the holy Patriarchs;[108] l.and reading: Homily of holy Ephrem on all-noble Joseph beginning Ὁ Θεὸς τοῦ Ἀβραάμ [BHG, 2200]. 6.Next the anabathmoi, 7a.the prokeimenon of the mode,[109] b.Πᾶσα πνοή, c.resurrection matins gospel, d.Ἀνάστασιν Χριστοῦ θεασάμενοι and 8.psalm 50. 9.We do not chant a resurrection canon, but recite Τῷ Κυρίῳ ᾄσωμεν [110] and intercalate sixteen times and chant from the canon of the holy Fathers in plagal mode 2 <to> Κύματι θαλάσσης:[111] Βήματι πίστεως eight troparia including the heirmoi, repeating the first troparia →

---

[103] The troparion used as apolytikion at V.12 repeated here.
[104] Psalms 9-16.
[105] Psalms 17-23.
[106] For previous set readings from the works of John Chrysostom see IX.17 O. 5; X.27 O.N; X.31 N.1 and N.2; XI.20 O.5f. See also N below.
[107] The mode is set; see note 1.
[108] See XII.16 K.1 O.5k.
[109] The mode is set; see note 1.
[110] Ode 1.
[111] The heirmos.

ΔΕΚΕΜΒΡΙΟΣ

τροπάρια διὰ τὸ εἶναι αὐτὰ ἀναστάσιμα. λέγομεν δὲ αὐτὰ καὶ τοῦ ἁγίου τῆς ἡμέρας εἰς δ΄, οἷος ἂν εἴη, καὶ τὸν προεόρτιον ἔσχατον εἰς δ΄ ἦχος α΄ πρὸς τὸ Χριστὸς γεννᾶται *Χριστὸν σαρκὶ νηπιάσαντα,* ζήτει δὲ αὐτὸν εἰς τὰς κβ΄ τοῦ μηνός, λέγομεν γὰρ αὐτὸν καὶ σήμερον. εἰ δὲ ἔχει καὶ αὕτη ἡ ἡμέρα προεόρτιον, καταλιμπάνομεν αὐτὸν καὶ λέγομεν τῆς ἡμέρας, εἰ μή τί γε τύχῃ ἡ εἰκοστὴ τοῦ μηνὸς διὰ τὸ εἰς ἦχον πρῶτον εἶναι καὶ αὐτῆς τῆς ἡμέρας τοὺς κανόνας· λέγομεν δὲ καὶ τὰς καταβασίας τῶν Χριστουγέννων· ὁ μὲν εἷς χορὸς τὸ *Χριστὸς γεννᾶται,* ὁ δὲ ἕτερος τὸ *Ἔσωσε λαὸν θαυματουργῶν.* ἀπὸ γ΄ ᾠδῆς κάθισμα τοῦ ἁγίου καὶ θεοτοκίον, καὶ εἰ ἔχει καὶ ἀνάγνωσιν λέγομεν καὶ αὐτήν, εἰ δὲ οὐκ ἔχει, τὴν δευτέραν ἀνάγνωσιν τοῦ ἁγίου Ἐφραὶμ τοῦ εἰς τὸν Ἰωσὴφ λόγου, εἰ δὲ ἀνεγνώσθη ὅλον,[51] ἀναγινώσκομεν καὶ αὖθις ἐκ τῆς ἑρμηνείας τοῦ κατὰ Ματθαῖον· ἀπὸ ϛ΄ τὸ κοντάκιον *Χειρόγραφον εἰκόνα.* 10.ἐξαποστειλάριον *Ἅγιος Κύριος.* 11.εἰς τοὺς αἴνους ἱστῶμεν η΄ καὶ λέγομεν τὰ ἀναστάσιμα στιχηρὰ τοῦ ἤχου τὰ δ΄, καὶ τῶν ἁγίων πατέρων ἕτερα στιχηρὰ γ΄ ἦχος δ΄ πρὸς τὸ *Ὁ ἐξ ὑψίστου κληθείς,* ζήτει ταῦτα τῇ κυριακῇ τῶν προπατόρων. ἔπειτα ἰδιόμελον ἦχος α΄ *Βολίδες ἀστράπτοντες, Δόξα,* ἦχος δεύτερος καὶ ἕτερον ἰδιόμελον[52] *Χαίρετε προφῆται, καὶ νῦν, Ὑπερευλογημένη.* 14.ἀπολυτίκιον οἷον λάχῃ τῆς κυριακῆς ἢ τὸ *Ἀναστὰς ἐκ τοῦ μνήματος* ἢ τὸ *Σήμερον σωτηρία,* καὶ ἡ πρώτη ὥρα.

Δεῖ δὲ γινώσκειν ὅτι ὡς εἴρηται ἀπὸ ταύτης τῆς κυριακῆς ἀρχόμεθα ἀναγινώσκειν τὸ πρῶτον βιβλίον τοῦ κατὰ Ματθαῖον μέχρι τῆς ἁγίας μεγάλης τεσσαρακοστῆς.

---

[51] ὅλος D
[52] om. D

19 DECEMBER

because they are resurrection ones. We also recite those from the canon of the holy man of the day, whoever he is, four troparia, and finally four troparia from the forefeast canon in mode 1 to Χριστὸς γεννᾶται: Χριστὸν σαρκὶ νηπιάσαντα (look for this at the twenty-second of the month, for we recite it also today); but if this day also has a forefeast canon, we omit it and recite that of the day, unless it happens to be the twentieth of the month because of the fact that the canons of that day are in the first mode. We also recite the katabasiai of the Nativity; one choir Χριστὸς γεννᾶται, and the other Ἔσωσε λαὸν θαυματουργῶν. a.After the third ode, poetic kathisma of the holy man, and theotokion; and if he also has a reading, we recite it too, but if not, the second reading of holy Ephrem, from the *Homily on Joseph*.[112] If the whole of it has been read, we read again from the *Commentary* on the [Gospel] according to Matthew.[113] b.After the sixth ode, the kontakion Χειρόγραφον εἰκόνα.[114] 10.Exaposteilarion: Ἅγιος Κύριος. 11.At the ainoi we intercalate eight times and recite the four resurrection stichera of the mode,[115] and another three stichera of the holy Fathers in mode 4 to Ὁ ἐξ ὑψίστου κληθείς (look for these at the Sunday of the Patriarchs); next idiomelon in mode 1: Βολίδες ἀστράπτοντες, Glory..., and another idiomelon in the second mode: Χαίρετε προφῆται, both now..., Ὑπερευλογημένη. 14.Apolytikion: whatever is the allotted one of the Sunday or Ἀναστὰς ἐκ τοῦ μνήματος or Σήμερον σωτηρία,[116] and the **First Hour**.

N. It is necessary to realise that, as has been stated, from this Sunday we begin to read the first book <of the *Commentary*> on the [Gospel] according to Matthew until the holy and great fast.

---

[112] For the first reading from this *Homily* see 5l. above.
[113] See O.5 above.
[114] See XII.16 K.1 O.9b.
[115] The mode is set; see note 1.
[116] See XII.16 K.1 O.14.

ΔΕΚΕΜΒΡΙΟΣ

Εἰς τὴν λειτουργίαν 1.τυπικὰ καὶ ᾠδὴ τοῦ κανόνος τῶν ἁγίων πατέρων ἡ ς'. μετὰ τὴν εἴσοδον τροπάριον τὸ ἀναστάσιμον, *Δόξα καὶ νῦν*, τὸ κοντάκιον *Χειρόγραφον*· ᾠδὴ τῶν πατέρων. 2.προκείμενον ἦχος δ' *Εὐλογητὸς εἶ Κύριε ὁ Θεὸς τῶν πατέρων ἡμῶν*· στίχος *Ὅτι δίκαιος εἶ ἐπὶ πᾶσιν οἷς ἐποίησας ἡμῖν·* ὁ ἀπόστολος πρὸς Ἑβραίους *Ἀδελφοί, πίστει Ἀβραάμ*. Ἀλληλούια ἦχος δ' *Ὁ Θεὸς ἐν τοῖς ὠσὶν ἡμῶν·* στίχος β' *Ἔσωσας γὰρ ἡμᾶς ἐκ τῶν θλιβόντων ἡμᾶς·* εὐαγγέλιον κατὰ Ματθαῖον *Βίβλος γενέσεως Ἰησοῦ Χριστοῦ*. 3.κοινωνικὸν *Αἰνεῖτε τὸν Κύριον* καὶ *Εἰς μνημόσυνον*.

Μηνὶ τῷ αὐτῷ κ'· τοῦ ἁγίου ἱερομάρτυρος Ἰγνατίου.

Ἑσπέρας 1.οὐ στιχολογοῦμεν διὰ τὴν θ', 2.εἰς δὲ τὸ *Κύριε ἐκέκραξα* ἱστῶμεν ς' καὶ ψάλλομεν στιχηρὰ προεόρτια τῆς Χριστοῦ γεννήσεως [45r] εἰς ἦχον δ' πρὸς τὸ *Ὡς γενναῖον* γ', καὶ ἕτερα γ' τοῦ ἁγίου εἰς τὸν αὐτὸν ἦχον πρὸς τὸ *Ὁ ἐξ ὑψίστου*, *Δόξα καὶ νῦν*, ἰδιόμελον εἰς τὸν αὐτὸν ἦχον *Χριστὸς ὁ ἐρχόμενος*. 3.προκείμενον τῆς ἡμέρας. 10.εἰς τὸν στίχον στιχηρὰ τῆς ἑορτῆς ἦχος β' δύο, *Οἶκος τοῦ Ἐφραθᾶ* καὶ ἄλλο ὅμοιον *Δεῦτε οἱ γηγενεῖς* <*Δόξα*> καὶ ἰδιόμελον τοῦ ἁγίου εἰς ἦχον α' *Ὢ τῆς στερρᾶς καὶ ἀδαμαντίνου σου ψυχῆς*, *καὶ νῦν*, προεόρτιον ἰδιόμελον ἦχος ὁ αὐτὸς *Προεορτάσωμεν λαοί*. 12.ἀπολυτίκιον ἦχος δ' *Καὶ τρόπων μέτοχος*.

Εἰς δὲ[53] τὰ ἀπόδειπνα λέγομεν τροπάριον *Ἑτοιμάζου Βηθλεέμ*, *Δόξα καὶ νῦν*, τοῦ ἁγίου. ἀντὶ δὲ κανόνος ψάλλομεν εἰς τὰ ἀπόδειπνα τὰ →

---

[53] om. D

19-20 DECEMBER

L. At the Liturgy, 1.typika, and the sixth ode of the canon of the holy Fathers.[117] After the entrance, the resurrection troparion, *Glory...both now....,* the kontakion: *Χειρόγραφον,* ode of the Fathers.[118] 2.Prokeimenon in mode 4: *Εὐλογητὸς εἶ Κύριε ὁ Θεὸς τῶν πατέρων ἡμῶν* [Dan 3:26], stichos: *Ὅτι δίκαιος εἶ ἐπὶ πᾶσιν οἷς ἐποίησας ἡμῖν* [Dan 3:27], the apostle: to the Hebrews [11:9ff]. Alleluia in mode 4: *Ὁ Θεὸς ἐν τοῖς ὠσὶν ἡμῶν* [Ps 43:2], second stichos: *Ἔσωσας γὰρ ἡμᾶς ἐκ τῶν θλιβόντων ἡμᾶς* [Ps 43:8], gospel: according to Matthew [1:1ff]. 3.Koinonikon: *Αἰνεῖτε τὸν Κύριον* [Ps 148:1] and *Εἰς μνημόσυνον* [Ps 111:6].

XII.20C. 20th of the same month. The commemoration of the holy hieromartyr Ignatios.[119]

V. At Vespers, 1.we do not recite the continuous psalmody because of the **Ninth Hour,** 2.but at *Κύριε ἐκέκραξα* we intercalate six times and chant three forefeast stichera of Christ's Nativity in mode 4 to *Ὡς γενναῖον,* and another three of the holy man in the same mode to *Ὁ ἐξ ὑψίστου, Glory...both now...,* idiomelon in the same mode: *Χριστὸς ὁ ἐρχόμενος.* 3.Prokeimenon of the day of the week. 10.At the stichos, two stichera of the feast in mode 2: *Οἶκος τοῦ Ἐφραθᾶ* and another to the same melody: *Δεῦτε οἱ γηγενεῖς,* <*Glory...*> and idiomelon of the holy man in mode 1: *Ὢ τῆς στερρᾶς καὶ ἀδαμαντίνου σου ψυχῆς, both now...,* forefeast idiomelon in the same mode: *Προεορτάσωμεν λαοί.* 12.Apolytikion in mode 4: *Καὶ τρόπων μέτοχος.*

AP. At Apodeipnon, we recite troparion: *Ἑτοιμάζου Βηθλεέμ,*[120] *Glory....both now....,* that of the holy man. But instead of a canon, at **Apodeipnon** we chant the two forefeast triodia in mode 2, the one

---

[117] Most probably means that refrains of the sixth ode are intercalated into the makarismoi.
[118] See XII.16 K.1 Liturgy and O.9b.
[119] The forefeast of Christ's Nativity begins on this day; see N at the end of the day.
[120] This troparion of the feast of Christ's Nativity is also used as the apolytikion of the feast; see N at the end of the day.

ΔΕΚΕΜΒΡΙΟΣ

β΄ τριώδια τὰ προεόρτια ἦχος β΄, πρὸς τὸ <Τῷ> τὴν ἄβατον τὸ μὲν ἐν τριῴδιον τὸ δὲ ἄλλο διῴδιον η΄ καὶ θ΄ <πρὸς τὸ> Τῷ δόγματι τῷ, ἀνὰ δεύτερον τὰ τροπάρια ὅλα· τοὺς δὲ εἱρμοὺς πρὸς μίαν· ἀργῶς δὲ καὶ μετὰ προσοχῆς, ἀφόμοια[54] γάρ εἰσι τοῖς τῆς μεγάλης ἑβδομάδος. Εἰς τὸν ὄρθρον 3.Θεὸς Κύριος ἦχος δ΄, 4.τροπάριον Ἑτοιμάζου Βηθλεὲμ δεύτερον, Δόξα καὶ νῦν, Καὶ τρόπων μέτοχος. 5.αἱ στιχολογίαι καθίσματα β΄· ἀπὸ α΄ στιχολογίας κάθισμα προεόρτιον ἦχος α΄ Ὁ κλίνας οὐρανούς, Δόξα καὶ νῦν, τὸ αὐτό· ἀπὸ τῆς δευτέρας στιχολογίας ἕτερον κάθισμα προεόρτιον ἦχος πλάγιος δ΄ Τῶν γενεθλίων τοῦ Χριστοῦ, Δόξα καὶ νῦν, τὸ αὐτό· ἀνάγνωσις ἐν πρώτοις ὁ εἰς τὸν Φιλογόνιον λόγος τοῦ Χρυσοστόμου, οὗ ἡ ἀρχὴ Ἐγὼ μὲν καὶ τήμερον·[55] εἶτα τὸ μαρτύριον τοῦ ἁγίου εἰς δόσεις δύο, οὗ ἡ ἀρχὴ Ἄρτι Τραϊανοῦ τὰ Ῥωμαίων. 9.κανόνες[56] β΄· τὸν προεόρτιον ἦχος α΄ εἰς ς΄ Ἰωσὴφ <πρὸς τὸ> Ὠιδὴν ἐπινίκιον, καὶ τοῦ ἁγίου[57] ὁμοίως εἰς τὸν αὐτὸν ἦχον εἰς ς΄· ἀπὸ γ΄ ᾠδῆς κάθισμα τοῦ ἁγίου ἦχος γ΄ Χειροθετούμενος, Δόξα καὶ νῦν, θεοτοκίον· καὶ ἡ δευτέρα ἀνάγνωσις τοῦ ἁγίου· ἀπὸ ς΄ τὸ αὐτοῦ κοντάκιον. 10.ἐξαποστειλάριον <πρὸς τὸ> Ὁ οὐρανόν. 12.εἰς τὸν στίχον τῶν αἴνων στιχηρὰ προεόρτια ἦχος α΄ πρὸς τὸ Πανεύφημοι μάρτυρες γ΄, Δόξα, ἰδιόμελον τοῦ ἁγίου ἦχος ὁ αὐτὸς Στήλη ἔμψυχος, καὶ νῦν, ἰδιόμελον προεόρτιον Ἄκουε οὐρανέ. 14.ἀπολυτίκιον τοῦ ἁγίου Καὶ τρόπων.

Εἰς τὴν λειτουργίαν 1.τυπικὰ καὶ ᾠδὴ τοῦ κανόνος τοῦ προεορτίου ἡ γ΄· τροπάριον τοῦ ἁγίου, Δόξα καὶ νῦν, τῆς ἑορτῆς. 2.προκείμενον

---

[54] ἀφ᾽ ὅμοια D
[55] σήμερον D
[56] κανόνας D
[57] τῶν ἁγίων D

20 DECEMBER

a triodion to <Τῷ> τὴν ἄβατον,[121] but the other a diodion, the eighth and ninth, <to> Τῷ δόγματι τῷ,[122] all the troparia twice each and the heirmoi once, but slowly and with care for they are like those of the great week.

O. At Orthros, 3.*Θεὸς Κύριος* in mode 4, 4.troparion: *Ἑτοιμάζου Βηθλεέμ* [123] twice, *Glory...both now..., Καὶ τρόπων μέτοχος*.[124] 5.The recitations of continuous psalmody, two kathismata; a.after the first recitation, b.forefeast poetic kathisma in mode 1: *Ὁ κλίνας οὐρανούς, Glory...both now...*, the same repeated; d.after the second recitation, e.another forefeast poetic kathisma in plagal mode 4: *Τῶν γενεθλίων τοῦ Χριστοῦ, Glory...both now...*, the same repeated, f.reading: in particular the *Homily* of Chrysostom on Philogonios beginning *Ἐγὼ μὲν καὶ τήμερον* [BHG, 1532], then the *Martyrion* of the holy man in two portions beginning *Ἄρτι Τραϊανοῦ τὰ Ῥωμαίων* [BHG, 815]. 9.Two canons: from the forefeast one in mode 1 by Joseph <to> *Ὠιδὴν ἐπινίκιον*[125] six troparia, and from that of the holy man similarly in the same mode six troparia; a.after the third ode, poetic kathisma of the holy man in mode 3: *Χειροθετούμενος, Glory...both now...*, theotokion, and the second reading of the holy man; b.after the sixth ode, his kontakion. 10.Exaposteilarion <to> *Ὁ οὐρανόν*. 12.At the stichos of the ainoi, three forefeast stichera in mode 1 to Πανεύφημοι μάρτυρες, *Glory...*, idiomelon of the holy man in the same mode: *Στήλη ἔμψυχος, both now...*, forefeast idiomelon: *Ἄκουε οὐρανέ*. 14.Apolytikion of the holy man: *Καὶ τρόπων*.[126]

L. At the Liturgy, 1.typika, and the third ode of the forefeast canon,[127] troparion of the holy man,[128] *Glory...both now...*, that

---

[121] The heirmos.
[122] The heirmos.
[123] See Apodeipnon above.
[124] The troparion used as apolytikion at V.12 repeated here.
[125] The heirmos.
[126] The troparion used as apolytikion at V.12 repeated here.
[127] Most probably means that refrains of the third ode are intercalated into the makarismoi.
[128] The troparion used as apolytikion at V.12 repeated here.

ΔΕΚΕΜΒΡΙΟΣ

ἦχος βαρὺς *Τίμιος ἐναντίον Κυρίου·* στίχος *Τί ἀνταποδώσω*[58] *τῷ Κυρίῳ·* ὁ ἀπόστολος πρὸς Ἑβραίους *Ἀδελφοί, ἔχοντες ἀρχιερέα μέγαν,* ζήτει κυριακῇ <γ΄>[59] τῶν ἁγίων νηστειῶν. *Ἀλληλούια* ἦχος β΄ *Οἱ ἱερεῖς σου Κύριε·* εὐαγγέλιον κατὰ Λουκᾶν *Τῷ καιρῷ ἐκείνῳ ἦλθεν ὁ Ἰησοῦς καὶ οἱ μαθηταὶ αὐτοῦ,* ζήτει τῇ παρασκευῇ τῆς ιγ΄ ἑβδομάδος. 3.κοινωνικὸν *Εἰς μνημόσυνον*.

Εἰ δὲ τύχῃ ἐν τῇ κυριακῇ τῶν ἁγίων πατέρων, πᾶσα ἡ ἀκολουθία τῆς λειτουργίας ψάλλεται τῆς κυριακῆς καθὼς ἐκεῖσε εἰρήκαμεν. ἐν δὲ τῷ ὄρθρῳ 9.λέγομεν κανόνα πρῶτον τῶν ἁγίων πατέρων εἰς ϛ΄, ἔπειτα ὁ προεόρτιος <πρὸς τὸ> *Ὠιδὴν ἐπινίκιον* εἰς δ΄, εἶτα τοῦ ἁγίου εἰς ϛ΄· ὁ δὲ ἕτερος [45v] προεόρτιος καταλιμπάνεται *Χριστὸν σαρκὶ νηπιάσαντα,* ψάλλεται γὰρ εἰς τὰς κβ΄ τοῦ μηνός, στιχηρὰ δὲ ἑσπέρας καὶ πρωὶ καθὼς ἐκεῖσε εἰρήκαμεν.

Χρὴ δὲ γινώσκειν ὅτι ἀπὸ ταύτης τῆς ἡμέρας ἀρχόμεθα ψάλλειν τὰ προεόρτια, καταλιμπάνομεν δὲ τῆς ὀκτωήχου παντελῶς τούς τε κανόνας καὶ τὰ στιχηρὰ καὶ τὰ καθίσματα, ὁμοίως δὲ καὶ τοὺς μακαρισμούς, πάντα δὲ ψάλλομεν τὰ τῆς ἑορτῆς. προκείμενον δὲ τῇ ἑσπέρᾳ οὐ ψάλλομεν, οὔτε τῷ πρωὶ *Θεὸς Κύριος,* ἀλλ᾽ ἀντ᾽ αὐτῶν *Ἀλληλούια,* εἰ μὴ μόνον εἰς τὰς κ΄ τοῦ ἁγίου Ἰγνατίου, καὶ εἰς τὰς κδ΄ λέγομεν *Θεὸς Κύριος.* ἀπολυτίκιον δὲ λέγομεν καθ᾽ ἑσπέραν τὸ τῆς ἑορτῆς, ὁμοίως δὲ καὶ ἐν τῷ ὄρθρῳ τὸ *Ἑτοιμάζου Βηθλεὲμ* ἐκ γ΄, ψάλλομεν δὲ καὶ *Ἀλληλούια* ὡς εἴρηται· ποιοῦμεν δὲ καὶ τὰς μετανοίας ἐν τῷ κοινῷ ἑσπέρας τε καὶ πρωὶ ὡς σύνηθες. ψάλλομεν δὲ καὶ τὰς ὥρας ἐν τῷ κοινῷ μετὰ στιχολογίας.

---

[58] ἀνταποδώσωμεν D
[59] lacuna est in cod.

20 DECEMBER

of the feast.¹²⁹ **2.Prokeimenon** in barys mode: *Τίμιος ἐναντίον Κυρίου* [Ps 115:6], stichos: *Τί ἀνταποδώσω τῷ Κυρίῳ* [Ps 115:3], the apostle: to the Hebrews [4:14ff] (see <the third> Sunday of the holy fast). *Alleluia* in mode 2: *Οἱ ἱερεῖς σου Κύριε* [Ps 131:9], gospel: according to Luke¹³⁰ [Mk 9:33ff] (see Friday of the thirteenth week). **3.Koinonikon:** *Εἰς μνημόσυνον* [Ps 111:6].

XII.20 K.1 But if it falls on the **Sunday of the holy Fathers**, L.all the service of the **Liturgy** of the Sunday is chanted, as we have stated there. But during **Orthros O.9.**we recite first from the canon of the holy Fathers six troparia, next from the forefeast one <to> *Ὠιδὴν ἐπινίκιον*¹³¹ four troparia, then from that of the holy man six troparia. But the other forefeast one: *Χριστὸν σαρκὶ νηπιάσαντα* is omitted, for it is chanted on the twenty-second of the month. But stichera at **Vespers** and **Orthros** as we have stated there.¹³²

N. It is necessary to realise that from this day we begin to chant the forefeast elements and we omit those from the Oktoechos completely, both the canons and the stichera and the poetic kathismata, and similarly also the makarismoi; and all we chant are the elements of the feast. At **Vespers** we do not chant a prokeimenon, nor *Θεὸς Κύριος* at **Orthros**, but instead of them *Alleluia*, except that only on the twentieth, the commemoration of holy Ignatios, and on the twenty-fourth we recite *Θεὸς Κύριος*. At each **Vespers** we recite the apolytikion of the feast: *Ἑτοιμάζου Βηθλεέμ*, and similarly also during **Orthros** three times; we also chant *Alleluia* as has been stated. We perform the metanoiai too communally both **at Vespers** and **Orthros** as is customary. We also chant the **Hours** communally with recitation of continuous psalmody.

---

¹²⁹ See O.4 above.
¹³⁰ This gospel reading is cited incorrectly. The mistake arises from the fact that readings from St Mark's Gospel are scattered throughout the cycle of those from the Gospel of St Luke.
¹³¹ The heirmos.
¹³² See XII.19 K.1.

ΔΕΚΕΜΒΡΙΟΣ

Μηνὶ τῷ αὐτῷ κα', προεόρτια, καὶ τῆς ἁγίας μάρτυρος Ἰουλιανῆς· ψάλλομεν δὲ καὶ τὴν ἁγίαν Εὐγενίαν διὰ τὸ μὴ ψάλλεσθαι αὐτὴν εἰς τὰς κδ' διὰ τὰ προεόρτια.

Ἑσπέρας 1.μετὰ τὴν στιχολογίαν 2.εἰς τὸ *Κύριε ἐκέκραξα* ἱστῶμεν ϛ' καὶ ψάλλομεν στιχηρὰ προεόρτια εἰς ἦχον δ' δύο πρὸς τὸ *Ἔδωκας σημείωσιν Οὗτος ὁ Θεὸς ἡμῶν, Θημωνία ἅλωνος*, καὶ ἕτερα β' τῆς μάρτυρος εἰς τὸν αὐτὸν ἦχον πρὸς τὸ *Ὡς γενναῖον*, καὶ ἕτερα δύο τῆς ἁγίας Εὐγενίας εἰς ἦχον β' πρὸς τὸ *Ὅτε ἐκ τοῦ ξύλου σε*, ζήτει ταῦτα εἰς τὰς κδ' τοῦ μηνός, *Δόξα καὶ νῦν*, ἰδιόμελον ἦχος ὁ αὐτός *Ἰδοὺ καιρὸς ἤγγικε τῆς σωτηρίας*. 4.Ἀλληλούια. 10.εἰς τὸν στίχον στιχηρὰ προεόρτια ἦχος β' πρὸς τὸ *Οἶκος τοῦ Ἐφραθᾶ* γ', *Δεῦτε οἱ γηγενεῖς, Πάντων τῶν προφητῶν, Λόγος ὁ*[60] *τοῦ Πατρός*, *Δόξα καὶ νῦν*, ἰδιόμελον εἰς τὸν αὐτὸν ἦχον *Βηθλεὲμ γῆ Ἰούδα*. 12.ἀπολυτίκιον τὸ προεόρτιον.

Εἰς τὴν παννυχίδα τὸ τριῴδιον ἦχος δεύτερος, τοὺς εἱρμοὺς πρὸς μίαν. τὰ δὲ τροπάρια ἐκ δευτέρου, ᾠδὴ γ' <πρὸς τὸ> Τῆς πίστεως ἐν πέτρᾳ.

Εἰς τὸν ὄρθρον 3.Ἀλληλούια καὶ 4.τὸ προεόρτιον τροπάριον ἐκ γ'. 5.αἱ στιχολογίαι· ἀπὸ α' στιχολογίας κάθισμα προεόρτιον ἦχος α' *Λαμπρύνθητι ἡ κτίσις*, *Δόξα καὶ νῦν*, τὸ αὐτό· ἀπὸ τῆς δευτέρας στιχολογίας ἕτερον κάθισμα ἦχος β' *Ὁ ἀπρόσιτος Θεός*, *Δόξα καὶ νῦν*, τὸ αὐτό· ἀνάγνωσις τὸ μαρτύριον τῆς ἁγίας Ἰουλιανῆς, οὗ ἡ ἀρχὴ *Ἡ καλλίστη τῶν πόλεων Νικομήδεια*, ὁμοίως ἀναγινώσκεται καὶ ἐκ τοῦ βίου τῆς ὁσίας Εὐγενίας, οὗ ἡ ἀρχὴ *Κομόδου*[61] *μετὰ Μάρκον τὸν αὐτοῦ πατέρα*. 9.κανόνες γ'· τὸν προεόρτιον ἦχος δ' <πρὸς τὸ> Τριστάτας κραταιοὺς Ἰωσήφ, καὶ τῆς ἁγίας Ἰουλιανῆς

---

[60] om. D
[61] Κόμοδος D

21 DECEMBER

XII.21C. 21st of the same month. Forefeast, and the commemoration of the holy martyr Juliana; we also chant [in celebration of] holy Eugenia because there is no chanting for her on the 24th because of the forefeast.

V. At Vespers, 1.after the recitation of continuous psalmody, 2.at Κύριε εκέκραξα we intercalate six times and chant two forefeast stichera in mode 4 to Έδωκας σημείωσιν: Ούτος ο Θεός ημών, Θημωνία άλωνος, and another two of the martyr in the same mode to Ώς γενναίον, and another two of holy Eugenia in mode 2 to Ότε εκ του ξύλου σε (look for these at the twenty-fourth of the month), Glory...both now..., idiomelon in the same mode: Ιδού καιρός ήγγικε της σωτηρίας. 4.Alleluia. 10.At the stichos, three forefeast stichera in mode 2 to Οίκος του Εφραθά: Δεύτε οι γηγενείς, Πάντων των προφητών, Λόγος ο του Πατρός, Glory...both now..., idiomelon in the same mode: Βηθλεέμ γη Ιούδα. 12.The forefeast apolytikion.[133]

PN. At Pannychis, the triodion in the second mode, the heirmoi once but the troparia twice, third ode <to> Της πίστεως εν πέτρα.[134]

O. At Orthros, 3.Alleluia, and 4.the forefeast troparion[135] three times. 5.The recitations of continuous psalmody; a.after the first recitation, b.forefeast poetic kathisma in mode 1: Λαμπρύνθητι η κτίσις, Glory...both now..., the same repeated; d.after the second recitation, e.another poetic kathisma in mode 2: Ο απρόσιτος Θεός, Glory...both now..., the same repeated, f.reading: the Martyrion of holy Juliana beginning Η καλλίστη των πόλεων Νικομήδεια [BHG, 963], similarly there is also a reading from the Life of saintly Eugenia beginning Κομόδου μετά Μάρκον τον αυτού πατέρα [BHG, 608]. 9.Three canons: the forefeast one in mode 4 <to> Τριστάτας κραταιούς[136] by Joseph, and that of holy Juliana in the same mode

---

[133] See XII.20 N.
[134] The heirmos.
[135] See XII.20 N where the forefeast troparion is referred to as the apolytikion of the feast; in other places it is also called the troparion of the feast, see N below, for example.
[136] The heirmos.

ΔΕΚΕΜΒΡΙΟΣ

εἰς τὸν αὐτὸν ἦχον <πρὸς τὸ> [46r] Θαλάσσης τὸ ἐρυθραῖον, τοῦ αὐτοῦ, καὶ τῆς ἁγίας Εὐγενίας ἦχος β΄ <πρὸς τὸ> Ἐν βυθῷ κατέστρωσε, ἀνὰ δ΄· ἀπὸ γ΄ ᾠδῆς κάθισμα τῆς ἁγίας Ἰουλιανῆς ἦχος δ΄ *Νυμφίον ποθήσασα* καὶ θεοτοκίον· ἀπὸ ϛ΄ κάθισμα τῆς ἁγίας Εὐγενίας ἦχος πλάγιος δ΄ *Ἐνασκήσασα πόνοις* καὶ θεοτοκίον. 10.ἐξαποστειλάριον *Ἅγιος Κύριος*. 12.εἰς τὸν στίχον τῶν αἴνων στιχηρὰ ἦχος πλάγιος β΄ πρὸς τὸ Αἱ ἀγγελικαὶ γ΄, *Δόξα καὶ νῦν*, ἰδιόμελον ἦχος ὁ αὐτὸς *Σπήλαιον εὐτρεπίζου*. 14.ἀπολυτίκιον τῆς ἑορτῆς. αἱ ὧραι κοινῶς.

Εἰ δὲ θέλει γενέσθαι καὶ λειτουργίαν, 1.τυπικὰ καὶ ᾠδὴ τοῦ προεορτίου κανόνος ἡ γ΄. μετὰ τὴν εἴσοδον *Δόξα καὶ νῦν* καὶ τὸ τροπάριον τῆς ἑορτῆς. 2.προκείμενον ἄμνημον ἦχος α΄ *Γένοιτο·* στίχος *Ἀγαλλιᾶσθε δίκαιοι*. Ἀλληλούια ἄμνημον ἦχος α΄ *Ὁ Θεὸς ὁ διδοὺς ἐκδικήσεις ἐμοί*. ἀπόστολος καὶ εὐαγγέλιον τῆς ἡμέρας. 3.κοινωνικὸν *Ἀγαλλιᾶσθε*.

Δεῖ γινώσκειν ὅτι εἰ τύχῃ ἡμέρα προεόρτιος ἐν σαββάτῳ, οὐδὲν τῆς ὀκτωήχου ψάλλομεν οὔτε νεκρώσιμον, ὁμοίως δὲ καὶ τὸν ἄμωμον μετὰ τῶν ἀλληλουϊαρίων τοῦ ἤχου στιχολογοῦμεν. ψάλλομεν δὲ τῇ ἑσπέρᾳ προκείμενον καὶ τὸ πρωῒ *Θεὸς Κύριος*, τὸ δὲ τροπάριον τῆς ἑορτῆς λέγομεν καὶ πρωῒ καὶ ἑσπέρας καὶ ἐν τῇ λειτουργίᾳ.

Εἰ δὲ κυριακῇ τύχῃ, προηγοῦνται πάντα τὰ ἀναστάσιμα ὥσπερ εἴρηται, εἶθ᾽ οὕτως τῆς κατὰ τὴν ἡμέραν ἑορτῆς.

21 DECEMBER

<to> Θαλάσσης τὸ ἐρυθραῖον[137] by the same man, and that of holy Eugenia in mode 2 <to> Ἐν βυθῷ κατέστρωσε, four troparia from each; a.after the third ode, poetic kathisma of holy Juliana in mode 4: *Νυμφίον ποθήσασα*, and theotokion; b.after the sixth ode, poetic kathisma of holy Eugenia in plagal mode 4: *Ἐνασκήσασα πόνοις*, and theotokion. 10.Exaposteilarion: *Ἅγιος Κύριος*. 12.At the stichos of the ainoi, three stichera in plagal mode 2 to Αἱ ἀγγελικαί, Glory...both now..., idiomelon in the same mode: *Σπήλαιον εὐτρεπίζου*. 14.Apolytikion of the feast.[138] The **Hours** communally.

> N. If there is a wish that a **Liturgy** also be celebrated, L.1.typika, and the third ode of the forefeast canon.[139] After the entrance, Glory...both now..., and the troparion of the feast.[140] 2.Non-commemorative prokeimenon in mode 1: Γένοιτο [Ps 32:22], stichos: Ἀγαλλιᾶσθε δίκαιοι [Ps 32:1]. Non-commemorative Alleluia in mode 1: Ὁ Θεὸς ὁ διδοὺς ἐκδικήσεις ἐμοί [Ps 17:48]. Apostle and gospel of the day. 3.Koinonikon: Ἀγαλλιᾶσθε [Ps 32:1].

XII.21 S. It is necessary to realise that if a forefeast day falls on a Saturday, we chant nothing from the Oktoechos nor an element for the dead, and similarly we also recite the amomos [Ps 118] with the alleluia responses of the mode.[141] But **V.at Vespers** we chant a prokeimenon, and **O.at Orthros** Θεὸς Κύριος, and we recite the troparion of the feast[142] both **at Orthros** and **Vespers** and **L.during the Liturgy**.

XII.21 K. But if it falls on a Sunday, all the resurrection elements precede as has been stated, so then those of the feast according to the day.

---

[137] The heirmos.
[138] See XII.20 N and note 135.
[139] Most probably means that refrains from the third ode are intercalated into the makarismoi.
[140] See XII.20 O.4 and N.
[141] The mode is set; see note 1.
[142] See XII.20 O.4 and N.

ΔΕΚΕΜΒΡΙΟΣ

Μηνὶ τῷ αὐτῷ κβ΄· προεόρτια, καὶ τῆς ἁγίας μάρτυρος Ἀναστασίας.

Ἑσπέρας 1.οὐ στιχολογοῦμεν διὰ τὴν θ΄, 2.εἰς δὲ τὸ *Κύριε ἐκέκραξα* ἱστῶμεν ς΄ καὶ ψάλλομεν στιχηρὰ προεόρτια ἦχος δ΄ πρὸς τὸ Ὁ ἐξ ὑψίστου γ΄, καὶ ἕτερα γ΄ τῆς ἁγίας εἰς τὸν αὐτὸν ἦχον πρὸς τὸ Ὡς γενναῖον, *Δόξα καὶ νῦν*, ἰδιόμελον εἰς τὸν αὐτὸν ἦχον *Χριστὸς ὁ ἐρχόμενος*. 4.*Ἀλληλούια*. 10.εἰς τὸν στίχον στιχηρὰ τῆς ἑορτῆς ἦχος β΄ πρὸς τὸ Οἶκος τοῦ Ἐφραθᾶ *Χαῖρε ἡ Βηθλεέμ, Δεῦτε οἱ γηγενεῖς, Ἄισωμεν τῷ Θεῷ, Δόξα καὶ νῦν*, ἰδιόμελον ἦχος ὁ αὐτὸς *Δεῦτε ἅπαντες Χριστοῦ τὰ γενέθλια*. 12.ἀπολυτίκιον τῆς ἑορτῆς.

Εἰς τὰ ἀπόδειπνα 1.κανόνα προεόρτιον ὅμοιον τῆς μεγάλης ε΄ ἦχος πλάγιος β΄ <πρὸς τὸ> Τμηθείσῃ τμᾶται εἰς δ΄ σὺν τοῖς εἱρμοῖς· 2.ἀπὸ γ΄ ᾠδῆς οὐδέν· 3.ἀπὸ ς΄ τὸ[62] κοντάκιον τῆς Θεοτόκου ἐκ τῶν συνήθων.

Εἰς τὸν ὄρθρον 3.*Ἀλληλούια* καὶ 4.τὸ προεόρτιον τροπάριον ὡς εἴρηται ἐκ γ΄. 5.ἀπὸ α΄ στιχολογίας κάθισμα ἦχος δ΄ *Παρθένοι δοξάσατε, Δόξα καὶ νῦν*, τὸ αὐτό· ἀπὸ δευτέρας στιχολογίας ἕτερον κάθισμα ἦχος πλάγιος β΄ *Ἐκ Περσίδος βασιλεῖς, Δόξα καὶ νῦν*, τὸ αὐτό· ἀναγινώσκομεν δὲ ἐκ τοῦ βίου τῆς ἁγίας Εὐγενίας καὶ τὸ μαρτύριον τῆς ἁγίας Ἀναστασίας, οὗ ἡ ἀρχὴ Ἀναστασία γυναικῶν ἡ καλλίστη. 9.κανόνες γ΄· ὁ προεόρτιος ἦχος α΄ *Χριστὸν σαρκὶ νηπιάσαντα*· [46v] εἰ δὲ κατελείφθη καὶ ἐκ τῆς κυριακῆς[63] ἕτερος κανὼν προεόρτιος, ψάλλομεν κἀκεῖνον, τοὺς δύο εἰς η΄, εἰ δὲ οὐ κατελείφθη ψάλλομεν τὸν προειρημένον ἦχος α΄ εἰς η΄, καὶ τῆς ἁγίας εἰς δ΄ ἦχος πλάγιος δ΄ Ἰωσὴφ <πρὸς τὸ> *Ἄισμα* →

---

[62] om. D
[63] καὶ add. D

22 DECEMBER

XII.22C. 22nd of the same month. Forefeast, and the commemoration of the holy martyr Anastasia.

V. At **Vespers**, 1.we do not recite the continuous psalmody because of the **Ninth Hour**, 2.but at Κύριε ἐκέκραξα we intercalate six times and chant three forefeast stichera in mode 4 to Ὁ ἐξ ὑψίστου, and another three of the holy woman in the same mode to Ὡς γενναῖον, *Glory...both now...*, idiomelon in the same mode: Χριστὸς ὁ ἐρχόμενος. 4.*Alleluia*. 10.At the stichos, stichera of the feast in mode 2 to Οἶκος τοῦ Ἐφραθᾶ: Χαῖρε ἡ Βηθλεέμ, Δεῦτε οἱ γηγενεῖς, Ἄισωμεν τῷ Θεῷ, *Glory...both now...*, idiomelon in the same mode: Δεῦτε ἄπαντες Χριστοῦ τὰ γενέθλια. 12.Apolytikion of the feast.[143]

AP. At **Apodeipnon**, 1.from the forefeast canon to the same melody as that of great Thursday in plagal mode 2 <to> Τμηθείσῃ τμᾶται[144] four troparia including the heirmoi; 2.after the third ode, nothing; 3.after the sixth ode, the kontakion of the Theotokos from the customary ones.

O. At **Orthros**, 3.*Alleluia*, and 4.the forefeast troparion[145] three times, as has been stated. 5a.After the first recitation of continuous psalmody, b.poetic kathisma in mode 4: Παρθένοι δοξάσατε, *Glory...both now...*, the same repeated; d.after the second recitation, e.another poetic kathisma in plagal mode 2: Ἐκ Περσίδος βασιλεῖς, *Glory...both now...*, the same repeated, f.and we read from the *Life* of holy Eugenia, and the *Martyrion* of holy Anastasia beginning Ἀναστασία γυναικῶν ἡ καλλίστη [BHG, 82]. 9.Three canons: the forefeast one in mode 1: Χριστὸν σαρκὶ νηπιάσαντα, and if another forefeast canon was also left over from Sunday,[146] we chant that one too, from the two of them eight troparia, but if none was left over, we chant from the aforementioned one in mode 1 eight troparia, and from that of the holy woman in plagal mode 4 by

---

[143] See XII.20 N.
[144] The heirmos.
[145] See XII.20 O.4 and N.
[146] See XII.19 K.1 O.9.

313

ΔΕΚΕΜΒΡΙΟΣ

ἀναπέμψωμεν λαοί· ἀπὸ γ΄ ᾠδῆς κάθισμα τῆς ἁγίας ἦχος πλάγιος δ΄ *Τῶν μαρτύρων ζηλοῦσα*[64] καὶ θεοτοκίον· ἀπὸ ς΄ κάθισμα προεόρτιον ἦχος πλάγιος δ΄ *Ἀγαλλιάσθω οὐρανός*, *Δόξα καὶ νῦν*, τὸ αὐτό, ζήτει δὲ τοῦτο εἰς τὰς κγ΄ τοῦ μηνός. 10.ἐξαποστειλάριον *Ἅγιος Κύριος*. 12.εἰς τὸν στίχον τῶν αἴνων στιχηρὰ προεόρτια ἦχος πλάγιος β΄ πρὸς τὸ Αἱ ἀγγελικαὶ *Ὄρος νοητόν, Σάλπιγγος φωνήν, Αὐλῶν ποιμενικῶν*, *Δόξα καὶ νῦν*, ἰδιόμελον ἦχος ὁ αὐτὸς *Σιὼν πανηγύριζε*. 14.ἀπολυτίκιον τῆς ἑορτῆς.

Εἰ δὲ θέλει γενέσθαι καὶ λειτουργίαν, 1.λέγομεν τυπικὰ καὶ ᾠδὴν τοῦ προεορτίου κανόνος τὴν γ΄, *Δόξα καὶ νῦν*, τὸ τροπάριον τῆς ἑορτῆς. 2.προκείμενον ἦχος β΄ *Σῶσον Κύριε τὸν λαόν σου*· στίχος *Πρὸς σὲ Κύριε κεκράξομαι*. Ἀλληλούια ἦχος β΄ *Ἐπακούσαι σου Κύριος*. ἀπόστολος δὲ καὶ εὐαγγέλιον τῆς ἡμέρας. 3.κοινωνικὸν *Αἰνεῖτε τὸν Κύριον*.

Μηνὶ τῷ αὐτῷ κγ΄· προεόρτια, καὶ τῶν ἁγίων ι΄ μαρτύρων τῶν ἐν Κρήτῃ.

Ἑσπέρας 1.οὐ στιχολογοῦμεν διὰ τὴν θ΄, 2.εἰς δὲ τὸ *Κύριε ἐκέκραξα* ἱστῶμεν ς΄ καὶ ψάλλομεν στιχηρὰ προεόρτια γ΄ ἦχος πλάγιος β΄ πρὸς τὸ Ὅλην ἀποθέμενοι, καὶ γ΄ τῶν ἁγίων ἦχος δ΄ πρὸς τὸ Ὡς γενναῖον, *Δόξα καὶ νῦν*, ἰδιόμελον ἦχος ὁ αὐτὸς *Βηθλεὲμ εὐτρεπίζου*. 4.Ἀλληλούια. 10.εἰς τὸν στίχον στιχηρὰ τῆς ἑορτῆς ἦχος β΄ πρὸς τὸ Οἶκος τοῦ Ἐφραθᾶ *Ὄρη καὶ οἱ βουνοί, Ἥκει ὁ λυτρωτής*, καὶ ἰδιόμελον τῶν ἁγίων ἦχος γ΄ *Γενναῖοι μάρτυρες*, →

---

[64] ζηλοῦμεν D

22-23 DECEMBER

Joseph <to> Ἄισμα ἀναπέμψωμεν λαοί[147] four troparia; a.after the third ode, poetic kathisma of the holy woman in plagal mode 4: *Τῶν μαρτύρων ζηλοῦσα*, and theotokion; b.after the sixth ode, forefeast poetic kathisma in plagal mode 4: *Ἀγαλλιάσθω οὐρανός*, Glory...both now..., the same repeated (look for this at the twenty-third of the month). 10.Exaposteilarion: *Ἅγιος Κύριος*. 12.At the stichos of the ainoi, forefeast stichera in plagal mode 2 to Αἱ ἀγγελικαί: *Ὅρος νοητόν, Σάλπιγγος φωνήν, Αὐλῶν ποιμενικῶν*, Glory...both now..., idiomelon in the same mode: *Σιὼν πανηγύριζε*. 14.Apolytikion of the feast.[148]

L. If there is a wish that a **Liturgy** also be celebrated, 1.we recite typika, and the third ode of the forefeast canon,[149] *Glory...both now...*, the troparion of the feast.[150] 2.Prokeimenon in mode 2: *Σῶσον Κύριε τὸν λαόν σου* [Ps 27:9], stichos: *Πρὸς σὲ Κύριε κεκράξομαι* [Ps 27:1]. Alleluia in mode 2: *Ἐπακούσαι σου Κύριος* [Ps 19:2]. Apostle and gospel of the day. 3.Koinonikon: *Αἰνεῖτε τὸν Κύριον* [Ps 148:1].

XII.23C. 23rd of the same month. Forefeast, and the commemoration of the Ten Holy Martyrs in Crete.

V. At **Vespers**, 1.we do not recite the continuous psalmody because of the **Ninth Hour**, 2.but at *Κύριε ἐκέκραξα* we intercalate six times and chant three forefeast stichera in plagal mode 2 to Ὅλην ἀποθέμενοι, and three of the holy ones in mode 4 to Ὡς γενναῖον, *Glory...both now...*, idiomelon in the same mode: *Βηθλεὲμ εὐτρεπίζου*. 4.Alleluia. 10.At the stichos, stichera of the feast in mode 2 to Οἶκος τοῦ Ἐφραθᾶ: *Ὄρη καὶ οἱ βουνοί, Ἥκει ὁ λυτρωτής*, and idiomelon of the holy ones in mode 3: *Γενναῖοι*

---

[147] The heirmos.
[148] See XII.20 N.
[149] Most probably means that refrains of the third ode are intercalated into the makarismoi.
[150] See XII.20 O.4 and N.

ΔΕΚΕΜΒΡΙΟΣ

Δόξα καὶ νῦν, ἦχος ὁ αὐτὸς τῆς ἑορτῆς *Εὐτρεπίζου Βηθλεέμ*. 12.ἀπολυτίκιον τῆς ἑορτῆς.

Εἰς τὸ ἀπόδειπνον τὸ τριῴδιον ᾠδὴ ε΄ ἦχος πλάγιος β΄ <πρὸς τὸ> Πρὸς σὲ ὀρθρίζω, ἀνὰ δεύτερον τὰ τροπάρια χωρὶς τῶν εἱρμῶν, τοὺς γὰρ εἱρμοὺς καταλιμπάνομεν.

Εἰς τὸν ὄρθρον 3.*Ἀλληλούϊα* καὶ 4.τὸ τροπάριον τῆς ἑορτῆς ἐκ γ΄. 5.αἱ στιχολογίαι· ἀπὸ πρώτης στιχολογίας κάθισμα προεόρτιον ἦχος α΄ *Ὁ θρόνῳ πυριμόρφῳ*·[65] *Δόξα καὶ νῦν*, τὸ αὐτό· ἀπὸ δευτέρας στιχολογίας κάθισμα ἕτερον ἦχος γ΄ *Χαρᾶς ἐμπλήσθητε*, *Δόξα καὶ νῦν*, τὸ αὐτό· ἀνάγνωσις ἐκ τῆς ἑρμηνείας τοῦ κατὰ Ματθαῖον καὶ τὸ μαρτύριον τῶν ἁγίων, οὗ ἡ ἀρχὴ *Ἄλλος μὲν ἄλλο τι τῆς θρυλλουμένης*. 9.κανόνες δύο· τῆς ἑορτῆς ἦχος πλάγιος β΄ Θεοφάνους <πρὸς τὸ> *Ὡς ἐν ἠπείρῳ πεζεύσας* σὺν τοῖς εἱρμοῖς εἰς η΄, καὶ τῶν ἁγίων ἦχος γ΄ Γερμανοῦ εἰς δ΄· ἀπὸ γ΄ ᾠδῆς ἡ ὑπακοή, ὁ ψάλτης καὶ ὁ[66] λαὸς μετὰ χειρονομίας, ἦχος πλάγιος δ΄ *Τὴν ἀπαρχὴν τῶν ἐθνῶν*, καὶ εὐθὺς ἡ ἀνάγνωσις· ἀπὸ ϛ΄ ᾠδῆς κάθισμα τῶν ἁγίων ἦχος α΄, *Δόξα καὶ νῦν*, θεοτοκίον. 10.ἐξαποστειλάριον *Ἅγιος Κύριος*. 12.εἰς τὸν στίχον τῶν αἴνων στιχηρὰ τῆς ἑορτῆς ἦχος β΄ πρὸς τὸ Ἄγγελος μὲν τὸ Χαῖρε, γ΄· [47r] *Δόξα καὶ νῦν*, ἰδιόμελον εἰς ἦχον δ΄ *Ἡσαΐα χόρευε*. 14.ἀπολυτίκιον τὸ αὐτό.

Εἰ δὲ θέλει λειτουργῆσαι, 1.τυπικὰ καὶ ᾠδὴ τοῦ κανόνος ἡ γ΄, τὸ τροπάριον. 2.προκείμενον ἦχος δ΄ *Ὡς ἐμεγαλύνθη*· στίχος *Εὐλόγει ἡ*

---

[65] ποριμόρφῳ D
[66] om. D

23 DECEMBER

μάρτυρες, Glory...both now..., in the same mode that of the feast: Εὐτρεπίζου Βηθλεέμ. **12.**Apolytikion of the feast.[151]

AP. At Apodeipnon, the triodion, fifth ode in plagal mode 2 <to> Πρὸς σὲ ὀρθρίζω,[152] the troparia twice each excluding the heirmoi, for we omit the heirmoi.

O. At Orthros, 3.*Alleluia*, and **4.**the troparion of the feast[153] three times. **5.**The recitations of continuous psalmody; a.after the first recitation, b.forefeast poetic kathisma in mode 1: Ὁ θρόνῳ πυριμόρφῳ, Glory...both now..., the same repeated; d.after the second recitation, e.another poetic kathisma in mode 3: Χαρᾶς ἐμπλήσθητε, Glory...both now..., the same repeated, f.reading: from the *Commentary* on the [Gospel] according to Matthew, and the *Martyrion* of the holy ones beginning Ἄλλος μὲν ἄλλο τι τῆς θρυλλουμένης [BHG, 1197]. **9.**Two canons: from that of the feast in plagal mode 2 by Theophanes <to> Ὡς ἐν ἠπείρῳ πεζεύσας[154] including the heirmoi eight troparia, and from that of the holy ones in mode 3 by Germanos four troparia; a.after the third ode, the hypakoe [by] the cantor and the people with cheironomia in plagal mode 4: Τὴν ἀπαρχὴν τῶν ἐθνῶν, and immediately the reading; b.after the sixth ode, poetic kathisma of the holy ones in mode 1, Glory...both now..., theotokion. **10.**Exaposteilarion: Ἅγιος Κύριος. **12.**At the stichos of the ainoi, three stichera of the feast in mode 2 to Ἄγγελος μὲν τὸ Χαῖρε, Glory...both now..., idiomelon in mode 4: Ἡσαΐα χόρευε. **14.**The same apolytikion.[155]

L. If there is a wish to celebrate a **Liturgy, 1.**typika, and the third ode of the canon,[156] the troparion.[157] **2.**Prokeimenon in mode 4: Ὡς ἐμεγαλύνθη [Ps 103:24], stichos: Εὐλόγει ἡ ψυχή μου τὸν Κύριον [Ps

---

[151] See XII.20 N.
[152] The heirmos.
[153] See XII.20 O.4 and N.
[154] The heirmos.
[155] The troparion used as apolytikion at V.12 repeated here.
[156] Most probably means that refrains of the third ode are intercalated into the makarismoi.
[157] The troparion of the feast; see XII.20 O.4 and N.

ΔΕΚΕΜΒΡΙΟΣ

ψυχή μου τὸν Κύριον. Ἀλληλούια ἦχος δ΄ *Ἔντεινε καὶ κατευοδοῦ καὶ βασίλευε.* ἀπόστολος δὲ καὶ εὐαγγέλιον τῆς ἡμέρας. 3.κοινωνικὸν *Αἰνεῖτε τὸν Κύριον.*

Μηνὶ τῷ αὐτῷ κδ΄· προεόρτια τῆς Χριστοῦ γεννήσεως· τὴν γὰρ ἁγίαν Εὐγενίαν προεψάλαμεν εἰς τὰς κα''[67] τοῦ μηνός.

Ἑσπέρας 1.οὐ στιχολογοῦμεν, 2.εἰς δὲ τὸ *Κύριε ἐκέκραξα* ἱστῶμεν ς΄ καὶ ψάλλομεν στιχηρὰ προεόρτια ἰδιόμελα ἦχος δ΄ γ΄ ἐκ δευτέρου, *Βηθλεὲμ εὐτρεπίζου, Χριστὸς ὁ ἐρχόμενος, Ἠσαΐα χόρευε, Δόξα καὶ νῦν,* ἦχος πλάγιος α΄ *Μὴ στύγναζε Ἰωσήφ.* 4.προκείμενον τῆς ἡμέρας. 10.εἰς τὸν στίχον στιχηρὰ προεόρτια ἰδιόμελα ἦχος β΄ *Ἰδοὺ καιρός, Βηθλεὲμ γῆ Ἰούδα, Δεῦτε ἅπαντες Χριστοῦ τὰ γενέθλια, Δόξα,* εἰς τὸν αὐτὸν ἦχον *Οἶκος τοῦ Ἐφραθᾶ, καὶ νῦν,* ἦχος πλάγιος β΄ *Σπήλαιον εὐτρεπίζου.* 12.ἀπολυτίκιον ἦχος δ΄ *Ἀπεγράφετο ποτὲ σὺν τῷ πρεσβύτῃ Ἰωσὴφ ὡς ἐκ σπέρματος Δαβὶδ ἐν Βηθλεὲμ ἡ Μαριὰμ κυοφοροῦσα τὴν ἄσπορον κυοφορίαν. ἐπέστη δὲ καιρὸς ὁ τῆς γεννήσεως καὶ τόπος ἦν οὐδεὶς τῷ καταλύματι· ἀλλ᾽ ὡς τερπνὸν παλάτιον τὸ σπήλαιον τῇ βασιλίδι ἐδείκνυτο. Χριστὸς γεννᾶται τὴν πρὶν πεσοῦσαν ἀναστῆσαι εἰκόνα.*[68] τὸ αὐτὸ καὶ εἰς τὸ *Θεὸς Κύριος* καὶ εἰς τὸ τέλος τοῦ ὄρθρου καὶ εἰς τὰς ὥρας.

Εἰς τὸ ἀπόδειπνον 1.κανὼν ἦχος πλάγιος β΄ <πρὸς τὸ> *Κύματι θαλάσσης* σὺν τοῖς εἱρμοῖς εἰς δ΄· 3.ἀπὸ ς΄ ᾠδῆς κοντάκιον τῆς Θεοτόκου ἐκ τῶν συνήθων.

Εἰς τὸν ὄρθρον 3.*Θεὸς Κύριος* καὶ 4.τὸ τροπάριον τῆς ἀπογραφῆς ἐκ γ΄. 5.αἱ στιχολογίαι καθίσματα δύο· ἀπὸ α΄ στιχολογίας κάθισμα τῆς ἑορτῆς ἦχος πλάγιος δ΄ *Τῶν γενεθλίων τοῦ Χριστοῦ,* ζήτει δὲ αὐτὸ εἰς τὰς κγ΄ τοῦ μηνός, *Δόξα καὶ νῦν,* τὸ αὐτό· ἀνάγνωσις λόγος τοῦ θεολόγου *Τίς ἡ τυραννὶς* εἰς δόσεις δύο· ἀπὸ δευτέρας →

---

[67] κδ΄ D
[68] ὡς ἐκ...εἰκόνα om. D

23-24 DECEMBER

103:1]. *Alleluia* in mode 4: Ἔντεινε καὶ κατευοδοῦ καὶ βασίλευε [Ps 44:5]. Apostle and gospel of the day. 3.Koinonikon: Αἰνεῖτε τὸν Κύριον [Ps 148:1].

XII.24C. 24th of the same month. Forefeast of Christ's Nativity, for we chanted [in celebration of] holy Eugenia beforehand on the 21st of the month.

V. At Vespers, 1.we do not recite the continuous psalmody, 2.but at Κύριε ἐκέκραξα we intercalate six times and chant three forefeast stichera idiomela in mode 4 twice: *Βηθλεὲμ εὐτρεπίζου, Χριστὸς ὁ ἐρχόμενος, Ἡσαΐα χόρευε, Glory...both now...,* in plagal mode 1 *Μὴ στύγναζε Ἰωσήφ.* 4.Prokeimenon of the day of the week. 10.At the stichos, forefeast stichera idiomela in mode 2: *Ἰδοὺ καιρός, Βηθλεὲμ γῆ Ἰούδα, Δεῦτε ἅπαντες Χριστοῦ τὰ γενέθλια, Glory...,* in the same mode *Οἶκος τοῦ Ἐφραθᾶ, both now...,* in plagal mode 2 *Σπήλαιον εὐτρεπίζου.* 12.Apolytikion in mode 4: *Once Mary pregnant with the unsown pregnancy was registered with the elderly Joseph in Bethlehem as being from the seed of David. The time of the birth was imminent and there was no place for her lodging; but the cave was pointed out to the queen as a delightful palace. Christ is born to raise up the image that had previously fallen.* The same also at Θεὸς Κύριος O.4. and O.14.at the end of **Orthros,** and at the **Hours.**

AP. At Apodeipnon, 1.from canon in plagal mode 2 <to> Κύματι θαλάσσης[158] including the heirmoi four troparia; 3.after the sixth ode, kontakion of the Theotokos from the customary ones.

O. At Orthros, 3.Θεὸς Κύριος, and 4.the troparion of the registration[159] three times. 5.The recitations of continuous psalmody, two kathismata; a.after the first recitation, b.poetic kathisma of the feast in plagal mode 4: *Τῶν γενεθλίων τοῦ Χριστοῦ* (look for it at the twenty-third of the month), *Glory...both now...,* the same repeated, c.reading: *Homily* of the Theologian *Τίς ἡ τυραννίς* [BHG, 1918], in two portions; d.after the second recitation,

---

[158] The heirmos.
[159] The troparion used as apolytikion at V.12 repeated here.

ΔΕΚΕΜΒΡΙΟΣ

στιχολογίας έτερον κάθισμα προεόρτιον *Ὁ τῶν αἰώνων Δεσπότης, Δόξα καὶ νῦν*, τὸ αὐτό· ἀνάγνωσις τὸ λοιπὸν τοῦ θεολόγου. 9.κανόνες β'· τῆς ἀπογραφῆς ἀμφότεροι κατ' ἀλφάβητον, καὶ ψάλλονται ἀνὰ ϛ', ὁ εἷς αὐτῶν ἦχος β' <πρὸς τὸ> Ἐν βυθῷ κατέστρωσε, ὁ ἕτερος δὲ ἦχος πλάγιος β' πρὸς τὸ Κύματι θαλάσσης *Ἄρχων ἐξ Ἰούδα*· ἀπὸ γ' ᾠδῆς ἡ ὑπακοὴ ἦχος πλάγιος δ' *Αὐλῶν ποιμενικῶν*, [47v] ὁ ψάλτης καὶ ὁ[69] λαὸς μετὰ χειρονομίας, καὶ εὐθὺς ἀνάγνωσις λόγος τοῦ ἁγίου Ἀθανασίου εἰς τὴν ἀπογραφήν, οὗ ἡ ἀρχὴ *Ὥσπερ οἱ τὴν χρυσίτην γῆν*, ζήτει εἰς τὸ πανηγυρικόν· ἀπὸ ϛ' ᾠδῆς τὸ προεόρτιον κοντάκιον ἦχος γ' πρὸς τὸ Ἡ παρθένος σήμερον. 10.ἐξαποστειλάριον *Ἅγιος Κύριος*. 12.εἰς τὸν στίχον τῶν αἴνων στιχηρὰ προεόρτια ἦχος γ' πρὸς τὸ Σταυροφανῶς, *Δόξα καὶ νῦν*, ἰδιόμελον ἦχος πλάγιος δ' *Ὑπόδεξαι Βηθλεέμ*. 14.ἀπολυτίκιον τὸ αὐτό. καὶ ἡ πρώτη ὥρα ὡς σύνηθες, οὐ μέντοι ψάλλομεν καὶ τὰ τροπάρια ἄρτι, ἀλλ' ἐάν ἐστι νηστεία, ὥρᾳ[70] γ' κρουομένου τοῦ ξύλου ἀπερχόμεθα καὶ ψάλλομεν ἔνδοθεν τοῦ ναοῦ τὴν γ' ὥραν, καὶ εὐθὺς τὰ τροπάρια πάντα ὁμοῦ τῆς πρώτης ὥρας, τῆς γ', τῆς ϛ' καὶ τῆς θ' ὡς κατωτέρω δηλωθήσεται περὶ τούτου σαφέστερον.

Χρὴ δὲ εἰδέναι ὅτι ἐὰν φθάσῃ ἡ κυριακὴ τῶν ἁγίων πατέρων πρὸ τῆς Χριστοῦ γεννήσεως, τῇ αὐτῇ ἡμέρᾳ, ἤγουν τῇ κδ' τοῦ μηνός, οὐδὲν τῶν ἀναστασίμων ψάλλεται ἀλλὰ πάντα τῶν ἁγίων πατέρων μετὰ τῶν προεορτίων. προηγοῦνται δὲ τὰ στιχηρὰ τῶν ἁγίων πατέρων τῶν τῆς ἑορτῆς, ὁμοίως καὶ οἱ κανόνες· μόνους δὲ τοὺς ἀναβαθμοὺς τοῦ ἤχου ψάλλομεν, καὶ ὃ ἐὰν τύχῃ ἀναστάσιμον ἑωθινὸν εὐαγγέλιον ἀναγινώσκεται.

Εἰ δὲ ἐν σαββάτῳ τύχῃ ἡ παραμονὴ αὕτη τῶν Χριστουγέννων ἢ ἐν κυριακῇ, ἤγουν ἡ κδ' τοῦ μηνός, οὐδὲν τῶν προειρημένων στιχηρῶν ψάλλομεν, οὔτε ἑσπέρας οὔτε πρωΐ, ἀλλὰ πάντα ἐκ τῶν τροπαρίων

---

[69] om. D
[70] ὥρα D

24 DECEMBER

e.another forefeast poetic kathisma: Ὁ τῶν αἰώνων Δεσπότης, Glory...both now..., the same repeated, f.reading: the rest from the Theologian. 9.Two canons: of the registration, both alphabetic ones and six troparia are chanted from each; the one of them in mode 2 <to> Ἐν βυθῷ κατέστρωσε,[160] but the other in plagal mode 2 to Κύματι θαλάσσης: Ἄρχων ἐξ Ἰούδα. a.After the third ode, the hypakoe in plagal mode 4: Αὐλῶν ποιμενικῶν [by] the cantor and the people with cheironomia, and immediately a reading: Homily of holy Athanasios on the registration beginning Ὥσπερ οἱ τὴν χρυσίτην γῆν [BHG, 1161k] (look in the Panegyrikon); b.after the sixth ode, the forefeast kontakion in mode 3 to Ἡ παρθένος σήμερον. 10.Exaposteilarion: Ἅγιος Κύριος. 12.At the stichos of the ainoi, forefeast stichera in mode 3 to Σταυροφανῶς, Glory...both now..., idiomelon in plagal mode 4: Ὑπόδεξαι Βηθλεέμ. 14.The same apolytikion.[161] And the **First Hour** as is customary, however, we do not chant the troparia also now; but if there is a fast, at the third hour when the semantron is being sounded, we go and chant the **Third Hour** inside the church and immediately all the troparia of the **First Hour**, the **Third**, the **Sixth** and the **Ninth** together, as will be shown more clearly concerning this later on.

XII.24 K.1 But it is necessary to know that if the **Sunday of the holy Fathers** comes before the Nativity of Christ on this same day, that is the twenty-fourth of the month, none of the resurrection elements is chanted, but all those of the holy Fathers with the forefeast ones; and the stichera of the holy Fathers precede those of the feast, similarly also the canons. We only chant the anabathmoi of the mode,[162] and whatever happens to be the resurrection matins gospel is read.

XII.24 S./K.2 But if this paramone of Christ's Nativity, that is the twenty-fourth of the month, falls on a Saturday or a Sunday, we chant none of the aforementioned stichera, neither **V.at Vespers** nor **O.at Orthros**, but all of the troparia

---

[160] The heirmos.
[161] The troparion used as apolytikion at V.12 repeated here.
[162] The mode is set; see note 1.

ΔΕΚΕΜΒΡΙΟΣ

διὰ τὸ μὴ ψάλλεσθαι τὰς ὥρας κοινῶς, οὔτε μὴν τὰ τροπάρια, οὔτε ἀναγινώσκομεν τὰ εὐαγγέλια. ψάλλομεν δὲ ταῦτα οὕτως· τῇ μὲν ἑσπέρᾳ 2.εἰς τὸ *Κύριε ἐκέκραξα* ἱστῶμεν ϛ´ καὶ ψάλλομεν τὰ προειρημένα γ´ στιχηρὰ ἰδιόμελα εἰς ἦχον δ´, ἤγουν *Βηθλεὲμ εὐτρεπίζου, Χριστὸς ὁ ἐρχόμενος, Ἡσαΐα χόρευε,* τὰ μὲν δύο τὰ πρῶτα ἐκ δευτέρου, τὸ δὲ ἓν ἅπαξ. λέγομεν δὲ καὶ ἐκ τῶν τροπαρίων ἓν εἰς τὸν αὐτὸν ἦχον καὶ αὐτὸ ἅπαξ *Ἄκουε οὐρανέ·* εἶτα *Δόξα καὶ νῦν,* ἦχος πλάγιος α´ καὶ ἕτερον στιχηρὸν ἐκ τῶν τροπαρίων *Δεῦτε χριστοφόροι λαοί.* 10.εἰς δὲ τὸν στίχον ἕτερον ἦχος πλάγιος δ´, λέγομεν δὲ καὶ τοὺς στίχους αὐτοῦ καθώς εἰσιν ἐν ἑνὶ ἑκάστῳ στιχηρῷ *Βηθλεὲμ ἑτοιμάζου* καὶ ὁ στίχος αὐτοῦ, ἄλλο ἦχος ὁ αὐτὸς *Τάδε λέγει Ἰωσήφ,* στίχος ἕτερος, καὶ ὁ αὐτὸς ἦχος ἕτερον στιχηρὸν[71] *Πρὸ τῆς γεννήσεως τῆς σῆς, Δόξα,* ἦχος γ´ *Ἰωσὴφ εἰπὲ ἡμῖν, καὶ νῦν,* ἦχος ὁ αὐτὸς *Νῦν προφητικὴ πρόρρησις.* Εἰς δὲ τὸν ὄρθρον 12.ἀντὶ τῶν προσομοίων στιχηρῶν, ἤγουν τῶν εἰς γ´ ἦχον[72] τῶν πρὸς τὸ Σταυροφανῶς, λέγομεν ἐκ τῶν τροπαρίων ταῦτα ἦχος α´ *Δεῦτε πιστοί,* εἶτα στίχος εἰς ἦχον β´, στιχηρὸν [48r] *Ὅτε Ἰωσήφ,* καὶ πάλιν στίχος εἰς ἦχον πλάγιον β´, καὶ στιχηρὸν *Οὗτος ὁ Θεὸς ἡμῶν, Δόξα καὶ νῦν,* εἰς τὸν αὐτὸν ἦχον στιχηρὸν *Σήμερον γεννᾶται ἐκ παρθένου,* τὸν δὲ βαρὺν ἦχον τὸ *Ἐξεπλήττετο ὁ Ἡρώδης* καταλιμπάνεται διὰ τὸ ψάλλεσθαι αὐτὸ εἰς τὰς κθ´ τοῦ αὐτοῦ μηνὸς τῶν ἁγίων νηπίων. 14.ἀπολυτίκιον *Ἀπεγράφετο ποτέ.*

Καὶ ταῦτα μὲν ψάλλονται οὕτως μὴ οὔσης νηστείας, εἰ δέ ἐστι νηστεία, ἤγουν λιτὴ ἡμέρα, πρὸς ὥραν γ´ κρουομένου τοῦ ξύλου συναγόμεθα καὶ ψάλλομεν αὐτὴν τρίψαλμον ἔνδοθεν τοῦ ναοῦ, ἠλλαγμένου ἱερέως καὶ διακόνου καὶ κηρῶν ἁπτόντων ἐν ταῖς κατὰ συνήθειαν ἁγίαις εἰκόσι. μετὰ δὲ τὸ τρίψαλμον λέγομεν τροπάριον

---

[71] ἕτερα στιχηρὰ D
[72] τῶν εἰς γ´ ἦχον om. D

24 DECEMBER

because the **Hours** are not chanted communally, nor yet the troparia, nor do we read the gospels. But we chant these elements as follows; **V.at Vespers,** 2.at Κύριε ἐκέκραξα we intercalate six times and chant the three aforementioned stichera idiomela in mode 4, that is, Βηθλεὲμ εὐτρεπίζου, Χριστὸς ὁ ἐρχόμενος, Ἡσαΐα χόρευε, the first two twice and the one once. We also recite one of the troparia in the same mode, and it once: Ἄκουε οὐρανέ, then *Glory...both now...,* in plagal mode 1 another sticheron also from the troparia: Δεῦτε χριστοφόροι λαοί. 10.At the stichos, another [sticheron] in plagal mode 4, and we recite also its stichoi, just as they are at each single sticheron: Βηθλεὲμ ἑτοιμάζου and its stichos, another [sticheron] in the same mode: Τάδε λέγει Ἰωσήφ, another stichos, and in the same mode another sticheron: Πρὸ τῆς γεννήσεως τῆς σῆς, *Glory...,* in mode 3 Ἰωσὴφ εἰπὲ ἡμῖν, *both now...,* in the same mode Νῦν προφητικὴ πρόρρησις. **O.But at Orthros,** 12.instead of the stichera prosomoia, that is, those in the third mode to Σταυροφανῶς, from the troparia we recite these in mode 1: Δεῦτε πιστοί, then a stichos in mode 2, sticheron: Ὅτε Ἰωσήφ, and again a stichos in plagal mode 2, and sticheron: Οὗτος ὁ Θεὸς ἡμῶν, *Glory...both now...,* in the same mode sticheron: Σήμερον γεννᾶται ἐκ παρθένου. But Ἐξεπλήττετο ὁ Ἡρώδης in barys mode is omitted because it is chanted on the twenty-ninth of this same month, on the feast of the holy Infants. 14.Apolytikion: Ἀπεγράφετο ποτέ.[163]

They are chanted like that if there is no fast; but if there is a fast, that is if it is an ordinary day, just before the third hour when the semantron is being sounded we gather together and chant it[164] with a tripsalmos[165] inside the church, a priest and deacon robed and candles lit at the customary holy icons. After the tripsalmos, we recite troparion: Ἀπεγράφετο ποτέ,[166] *Glory...both now...,* Θεοτόκε

---

[163] See V.12 above for a full translation of this apolytikion.
[164] That is, the Third Hour.
[165] Psalms 16, 24, 50.
[166] The troparion used as apolytikion at V.12 repeated here.

ΔΕΚΕΜΒΡΙΟΣ

Ἀπεγράφετο ποτέ, *Δόξα καὶ νῦν, Θεοτόκε σὺ εἶ*[73] *ἄμπελος ἡ ἀληθινή*·[74] καὶ εὐθὺς ἄρχεται ὁ ἐνόρδινος χορὸς ὁ καὶ ἐναρξάμενος τὸ α΄ τροπάριον ἦχος πλάγιος δ΄ *Βηθλεὲμ ἑτοιμάζου*· εἶτα λέγει αὐτὸ καὶ ὁ ἄλλος χορός, καὶ πάλιν ὁ πρῶτος χορὸς λέγει στίχον καὶ τὸ δεύτερον τροπάριον ἦχος ὁ αὐτὸς *Τάδε λέγει Ἰωσήφ*, καὶ πάλιν ὁ ἕτερος χορὸς ὁμοίως στίχον καὶ τὸ αὐτὸ τροπάριον· εἶτα ὁ ἐναρξάμενος χορὸς πάλιν στίχον ἕτερον εἰς ἦχον πλάγιον β΄ καὶ τὸ γ΄ τροπάριον *Οὗτος ὁ Θεὸς ἡμῶν*· εἶτα στίχον ὁ ἕτερος χορὸς καὶ πάλιν τὸ αὐτὸ τροπάριον. ἔπειτα ἑνούμενοι ἐν τῷ μέσῳ οἱ δύο χοροὶ λέγουσι *Δόξα καὶ νῦν* καὶ ψάλλουσιν ὁμοῦ τὸ αὐτὸ γ΄ τροπάριον *Οὗτος ὁ Θεὸς ἡμῶν*, καὶ εὐθὺς γίνεται ὑπὸ τοῦ διακόνου μικρὰ συναπτὴ καὶ ἡ παρὰ τοῦ ἱερέως ἐκφώνησις. ὁ διάκονος *Πρόσχωμεν* καὶ ὁ ἀναγνώστης *Ψαλμὸς τῷ Δαβίδ, προκείμενον* ἦχος α΄, *Κύριος εἶπε πρός με Υἱός μου εἶ σύ*· στίχος *Αἴτησαι παρ᾽ ἐμοῦ*. ὁ διάκονος *Σοφία* καὶ ὁ ἀναγνώστης *Προφητείας Μιχαίου*. ὁ διάκονος *Πρόσχωμεν* καὶ ὁ ἀναγνώστης *Καὶ σὺ Βηθλεέμ*, ζήτει τῆς ἑσπέρας προφητείαν. εἶτα μετὰ τὸ τέλος τῆς προφητείας λέγει ὁ διάκονος *Σοφία* καὶ ὁ ἀναγνώστης *Πρὸς Ἑβραίους ἐπιστολῆς*, καὶ ὁ διάκονος *Πρόσχωμεν* καὶ ὁ ἀναγνώστης λέγει τὸν ἀπόστολον *Πολυμερῶς καὶ πολυτρόπως*, ζήτει σαββάτῳ α΄ τῶν νηστειῶν. καὶ ὁ διάκονος *Σοφία ὀρθοὶ ἀκούσωμεν τοῦ ἁγίου εὐαγγελίου* καὶ ὁ ἱερεὺς *Ἐκ τοῦ κατὰ Ματθαῖον*. ὁ διάκονος *Πρόσχωμεν*, εὐαγγέλιον *Τοῦ Ἰησοῦ Χριστοῦ ἡ γέννησις*, ζήτει ἑωθινὸν τῆς ἑορτῆς, καὶ μετὰ τὸ τέλος τοῦ εὐαγγελίου εὐθὺς ἄρχεται ὁ ἄλλος χορὸς τὸ δ΄ τροπάριον.

Δεῖ δὲ γινώσκειν ὅτι οὕτως ὀφείλουσι ψάλλεσθαι καὶ ἀναγινώσκεσθαι εἰς πάσας τὰς ὥρας καθὼς ἐν τῇ α΄ ὥρᾳ εἰρήκαμεν· τὰ τροπάρια, τὰ προκείμενα,[75] αἱ προφητεῖαι, οἱ ἀπόστολοι καὶ τὰ εὐαγγέλια, καὶ ἡ λοιπὴ πᾶσα τάξις ὡς εἴρηται. [48v] ἰστέον[76] δὲ καὶ τοῦτο, ὅτι εἰς μὲν τὰς προφητείας καθεζόμεθα, εἰς δὲ τοὺς ἀποστόλους ἱστάμεθα.

Τροπάριον δ΄ τῆς γ΄ ὥρας ἦχος γ΄ *Νῦν προφητικὴ πρόρρησις*, τὸ αὐτὸ καὶ ὁ ἕτερος χορός. εἶτα στίχον ὁ ἐναρξάμενος χορὸς καὶ λέγει τὸ ε΄

---

[73] ἡ add. D
[74] ὥρα α΄ add. D e marg. dext.
[75] τὸ προκείμενον D
[76] Ὥρα γ΄ praepos. D e marg. sin.

24 DECEMBER

σὺ εἶ ἄμπελος ἡ ἀληθινή, and immediately the choir next in order which also began starts the first troparion in plagal mode 4: *Βηθλεὲμ ἑτοιμάζου*, then the other choir also recites it, and again the first choir recites a stichos and the second troparion in the same mode: *Τάδε λέγει Ἰωσήφ*, and again the other choir likewise a stichos and the same troparion. Then again the choir that began [recites] another stichos in plagal mode 2 and the third troparion: *Οὗτος ὁ Θεὸς ἡμῶν*, then the other choir [recites] a stichos and again the same troparion. Next uniting in the middle the two choirs recite *Glory...both now...*, and together they chant the same third troparion: *Οὗτος ὁ Θεός ἡμῶν*, and at once a small synapte is carried out by the deacon and the ekphonesis by the priest. The deacon: *Πρόσχωμεν*, and the reader: *Ψαλμὸς τῷ Δαβίδ, προκείμενον ἦχος α΄, Κύριος εἶπε πρός με Υἱός μου εἶ σύ* [Ps 2:7], stichos: *Αἴτησαι παρ᾽ ἐμοῦ* [Ps 2:8]. The deacon: *Σοφία*, and the reader: *Προφητείας Μιχαίου*, the deacon: *Πρόσχωμεν*, and the reader: *Καὶ σὺ Βηθλεέμ* [Mic 5:1ff] (see the prophecy of **Vespers**). Then after the end of the prophecy the deacon says *Σοφία*, and the reader: *Πρὸς Ἑβραίους ἐπιστολῆς*, and the deacon: *Πρόσχωμεν*, and the reader recites the apostle: [Heb 1:1ff] (see the first Saturday of Lent). And the deacon: *Σοφία ὀρθοὶ ἀκούσωμεν τοῦ ἁγίου εὐαγγελίου*, and the priest: *Ἐκ τοῦ κατὰ Ματθαῖον*, the deacon: *Πρόσχωμεν*, gospel: [Mat 1:18ff] (see the matins gospel of the feast), and after the end of the gospel, the other choir immediately begins the fourth troparion.

> N. It is necessary to realise that [the elements] in all the **Hours** ought to be chanted and read just as we have stated in the case of the **First Hour**: the troparia, the prokeimena, the prophecies, the apostles and the gospels, and all the remaining arrangement, as has been stated. This also should be known, that at the prophecies we sit down, but at the apostles we stand.

Fourth troparion of the **Third Hour** in mode 3: *Νῦν προφητικὴ πρόρρησις*, and the other choir [recites] the same. Then the choir that began recites a stichos and the fifth troparion in plagal mode 4: *Πρὸ τῆς γεννήσεως τῆς σῆς*, similarly the other [choir] also does likewise. And again the other [choir recites] the sixth troparion in

ΔΕΚΕΜΒΡΙΟΣ

τροπάριον ἦχος πλάγιος δ' *Πρὸ τῆς γεννήσεως τῆς σῆς,* ὁμοίως καὶ ὁ ἕτερος ὡσαύτως. καὶ πάλιν ὁ ἕτερος τὸ ϛ' τροπάριον ἦχος γ' *Ἰωσὴφ εἰπὲ ἡμῖν,* ὁμοίως καὶ ὁ ἕτερος ὡσαύτως. εἶτα *Δόξα καὶ νῦν,* καὶ ἑνούμενοι ψάλλουσι τὸ αὐτὸ τροπάριον *Ἰωσὴφ εἰπὲ ἡμῖν.* καὶ πάλιν γίνεται παρὰ τοῦ διακόνου μικρὰ συναπτὴ ὡς ἀνωτέρω εἰρήκαμεν, καὶ εὐθὺς προκείμενον ἦχος δ' *Ὅτι παιδίον ἐγεννήθη ἡμῖν·* στίχος *Οὗ ἡ ἀρχὴ ἐγενήθη*[77] ἐπὶ τοῦ ὤμου αὐτοῦ, ἔπειτα προφητεία Ἰερεμίου *Οὗτος ὁ Θεὸς ἡμῶν,* ζήτει τῇ αὐτῇ ἑσπέρᾳ ἀνάγνωσμα ε'· καὶ ὁ ἀπόστολος πρὸς Ἑβραίους *Ἀδελφοί, ἔχοντες παρρησίαν,* ζήτει νοεμβρίου α'· εὐαγγέλιον κατὰ Λουκᾶν *Ἐν ταῖς ἡμέραις ἐκείναις ἐξῆλθε δόγμα παρὰ Καίσαρος,* ζήτει τῇ αὐτῇ ἑσπέρᾳ.

Καὶ[78] πάλιν ἄρχεται ὁ ἐναρξάμενος χορὸς τοῦ ζ' τροπαρίου ἦχος α' *Δεῦτε πιστοὶ ἐπαρθῶμεν,* τὸ αὐτὸ καὶ ὁ ἕτερος χορός. εἶτα στίχον ὁ ἄλλος χορὸς καὶ λέγει τὸ η' τροπάριον ἦχος δ' *Ἄκουε οὐρανέ,* ὁμοίως δὲ καὶ ὁ ἕτερος χορὸς ὡσαύτως. καὶ πάλιν ὁ πρῶτος χορὸς στίχον καὶ τὸ θ' τροπάριον, καὶ ὁ ἄλλος χορὸς ὡσαύτως, εἶτα ἑνούμενοι λέγουσι *Δόξα καὶ νῦν,* καὶ πάλιν τὸ αὐτὸ θ' τροπάριον ἦχος πλάγιος α' *Δεῦτε χριστοφόροι λαοί.* καὶ γίνεται πάλιν ἡ μικρὰ συναπτὴ παρὰ τοῦ διακόνου καὶ ἡ παρὰ τοῦ ἱερέως ὡσαύτως ἐκφώνησις, καὶ εὐθὺς τὸ προκείμενον ἦχος δ' *Ἐκ γαστρὸς πρὸ ἑωσφόρου·* στίχος *Εἶπεν ὁ Κύριος τῷ κυρίῳ μου,* ἡ προφητεία Ἠσαΐου τὸ ἀνάγνωσμα *Προσέθετο Κύριος λαλῆσαι τῷ Ἄχαζ λέγων,* ζήτει τῇ αὐτῇ ἑσπέρᾳ προφητείαν η'· ὁ ἀπόστολος πρὸς Ἑβραίους *Κατ' ἀρχὰς Κύριε τὴν γῆν ἐθεμελίωσας,* ζήτει κυριακῇ β' τῶν νηστειῶν· εὐαγγέλιον κατὰ Ματθαῖον *Τοῦ Ἰησοῦ γεννηθέντος,* ζήτει τῆς λειτουργίας τῆς ἑορτῆς.

Καὶ[79] εὐθὺς πάλιν ἄρχεται ὁ ἕτερος χορὸς τοῦ ι' τροπαρίου *Ἐξεπλήττετο ὁ Ἡρώδης,* τὸ αὐτὸ ὁμοίως καὶ ὁ ἄλλος χορός. εἶτα στίχον ὁ ἐναρξάμενος χορὸς καὶ λέγει τὸ ια' τροπάριον ἦχος β' *Ὅτε Ἰωσήφ,* ὡσαύτως καὶ ὁ ἕτερος χορός. καὶ πάλιν στίχον ὁ ἐναρξάμενος καὶ λέγει τὸ ιβ' τροπάριον ἦχος πλάγιος β' *Σήμερον γεννᾶται ἐκ παρθένου,* εἶτα καὶ ὁ ἄλλος χορός, καὶ πάλιν ἑνούμενοι οἱ χοροὶ λέγουσι *Δόξα καὶ νῦν,* καὶ τὸ αὐτὸ τροπάριον, καὶ ἡ μικρὰ συναπτὴ ὁμοίως. καὶ εὐθὺς τὸ προκείμενον ἦχος δ' *Μήτηρ Σιὼν ἐρεῖ ἄνθρωπος καὶ ἄνθρωπος ἐγεννήθη·* στίχος *Οἱ* →

---

[77] ἐγεννήθη cod. et D
[78] "Ὥρα ϛ' praepos. D e marg. sin.
[79] "Ὥρα θ' praepos. D e. marg. sin.

24 DECEMBER

mode 3: *Ἰωσὴφ εἰπὲ ἡμῖν*, similarly the other [choir] also does likewise, then *Glory...both now...*, and uniting they chant the same troparion: *Ἰωσὴφ εἰπὲ ἡμῖν*. And again a small synapte is carried out by the deacon, as we have stated above, and immediately prokeimenon in mode 4: *"Ὅτι παιδίον ἐγεννήθη ἡμῖν*, stichos: *Οὗ ἡ ἀρχὴ ἐγενήθη ἐπὶ τοῦ ὤμου αὐτοῦ* [Is 9:5], next prophecy of Jeremiah [Baruch 3:36ff] (see the fifth reading on the same evening); and the apostle: to the Hebrews [10:19ff] (see 1 November); gospel: according to Luke [2:1ff] (see the same evening).

And again the choir that began starts the seventh troparion in mode 1: *Δεῦτε πιστοὶ ἐπαρθῶμεν*, and the other choir also [recites] the same. Then the other choir recites a stichos and the eighth troparion in mode 4: *Ἄκουε οὐρανέ*, and similarly the other choir also does likewise. And again the first choir [recites] a stichos and the ninth troparion, and the other choir does likewise, then uniting they recite *Glory...both now...*, and again the same ninth troparion in plagal mode 1: *Δεῦτε χριστοφόροι λαοί*. And again the small synapte is carried out by the deacon and the ekphonesis likewise by the priest, and immediately the prokeimenon in mode 4: *Ἐκ γαστρὸς πρὸ ἑωσφόρου* [Ps 109:3], stichos: *Εἶπεν ὁ Κύριος τῷ κυρίῳ μου* [Ps 109:1], the reading: the prophecy of Isaiah [7:10ff] (see the eighth prophecy on the same evening); the apostle: to the Hebrews [1:10ff] (see the second Sunday of Lent); gospel: according to Matthew [2:1ff] (look in the **Liturgy** of the feast).

And immediately again the other choir begins the tenth troparion: *Ἐξεπλήττετο ὁ Ἡρῴδης*, and similarly the other choir also does the same. Then the choir that began recites a stichos and the eleventh troparion in mode 2: *Ὅτε Ἰωσήφ*, and the other choir also does likewise. And again the [choir] that began recites a stichos and the twelfth troparion in plagal mode 2: *Σήμερον γεννᾶται ἐκ παρθένου*, then also the other choir, and again uniting, the choirs recite *Glory...both now...*, and the same troparion, and similarly the small synapte [takes place]. And immediately the prokeimenon in mode 4: *Μήτηρ Σιὼν ἐρεῖ ἄνθρωπος καὶ ἄνθρωπος ἐγεννήθη* [Ps 86:5],

ΔΕΚΕΜΒΡΙΟΣ

θεμέλιοι αὐτοῦ ἐν τοῖς ὄρεσι τοῖς ἁγίοις, προφητεία Ἡσαΐου Παιδίον ἐγεννήθη ἡμῖν,[80] ζήτει τῇ αὐτῇ ἑσπέρᾳ ἀνάγνωσμα ζ΄· [49r] ὁ ἀπόστολος πρὸς Ἑβραίους Ἀδελφοί, ὁ ἁγιάζων καὶ οἱ ἁγιαζόμενοι, ζήτει εἰς τὰς κϛ΄ τοῦ αὐτοῦ μηνός· εὐαγγέλιον κατὰ Ματθαῖον Ἀναχωρησάντων τῶν μάγων, ζήτει τῇ ἐπαύριον μετὰ τὴν ἑορτὴν εἰς τὴν λειτουργίαν. καὶ μετὰ τὸ τέλος τοῦ εὐαγγελίου γίνεται ἐκτενὴς ἐν ᾗ μνημονεύομεν τοῦ καθηγουμένου μόνον ὡς σύνηθες σὺν πάσῃ[81] τῇ ἀδελφότητι καὶ τῶν προαπελθόντων πατέρων ἡμῶν, καὶ μετὰ τὴν ἐκφώνησιν τοῦ ἱερέως Ὅτι ἐλεήμων καὶ φιλάνθρωπος Θεὸς ὑπάρχεις εὐθὺς λέγομεν Κύριος ὁ Θεὸς εὐλογητός, καὶ τὸ τρισάγιον, τὸ Πάτερ ἡμῶν, τὸ Κύριε ἐλέησον με΄, καὶ τὴν συνήθη εὐχὴν Ὁ ἐν παντὶ καιρῷ, καὶ γ΄ προσκυνήσεις, καὶ τὴν εὐχὴν τῆς γ΄ ὥρας. καὶ μετὰ τὸ τέλος αὐτῆς[82] εὐθὺς λέγομεν ἐκ γ΄ τὸ Δεῦτε προσκυνήσωμεν καὶ ψάλλομεν τὴν ϛ΄ ὥραν τρίψαλμον, τὸ τροπάριον Ἀπεγράφετο, Δόξα καὶ νῦν, Ὅτι οὐκ ἔχομεν παρρησίαν καὶ τὰ λοιπὰ ὁμοίως· εἶτα τὴν ταύτης εὐχὴν καὶ ἀπόλυσις. τὰ δὲ μεσώρια ψάλλομεν ἐν ταῖς κέλλαις ἡμῶν, ὁμοίως δὲ καὶ τὴν θ΄ ὥραν ἐν τῷ καιρῷ αὐτῆς.

Μηνὶ τῷ αὐτῷ κε΄· ἡ ἁγία γέννησις τοῦ Κυρίου ἡμῶν Ἰησοῦ Χριστοῦ.

Ἑσπέρας σημαίνει ἀρχῇ[83] ὥρας θ΄ καί, εἰ μέν ἐστι σαββάτου ὀψέ, 1.στιχολογοῦμεν τὸ Μακάριος ἀνήρ, πλὴν οὐδὲν τῆς κυριακῆς ψάλλομεν, εἰ δὲ ἐν ἄλλαις ἡμέραις, 2.εὐθὺς τὸ Κύριε ἐκέκραξα χωρὶς στιχολογίας εἰς ἦχον β΄, ἱστῶμεν δὲ στίχους η΄ καὶ ψάλλομεν τὰ δ΄ ἰδιόμελα στιχηρὰ ἀνὰ δεύτερον, Δεῦτε ἀγαλλιασώμεθα, Τοῦ Κυρίου Ἰησοῦ γεννηθέντος, Ἡ βασιλεία σου Χριστὲ ὁ Θεός, Τί σοι προσενέγκωμεν Χριστέ, Δόξα καὶ νῦν, εἰς τὸν αὐτὸν ἦχον ἰδιόμελον ἕτερον Αὐγούστου μοναρχήσαντος ἐπὶ τῆς γῆς, 3.καὶ γίνεται εἴσοδος μετὰ μεγαλείου, ἤγουν τοῦ εὐαγγελίου, καὶ μετὰ τὴν →

---

[80] om. D
[81] πᾶσι cod.
[82] om. D
[83] ἀρχὴ D

24-25 DECEMBER

stichos: *Οἱ θεμέλιοι αὐτοῦ ἐν τοῖς ὄρεσι τοῖς ἁγίοις* [Ps 86:1], prophecy of Isaiah: [9:5ff] (see the seventh reading on the same evening); the apostle: to the Hebrews [2:11ff] (see the twenty-sixth of the same month); gospel: according to Matthew [2:13ff] (see the day after the feast in the **Liturgy**). And after the end of the gospel, an ektene takes place during which, as is customary, we only remember the kathegoumenos with all the brotherhood and our fathers who have died before us; and after the ekphonesis by the priest: *Ὅτι ἐλεήμων καὶ φιλάνθρωπος Θεὸς ὑπάρχεις*, we immediately recite *Κύριος ὁ Θεὸς εὐλογητός*, and the trisagion, *Πάτερ ἡμῶν, Κύριε ἐλεῆσον* forty five times, and the customary prayer: *Ὁ ἐν παντὶ καιρῷ*, and three proskyneseis, and the prayer of the **Third Hour**. And after its completion we immediately recite *Δεῦτε προσκυνήσωμεν* three times and chant the **Sixth Hour**: tripsalmos, the troparion: *Ἀπεγράφετο*, *Glory...both now..., Ὅτι οὐκ ἔχομεν παρρησίαν*, and the rest similarly; then the prayer of this[167] and apolysis. But we chant the **Interhours** in our cells; similarly the **Ninth Hour** also at its time.

XII.25C. 25th of the same month. The holy Nativity of Our Lord Jesus Christ.

V. At Vespers, at the beginning of the ninth hour a signal is given and if it is a Saturday evening 1.we recite the continuous psalmody *Μακάριος ἀνήρ* [kath 1],[168] but we chant nothing of the Sunday; but if it is on other days, 2.immediately *Κύριε ἐκέκραξα* in mode 2 without recitation of continuous psalmody, and we intercalate eight stichoi and chant the four stichera idiomela twice each: *Δεῦτε ἀγαλλιασώμεθα, Τοῦ Κυρίου Ἰησοῦ γεννηθέντος, Ἡ βασιλεία σου Χριστὲ ὁ Θεός, Τί σοι προσενέγκωμεν Χριστέ, Glory...both now...,* in the same mode another idiomelon: *Αὐγούστου μοναρχήσαντος ἐπὶ τῆς γῆς.* 3.And the entrance takes place with the great book, that is, with the Gospel, and after the →

---

[167] That is, of the Sixth Hour.
[168] Kathisma 1 of the psalter (psalms 1-8) is always chanted at Vespers on Saturday evenings.

ΔΕΚΕΜΒΡΙΟΣ

εἴσοδον ἡ κάτω καθέδρα. 4.ἔπειτα τὸ προκείμενον τῆς ἡμέρας· 5.εἶτα τὰ ἀναγνώσματα· καὶ μετὰ τὸ ἀναγνωσθῆναι ἀναγνώσματα γ΄ λέγει εὐθὺς ὁ ψάλτης τροπάριον ἦχος πλάγιος β΄ *Λαθὼν ἐτέχθης ὑπὸ τὸ σπήλαιον*, ψάλλεται δὲ ἐν τῷ μέσῳ μετὰ χειρονομίας. εἶτα λέγει στίχον ὁ ψάλτης, ψαλμὸς πς´.[84] *Οἱ θεμέλιοι αὐτοῦ ἐν τοῖς ὄρεσι τοῖς ἁγίοις· ἀγαπᾷ Κύριος τὰς πύλας Σιὼν ὑπὲρ πάντα τὰ σκηνώματα Ἰακώβ. δεδοξασμένα ἐλαλήθη περὶ σοῦ ἡ πόλις τοῦ Θεοῦ. μνησθήσομαι Ῥαὰβ καὶ Βαβυλῶνος τοῖς γινώσκουσί με,*[85] *ὁ λαὸς Καὶ μάγους σοι προσήνεγκαν.*[86] *Καὶ ἰδοὺ ἀλλόφυλοι καὶ Τύρος καὶ λαὸς τῶν Αἰθιόπων, οὗτοι ἐγενήθησαν ἐκεῖ. μήτηρ Σιὼν ἐρεῖ ἄνθρωπος καὶ ἄνθρωπος ἐγενήθη*[87] *ἐν αὐτῇ, καὶ αὐτὸς* [49v] *ἐθεμελίωσεν αὐτὴν ὁ ὕψιστος.*[88] *ὁ λαὸς Καὶ μάγους σοι προσήνεγκαν.*[89] *Κύριος διηγήσεται ἐν γραφῇ λαῶν καὶ ἀρχόντων τούτων τῶν γεγενημένων ἐν αὐτῇ. ὡς εὐφραινομένων πάντων ἡ κατοικία ἐν σοί.*[90] *καὶ πάλιν ὁ λαὸς Καὶ μάγους σοι προσήνεγκαν.*[91] εἶτα πάλιν ὁ ψάλτης τὸ αὐτὸ τροπάριον *Λαθὼν ἐτέχθης ὑπὸ τὸ σπήλαιον·* καὶ εὐθὺς ἀναγνώσματα ἕτερα γ΄. καὶ πάλιν μετὰ τὸ τέλος τῶν τριῶν ἀναγνωσμάτων ψάλλει ἕτερον τροπάριον ἐν τῷ μέσῳ ὁ ψάλτης ἦχος πλάγιος β΄ *Ἀνέτειλας Χριστὲ ἐκ παρθένου, νοητὲ ἥλιε τῆς δικαιοσύνης*, ψάλλεται δὲ καὶ αὐτὸ ὡς τὸ ἕτερον μετὰ χειρονομίας.[92] εἶτα λέγει στίχον ὁ ψάλτης, ψαλμὸς ϙβ΄,[93] *Ὁ Κύριος ἐβασίλευσεν, εὐπρέπειαν ἐνεδύσατο, ἐνεδύσατο Κύριος δύναμιν καὶ περιεζώσατο· καὶ γὰρ ἐστερέωσε τὴν οἰκουμένην ἥτις οὐ σαλευθήσεται. ἕτοιμος ὁ θρόνος σου ἀπὸ τότε, ἀπὸ τοῦ αἰῶνος σὺ εἶ.*[94] *ὁ λαὸς Μάγους ὁδηγήσας εἰς.*[95] *ὁ δὲ ψάλτης τὸν δεύτερον στίχον Ἐπῆραν οἱ ποταμοὶ Κύριε, ἐπῆραν οἱ ποταμοὶ φωνὰς αὐτῶν· ἀροῦσιν οἱ ποταμοὶ ἐπιτρίψεις αὐτῶν ἀπὸ φωνῶν ὑδάτων πολλῶν.*[96] *ὁ λαὸς Μάγους ὁδηγήσας.* καὶ πάλιν ὁ ψάλτης τὸν γ΄ στίχον *Θαυμαστοὶ οἱ μετεωρισμοὶ τῆς θαλάσσης, θαυμαστὸς ἐν ὑψηλοῖς ὁ Κύριος. τὰ μαρτύριά σου ἐπιστώθησαν σφόδρα· τῷ οἴκῳ σου πρέπει ἁγίασμα Κύριε εἰς μακρότητα ἡμερῶν.*[97] *ὁ λαὸς Μάγους ὁδηγήσας*

---
[84] Στίχος α΄ add. D e marg. dext.
[85] ἀγαπᾷ Κύριος...με om. D
[86] προσήνεγκεν D, et Στίχος β΄ add. D e marg. dext.
[87] ἐγεννήθη cod.
[88] καὶ λαὸς...ὕψιστος om. D
[89] προσήνεγκεν D, et Στίχος γ΄ add. D e marg. sin.
[90] καὶ ἀρχόντων...σοί om. D
[91] προσήνεγκεν D
[92] νοητὲ ἥλιε...χειρονομίας om. D
[93] Στίχος α΄ add. D e marg. sin.
[94] εὐπρέπειαν ἐνεδύσατο...εἶ om. D
[95] om. D
[96] ἐπῆραν οἱ...πολλῶν om. D
[97] θαυμαστὸς ἐν...ἡμερῶν om. D

25 DECEMBER

entrance, the [session of the clergy at] the lower kathedra.[169] 4.Next the prokeimenon of the day of the week, 5.then the readings, and after three readings have been read, the cantor immediately recites in plagal mode 2 troparion: Λαῶν ἐτέχϑης ὑπὸ τὸ σπήλαιον, and it is chanted in the middle with cheironomia. Then the cantor recites a stichos, psalm 86: *His foundations are on the holy mountains; the Lord loves the gates of Sion more than all the dwellings of Jacob. Glorious things are spoken of you, city of God. I will mention Rahab and Babylon to those who know me.* [Ps 86:1-4]. The people: Καὶ μάγους σοι προσήνεγκαν. *And behold, Philistines and Tyre and the people of the Ethiopians, they were born there. This man will say 'Mother Sion', and that man was born in her, and the Most High himself founded her.* [Ps 86:4-5]. The people: Καὶ μάγους σοι προσήνεγκαν. *The Lord will describe in the roll of these peoples and rulers that they were born in her. The dwelling place of all who are happy is in you.* [Ps 86:6-7]. And again the people: Καὶ μάγους σοι προσήνεγκαν. Then again the cantor [recites] the same troparion: Λαῶν ἐτέχϑης ὑπὸ τὸ σπήλαιον, and immediately another three readings. And again after the end of the three readings the cantor chants another troparion in the middle in plagal mode 2: Ἀνέτειλας Χριστὲ ἐκ παρϑένου, νοητὲ ἥλιε τῆς δικαιοσύνης, and it too is chanted like the other with cheironomia. Then the cantor recites a stichos, psalm 92: *The Lord reigns, he is clothed in majesty, the Lord is clothed in might and has girded himself. For he established the world which will not be shaken. Your throne has been ready since then, you are from everlasting.* [Ps 92:1-2]. The people: Μάγους ὁδηγήσας εἰς. The cantor [recites] the second stichos: *The rivers raised up, Lord, the rivers raised up their voices; the rivers will raise their poundings from the voices of their many waters.* [Ps 92:3-4]. The people: Μάγους ὁδηγήσας. And again the cantor [recites] the third stichos: *Wondrous are the surgings of the sea, wondrous is the Lord on high. Your testimonies are very trustworthy; holiness befits your house, Lord, for ever.* [Ps 92:4-5]. The people: Μάγους ὁδηγήσας εἰς προσκύνησίν σου. Then all recite again the same troparion: Ἀνέτειλας Χριστὲ ἐκ παρϑένου. Next two readings, the seventh and the eighth. And after the end of the prophecies, 8.the synapte of the trisagion is carried out by the

---

[169] That is, the priests take their place at the lower throne.

ΔΕΚΕΜΒΡΙΟΣ

εἰς προσκύνησίν σου. εἶτα λέγουσι πάλιν[98] πάντες τὸ αὐτὸ τροπάριον Ἀνέτειλας Χριστὲ ἐκ παρθένου· ἔπειτα ἀναγνώσματα β΄, τὸ ζ΄ καὶ τὸ η΄. μετὰ δὲ τὸ τέλος τῶν προφητειῶν 8.γίνεται συναπτὴ παρὰ τοῦ διακόνου, ἡ τοῦ τρισαγίου, καὶ ψάλλομεν τὸ τρισάγιον, καὶ γίνεται ἡ ἄνω καθέδρα τῶν ἱερέων. καὶ εὐθὺς τὸ προκείμενον τοῦ ἀποστόλου ἦχος α΄ *Κύριος εἶπε πρός με Υἱός μου εἶ σύ·* στίχος α΄ *Αἴτησαι παρ᾽ ἐμοῦ καὶ δώσω σοι·* στίχος β΄ *Ποιμανεῖς αὐτοὺς ἐν ῥάβδῳ·* στίχος γ΄ *Καὶ νῦν βασιλεῖς σύνετε·* ὁ ἀπόστολος πρὸς Ἑβραίους *Πολυμερῶς καὶ πολυτρόπως,* ζήτει σαββάτῳ α΄ τῶν νηστειῶν. [50r] *Ἀλληλούια* ἦχος πλάγιος α΄ *Εἶπεν ὁ Κύριος τῷ κυρίῳ μου·* στίχος β΄ *Ῥάβδον δυνάμεως·* στίχος γ΄ *Ἐν ταῖς λαμπρότησι τῶν ἁγίων σου·* εὐαγγέλιον κατὰ Λουκᾶν *Ἐν ταῖς ἡμέραις ἐκείναις ἐξῆλθε δόγμα παρὰ Καίσαρος Αὐγούστου,* καὶ καθεξῆς ἅπασα ἡ θεία λειτουργία τοῦ ἁγίου Βασιλείου. 3.κοινωνικὸν *Αἰνεῖτε τὸν Κύριον.*

Εἰ δὲ τύχῃ ἡ παραμονὴ τῶν Χριστουγέννων ἐν σαββάτῳ ἢ κυριακῇ ὡς μὴ γίνεσθαι νηστείαν, πρωΐ μὲν λειτουργοῦμεν τὴν συνήθη λειτουργίαν τοῦ Χρυσοστόμου σὺν πάσῃ τῇ ἀκολουθίᾳ αὐτῆς, ἤγουν προκείμενον ἄμνημον τοῦ ἤχου, ὁμοίως δὲ καὶ Ἀλληλούια, ἀπόστολος δὲ καὶ εὐαγγέλιον τῆς ἡμέρας, ἤγουν σαββάτῳ πρὸ τῆς Χριστοῦ γεννήσεως εἴτε κυριακῇ ὡσαύτως. τὸ δὲ ἑσπερινὸν γίνεται ὡς προλέλεκται πρὸς ὥραν η΄. μετὰ δὲ τὴν τῆς πρωΐας λειτουργίαν οὐκ ἀπερχόμεθα ἐν τῇ τραπέζῃ κατὰ τὸν τύπον τοῦ Στουδίτου ἐσθίοντες ὄσπριον ἑκζεστὸν ἄνευ ἐλαίου καὶ ὀπώρας, ἀλλὰ ἐν τῷ νάρθηκι μετὰ τὸ φαγεῖν τὸ κατακλαστὸν καὶ διακλύσασθαι ἀπὸ τῆς ἁγίας δωρεᾶς διανέμει ὁ κελλαρίτης πᾶσι πρὸς ἓν τεμάχιον[99] ψωμόν,[100] ὁμοίως δὲ καὶ πρὸς ἓν βαυκάλιον οἴνου ὡς ἂν ὁρίσῃ ὁ προεστὼς καὶ πλεῖον οὐδέν.

Πρὸς ὥραν δὲ η΄ ὡς εἴρηται σημαίνει τὸ ἑσπερινὸν καὶ γίνεται πᾶσα ἡ ἀκολουθία ὡς εἰρήκαμεν, τά τε στιχηρὰ καὶ ἀναγνώσματα καὶ τὰ λοιπὰ μέχρι τοῦ εὐαγγελίου· πλὴν συναπτὴ εἰς τὸ τρισάγιον οὐ γίνεται, ἀλλὰ λέγεται χωρὶς συναπτῆς. μετὰ δὲ τὸ τέλος τοῦ εὐαγγελίου γίνεται ἐκτενὴς παρὰ τοῦ διακόνου καὶ ἡ ἐκφώνησις →

---

[98] om. D
[99] τεμμάχιον cod. et D
[100] ψωμοῦ D

25 DECEMBER

deacon and we chant the trisagion, and the [session of the clergy at] the upper kathedra of the priests takes place.[170] And immediately the prokeimenon of the apostle in mode 1: *Κύριος εἶπε πρός με Υἱός μου εἶ σύ* [Ps 2:7], first stichos: *Αἴτησαι παρ' ἐμοῦ καὶ δώσω σοι* [Ps 2:8], second stichos: *Ποιμανεῖς αὐτοὺς ἐν ῥάβδῳ* [Ps 2:9], third stichos: *Καὶ νῦν βασιλεῖς σύνετε* [Ps 2:10], the apostle: to the Hebrews [1:1ff] (see the first Saturday of Lent). *Alleluia* in plagal mode 1: *Εἶπεν ὁ Κύριος τῷ κυρίῳ μου* [Ps 109:1], second stichos: *Ῥάβδον δυνάμεως* [Ps 109:2], third stichos: *Ἐν ταῖς λαμπρότησι τῶν ἁγίων σου* [Ps 109:3], gospel: according to Luke [2:1ff], and all the **Divine Liturgy** of holy Basil follows. L3.Koinonikon: *Αἰνεῖτε τὸν Κύριον* [Ps 148:1].

XII.25 S./K.1 If the paramone of the Nativity of Christ falls on a Saturday or a Sunday so that no fast occurs, early in the morning we celebrate L.the customary **Liturgy** of Chrysostom with all its service, that is, non-commemorative prokeimenon of the mode,[171] and similarly also *Alleluia*, apostle and gospel of the day, that is, of Saturday before Christ's Nativity, or of Sunday likewise. But **V.Hesperinon** takes place, as has been stated previously, just before the eighth hour. And after the early morning **Liturgy** we do not go off to the trapeza following the Studite rule, eating boiled pulses without olive oil, and fruit, but after eating the blessed bread in the narthex and having a collation, after the holy gift the kellarites distributes to all up to one portion of bread and similarly also up to one small jug of wine as the proestos specifies and no more.

Just before the eighth hour, as has been stated, a signal is given for **Hesperinon**, and all the service is done, as we have stated: both the stichera and readings and the rest of the elements as far as the gospel, except that at the trisagion a synapte does not take place, but it is recited without a synapte. After the end of the gospel, an ektene is carried out

---

[170] That is, the priests take their place at the upper throne again.
[171] The mode is set; see note 1.

ΔΕΚΕΜΒΡΙΟΣ

παρὰ τοῦ ἱερέως *Ὅτι ἐλεήμων καὶ φιλάνθρωπος Θεὸς ὑπάρχεις·* εἶτα ὁ διάκονος *Σοφία* καὶ ἀπόλυσις. καὶ εὐθὺς παρακράζομεν τὸν προεστῶτα, λέγομεν καὶ τὸ κοντάκιον, τὸ γὰρ ἀπολυτίκιον ἕως τῶν ἀποδείπνων οὐ λέγομεν.

Μετὰ δὲ τὴν ἀπόλυσιν εἰσερχόμενοι εἰς τὴν τράπεζαν ἐσθίομεν τέλειον γεῦμα· μετὰ δὲ τὸ ἀναστῆναι εὐθὺς ψάλλομεν τὰ ἀπόδειπνα ἀπὸ τοῦ φ´ ψαλμοῦ *Ὁ κατοικῶν*, ὁμοίως καὶ τὸ τροπάριον τῆς ἑορτῆς καὶ τὰ λοιπὰ μετὰ τοῦ κοντακίου. εἶτα μικρὸν ἀδειάσαντες ἐν ταῖς κέλλαις ἀρχόμεθα τῆς ἀγρυπνίας.

Εἰς δὲ τὴν παννυχίδα 1.λέγομεν κανόνας β´· τὸν προεόρτιον ἦχος πλάγιος β´ <πρὸς τὸ> Κύματι θαλάσσης, ὁμοίως δὲ καὶ τὸν ἕτερον τὸν κατὰ ἀλφάβητον, τοὺς β´ ἀνὰ δ´, ζήτει ἀμφοτέρους εἰς τὰς κδ´ τοῦ αὐτοῦ μηνός· 2.ἀπὸ γ´ ᾠδῆς κάθισμα ἦχος πλάγιος δ´ *Αὐλῶν ποιμενικῶν*, *Δόξα καὶ νῦν*, θεοτοκίον *Τὸ προσταχθέν μοι*[101] *μυστικῶς·* 3.ἀπὸ ς´ τὸ κοντάκιον τῆς Θεοτόκου [50v] *Προστασία τῶν χριστιανῶν* καὶ τὸν οἶκον. 4.μετὰ δὲ τὸ τέλος ἀνάγνωσις ἐν τῷ πραξαποστόλῳ κατὰ τὴν ἀκολουθίαν αὐτῆς. εἶτα σημαίνει καὶ ἀρχόμεθα τοῦ ὄρθρου.

Εἰς τὸν ὄρθρον 3.*Θεὸς Κύριος* ἦχος δ´, καὶ 4.τὸ τροπάριον τῆς ἑορτῆς ἐκ γ´ *Ἡ γέννησίς σου Χριστὲ ὁ Θεὸς ἡμῶν*. 5.αἱ στιχολογίαι καθίσματα δύο τῆς ἡμέρας· ἀπὸ α´ στιχολογίας κάθισμα ἦχος δ´ *Ὁ ἀχώρητος παντί*, *Δόξα καὶ νῦν*, τὸ αὐτό· ἀνάγνωσις λόγος τοῦ Χρυσοστόμου, οὗ ἡ ἀρχὴ *Μυστήριον ξένον καὶ παράδοξον·* ἀπὸ δευτέρας στιχολογίας ἕτερον κάθισμα ἦχος ὁ αὐτός *Τί θαυμάζεις Μαριάμ*, *Δόξα καὶ νῦν*, τὸ αὐτό· ἀνάγνωσις λόγος τοῦ αὐτοῦ *Ἃ πάλαι πατριάρχαι μὲν ὤδινον*. ἔπειτα στιχολογοῦμεν ἕτερον →

---

[101] om. D

25 DECEMBER

by the deacon and the ekphonesis by the priest: *Ὅτι ἐλεήμων καὶ φιλάνθρωπος Θεὸς ὑπάρχεις,* then the deacon: *Σοφία,* and apolysis. And we immediately acclaim the proestos; we also recite the kontakion, for we do not recite the apolytikion until **Apodeipnon**.

After the apolysis we go into the trapeza and eat a complete meal. After getting up from table **AP.**we immediately chant **Apodeipnon** from psalm 90: *Ὁ κατοικῶν,* similarly also the troparion of the feast[172] and the rest with the kontakion.[173] Then after a short rest in the cells we begin the **Agrypnia**.

PN. At Pannychis 1.we recite two canons: the forefeast one in plagal mode 2 <to> Κύματι θαλάσσης,[174] and similarly also the other one following the alphabet, from the two of them four troparia each (look for both of them at the twenty-fourth of the same month); **2.**after the third ode, poetic kathisma in plagal mode 4: *Αὐλῶν ποιμενικῶν, Glory...both now...,* theotokion: *Τὸ προσταχθέν μοι μυστικῶς,* **3.**after the sixth ode, the kontakion of the Theotokos: *Προστασία τῶν χριστιανῶν* and the oikos. **4.**After the end, reading: in the Praxapostolos following its sequence. Then a signal is given and we begin **Orthros**.

O. At Orthros, 3.*Θεὸς Κύριος* in mode 4, and **4.**the troparion of the feast three times: *Ἡ γέννησίς σου Χριστὲ ὁ Θεὸς ἡμῶν.* **5.**The recitations of continuous psalmody, two kathismata of the day; **a.**after the first recitation, **b.**poetic kathisma in mode 4: *Ὁ ἀχώρητος παντί, Glory...both now...,* the same repeated, **c.**reading: *Homily* of Chrysostom beginning *Μυστήριον ξένον καὶ παράδοξον* [BHG, 1905]; **d.**after the second recitation, **e.**another poetic kathisma in the same mode: *Τί θαυμάζεις Μαριάμ, Glory...both now...,* the same repeated, **f.**reading: *Homily* of the same man: *Ἃ πάλαι πατριάρχαι μὲν ὤδινον* [BHG, 1892]. Next **g.**we recite

---

[172] See O.4 below.
[173] See PN.3 below.
[174] The heirmos.

ΔΕΚΕΜΒΡΙΟΣ

κάθισμα, τὸ *Εἶπεν ὁ Κύριος τῷ κυρίῳ μου* εἰς ἦχον πλάγιον β΄ ἀργῶς καὶ μετὰ μειζόνων ἀλληλουϊαρίων, καὶ εὐθὺς ἡ ὑπακοὴ τῆς ἑορτῆς ἦχος πλάγιος δ΄ *Τὴν ἀπαρχὴν*[102] *τῶν ἐθνῶν*, ὁ ψάλτης καὶ ὁ λαὸς μετὰ χειρονομίας, καὶ εὐθὺς ἡ ἀνάγνωσις λόγος τοῦ θεολόγου *Χριστὸς γεννᾶται δοξάσατε* εἰς δόσιν μίαν. 6.εἶτα οἱ ἀναβαθμοὶ ἀντίφωνον ἓν εἰς ἦχον δ΄ καὶ 7.τὸ προκείμενον *Ἐκ γαστρὸς πρὸ ἑωσφόρου ἐγέννησά σε·* στίχος *Εἶπεν ὁ Κύριος τῷ κυρίῳ μου· Πᾶσα πνοή·* εὐαγγέλιον κατὰ Ματθαῖον *Τοῦ Ἰησοῦ Χριστοῦ ἡ γέννησις οὕτως ἦν*, ζήτει τὸ εὐαγγέλιον τῶν ἁγίων πατέρων ἀπὸ τὸ μέσον. εἶτα 8.ὁ Ν΄, καὶ 9.οἱ δύο κανόνες Κοσμᾶ καὶ Ἰωάννου, τοὺς μὲν εἱρμοὺς ἐκ δευτέρου, τὰ δὲ τροπάρια, ἔνθα μὲν ἔχουσιν αἱ ᾠδαὶ ἐκ γ΄ τροπαρίων λέγομεν αὐτὰ ἐκ δευτέρου, ἔνθα δὲ ἔχουσιν ἐκ β΄ λέγομεν αὐτὰ ἐκ γ΄, καὶ πάλιν λέγονται αἱ καταβασίαι, τὸ μὲν *Χριστὸς γεννᾶται* ὁ ἐναρξάμενος χορός, τὸ δὲ *Ἔσωσε λαὸν* παρὰ τοῦ ἑτέρου χοροῦ. ἄρχεται δὲ τοῦ *Χριστὸς γεννᾶται* ὁ προεστώς, ἤγουν τὸ δεξιὸν μέρος, κἂν τυχῇ θέλει[103] ἐνάρξασθαι τὸ ἕτερον μέρος, κἄν τε καὶ μή· τὴν δὲ γ΄ ᾠδὴν εἰ τύχῃ ταύτην ἐπιλαγχάνειν τῷ ἀριστερῷ μέρει, ἀρχέτω, εἰ δὲ μή γε, ἄρχεται καὶ ταύτην τὸ δεξιὸν διὰ τὸ ἰσάσαι πάλιν τὰς ἐνάρξεις τοῖς χοροῖς κατὰ τὸν τύπον αὐτῶν. ἀπὸ γ΄ ᾠδῆς κάθισμα τῆς ἑορτῆς ἦχος πλάγιος δ΄ *Ἀγαλλιάσθω οὐρανός, Δόξα καὶ νῦν*, πάλιν τὸ αὐτό· ἀνάγνωσις ἐκ τῆς ἑρμηνείας τοῦ κατὰ Ματθαῖον *Τοῦ δὲ Ἰησοῦ γεννηθέντος·* ἀπὸ ϛ΄ τὸ κοντάκιον καὶ οἴκους, εἰ ἔχει ἡ ὥρα κἂν γ΄, εἰ δέ ἐστι ταχύ, ἀναγινώσκομεν καὶ ἕτερον λόγον εἰς τὸ πανηγυρικὸν τοῦ Χρυσοστόμου, οὗ ἡ ἀρχὴ *Τί τοῦτο; σημεῖον ἀντιλεγόμενον ὁρῶ*. 10.ἐξαποστειλάριον *Ἐπεσκέψατο ἡμᾶς*, τὸ δ΄ αὐτὸ ψάλλομεν καθ' ἑκάστην ἕως οὗ ἀποδοθῇ[104] ἡ ἑορτή. 11.εἰς τοὺς αἴνους ἱστῶμεν η΄ εἰς ἦχον δ΄ καὶ[105] ψάλλομεν στιχηρὰ τῆς ἑορτῆς δ΄ ἐκ δευτέρου *Εὐφραίνεσθε δίκαιοι, Θεοτόκε καὶ*[106] *παρθένε, Δεῦτε ἀνυμνήσωμεν*,

---

[102] ἀπ' ἀρχὴν cod. et D
[103] τύχῃ θέλει D
[104] ἀποδωθῇ cod. et D
[105] om. D
[106] cod. sed fortasse est delendum

25 DECEMBER

another kathisma: *Εἶπεν ὁ Κύριος τῷ κυρίῳ μου* [kath 16][175] in plagal mode 2 slowly and with the greater alleluia responses, and immediately h.the hypakoe of the feast in plagal mode 4: *Τὴν ἀπαρχὴν τῶν ἐθνῶν* [by] the cantor and the people with cheironomia, and immediately i.the reading: *Homily* of the Theologian: *Χριστὸς γεννᾶται δοξάσατε* [BHG, 1921] in one portion. 6.Then the anabathmoi, one antiphon in mode 4, and 7a.the prokeimenon: *Ἐκ γαστρὸς πρὸ ἑωσφόρου ἐγέννησά σε* [Ps 109:3], stichos: *Εἶπεν ὁ Κύριος τῷ κυρίῳ μου* [Ps 109:1], b.*Πᾶσα πνοή*, c.gospel: according to Matthew [1:18ff] (see the gospel of the holy Fathers from the middle). Then 8.psalm 50 and 9.the two canons of Kosmas and John; the heirmoi twice, but the troparia - where the odes are made up of three troparia we recite them twice, but where they are made up of two we recite them three times, and the katabasiai are recited again: *Χριστὸς γεννᾶται* [176] by the choir that began, and *Ἔσωσε λαόν* [177] by the other choir. But the proestos begins *Χριστὸς γεννᾶται*, that is, the right side, whether by chance the other side wishes to begin or not. But if this third ode[178] happens to fall in turn to the left side, let it begin it, but if not, the right begins this also in order to equal up again the beginnings for the choirs in accordance with the choirs' rule. a.After the third ode, poetic kathisma of the feast in plagal mode 4: *Ἀγαλλιάσθω οὐρανός, Glory...both now...*, again the same repeated, reading: from the *Commentary* on the [Gospel] according to Matthew: *Τοῦ δὲ Ἰησοῦ γεννηθέντος*. b.After the sixth ode, the kontakion and oikoi, if there is time, up to three, and if it is early we also read another *Homily* of Chrysostom in the Panegyrikon beginning: *Τί τοῦτο; σημεῖον ἀντιλεγόμενον ὁρῶ* [BHG, 1917]. 10.Exaposteilarion: *Ἐπεσκέψατο ἡμᾶς*, and we chant the same one each day until the feast is over. 11.At the ainoi, we intercalate eight times and in mode 4 chant four stichera of the feast twice:

---

[175] Psalms 109-117. [*In the 1st edition there were two notes numbered 175 and no note numbered 170. In this edition the note numbers 170-173 correspond to 171-174, 174 corresponds to the first 175, and 175 to the second 175 of the 1st edition.*]
[176] The heirmos of the first canon.
[177] The heirmos of the second canon.
[178] That is, the third ode of the canon begun by the proestos.

ΔΕΚΕΜΒΡΙΟΣ

Ὁ Πατὴρ εὐδόκησεν· [51r] *Δόξα καὶ νῦν*, ἦχος β´ *Σήμερον ὁ Χριστὸς ἐν Βηθλεέμ.* 13.δοξολογία μεγάλη. 14.ἀπολυτίκιον τῆς ἑορτῆς καὶ 15.ἀπόλυσις.

Χρὴ δὲ γινώσκειν ὅτι ἐὰν φθάσῃ ἡ παροῦσα ἑορτὴ ἢ τῶν φώτων ἐν ἡμέρᾳ κυριακῇ, οὐδὲν τῶν ἀναστασίμων ψάλλομεν, 7.οὔτε *Πᾶσα πνοή*, 6.οὔτε ἀναβαθμούς, οὔτε ἑωθινὸν εὐαγγέλιον, οὔτε εἰς τὴν λειτουργίαν ὁμοίως, ἀλλὰ πάντα τὰ τῆς ἑορτῆς καθὼς δεδήλωται ἑσπέρᾳ τε καὶ ὄρθρῳ καὶ λειτουργίᾳ.

Εἰς τὴν λειτουργίαν 1.ἀντίφωνον πρῶτον ψαλμὸς ρι´ *Ἐξομολογήσομαί σοι Κύριε ἐν ὅλῃ καρδίᾳ μου.*[107] *Ταῖς πρεσβείαις τῆς Θεοτόκου Σῶτερ σῶσον ἡμᾶς·*[108] στίχος α´[-109] *Ἐξομολογήσομαί σοι Κύριε ἐν ὅλῃ καρδίᾳ μου ἐν βουλῇ εὐθέων καὶ συναγωγῇ, μεγάλα τὰ ἔργα Κυρίου,*[110] *Ταῖς πρεσβείαις τῆς Θεοτόκου· Ἐλεήμων καὶ οἰκτίρμων ὁ Κύριος τροφὴν ἔδωκε τοῖς φοβουμένοις αὐτόν,*[111] *Ταῖς πρεσβείαις τῆς Θεοτόκου· Λύτρωσιν ἀπέστειλε Κύριος τῷ λαῷ αὐτοῦ, ἐνετείλατο εἰς τὸν αἰῶνα διαθήκης αὐτοῦ,*[112] *Ταῖς πρεσβείαις, Δόξα, Ταῖς πρεσβείαις τῆς Θεοτόκου, καὶ νῦν, Ταῖς πρεσβείαις τῆς Θεοτόκου.* ἀντίφωνον δεύτερον ψαλμὸς ρια´ *Μακάριος ἀνὴρ ὁ φοβούμενος τὸν Κύριον, ἐν ταῖς ἐντολαῖς αὐτοῦ θελήσει σφόδρα.*[113] *Σῶσον ἡμᾶς Υἱὲ Θεοῦ. Δυνατὸν ἐν τῇ γῇ ἔσται τὸ σπέρμα αὐτοῦ, γενεὰ εὐθέων εὐλογηθήσεται.*[114] *Σῶσον. Δόξα καὶ πλοῦτος ἐν τῷ οἴκῳ αὐτοῦ, καὶ ἡ δικαιοσύνη αὐτοῦ μένει εἰς τὸν αἰῶνα τοῦ αἰῶνος.*[115] *Δόξα καὶ νῦν, Ὁ μονογενὴς Υἱὸς καὶ Λόγος τοῦ Θεοῦ.*[116] ἀντίφωνον γ´ ψαλμὸς ρθ´ *Εἶπεν ὁ Κύριος τῷ κυρίῳ μου Κάθου ἐκ δεξιῶν μου, ἕως ἂν θῶ τοὺς ἐχθρούς σου ὑποπόδιον τῶν ποδῶν σου.*[117] *Ἡ γέννησίς σου Χριστὲ ὁ.*[118] *Ῥάβδον δυνάμεως ἐξαποστελεῖ σοι Κύριος ἐκ Σιών, καὶ κατακυρίευε ἐν μέσῳ τῶν ἐχθρῶν σου.*[119] *Ἡ γέννησίς σου Χριστὲ ὁ Θεὸς ἡμῶν.*[120] *Μετὰ σοῦ ἡ* →

---

[107] ἐν ὅλῃ...μου om. D
[108] Σῶτερ σῶσον ἡμᾶς om. D
[109] om. D
[110] ἐν ὅλῃ...Κυρίου om. D
[111] τροφὴν ἔδωκε...αὐτόν om. D
[112] ἐνετείλατο εἰς...αὐτοῦ om. D
[113] ἐν ταῖς...σφόδρα om. D
[114] γενεὰ εὐθέων εὐλογηθήσεται om. D
[115] καὶ ἡ...αἰῶνος om. D et Σῶσον ἡμας add. D
[116] καὶ Λόγος τοῦ Θεοῦ om. D
[117] Κάθου ἐκ...σου om. D
[118] om. D
[119] ἐκ Σιών...σου om. D
[120] ὁ Θεὸς ἡμῶν om. D

25 DECEMBER

Εὐφραίνεσθε δίκαιοι, Θεοτόκε καὶ παρθένε,[179] Δεῦτε ἀνυμνήσωμεν, Ὁ Πατὴρ εὐδόκησεν, Glory...both now..., in mode 2 Σήμερον ὁ Χριστὸς ἐν Βηθλεέμ. 13.Great doxology. 14.Apolytikion of the feast[180] and 15.apolysis.

XII.25 K.2 It is necessary to realise that if the present feast or that of Lights falls on a Sunday, we chant none of the resurrection elements neither **O.7b.**Πᾶσα πνοή, nor **6.**anabathmoi, nor **7c.**a matins gospel, nor at **L.**the Liturgy similarly, but all the elements of the feast as has been made clear, both at **Vespers** and **Orthros** and the **Liturgy**.

L. At the Liturgy, 1.first antiphon, psalm 110: Ἐξομολογήσομαί σοι Κύριε ἐν ὅλῃ καρδίᾳ μου. Ταῖς πρεσβείαις τῆς Θεοτόκου Σῶτερ σῶσον ἡμᾶς. First stichos: *With my whole heart will I give you thanks, Lord, in the counsel of the upright and the congregation; the works of the Lord are great.* [Ps 110:1-2]. Ταῖς πρεσβείαις τῆς Θεοτόκου. *The Lord is merciful and compassionate, he gives nourishment to those who fear him.* [Ps 110:4-5]. Ταῖς πρεσβείαις τῆς Θεοτόκου. *The Lord sent redemption to his people; he commanded his covenant for ever.* [Ps 110:9]. Ταῖς πρεσβείαις, Glory..., Ταῖς πρεσβείαις τῆς Θεοτόκου, both now..., Ταῖς πρεσβείαις τῆς Θεοτόκου. Second antiphon, psalm 111: *Blessed is the man who fears the Lord; he will take great delight in his commandments.* [Ps 111:1]. Σῶσον ἡμᾶς Υἱὲ Θεοῦ. *His seed will be powerful on the earth; the generation of the upright will be blest.* [Ps 111:2]. Σῶσον. *Glory and wealth are in his house, and his righteousness abides for ever.* [Ps 111:3]. Glory...both now..., Ὁ μονογενὴς Υἱὸς καὶ Λόγος τοῦ Θεοῦ. Third antiphon, psalm 109: *The Lord said to my lord, 'Sit down on my right until I place your enemies as the footstool of your feet'.* [Ps 109:1]. Ἡ γέννησίς σου Χριστὲ ὁ. *The Lord will send a rod of power for you out of Sion; and lord it in the midst of your enemies.* [Ps 109:2]. Ἡ γέννησίς σου Χριστὲ ὁ Θεὸς ἡμῶν. *The realm will be with you in the day of your power, in the brightness of your holiness.* [Ps 109:3]. Ἡ γέννησίς σου Χριστὲ ὁ Θεὸς ἡμῶν. At the entrance we recite another [stichos] also: *I begat you from the womb before the*

---

[179] But see XII.26 V.2.
[180] See O.4 above where it is referred to as a troparion.

ΔΕΚΕΜΒΡΙΟΣ

ἀρχὴ ἐν ἡμέρᾳ τῆς δυνάμεώς σου ἐν ταῖς λαμπρότησι τῶν ἁγίων σου.[121] Ἡ γέννησίς σου Χριστὲ ὁ Θεὸς ἡμῶν.[122] Εἰς δὲ τὴν εἴσοδον λέγομεν καὶ ἕτερον Ἐκ γαστρὸς πρὸ ἑωσφόρου ἐγέννησά σε, ὤμοσε Κύριος καὶ οὐ μεταμεληθήσεται. Ἡ γέννησίς σου Χριστὲ ὁ Θεὸς ἡμῶν, Δόξα καὶ νῦν, τὸ κοντάκιον. ἀντὶ τοῦ τρισαγίου Ὅσοι εἰς Χριστὸν ἐβαπτίσθητε χωρὶς συναπτῆς. 2.προκείμενον ἦχος πλάγιος δ΄ Πᾶσα ἡ γῆ προσκυνησάτωσάν σοι· στίχος α΄ Ἀλαλάξατε τῷ Θεῷ πᾶσα ἡ γῆ, εἴπατε τῷ Θεῷ Ὡς φοβερὰ τὰ ἔργα σου· [51v] ὁ ἀπόστολος πρὸς Γαλάτας Ἀδελφοί, ὅτε ἦλθε τὸ πλήρωμα τοῦ χρόνου. Ἀλληλούϊα ἦχος α΄ Οἱ οὐρανοὶ διηγοῦνται δόξαν Θεοῦ· ἡμέρα τῇ ἡμέρᾳ ἐρεύγεται ῥῆμα καὶ νὺξ νυκτὶ ἀναγγέλλει γνῶσιν· εὐαγγέλιον κατὰ Ματθαῖον Τοῦ Ἰησοῦ γεννηθέντος. 3.κοινωνικὸν ἦχος βαρὺς Λύτρωσιν ἀπέστειλε Κύριος τῷ λαῷ αὐτοῦ. τὸ αὐτὸ λέγομεν[123] ἕως οὗ ἀποδοθῇ[124] ἡ ἑορτή.

Μηνὶ τῷ αὐτῷ κϛ΄· τοῦ δικαίου Ἰωσὴφ τοῦ μνήστορος, καὶ τὰ ἐπιλόχια τῆς Θεοτόκου, καὶ τοῦ ἁγίου ἱερομάρτυρος Εὐθυμίου.

Ἑσπέρας 1.οὐ στιχολογοῦμεν 2.ἀλλ᾽ εἰς τὸ Κύριε ἐκέκραξα ἱστῶμεν ϛ΄ καὶ ψάλλομεν στιχηρὰ τῆς ἑορτῆς γ΄ ἦχος δ΄ Εὐφραίνεσθε δίκαιοι, Θεοτόκε παρθένε, Δεῦτε ἀνυμνήσωμεν, καὶ ἕτερα γ΄ τῶν δικαίων εἰς τὸν αὐτὸν ἦχον, Δόξα καὶ νῦν, Ὁ Πατὴρ εὐδόκησεν. 3.εἴσοδος. 4.προκείμενον ἦχος βαρὺς Τίς Θεὸς μέγας ὡς ὁ Θεὸς ἡμῶν· στίχος α΄ Καὶ εἶπα Νῦν ἠρξάμην· στίχος β΄ Ἐμνήσθην τῶν ἔργων Κυρίου· στίχος γ΄ Ἐγνώρισας ἐν τοῖς λαοῖς.[125] εἰ δὲ εἴη σάββατον, λέγομεν Ὁ Κύριος ἐβασίλευσεν,[126] προηγεῖται γὰρ πάντων τῶν προκειμένων. 10.εἰς τὸν στίχον στιχηρὰ ἰδιόμελα ἦχος πλάγιος δ΄ Παράδοξον μυστήριον· στίχος Εἶπεν ὁ Κύριος τῷ κυρίῳ μου· στιχηρὸν ἕτερον Πῶς ἐξείπω τὸ μέγα μυστήριον· στίχος Ἐκ γαστρὸς πρὸ ἑωσφόρου ἐγέννησά σε, ὤμοσε Κύριος καὶ οὐ μεταμεληθήσεται· στιχηρὸν ἄλλο Ἐν Βηθλεὲμ συνέδραμον →

---

[121] ἐν ταῖς...σου om. D
[122] ὁ Θεὸς ἡμῶν om. D
[123] λέγεται D
[124] ἀποδωθῇ cod. et D
[125] λαοῖς om. D
[126] ἐβασίλευσε D

25-26 DECEMBER

morning star; the Lord swore and will not repent. [Ps 109:3-4]. *Ἡ γέννησίς σου Χριστὲ ὁ Θεὸς ἡμῶν,* Glory...both now..., the kontakion.[181] Instead of the trisagion, *Ὅσοι εἰς Χριστὸν ἐβαπτίσθητε* without synapte. 2.Prokeimenon in plagal mode 4: *Πᾶσα ἡ γῆ προσκυνησάτωσάν σοι* [Ps 65:4], first stichos: *Ἀλαλάξατε τῷ Θεῷ πᾶσα ἡ γῆ, εἴπατε τῷ Θεῷ Ὡς φοβερὰ τὰ ἔργα σου* [Ps 65:1,3], the apostle: to the Galatians [4:4ff]. Alleluia in mode 1: *Οἱ οὐρανοὶ διηγοῦνται δόξαν Θεοῦ · ἡμέρα τῇ ἡμέρᾳ ἐρεύγεται ῥῆμα καὶ νὺξ νυκτὶ ἀναγγέλλει γνῶσιν* [Ps 18:2-3], gospel: according to Matthew [2:1ff]. 3.Koinonikon in barys mode: *Λύτρωσιν ἀπέστειλε Κύριος τῷ λαῷ αὐτοῦ* [Ps 110:9]. We recite the same one until the [after]feast is over.

XII.26C. **26th of the same month. The commemoration of righteous Joseph the betrothed, and the Confinement of the Theotokos, and the commemoration of the holy hieromartyr Euthymios.**

V. At Vespers, 1.we do not recite the continuous psalmody, 2.but at *Κύριε ἐκέκραξα* we intercalate six times and chant three stichera of the feast in mode 4: *Εὐφραίνεσθε δίκαιοι, Θεοτόκε παρθένε, Δεῦτε ἀνυμνήσωμεν,* and another three of the righteous ones in the same mode, Glory...both now..., *Ὁ Πατὴρ εὐδόκησεν.*[182] 3.Entrance. 4.Prokeimenon in barys mode: *Τίς Θεὸς μέγας ὡς ὁ Θεὸς ἡμῶν* [Ps 76:14], first stichos: *Καὶ εἶπα Νῦν ἠρξάμην* [Ps 76:11], second stichos: *Ἐμνήσθην τῶν ἔργων Κυρίου* [Ps 76:12], third stichos: *Ἐγνώρισας ἐν τοῖς λαοῖς* [Ps 76:15]. But if it were a Saturday, we recite *Ὁ Κύριος ἐβασίλευσεν* [Ps 92:1], for it has precedence over all the prokeimena. 10.At the stichos, stichera idiomela in plagal mode 4: *Παράδοξον μυστήριον,* stichos: *Εἶπεν ὁ Κύριος τῷ κυρίῳ μου* [Ps 109:1], another sticheron: *Πῶς ἐξείπω τὸ μέγα μυστήριον,* stichos: *Ἐκ γαστρὸς πρὸ ἑωσφόρου ἐγέννησά σε, ὤμοσε Κύριος καὶ οὐ μεταμεληθήσεται* [Ps 109:3-4], another sticheron: *Ἐν Βηθλεὲμ*

---

[181] See PN.3 above.
[182] See XII.25 O.11.

ΔΕΚΕΜΒΡΙΟΣ

ποιμένες, Δόξα καὶ νῦν, ἦχος πλάγιος β΄ *Σήμερον ἡ ἀόρατος φύσις.* 12.ἀπολυτίκιον τῆς ἑορτῆς.

Δεῖ δὲ γινώσκειν ὅτι τοὺς αὐτοὺς στίχους λέγομεν καὶ ἑσπέρας καὶ πρωΐ ἕως οὗ ἀποδοθῇ[127] ἡ ἑορτή, εἰ μή που τύχῃ συνάντημα μνήμης ἁγίου οἷον τοῦ ἁγίου πρωτομάρτυρος Στεφάνου· τότε γὰρ διὰ τὸ λέγειν εἰς τὸν στίχον τοῦ ἑσπερινοῦ ἰδιόμελον τοῦ ἁγίου οὐ λέγομεν τοὺς στίχους τῆς ἑορτῆς ἀλλὰ τοὺς συνήθεις. τὴν δὲ παννυχίδα ἑσπέρας καταλιμπάνομεν.

Εἰ δὲ ἐν σαββάτῳ τύχῃ, 1.στιχολογοῦμεν τὸ *Μακάριος ἀνὴρ* ὡς σύνηθες, 2.εἰς δὲ τὸ *Κύριε ἐκέκραξα* ἱστῶμεν η΄ καὶ ψάλλομεν στιχηρὰ ἀναστάσιμα τοῦ ἤχου εἰς δ΄, καὶ τὰ προειρημένα προσόμοια τῶν δικαίων εἰς ἦχον δ΄ πρὸς τὸ *Ὡς γενναῖον* εἰς δ΄, *Δόξα καὶ νῦν,* ἰδιόμελον εἰς τὸν αὐτὸν ἦχον *Δεῦτε ἀνυμνήσωμεν τὴν μητέρα.* 3.εἴσοδος καὶ 4.τὸ προκείμενον *Ὁ Κύριος ἐβασίλευσεν.* 10.εἰς τὸν στίχον τὸ ἀναστάσιμον τοῦ στίχου, [52r] καὶ ἕτερα δύο ἰδιόμελα τὰ προειρημένα τῆς ἑορτῆς ἦχος πλάγιος δ΄ *Παράδοξον μυστήριον, καὶ ἕτερον Πῶς ἐξείπω τὸ μέγα μυστήριον* μετὰ τῶν στίχων αὐτῶν, *Δόξα καὶ νῦν,* ἰδιόμελον ἦχος β΄ *Τί σοι προσενέγκωμεν Χριστέ.* 12.ἀπολυτίκιον *Ἡ γέννησίς σου.*

Εἰς δὲ[128] τὴν παννυχίδα τῆς ἀγρυπνίας 1.κανόνες δύο· τὸν κατανυκτικὸν τοῦ ἤχου εἰς ς΄, καὶ τῆς ἑορτῆς τὸν πρῶτον ἦχον εἰς δ΄· 2.ἀπὸ γ΄ ᾠδῆς κάθισμα τῶν ἁγίων, *Δόξα καὶ νῦν,* τῆς ἑορτῆς εἰς

---

[127] ἀποδωθῇ D
[128] om. D

26 DECEMBER

συνέδραμον ποιμένες, Glory...both now..., in plagal mode 2 Σήμερον ἡ ἀόρατος φύσις. 12.Apolytikion of the feast.[183]

> N. It is necessary to realise that we recite the same stichoi at both **Vespers** and **Orthros** until the feast is over, unless of course a commemoration of a holy man should happen to coincide, such as that of the holy protomartyr Stephen. For then because of the recitation of an idiomelon of the holy man at the stichos of **Hesperinon**, we do not recite the stichoi of the feast but the customary ones. And we omit **Pannychis** at **Vespers**.

XII.26 S.1 But if it falls on a Saturday, **V.1.**we recite continuous psalmody Μακάριος ἀνήρ [kath 1] as is customary,[184] **2.**and at Κύριε ἐκέκραξα we intercalate eight times and chant resurrection stichera of the mode up to four,[185] and the aforementioned prosomoia of the righteous ones in mode 4 to Ὡς γενναῖον up to four, Glory...both now..., idiomelon in the same mode: Δεῦτε ἀνυμνήσωμεν τὴν μητέρα. **3.**Entrance and **4.**the prokeimenon: Ὁ Κύριος ἐβασίλευσεν [Ps 92:1]. **10.**At the stichos, the resurrection [sticheron] of the stichos, and the other two aforementioned idiomela of the feast in plagal mode 4: Παράδοξον μυστήριον and another: Πῶς ἐξείπω τὸ μέγα μυστήριον with their stichoi,[186] Glory...both now..., idiomelon in mode 2: Τί σοι προσενέγκωμεν Χριστέ. **12.**Apolytikion: Ἡ γέννησίς σου.[187]

PN. At **Pannychis of the Agrypnia 1.**two canons: from the penitential [canon] of the mode six troparia,[188] and from that of the feast in the first mode four troparia; **2.**after the third ode, poetic kathisma of the holy ones, Glory...both now..., that of the feast in the →

---

[183] See XII.25 O.4 where it is referred to as a troparion.
[184] Kathisma 1 of the psalter (psalms 1-8) is always chanted at Vespers on Saturday evenings.
[185] The mode is set; see note 1.
[186] See V.10 above.
[187] The apolytikion of the feast; see V.12 above.
[188] The mode is set; see note 1.

ΔΕΚΕΜΒΡΙΟΣ

τὸν αὐτὸν ἦχον· 3.ἀπὸ ϛ΄ τὸ κοντάκιον τῆς Θεοτόκου. καὶ μετὰ τὴν ἀπόλυσιν 4.ἡ ἀνάγνωσις ἐν τῷ πραξαποστόλῳ.

Εἰς τὸν ὄρθρον, εἰ οὐκ ἔστι κυριακή, ἐγειρόμεθα ὥρᾳ θ΄· 3.τὸ *Θεὸς Κύριος* καὶ 4.τὸ τροπάριον τῆς ἑορτῆς ἐκ γ΄ *Ἡ γέννησίς σου Χριστέ*. 5.οὐ στιχολογοῦμεν δέ, ἀλλ᾽ εὐθὺς 8.τὸν Ν΄ καὶ λέγομεν *Τῷ Κυρίῳ ᾄσωμεν* καὶ ἱστῶμεν ιβ΄. 9.κανόνες[129] γ΄· τὸν ἕνα τῆς ἑορτῆς τὸ <πρὸς τὸ> *Χριστὸς γεννᾶται*, καὶ ἕτερον τῆς Θεοτόκου εἰς ἦχον δ΄ ποίημα Γαβριὴλ μοναχοῦ <πρὸς τὸ> *Ἀνοίξω τὸ στόμα μου*, καὶ ἄλλον τοῦ ἁγίου Εὐθυμίου εἰς τὸν αὐτὸν ἦχον, τοὺς γ΄ ἀνὰ δ΄· ἀπὸ γ΄ ᾠδῆς κάθισμα τοῦ δικαίου Ἰωσὴφ ἦχος α΄ πρὸς τὸ *Τὸν τάφον σου Σωτὴρ Πατρὸς ὡς ἀληθῶς*, *Δόξα καὶ νῦν*, εἰς τὸν αὐτὸν ἦχον τῆς ἑορτῆς *Ἐν φάτνῃ δι᾽ ἡμᾶς*· ἀνάγνωσις λόγος τοῦ μεγάλου Βασιλείου εἰς τὴν ἑορτήν, οὗ ἡ ἀρχὴ *Χριστοῦ γέννησις εἰς δόσιν μίαν*, ζήτει εἰς τὸ βιβλίον τὸν ἅγιον Βασίλειον λόγος λγ΄· ἀπὸ ϛ΄ τὸ κοντάκιον ἦχος πλάγιος β΄ *Ὁ πρὸ ἑωσφόρου*. 10.ἐξαποστειλάριον *Ἐπεσκέψατο ἡμᾶς*. 12.εἰς τὸν στίχον τῶν αἴνων στιχηρὰ τῆς ἑορτῆς γ΄ ἦχος πλάγιος β΄ πρὸς τὸ *Ὡς ὡράθης Χριστὲ* πρὸς μίαν μετὰ τῶν στίχων τῆς ἑορτῆς, *Δόξα καὶ νῦν*, ἦχος πλάγιος α΄ τοῦ δικαίου Ἰωσὴφ πρὸς τὸ *Χαίροις*. 14.ἀπολυτίκιον τῆς ἑορτῆς.

Εἰ δέ ἐστι κυριακή, 3.εἰς τὸ *Θεὸς Κύριος*, 4.τὸ ἀναστάσιμον τροπάριον β΄, *Δόξα καὶ νῦν*, τῆς ἑορτῆς. 5.αἱ στιχολογίαι, τὰ β΄ καθίσματα καὶ ὁ πολυέλεος, εἰ δέ ἐστι ταχύ, καὶ ὁ ἄμωμος μετὰ τῶν ἀναστασίμων τροπαρίων αὐτοῦ, καθίσματα ἀναστάσιμα· εἰς δὲ τὸ τέλος τῶν στιχολογιῶν ψάλλομεν τὴν ὑπακοὴν τοῦ ἤχου τὴν

---

[129] κανόνας D

same mode; 3.after the sixth ode, the kontakion of the Theotokos.[189] And after the apolysis, 4.the reading: in the Praxapostolos.

O. At Orthros, if it is not a Sunday we rise at the ninth hour; 3.Θεὸς Κύριος, and 4.the troparion of the feast three times: Ἡ γέννησίς σου Χριστέ. 5.And we do not recite the continuous psalmody, but immediately 8.psalm 50; and we recite Τῷ Κυρίῳ ᾄσωμεν [190] and intercalate twelve times. 9.Three canons: the one of the feast that <to> Χριστὸς γεννᾶται,[191] and another of the Theotokos in mode 4 composed by Gabriel the Monk <to> Ἀνοίξω τὸ στόμα μου, and another of holy Euthymios in the same mode, from the three of them four troparia each; a.after the third ode, poetic kathisma of righteous Joseph in mode 1 to Τὸν τάφον σου Σωτήρ: Πατρὸς ὡς ἀληθῶς, Glory...both now..., in the same mode that of the feast: Ἐν φάτνῃ δι᾽ ἡμᾶς, reading: Homily of Basil the Great on the feast beginning Χριστοῦ γέννησις in one portion [BHG, 1922] (look in the book for holy Basil, Homily 33); b.after the sixth ode, the kontakion in plagal mode 2: Ὁ πρὸ ἑωσφόρου. 10.Exaposteilarion: Ἐπεσκέψατο ἡμᾶς.[192] 12.At the stichos of the ainoi, three stichera of the feast once in plagal mode 2 to Ὡς ὡράθης Χριστέ with the stichoi of the feast, Glory...both now..., in plagal mode 1 that of righteous Joseph to Χαίροις. 14.Apolytikion of the feast.[193]

XII.26 K.1 But if it is a Sunday, O.3.at Θεὸς Κύριος, 4.the resurrection troparion twice, Glory...both now...., that of the feast.[194] 5.The recitations of continuous psalmody, the two kathismata and g.the polyeleos, and if it is early, the amomos also with its resurrection troparia,[195] resurrection poetic kathismata. At the end of the recitations of continuous

---

[189] See XII.25 PN.3.
[190] Ode 1 of the canon.
[191] The heirmos.
[192] Exaposteilarion of the feast, see XII.25 O.10.
[193] See O.4 above where it is referred to as a troparion.
[194] See O.4 above.
[195] Added to the polyeleos as an extra element of continuous psalmody.

ΔΕΚΕΜΒΡΙΟΣ

ἀναστάσιμον· ἀναγινώσκομεν δὲ καὶ ἐκ τῆς ἑρμηνείας τοῦ κατὰ Ματθαῖον, εἴτε ἐὰν κατελείφθη[130] λόγος ἐκ τῆς ἑορτῆς. 6.εἶτα οἱ ἀναβαθμοὶ τοῦ ἤχου, ὁμοίως δὲ καὶ 7.τὸ προκείμενον καὶ τὸ *Πᾶσα πνοὴ* τοῦ ἤχου καὶ τὸ ἑωθινὸν ἀναστάσιμον εὐαγγέλιον, τὸ *Ἀνάστασιν Χριστοῦ θεασάμενοι*, 8.καὶ ὁ Ν΄ ψαλμός. 9.καὶ λέγομεν κανόνας γ΄· τὸν ἀναστάσιμον εἰς δ΄, καὶ τῶν δικαίων εἰς ς΄, καὶ τοῦ ἁγίου ἱερομάρτυρος Εὐθυμίου εἰς δ΄· [52v] ἀπὸ γ΄ ᾠδῆς κάθισμα τῶν δικαίων εἰς ἦχον α΄ *Τὸ προγραφέν*, ὁμοίως δὲ καὶ εἰς τὸ *Δόξα καὶ νῦν* τῆς ἑορτῆς εἰς τὸν αὐτὸν ἦχον, καὶ ἡ ἀνάγνωσις τοῦ μεγάλου Βασιλείου ὡσαύτως· ἀπὸ ς΄ τὸ κοντάκιον *Ὁ πρὸ ἑωσφόρου*. 11.εἰς τοὺς αἴνους ἱστῶμεν ς΄ καὶ λέγομεν τὰ δ΄ ἀναστάσιμα καὶ ἕτερα γ΄ τῶν δικαίων μετὰ τοῦ *Δόξα* ἦχος α΄ πρὸς τὸ *Τῶν οὐρανίων ταγμάτων*, *καὶ νῦν*, ἦχος δεύτερος *Σήμερον ὁ Χριστὸς ἐν Βηθλεέμ*. 14.ἀπολυτίκιον τὸ ἀναστάσιμον οἷον τύχῃ.

Εἰς δὲ τὴν λειτουργίαν εἰ οὐκ ἔστι κυριακή, 1.τὰ ἀντίφωνα τῆς ἑορτῆς. μετὰ τὴν εἴσοδον *Δόξα καὶ νῦν*, τὸ κοντάκιον *Ὁ πρὸ ἑωσφόρου*, ὁ τρισάγιος. 2.προκείμενον ᾠδὴ τῆς Θεοτόκου *Μεγαλύνει* →

---

[130] κατελείφθη D

psalmody, k.we chant the resurrection hypakoe of the mode,[196] and l.we also read from the *Commentary* on the [Gospel] according to Matthew,[197] or a *Homily* if one was left over from the feast. 6.Then the anabathmoi of the mode,[198] and similarly both 7a.the prokeimenon, and b.*Πᾶσα πνοή* of the mode,[199] and c.the resurrection matins gospel, d.*Ἀνάστασιν Χριστοῦ θεασάμενοι*, 8.and psalm 50. 9.And we recite three canons: from the resurrection one four troparia, and from that of the righteous ones six troparia, and from that of the holy hieromartyr Euthymios four troparia; a.after the third ode, poetic kathisma of the righteous ones in mode 1: *Τὸ προγραφέν*, and similarly also at *Glory...both now...* that of the feast in the same mode, and the reading: from Basil the Great in just the same way;[200] b.after the sixth ode, the kontakion: *Ὁ πρὸ ἑωσφόρου*.[201] 11.At the ainoi, we intercalate six times and recite the four resurrection [stichera], and another three of the righteous ones with *Glory...* in mode 1 to Τῶν οὐρανίων ταγμάτων, *both now....*,[202] in the second mode *Σήμερον ὁ Χριστὸς ἐν Βηθλεέμ*.[203] 14.The resurrection apolytikion, whichever it happens to be.[204]

L. **At the Liturgy**, if it is not a Sunday, 1.the antiphons of the feast. After the entrance, *Glory...both now...*, the kontakion: *Ὁ πρὸ ἑωσφόρου*,[205] the trisagion. 2.Prokeimenon, ode of the Theotokos: *Μεγαλύνει ἡ ψυχή μου τὸν Κύριον* [Lk 1:46], stichos: *Ὅτι* →

---

[196] The mode is set; see note 1.
[197] For readings from the works of John Chrysostom see XII.19 K.1 O.5 and N.
[198] The mode is set; see note 1.
[199] The mode is set; see note 1.
[200] See O.9a above.
[201] See O.9b above.
[202] For the stichera to fit the intercalations we have to assume four resurrection stichera and two of the righteous ones in mode 1 to Τῶν οὐρανίων ταγμάτων, *Glory...*, one of the righteous ones also in mode 1 to Τῶν οὐρανίων ταγμάτων, *both now....*
[203] See XII.25 O.11.
[204] The Sunday apolytikion according to the sequence of modes laid out in the Oktoechos.
[205] See O.9b above.

ΔΕΚΕΜΒΡΙΟΣ

ἡ ψυχή μου τὸν Κύριον· στίχος Ὅτι ἐπέβλεψεν ἐπὶ τὴν ταπείνωσιν· ὁ ἀπόστολος πρὸς Ἑβραίους Ἀδελφοί, ὁ ἁγιάζων καὶ οἱ ἁγιαζόμενοι. ἀλληλούια ἦχος πλάγιος δ΄· τὸν δεύτερον στίχον τοῦ Ἀνάστηθι Κύριε, Ὤμοσε Κύριος τῷ Δαβὶδ ἀλήθειαν· εὐαγγέλιον κατὰ Ματθαῖον Ἀναχωρησάντων τῶν μάγων. 3.κοινωνικὸν Λύτρωσιν ἀπέστειλεν.
Εἰ δὲ τύχῃ ἐν κυριακῇ, εἰς τὴν λειτουργίαν 1.τυπικὰ καὶ μακαρισμοὶ ἀναστάσιμοι. μετὰ τὴν εἴσοδον τὸ ἀναστάσιμον τροπάριον, Δόξα καὶ νῦν, Ὁ πρὸ ἑωσφόρου. 2.προκείμενον δὲ καὶ Ἀλληλούια, ὁμοίως δὲ καὶ ἀπόστολος[131] καὶ εὐαγγέλιον λέγονται κυριακῇ μετὰ τὴν Χριστοῦ γέννησιν 3.σὺν τοῖς κοινωνικοῖς.

Σαββάτῳ μετὰ τὴν Χριστοῦ γέννησιν γίνεται ἡ ἀκολουθία πᾶσα κατὰ τὸν γεγραμμένον τύπον τῆς ἡμέρας· οὐδὲ γὰρ σαββάτου τι ψάλλομεν, ἤγουν τῆς ὀκτωήχου. εἰς δὲ τὴν λειτουργίαν 2.προκείμενον καὶ Ἀλληλούια ἄμνημον τοῦ ἐνεστῶτος ἤχου τῆς κυριακῆς. ὁ δὲ ἀπόστολος πρὸς Τιμόθεον α΄ Τέκνον Τιμόθεε δίωκε δικαιοσύνην, ζήτει κυριακῇ λβ΄· εὐαγγέλιον κατὰ Ματθαῖον Τῷ καιρῷ ἐκείνῳ ἠκολούθησαν τῷ Ἰησοῦ ὄχλοι πολλοί. 3.κοινωνικὸν τῆς ἑορτῆς. εἰ δὲ ἔχει ἡ ἡμέρα οἰκείαν ἀκολουθίαν εἴτε ἅγιον ἑορτάσιμον, λέγομεν αὐτά· τὰ δὲ ἄμνημα καταλιμπάνομεν, τό τε προκείμενον καὶ τὸ Ἀλληλούια, καὶ λέγομεν τοῦ ἁγίου.

Κυριακῇ μετὰ τὴν τοῦ Χριστοῦ γέννησιν τελεῖται ἡ μνήμη τῶν ἁγίων καὶ δικαίων Ἰωσὴφ τοῦ μνήστορος καὶ Δαβὶδ καὶ Ἰακώβ. ἑσπέρας 1.ἡ συνήθης στιχολογία τὸ Μακάριος ἀνήρ, 2.εἰς δὲ τὸ

---

[131] καὶ ἀπόστολος om. D

26 DECEMBER

ἐπέβλεψεν ἐπὶ τὴν ταπείνωσιν [Lk 1:48], the apostle: to the Hebrews [2:11ff]. *Alleluia* in plagal mode 4, the second stichos of Ἀνάστηθι Κύριε, [Ps 131:8] Ὤμοσε Κύριος τῷ Δαβὶδ ἀλήθειαν [Ps 131:11], gospel: according to Matthew [2:13ff]. 3.Koinonikon: Λύτρωσιν ἀπέστειλεν [Ps 110:9].[206]

XII.26 K.2 But if it falls on a Sunday, **L.at the Liturgy, 1.**typika, and resurrection makarismoi. After the entrance, the resurrection troparion, *Glory...both now..., Ὁ πρὸ ἑωσφόρου.*[207] **2.**Prokeimenon and *Alleluia* and similarly also apostle and gospel for Sunday after Christ's Nativity are recited **3.**along with the koinonika.

XII.26 S.2 On **Saturday after Christ's Nativity** all the service takes place following the written pattern of the day; for we do not chant anything of a Saturday, that is, from the Oktoechos. **L.At the Liturgy, 2.**non-commemorative prokeimenon and *Alleluia* of the established mode of the Sunday.[208] The apostle: the first letter to Timothy [6:11ff] (see the thirty-second Sunday); gospel: according to Matthew [12:15ff]. **3.**Koinonikon of the feast.[209] But if the day has its own proper or a holy man celebrated with a feast, we recite those elements and omit the non-commemorative ones, both the prokeimenon and the *Alleluia*; and we recite those of the holy man.

XII.26 K.3 On **Sunday after Christ's Nativity** the commemoration of the holy and righteous ones, Joseph the betrothed and David and James, is celebrated. **V.At Vespers, 1.**the customary recitation of continuous psalmody Μακάριος ἀνήρ [kath 1],[210] **2.**and at Κύριε ἐκέκραξα we

---

[206] See XII.25 L.3.
[207] See L.1 above.
[208] The mode is set; see note 1.
[209] See L.3 above.
[210] Kathisma 1 of the psalter (psalms 1-8) is always chanted at Vespers on Saturday evenings.

ΔΕΚΕΜΒΡΙΟΣ

Κύριε εκέκραξα ιστώμεν η´ και ψάλλομεν στιχηρά αναστάσιμα γ´ και της εορτής προς τον ήχον έτερα β´. ει δέ εστι μέγας άγιος, αφίομεν της εορτής και λέγομεν του αγίου τα β´ και των δικαίων εις ήχον δ´ προς το Ὡς γενναῖον γ´, Δόξα και νῦν, εις τον αυτόν ήχον της εορτής Δεῦτε ἀνυμνήσωμεν. 3.είσοδος. 4.προκείμενον Ὁ Κύριος ἐβασίλευσεν. 10.εις τον στίχον το αναστάσιμον του στίχου άπαξ και έτερα δύο ιδιόμελα [53r] των δικαίων ήχος πλάγιος β´ Μνήμην ἐπιτελοῦμεν, και άλλο Ἱερέων μνήμη καὶ βασιλέων, Δόξα και νῦν, της εορτής ήχος πλάγιος δ´ Πῶς ἐξείπω τὸ μέγα μυστήριον. 12.απολυτίκιον ήχος β´[132] Εὐαγγελίζου Ἰωσὴφ τῷ Δαβὶδ τὰ θαύματα τῷ θεοπάτορι· παρθένον εἶδες κυοφορήσασαν, μετὰ ποιμένων ἐδοξολόγησας δι' ἀγγέλου χρηματισθείς· ἱκέτευε Χριστῷ τῷ Θεῷ σωθῆναι τὰς ψυχὰς ἡμῶν.[133] Εις το απόδειπνον λέγομεν το αναστάσιμον τροπάριον, είτα το της εορτής και το κοντάκιον. Εις την παννυχίδα της αγρυπνίας 1.τον πρώτον κατανυκτικόν του ήχου κανόνα, και ένα εκ των εις την παννυχίδα της εορτής· τον μεν κατανυκτικόν εις ς´, τον δε της εορτής εις δ´· τα δε λοιπά ως σύνηθες. Εις δε τον όρθρον 3.Θεὸς Κύριος και 4.το αναστάσιμον τροπάριον β´, Δόξα και νῦν, Εὐαγγελίζου Ἰωσήφ· ει δέ εστι μέγας άγιος, εις το Δόξα του αγίου και εις το καὶ νῦν Εὐαγγελίζου Ἰωσήφ. 5.αι στιχολογίαι καθίσματα β´ της κυριακής και ο πολυέλεος και ο άμωμος· ψάλλομεν δε αυτόν μετά αλληλουϊαρίων του πλαγίου α´ ήχου, λέγομεν δε και τα προσόμοια[134] τροπάρια τα →

---

[132] απολυτίκιον ήχος β´ in marg. dext. cod.
[133] τῷ Δαβὶδ...ἡμῶν om. D
[134] προσόμια D

26 DECEMBER

intercalate eight times and chant three resurrection stichera and another two of the feast to the mode (but if there is a great holy man, we set aside those of the feast and recite the two of the holy man) and three of the righteous ones in mode 4 to Ὡς γενναῖον, Glory...both now..., in the same mode that of the feast: Δεῦτε ἀνυμνήσωμεν.[211] 3.Entrance. 4.Prokeimenon: Ὁ Κύριος ἐβασίλευσεν [Ps 92:1]. 10.At the stichos, the resurrection [sticheron] of the stichos once, and another two idiomela of the righteous ones in plagal mode 2: Μνήμην ἐπιτελοῦμεν, and another Ἱερέων μνήμη καὶ βασιλέων, Glory...both now..., that of the feast in plagal mode 4: Πῶς ἐξείπω τὸ μέγα μυστήριον.[212] 12.Apolytikion in mode 2: *Joseph, bring the good news of wonders to David the ancestor of God; you saw a pregnant virgin, after receiving a divine message through an angel you gave glory with shepherds. Supplicate Christ our God that our souls be saved.* **AP.At Apodeipnon**, we recite the resurrection troparion, then that of the feast[213] and the kontakion.[214] **PN.At Pannychis of the Agrypnia**, 1.the first penitential canon of the mode,[215] and one of those in the **Pannychis** of the feast; from the penitential canon six troparia, and from that of the feast four troparia. The remaining elements, as is customary. **O.At Orthros**, 3.Θεὸς Κύριος, and 4.the resurrection troparion twice, Glory...both now..., Εὐαγγελίζου Ἰωσήφ,[216] but if there is a great holy man, at Glory... [the troparion] of the holy man, and at *both now... Εὐαγγελίζου Ἰωσήφ*. 5.The recitations of continuous psalmody, two kathismata of the Sunday, and g.the polyeleos and amomos. We chant this with alleluia responses of the first plagal mode, and we recite the resurrection troparia prosomoia also. We also read from the

---

[211] See XII.25 O.11 and V.2 above.
[212] See V.10 above.
[213] See XII.25 O.4.
[214] See O.9b above.
[215] The mode is set; see note 1.
[216] The troparion used as apolytikion at V.12 repeated here.

ΔΕΚΕΜΒΡΙΟΣ

ἀναστάσιμα. ἀναγινώσκομεν δὲ καὶ ἐκ τῆς ἑρμηνείας τοῦ κατὰ Ματθαῖον, καὶ εἰ ἔχει καὶ ὁ κατὰ τὴν ἡμέραν ἅγιος. καθίσματα ἀναστάσιμα καὶ ἡ ὑπακοὴ τοῦ ἤχου. 6.ἔπειτα οἱ ἀναβαθμοί· 7.τὸ προκείμενον καὶ τὸ *Πᾶσα πνοή·* ὁμοίως καὶ τὸ ἀναστάσιμον ἑωθινὸν εὐαγγέλιον· τὸ *Ἀνάστασιν Χριστοῦ θεασάμενοι*· 8.καὶ ὁ Ν΄. 9.κανόνες γ΄· ὁ πρῶτος ἀναστάσιμος εἰς ς΄, καὶ τῶν δικαίων εἰς ς΄ εἰς ἦχον δ΄ πρὸς τὸ Ἄισομαί σοι Κύριε ὁ Θεός μου, καὶ τοῦ ἁγίου τῆς ἡμέρας εἰς δ΄. εἰ δέ ἐστι μέγας ἅγιος, εἰς ς΄, καὶ τὸν ἀναστάσιμον εἰς δ΄, πρὸς δὲ τὸν ἦχον τοῦ ἀναστασίμου κανόνος πρωτεύει ὁ εἷς τοῦ ἑτέρου. ἀπὸ γ΄ ᾠδῆς κάθισμα τῶν δικαίων ἦχος α΄, *Δόξα καὶ νῦν*, τῆς ἑορτῆς εἰς τὸν αὐτὸν ἦχον· τοῦ δὲ ἁγίου τὸ κάθισμα ψάλλομεν ἀπὸ τῆς γ΄ στιχολογίας, *Δόξα καὶ νῦν*, πρὸς τὸν ἦχον καὶ τῆς ἑορτῆς. εἰ δὲ ἔχει ὁ ἅγιος κοντάκιον ψάλλομεν αὐτό, τὸ δὲ κάθισμα ψάλλομεν ἀπὸ τῶν στιχολογιῶν, καταλιμπάνομεν τὰ ἀναστάσιμα. ἀπὸ δὲ ς΄ τὸ κοντάκιον τῆς ἑορτῆς καὶ οἴκους κἂν γ΄. 10.ἐξαποστειλάριον *Ἅγιος Κύριος*. 11.εἰς τοὺς αἴνους ἱστῶμεν ς΄ καὶ ψάλλομεν στιχηρὰ ἀναστάσιμα δ΄ καὶ ἕτερα β΄ τῶν δικαίων ἦχος α΄ πρὸς τὸ Τῶν οὐρανίων, *Δόξα*, ἦχος πλάγιος δ΄ *Αἷμα καὶ πῦρ, καὶ νῦν, Ὑπερευλογημένη*. εἰ δὲ ἔχει καὶ ὁ ἅγιος στιχηρά, ἱστῶμεν η΄ καὶ λέγομεν καὶ ἕτερα δύο τοῦ αὐτοῦ. εἰ δὲ ἔχει ἰδιόμελα, λέγομεν τὰ δ΄ ἀναστάσιμα καὶ γ΄ τῶν δικαίων καὶ τὸ ἰδιόμελον αὐτῶν τὸ *Αἷμα καὶ πῦρ*, εἰς τὸ *Δόξα* τὸ ἰδιόμελον τοῦ ἁγίου, *καὶ νῦν, Ὑπερευλογημένη*. 14.ἀπολυτίκιον τὸ ἀναστάσιμον τῆς κυριακῆς. Εἰς τὴν λειτουργίαν 1.τυπικὰ καὶ μακαρισμοὶ →

26 DECEMBER

Commentary on the [Gospel] according to Matthew,[217] even if the holy man of the day also has one. Resurrection poetic kathismata and h.the hypakoe of the mode.[218] 6.Next the anabathmoi, 7a.the prokeimenon and b.*Πᾶσα πνοή*, similarly also c.the resurrection matins gospel, d.*Ἀνάστασιν Χριστοῦ θεασάμενοι*, and 8.psalm 50. 9.Three canons: from the first resurrection canon six troparia, and from that of the righteous ones six troparia in mode 4 to ῎Αισομαί σοι Κύριε ὁ Θεός μου,[219] and from that of the holy man of the day four troparia. But if he is a great holy man, six troparia, and from the resurrection canon four troparia; and the one has precedence over the other with reference to the mode of the resurrection canon. a.After the third ode, poetic kathisma of the righteous ones in mode 1, *Glory...both now...*, that of the feast in the same mode; we chant the poetic kathisma of the holy man after the third recitation of continuous psalmody, *Glory...both now...*, that of the feast also with reference to the mode; and if the holy man has a kontakion, we chant that and we chant the poetic kathisma after the recitations of continuous psalmody; we omit the resurrection ones. b.After the sixth ode, the kontakion of the feast[220] and oikoi up to three. 10.Exaposteilarion: ῎Αγιος Κύριος. 11.At the ainoi, we intercalate six times and chant four resurrection stichera and another two of the righteous ones in mode 1 to Τῶν οὐρανίων, *Glory...*, in plagal mode 4 *Αἷμα καὶ πῦρ*, *both now...*, Ὑπερευλογημένη. But if the holy man also has stichera, we intercalate eight times and recite another two also of the same man. And if he has idiomela, we recite the four resurrection ones, and three of the righteous ones, and their idiomelon: *Αἷμα καὶ πῦρ*, at *Glory...* the idiomelon of the holy man, *both now...*, Ὑπερευλογημένη. 14.The resurrection apolytikion of the Sunday. **L.At the Liturgy,** 1.typika, and →

---

[217] For set readings from the works of John Chrysostom see XII.19 K.1 O.5 and N.
[218] The mode is set; see note 1.
[219] The heirmos.
[220] See O.9b above.

ΔΕΚΕΜΒΡΙΟΣ

ἀναστάσιμοι τοῦ ἤχου. μετὰ τὴν εἴσοδον [53v] τροπάριον τὸ ἀναστάσιμον, *Δόξα καὶ νῦν*, τὸ κοντάκιον. 2.προκείμενον τῶν ἁγίων ἦχος δ΄ *Θαυμαστὸς ὁ Θεός*· στίχος *Ἐν ἐκκλησίαις*· ὁ ἀπόστολος πρὸς Γαλάτας *Ἀδελφοί, γνωρίζω ὑμῖν*, ζήτει κυριακῇ κ΄. Ἀλληλούια ἦχος δ΄ *Μνήσθητι Κύριε τοῦ Δαβὶδ καὶ πάσης τῆς πραότητος αὐτοῦ ὡς ὤμοσε τῷ κυρίῳ*·[135] στίχος β΄ *Ὤμοσε Κύριος τῷ Δαβὶδ ἀλήθειαν καὶ οὐ μὴ ἀθετήσει αὐτῷ ἐκ καρποῦ τῆς κοιλίας σου*·[136] εὐαγγέλιον κυριακῇ μετὰ τὴν Χριστοῦ γέννησιν.

Χρὴ δὲ εἰδέναι ὅτι ἐὰν τύχωσιν ἀπὸ τῆς Χριστοῦ γεννήσεως μέχρι τῶν φώτων δύο σαββατοκυριακά, ἀναγινώσκονται ἀμφότερα καθὼς εἴρηται. εἰ δὲ τύχῃ ἕν, γίνεται ἡ[137] ἀκολουθία τοῦ σαββάτου καὶ τῆς κυριακῆς ἡ πρὸ τῶν φώτων, καὶ ἀναγινώσκεται τὸ κατὰ Μάρκον εὐαγγέλιον. κοινωνικὸν δὲ τῆς κυριακῆς μετὰ τὴν Χριστοῦ γέννησιν *Αἰνεῖτε* καὶ *Ἀγαλλιᾶσθε*.

Μηνὶ τῷ αὐτῷ κζ΄· τοῦ ἁγίου πρωτομάρτυρος Στεφάνου.

Χρὴ δὲ γινώσκειν ὅτι τὸ δωδεκαήμερον ὅλον ἐκτὸς σαββάτου ἑσπέρας ἐν τοῖς λυχνικοῖς οὐ στιχολογοῦμεν, καὶ ἐν τῷ ὄρθρῳ δὲ ἓν κάθισμα μόνον λέγομεν.

Ἑσπέρας 1.οὐ στιχολογοῦμεν, 2.εἰς δὲ τὸ *Κύριε ἐκέκραξα* ἱστῶμεν ϛ΄ καὶ ψάλλομεν στιχηρὰ τοῦ ἁγίου εἰς ἦχον δ΄ γ΄ ἐκ δευτέρου πρὸς τὸ *Ὡς γενναῖον*, *Δόξα καὶ νῦν*, εἰς τὸν αὐτὸν ἦχον τῆς ἑορτῆς *Ὁ Πατὴρ εὐδόκησεν*. 4.προκείμενον τῆς ἡμέρας. 10.εἰς τὸν στίχον στιχηρὰ τῆς ἑορτῆς ἦχος β΄ πρὸς τὸ *Οἶκος τοῦ Ἐφραθᾶ* β΄ *Ἄστρον ἐξ Ἰακώβ*, *Πόλις ἡ τοῦ Δαβίδ*, καὶ ἰδιόμελον τοῦ ἁγίου ἦχος δ΄

---

[135] καὶ πάσης...κυρίῳ om. D
[136] καὶ οὐ...σου om. D
[137] om. D

resurrection makarismoi of the mode.[221] After the entrance, the resurrection troparion, *Glory...both now...*, the kontakion.[222] 2.Prokeimenon of the holy ones in mode 4: Θαυμαστὸς ὁ Θεός [Ps 67:36], stichos: Ἐν ἐκκλησίαις [Ps 67:27], the apostle: to the Galatians [1:11ff] (see the twentieth Sunday). *Alleluia* in mode 4: Μνήσθητι Κύριε τοῦ Δαβὶδ καὶ πάσης τῆς πραότητος αὐτοῦ ὡς ὤμοσε τῷ κυρίῳ [Ps 131:1-2], second stichos: Ὤμοσε Κύριος τῷ Δαβὶδ ἀλήθειαν καὶ οὐ μὴ ἀθετήσει αὐτῷ ἐκ καρποῦ τῆς κοιλίας σου [Ps 131:11], gospel: for Sunday after Christ's Nativity.

XII.26 S.3/K.4 It is necessary to know that if two Saturdays and Sundays occur after Christ's Nativity before the Feast of Lights, both are read as has been stated. But if one occurs, the proper of the Saturday and the Sunday before the Feast of Lights takes place and L.2.the gospel according to Mark is read,[223] but 3.koinonikon of the Sunday after Christ's Nativity: Αἰνεῖτε [Ps 148:1] and Ἀγαλλιᾶσθε [Ps 32:1].

XII.27C. 27th of the same month. The commemoration of the holy protomartyr Stephen.

N. But it is necessary to realise that during the whole twelve days, apart from **Vespers** on Saturday, at **Lychnikon** we do not recite the continuous psalmody, and at **Orthros** also we only recite one kathisma.[224]

V. At Vespers, 1.we do not recite the continuous psalmody, 2.but at Κύριε ἐκέκραξα we intercalate six times and chant three stichera of the holy man in mode 4 twice to Ὡς γενναῖον, *Glory...both now...*, in the same mode that of the feast: Ὁ Πατὴρ εὐδόκησεν. 4.Prokeimenon of the day of the week. 10.At the stichos, two stichera of the feast in mode 2 to Οἶκος τοῦ Ἐφραθᾶ: Ἄστρον ἐξ Ἰακώβ, Πόλις ἡ τοῦ Δαβίδ, and idiomelon of the holy man in mode

---

[221] The mode is set; see note 1.
[222] See O.9b above.
[223] See XII.31 N.
[224] See IX.17 Orthros N, 1.07 N.

ΔΕΚΕΜΒΡΙΟΣ

Στέφανος ἡ καλὴ ἀπαρχὴ τῶν μαρτύρων, Δόξα καὶ νῦν, Θεοτόκε παρθένε ἡ τεκοῦσα. 12.ἀπολυτίκιον ἦχος δ΄ *Βασίλειον διάδημα ἐστέφθη σῇ κορυφῇ ἐξ ἄθλων ὧν ὑπέμεινας ὑπὲρ Χριστοῦ τοῦ Θεοῦ, μαρτύρων πρωτόαθλε· σὺ γὰρ τῶν Ἰουδαίων διελέγξας μανίαν, εἶδές σου τὸν Σωτῆρα τοῦ Πατρὸς δεξιόθεν. αὐτὸν οὖν ἐκδυσώπει ἀεὶ ὑπὲρ τῶν ὑμνούντων σε.*[138]

Εἰς τὴν παννυχίδα λέγομεν 1.κανόνα τῆς ἑορτῆς Γεωργίου ἦχος α΄ πρὸς τὸ Ὠιδὴν ἐπινίκιον· 2.ἀπὸ γ΄ ᾠδῆς οὐδέν· 3.ἀπὸ ϛ΄ τὸ κοντάκιον τῆς ἑορτῆς.

Εἰς τὸν ὄρθρον 3.Θεὸς Κύριος ἦχος δ΄, 4.τὸ τροπάριον τῆς ἑορτῆς δεύτερον, *Δόξα καὶ νῦν,* τὸ τοῦ ἁγίου. 5.ἡ στιχολογία κάθισμα ἕν, κάθισμα τῆς ἑορτῆς πρὸς τὸν ἐνεστῶτα ἦχον, εἰ ἔχει, εἰ δ᾽ οὖν, οἷον ἂν εἴη, *Δόξα καὶ νῦν,* τὸ αὐτό· ἀνάγνωσις ἐγκώμιον τοῦ Νύσσης εἰς τὸν πρωτομάρτυρα, οὗ ἡ ἀρχὴ *Ὡς καλὴ τῶν ἀγαθῶν ἡ ἀκολουθία,* ζήτει εἰς τὸ πανηγυρικόν. 8.ἔπειτα ὁ Ν΄. 9.καὶ ψάλλομεν κανόνας β΄· τῆς ἑορτῆς [54r] τὸν ἰαμβικὸν τὸ <πρὸς τὸ> Ἔσωσε λαὸν εἰς ϛ΄, καὶ τοῦ ἁγίου εἰς ϛ΄ ἦχος πλάγιος α΄ Ἰωάννου μοναχοῦ, λέγομεν γὰρ καὶ *Τῷ Κυρίῳ ᾄσωμεν·* ἀπὸ γ΄ ᾠδῆς κάθισμα τοῦ ἁγίου ἦχος δ΄ πρὸς τὸ Κατεπλάγη Ἰωσήφ, *Δόξα καὶ νῦν,* τὸ αὐτὸ θεοτοκίον τὸ *Κατεπλάγη·* ἀνάγνωσις ἐκ τοῦ δηλωθέντος λόγου, γίνεται γὰρ εἰς δόσεις δύο· ἀπὸ ϛ΄ τὸ κοντάκιον τοῦ ἁγίου πρὸς τὸ *Ἡ παρθένος σήμερον,* καὶ οἶκον ἕνα, καὶ δύο τῆς ἑορτῆς, καὶ ἔσχατον ἄρχεται ὁ ψάλτης τὸ *Ἡ παρθένος σήμερον* καὶ τελειοῦται παρὰ τοῦ λαοῦ.

---

[138] ἐξ ἄθλων...σε om. D

27 DECEMBER

4: *Στέφανος ἡ καλὴ ἀπαρχὴ τῶν μαρτύρων*, Glory...both now..., *Θεοτόκε παρθένε ἡ τεκοῦσα*. **12.**Apolytikion in mode 4: *Your head was crowned by a royal diadem as a result of the contests which you, first contestant of martyrs, endured for Christ our God; for you refuted the madness of the Jews and saw your Saviour on the right hand of the Father. Therefore always entreat him earnestly on behalf of those who praise you.*

PN. At Pannychis, 1.we recite a canon of the feast by George in mode 1 to ᾨδὴν ἐπινίκιον, 2.after the third ode, nothing, 3.after the sixth ode, the kontakion of the feast.[225]

O. At Orthros, 3.*Θεὸς Κύριος* in mode 4, 4.the troparion of the feast[226] twice, Glory...both now..., that of the holy man.[227] 5.The recitation of continuous psalmody, a.one kathisma,[228] b.poetic kathisma of the feast in the established mode if there is one,[229] if not, whatever one there is, Glory...both now..., the same repeated, c.reading: *Encomium* by Gregory of Nyssa on the protomartyr beginning Ὡς καλὴ τῶν ἀγαθῶν ἡ ἀκολουθία [BHG, 1654] (look in the Panegyrikon). 8.Next psalm 50. 9.And we chant two canons: six troparia from the iambic one of the feast that <to> Ἔσωσε λαόν,[230] and six troparia from that of the holy man in plagal mode 1 by John the Monk; for we also recite Τῷ Κυρίῳ ᾄσωμεν.[231] a.After the third ode, poetic kathisma of the holy man in mode 4 to Κατεπλάγη Ἰωσήφ, Glory...both now..., the same theotokion: *Κατεπλάγη*, reading: from the designated *Homily*,[232] for it is in two portions; b.after the sixth ode, the kontakion of the holy man to Ἡ παρθένος σήμερον and one oikos, and two of the feast; and finally the cantor begins Ἡ παρθένος σήμερον and it is completed by the

---

[225] See XII.26 O.9b.
[226] See XII.25 O.4.
[227] The troparion used as apolytikion at V.12 repeated here.
[228] See N above.
[229] The mode is set; see note 1.
[230] The heirmos.
[231] Ode 1.
[232] See O.5c above.

ΔΕΚΕΜΒΡΙΟΣ

10.ἐξαποστειλάριον τῆς ἑορτῆς, ὁμοίως καὶ τοῦ ἁγίου <πρὸς τὸ> Ὁ οὐρανὸν τοῖς ἄστροις. 12.εἰς τὸν στίχον τῶν αἴνων στιχηρὰ β΄ τῆς ἑορτῆς ἦχος πλάγιος β΄ πρὸς τὸ Αἱ ἀγγελικαὶ *Ἰδὼν Ἰωσήφ, Νίκην κατ᾽ ἐχθρῶν*, καὶ ἰδιόμελον τοῦ ἁγίου εἰς τὸν αὐτὸν ἦχον *Πρῶτος ἐν μάρτυσι, Δόξα καὶ νῦν*, τῆς ἑορτῆς *Χορεύουσιν ἄγγελοι πάντες ἐν οὐρανῷ*. 14.ἀπολυτίκιον τῆς ἑορτῆς.

Εἰς τὴν λειτουργίαν 1.τυπικὰ καὶ ἡ ς΄ ᾠδὴ τοῦ κανόνος τοῦ ἁγίου. μετὰ τὴν εἴσοδον τὸ τροπάριον τῆς ἑορτῆς, *Δόξα καὶ νῦν*, τὸ κοντάκιον τοῦ ἁγίου. ὁ τρισάγιος. 2.προκείμενον *Εἰς πᾶσαν τὴν γῆν*· στίχος *Οἱ οὐρανοὶ διηγοῦνται*· ὁ ἀπόστολος Πράξεων *Ἐν ταῖς ἡμέραις ἐκείναις Στέφανος πλήρης*, ζήτει τῇ δευτέρᾳ τῆς γ΄ ἑβδομάδος τοῦ πάσχα. Ἀλληλούια ἦχος α΄ *Ἐξομολογήσονται*· εὐαγγέλιον κατὰ Ματθαῖον *Εἶπεν ὁ Κύριος τὴν παραβολὴν ταύτην· Ἄνθρωπός τις ἦν οἰκοδεσπότης*. 3.κοινωνικὸν τῆς ἑορτῆς, καὶ τοῦ ἁγίου *Εἰς πᾶσαν τὴν γῆν*.

Μηνὶ τῷ αὐτῷ κη΄· τῶν ἁγίων δισμυρίων, καὶ τοῦ ἁγίου Θεοδώρου τοῦ Γραπτοῦ.

Ἑσπέρας 1.οὐ στιχολογοῦμεν, 2.εἰς δὲ τὸ *Κύριε ἐκέκραξα* ἱστῶμεν ς΄ καὶ ψάλλομεν στιχηρὰ δύο τῶν μαρτύρων, δευτεροῦντες τὸ πρῶτον, εἰς ἦχον πρῶτον, καὶ ἕτερα γ΄ τοῦ Γραπτοῦ εἰς ἦχον δ΄ πρὸς τὸ Ὡς γενναῖον, *Δόξα καὶ νῦν*, τῆς ἑορτῆς *Εὐφραίνεσθε δίκαιοι*. 4.καὶ τὸ προκείμενον τῆς ἡμέρας. 10.εἰς τὸν στίχον στιχηρὰ γ΄ τῆς ἑορτῆς πρὸς τὸ Οἶκος τοῦ Ἐφραθᾶ *Λόγος ὁ τοῦ Πατρός, Δῶρα ὡς βασιλεῖ, Σκίρτησον ὦ Δαβίδ, Δόξα καὶ νῦν*, ἰδιόμελον *Ἡ βασιλεία σου Χριστὲ ὁ Θεός*. 12.ἀπολυτίκιον τῆς ἑορτῆς.

27-28 DECEMBER

people. 10.Exaposteilarion of the feast,[233] similarly also that of the holy man <to> Ὁ οὐρανὸν τοῖς ἄστροις. 12.At the stichos of the ainoi, two stichera of the feast in plagal mode 2 to Αἱ ἀγγελικαί: Ἰδὼν Ἰωσήφ, Νίκην κατ᾽ ἐχθρῶν, and idiomelon of the holy man in the same mode: Πρῶτος ἐν μάρτυσι, Glory...both now..., that of the feast: Χορεύουσιν ἄγγελοι πάντες ἐν οὐρανῷ. 14.Apolytikion of the feast.[234]

L. At the Liturgy, 1.typika, and the sixth ode of the canon of the holy man.[235] After the entrance, the troparion of the feast,[236] Glory...both now..., the kontakion of the holy man.[237] The trisagion. 2.Prokeimenon: Εἰς πᾶσαν τὴν γῆν [Ps 18:5], stichos: Οἱ οὐρανοὶ διηγοῦνται [Ps 18:2], the apostle: from Acts [6:8ff] (see Monday of the third week of Easter). Alleluia in mode 1: Ἐξομολογήσονται [Ps 88:6], gospel: according to Matthew [21:33ff]. 3.Koinonikon of the feast,[238] and that of the holy man: Εἰς πᾶσαν τὴν γῆν [Ps 18:5].

XII.28C. 28th of the same month. The commemoration of the holy Twenty Thousand, and of holy Theodore Graptos.

V. At Vespers, 1.we do not recite the continuous psalmody, 2.but at Κύριε ἐκέκραξα we intercalate six times and chant two stichera of the martyrs in the first mode, repeating the first, and another three of Graptos in mode 4 to Ὡς γενναῖον, Glory...both now..., that of the feast: Εὐφραίνεσθε δίκαιοι.[239] 4.And the prokeimenon of the day of the week. 10.At the stichos, three stichera of the feast to Οἶκος τοῦ Ἐφραθᾶ: Λόγος ὁ τοῦ Πατρός, Δῶρα ὡς βασιλεῖ, Σκίρτησον ὦ Δαβίδ, Glory...both now..., idiomelon: Ἡ βασιλεία σου Χριστὲ ὁ Θεός. 12.Apolytikion of the feast.[240]

---

[233] See XII.25 O.10.
[234] The troparion of the feast used as apolytikion here, see XII.26 O.4.
[235] Most probably means that refrains of the sixth ode are intercalated into the makarismoi.
[236] See XII.26 O.4.
[237] See O.9b above.
[238] See XII.25 L.3.
[239] See XII.25 O.11.
[240] The troparion of the feast used as apolytikion here, see XII.26 O.4.

ΔΕΚΕΜΒΡΙΟΣ

Εἰς τὴν παννυχίδα 1.κανὼν τῆς Θεοτόκου εἰς τὸν ἐνεστῶτα ἦχον εἰς δ΄· 2.ἀπὸ γ΄ ᾠδῆς οὐδέν· 3.ἀπὸ ς΄ τὸ κοντάκιον τῆς Θεοτόκου ἓν ἐκ τῶν συνήθων.

Εἰς τὸν ὄρθρον 3.*Θεὸς Κύριος* καὶ 4.τὸ τροπάριον[139] τῆς ἑορτῆς ἐκ γ΄. 5.ἡ στιχολογία κάθισμα ἕν, κάθισμα τῆς ἑορτῆς, *Δόξα καὶ νῦν*, τὸ αὐτό· ἀναγινώσκομεν δὲ καὶ τὸν βίον τοῦ ἁγίου Θεοδώρου, οὗ ἡ ἀρχὴ *Τῶν ὑπὲρ Χριστοῦ τὴν ἄθλησιν ἑλομένων*, ἀναγινώσκομεν δὲ καὶ τὸ μαρτύριον τῶν ἁγίων δισμυρίων, οὗ ἡ ἀρχὴ *Ἄρτι Μαξιμιανοῦ δεύτερον ἔτος ἄγοντος*. [54v] 8.εἶτα ὁ Ν΄. 9.κανόνες γ΄· τῆς ἑορτῆς τὸ <πρὸς τὸ> Χριστὸς γεννᾶται, καὶ τῶν ἁγίων εἰς τὸν αὐτὸν ἦχον, καὶ τοῦ ὁσίου εἰς ἦχον δ΄ Θεοφάνους, τοὺς γ΄ ἀνὰ δ΄· ἀπὸ γ΄ ᾠδῆς κάθισμα τοῦ ὁσίου, *Δόξα καὶ νῦν*, τῆς ἑορτῆς πρὸς τὸ αὐτὸ κάθισμα *Τόκον ἄσπορον κατανοοῦσα*· ἀπὸ ς΄ τὸ κοντάκιον τῆς ἑορτῆς καὶ οἴκους γ΄. 10.ἐξαποστειλάριον τῆς ἑορτῆς. 12.εἰς τὸν στίχον στιχηρὰ τῆς ἑορτῆς εἰς ἦχον πλάγιον β΄ πρὸς τὸ Αἱ ἀγγελικαὶ *Τέτοκε χαράν, Αὐλῶν ποιμενικῶν, Ποῖος τοὺς βροτῶν, Δόξα καὶ νῦν*, ἦχος πλάγιος δ΄ ἰδιόμελον[140] τῆς ἑορτῆς *Παράδοξον μυστήριον*. 14.ἀπολυτίκιον τῆς ἑορτῆς.

Εἰς τὴν λειτουργίαν 1.τυπικά, τοῦ κανόνος τῆς ἑορτῆς ἡ ε΄ καὶ ἡ ς΄ ᾠδὴ μετὰ τοῦ ἑνὸς εἱρμοῦ *Θεὸς ὢν εἰρήνης πατὴρ οἰκτιρμῶν*. τὸ τροπάριον καὶ τὸ κοντάκιον, ὁμοίως καὶ 2.τὸ προκείμενον καὶ

---

[139] τρπάριον D
[140] ἰδιόμελοον D

28 DECEMBER

PN. At Pannychis 1.from a canon of the Theotokos in the established mode[241] four troparia; 2.after the third ode, nothing; 3.after the sixth ode, the kontakion of the Theotokos, one of the customary ones.

O. At Orthros, 3.*Θεὸς Κύριος*, and 4.the troparion of the feast[242] three times. 5.The recitation of continuous psalmody, a.one kathisma,[243] b.poetic kathisma of the feast, *Glory...both now...*, the same repeated, c.we read both the *Life* of holy Theodore beginning *Τῶν ὑπὲρ Χριστοῦ τὴν ἄθλησιν ἑλομένων* [BHG, 1746], and we read the *Martyrion* of the holy Twenty Thousand beginning *Ἄρτι Μαξιμιανοῦ δεύτερον ἔτος ἄγοντος* [BHG, 823]. 8.Then psalm 50. 9.Three canons: of the feast that <to> Χριστὸς γεννᾶται,[244] and that of the holy ones in the same mode, and that of the saintly man in mode 4 by Theophanes, from the three [canons] four troparia each; a.after the third ode, poetic kathisma of the saintly man, *Glory...both now...*, that of the feast to the same kathisma: *Τόκον ἄσπορον κατανοοῦσα*, b.after the sixth ode, the kontakion of the feast[245] and three oikoi. 10.Exaposteilarion of the feast.[246] 12.At the stichos, stichera of the feast in plagal mode 2 to Αἱ ἀγγελικαί: *Τέτοκε χαράν, Αὐλῶν ποιμενικῶν, Ποῖος τοὺς βροτῶν, Glory...both now...*, in plagal mode 4 idiomelon of the feast: *Παράδοξον μυστήριον*. 14.Apolytikion of the feast.[247]

L. At the Liturgy, 1.typika, the fifth and sixth odes of the canon of the feast[248] with the one heirmos: *Θεὸς ὢν εἰρήνης πατὴρ οἰκτιρμῶν.*[249] The troparion and the kontakion, similarly also 2.the

---

[241] The mode is set; see note 1.
[242] See XII.25 O.4.
[243] See XII.27 N.
[244] The heirmos.
[245] See XII.26 O.9b.
[246] See XII.25 O.10.
[247] The troparion of the feast used as apolytikion here, see XII.26 O.4.
[248] Most probably means that refrains of the fifth and sixth odes are intercalated into the makarismoi.
[249] The heirmos of the fifth ode.

ΔΕΚΕΜΒΡΙΟΣ

Ἀλληλούια καὶ 3.κοινωνικὸν τῆς ἑορτῆς. ἀπόστολος δὲ καὶ εὐαγγέλιον τῆς ἡμέρας.

Μηνὶ τῷ αὐτῷ κθ'· τῶν ἁγίων νηπίων, καὶ τοῦ ὁσίου Μαρκέλλου, καὶ μνήμη τῶν ἐγκαινίων τῆς ὑπεραγίας Θεοτόκου τῆς Εὐεργέτιδος.

Ἑσπέρας 1.οὐ στιχολογοῦμεν, 2.εἰς δὲ τὸ *Κύριε ἐκέκραξα* ἱστῶμεν η' καὶ ψάλλομεν στιχηρὰ ἰδιόμελα τῶν ἐγκαινίων εἰς ἦχον πλάγιον β' γ', τὰ μὲν β' τὰ πρῶτα ἐκ γ', τὸ δὲ ἓν δεύτερον, εἰσὶ δὲ ταῦτα *Ἐγκαίνια τιμᾶσθαι, Ἐγκαινίζεσθε*[141] *ἀδελφοί, Τὴν μνήμην τῶν ἐγκαινίων, Δόξα καὶ νῦν*, εἰς τὸν αὐτὸν ἦχον τῆς ἑορτῆς *Ὅτε καιρὸς τῆς ἐπὶ γῆς παρουσίας σου*. 3.εἴσοδος, τὸ *Φῶς ἱλαρόν*. 4.προκείμενον τῆς ἡμέρας καὶ 5.ἀναγνώσματα τῶν ἐγκαινίων γ', τὸ α' Βασιλειῶν *Ἔστη Σολομῶν*, τὸ δεύτερον Παροιμιῶν *Ὁ Θεὸς τῇ σοφίᾳ*, τὸ γ' Παροιμιῶν *Ἡ σοφία ᾠκοδόμησεν ἑαυτῇ οἶκον*. 10.εἰς τὸν στίχον στιχηρὰ τῶν ἁγίων νηπίων ἦχος πλάγιος δ' πρὸς τὸ *Ὢ τοῦ παραδόξου θαύματος* γ', *Δόξα καὶ νῦν*, ἦχος βαρὺς *Ἐξεπλήττετο ὁ Ἡρώδης*. 12.ἀπολυτίκιον *Ἡ γέννησίς σου Χριστὲ ὁ Θεός*.

Εἰς δὲ τὴν παννυχίδα τῆς ἀγρυπνίας 1.κανόνα τὸν κατανυκτικὸν τῆς ὀκτωήχου τῆς ἡμέρας εἰς ς' καὶ τῶν ἐγκαινίων εἰς δ'· 2.ἀπὸ γ' ᾠδῆς κάθισμα τὸ κατανυκτικόν· 3.ἀπὸ ς' τὸ κοντάκιον τῆς Θεοτόκου. 4.ἀνάγνωσις ἡ κατὰ ἀκολουθίαν τοῦ ἀποστόλου.

Εἰς δὲ τὸν ὄρθρον 3.*Θεὸς Κύριος* ἦχος δ', 4.τὸ τροπάριον τῆς ἑορτῆς ἐκ δευτέρου, *Δόξα καὶ νῦν*, τὸ τῶν ἐγκαινίων εἰς τὸν αὐτὸν ἦχον *Τὰ πέρατα ἐφώτισε τῇ παρουσίᾳ Χριστός, τὸν κόσμον ἀνεκαίνισε πνεύματι θείῳ αὐτοῦ, ψυχαὶ ἐγκαινίζονται· οἶκος γὰρ ἀνετέθη νῦν εἰς δόξαν Κυρίου, ἔνθα καὶ ἐγκαινίζει τῶν πιστῶν τὰς καρδίας*

---

[141] Ἐγναινίζεσθε D

28-29 DECEMBER

prokeimenon and *Alleluia* and 3.koinonikon of the feast.[250] Apostle and gospel of the day.

XII.29C. 29th of the same month. The commemoration of the holy Infants, and of saintly Markellos, and the commemoration of the Dedication of [the church of] the most holy Theotokos Evergetis.

V. At Vespers, 1.we do not recite the continuous psalmody, 2.but at Κύριε ἐκέκραξα we intercalate eight times and chant three stichera idiomela of the Dedication in plagal mode 2, two of them - the first ones - three times, and the one twice; and they are these: Ἐγκαίνια τιμᾶσθαι, Ἐγκαινίζεσθε ἀδελφοί, Τὴν μνήμην τῶν ἐγκαινίων, *Glory...both now...*, in the same mode that of the feast: Ὅτε καιρὸς τῆς ἐπὶ γῆς παρουσίας σου. 3.Entrance, Φῶς ἱλαρόν. 4.Prokeimenon of the day of the week, and 5.three readings of the Dedication: the first from Kings [III 8:22ff], the second from Proverbs [3:19ff], the third from Proverbs [9:1ff]. 10.At the stichos, three stichera of the holy Infants in plagal mode 4 to Ὦ τοῦ παραδόξου θαύματος, *Glory...both now...*, in barys mode Ἐξεπλήττετο ὁ Ἡρώδης. 12.Apolytikion: Ἡ γέννησίς σου Χριστὲ ὁ Θεός.[251]

PN. At Pannychis of the Agrypnia, 1.from the penitential canon of the day from the Oktoechos six troparia, and from that of the Dedication four troparia; 2.after the third ode, the penitential poetic kathisma; 3.after the sixth ode, the kontakion of the Theotokos. 4.Reading: that following the sequence of the apostle.

O. At Orthros, 3.Θεὸς Κύριος in mode 4, 4.the troparion of the feast[252] twice, *Glory...both now...*, that of the Dedication in the same mode: *Christ lit up the ends of the world by his presence, renewed the world with his divine spirit, souls are renewed; for a house was set up just now to the glory of the Lord, where Christ our God renews the hearts*

---

[250] For these elements of the feast see XII.26 O.4, XII.26 O.9b, XII.25 L.2 and 3.
[251] The apolytikion of the feast; see also O.14 below.
[252] See XII.25 O.4.

ΔΕΚΕΜΒΡΙΟΣ

Χριστὸς ὁ Θεὸς ἡμῶν εἰς σωτηρίαν βροτῶν. 5.αἱ στιχολογίαι καθίσματα[142] γ΄ εἰς τὴν ἀκολουθίαν τοῦ ψαλτῆρος κατὰ ἀποβολήν, καθίσματα δὲ τῆς ἑορτῆς· εἶτα τὸν πολυέλεον ἢ ἀντ᾽ αὐτοῦ [55r] χωρίζει ὁ ἐκκλησιάρχης ψαλμοὺς διαφόρους ἁρμόζοντας εἰς ἐγκαίνια, καὶ στιχολογοῦμεν αὐτοὺς μετὰ καὶ τρανοτέρων[143] ἀλληλουϊαρίων· ἀνάγνωσις ὁ βίος τοῦ ὁσίου Μαρκέλλου, οὗ ἡ ἀρχὴ *Ἔννοιά μοι πολλάκις γέγονε·* ἀπὸ δὲ τοῦ πολυελέου λέγομεν κάθισμα ἦχος πλάγιος δ΄ τῶν ἐγκαινίων πρὸς τὸ *Τὸ προσταχθέν μοι*[144] *Τοῦ μαρτυρίου τὴν σκηνήν, Δόξα καὶ νῦν,* τῆς ἑορτῆς εἰς τὸν αὐτὸν ἦχον *Ἀγαλλιάσθω οὐρανός·* ἀνάγνωσις λόγος τοῦ θεολόγου τῶν ἐγκαινίων, οὗ ἡ ἀρχὴ *Ἐγκαίνια τιμᾶσθαι παλαιὸς νόμος.* 6.ἔπειτα οἱ ἀναβαθμοὶ ἦχος δ΄ ἀντίφωνον ἕν. 7.προκείμενον ἦχος δ΄ *Πλησθησόμεθα ἐν τοῖς ἀγαθοῖς τοῦ οἴκου σου, ἅγιος ὁ ναός σου θαυμαστὸς ἐν δικαιοσύνῃ·* στίχος *Σοὶ πρέπει ὕμνος ὁ Θεὸς ἐν Σιών· Πᾶσα πνοή·* εὐαγγέλιον κατὰ Ἰωάννην *Τῷ καιρῷ ἐκείνῳ ἐγένετο τὰ ἐγκαίνια,* ζήτει τῇ παρασκευῇ τῆς ε΄ ἑβδομάδος τοῦ πάσχα ἀπὸ τὸ μέσον. 8.ὁ Ν΄ καὶ εὐθὺς *Τῷ Κυρίῳ ᾄσωμεν.* 9.καὶ οἱ κανόνες· τῆς ἑορτῆς τὸ <πρὸς τὸ> *Ἔσωσε λαὸν* εἰς δ΄, καὶ τῶν ἁγίων νηπίων σὺν τῷ ὁσίῳ εἰς ς΄ ἦχος πλάγιος β΄ πρὸς τὸ *Ὡς ἐν ἠπείρῳ,* καὶ τῶν ἐγκαινίων εἰς τὸν αὐτὸν ἦχον εἰς ς΄, ἱστῶμεν γὰρ στίχους ις΄ μετὰ τοῦ *Δόξα καὶ νῦν·* ἀπὸ γ΄ ᾠδῆς κάθισμα τῶν ἁγίων νηπίων ἦχος δ΄ πρὸς τὸ *Ἐπεφάνης σήμερον Τῷ τεχθέντι σήμερον, Δόξα καὶ νῦν, Τὸν Λόγον τοῦ Πατρός·* ἀνάγνωσις λόγος τοῦ Νύσσης εἰς τὰ ἅγια νήπια, οὗ ἡ ἀρχὴ *Σαλπίσατε ἐν νεομηνίᾳ,* ζήτει εἰς τὸ πανηγυρικὸν εἰς στάσεις δύο ἢ εἰς μίαν πρὸς τὴν ὥραν· ἀπὸ ς΄ τὸ κοντάκιον τῶν ἐγκαινίων ἦχος δ΄ *Ὡς τοῦ ἄνω στερεώματος,* ἢ προσόμοιον πρὸς τὸ *Ἐπεφάνης σήμερον Οὐρανὸς κατάστερος,* ζήτει σεπτεμβρίου ιγ΄ εἰς τὸ κοντακάριον· ἀνάγνωσις λόγος τοῦ Χρυσοστόμου εἰς τὰ νήπια ἐν

---

[142] κάθισμα cod. et D
[143] τρανωτέρων cod et D
[144] om. D

29 DECEMBER

of the faithful for the salvation of mortals. **5.**The recitations of continuous psalmody, three kathismata in the sequence of the psalter by dropping out, and poetic kathismata of the feast. **j.**Then the polyeleos, or instead of it the ekklesiarches selects various psalms appropriate to the Dedication and we recite them with even clearer alleluia responses, reading: the *Life* of saintly Markellos beginning Ἔννοιά μοι πολλάκις γέγονε [BHG, 1027z].[253] After the polyeleos **k.**we recite poetic kathisma of the Dedication in plagal mode 4 to Τὸ προσταχθέν μοι: Τοῦ μαρτυρίου τὴν σκηνήν, *Glory...both now...*, that of the feast in the same mode: Ἀγαλλιάσθω οὐρανός, **l.**reading: *Homily* of the Theologian on dedications beginning Ἐγκαίνια τιμᾶσθαι παλαιὸς νόμος [BHG, 1021]. **6.**Next the anabathmoi in mode 4, one antiphon. **7a.**Prokeimenon in mode 4: Πλησθησόμεθα ἐν τοῖς ἀγαθοῖς τοῦ οἴκου σου, ἅγιος ὁ ναός σου θαυμαστὸς ἐν δικαιοσύνῃ [Ps 64:5], stichos: Σοὶ πρέπει ὕμνος ὁ Θεὸς ἐν Σιών [Ps 64:2], **b.**Πᾶσα πνοή, **c.**gospel: according to John [10:22ff] (see Friday of the fifth week of Easter from the middle). **8.**Psalm 50, and immediately Τῷ Κυρίῳ ᾄσωμεν.[254] **9.**And the canons: of the feast from that <to> Ἔσωσε λαόν[255] four troparia, and from that of the holy Infants along with the saintly man six troparia in plagal mode 2 to Ὡς ἐν ἠπείρῳ,[256] and from that of the Dedication in the same mode six troparia (for we intercalate sixteen stichoi with *Glory...both now...*). **a.**After the third ode, poetic kathisma of the holy Infants in mode 4 to Ἐπεφάνης σήμερον: Τῷ τεχθέντι σήμερον, *Glory...both now...*, Τὸν Λόγον τοῦ Πατρός, reading: *Homily* of Gregory of Nyssa on the holy Infants beginning Σαλπίσατε ἐν νεομηνίᾳ [BHG, 1915] (look in the Panegyrikon) in two sections or in one to suit the time. **b.**After the sixth ode, the kontakion of the Dedication in mode 4: Ὡς τοῦ ἄνω στερεώματος or prosomoion to Ἐπεφάνης σήμερον: Οὐρανὸς κατάστερος (look in the Kontakarion for 13 September), reading: *Homily* of Chrysostom on the Infants in the Panegyrikon. **10.**Exaposteilarion of the feast: →

---

[253] Perhaps the *Life* of Markellos was read after some of the poetic kathismata; see 5 above.
[254] Ode 1.
[255] The heirmos.
[256] The heirmos.

ΔΕΚΕΜΒΡΙΟΣ

τῷ πανηγυρικῷ. 10.ἐξαποστειλάριον τῆς ἑορτῆς *Ἐπεσκέψατο* καὶ τῶν ἐγκαινίων πρὸς τὸ Ἐν Πνεύματι τῷ ἱερῷ, ζήτει ἐν τῷ τροπολογίῳ. 11.εἰς τοὺς αἴνους ἱστῶμεν η΄ καὶ ψάλλομεν στιχηρὰ τῶν ἐγκαινίων δύο πρὸς τὸ Ἔδωκας σημείωσιν, καὶ τῶν ἁγίων νηπίων γ΄ πρὸς τὸ Ὡς γενναῖον, καὶ τοῦ ὁσίου προσόμοια εἰς τὸν αὐτὸν ἦχον δύο, ζήτει ταῦτα ἐν τῷ τροπολογίῳ· τὸν δὲ ἔσχατον στίχον λέγοντες εἰς ἦχον α΄ ἑνούμεθα καὶ ψάλλομεν στιχηρὰ ἰδιόμελα ἦχος α΄ τῶν ἐγκαινίων *Πάλαι μὲν ἐγκαινίζων ἅπαξ·* εἰς τὸ *Δόξα καὶ νῦν* ἦχος γ΄ ἰδιόμελον *Πρὸς ἑαυτὸν ἐπανάγου ἄνθρωπε.* 13.δοξολογία μεγάλη. 14.ἀπολυτίκιον τῆς ἑορτῆς *Ἡ γέννησις.*[145]

Εἰ δὲ τύχῃ τὴν μνήμην τῶν ἐγκαινίων λαχεῖν ἐν κυριακῇ, τῇ μετὰ τὴν Χριστοῦ γέννησιν, τῷ σαββάτῳ ἑσπέρας 1.στιχολογοῦμεν τὸ *Μακάριος ἀνήρ,* 2.εἰς δὲ τὸ *Κύριε ἐκέκραξα* ἱστῶμεν η΄ καὶ ψάλλομεν τὰ γ΄ ἀναστάσιμα τοῦ ἤχου ἐφ' ἅπαξ, εἶτα τῶν ἐγκαινίων *Ἐγκαίνια τιμᾶσθαι* β΄, *Ἐγκαινίζεσθε ἀδελφοὶ* β΄, *Τὴν μνήμην τῶν ἐγκαινίων* ἅπαξ, *Δόξα καὶ νῦν,* τὸ πρῶτον [55v] δογματικὸν τοῦ ἤχου. 3.εἴσοδος. 4.προκείμενον *Ὁ Κύριος ἐβασίλευσεν·* 5.τὰ ἀναγνώσματα. 10.εἰς τὸν στίχον τὸ ἀναστάσιμον στιχηρὸν τοῦ στίχου ἅπαξ· εἶτα στιχηρὰ ἦχος πλάγιος β΄ ἰδιόμελα[146] τῆς κυριακῆς μετὰ τὴν Χριστοῦ γέννησιν *Μνήμην ἐπιτελοῦμεν,* ἄλλο *Ἱερέων μνήμη καὶ βασιλέων, Δόξα καὶ νῦν,* ἦχος βαρὺς *Ἐξεπλήττετο ὁ Ἡρῴδης.* 12.ἀπολυτίκιον τῆς μετὰ τὴν Χριστοῦ γέννησιν κυριακῆς *Εὐαγγελίζου Ἰωσήφ.* Τὴν δὲ παννυχίδα ὡς εἴρηται. Εἰς τὸν ὄρθρον 3.Θεὸς Κύριος πρὸς τὸν ἦχον, 4.τροπάριον τὸ ἀναστάσιμον β΄, *Δόξα καὶ νῦν,* τῶν ἐγκαινίων. 5.αἱ στιχολογίαι, →

---

[145] σου add. D
[146] ἰδιόμελον D

29 DECEMBER

Ἐπεσκέψατο,[257] and that of the Dedication to Ἐν Πνεύματι τῷ ἱερῷ (look in the Tropologion). 11.At the ainoi, we intercalate eight times and chant two stichera of the Dedication to Ἔδωκας σημείωσιν, and three of the holy Infants to Ὡς γενναῖον, and two prosomoia of the saintly man in the same mode (look for these in the Tropologion). But we join together reciting the last stichos in mode 1, and we chant stichera idiomela of the Dedication in mode 1: Πάλαι μὲν ἐγκαινίζων once, at *Glory...both now...* in mode 3 idiomelon: Πρὸς ἑαυτὸν ἐπανάγου ἄνθρωπε. 13.Great doxology. 14.Apolytikion of the feast: Ἡ γέννησις.

> **XII.29 K.1** But if it happens that the commemoration of the Dedication falls on a Sunday, the Sunday after Christ's Nativity, on Saturday **V.at Vespers 1.**we recite the continuous psalmody Μακάριος ἀνήρ [kath 1],[258] 2.and at Κύριε ἐκέκραξα we intercalate eight times and chant the three resurrection [stichera] of the mode once,[259] then those of the Dedication: Ἐγκαίνια τιμᾶσθαι twice, Ἐγκαινίζεσθε ἀδελφοί twice, Τὴν μνήμην τῶν ἐγκαινίων once, *Glory...both now...,* the first dogmatikon of the mode.[260] 3.Entrance. 4.Prokeimenon: Ὁ Κύριος ἐβασίλευσεν [Ps 92:1], 5.the readings. 10.At the stichos, the resurrection sticheron of the stichos once, then in plagal mode 2 stichera idiomela of the Sunday after Christ's Nativity: Μνήμην ἐπιτελοῦμεν, another: Ἱερέων μνήμη καὶ βασιλέων,[261] *Glory...both now...,* in barys mode Ἐξεπλήττετο ὁ Ἡρώδης. 12.Apolytikion of the Sunday after Christ's Nativity: Εὐαγγελίζου Ἰωσήφ.[262] **PN.And Pannychis,** as has been stated. **O.At Orthros, 3.**Θεὸς Κύριος with reference to the mode, 4.the resurrection troparion twice, *Glory...both now...,* that of the Dedication. 5.The

---

[257] See XII.25 O.10.
[258] Kathisma 1 of the psalter (psalms 1-8) is always chanted at Vespers on Saturday evenings.
[259] The mode is set; see note 1.
[260] The mode is set; see note 1.
[261] See XII.26 K.3 V.10.
[262] See XII.26 K.3 V.12 for a full translation of this apolytikion.

ΔΕΚΕΜΒΡΙΟΣ

αἱ ἀναγνώσεις ὡς εἴρηται. 6.ἀναβαθμοὶ δὲ καὶ 7.προκείμενον καὶ Πᾶσα πνοὴ καὶ εὐαγγέλιον ἑωθινόν, πάντα τοῦ ἤχου τὰ ἀναστάσιμα· Ἀνάστασιν Χριστοῦ, καὶ 8.ὁ Ν΄. 9.καὶ ἱστῶμεν ις΄[147] καὶ ψάλλομεν κανόνας· τὸν ἀναστάσιμον εἰς δ΄, εἶτα τῶν ἐγκαινίων εἰς δ΄, ἔπειτα τῆς μετὰ τὴν Χριστοῦ γέννησιν κυριακῆς εἰς δ΄, καὶ τῶν ἁγίων νηπίων σὺν τοῦ ὁσίου[148] εἰς δ΄, δύο μὲν τροπάρια τῶν ἁγίων νηπίων καὶ ἓν τοῦ ὁσίου καὶ θεοτοκίον· καθίσματα καὶ τὸ κοντάκιον καὶ αἱ ἀναγνώσεις ὡς εἴρηται. 10.ἐξαποστειλάριον Ἅγιος Κύριος, εἶτα τῶν ἐγκαινίων τὰ δύο. 11.εἰς τοὺς αἴνους ἱστῶμεν η΄ καὶ ψάλλομεν τὰ δ΄ ἀναστάσιμα, καὶ δύο τῶν ἐγκαινίων ἐκ τῶν εἰρημένων εἰς ἦχον δ΄, καὶ δύο τῶν[149] ἁγίων νηπίων, Δόξα, ἦχος γ΄ ἰδιόμελον τῶν ἐγκαινίων Πρὸς ἑαυτὸν ἐπανάγου, καὶ νῦν, Ὑπερευλογημένη. 14.ἀπολυτίκιον τῆς κυριακῆς.

Δεῖ δὲ γινώσκειν ὅτι οὕτως ἐπιτελοῦμεν τὰ ἐγκαίνια τοῦ ναοῦ. πρὸς ὥραν[150] δ΄ σημαίνει τὴν λειτουργίαν καὶ συνηγμένων τῶν ἱερέων ἅμα τῷ λαῷ ἐν τῷ εὐκτηρίῳ τῶν ἁγίων ἀποστόλων ἀρχόμεθα ἐκεῖ τῆς θείας λειτουργίας· ἡ δὲ μεγάλη ἐκκλησία θυμιᾶται ἅμα τῷ[151] σημᾶναι συχνῶς πρὸς τὸ γεμισθῆναι ταύτην καπνοῦ. 1.ψάλλονται δὲ ἐκεῖ τυπικὰ καὶ ἀντὶ μακαρισμῶν ᾠδὴ τοῦ κανόνος τῶν ἐγκαινίων ἡ γ΄ πρὸς τὸ Εὐφραίνεται Ἡγίασας ἐπὶ γῆς. μετὰ δὲ τὸ τέλος τῶν μακαρισμῶν εὐθὺς ἀρχόμεθα τοῦ τροπαρίου ἦχος βαρὺς Δόξα σοι Χριστὲ ὁ Θεός, καὶ αἴροντες τὸν σταυρὸν καὶ εὐαγγέλιον μετὰ καὶ τῶν κηρῶν τῆς εἰσόδου ἐξερχόμεθα ἀπ᾽ ἐκεῖ πάντες ψάλλοντες τὸ αὐτὸ τροπάριον ἐκ γ΄· εἶτα στίχον Ἀγαλλιᾶσθε δίκαιοι ἐν Κυρίῳ, τοῖς εὐθέσι πρέπει αἴνεσις· καὶ ἕτερον τροπάριον ἦχος βαρὺς Ἅγιοι μάρτυρες οἱ καλῶς ἀθλήσαντες καὶ στεφανωθέντες· εἶτα πάλιν τὸ Δόξα σοι[152] Χριστὲ ὁ Θεός, καὶ ὁ στίχος οὗτος Ἀγαλλιᾶσθε δίκαιοι, Ἅγιοι μάρτυρες οἱ καλῶς

---
[147] ς΄ D
[148] τῷ ὁσίῳ D
[149] om. D
[150] δὲ add. D
[151] τὸ cod. et D
[152] om. cod.

29 DECEMBER

recitations of continuous psalmody; the readings as has been stated.[263] 6.Anabathmoi and 7a.prokeimenon, and b.Πᾶσα πνοή, and c.matins gospel, all the resurrection elements of the mode;[264] d.Ἀνάστασιν Χριστοῦ, and 8.psalm 50. 9.And we intercalate sixteen times and chant canons: from the resurrection one four troparia, then from that of the Dedication four troparia, next from that of the Sunday after Christ's Nativity four troparia, and from that of the holy Infants with that of the saintly man four troparia: two troparia of the holy Infants and one of the saintly man and a theotokion; poetic kathismata and the kontakion and the readings, as has been stated. 10.Exaposteilarion: Ἅγιος Κύριος, then the two of the Dedication. 11.At the ainoi, we intercalate eight times and chant the four resurrection [stichera], and two of the Dedication from those stated in mode 4, and two of the holy Infants, Glory..., in mode 3 idiomelon of the Dedication: Πρὸς ἑαυτὸν ἐπανάγου, both now..., Ὑπερευλογημένη. 14.Apolytikion of the Sunday.

L. It is necessary to realise that we celebrate the Dedication of the church like this. Coming up to the fourth hour the signal for the Liturgy is given, and when the priests have gathered along with the people in the chapel of the Holy Apostles, we begin the Divine Liturgy there. And the great church is censed constantly at the same time as the signal is being given until this is filled with smoke. 1.Typika are chanted there, and before makarismoi the third ode of the canon of the Dedication to Εὐφραίνεται: Ἡγίασας ἐπὶ γῆς. After the end of the makarismoi, we immediately begin the troparion in barys mode: Δόξα σοι Χριστὲ ὁ Θεός, and lifting up the cross and Gospel with the processional candles also, we all go out from there chanting the same troparion three times, then stichos: Ἀγαλλιᾶσθε δίκαιοι ἐν Κυρίῳ, τοῖς εὐθέσι πρέπει αἴνεσις [Ps 32:1], and another troparion in barys mode: Ἅγιοι μάρτυρες οἱ καλῶς ἀθλήσαντες καὶ στεφανωθέντες, then again Δόξα σοι Χριστὲ ὁ Θεός, and this stichos: Ἀγαλλιᾶσθε δίκαιοι [Ps 32:1], Ἅγιοι

---

[263] See XII.26 K3 O.5.
[264] The mode is set; see note 1.

ΔΕΚΕΜΒΡΙΟΣ

ἀθλήσαντες καὶ στεφανωθέντες. οὕτως ψάλλομεν ἕως περικυκλεύσουσι τὴν ἐκκλησίαν· ἅμα δὲ τῷ φθάσαι τὴν λιτὴν εἰς τὸ ἐξωνάρθηκον λέγομεν *Δόξα καὶ νῦν*, ἦχος β΄ καὶ τροπάριον θεοτοκίον[153] *Ἀδιόδευτε πύλη*. ἱσταμένων δὲ πάντων ἔμπροσθεν τῶν βασιλικῶν πυλῶν μετὰ τὴν συμπλήρωσιν τοῦ θεοτοκίου, ἀπάρχονται [56r] οἱ ψάλλοντες τὸ *Ἄρατε πύλας*, ἱστάμενοι δὲ καὶ ἕτεροι ἔσωθεν ἀντιψάλλουσι καὶ αὐτοὶ *Τίς ἐστιν οὗτος ὁ βασιλεὺς τῆς δόξης*, εἶτα οἱ ἔξω *Ἄρατε πύλας*, καὶ πάλιν οἱ ἔσω *Τίς ἐστιν οὗτος ὁ βασιλεὺς τῆς δόξης*. ἔπειτα ἐκ γ΄ οἱ ἔξω *Ἄρατε πύλας* καὶ οἱ ἔσω *Τίς ἐστιν οὗτος ὁ βασιλεὺς τῆς δόξης*. τούτων δὲ λεγομένων λέγουσι τὴν εὐχὴν τῆς εἰσόδου οἱ ἱερεῖς· τότε λέγουσιν οἱ ἔξω *Κύριος τῶν δυνάμεων αὐτός ἐστιν ὁ βασιλεύς*, καὶ τούτου λεγομένου εὐθέως ἀνοίγονται αἱ πύλαι καὶ εἰσέρχονται οἱ ἱερεῖς εἰσοδεύοντες· εἰσοδευόντων δὲ τῶν ἱερέων λέγει ὁ λαὸς *Δόξα καὶ νῦν*, καὶ τὸ κοντάκιον *Ὡς τοῦ ἄνω στερεώματος*. εἰς τοὺς ἰδίους τόπους εὐτάκτως παραγενομένων πάντων εἶτα γίνεται συναπτὴ τοῦ τρισαγίου ὑπὸ τοῦ διακόνου, καὶ εὐθὺς τὸ τρισάγιον. 2.προκείμενον ἦχος δ΄ *Τῷ οἴκῳ σου πρέπει ἁγίασμα Κύριε*· στίχος *Ὁ Κύριος ἐβασίλευσεν*· ὁ ἀπόστολος πρὸς Ἑβραίους *Ἀδελφοί, κλήσεως ἐπουρανίου*. Ἀλληλούια ἦχος δ΄ *Σοὶ πρέπει ὕμνος ὁ Θεὸς ἐν Σιών*· στίχος δεύτερος *Πλησθησόμεθα ἐν τοῖς ἀγαθοῖς τοῦ οἴκου σου*· εὐαγγέλιον ζήτει ἰουνίου κθ΄ τῶν ἁγίων ἀποστόλων κατὰ Ματθαῖον *Τῷ καιρῷ ἐκείνῳ ἐλθὼν ὁ Ἰησοῦς εἰς τὰ μέρη Καισαρείας*. καὶ τελεῖται ἅπασα ἡ θεία λειτουργία. 3.κοινωνικὸν ἦχος α΄ *Κύριε ἠγάπησα εὐπρέπειαν οἴκου σου*.

Εἰ δὲ τύχῃ ἐν κυριακῇ πάντα μὲν καθὼς εἴρηται πλὴν λέγομεν συνημμένως καὶ ἀπόστολον καὶ εὐαγγέλιον τῆς κυριακῆς ἅτινα καὶ προηγοῦνται, ἔπειτα τῶν ἐγκαινίων πάντα ὡς εἴρηται. 3.καὶ κοινωνικὸν *Αἰνεῖτε* καὶ τῶν ἐγκαινίων.

---

[153] θ΄ D

29 DECEMBER

μάρτυρες οἱ καλῶς ἀθλήσαντες καὶ στεφανωθέντες. We chant like that until we circle the church; but as soon as the lite reaches the exonarthex we recite *Glory...both now...*, and in mode 2 theotokion troparion: Ἀδιόδευτε πύλη. And while all are standing in front of the royal doors, after the completion of the theotokion, those chanting begin Ἄρατε πύλας [Ps 23:7], and others also standing inside chant in answer themselves Τίς ἐστιν οὗτος ὁ βασιλεὺς τῆς δόξης; [Ps 23:8], then those outside [chant] Ἄρατε πύλας, and again those inside [chant] Τίς ἐστιν οὗτος ὁ βασιλεὺς τῆς δόξης; Next those outside [chant] three times Ἄρατε πύλας and those inside [chant] Τίς ἐστιν οὗτος ὁ βασιλεὺς τῆς δόξης; While these are being recited, the priests recite the prayer of the entrance, then those outside recite Κύριος τῶν δυνάμεων αὐτός ἐστιν ὁ βασιλεύς [Ps 23:10]. When this is recited the doors are immediately opened and the priests leading the way go inside, and as the priests lead the way, the people recite *Glory...both now...*, and the kontakion: Ὡς τοῦ ἄνω στερεώματος.[265] When all have taken up their own places in an orderly manner, then a synapte of the trisagion is carried out by the deacon, and immediately the trisagion. 2.Prokeimenon in mode 4: Τῷ οἴκῳ σου πρέπει ἁγίασμα Κύριε [Ps 92:5], stichos: Ὁ Κύριος ἐβασίλευσεν [Ps 92:1], the apostle: to the Hebrews [3:1ff]. *Alleluia* in mode 4: Σοὶ πρέπει ὕμνος ὁ Θεὸς ἐν Σιών [Ps 64:2], second stichos: Πλησθησόμεθα ἐν τοῖς ἀγαθοῖς τοῦ οἴκου σου [Ps 64:5], gospel: (see the twenty-ninth of June, that of the Holy Apostles) according to Matthew [16:13ff]. And all the **Divine Liturgy** is carried out. 3.Koinonikon in mode 1: Κύριε ἠγάπησα εὐπρέπειαν οἴκου σου [Ps 25:8].

XII.29 K.2 But if it falls on a Sunday, L.everything is as has been stated, except that 2.we recite without a break both apostle and gospel of the Sunday, which also precede, next all those of the Dedication, as has been stated. 3.And koinonikon: Αἰνεῖτε [Ps 148:1] and that of the Dedication.

---

[265] See O.9b above.

ΔΕΚΕΜΒΡΙΟΣ

Μηνὶ τῷ αὐτῷ λ'· μεθέορτα, καὶ τῆς ἁγίας μάρτυρος Ἀνυσίας, καὶ τῆς ὁσίας Μελάνης. ψάλλομεν γὰρ καὶ ταύτην ἀφ' ἑσπέρας διὰ τὸ εἰς τὰς λα' ἀποδίδοσθαι τὴν ἑορτήν.

Ἑσπέρας 1.οὐ στιχολογοῦμεν, 2.εἰς δὲ τὸ *Κύριε ἐκέκραξα* ἱστῶμεν ϛ' καὶ ψάλλομεν στιχηρὰ τῆς ἑορτῆς δύο εἰς ἦχον γ' πρὸς τὸ Μεγάλα τοῦ σταυροῦ σου *Μεγάλα τοῦ τεχθέντος*, καὶ ἕτερον *Μεγάλα τῆς οἰκονομίας σου*, ζήτει ταῦτα ἐν τῷ τροπολογίῳ, καὶ β' τῆς ἁγίας Ἀνυσίας εἰς ἦχον δ' πρὸς τὸ Ὡς γενναῖον, καὶ ἕτερα β' τῆς ὁσίας Μελάνης ἦχος ὁ αὐτὸς πρὸς τὸ Ὁ ἐξ ὑψίστου, *Δόξα καὶ νῦν*, ἰδιόμελον τῆς ἑορτῆς εἰς τὸν αὐτὸν ἦχον *Σπηλαίῳ παρῴκησας*. 4.προκείμενον. 10.εἰς τὸν στίχον στιχηρὰ τῆς ἑορτῆς γ' ἦχος πλάγιος α' πρὸς τὸ Χαίροις, *Δόξα καὶ νῦν*, ἰδιόμελον εἰς τὸν αὐτὸν ἦχον *Μάγοι Περσῶν βασιλεῖς*. 12.ἀπολυτίκιον τῆς ἑορτῆς.

Εἰς τὴν παννυχίδα 1.κανὼν τῆς Θεοτόκου εἰς τὸν ἐνεστῶτα ἦχον.
[56v]

Εἰς τὸν ὄρθρον 3.*Θεὸς Κύριος* καὶ 4.τὸ τροπάριον τῆς ἑορτῆς ἐκ γ'. 5.ἡ στιχολογία κάθισμα ἕν, κάθισμα τῆς ἑορτῆς, *Δόξα καὶ νῦν*, τὸ αὐτό. 9.κανόνες γ'· τῆς ἑορτῆς <πρὸς τὸ> Χριστὸς γεννᾶται, καὶ τῆς μάρτυρος ἦχος δ' Θεοφάνους <πρὸς τὸ> Θαλάσσης τὸ ἐρυθραῖον, καὶ τῆς ὁσίας εἰς τὸν αὐτὸν ἦχον τοῦ αὐτοῦ <πρὸς τὸ> Ἀνοίξω τὸ στόμα μου, οἱ γ' ἀνὰ δ'· ἀπὸ γ' ᾠδῆς κάθισμα τῆς ὁσίας ἦχος δ' πρὸς τὸ Ταχὺ προκατάλαβε, *Δόξα καὶ νῦν*, τῆς ἑορτῆς πρὸς αὐτὸ *Εὐθέως εὐφραίνεται*· ἀνάγνωσις ὁ βίος τῆς ὁσίας, οὗ ἡ ἀρχὴ *Ἦν ἄρα καὶ* →

30 DECEMBER

XII.30C. 30th of the same month. Afterfeast, and the commemoration of the holy martyr Anysia, and of saintly Melane; for we chant [in celebration of] her too from Vespers, because the feast comes to an end on the 31st.

V. At Vespers, 1.we do not recite the continuous psalmody, 2.but at *Κύριε εκέκραξα* we intercalate six times and chant two stichera of the feast in mode 3 to Μεγάλα τοῦ σταυροῦ σου: *Μεγάλα τοῦ τεχθέντος*, and another: *Μεγάλα τῆς οἰκονομίας σου* (look for these in the Tropologion), and two [stichera] of holy Anysia in mode 4 to Ὡς γενναῖον, and another two of saintly Melane in the same mode to Ὁ ἐξ ὑψίστου, Glory...both now..., idiomelon of the feast in the same mode: *Σπηλαίῳ παρῴκησας*. 4.Prokeimenon. 10.At the stichos, three stichera of the feast in plagal mode 1 to Χαίροις, Glory...both now..., idiomelon in the same mode: *Μάγοι Περσῶν βασιλεῖς*. 12.Apolytikion of the feast.[266]

PN. At Pannychis, 1.canon of the Theotokos in the established mode.[267]

O. At Orthros, 3.*Θεὸς Κύριος*, and 4.the troparion of the feast[268] three times. 5.The recitation of continuous psalmody, a.one kathisma,[269] b.poetic kathisma of the feast, Glory...both now..., the same repeated. 9.Three canons: that of the feast <to> Χριστὸς γεννᾶται,[270] and that of the martyr in mode 4 by Theophanes <to> Θαλάσσης τὸ ἐρυθραῖον,[271] and that of the saintly woman in the same mode by the same man <to> Ἀνοίξω τὸ στόμα μου, from the three of them four troparia each; a.after the third ode, poetic kathisma of the saintly woman in mode 4 to Ταχὺ προκατάλαβε, Glory...both now..., that of the feast to the same melody: *Εὐθέως εὐφραίνεται*, reading: the Life of the saintly woman beginning *Ἤν*

---

[266] See XII.29 V.12.
[267] The mode is set; see note 1.
[268] See XII.25 O.4.
[269] See XII.27 N.
[270] The heirmos.
[271] The heirmos.

373

ΔΕΚΕΜΒΡΙΟΣ

τοῦτο τῆς μεγίστης, καὶ ἀπὸ τῆς στιχολογίας δὲ ἐξ αὐτοῦ· ἀπὸ ϛ΄ τὸ κοντάκιον τῆς ἑορτῆς καὶ οἴκους γ΄. 10.ἐξαποστειλάριον τῆς ἑορτῆς. 12.εἰς τὸν στίχον τῶν αἴνων στιχηρὰ γ΄ τῆς ἑορτῆς ἦχος πλάγιος δ΄ πρὸς τὸ Κύριε εἰ καὶ κριτηρίῳ, *Δόξα καὶ νῦν*, ἰδιόμελον ἦχος πλάγιος α΄ *Ἀκατάληπτον τὸ τελούμενον*. 14.ἀπολυτίκιον τῆς ἑορτῆς.

Εἰς τὴν λειτουργίαν 1.τυπικὰ καὶ ᾠδὴ τοῦ κανόνος τῶν παννυχίδων ἡ ϛ΄ *Τὸν προφήτην Ἰωνᾶν ὁ ἐν κόλποις τοῦ Πατρός*· τὸ τροπάριον καὶ τὸ κοντάκιον τῆς ἑορτῆς· τρισάγιον. 2.προκείμενον ἦχος α΄ *Κύριος εἶπε πρός με Υἱός μου*· στίχος *Αἴτησαι παρ' ἐμοῦ*. Ἀλληλούια ἦχος πλάγιος α΄ *Εἶπεν ὁ Κύριος τῷ κυρίῳ μου*· ἀπόστολος δὲ καὶ εὐαγγέλιον τῆς ἡμέρας. 3.κοινωνικὸν τῆς ἑορτῆς *Λύτρωσιν ἀπέστειλεν*.

Μηνὶ τῷ αὐτῷ λα΄· ἐν ταύτῃ ἀποδίδομεν[154] τὴν ἑορτήν, τὴν δὲ ἁγίαν Μελάνην ἐψάλλομεν τῇ λ΄.

Ἑσπέρας 1.οὐ στιχολογοῦμεν, 2.εἰς δὲ τὸ *Κύριε ἐκέκραξα* ἱστῶμεν ϛ΄ καὶ ψάλλομεν στιχηρὰ[155] ἰδιόμελα τῆς ἑορτῆς ἦχος β΄ *Δεῦτε ἀγαλλιασώμεθα, Τοῦ Κυρίου Ἰησοῦ γεννηθέντος, Ἡ βασιλεία σου Χριστὲ ὁ Θεός*, τὰ γ΄ ἐκ δευτέρου, *Δόξα καὶ νῦν, Τί σοι προσενέγκωμεν Χριστέ*. 4.προκείμενον. 10.εἰς τὸν στίχον στιχηρὰ ἰδιόμελα ἦχος πλάγιος δ΄ *Παράδοξον μυστήριον*· στίχος *Εἶπεν ὁ Κύριος τῷ κυρίῳ μου, Πῶς ἐξείπω τὸ μέγα μυστήριον*· στίχος β΄ *Ἐκ γαστρὸς πρὸ ἑωσφόρου, Ἐν Βηθλεὲμ συνέδραμον ποιμένες, Δόξα καὶ*

---

[154] ἀποδιδοῦμεν cod.
[155] om. D

30-31 DECEMBER

ἄρα καὶ τοῦτο τῆς μεγίστης [BHG, 1242], [reading] from it 5c.after the recitation of continuous psalmody also; b.after the sixth ode, the kontakion of the feast[272] and three oikoi. 10.Exaposteilarion of the feast.[273] 12.At the stichos of the ainoi, three stichera of the feast in plagal mode 4 to Κύριε εἰ καὶ κριτηρίῳ, Glory...both now..., idiomelon in plagal mode 1: Ἀκατάληπτον τὸ τελούμενον. 14.Apolytikion of the feast.[274]

L. At the Liturgy, 1.typika, and the sixth ode of the canon of the **Pannychides**:[275] Τὸν προφήτην Ἰωνᾶν ὁ ἐν κόλποις τοῦ Πατρός. The troparion and kontakion of the feast,[276] trisagion. 2.Prokeimenon in mode 1: Κύριος εἶπε πρός με Υἱός μου [Ps 2:7], stichos: Αἴτησαι παρ᾿ ἐμοῦ [Ps 2:8]. Alleluia in plagal mode 1: Εἶπεν ὁ Κύριος τῷ κυρίῳ μου [Ps 109:1], apostle and gospel of the day. 3.Koinonikon of the feast: Λύτρωσιν ἀπέστειλεν [Ps 110:9].

XII.31C. 31st of the same month. On this day we bring the feast to an end, and we chanted [in celebration of] holy Melane on the 30th.

V.At Vespers, 1.we do not recite the continuous psalmody, 2.but at Κύριε ἐκέκραξα we intercalate six times and chant stichera idiomela of the feast in mode 2: Δεῦτε ἀγαλλιασώμεθα, Τοῦ Κυρίου Ἰησοῦ γεννηθέντος, Ἡ βασιλεία σου Χριστὲ ὁ Θεός, the three of them twice, Glory...both now..., Τί σοι προσενέγκωμεν Χριστέ.[277] 4.Prokeimenon. 10.At the stichos, stichera idiomela in plagal mode 4: Παράδοξον μυστήριον, stichos: Εἶπεν ὁ Κύριος τῷ κυρίῳ μου [Ps 109:1], Πῶς ἐξείπω τὸ μέγα μυστήριον, second stichos: Ἐκ γαστρὸς πρὸ ἑωσφόρου [Ps 109:3], Ἐν Βηθλεὲμ συνέδραμον ποιμένες,

---

[272] See XII.26 O.9b.
[273] See XII.25 O.10.
[274] See XII.29 V.12.
[275] Most probably means that refrains of the sixth ode are intercalated into the makarismoi.
[276] For these items of the feast see XII.26 O.4, 9b.
[277] See XII.25 V.2.

ΔΕΚΕΜΒΡΙΟΣ

νῦν, *Σήμερον ἡ ἀόρατος φύσις*. 12.ἀπολυτίκιον *Ἡ γέννησίς σου Χριστὲ ὁ Θεὸς ἡμῶν*.

Εἰς τὴν παννυχίδα 1.τὸν κανόνα τῆς ἑορτῆς ἦχος α´ <πρὸς τὸ> ᾨδὴν ἐπινίκιον· 3.ἀπὸ ϛ´ τὸ κοντάκιον τῆς ἑορτῆς.

Εἰς τὸν ὄρθρον 3.*Θεὸς Κύριος* καὶ 4.τὸ τροπάριον τῆς ἑορτῆς. 5.ἡ στιχολογία κάθισμα ἕν, κάθισμα τῆς ἑορτῆς ἦχος δ´ πρὸς τὸ Κατεπλάγη Ἰωσὴφ *Ὁ ἀχώρητος παντί, Δόξα καὶ νῦν, ὅμοιον Τί θαυμάζεις Μαριάμ·* ἀνάγνωσις λόγος τοῦ Χρυσοστόμου εἰς τὴν ἑορτήν, οὗ ἡ ἀρχὴ *Ἃ πάλαι πατριάρχαι μὲν ὤδινον* εἰς δόσεις δύο. 9.κανόνες· ψάλλομεν τῆς ἑορτῆς τοὺς δύο ἀνὰ ϛ´, καὶ ἔσχατον τὰς καταβασίας πρὸς μίαν οἱ χοροί, πλὴν οὐ λέγομεν πρῶτον τὸ *Χριστὸς γεννᾶται* τὴν καταβασίαν ὡς ἐν τῇ ἑορτῇ, ἀλλὰ τοῦ πληρουμένου κανόνος ἤγουν τοῦ <πρὸς τὸ> Ἔσωσε λαόν, ὁ δὲ δεύτερος χορὸς τὸ *Χριστὸς γεννᾶται*, λέγομεν δὲ καὶ *Τῷ Κυρίῳ ᾄσωμεν*. ἀπὸ γ´ ᾠδῆς κάθισμα τῆς ἑορτῆς ἦχος πλάγιος δ´ *Ἀγαλλιάσθω οὐρανὸς* ἐν τῷ τροπολογίῳ [57r] ὁ ψάλτης καὶ ὁ λαός, *Δόξα καὶ νῦν*, κάθισμα ἕτερον εἰς τὸν αὐτὸν ἦχον πρὸς τὸ Ἀνέστης ἐκ νεκρῶν *Παράδοξον πιστοί·* ἀπὸ ϛ´ τὸ κοντάκιον καὶ οἴκους τοὺς γ´ τοὺς ἐν τῷ τέλει. 10.ἐξαποστειλάριον τῆς ἑορτῆς. 12.εἰς τὸν στίχον τῶν αἴνων στιχηρὰ ἦχος δ´ ἰδιόμελα[156] *Εὐφραίνεσθε δίκαιοι·* στίχος *Εἶπεν ὁ Κύριος τῷ κυρίῳ μου, Θεοτόκε παρθένε·* στίχος *Ἐκ*

---

[156] ἰδιόμελον D

31 DECEMBER

Glory...both now..., Σήμερον ἡ ἀόρατος φύσις.[278] **12.** Apolytikion: *Ἡ γέννησίς σου Χριστὲ ὁ Θεὸς ἡμῶν.*

PN. At Pannychis, 1.the canon of the feast in mode 1 <to> Ὠιδὴν ἐπινίκιον,[279] **3.**after the sixth ode, the kontakion of the feast.[280]

O. At Orthros, 3.*Θεὸς Κύριος,* and **4.**the troparion of the feast.[281] **5.**The recitation of continuous psalmody, **a.**one kathisma,[282] **b.**poetic kathisma of the feast in mode 4 to Κατεπλάγη Ἰωσήφ: *Ὁ ἀχώρητος παντί, Glory...both now...,* to the same melody *Τί θαυμάζεις Μαριάμ,* **c.**reading: *Homily* of Chrysostom on the feast beginning *Ἃ πάλαι πατριάρχαι μὲν ὤδινον,* in two portions [BHG, 1892].[283] **9.**Canons: we chant from the two of the feast six troparia each, and finally the choirs [chant] the katabasiai once except that we do not recite the katabasia *Χριστὸς γεννᾶται* first as we do during the feast; but when the canon is completed, that is the one <to> Ἔσωσε λαόν,[284] the second choir [chants] *Χριστὸς γεννᾶται,* and we also recite *Τῷ Κυρίῳ ᾄσωμεν.*[285] **a.**After the third ode, poetic kathisma of the feast in plagal mode 4: *Ἀγαλλιάσθω οὐρανός* in the Tropologion [by] the cantor and the people, *Glory...both now...,* another poetic kathisma in the same mode to Ἀνέστης ἐκ νεκρῶν: *Παράδοξον πιστοί,* **b.**after the sixth ode, the kontakion and the three oikoi at the end.[286] **10.**Exaposteilarion of the feast.[287] **12.**At the stichos of the ainoi, stichera idiomela in mode 4, *Εὐφραίνεσθε δίκαιοι,* stichos: *Εἶπεν ὁ Κύριος τῷ κυρίῳ μου* [Ps 109:1], *Θεοτόκε παρθένε,* stichos: *Ἐκ γαστρὸς πρὸ ἑωσφόρου* [Ps →

---

[278] See XII.26 V.10.
[279] The heirmos.
[280] See XII.26 O.9b.
[281] See XII.26 O.4.
[282] See XII.27 N.
[283] See XII.25 O.5.
[284] The heirmos.
[285] Ode 1.
[286] On the canons see XII.25 O.9.
[287] See XII.25 O.10.

ΔΕΚΕΜΒΡΙΟΣ

γαστρὸς πρὸ ἑωσφόρου, Δεῦτε ἀνυμνήσωμεν πρὸς μίαν, Δόξα καὶ νῦν, Ὁ Πατὴρ εὐδόκησεν. 14.ἀπολυτίκιον τῆς ἑορτῆς.

Εἰ δὲ τύχῃ ἀποδίδοσθαι τὴν ἑορτὴν εἰς ἡμέραν κυριακήν, ψάλλομεν καὶ τὰ ἀναστάσιμα πάντα· τὴν γὰρ κυρίαν καὶ μόνην ἡμέραν τῶν Χριστουγέννων οὐδὲν τῶν ἀναστασίμων ψάλλομεν.

Εἰς τὴν λειτουργίαν 1.τυπικὰ καὶ ᾠδὴ τοῦ κανόνος ἡ ε΄ *Θεὸς ὢν εἰρήνης οὗ*[157] καὶ ἀρχόμεθα· λέγομεν δὲ καὶ τὰ[158] ταύτης τροπάρια ὁμοίως καὶ τὰ β΄ τροπάρια τῆς ς΄ ᾠδῆς, τὸν γὰρ εἱρμὸν αὐτῆς οὐ λέγομεν. τὰ δὲ λοιπὰ πάντα τῆς ἑορτῆς, τὸ τροπάριον μετὰ τὴν εἴσοδον, *Δόξα καὶ νῦν*, τὸ κοντάκιον, 2.προκείμενον, ἀπόστολος, *Ἀλληλούια*, εὐαγγέλιον καὶ 3.κοινωνικὸν τῆς ἑορτῆς.

Σαββάτῳ πρὸ τῶν φώτων, 2.ἀπόστολος πρὸς Τιμόθεον *Τέκνον Τιμόθεε οἱ καλῶς διακονήσαντες*, ζήτει σαββάτῳ λδ΄· εὐαγγέλιον κατὰ Λουκᾶν *Τῷ καιρῷ ἐκείνῳ παραγίνεται Ἰωάννης ὁ βαπτιστής.*

Κυριακῇ πρὸ τῶν φώτων, 2.προκείμενον τοῦ ἤχου ἄμνημον· ἀπόστολος πρὸς Τιμόθεον *Τέκνον Τιμόθεε νῆφε ἐν πᾶσι. Ἀλληλούια* ἦχος πλάγιος δ΄ *Ὁ Θεὸς οἰκτειρήσαι ἡμᾶς καί*·[159] εὐαγγέλιον κατὰ Μάρκον *Ἀρχὴ τοῦ εὐαγγελίου Ἰησοῦ Χριστοῦ Υἱοῦ τοῦ Θεοῦ.*

Καὶ ἑτέρῳ σαββάτῳ[160] πρὸ τῶν φώτων, εἰ τύχῃ γενέσθαι τὰ φῶτα ἐν κυριακῇ, ἀπόστολος Πράξεων *Ἐν ταῖς ἡμέραις ἐκείναις ἐγένετο ἐν τῷ τὸν Ἀπολλὼ εἶναι*, ζήτει τῇ παρασκευῇ τῆς ς΄ ἑβδομάδος ἀπὸ τοῦ πάσχα.

---

[157] ἧς D
[158] om. D
[159] om. D
[160] ἕτερον σάββατον D

31 DECEMBER

109:3], Δεῦτε ἀνυμνήσωμεν once, Glory...both now..., Ὁ Πατὴρ εὐδόκησεν.²⁸⁸ **14.**Apolytikion of the feast.²⁸⁹

XII.31 K.1 But if it happens that the feast ends on a Sunday, we chant all the resurrection elements also; for on the appointed day of the Nativity of Christ only we chant none of the resurrection elements.²⁹⁰

L. At the Liturgy, 1.typika, and the fifth ode of the canon:²⁹¹ Θεὸς ὢν εἰρήνης, which we also begin; we also recite the troparia of this, similarly also the two troparia of the sixth ode, for we do not recite its heirmos; and all the remaining elements of the feast, the troparion after the entrance, *Glory...both now...*, the kontakion, **2.**prokeimenon, apostle, *Alleluia*, gospel and **3.**koinonikon of the feast.²⁹²

XII.31 S.1 On **Saturday before [the Feast] of Lights**, **L.2.**apostle: to Timothy [I 3:13ff] (see the thirty-fourth Saturday); gospel: according to Luke [Mt 3:1ff].²⁹³

XII.31 K.2 On **Sunday before [the Feast] of Lights**, **L.2.**non-commemorative prokeimenon of the mode,²⁹⁴ apostle: to Timothy [II 4:5ff]. *Alleluia* in plagal mode 4: Ὁ Θεὸς οἰκτειρῆσαι ἡμᾶς καί [Ps 66:2], gospel: according to Mark [1:1ff].

XII.31 S.2 And on another **Saturday before [the Feast] of Lights**, if the Feast of Lights happens to fall on a Sunday, **L.2.**apostle: from Acts [19:1ff] (see Friday of the sixth week after Easter).

---

²⁸⁸ On the stichera see XII.25 O.11.
²⁸⁹ The troparion used as apolytikion at V.12 repeated here.
²⁹⁰ See XII.25 K.2.
²⁹¹ Most probably means that refrains of the fifth ode are intercalated into the makarismoi.
²⁹² On the elements of this Liturgy see XII.28 Liturgy.
²⁹³ This gospel reading is incorrectly cited.
²⁹⁴ The mode is set; see note 1.

ΔΕΚΕΜΒΡΙΟΣ

Δεῖ εἰδέναι ὅτι εἰ μέν εἰσι δύο κυριακαὶ μεταξὺ τῶν Χριστουγέννων καὶ τῶν φώτων, ἀναγινώσκεται τῇ πρώτῃ κυριακῇ *Ἀναχωρησάντων τῶν μάγων*, τῇ δὲ δευτέρᾳ κυριακῇ *Ἀρχὴ τοῦ εὐαγγελίου*. εἰ δὲ ἓν σάββατον καὶ μία κυριακή, ἀναγινώσκεται τὸ μὲν σαββάτῳ μετὰ τὴν[161] Χριστοῦ γέννησιν, τὸ δὲ κυριακῇ πρὸ τῶν φώτων.[162]

---

[161] τοῦ add. D
[162] τὸ μὲν...φώτων scripsi τὸ μὲν σάββατον σαββάτῳ μετὰ τὴν Χριστοῦ γέννησιν· τῇ δὲ κυριακῇ πρὸ τῶν φώτων cod.

31 DECEMBER

N. It is necessary to know that if there are two Sundays between the Nativity of Christ and [the Feast] of Lights, on the first Sunday is read Ἀναχωρησάντων τῶν μάγων [Mt 2:13ff] and on the second Sunday Ἀρχὴ τοῦ εὐαγγελίου [Mk 1:1ff]. But if there is one Saturday and one Sunday, the one is read on Saturday after Christ's Nativity, and the other on Sunday before [the Feast] of Light.

Μὴν Ἰαννουάριος[1]

Μηνὶ ἰαννουαρίω[2] α'· ἡ περιτομὴ τοῦ Κυρίου ἡμῶν Ἰησοῦ Χριστοῦ, καὶ τοῦ ὁσίου πατρὸς ἡμῶν Βασιλείου.

Ἑσπέρας 1.οὐ στιχολογοῦμεν, 2.εἰς δὲ τὸ *Κύριε ἐκέκραξα* ἱστῶμεν ϛ' [57v] καὶ ψάλλομεν στιχηρὰ τῆς περιτομῆς εἰς ἦχον δ' γ', καὶ τοῦ ἁγίου εἰς τὸν αὐτὸν ἦχον γ' πρὸς τὸ *Ὁ ἐξ ὑψίστου κληθείς, Δόξα καὶ νῦν, θεοτοκίον*. 3.εἴσοδος καὶ[3] 4.προκείμενον τῆς ἡμέρας. 10.εἰς τὸν στίχον στιχηρὰ ἰδιόμελα τοῦ ἁγίου ἦχος γ' *Χριστὸν εἰσοικισάμενος, ἕτερον Μύρον ἐκκενωθέν, ἄλλο Τὴν ἱερατικὴν στολήν, Δόξα καὶ νῦν*, ἦχος πλάγιος δ' ἰδιόμελον *Συγκαταβαίνων ὁ Σωτήρ*. 12.ἀπολυτίκιον ἦχος α' *Εἰς πᾶσαν τὴν γῆν ἐξῆλθεν ὁ φθόγγος σου*.

Εἰς τὴν παννυχίδα 1.κανὼν τοῦ ἁγίου, ζήτει εἰς τὸ τέλος τῆς ὀκτωήχου· 2.ἀπὸ γ' οὐδέν· 3.ἀπὸ ϛ' τὸ κοντάκιον αὐτοῦ.

Εἰς τὸν ὄρθρον ἐγειρόμεθα ἀρχῇ[4] ὥρας ζ', 3.Θεὸς Κύριος ἦχος α', 4.τὸ τροπάριον τοῦ ἁγίου β' καὶ θεοτοκίον *Συλλαβοῦσα ἀφλέκτως*. 5.ἡ στιχολογία κάθισμα ἕν, κάθισμα τῆς ἑορτῆς ἦχος α' *Ὁ πάντων ποιητής, Δόξα καὶ νῦν*, τὸ αὐτό· ἀνάγνωσις τὰ θαύματα τοῦ ἁγίου συγγραφέντα παρὰ Ἀμφιλοχίου ἐπισκόπου Ἰκονίου, ὧν ἡ ἀρχὴ *Ἀγαπητοί, οὐκ ἦν ἀπεικός* εἰς δόσεις δύο. 8.ὁ Ν' καὶ 9.κανόνα ἕνα εἰς ἦχον β' Θεοφάνους <πρὸς τὸ> *Δεῦτε λαοί*. λέγομεν δὲ καὶ *Τῷ Κυρίῳ ᾄσωμεν* ἱστῶντες ιδ' καὶ λέγομεν τὸν εἱρμὸν ἅπαξ, τὰ δὲ τροπάρια τῆς ἑορτῆς τὰ β' ἀνὰ γ' ἤγουν εἰς ϛ', τὰ δὲ λοιπὰ

---

[1] tit. in marg. inf. cod. Ἰανουάριος D
[2] Ἰανουαρίῳ D
[3] om. D
[4] ἀρχὴν cod. ἀρχὴ D

MONTH OF JANUARY

I.01C. 1st of January. The Circumcision of our Lord Jesus Christ, and the commemoration of our saintly father Basil.

V. At Vespers, 1.we do not recite the continuous psalmody,[1] **2.**but at Κύριε ἐκέκραξα we intercalate six times and chant three stichera of the Circumcision in mode 4, and three of the holy man in the same mode to Ὁ ἐξ ὑψίστου κληθείς, Glory...both now..., theotokion. **3.**Entrance and **4.**prokeimenon of the day of the week. **10.**At the stichos, stichera idiomela of the holy man in mode 3: Χριστὸν εἰσοικισάμενος, another: Μύρον ἐκκενωθέν, another: Τὴν ἱερατικὴν στολήν, Glory...both now..., in plagal mode 4 idiomelon: Συγκαταβαίνων ὁ Σωτήρ. **12.**Apolytikion in mode 1: Εἰς πᾶσαν τὴν γῆν ἐξῆλθεν ὁ φθόγγος σου.[2]

PN. At Pannychis, 1.canon of the holy man (look at the end of the Oktoechos); **2.**after the third ode, nothing; **3.**after the sixth ode, his kontakion.

O. At Orthros (we rise at the beginning of the seventh hour) **3.**Θεὸς Κύριος in mode 1, **4.**the troparion of the holy man[3] twice, and theotokion: Συλλαβοῦσα ἀφλέκτως. **5.**The recitation of continuous psalmody, **a.**one kathisma,[4] **b.**poetic kathisma of the feast in mode 1: Ὁ πάντων ποιητής, Glory...both now..., the same repeated, **c.**reading: the miracles of the holy man compiled by Amphilochios bishop of Iconium beginning Ἀγαπητοί, οὐκ ἦν ἀπεικός [BHG, 247] in two portions. **8.**Psalm 50 and **9.**one canon in mode 2 by Theophanes <to> Δεῦτε λαοί.[5] We also recite Τῷ Κυρίῳ ᾄσωμεν,[6] intercalating fourteen times, and we recite the heirmos once, but the two troparia of the feast three times each, that is six troparia, and the remaining troparia of the holy man, eight troparia, and →

---

[1] See XII.27 N.
[2] On this troparion see Psalm 18:5.
[3] The troparion used as apolytikion at V.12 repeated here.
[4] See XII.27 N.
[5] The heirmos.
[6] Ode 1.

ΙΑΝΝΟΥΑΡΙΟΣ

τροπάρια τοῦ ἁγίου εἰς η΄, ἔσχατον δὲ λέγομεν τὰς καταβασίας τῶν φώτων τὸ *Βυθοῦ ἀνεκάλυψε* καὶ *Στείβει θαλάσσης* πρὸς μίαν οἱ χοροί. ἀπὸ γ΄ ᾠδῆς κάθισμα τοῦ ἁγίου ἦχος πλάγιος δ΄ *Τῆς ἀρρήτου σοφίας* καὶ θεοτοκίον, καὶ ἡ δευτέρα ἀνάγνωσις· ἀπὸ ϛ΄ τὸ κοντάκιον *Ὤφθης βάσις ἄσειστος*, ἀνάγνωσις λόγος εἰς τὴν περιτομὴν καὶ εἰς τὸν μέγαν Βασίλειον, οὗ ἡ ἀρχὴ *Σκιὰν μὲν τῶν μελλόντων ἀγαθῶν*, ζήτει....⁵ 10.ἐξαποστειλάριον <πρὸς τὸ> *Ὁ οὐρανόν*. 11.εἰς τοὺς αἴνους ἱστῶμεν δ΄ καὶ ψάλλομεν στιχηρὰ προσόμοια ἦχος πλάγιος α΄ πρὸς τὸ *Χαίροις*, *Δόξα καὶ νῦν*, θεοτοκίον ὅμοιον. 12.εἰς τὸν στίχον τῶν αἴνων στιχηρὰ ἰδιόμελα τῆς ἑορτῆς ἦχος πλάγιος δ΄ *Οὐκ ἐπαισχύνθη ὁ πανάγαθος*, δευτεροῦντες αὐτό, καὶ ἕτερα στιχηρὰ ἰδιόμελα τοῦ ἁγίου ἦχος πλάγιος β΄ *Ἐξεχύθη ἡ χάρις* καὶ θεοτοκίον. 14.ἀπολυτίκιον τοῦ ἁγίου.

Εἰς τὴν λειτουργίαν 1.τυπικὰ καὶ ᾠδὴ τοῦ κανόνος ἡ γ΄. μετὰ τὴν εἴσοδον τροπάριον τὸ τοῦ ἁγίου, *Δόξα καὶ νῦν*, τὸ κοντάκιον. 2.προκείμενον ἦχος α΄ *Τὸ στόμα μου λαλήσει σοφίαν·* στίχος *Ἀκούσατε ταῦτα·* ὁ ἀπόστολος πρὸς Κολοσσαεῖς *Ἀδελφοί, βλέπετε μή τις ὑμᾶς*. Ἀλληλούια ἦχος πλάγιος δ΄ *Ὁ ποιμαίνων τὸν Ἰσραὴλ πρόσχες, ὁ ὁδηγῶν ὡσεὶ πρόβατα τὸν Ἰωσήφ, ὁ καθήμενος ἐπὶ τῶν Χερουβίμ·* στίχος β΄ *Ἐξέγειρον τὴν δυναστείαν σου καὶ ἐλθὲ εἰς τὸ σῶσαι ἡμᾶς. ὁ Θεός, ἐπίστρεψον ἡμᾶς καὶ ἐπίφανον τὸ πρόσωπόν σου·* εὐαγγέλιον κατὰ [58r] Λουκᾶν *Τῷ καιρῷ ἐκείνῳ ὑπέστρεψαν οἱ ποιμένες*. 3.κοινωνικὸν *Εἰς μνημόσυνον*. τελεῖται δὲ πᾶσα ἡ θεία λειτουργία τοῦ μεγάλου Βασιλείου.

Εἰ δὲ τύχῃ ἐν κυριακῇ, τῷ σαββάτῳ ἑσπέρας 1.ἡ στιχολογία τὸ *Μακάριος ἀνήρ*, 2.εἰς δὲ τὸ *Κύριε ἐκέκραξα* ἱστῶμεν η΄ καὶ

---

⁵ lacuna est in cod.

1 JANUARY

finally we recite the katabasiai of [the Feast] of Lights: Βυθοῦ ἀνεκάλυψε and Στείβει θαλάσσης once by the choirs. a.after the third ode, poetic kathisma of the holy man in plagal mode 4: Τῆς ἀρρήτου σοφίας, and theotokion, and the second reading;[7] b.after the sixth ode, the kontakion: Ὤφθης βάσις ἄσειστος, reading: Homily on the Circumcision and on Basil the Great beginning Σκιὰν μὲν τῶν μελλόντων ἀγαθῶν [BHG, 261] (look...).[8] 10.Exaposteilarion <to> Ὁ οὐρανόν. 11.At the ainoi, we intercalate four times and chant stichera prosomoia in plagal mode 1 to Χαίροις, Glory...both now..., theotokion to the same melody. 12.At the stichos of the ainoi, stichera idiomela of the feast in plagal mode 4: Οὐκ ἐπαισχύνθη ὁ πανάγαθος repeating it, and other stichera idiomela of the holy man in plagal mode 2: Ἐξεχύθη ἡ χάρις, and theotokion. 14.Apolytikion of the holy man.[9]

L. At the Liturgy, 1.typika, and the third ode of the canon.[10] After the entrance, the troparion of the holy man,[11] Glory...both now...., the kontakion.[12] 2.Prokeimenon in mode 1: Τὸ στόμα μου λαλήσει σοφίαν [Ps 48:4], stichos: Ἀκούσατε ταῦτα [Ps 48:2], the apostle: to the Colossians [2:8ff]. Alleluia in plagal mode 4: Ὁ ποιμαίνων τὸν Ἰσραὴλ πρόσχες, ὁ ὁδηγῶν ὡσεὶ πρόβατα τὸν Ἰωσήφ, ὁ καθήμενος ἐπὶ τῶν Χερουβίμ [Ps 79:2], second stichos: Ἐξέγειρον τὴν δυναστείαν σου καὶ ἐλθὲ εἰς τὸ σῶσαι ἡμᾶς. ὁ Θεός, ἐπίστρεψον ἡμᾶς καὶ ἐπίφανον τὸ πρόσωπόν σου [Ps 79:3-4], gospel: according to Luke [2:20ff]. 3.Koinonikon: Εἰς μνημόσυνον [Ps 111:6]. All the **Divine Liturgy** of Basil the Great is carried out.

I.01 K. But if it falls on a Sunday, **V.at Vespers** on Saturday, 1.the recitation of continuous psalmody: Μακάριος ἀνήρ →

---

[7] See above O.5.
[8] There is a short gap in the manuscript, presumably intended for the reference to the reading.
[9] The troparion used as apolytikion at V.12 repeated here.
[10] Most probably means that refrains of the third ode are intercalated into the makarismoi.
[11] The troparion used as apolytikion at V.12 repeated here.
[12] See O.9b above.

ΙΑΝΝΟΥΑΡΙΟΣ

ψάλλομεν στιχηρὰ ἀναστάσιμα τοῦ ἤχου γ', καὶ δύο τῆς περιτομῆς ἦχος δ', καὶ γ' τοῦ ἁγίου εἰς τὸν αὐτὸν ἦχον τὰ προειρημένα, *Δόξα καὶ νῦν*, θεοτοκίον δογματικὸν τοῦ ἤχου. 3.εἴσοδος. 4.προκείμενον. 10.εἰς τὸν στίχον τὸ ἀναστάσιμον τοῦ στίχου ἅπαξ καὶ β' ἰδιόμελα τοῦ ἁγίου ἦχος γ' *Χριστὸν εἰσοικισάμενος*, ἕτερον *Μύρον ἐκκενωθέν*, *Δόξα καὶ νῦν*, ἦχος πλάγιος δ' τὸ ἰδιόμελον τῆς ἑορτῆς *Συγκαταβαίνων ὁ Σωτήρ*. 12.ἀπολυτίκιον τοῦ ἁγίου. Εἰς τὴν παννυχίδα 1.κανόνα τὸν πρῶτον τοῦ ἤχου τῆς παννυχίδος εἰς ϛ', καὶ τοῦ ἁγίου τὸν προειρημένον εἰς δ'· 2.ἀπὸ γ' ᾠδῆς κάθισμα κατανυκτικόν· 3.ἀπὸ ϛ' τὸ κοντάκιον τῆς Θεοτόκου, 4.ἡ ἀνάγνωσις ὡς σύνηθες. Εἰς τὸν ὄρθρον 3.*Θεὸς Κύριος* καὶ 4.τὸ ἀναστάσιμον τροπάριον τοῦ ἤχου β', *Δόξα*, τὸ τοῦ ἁγίου, *καὶ νῦν*, θεοτοκίον. 5.αἱ στιχολογίαι καὶ καθίσματα ἀναστάσιμα, ἀναγνώσεις αἱ εἰρημέναι καὶ ὁ ἐπιτάφιος τοῦ ἁγίου εἰς τὸν θεολόγον εἰς δόσεις δ'. 6.οἱ ἀναβαθμοὶ καὶ 7.τὸ *Πᾶσα πνοὴ* τοῦ ἤχου· εὐαγγέλιον τὸ ἑωθινόν. 9.κανόνες β'· τὸν ἀναστάσιμον εἰς δ', καὶ τοῦ ἁγίου εἰς δέκα, δευτεροῦντες τὰ τροπάρια τῆς ἑορτῆς, ἔσχατον δὲ λέγομεν καὶ τὰς

1 JANUARY

[kath 1],[13] 2.and at Κύριε ἐκέκραξα we intercalate eight times and chant three resurrection stichera of the mode,[14] and two of the Circumcision in mode 4, and three of the holy man in the same mode, the aforementioned ones,[15] *Glory...both now...*, theotokion dogmatikon of the mode.[16] 3.Entrance. 4.Prokeimenon. 10.At the stichos, the resurrection [sticheron] of the stichos once, and two idiomela of the holy man in mode 3: Χριστὸν εἰσοικισάμενος, another: Μύρον ἐκκενωθέν, *Glory...both now...*, in plagal mode 4 the idiomelon of the feast: Συγκαταβαίνων ὁ Σωτήρ.[17] 12.Apolytikion of the holy man.[18] **PN.At Pannychis**, 1.from the first canon of the mode of **Pannychis** six troparia,[19] and from the aforementioned one of the holy man[20] four troparia; 2.after the third ode, penitential poetic kathisma; 3.after the sixth ode, the kontakion of the Theotokos, 4.the reading, as is customary. **O.At Orthros**, 3.Θεὸς Κύριος, and 4.the resurrection troparion of the mode twice,[21] *Glory...*, that of the holy man,[22] *both now...*, theotokion. 5.The recitations of continuous psalmody, and resurrection poetic kathismata, readings: the stated ones,[23] and the *Epitaphios* of the holy man in the Theologian in four portions. 6.The anabathmoi and 7b.Πᾶσα πνοή of the mode,[24] c.the matins gospel. 9.Two canons: from the resurrection one four troparia, and from that of the holy man ten troparia, repeating the troparia of the feast; and →

---

[13] Kathisma 1 of the psalter (psalms 1-8) is always recited at Vespers on Saturday evenings.

[14] The mode is set on Sunday for the following week according to the sequence laid out in the Oktoechos.

[15] See V.2 above.

[16] The mode is set; see note 14.

[17] See V.10 above.

[18] See V.12 above.

[19] The mode is set; see note 14.

[20] See O.9 above.

[21] The mode is set; see note 14.

[22] The troparion used as apolytikion at V.12 repeated here.

[23] See O.5 and 9 above.

[24] The mode is set; see note 14.

ΙΑΝΝΟΥΑΡΙΟΣ

καταβασίας τῶν φώτων· ἀπὸ γ΄ ᾠδῆς κάθισμα τοῦ ἁγίου· ἀπὸ ς΄ τὸ αὐτοῦ κοντάκιον. 10.ἐξαποστειλάριον Ἅγιος Κύριος καὶ τὸ <πρὸς τὸ> Ὁ οὐρανόν. 11.εἰς τοὺς αἴνους ἱστῶμεν η΄ καὶ ψάλλομεν τὰ δ΄ ἀναστάσιμα καὶ δ΄ τοῦ ἁγίου ἦχος πλάγιος α΄ πρὸς τὸ Χαίροις, Δόξα, ἦχος πλάγιος δ΄ ἰδιόμελον *Οὐκ ἐπαισχύνθη ὁ πανάγαθος Θεός, καὶ νῦν, Ὑπερευλογημένη.* 14.ἀπολυτίκιον τὸ ἐπιλαγχάνον τῆς κυριακῆς. Εἰς τὴν λειτουργίαν 1.τυπικὰ καὶ μακαρισμοὶ ἀναστάσιμοι τοῦ ἤχου. μετὰ τὴν εἴσοδον τροπάριον τὸ ἀναστάσιμον, *Δόξα καὶ νῦν,* τὸ κοντάκιον τοῦ ἁγίου. 2.προκείμενον καὶ Ἀλληλούια τοῦ αὐτοῦ· ἀπόστολος δὲ καὶ εὐαγγέλιον ἀμφότερα τῆς τε κυριακῆς καὶ τῆς ἡμέρας. 3.κοινωνικὸν *Αἰνεῖτε τὸν Κύριον* καὶ *Εἰς μνημόσυνον,* καὶ ἡ λειτουργία τοῦ μεγάλου Βασιλείου.

Δεῖ δὲ εἰδέναι ὅτι εἰ οὐ τύχῃ ἐν κυριακῇ ἡ μνήμη αὐτοῦ, ἀναγινώσκεται ὁ ἐπιτάφιος τῇ κυριακῇ τῇ μετὰ τὴν μνήμην αὐτοῦ, εἰ μὴ τύχῃ ἡ παραμονὴ τῶν φώτων ἢ αὐτὴ ἡ ἡμέρα τῆς ἑορτῆς τῶν φώτων.

Μηνὶ τῷ αὐτῷ β΄· προεόρτια τῶν φώτων, καὶ τοῦ ὁσίου πατρὸς ἡμῶν Σιλβέστρου πάπα Ῥώμης.

Ἑσπέρας 1.οὐ στιχολογοῦμεν, 2.εἰς δὲ τὸ *Κύριε ἐκέκραξα* ἱστῶμεν ς΄ [58v] καὶ ψάλλομεν στιχηρὰ προεόρτια γ΄ εἰς ἦχον δ΄ πρὸς τὸ Ὡς γενναῖον, καὶ γ΄ τοῦ ὁσίου εἰς ἦχον πλάγιον δ΄ πρὸς τὸ Ὢ τοῦ παραδόξου θαύματος, *Δόξα καὶ νῦν,* ἰδιόμελον προεόρτιον ἦχος α΄ *Λαμπρὰ μὲν ἡ παρελθοῦσα ἑορτή.* 4.προκείμενον τῆς ἡμέρας. 10.εἰς

finally we recite the katabasiai of [the Feast] of Lights also.[25]
a.After the third ode, poetic kathisma of the holy man;
b.after the sixth ode, his kontakion.[26] **10.**Exaposteilarion:
Ἅγιος Κύριος and that <τὸ> Ὁ οὐρανόν.[27] **11.**At the ainoi, we intercalate eight times and chant the four resurrection [stichera] and four of the holy man in plagal mode 1 to Χαίροις, *Glory...*, in plagal mode 4 idiomelon: *Οὐκ ἐπαισχύνθη ὁ πανάγαθος Θεός,*[28] *both now..., Ὑπερευλογημένη.* **14.**The allotted apolytikion of the Sunday. **L.At the Liturgy, 1.**typika, and resurrection makarismoi of the mode.[29] After the entrance, the resurrection troparion, *Glory...both now...*, the kontakion of the holy man.[30] **2.**Prokeimenon and *Alleluia* of the same man; both sets of apostle and gospel, of both the Sunday and the day. **3.**Koinonikon: *Αἰνεῖτε τὸν Κύριον* [Ps 148:1] and *Εἰς μνημόσυνον* [Ps 111:6], and the **Liturgy** of Basil the Great.

N. It is necessary to know that if his commemoration does not fall on a Sunday, the *Epitaphios* is read on the Sunday after his commemoration, unless it happens to be the paramone of [the Feast] of Lights, or the day of the Feast of Lights itself.

I.02C. 2nd of the same month. Forefeast of [the Feast] of Lights, and the commemoration of our saintly father Silvester bishop of Rome.

V. At Vespers, 1.we do not recite the continuous psalmody,[31] **2.**but at *Κύριε ἐκέκραξα* we intercalate six times and chant three forefeast stichera in mode 4 to Ὡς γενναῖον, and three of the saintly man in plagal mode 4 to Ὢ τοῦ παραδόξου θαύματος, *Glory...both now...*, forefeast idiomelon in mode 1: *Λαμπρὰ μὲν ἡ παρελθοῦσα ἑορτή.* **4.**Prokeimenon of the day of the week. **10.**At

---

[25] See O.9 above.
[26] See O.9b above.
[27] See O.10 above.
[28] See O.12 above.
[29] The mode is set; see note 14.
[30] See O.9b above.
[31] See XII.27 N.

ΙΑΝΝΟΥΑΡΙΟΣ

τὸν στίχον στιχηρὰ προεόρτια ἦχος β΄ πρὸς τὸ Οἶκος τοῦ Ἐφραθᾶ γ΄, *Δόξα καὶ νῦν*, ἰδιόμελον ἦχος β΄ *Πάλιν Ἰησοῦς*. 12.ἀπολυτίκιον ἦχος δ΄ *Ἑτοιμάζου Ζαβουλών*, τὸ αὐτὸ καὶ 14.εἰς τὸ τέλος τοῦ ὄρθρου καὶ εἰς τὸ *Θεὸς Κύριος* καθ᾽ ἑκάστην μέχρι τῆς ἑορτῆς.

Εἰς τὴν παννυχίδα 1.κανὼν προεόρτιος ἦχος α΄ <πρὸς τὸ> Ὠιδὴν ἐπινίκιον εἰς δ΄· 2.ἀπὸ γ΄ ᾠδῆς οὐδέν· 3.ἀπὸ ς΄ κάθισμα ἦχος πλάγιος α΄ *Ὁ συνάναρχος Λόγος* χωρὶς τοῦ *Δόξα καὶ νῦν*.

Εἰς τὸν ὄρθρον 3.*Θεὸς Κύριος* καὶ 4.τὸ προεόρτιον τροπάριον ἐκ γ΄. 5.ἡ στιχολογία κάθισμα ἕν, κάθισμα τῆς ἑορτῆς ἦχος δ΄ *Πτωχεύσας ὁ πλούσιος*· *Δόξα καὶ νῦν*, τὸ αὐτό, ἀνάγνωσις ὁ βίος τοῦ ὁσίου, οὗ ἡ ἀρχὴ *Εὐσεβίου τοῦ Παμφίλου*. 9.κανόνες β΄· τῆς ἑορτῆς ἦχος β΄ <πρὸς τὸ> Τῷ τὴν ἄβατον εἰς η΄ Ἰωσήφ, καὶ τοῦ ἁγίου ἦχος πλάγιος δ΄ <πρὸς τὸ> Ἡ κεχομμένη τοῦ αὐτοῦ εἰς δ΄· ἀπὸ γ΄ ᾠδῆς κάθισμα τοῦ ὁσίου ἦχος πλάγιος δ΄ καὶ θεοτοκίον· ἀπὸ ς΄ κάθισμα προεόρτιον ἦχος πλάγιος α΄ *Προεόρτιον ὕμνον*, *Δόξα καὶ νῦν*, *Ὁ συνάναρχος Λόγος*. 10.ἐξαποστειλάριον *Ἅγιος Κύριος* εἰς τὸν ἐνεστῶτα ἦχον. 12.εἰς τὸν στίχον τῶν αἴνων στιχηρὰ προεόρτια ἦχος πλάγιος β΄ πρὸς τὸ Αἱ ἀγγελικαὶ γ΄, *Δόξα καὶ νῦν*, ἰδιόμελον εἰς τὸν αὐτὸν ἦχον *Ἑτοιμάζου Ἰορδάνη ποταμέ*. 14.ἀπολυτίκιον τὸ προεόρτιον.

2 JANUARY

the stichos, three forefeast stichera in mode 2 to Οἶκος τοῦ Ἐφραθᾶ, Glory...both now..., idiomelon in mode 2: Πάλιν Ἰησοῦς. 12.Apolytikion in mode 4: Ἑτοιμάζου Ζαβουλών. The same also O.14.at the end of **Orthros** and at Θεὸς Κύριος O.4. each day until the feast.

PN. At Pannychis, 1.from forefeast canon in mode 1 <to> Ὠιδὴν ἐπινίκιον four troparia; **2.**after the third ode, nothing; **3.**after the sixth ode, poetic kathisma in plagal mode 1: Ὁ συνάναρχος Λόγος without Glory...both now....

O. At Orthros, 3.Θεὸς Κύριος, and **4.**the forefeast troparion[32] three times. **5.**The recitation of continuous psalmody, a.one kathisma,[33] b.poetic kathisma of the feast in mode 4: Πτωχεύσας ὁ πλούσιος, Glory...both now..., the same repeated, c.reading: the Life of the saintly man beginning Εὐσεβίου τοῦ Παμφίλου [BHG, 1628]. **9.**Two canons: from that of the feast in mode 2 <to> Τῷ τὴν ἄβατον[34] eight troparia by Joseph, and from that of the holy man in plagal mode 4 <to> Ἡ κεκομμένη[35] by the same man four troparia; a.after the third ode, poetic kathisma of the saintly man in plagal mode 4, and theotokion; b.after the sixth ode, forefeast poetic kathisma in plagal mode 1: Προεόρτιον ὕμνον, Glory...both now..., Ὁ συνάναρχος Λόγος.[36] **10.**Exaposteilarion: Ἅγιος Κύριος in the established mode.[37] **12.**At the stichos of the ainoi, three forefeast stichera in plagal mode 2 to Αἱ ἀγγελικαί, Glory...both now..., idiomelon in the same mode: Ἑτοιμάζου Ἰορδάνη ποταμέ. **14.**The forefeast apolytikion.[38]

---

[32] The troparion used as apolytikion at V.12 repeated here.
[33] See XII.27 N.
[34] The heirmos.
[35] The heirmos.
[36] See PN.3 above.
[37] The mode is set; see note 14.
[38] The troparion used as apolytikion at V.12 repeated here.

ΙΑΝΝΟΥΑΡΙΟΣ

Εἰς τὴν λειτουργίαν 1.τυπικὰ καὶ ᾠδὴ τοῦ προεορτίου κανόνος ἡ θ'. 2.προκείμενον τοῦ ἁγίου ἦχος βαρὺς *Τίμιος ἐναντίον Κυρίου*· στίχος *Τί ἀνταποδώσω*·⁶ ὁ ἀπόστολος, ζήτει προεόρτια τῶν φώτων. *Ἀλληλούϊα* ἦχος β' *Οἱ ἱερεῖς σου Κύριε*· εὐαγγέλιον, ζήτει προεόρτια τῶν φώτων ἐν τῇ αὐτῇ ἡμέρᾳ ὁμοίως καὶ τὸν ἀπόστολον ἐν τῷ ἀποστόλῳ. 3.κοινωνικὸν *Εἰς μνημόσυνον*.

Μηνὶ τῷ αὐτῷ γ'· προεόρτια, καὶ τοῦ ἁγίου μάρτυρος⁷ Γορδίου, καὶ τοῦ ἁγίου προφήτου Μαλαχίου.

Ἑσπέρας 1.οὐ στιχολογοῦμεν, 2.εἰς δὲ τὸ *Κύριε ἐκέκραξα* ἱστῶμεν ς' καὶ ψάλλομεν στιχηρὰ προεόρτια β' εἰς ἦχον δ' πρὸς τὸ *Ἔδωκας σημείωσιν*, καὶ ἕτερα β' τοῦ προφήτου εἰς ἦχον πλάγιον δ' πρὸς τὸ *Κύριε εἰ καὶ κριτηρίῳ*, καὶ δύο τοῦ μάρτυρος εἰς τὸν αὐτὸν ἦχον πρὸς τὸ *Ὦ τοῦ παραδόξου θαύματος*, *Δόξα καὶ νῦν*, ἰδιόμελον εἰς τὸν αὐτὸν ἦχον *Ἰωάννη βαπτιστά*. 4.προκείμενον τῆς ἡμέρας. 10.εἰς τὸν στίχον στιχηρὰ προεόρτια ἦχος πλάγιος β' πρὸς τὸ *Τριήμερος ἀνέστης* γ', *Δόξα καὶ νῦν*, ἰδιόμελον εἰς τὸν αὐτὸν ἦχον *Φαιδροτέρα*⁸ *ἡλίου γέγονεν*. 12.ἀπολυτίκιον τὸ προεόρτιον.

Εἰς τὴν παννυχίδα 1.κανὼν προεόρτιος ἦχος β' πρὸς τὸ *Ἐν βυθῷ κατέστρωσε* εἰς ς' *Τοῦ φωτὸς ἀκτῖνας ὁ Χριστός*· 2.ἀπὸ γ' ᾠδῆς οὐδέν· 3.ἀπὸ ς' κάθισμα ἦχος α' *Προέρχεσθαι Χριστὸς χωρὶς τοῦ Δόξα καὶ νῦν*. [59r]

Εἰς τὸν ὄρθρον 3.*Θεὸς Κύριος* καὶ 4.τὸ προεόρτιον τροπάριον ἐκ γ'. 5.ἡ στιχολογία κάθισμα ἕν, κάθισμα προεόρτιον ἦχος α' *Φορέσας*

---

⁶ ἀνταποδώσωμεν D
⁷ om. D
⁸ Φαιδρότερος D

2-3 JANUARY

L. At the Liturgy, 1.typika, and the ninth ode of the forefeast canon.[39] **2.**Prokeimenon of the holy man in barys mode: Τίμιος ἐναντίον Κυρίου [Ps 115:6], stichos: Τί ἀνταποδώσω [Ps 115:3], the apostle: (look for the forefeast elements of [the Feast] of Lights). Alleluia in mode 2: Οἱ ἱερεῖς σου Κύριε [Ps 131:9], gospel: (look for the forefeast elements of [the Feast] of Lights at the same day, in the same way as the apostle in [the book of] the apostle). **3.**Koinonikon: Εἰς μνημόσυνον [Ps 111:6].

I.03C. 3rd of the same month. Forefeast, and the commemoration of the holy martyr Gordios, and of the holy prophet Malachi.

V. At Vespers, 1.we do not recite the continuous psalmody,[40] **2.**but at Κύριε ἐκέκραξα we intercalate six times and chant two forefeast stichera in mode 4 to Ἔδωκας σημείωσιν, and another two of the prophet in plagal mode 4 to Κύριε εἰ καὶ κριτηρίῳ, and two of the martyr in the same mode to Ὢ τοῦ παραδόξου θαύματος, Glory...both now..., idiomelon in the same mode: Ἰωάννη βαπτιστά. **4.**Prokeimenon of the day of the week. **10.**At the stichos, three forefeast stichera in plagal mode 2 to Τριήμερος ἀνέστης, Glory...both now..., idiomelon in the same mode: Φαιδροτέρα ἡλίου γέγονεν. **12.**The forefeast apolytikion.[41]

PN. At Pannychis, 1.from the forefeast canon in mode 2 to Ἐν βυθῷ κατέστρωσε six troparia: Τοῦ φωτὸς ἀκτῖνας ὁ Χριστός. **2.**After the third ode, nothing; **3.**after the sixth ode, poetic kathisma in mode 1: Προέρχεσθαι Χριστός, without Glory...both now....

O. At Orthros, 3.Θεὸς Κύριος, and **4.**the forefeast troparion[42] three times. **5.**The recitation of continuous psalmody, **a.**one kathisma,[43] **b.**forefeast poetic kathisma in mode 1: Φορέσας τὴν ἐμήν, Ἰησοῦ

---

[39] Most probably means that refrains of the ninth ode are intercalated into the makarismoi
[40] See XII.27 N.
[41] See I.02 V.12.
[42] The troparion used as forefeast apolytikion (see I.02 V.12) repeated here.
[43] See XII.27 N.

τὴν ἐμὴν Ἰησοῦ μου πτωχείαν, *Δόξα καὶ νῦν*, τὸ αὐτό· ἀνάγνωσις ἐγκώμιον τοῦ ἁγίου Βασιλείου εἰς Γόρδιον τὸν[9] μάρτυρα, ζήτει εἰς Τὰ Ἠθικὰ τοῦ αὐτοῦ. 9.κανόνες γ΄· τὸν προεόρτιον ἦχος δ΄ <πρὸς τὸ> Ἀνοίξω τὸ στόμα μου Ἰωσήφ, καὶ τοῦ προφήτου ἦχος πλάγιος δ΄ <πρὸς τὸ> Ἡ κεκομμένη Θεοφάνους, καὶ τοῦ μάρτυρος εἰς τὸν αὐτὸν ἦχον <πρὸς τὸ> Ἄισωμεν τῷ Κυρίῳ Θεοφάνους, ἀνὰ δ΄· ἀπὸ γ΄ ᾠδῆς κάθισμα τοῦ προφήτου ἦχος πλάγιος δ΄, *Δόξα καὶ νῦν*, θεοτοκίον· ἀπὸ ϛ΄ κάθισμα τοῦ μάρτυρος ἦχος δ΄ καὶ θεοτοκίον. 10.ἐξαποστειλάριον Ἅγιος Κύριος. 12.εἰς τὸν στίχον τῶν αἴνων στιχηρὰ προεόρτια ἦχος πλάγιος β΄ γ΄ πρὸς τὸ Αἱ ἀγγελικαί, *Δόξα καὶ νῦν*, ἰδιόμελον εἰς τὸν αὐτὸν ἦχον Ἔρχεται πρὸς τὸν Ἰορδάνην. 14.ἀπολυτίκιον τὸ προεόρτιον.

Εἰς τὴν λειτουργίαν 1.τυπικὰ καὶ ᾠδὴ τοῦ προεορτίου κανόνος ἡ γ΄· τροπάριον τὸ αὐτό. 2.προκείμενον τοῦ μάρτυρος ἦχος δ΄ *Εὐφρανθήσεται δίκαιος*· στίχος *Εἰσάκουσον ὁ Θεὸς φωνῆς*.[10] ὁ ἀπόστολος πρὸς Κορινθίους *Ἀδελφοί, ἡ σφραγὶς τῆς ἐμῆς ἀποστολῆς*, ζήτει κυριακῇ ια΄. Ἀλληλούια ἦχος δ΄ *Δίκαιος ὡς φοῖνιξ ἀνθήσει*· εὐαγγέλιον προεόρτιον κατὰ Ἰωάννην *Τῷ καιρῷ ἐκείνῳ ἦλθεν Ἰωάννης ὁ βαπτιστής*, ζήτει ἐν τοῖς εὐαγγελίοις τῶν ἑορτῶν. 3.κοινωνικὸν *Ἀγαλλιᾶσθε*.

Μηνὶ τῷ αὐτῷ δ΄· προεόρτια, καὶ τοῦ ὁσίου πατρὸς ἡμῶν Θεοκτίστου.

Ἑσπέρας 1.οὐ στιχολογοῦμεν, 2.εἰς δὲ τὸ *Κύριε ἐκέκραξα* ἱστῶμεν ϛ΄ καὶ ψάλλομεν στιχηρὰ προεόρτια γ΄ ἦχος πλάγιος δ΄ πρὸς τὸ Οἱ μάρτυρές σου Κύριε, καὶ γ΄ τοῦ ὁσίου ἦχος β΄ πρὸς τὸ Ὅτε ἐκ τοῦ ξύλου σε, *Δόξα καὶ νῦν*, ἰδιόμελον ἦχος γ΄ *Φαιδρὰ μὲν ἡ* →

---

[9] om. D.
[10] τῆς praepos. D

3-4 JANUARY

μου, πτωχείαν, Glory...both now..., the same repeated, c.reading: Encomium on Gordios the martyr by holy Basil (look in The Ethics of the same man). 9.Three canons: the forefeast one in mode 4 <to> Ἀνοίξω τὸ στόμα μου[44] by Joseph, and that of the prophet in plagal mode 4 <to> Ἡ κεκομμένη[45] by Theophanes, and that of the martyr in the same mode <to> Ἄισωμεν τῷ Κυρίῳ[46] by Theophanes, four troparia from each; a.after the third ode, poetic kathisma of the prophet in plagal mode 4, Glory...both now..., theotokion; b.after the sixth ode, poetic kathisma of the martyr in mode 4, and theotokion. 10.Exaposteilarion: Ἅγιος Κύριος. 12.At the stichos of the ainoi, three forefeast stichera in plagal mode 2 to Αἱ ἀγγελικαί, Glory...both now..., idiomelon in the same mode: Ἔρχεται πρὸς τὸν Ἰορδάνην. 14.The forefeast apolytikion.[47]

L. At the Liturgy, 1.typika, and the third ode of the forefeast canon,[48] the same troparion.[49] 2.Prokeimenon of the martyr in mode 4: Εὐφρανθήσεται δίκαιος [Ps 63:11], stichos: Εἰσάκουσον, ὁ Θεός, φωνῆς [Ps 63:2], the apostle: to the Corinthians [I 9:2ff] (see the eleventh Sunday). Alleluia in mode 4: Δίκαιος ὡς φοῖνιξ ἀνθήσει [Ps 91:13], forefeast gospel: according to John (look among the gospels of the feasts). 3.Koinonikon: Ἀγαλλιᾶσθε [Ps 32:1].

I.04C. 4th of the same month. Forefeast, and the commemoration of our saintly father Theoktistos.

V. At Vespers, 1.we do not recite the continuous psalmody,[50] 2.but at Κύριε ἐκέκραξα we intercalate six times and chant three forefeast stichera in plagal mode 4 to Οἱ μάρτυρές σου Κύριε, and three of the saintly man in mode 2 to Ὅτε ἐκ τοῦ ξύλου σε, Glory...both now..., idiomelon in mode 3: Φαιδρὰ μὲν ἡ παρελθοῦσα

---

[44] The heirmos.
[45] The heirmos.
[46] The heirmos.
[47] See I.02 V.12.
[48] Most probably means that refrains of the third ode are intercalated into the makarismoi.
[49] The troparion used as forefeast apolytikion (see I.02 V.12) repeated here.
[50] See XII.27 N.

παρελθοῦσα εορτή. 4.προκείμενον. 10.εἰς τὸν στίχον στιχηρὰ προεόρτια γ΄ ἦχος πλάγιος β΄ πρὸς τὸ Αἱ ἀγγελικαί, Δόξα καὶ νῦν, ἰδιόμελον ἦχος γ΄ Δεῦτε ἅπαντες πιστοί. 12.ἀπολυτίκιον τὸ προεόρτιον. Εἰς τὴν παννυχίδα 1.κανὼν προεόρτιος ἦχος β΄ Θεοφάνους τὴν Μωσέως ᾠδὴν Εὐφραινέσθω ἡ γῆ εἰς ϛ΄· 3.ἀπὸ ϛ΄ κάθισμα ἦχος πλάγιος δ΄ Ὁ μέγας βαπτιστὴς χωρὶς[11] τοῦ Δόξα καὶ νῦν.

Εἰς τὸν ὄρθρον 3.Θεὸς Κύριος καὶ 4.τὸ προεόρτιον τροπάριον ἐκ γ΄. 5.μετὰ τὴν στιχολογίαν κάθισμα προεόρτιον ἦχος γ΄ Ὁ ἀπερίγραπτος, Δόξα καὶ νῦν, τὸ αὐτό· ἀνάγνωσις εἰς τὸ κατὰ Ματθαῖον λόγος ι΄ καὶ ια΄. 9.κανόνες δύο· τὸν προεόρτιον ἦχος β΄ εἰς η΄ Ἰωσὴφ πρὸς τὸ Ἄτριπτον ἀσυνήθη, καὶ τοῦ ὁσίου εἰς τὸν αὐτὸν ἦχον εἰς δ΄ Ἰγνατίου· ἀπὸ γ΄ ᾠδῆς κάθισμα τοῦ ὁσίου ἦχος α΄ καὶ θεοτοκίον· ἀπὸ ϛ΄ κάθισμα προεόρτιον ἦχος πλάγιος δ΄ Ὁ μέγας βαπτιστής, Δόξα καὶ νῦν, τὸ αὐτό. 10.ἐξαποστειλάριον Ἅγιος Κύριος. 12.εἰς τὸν στίχον τῶν αἴνων στιχηρὰ προεόρτια ἦχος πλάγιος β΄ πρὸς τὸ Αἱ ἀγγελικαί, Δόξα καὶ νῦν, ἰδιόμελον εἰς τὸν αὐτὸν ἦχον Ἀγαλλιάσθω ἡ ἔρημος. 14.ἀπολυτίκιον τὸ προεόρτιον.
[59v]

Εἰς τὴν λειτουργίαν 1.τυπικὰ καὶ ᾠδὴ τοῦ κανόνος ἡ δ΄· τροπάριον τὸ προεόρτιον. 2.προκείμενον ἦχος πλάγιος β΄ Σῶσον Κύριε τὸν λαόν σου· στίχος Πρὸς σὲ Κύριε κεκράξομαι· ὁ ἀπόστολος πρὸς Γαλάτας Ἀδελφοί, πρὸ τοῦ ἐλθεῖν τὴν πίστιν, ζήτει δεκεμβρίου δ΄. Ἀλληλούια ἦχος πλάγιος β΄ Ὁ κατοικῶν ἐν βοηθείᾳ· εὐαγγέλιον

---

[11] καὶ add. D

4 JANUARY

ἑορτή. **4.**Prokeimenon. **10.**At the stichos, three forefeast stichera in plagal mode 2 to Αἱ ἀγγελικαί, Glory...both now..., idiomelon in mode 3: Δεῦτε ἅπαντες πιστοί. **12.**The forefeast apolytikion.[51]

PN. At Pannychis, 1.from forefeast canon in mode 2 by Theophanes the ode of Moses: Εὐφραινέσθω ἡ γῆ six troparia; **3.**after the sixth ode, poetic kathisma in plagal mode 4: Ὁ μέγας βαπτιστής, without Glory...both now....

O. At Orthros, 3.Θεὸς Κύριος, and **4.**the forefeast troparion[52] three times. **5.a.**After the recitation of continuous psalmody, **b.**forefeast poetic kathisma in mode 3: Ὁ ἀπερίγραπτος, Glory...both now..., the same repeated, **c.**reading: on the [Gospel] according to Matthew, Homilies 10 and 11.[53] **9.**Two canons: from the forefeast one in mode 2 eight troparia by Joseph to Ἄτριπτον ἀσυνήθη, and from that of the saintly man in the same mode four troparia by Ignatios; **a.**after the third ode, poetic kathisma of the saintly man in mode 1, and theotokion; **b.**after the sixth ode, forefeast poetic kathisma in plagal mode 4: Ὁ μέγας βαπτιστής, Glory...both now..., the same repeated. **10.**Exaposteilarion: Ἅγιος Κύριος. **12.**At the stichos of the ainoi, forefeast stichera in plagal mode 2 to Αἱ ἀγγελικαί, Glory...both now..., idiomelon in the same mode: Ἀγαλλιάσθω ἡ ἔρημος. **14.**The forefeast apolytikion.[54]

L. At the Liturgy, 1.typika, and the fourth ode of the canon,[55] the forefeast troparion.[56] **2.**Prokeimenon in plagal mode 2: Σῶσον Κύριε τὸν λαόν σου [Ps 27:9], stichos: Πρὸς σὲ Κύριε κεκράξομαι [Ps 27:1], the apostle: to the Galatians [3:23ff] (see 4 December). Alleluia in plagal mode 2: Ὁ κατοικῶν ἐν βοηθείᾳ [Ps 90:1], gospel:

---

[51] See I.02 V.12.
[52] The troparion used as forefeast apolytikion (see I.02 V.12) repeated here.
[53] On readings from John Chrysostom's *Commentary* on St Matthew's Gospel see XII.19 K.1 O.5 and N at the end of Orthros.
[54] See I.02 V.12.
[55] Most probably means that refrains of the fourth ode are intercalated into the makarismoi.
[56] The troparion used as forefeast apolytikion (see I.02 V.12) repeated here.

ΙΑΝΝΟΥΑΡΙΟΣ

κατὰ Ἰωάννην *Τῷ καιρῷ ἐκείνῳ ἀπέστειλαν οἱ Ἰουδαῖοι ἐξ Ἰερουσαλήμ*, ζήτει τῇ δευτέρᾳ τῆς διακαινησίμου. 3.κοινωνικὸν *Αἰνεῖτε τὸν Κύριον*.

Μηνὶ τῷ αὐτῷ ε′· προεόρτια τῶν φώτων.

Ἑσπέρας 1.οὐ στιχολογοῦμεν, 2.εἰς δὲ τὸ *Κύριε ἐκέκραξα* ἱστῶμεν ϛ′ καὶ ψάλλομεν στιχηρὰ προεόρτια ἰδιόμελα ἦχος πλάγιος β′ *Ἑτοιμάζου Ἰορδάνη, Ἔρχεται πρὸς τὸν Ἰορδάνην, Φαιδροτέρα*[12] *ἡλίου*, τὰ γ′ ἐκ δευτέρου, *Δόξα καὶ νῦν*, ἕτερον ἰδιόμελον εἰς τὸν αὐτὸν ἦχον *Τὸν ἐκ παρθένου ἥλιον*. 4.προκείμενον τῆς ἡμέρας. 10.εἰς τὸν στίχον στιχηρὰ γ′ ἦχος β′ πρὸς τὸ *Οἶκος τοῦ Ἐφραθᾶ Εὐτρεπίζου καὶ σύ, Ἔρχεται ὁ Χριστός, Ἴδε ὁ βασιλεύς, Δόξα καὶ νῦν*, ἦχος πλάγιος α′ *Ἐν Ἰορδάνῃ ποταμῷ*.

Εἰ δὲ ἐν σαββάτῳ τύχῃ ἡ παραμονὴ αὕτη, τῇ παρασκευῇ ἑσπέρας 2.εἰς τὸ *Κύριε ἐκέκραξα* ἱστῶμεν ϛ′ καὶ ψάλλομεν τὰ προειρημένα δ′ προεόρτια στιχηρὰ εἰς ἦχον πλάγιον β′ δευτεροῦντες τὸ ἕν. λέγομεν δὲ καὶ ἐκ τῶν τροπαρίων ἓν εἰς τὸν αὐτὸν ἦχον *Σήμερον ἡ ψαλμικὴ προφητεία, Δόξα καὶ νῦν*, ἦχος πλάγιος δ′ *Τάδε λέγει Κύριος πρὸς Ἰωάννην*. 10.εἰς δὲ τὸν στίχον πάλιν ἐκ τῶν τροπαρίων ἦχος πλάγιος δ′ *Ὡς ἄνθρωπος ἐν ποταμῷ*· στίχος *Ἐξαπέστειλεν ἐξ ὕψους*, ἦχος ὁ αὐτὸς *Πρὸς τὴν φωνὴν τοῦ βοῶντος*· στίχος *Ὅτι σὺ φωτιεῖς λύχνον μου Κύριε, Ἡ τοῦ προδρόμου καὶ βαπτιστοῦ, Δόξα καὶ νῦν*, ἦχος δ′ *Ἡ Τριὰς ὁ Θεὸς ἡμῶν*.

Εἰς τὴν παννυχίδα 1.τὸν προεόρτιον κανόνα τοῦ μηναίου εἰς δ′ ἦχος πλάγιος β′ <πρὸς τὸ> *Ὡς ἐν ἠπείρῳ πεζεύσας* Γεωργίου· 2.ἀπὸ γ′ οὐδέν· 3.ἀπὸ ϛ′ κάθισμα προεόρτιον ἦχος πλάγιος α′ *Ὁ συνάναρχος Λόγος*.

---

[12] Φαιδρότερος D

4-5 JANUARY

according to John [1:19ff] (see Monday of Easter Week). 3.Koinonikon: Αἰνεῖτε τὸν Κύριον [Ps 148:1].

I.05C. 5th of the same month. Forefeast [of the Feast] of Lights.

V. At Vespers, 1.we do not recite the continuous psalmody,[57] **2.**but at Κύριε ἐκέκραξα we intercalate six times and chant forefeast stichera idiomela in plagal mode 2: Ἑτοιμάζου Ἰορδάνη, Ἔρχεται πρὸς τὸν Ἰορδάνην, Φαιδροτέρα ἡλίου, the three of them twice, Glory...both now..., another idiomelon in the same mode: Τὸν ἐκ παρθένου ἥλιον. **4.**Prokeimenon of the day of the week. **10.**At the stichos, three stichera in mode 2 to Οἶκος τοῦ Ἐφραθᾶ: Εὐτρεπίζου καὶ σύ, Ἔρχεται ὁ Χριστός, Ἴδε ὁ βασιλεύς, Glory...both now..., in plagal mode 1 Ἐν Ἰορδάνῃ ποταμῷ.

I.05 S.1 But if this paramone [of the feast] falls on a Saturday, **V.at Vespers** on Friday, **2.**at Κύριε ἐκέκραξα we intercalate six times and chant the four aforementioned forefeast stichera in plagal mode 2, repeating the first.[58] And we also recite one of the troparia in the same mode: Σήμερον ἡ ψαλμικὴ προφητεία, Glory...both now..., in plagal mode 4 Τάδε λέγει Κύριος πρὸς Ἰωάννην. **10.**At the stichos, again from the troparia in plagal mode 4: Ὡς ἄνθρωπος ἐν ποταμῷ, stichos: Ἐξαπέστειλεν ἐξ ὕψους [Ps 17:17], in the same mode Πρὸς τὴν φωνὴν τοῦ βοῶντος, stichos: Ὅτι σὺ φωτιεῖς λύχνον μου Κύριε [Ps 17:29], Ἡ τοῦ προδρόμου καὶ βαπτιστοῦ, Glory...both now..., in mode 4 Ἡ Τριὰς ὁ Θεὸς ἡμῶν.

PN. At Pannychis, 1.from the forefeast canon of the Menaion four troparia in plagal mode 2 <to> Ὡς ἐν ἠπείρῳ πεζεύσας by George; **2.**after the third ode, nothing; **3.**after the sixth ode, forefeast poetic kathisma in plagal mode 1: Ὁ συνάναρχος Λόγος.

---

[57] See XII.27 N.
[58] See V.2 above.

ΙΑΝΝΟΥΑΡΙΟΣ

Εἰς[13] τὸν ὄρθρον 3.*Θεὸς Κύριος* καὶ 4.τὸ προεόρτιον τροπάριον. 5.μετὰ τὴν στιχολογίαν κάθισμα προεόρτιον ἦχος πλάγιος α΄ πρὸς τὸ Τὸν συνάναρχον Λόγον, *Δόξα καὶ νῦν*, τὸ αὐτό· ἀνάγνωσις λόγος τοῦ ἁγίου Βασιλείου, οὗ ἡ ἀρχὴ *Ὁ μὲν σοφὸς Σολομών*. 9.κανόνες β΄· προεόρτιος ἀνὰ ϛ΄ ἦχος πλάγιος β΄ <πρὸς τὸ> Ὡς ἐν ἠπείρῳ, κατὰ ἀλφάβητον, καὶ ὁ ἕτερος ἦχος α΄ πρὸς τὸ Χριστὸς γεννᾶται· ἀπὸ γ΄ ᾠδῆς κάθισμα προεόρτιον ἦχος πλάγιος δ΄ *Πανήγυριν φαιδράν*, *Δόξα καὶ νῦν*, τὸ αὐτό· ἀπὸ ϛ΄ ἕτερον κάθισμα προεόρτιον ἦχος γ΄ πρὸς τὸ Τὴν ὡραιότητα *Ὁ ἀπερίγραπτος*, ζήτει αὐτὸ εἰς τὰς[14] δ΄ τοῦ μηνός, *Δόξα καὶ νῦν*, τὸ αὐτό. 10.ἐξαποστειλάριον *Ἅγιος Κύριος*. 12.εἰς τὸν στίχον τῶν αἴνων στιχηρὰ προεόρτια ἦχος πλάγιος β΄ γ΄ πρὸς τὸ Αἱ ἀγγελικαί, *Δόξα καὶ νῦν*, ἦχος β΄ *Σήμερον ὁ οὐρανοῦ καὶ γῆς ποιητής*.

Εἰ δὲ ἐν σαββάτῳ, 12.ψάλλομεν ἐκ τῶν τροπαρίων ἦχος πλάγιος α΄ *Ἐρχόμενος μετὰ σαρκός·* στίχος *Διὰ τοῦτο μνησθήσομαί σου ἐκ γῆς Ἰορδάνου*, [60r] *Τί ἀναχαιτίζεις σου τὰ ὕδατα·* στίχος *Καὶ θήσομαι ἐν θαλάσσῃ χεῖρα αὐτοῦ, Τὴν χεῖρά σου τὴν ἁψαμένην·* Δόξα, ἦχος β΄ *Ὅτε πρὸς αὐτὸν ἐρχόμενον ὁ πρόδρομος*, καὶ νῦν, ἦχος πλάγιος δ΄ *Σήμερον τῶν ὑδάτων ἁγιάζεται*, τὸν δὲ βαρὺν ἦχον καταλιμπάνομεν.

Εἰ δὲ ἐν κυριακῇ τύχῃ αὕτη ἡ παραμονή, 1.στιχολογοῦμεν τὸ *Μακάριος ἀνὴρ* σαββάτῳ ἑσπέρας, 2.εἰς δὲ τὸ *Κύριε ἐκέκραξα* ἱστῶμεν η΄ καὶ λέγομεν τὰ γ΄ ἀναστάσιμα στιχηρὰ πρὸς μίαν, ἔπειτα τὰ προειρημένα προεόρτια ἰδιόμελα στιχηρὰ εἰς ἦχον πλάγιον β΄ *Ἑτοιμάζου Ἰορδάνη ποταμέ, Ἔρχεται πρὸς τὸν*

---

[13] δὲ add. D
[14] τὴν D

5 JANUARY

O. At Orthros, 3.Θεὸς Κύριος, and **4.**the forefeast troparion.[59] **5.**After the recitation of continuous psalmody, forefeast poetic kathisma in plagal mode 1 to Τὸν συνάναρχον Λόγον, Glory...both now..., the same repeated, reading: Homily of holy Basil beginning Ὁ μὲν σοφὸς Σολομών [BHG, 1935]. **9.**Two canons: forefeast alphabetic one in plagal mode 2 <to> Ὡς ἐν ἠπείρῳ,[60] and the other in mode 1 to Χριστὸς γεννᾶται, six troparia from each; a.after the third ode, forefeast poetic kathisma in plagal mode 4: Πανήγυριν φαιδράν, Glory...both now..., the same repeated; b.after the sixth ode, another forefeast poetic kathisma in mode 3 to Τὴν ὡραιότητα: Ὁ ἀπερίγραπτος (look for it at the 4th of the month),[61] Glory...both now..., the same repeated. **10.**Exaposteilarion: Ἅγιος Κύριος. **12.**At the stichos of the ainoi, three forefeast stichera in plagal mode 2 to Αἱ ἀγγελικαί, Glory...both now..., in mode 2 Σήμερον ὁ οὐρανοῦ καὶ γῆς ποιητής.

I.05 S.2 But if [it falls] on a Saturday, **O.12.**from the troparia we chant in plagal mode 1 Ἐρχόμενος μετὰ σαρκός, stichos: Διὰ τοῦτο μνησθήσομαί σου ἐκ γῆς Ἰορδάνου [Ps 41:7], Τί ἀναχαιτίζεις σου τὰ ὕδατα, stichos: Καὶ θήσομαι ἐν θαλάσσῃ χεῖρα αὐτοῦ [Ps 88:26], Τὴν χεῖρά σου τὴν ἁψαμένην, Glory..., in mode 2 Ὅτε πρὸς αὐτὸν ἐρχόμενον ὁ πρόδρομος, both now..., in plagal mode 4 Σήμερον τῶν ὑδάτων ἁγιάζεται. But we omit the barys mode.

I.05 K.1 But if this paramone [of the feast] falls on a Sunday, **V.1.**we recite the continuous psalmody: Μακάριος ἀνήρ [kath 1] at **Vespers** on Saturday,[62] **2.**and at Κύριε ἐκέκραξα we intercalate eight times and recite the three resurrection stichera once, next the aforementioned forefeast stichera idiomela in plagal mode 2: Ἑτοιμάζου Ἰορδάνη ποταμέ, Ἔρχεται πρὸς τὸν Ἰορδάνην, Φαιδροτέρα ἡλίου γέγονεν, Τὸν

---

[59] The troparion used as forefeast apolytikion (see I.02 V.12) repeated here.
[60] The heirmos.
[61] See I.04 O.5.
[62] Kathisma 1 of the psalter (psalms 1-8) is always recited at Vespers on Saturday evenings.

ΙΑΝΝΟΥΑΡΙΟΣ

Ἰορδάνην, Φαιδροτέρα[15] ἡλίου γέγονεν, Τὸν ἐκ παρθένου ἥλιον καὶ ἓν ἐκ τῶν τροπαρίων εἰς τὸν αὐτὸν ἦχον Σήμερον ἡ ψαλμικὴ προφητεία, Δόξα, ἦχος πλάγιος δ´ Τάδε λέγει Κύριος πρὸς Ἰωάννην, καὶ νῦν, εἰς τὸν αὐτὸν ἦχον θεοτοκίον δογματικόν. 4.ἀπὸ τοῦ προκειμένου 10.τὸ ἀναστάσιμον στιχηρὸν τοῦ ἤχου ἅπαξ, εἶτα στίχος Ἐξαπέστειλεν ἐξ ὕψους καὶ ἔλαβε,[16] ἦχος πλάγιος δ´ τροπάριον Ὡς ἄνθρωπος ἐν ποταμῷ, Δόξα, ἦχος ὁ αὐτὸς Σήμερον τῶν ὑδάτων ἁγιάζεται, καὶ νῦν, ἦχος δ´ Ἡ Τριὰς ὁ Θεὸς ἡμῶν. 12.ἀπολυτίκιον τὸ προεόρτιον. Εἰς τὴν παννυχίδα 1.κανόνες β´· τὸν κατανυκτικὸν τοῦ ἤχου εἰς ϛ´, καὶ τὸν προεόρτιον εἰς δ´ ἦχος πλάγιος β´ <πρὸς τὸ> Ὡς ἐν ἠπείρῳ πεζεύσας ὁ Ἰσραὴλ Γεωργίου. Εἰς τὸν ὄρθρον 3.Θεὸς Κύριος καὶ 4.τὸ ἀναστάσιμον τροπάριον β´, Δόξα καὶ νῦν, Ἑτοιμάζου Ζαβουλών. 5.αἱ στιχολογίαι καθίσματα δύο καὶ ὁ πολυέλεος, καθίσματα ἀναστάσιμα· αἱ ἀναγνώσεις ἀπὸ τοῦ προκειμένου βιβλίου. 6.οἱ ἀναβαθμοὶ τοῦ ἤχου. 7.τὸ Πᾶσα πνοὴ καὶ τὸ ἑωθινὸν εὐαγγέλιον· Ἀνάστασιν Χριστοῦ θεασάμενοι, καὶ 8.ὁ Ν´. 9.κανόνες γ´· τὸν ἀναστάσιμον εἰς ϛ´, καὶ τοὺς δύο προεορτίους, τὸν πλάγιον β´ καὶ τὸν πρῶτον <πρὸς τὸ> Ὡς ἐν ἠπείρῳ καὶ <πρὸς τὸ> Χριστὸς γεννᾶται, ἀνὰ δ´· ἀπὸ γ´ ᾠδῆς κάθισμα ἦχος πλάγιος δ´ Πανήγυριν φαιδράν, Δόξα καὶ νῦν, θεοτοκίον· καὶ ἡ ἀνάγνωσις λόγος τοῦ μεγάλου[17] Βασιλείου Ὁ μὲν σοφὸς Σολομὼν· ἀπὸ ϛ´ ἕτερον κάθισμα ἦχος γ´ Ὁ ἀπερίγραπτος, Δόξα καὶ νῦν, θεοτοκίον. Εἰ δέ ἐστιν ἑορταζόμενος ἅγιος,

---

[15] Φαιδρότερος D
[16] με add. D
[17] om. D

5 JANUARY

ἐκ παρθένου ἥλιον, and one of the troparia in the same mode: Σήμερον ἡ ψαλμικὴ προφητεία, Glory..., in plagal mode 4 Τάδε λέγει Κύριος πρὸς Ἰωάννην,[63] both now..., in the same mode a theotokion dogmatikon. 4.After the prokeimenon, 10.the resurrection sticheron of the mode once,[64] then stichos: Ἐξαπέστειλεν ἐξ ὕψους καὶ ἔλαβε [Ps 17:17], in plagal mode 4 troparion: Ὡς ἄνθρωπος ἐν ποταμῷ, Glory..., in the same mode Σήμερον τῶν ὑδάτων ἁγιάζεται, both now..., in mode 4 Ἡ Τριὰς ὁ Θεὸς ἡμῶν. 12.The forefeast apolytikion.[65] **PN.At Pannychis**, 1.two canons: from the penitential one of the mode six troparia,[66] and four troparia from the forefeast one in plagal mode 2 <to> Ὡς ἐν ἠπείρῳ πεζεύσας ὁ Ἰσραήλ by George. **O. At Orthros**, 3.Θεὸς Κύριος, and 4.the resurrection troparion twice, Glory...both now..., Ἑτοιμάζου Ζαβουλών.[67] 5.The recitations of continuous psalmody, two kathismata and the polyeleos, resurrection poetic kathismata, the readings: from the book set out.[68] 6.The anabathmoi of the mode.[69] 7b.Πᾶσα πνοή, and c.the matins gospel, d.Ἀνάστασιν Χριστοῦ θεασάμενοι, and 8.psalm 50. 9.Three canons: from the resurrection one six troparia, and the two forefeast ones, the one in plagal mode 2 and that in the first mode <to> Ὡς ἐν ἠπείρῳ and <to> Χριστὸς γεννᾶται, four troparia from each; a.after the third ode, poetic kathisma in plagal mode 4: Πανήγυριν φαιδράν, Glory...both now..., theotokion, and the reading: Homily of Basil the Great: Ὁ μὲν σοφὸς Σολομών [BHG, 1935]; b.after the sixth ode, another poetic kathisma in mode 3: Ὁ ἀπερίγραπτος, Glory...both now..., theotokion.[70] But if there is a holy man celebrated with a feast, **O.9.**we omit the one

---

[63] See S.1 V.2 above.
[64] The mode is set; see note 14.
[65] See I.02 V.12.
[66] The mode is set; see note 14.
[67] The troparion used as forefeast apolytikion (see I.02 V.12) repeated here.
[68] John Chrysostom's *Commentary* on St Matthew's Gospel; see XII.19 K.1 O.5 and N at the end of Orthros.
[69] The mode is set; see note 14.
[70] Regarding these canon prescriptions for a Sunday compare O.9 above.

ΙΑΝΝΟΥΑΡΙΟΣ

9.καταλιμπάνομεν τὸν ἕνα προεόρτιον κανόνα καὶ λέγομεν τὸν ἀναστάσιμον εἰς δ΄, καὶ τὸν προεόρτιον εἰς δ΄, καὶ τοῦ ἁγίου εἰς ς΄· καὶ ἀπὸ γ΄ τὸ κάθισμα τοῦ ἁγίου· καὶ ἀπὸ ς΄ τὸ κοντάκιον αὐτοῦ. 10.ἐξαποστειλάριον Ἅγιος Κύριος. 11.εἰς τοὺς αἴνους ἱστῶμεν η΄ καὶ ψάλλομεν τὰ δ΄ ἀναστάσιμα, καὶ ἐκ τῶν τροπαρίων ἕτερα ε΄, τὰ γ΄ ἦχος πλάγιος α΄ Ἐρχόμενος μετὰ σαρκός, Τί ἀναχαιτίζεις, Τὴν χεῖρά σου τὴν ἀψαμένην, καὶ ἕτερον ἦχος πλάγιος δ΄ Ἡ τοῦ προδρόμου καὶ βαπτιστοῦ, Δόξα, ἦχος β΄ Ὅτε πρὸς αὐτὸν ἐρχόμενον, καὶ νῦν, Ὑπερευλογημένη. 13.δοξολογία μεγάλη. 14.ἀπολυτίκιον τὸ ἀναστάσιμον τοῦ ἤχου.

Ἡ δὲ λειτουργία γίνεται εἰς τὴν ὥραν αὐτῆς [60v] κἄν τε σαββάτῳ ᾖ κἄν τε κυριακῇ, καὶ γίνεται ἡ ἀκολουθία τοῦ σαββάτου ἢ τῆς κυριακῆς πρὸ τῶν φώτων· καὶ ζήτει ὄπισθεν τό τε σάββατον καὶ τὴν κυριακὴν πρὸ τῶν φώτων καὶ εὑρήσεις τὴν ἀκολουθίαν αὐτῶν.

Εἰ δὲ τύχῃ νηστείαν γίνεσθαι ἐν τῇ παραμονῇ, πρὸς ὥραν γ΄ σημαίνοντος[18] τοῦ συνακτηρίου τὴν γ΄ ὥραν καὶ συνερχόμενοι ψάλλομεν αὐτὴν τρίψαλμον, εἶτα τὸ τροπάριον Ἑτοιμάζου Ζαβουλών, Δόξα καὶ νῦν, Θεοτόκε σὺ εἶ ἄμπελος ἡ ἀληθινή·[19] καὶ εὐθὺς ἄρχεται ὁ ἐνόρδινος χορὸς τὰ τροπάρια, τὸ πρῶτον ἦχος πλάγιος δ΄ Σήμερον τῶν ὑδάτων ἁγιάζεται ἡ φύσις, εἶτα λέγει καὶ αὐτὸ ὁ ἄλλος χορὸς καὶ πάλιν ὁ ἐναρξάμενος χορὸς λέγει στίχον καὶ τὸ β΄ τροπάριον ἦχος πλάγιος δ΄ Ὡς ἄνθρωπος ἐν ποταμῷ, καὶ ὁ ἄλλος χορὸς ἕτερον στίχον καὶ τὸ αὐτὸ τροπάριον· εἶτα πάλιν ὁ ἐναρξάμενος χορὸς ἕτερον στίχον καὶ λέγει τὸ γ΄ τροπάριον ἦχος ὁ αὐτὸς Πρὸς τὴν φωνὴν τοῦ βοῶντος, καὶ ὁ ἄλλος χορὸς στίχον καὶ

---

[18] σημαινομένου D
[19] Ὥρα α΄ add. D e marg. sin. cod.

5 JANUARY

forefeast canon and recite from the resurrection canon four troparia, and from the forefeast canon four troparia, and from that of the holy man six troparia; a.and after the third ode, the poetic kathisma of the holy man; and b.after the sixth ode, his kontakion. 10.Exaposteilarion: Ἅγιος Κύριος. 11.At the ainoi, we intercalate eight times and chant the four resurrection stichera, and from the troparia another five,[71] the three in plagal mode 1: Ἐρχόμενος μετὰ σαρκός, Τί ἀναχαιτίζεις, Τὴν χεῖρά σου τὴν ἀψαμένην, and another in plagal mode 4: Ἡ τοῦ προδρόμου καὶ βαπτιστοῦ, Glory..., in mode 2 Ὅτε πρὸς αὐτὸν ἐρχόμενον, both now..., Ὑπερευλογημένη. 13.Great doxology. 14.The resurrection apolytikion of the mode.[72]

> N. The **Liturgy** takes place at its hour, whether it is on a Saturday or a Sunday, and the service of Saturday or Sunday before [the Feast] of Lights takes place; and look later for both Saturday and Sunday before [the Feast] of Lights and you will find their service.

If it happens that there is a fast on the paramone [of the feast],[73] coming up to the third hour when the service semantron is sounding for the **Third Hour**, we gather together and chant it: the tripsalmos,[74] then the troparion: Ἑτοιμάζου Ζαβουλών,[75] Glory...both now..., Θεοτόκε σὺ εἶ ἄμπελος ἡ ἀληθινή. And immediately the choir next in order begins the troparia; the first in plagal mode 4: Σήμερον τῶν ὑδάτων ἁγιάζεται ἡ φύσις, then the other choir also recites it; and again the choir that began recites a stichos and the second troparion in plagal mode 4: Ὡς ἄνθρωθος ἐν ποταμῷ, and the other choir [recites] another stichos and the same troparion; then again the choir that began recites another stichos and the third troparion in the same mode: Πρὸς τὴν φωνὴν τοῦ βοῶντος, →

---

[71] The mathematics of this is not very clear; the five troparia here to be used as stichera are probably four to make up the eight intercalations plus the sticheron that comes after Glory....
[72] The mode is set; see note 14.
[73] That is, if it falls on a Wednesday or Friday.
[74] Psalms 16, 24, 50.
[75] The troparion used as forefeast apolytikion (see I.02 V.12) repeated here.

τὸ αὐτὸ τροπάριον· εἶτα ἑνούμενοι οἱ χοροὶ ἐν τῷ μέσῳ λέγουσι *Δόξα καὶ νῦν*, καὶ πάλιν λέγουσι τὸ αὐτὸ τρίτον τροπάριον ὥστε λέγειν τὰ μὲν β΄ ἀνὰ δεύτερον, τὸ δὲ γ΄ τρὶς[20] μετὰ τοῦ *Δόξα καὶ νῦν*. οὕτως ψάλλομεν πάντα τὰ τροπάρια εἰς πάσας τὰς ὥρας αὐτῶν.

Τοῦ δὲ ἱερέως ἠλλαγμένου ὄντος μετὰ καὶ διακόνου καὶ τῶν κηρῶν ἐν ταῖς ἁγίαις εἰκόσιν ἁπτόντων, γίνεται παρὰ τοῦ διακόνου μικρὰ συναπτὴ ἢ παρὰ τοῦ ἱερέως, εἰ μὴ εἴη διάκονος, καὶ ἐκφωνεῖ *Ὅτι πρέπει σοι*· ὁ διάκονος *Σοφία*· ὁ ἀναγνώστης *Ψαλμὸς τῷ Δαβίδ*· ὁ διάκονος *Πρόσχωμεν*· καὶ ὁ ἀναγνώστης *Προκείμενον ἦχος δ΄ Ἐβρόντησεν ἐξ οὐρανοῦ ὁ ὕψιστος, στίχος α΄ Ἀγαπήσω σε Κύριε ἡ ἰσχύς μου*· ὁ διάκονος *Σοφία*· ὁ ἀναγνώστης *Προφητείας Ἡσαΐου τὸ ἀνάγνωσμα*· ὁ διάκονος *Πρόσχωμεν*· καὶ ὁ ἀναγνώστης *Τάδε λέγει Κύριος Εὐφράνθητι ἔρημος*, ζήτει τὴν πρώτην προφητείαν τοῦ ἁγιασμοῦ· εἶτα πάλιν ὁ διάκονος *Σοφία*· καὶ ὁ ἀναγνώστης *Πράξεων τῶν ἀποστόλων*· ὁ διάκονος *Πρόσχωμεν*· ὁ ἀναγνώστης *Ἐν ταῖς ἡμέραις ἐκείναις ὡς ἐπλήρου ὁ Ἰωάννης*, ζήτει τῆς ἀποτομῆς τοῦ προδρόμου· εἶτα ὁ διάκονος *Σοφία, ὀρθοί, ἀκούσωμεν τοῦ ἁγίου εὐαγγελίου*· ὁ ἱερεὺς *Εἰρήνη πᾶσι*, καὶ εὐθὺς ὁ αὐτὸς *Ἐκ τοῦ κατὰ Ματθαῖον Τῷ καιρῷ ἐκείνῳ παραγίνεται Ἰωάννης*, ζήτει σαββάτῳ πρὸ τῶν φώτων. οὕτως ποιοῦμεν εἰς πάσας τὰς ὥρας μετὰ τὴν πλήρωσιν τῶν γ΄ τροπαρίων μιᾶς ἑκάστης αὐτῶν.

Μετὰ[21] δὲ τὸ τέλος τοῦ εὐαγγελίου εὐθὺς ἄρχεται ὁ ἄλλος χορὸς τοῦ δ΄ τροπαρίου ἦχος πλάγιος δ΄ *Ἡ τοῦ προδρόμου καὶ βαπτιστοῦ*, τὸ δ΄[22] αὐτὸ [61r] καὶ ὁ ἄλλος χορός· καὶ πάλιν ὁ ἐναρξάμενος χορὸς στίχον καὶ τὸ ε΄ τροπάριον ἦχος δ΄ *Ἡ Τριὰς ὁ Θεὸς ἡμῶν*, ὁμοίως καὶ ὁ ἕτερος χορὸς στίχον καὶ τὸ αὐτὸ τροπάριον, καὶ πάλιν ὁ ἐναρξάμενος λέγει στίχον καὶ τὸ ς΄ τροπάριον ἦχος πλάγιος α΄ *Ἐρχόμενος μετὰ σαρκός*, καὶ ὁ ἕτερος χορὸς στίχον καὶ τὸ αὐτὸ τροπάριον· εἶτα *Δόξα καὶ νῦν*, καὶ ἑνούμενοι ἀμφότεροι οἱ χοροὶ ψάλλουσι τὸ αὐτὸ[23] τροπάριον, καὶ πάλιν ἡ μικρὰ συναπτὴ καὶ τὰ λοιπὰ ὡς εἴρηται ἀνωτέρω. προκείμενον ἦχος δ΄ *Εἴδοσάν σε ὕδατα ὁ* →

---

[20] τρεῖς cod. et D
[21] Ὥρα γ΄ praepos. D e marg. sin. cod.
[22] δ΄ D
[23] om. D

5 JANUARY

and the other choir [recites] a stichos and the same troparion. Then the choirs joining together in the middle recite *Glory...both now...*, and again recite the same third troparion so as to recite the two of them twice each but the third three times with *Glory...both now....* That is how we chant all the troparia at all their **Hours**.

When the priest is vested together with the deacon and the candles are lit at the holy icons, a small synapte is carried out by the deacon, or by the priest if there is no deacon, and he proclaims Ὅτι πρέπει σοι. The deacon: Σοφία, the reader: Ψαλμὸς τῷ Δαβίδ, the deacon: Πρόσχωμεν, and the reader: Προκείμενον ἦχος δ΄, Ἐβρόντησεν ἐξ οὐρανοῦ ὁ ὕψιστος [Ps 17:14], first stichos: Ἀγαπήσω σε, Κύριε ἡ ἰσχύς μου [Ps 17:2]. The deacon: Σοφία, the reader: Προφητείας Ἡσαΐου τὸ ἀνάγνωσμα, the deacon: Πρόσχωμεν, and the reader: Τάδε λέγει Κύριος [Is 35:1ff] (look for the first prophecy of the Blessing [of the Waters]). Then again the deacon: Σοφία, and the reader: Πράξεων τῶν ἀποστόλων, the deacon: Πρόσχωμεν, the reader: Ἐν ταῖς ἡμέραις ἐκείναις [Acts 13:25ff] (look for [the reading] on the beheading of the Prodromos). Then the deacon: Σοφία, ὀρθοί, ἀκούσωμεν τοῦ ἁγίου εὐαγγελίου, the priest: Εἰρήνη πᾶσι, and immediately the same man: Ἐκ τοῦ κατὰ Ματθαῖον Τῷ καιρῷ ἐκείνῳ [Mat 3:1ff] (see Saturday before [the Feast] of Lights). That is what we do at all the **Hours** after the completion of the three troparia of each one of them.

After the end of the gospel, the other choir immediately begins the fourth troparion in plagal mode 4: Ἡ τοῦ προδρόμου καὶ βαπτιστοῦ, and the other choir also [recites] the same one, and again the choir that began [recites] a stichos and the fifth troparion in mode 4: Ἡ Τριὰς ὁ Θεὸς ἡμῶν. Similarly the other choir also [recites] a stichos and the same troparion, and again the choir that began recites a stichos and the sixth troparion in plagal mode 1: Ἐρχόμενος μετὰ σαρκός, and the other choir [recites] a stichos and the same troparion, then *Glory...both now...*, and both choirs joining together chant the same troparion; and again the small synapte and the remaining elements, as has been stated above. Prokeimenon in mode 4: Εἴδοσάν σε ὕδατα ὁ Θεός, εἴδοσάν σε ὕδατα [Ps 76:17],

ΙΑΝΝΟΥΑΡΙΟΣ

Θεός, εἴδοσάν σε ὕδατα· στίχος *Φωνῇ μου πρὸς Κύριον·* προφητείας Ἡσαΐου *Τάδε λέγει Κύριος Λούσασθε*²⁴ *καθαροὶ γίνεσθε,* ζήτει ἀνάγνωσμα ζ' τῆς ἑσπέρας· εἶτα ὁ ἀπόστολος Πράξεων *Ἐν ταῖς ἡμέραις ἐκείναις ἐγένετο ἐν τῷ τὸν Ἀπολλὼ εἶναι,* ζήτει τῇ ἐπαύριον τῆς ἀναληψίμου· εὐαγγέλιον κατὰ Μάρκον *Ἀρχὴ τοῦ εὐαγγελίου Ἰησοῦ Χριστοῦ,* ζήτει κυριακῇ πρὸ τῶν φώτων.

Ἔπειτα πάλιν ὁ προεναρξάμενος χορὸς τροπάριον τὸ ζ' ἦχος πλάγιος δ' *Τάδε λέγει Κύριος πρὸς Ἰωάννην,* τὸ αὐτὸ καὶ ὁ ἄλλος χορός· εἶτα ὁ ἐναρξάμενος στίχον καὶ λέγει τὸ η' τροπάριον ἦχος πλάγιος β' *Σήμερον ἡ ψαλμικὴ προφητεία·* εἶτα καὶ ὁ ἄλλος χορὸς στίχον καὶ πάλιν τὸ αὐτό, καὶ πάλιν ὁ ἐναρξάμενος στίχον ἕτερον καὶ τὸ θ' τροπάριον ἦχος πλάγιος α' *Τί ἀναχαιτίζεις σου τὰ ὕδατα,* καὶ ὁ ἄλλος χορὸς στίχον καὶ τὸ αὐτὸ τροπάριον· εἶτα *Δόξα καὶ νῦν,* καὶ πάλιν ἑνούμενοι λέγουσι τὸ αὐτό, καὶ εὐθὺς ἡ μικρὰ συναπτὴ καὶ ἡ ἐκφώνησις. προκείμενον ἦχος δ' *Φωνὴ Κυρίου ἐπὶ τῶν ὑδάτων, ὁ Θεὸς τῆς δόξης ἐβρόντησεν, Κύριος ἐπὶ ὑδάτων πολλῶν·*²⁵ στίχος *Ἐνέγκατε τῷ Κυρίῳ υἱοὶ Θεοῦ·* προφητείας Ἡσαΐου *Τάδε λέγει Κύριος Ἀντλήσατε ὕδωρ,* ζήτει τὸ γ' ἀνάγνωσμα τοῦ ἁγιασμοῦ· ὁ ἀπόστολος πρὸς Τιμόθεον *Τέκνον Τιμόθεε, νῆφε ἐν πᾶσιν,* ζήτει κυριακῇ πρὸ τῶν φώτων· εὐαγγέλιον κατὰ Μάρκον *Τῷ καιρῷ ἐκείνῳ ἦλθεν ὁ Ἰησοῦς ἀπὸ Ναζαρέτ,* ζήτει τὸ ἑωθινὸν τῆς ἑορτῆς.

Καὶ²⁶ εὐθὺς πάλιν ἄρχεται ὁ ἄλλος χορὸς τροπάριον τὸ ι' ἦχος βαρὺς *Θάμβος ἦν κατιδεῖν,* τὸ αὐτὸ καὶ ὁ ἕτερος χορός· εἶτα στίχον καὶ τὸ ια' τροπάριον ἦχος β' *Ὅτε πρὸς αὐτὸν ἐρχόμενον,* καὶ πάλιν ἕτερον στίχον καὶ τὸ αὐτὸ τροπάριον, καὶ ὁ ἐναρξάμενος πάλιν στίχον καὶ τὸ ιβ' τροπάριον ἦχος πλάγιος α' *Τὴν χεῖρά σου τὴν ἁψαμένην,* καὶ ὁ ἄλλος χορὸς στίχον καὶ τὸ αὐτὸ τροπάριον, ἔσχατον δὲ ἑνούμενοι πάλιν οἱ χοροὶ λέγουσι *Δόξα καὶ νῦν* καὶ ψάλλουσι²⁷ τὸ αὐτὸ τροπάριον· ἔπειτα ἡ μικρὰ συναπτὴ καὶ εὐθὺς προκείμενον ἦχος δ' *Μακάριοι ὧν ἀφείθησαν*²⁸ *αἱ ἀνομίαι·* στίχος *Μακάριος ἀνὴρ ᾧ οὐ μὴ λογίσηται Κύριος ἁμαρτίαν·* προφητείας Ἡσαΐου *Τάδε λέγει Κύριος Οἱ διψῶντες πορεύεσθε ἐφ' ὕδωρ,* ζήτει τὸ δεύτερον [61v] ἀνάγνωσμα τοῦ ἁγιασμοῦ· ὁ ἀπόστολος πρὸς

---
²⁴ καὶ add. D
²⁵ ὁ Θεὸς...πολλῶν om. D
²⁶ "Ωρα θ' praepos. D e marg. dext. cod.
²⁷ ψάλλομεν D
²⁸ ἀφέθησαν D

5 JANUARY

stichos: *Φωνῇ μου πρὸς Κύριον* [Ps 76:2], from the prophecy of Isaiah [1:16ff] (look for the seventh reading at **Vespers**), then the apostle: from Acts [19:1ff] (see the day after the Ascension), gospel: according to Mark [1:1ff] (see Sunday before [the Feast] of Lights).

Next the choir that had previously begun again [recites] the seventh troparion in plagal mode 4: *Τάδε λέγει Κύριος πρὸς Ἰωάννην*, the other choir also [recites] the same. Then the choir that began recites a stichos and the eighth troparion in plagal mode 2: *Σήμερον ἡ ψαλμικὴ προφητεία*. Then the other choir also recites a stichos and again the same [troparion], and again the [choir] that began [recites] another stichos and the ninth troparion in plagal mode 1: *Τί ἀναχαιτίζεις σου τὰ ὕδατα*, and the other choir [recites] a stichos and the same troparion, then *Glory...both now...*, and again joining together they recite the same [troparion], and immediately the small synapte and the ekphonesis. Prokeimenon in mode 4: *Φωνὴ Κυρίου ἐπὶ τῶν ὑδάτων, ὁ Θεὸς τῆς δόξης ἐβρόντησεν, Κύριος ἐπὶ ὑδάτων πολλῶν* [Ps 28:3], stichos: *Ἐνέγκατε τῷ Κυρίῳ υἱοὶ Θεοῦ* [Ps 28:1], from the prophecy of Isaiah [12:3ff] (look for the third reading of the Blessing [of the Waters]), the apostle: to Timothy [II 4:5ff] (see Sunday before [the Feast] of Lights), gospel: according to Mark [1:9ff] (look for the matins gospel of the feast).

And immediately the other choir again begins the tenth troparion in barys mode: *Θάμβος ἦν κατιδεῖν*, and the other choir [recites] the same one, then a stichos and the eleventh troparion in mode 2: *Ὅτε πρὸς αὐτὸν ἐρχόμενον*, and again another stichos and the same troparion. And again the choir that began [recites] a stichos and the twelfth troparion in plagal mode 1: *Τὴν χεῖρά σου τὴν ἁψαμένην*, and the other choir [recites] a stichos and the same troparion. Finally the choirs joining together again recite *Glory...both now...*, and chant the same troparion, next the small synapte and immediately prokeimenon in mode 4: *Μακάριοι ὧν ἀφείθησαν αἱ ἀνομίαι* [Ps 31:1], stichos: *Μακάριος ἀνὴρ ᾧ οὐ μὴ λογίσηται Κύριος ἁμαρτίαν* [Ps 31:2], from the prophecy of Isaiah [55:1ff] (look for the second reading of the Blessing [of the Waters]), the apostle: to Titus [2:11ff] (look in the **Liturgy** of the

409

ΙΑΝΝΟΥΑΡΙΟΣ

Τίτον *Τέκνον Τίτε, ἐπεφάνη ἡ χάρις,* ζήτει εἰς τὴν λειτουργίαν τῆς ἑορτῆς· εὐαγγέλιον κατὰ Λουκᾶν *Ἐν ἔτει πεντεκαιδεκάτῳ,* ζήτει εἰς τὴν λειτουργίαν τῇ αὐτῇ ἑσπέρᾳ.

Μετὰ δὲ τὴν συμπλήρωσιν τοῦ εὐαγγελίου εὐθὺς γίνεται ἐκτενής, καὶ μετὰ τὴν ἐκτενῆ ἡ παρὰ τοῦ ἱερέως ἐκφώνησις *Ὅτι ἐλεήμων.* ἔπειτα *Κύριος ὁ Θεὸς εὐλογητός,* εἶτα τρισάγιον,[29] τὸ *Κύριε ἐλέησον με', ἡ εὐχὴ Ὁ ἐν παντὶ καιρῷ,* καὶ προσκυνήσεις γ' ἀργαὶ καὶ τὴν εὐχὴν τῆς γ' ὥρας. καὶ εὐθὺς *Δεῦτε προσκυνήσωμεν* γ', καὶ ψάλλομεν συνημμένως καὶ τὴν ς' ὥραν τρίψαλμον, τροπάριον *Ἑτοιμάζου Ζαβουλών, Δόξα καὶ νῦν, Ὅτι οὐκ ἔχομεν παρρησίαν,* τρισάγιον[30] καὶ τὰ λοιπά· τὰς γ' προσκυνήσεις καὶ τὴν ταύτης εὐχὴν καὶ ἀπόλυσις. τὴν δὲ θ' ὥραν ψάλλομεν ἐν τοῖς κελλίοις ἡμῶν ἐν τῷ καιρῷ αὐτῆς, κρουομένου τοῦ ξύλου ὡς σύνηθες.

Μηνὶ τῷ αὐτῷ ς'· ἡ ἑορτὴ τῶν φώτων.

Ὅτε ἐστὶν ἡ παραμονὴ ἐν νηστείᾳ, σημαίνει τὸ ἑσπερινὸν ὥρᾳ θ'. 1.οὐ στιχολογοῦμεν δέ, 2.εἰς δὲ τὸ *Κύριε ἐκέκραξα* ἱστῶμεν η' καὶ ψάλλομεν στιχηρὰ τῆς ἑορτῆς ἰδιόμελα δ' ἀνὰ β' *Τὸν φωτισμὸν ἡμῶν, Τοῦ λυτρωτοῦ ἡμῶν, Τὰ Ἰορδάνεια ῥεῖθρα, Σῶσαι βουλόμενος, Δόξα καὶ νῦν,* ἦχος πλάγιος δ' *Τὰ τῶν ἀγγέλων στρατεύματα.* εἶτα γινομένης εἰσόδου εἰς τὸ *Φῶς ἱλαρὸν* μετὰ τοῦ εὐαγγελίου καὶ τῶν μανουαλίων τῆς εἰσόδου, πάντων τῶν ἱερέων καὶ διακόνων εἰσοδευόντων, γίνεται ἡ κάτω καθέδρα καὶ 4.ψάλλομεν προκείμενον τῆς ἡμέρας· 5.ἔπειτα τὰ ἀναγνώσματα. μετὰ δὲ τὸ γ' ἀνάγνωσμα ψάλλομεν μετὰ χειρονομίας τροπάριον ἦχος γ' *Ἐπεφάνης ἐν τῷ κόσμῳ ὁ τὸν κόσμον ποιήσας ἵνα φωτίσῃς τοὺς ἐν σκότει καθημένους· φιλάνθρωπε δόξα σοι.*[31] εἶτα λέγει ὁ ψάλτης στίχον πρῶτον *Ὁ Θεὸς οἰκτειρήσαι ἡμᾶς καὶ εὐλογήσαι* →

---

[29] τρισάγιος D
[30] τρισάγιος D
[31] ὁ τὸν...σοι om. D

5-6 JANUARY

feast), gospel: according to Luke [3:1ff] (look in the **Liturgy** on the same evening).

After the completion of the gospel, an ektene immediately takes place, and after the ektene, the ekphonesis by the priest: Ὅτι ἐλεήμων, next Κύριος ὁ Θεὸς εὐλογητός, then trisagion, Κύριε ἐλέησον forty five times, the prayer: Ὁ ἐν παντὶ καιρῷ, and three slow proskyneseis and the prayer of the **Third Hour**. And immediately Δεῦτε προσκυνήσωμεν three times, and we chant without a break the **Sixth Hour** also: tripsalmos,[76] troparion: Ἑτοιμάζου Ζαβουλών,[77] Glory...both now..., Ὅτι οὐκ ἔχομεν παρρησίαν, trisagion and the remaining elements: the three proskyneseis, the prayer of this **Hour** and apolysis. But the **Ninth Hour** we chant in our cells at its time when the semantron is sounded, as is customary.

I.06.C. 6th of the same month. The Feast of Lights.

When the paramone [of the feast] is on a fast day, the signal for **Hesperinon** is given at the ninth hour. V.1.We do not recite the continuous psalmody, 2.but at Κύριε ἐκέκραξα we intercalate eight times and chant four stichera idiomela of the feast twice each: Τὸν φωτισμὸν ἡμῶν, Τοῦ λυτρωτοῦ ἡμῶν, Τὰ Ἰορδάνεια ῥεῖθρα, Σῶσαι βουλόμενος, Glory...both now..., in plagal mode 4 Τὰ τῶν ἀγγέλων στρατεύματα. 3.Then at Φῶς ἱλαρόν as the entrance takes place with the Gospel and the candelabra of the entrance, when all the priests and deacons enter, the [session of the clergy at] the lower kathedra takes place[78] and 4.we chant the prokeimenon of the day of the week, 5.next the readings. After the third reading we chant with cheironomia troparion in mode 3: *You the maker of the world was manifested in the world to enlighten those who sit in darkness. Glory to you who loves mankind.* Then the cantor recites the first stichos: *May God have pity on us, and bless us and cause his face to shine on us*

---

[76] Psalms 53, 54, 90.
[77] The forefeast troparion; see 1.05 K.1 O.4.
[78] That is, the clergy go down into the nave and take their seats at the lower throne.

ΙΑΝΝΟΥΑΡΙΟΣ

ἡμᾶς ἐπιφάναι τὸ πρόσωπον αὐτοῦ ἐφ᾽ ἡμᾶς καὶ ἐλεῆσαι ἡμᾶς, τοῦ γνῶναι ἐν τῇ γῇ τὴν ὁδόν σου, ἐν πᾶσιν ἔθνεσι τὸ σωτήριόν σου·[32] ὁ λαὸς Ἵνα φωτίσῃς.[33] Ἐξομολογησάσθωσάν σοι λαοὶ ὁ Θεός, ἐξομολογησάσθωσάν σοι λαοὶ πάντες, εὐφρανθήτωσαν [62r] καὶ ἀγαλλιάσθωσαν ἔθνη, ὅτι κρινεῖς λαοὺς ἐν εὐθύτητι καὶ ἔθνη ἐν τῇ γῇ ὁδηγήσεις·[34] ὁ λαὸς Ἵνα φωτίσῃς.[35] Ἐξομολογησάσθωσάν σοι λαοὶ ὁ Θεός, ἐξομολογησάσθωσάν σοι λαοὶ πάντες. γῆ ἔδωκε τὸν καρπὸν αὐτῆς, εὐλογήσαι ἡμᾶς ὁ Θεός, ὁ Θεὸς ἡμῶν, εὐλογήσαι ἡμᾶς, ὁ Θεός, καὶ φοβηθήτωσαν αὐτὸν πάντα τὰ πέρατα τῆς γῆς.[36] ὁ λαὸς Ἵνα φωτίσῃς. εἶτα πάλιν ψάλλομεν τὸ αὐτὸ[37] τροπάριον Ἐπεφάνης ἐν τῷ κόσμῳ, καὶ εὐθὺς ἀναγινώσκονται ἕτερα γ΄ ἀναγνώσματα. Καὶ μετὰ τὸ τέλος τοῦ γ΄ ἀναγνώσματος ψάλλομεν ἐν τῷ μέσῳ μετὰ χειρονομίας τροπάριον ἦχος πλάγιος β΄ Ἁμαρτωλοῖς καὶ τελώναις διὰ πλῆθος ἐλέους σου ἐπεφάνης Σωτὴρ ἡμῶν, ποῦ γὰρ εἶχε τὸ φῶς σου λάμψαι εἰ μὴ τοῖς ἐν σκότει καθημένοις; φιλάνθρωπε δόξα σοι.[38] εἶτα λέγει στίχον ὁ ψάλτης ψαλμὸς ϟβ΄ στίχος α΄ Ὁ Κύριος ἐβασίλευσεν, εὐπρέπειαν ἐνεδύσατο, ἐνεδύσατο Κύριος δύναμιν καὶ περιεζώσατο, καὶ γὰρ ἐστερέωσε τὴν οἰκουμένην ἥτις οὐ σαλευθήσεται· ἕτοιμος ὁ θρόνος σου ἀπὸ τότε· ἀπὸ τοῦ αἰῶνος σὺ εἶ·[39] ὁ λαὸς Ποῦ γὰρ εἶχε τὸ φῶς σου λάμψαι;[40] Ἐπῆραν οἱ ποταμοὶ Κύριε, ἐπῆραν οἱ ποταμοὶ φωνὰς αὐτῶν, ἀροῦσιν οἱ ποταμοὶ ἐπιτρίψεις αὐτῶν ἀπὸ φωνῶν ὑδάτων πολλῶν·[41] ὁ λαὸς Ποῦ γὰρ εἶχε τὸ φῶς σου λάμψαι;[42] Θαυμαστοὶ οἱ μετεωρισμοὶ τῆς θαλάσσης, θαυμαστὸς ἐν ὑψηλοῖς ὁ Κύριος, τὰ μαρτύριά σου ἐπιστώθησαν σφόδρα, τῷ οἴκῳ σου πρέπει ἁγίασμα Κύριε εἰς μακρότητα ἡμερῶν·[43] ὁ λαὸς Ποῦ γὰρ εἶχε τὸ φῶς σου λάμψαι; καὶ πάλιν ψάλλει τὸ αὐτὸ τροπάριον Ἁμαρτωλοῖς καὶ τελώναις. [62v] εἶτα τὰ ἕτερα ἑπτὰ ἀναγνώσματα καὶ μετὰ τὸ τέλος αὐτῶν γίνεται συναπτὴ τοῦ τρισαγίου, εἶτα τὸ τρισάγιον, καὶ γίνεται ἡ ἄνω καθέδρα· καὶ εὐθὺς τὸ προκείμενον τοῦ ἀποστόλου Κύριος φωτισμός μου καὶ σωτήρ μου· στίχος Κύριος ὑπερασπιστὴς τῆς ζωῆς μου· ὁ ἀπόστολος πρὸς Κορινθίους Ἀδελφοί, ἐλεύθερος ὢν ἐκ πάντων. Ἀλληλούια ἦχος πλάγιος β΄ Ἐξηρεύξατο ἡ καρδία →

---

[32] καὶ εὐλογήσαι...σου om. D
[33] Στίχος β΄ add. D e marg. sin. cod.
[34] ἐξομολογησάσθωσάν σοι...ὁδηγήσεις om. D
[35] Στίχος γ΄ add. D e marg. dext. cod.
[36] ἐξομολογησάσθωσάν σοι...γῆς om. D
[37] τὸ αὐτὸ om. D
[38] ἐπεφάνης Σωτὴρ...σοι om. D
[39] ἐνεδύσατο Κύριος...εἶ om. D
[40] Στίχος β΄ add. D e marg. dext. cod.
[41] ἐπῆραν οἱ...πολλῶν om. D
[42] Στίχος γ΄ add. D e marg. dext. cod.
[43] θαυμαστὸς ἐν...ἡμερῶν om. D

6 JANUARY

and have mercy on us, that your way may be known on earth, your salvation among all nations, [Ps 66:2-3], the people: Ἵνα φωτίσῃς. *Let peoples praise you, O God, let all peoples praise you; let nations be glad and rejoice because you will judge peoples in uprightness and will guide nations on the earth* [Ps 66:4-5], the people: Ἵνα φωτίσῃς. *Let peoples praise you, O God, let all peoples praise you; the earth gives her fruit. Bless us, O God, our God; bless us, O God, and let all the ends of the earth fear him* [Ps 66:6-8], the people: Ἵνα φωτίσῃς. Then we chant again the same troparion: Ἐπεφάνης ἐν τῷ κόσμῳ,[79] and immediately another three readings are read. And after the end of the third reading we chant in the middle with cheironomia troparion in plagal mode 2: *Through the abundance of your mercy, our Saviour, you were made manifest to sinners and tax collectors. For where could your light have shone except on those who sit in darkness? Glory to you who loves mankind.* Then the cantor recites stichos (psalm 92 first stichos): *The Lord is king, he is clothed in majesty, the Lord is clothed in power and has girded himself; for he established the inhabited world which will not be shaken. Your throne was ready from then; you are from everlasting* [Ps 92:1-2], the people: Ποῦ γὰρ εἶχε τὸ φῶς σου λάμψαι; *The rivers have raised, Lord, the rivers have raised their voices; the rivers will raise erosion from the voices of their many waters* [Ps 92:3-4], the people: Ποῦ γὰρ εἶχε τὸ φῶς σου λάμψαι; *Wondrous are the swellings of the sea, wondrous is the Lord in the heights. Your testimonies are very trustworthy; holiness befits your house, Lord, to the length of days* [Ps 92:4-5], the people: Ποῦ γὰρ εἶχε τὸ φῶς σου λάμψαι; And again [the cantor] chants the same troparion: Ἁμαρτωλοῖς καὶ τελώναις. Then the other seven readings, and after the end of them a synapte of the trisagion takes place, then the trisagion, and the [session of the clergy at] the upper kathedra takes place.[80] And immediately the prokeimenon of the apostle: Κύριος φωτισμός μου καὶ σωτήρ μου [Ps 26:1], stichos: Κύριος ὑπερασπιστὴς τῆς ζωῆς μου [Ps 26:1], the apostle: to the Corinthians [I 9:19ff]. Alleluia in plagal mode 2: Ἐξηρεύξατο ἡ καρδία μου λόγον ἀγαθόν, λέγω ἐγώ [Ps 44:2], second stichos: Ἐξεχύθη χάρις ἐν χείλεσίν σου [Ps 44:3], third stichos: Περίζωσαι

---

[79] For a full translation of this troparion see above after the third reading.
[80] That is, the clergy return into the sanctuary and take their seats at the upper throne.

ΙΑΝΝΟΥΑΡΙΟΣ

μου λόγον ἀγαθόν, λέγω ἐγώ·[44] στίχος β΄ *Ἐξεχύθη χάρις*[45] *ἐν χείλεσίν σου*· στίχος γ΄ *Περίζωσαι τὴν ῥομφαίαν σου ἐπὶ τὸν μηρόν σου δυνατέ*· εὐαγγέλιον κατὰ Λουκᾶν *Ἐν ἔτει πεντεκαιδεκάτῳ*. κοινωνικὸν *Αἰνεῖτε*, καὶ καθεξῆς πᾶσα ἡ θεία λειτουργία τοῦ μεγάλου Βασιλείου.

Καὶ μετὰ τὸ εἰπεῖν τὸν ἱερέα τὴν ὀπισθάμβωνον εὐχήν, μήτε τῆς εὐλογίας διδομένης, μήτε τοῦ συνήθους ψαλμοῦ τοῦ *Εὐλογήσω τὸν Κύριον* λεγομένου, ἐξερχόμεθα πάντες ἐν τῷ λουτρῷ ψάλλοντες τὸ παρὸν τροπάριον *Φωνὴ Κυρίου ἐπὶ τῶν ὑδάτων, βοᾷ λέγουσα Δεῦτε λάβετε πάντες πνεῦμα σοφίας, πνεῦμα συνέσεως, πνεῦμα φόβου Θεοῦ τοῦ ἐπιφανέντος ἡμῖν*.[46]

Μετὰ δὲ τὸ πάντας ἐξελθεῖν μετὰ κηρῶν ἐν τῇ φιάλῃ καὶ τρισσαθῆναι τὸ αὐτὸ τροπάριον, λέγει ὁ διάκονος *Σοφία*, καὶ εὐθὺς ἀναγινώσκονται τὰ γ΄ ἀναγνώσματα τοῦ ἁγιασμοῦ πάντων ἱσταμένων. καὶ μετὰ τὴν τούτων συμπλήρωσιν λέγει ὁ διάκονος τὴν ὑποτεταγμένην συναπτὴν τῶν φωτισμάτων, ὁ δὲ ἱερεὺς ἐπεύχεται καθ' ἑαυτὸν τὴν πρώτην εὐχὴν[47] τοῦ ἁγιασμοῦ, ἧς ἡ ἀρχὴ *Κύριε ὁ μονογενὴς Υἱὸς τοῦ Πατρός*. πρὸς τῷ τέλει δὲ ταύτης οὐκ ἐκφωνεῖ ὁ ἱερεὺς ἀλλὰ καὶ τὴν ἐκφώνησιν καὶ τὸ *Ἀμὴν* καθ' ἑαυτὸν λέγει. ταύτης δὲ τῆς εὐχῆς λεγομένης παρὰ τοῦ ἱερέως, ὁ διάκονος ἀπάρχεται λέγειν τὰ διακονικὰ ταῦτα τῶν φώτων μέχρι συμπληρώσεως τῆς εὐχῆς, ἀργοτέρως δέ· *Ἐν εἰρήνῃ τοῦ Κυρίου δεηθῶμεν*.[48]

Ὑπὲρ τῆς ἄνωθεν εἰρήνης καὶ τῆς σωτηρίας τῶν ψυχῶν ἡμῶν, τοῦ Κυρίου δεηθῶμεν.[49]

Ὑπὲρ τῆς εἰρήνης τοῦ σύμπαντος κόσμου, εὐσταθείας τῶν ἁγίων τοῦ Θεοῦ ἐκκλησιῶν, καὶ τῆς τῶν πάντων ἑνώσεως, τοῦ Κυρίου δεηθῶμεν.[50] [63r]

Ὑπὲρ τοῦ ἁγίου οἴκου τούτου καὶ τῶν μετὰ πίστεως, εὐλαβείας καὶ φόβου[51] *Θεοῦ εἰσιόντων ἐν αὐτῷ, τοῦ Κυρίου δεηθῶμεν*.[52]

Ὑπὲρ τῶν εὐσεβεστάτων καὶ θεοφυλάκτων ἡμῶν βασιλέων, παντὸς τοῦ παλατίου καὶ τοῦ στρατοπέδου αὐτῶν, τοῦ Κυρίου.

---

[44] λέγω ἐγώ om. D
[45] ἡ praepos. D
[46] βοᾷ λέγουσα...ἡμῖν om. D
[47] ἐκ add. D
[48] τοῦ Κυρίου δεηθῶμεν om. D
[49] εἰρήνης καὶ...δεηθῶμεν om. D
[50] εὐσταθείας τῶν...δεηθῶμεν om. D
[51] φόβῳ cod.
[52] καὶ τῶν...δεηθῶμεν om. D

6 JANUARY

τὴν ῥομφαίαν σου ἐπὶ τὸν μηρόν σου δυνατέ [Ps 44:4], gospel: according to Luke [3:1ff]. Koinonikon: Αἰνεῖτε [Ps 148:1], and there follows all the **Divine Liturgy** of Basil the Great.

After the priest has said the prayer behind the ambo,[81] neither is the antidoron distributed nor is the customary psalm: Εὐλογήσω τὸν Κύριον recited [Ps 33], but we all go out to the baptistry chanting this troparion: *The voice of the Lord is on the waters; it cries aloud, saying 'Come all of you, receive the spirit of wisdom, the spirit of understanding, the spirit of the fear of God who has been made manifest to us.'*

After all have gone out with candles to the phiale and the same troparion has been recited three times, the deacon says Σοφία and immediately the three readings of the Blessing [of the Waters] are read while all stand. And after the completion of these the deacon recites the synapte of the baptisms that follows, while the priest prays by himself the first prayer of the Blessing [of the Waters] beginning Κύριε ὁ μονογενὴς Υἱὸς τοῦ Πατρός. At the end of this the priest does not exclaim aloud the ekphonesis but recites both the ekphonesis and the *Amen* to himself. And while this prayer is being recited by the priest, the deacon begins to recite these diakonika [of the Feast] of Lights until the completion of the prayer, but more slowly:
In peace let us beseech the Lord. For the peace from above and the salvation of our souls, let us beseech the Lord.
For the peace of the whole world, the stability of the holy churches of God and the unity of them all, let us beseech the Lord.
For this holy house and those who enter into it with faith, reverence and fear of God, let us beseech the Lord.
For our most revered emperors protected by God, all their palace and army, [let us beseech] the Lord.
For him to join in war and subdue every foe and enemy under their feet, let us beseech the Lord.
For this holy monastery, every city and land and those who live in them in faith, let us beseech the Lord.

---

[81] That is, to the west of the ambo situated in the middle of the church.

ΙΑΝΝΟΥΆΡΙΟΣ

Ὑπὲρ τοῦ συμπολεμῆσαι καὶ ὑποτάξαι ὑπὸ τοὺς πόδας αὐτῶν πάντα ἐχθρὸν καὶ πολέμιον, τοῦ Κυρίου δεηθῶμεν.[53]
Ὑπὲρ τῆς ἁγίας μονῆς ταύτης, πάσης πόλεως, χώρας, καὶ τῶν ἐν πίστει οἰκούντων ἐν αὐταῖς, τοῦ Κυρίου δεηθῶμεν.[54]
Ὑπὲρ εὐκρασίας ἀέρων, εὐφορίας τῶν καρπῶν τῆς γῆς καὶ καιρῶν εἰρηνικῶν, τοῦ Κυρίου δεηθῶμεν.[55]
Ὑπὲρ πλεόντων, ὁδοιπορούντων, νοσούντων, καμνόντων, αἰχμαλώτων καὶ τῆς σωτηρίας αὐτῶν, τοῦ Κυρίου.[56]
Ὑπὲρ τοῦ ἁγιασθῆναι τὰ ὕδατα ταῦτα τῇ δυνάμει καὶ ἐνεργείᾳ καὶ ἐπιφοιτήσει τοῦ ἁγίου Πνεύματος, τοῦ Κυρίου.[57]
Ὑπὲρ τοῦ καταπεμφθῆναι αὐτοῖς ἐξ ἁγίων ὑψωμάτων τὴν εὐλογίαν τοῦ Ἰορδάνου, τοῦ Κυρίου.[58]
Ὑπὲρ τοῦ ἀναδειχθῆναι αὐτὰ εἰς ἁγιασμὸν τῶν ψυχῶν καὶ τῶν σωμάτων ἡμῶν, τοῦ Κυρίου δεηθῶμεν.
Ὑπὲρ τοῦ γενέσθαι αὐτὰ ἀποτρόπαιον καὶ καθαρτήριον πάσης ἐνεργείας καὶ ἐπιβουλῆς ὁρατῶν καὶ ἀοράτων ἐχθρῶν, τοῦ Κυρίου δεηθῶμεν.[59]
Ὑπὲρ τοῦ ἀναδειχθῆναι αὐτὰ ἰατρεῖον καθαρισμοῦ πάσης νόσου ψυχῶν τε καὶ σωμάτων, τοῦ Κυρίου.
Ὑπὲρ τοῦ γενέσθαι αὐτὰ πᾶσι τοῖς χριομένοις ἐξ αὐτῶν πίστει ἢ καὶ μεταλαμβάνουσιν εἰς καθαρισμὸν μολυσμοῦ σαρκὸς καὶ πνεύματος, τοῦ Κυρίου.[60]
Ὑπὲρ τοῦ καταφοιτῆσαι ἐν αὐτοῖς τὴν καθαρτικὴν τῆς ὑπερουσίου Τριάδος εὐεργεσίαν,[61] τοῦ Κυρίου.
Ὑπὲρ τοῦ πᾶσαν ἐν αὐτοῖς τοῦ ψυχοφθόρου πολεμίου [63v] τὴν δύναμιν βυθισθῆναι, τοῦ Κυρίου δεηθῶμεν.
Ὑπὲρ τῶν ἀντλούντων καὶ ἀρυομένων[62] ἐξ αὐτῶν εἰς ἁγιασμὸν ψυχῆς καὶ σώματος, τοῦ Κυρίου.[63]
Ὑπὲρ τοῦ γενέσθαι αὐτὰ πηγὴν ἀφθαρσίας καὶ ἁγιασμὸν οἴκων, τοῦ Κυρίου δεηθῶμεν.
Ὑπὲρ τοῦ εὐλογηθῆναι αὐτὰ ὡς τὰ[64] Ἰορδάνεια ῥεῖθρα, τοῦ Κυρίου.
Ὑπὲρ τοῦ ῥυσθῆναι ἡμᾶς ἀπὸ πάσης θλίψεως, ὀργῆς καὶ ἀνάγκης, τοῦ Κυρίου δεηθῶμεν.[65]

---

[53] ὑπὸ τοὺς...δεηθῶμεν om. D
[54] πάσης πόλεως...δεηθῶμεν om. D
[55] εὐφορίας τῶν...δεηθῶμεν om. D
[56] καμνόντων αἰχμαλώτων...Κυρίου om. D
[57] τῇ δυνάμει...Κυρίου om. D
[58] ἐξ ἁγίων...Κυρίου om. D
[59] πάσης ἐνεργείας...δεηθῶμεν om. D
[60] πίστει ἢ...Κυρίου om. D
[61] εὐέργειαν D
[62] ἀρρυομένων cod.
[63] ἐξ αὐτῶν...Κυρίου om. D
[64] [τὰ] D
[65] ἀπὸ πάσης...δεηθῶμεν om. D

6 JANUARY

For favourable weather, an abundance of the fruits of the earth and peaceful seasons, let us beseech the Lord.
For those who sail and travel on land, those who are sick, the suffering, captives and their safety, [let us beseech] the Lord.
For the sanctifying of these waters by the power, activity and visitation of the Holy Spirit, [let us beseech] the Lord.
For the blessing of the Jordan to be sent down on them from the holy heights, [let us beseech] the Lord.
For them to be shown forth for a sanctification of our souls and bodies, let us beseech the Lord.
For them to become an averter and purge of every activity and plotting of enemies seen and unseen, let us beseech the Lord.
For them to be shown forth as a place of purificatory healing from every disease of both souls and bodies, [let us beseech] the Lord.
For them to become a purification from defilement of flesh and spirit for all those who with faith are anointed or partake of them, [let us beseech] the Lord.
For the purificatory benefit of the supra-essential Trinity to descend on them, [let us beseech] the Lord.
For all the power of the soul-destroying Enemy to be sunk in them, let us beseech the Lord.
For those who draw and pour out from them to the sanctification of soul and body, [let us beseech] the Lord.
For them to become a spring of incorruptibility and a sanctification of homes, let us beseech the Lord.
For them to be blessed as the streams of the Jordan, [let us beseech] the Lord.
For us to be delivered from all affliction, anger and necessity, let us beseech the Lord.
Help, save, have mercy and protect us, o God, with your grace.
Commemorating our all-holy, undefiled, most blessed lady Theotokos and ever-virgin Mary with all the saints, [let us commend] ourselves and one another and our whole life [to Christ our God].

While the synapte is being recited in that way by the deacon and the prayer is read quietly by the priest, after the deacon has recited Τῆς παναγίας ἀχράντου ὑπερευλογημένης δεσποίνης, in the hearing of all the priest begins the prayer thus: Μέγας εἶ, Κύριε, καὶ θαυμαστὰ τὰ ἔργα σου. After the end and the ekphonesis of

ΙΑΝΝΟΥΑΡΙΟΣ

Ἀντιλαβοῦ, σῶσον, ἐλέησον καὶ διαφύλαξον ἡμᾶς ὁ Θεὸς τῇ σῇ χάριτι.[66] Τῆς παναγίας ἀχράντου ὑπερευλογημένης δεσποίνης ἡμῶν Θεοτόκου καὶ ἀειπαρθένου Μαρίας μετὰ πάντων τῶν ἁγίων μνημονεύσαντες, ἑαυτοὺς καὶ ἀλλήλους καὶ πᾶσαν τὴν ζωὴν ἡμῶν.[67]

Οὕτω δὲ τῆς συναπτῆς λεγομένης ὑπὸ τοῦ διακόνου καὶ τῆς εὐχῆς ὑπαναγινωσκομένης παρὰ τοῦ ἱερέως, μετὰ τὸ εἰπεῖν τὸν διάκονον Τῆς παναγίας ἀχράντου ὑπερευλογημένης δεσποίνης ἀπάρχεται ὁ ἱερεὺς εἰς ἐπήκοον πάντων τῆς εὐχῆς οὕτως Μέγας εἶ Κύριε καὶ θαυμαστὰ τὰ ἔργα σου. μετὰ δὲ τὸ τέλος καὶ τὴν ἐκφώνησιν ταύτης λέγει ὁ ἱερεὺς Εἰρήνη πᾶσι· ὁ διάκονος Τὰς κεφαλὰς ἡμῶν τῷ Κυρίῳ, καὶ πάλιν ἑτέραν εὐχὴν εἰς ἐπήκοον πάντων Κλῖνον Κύριε τὸ οὖς σου καὶ ἐπάκουσόν μου, καὶ μετὰ τὸ Ἀμὴν ἐπιλαβόμενος ὁ ἱερεὺς τοῦ τιμίου ξύλου βαπτίζει τρίτον σταυροειδῶς ψάλλων Ἐν Ἰορδάνῃ βαπτιζομένου σου Κύριε, ὅπερ λέγει καὶ ὁ λαός. πάντων ἁγιαζομένων καὶ μεταλαμβανόντων ἐκ τῆς τοῦ ἁγιάσματος μεταλήψεως καὶ ῥαντίσεως ψάλλοντες τὸ αὐτὸ τροπάριον ἐκ γ΄ εἰσερχόμεθα ἐν τῷ ναῷ, καὶ συστήσαντες χορὸν ψάλλομεν μετὰ ἤχου τροπάριον ἦχος δ΄ Σήμερον τριὰς ἡ ἐν μονάδι θεότητος ἔδειξεν [64r] ἡμῖν τὴν αὐτῆς ἀγαθότητα· Πατὴρ γὰρ ἠκούετο οὐρανόθεν φθεγγόμενος, Υἱὸς ἐγνωρίζετο ἐν σαρκὶ βαπτιζόμενος, Πνεύματος ἁγίου ἐδηλοῦτο παρουσία, ἣν ἐκ πίστεως λαβόντες κράζομεν συμφώνως[68] Ὁ ἐπιφανεὶς Χριστὲ ὁ Θεὸς ἡμῶν καὶ τὸν κόσμον φωτίσας, δόξα σοι. εἶτα Δόξα καὶ νῦν, καὶ ψάλλομεν τὸ παρὸν στιχηρὸν εἰς ἦχον[69] Ἀνυμνήσωμεν οἱ πιστοὶ τῆς περὶ ἡμᾶς τοῦ Θεοῦ εὐεργεσίας τὸ μέγεθος· ἐν γὰρ τῷ ἡμῶν παραπτώματι γενόμενος ἄνθρωπος τὴν ἡμῶν κάθαρσιν καθαίρεται ἐν τῷ Ἰορδάνῃ, ὁ μόνος καθαρὸς καὶ ἀκήρατος ἁγιάζων ἐμὲ καὶ τὰ ὕδατα καὶ τὰς κεφαλὰς τῶν δρακόντων συντρίβων ἐπὶ τοῦ ὕδατος· ἀντλήσωμεν οὖν ὕδωρ μετ᾽ εὐφροσύνης, ἀδελφοί, ἡ γὰρ χάρις τοῦ Πνεύματος τοῖς πιστῶς ἀντλοῦσιν ἀοράτως ἐπιδίδοται παρὰ Χριστοῦ τοῦ Θεοῦ καὶ σωτῆρος τῶν ψυχῶν ἡμῶν.[70]

Καὶ μετὰ τὴν τούτου τελείωσιν γίνεται εὐθὺς ὑπὸ τοῦ διακόνου ἐκτενής, ἐν ᾗ μνημονεύομεν τοῦ ἡγουμένου καὶ πάσης τῆς ἐν Χριστῷ ἀδελφότητος, ὁμοίως δὲ καὶ τοῦ κτήτορος. καὶ μετὰ τὴν παρὰ τοῦ ἱερέως ἐκφώνησιν εὐθὺς δίδοται ἡ εὐλογία, λεγόντων ἡμῶν καὶ τὸν λγ΄ ψαλμὸν τὸ Εὐλογήσω τὸν Κύριον. εἶτα παρακράζομεν τῷ προεστῶτι λέγοντες τὸ κοντάκιον Ἐπεφάνης

---

[66] ἐλέησον καὶ...χάριτι om. D
[67] ὑπερευλογημένης δεσποίνης...ἡμῶν om. D
[68] ἔδειξεν ἡμῖν...συμφώνως om. D
[69] πβ΄ add. D e marg. dext. cod.
[70] τῆς περὶ...ἡμῶν om. D

6 JANUARY

this, the priest says Εἰρήνη πᾶσι, the deacon: Τὰς κεφαλὰς ἡμῶν τῷ Κυρίῳ, and again another prayer in the hearing of all: Κλῖνον, Κύριε, τὸ οὖς σου καὶ ἐπάκουσόν μου, and after the Amen, the priest, taking hold of the precious wood, dips it three times in a sign of the cross chanting Ἐν Ἰορδάνῃ βαπτιζομένου σου, Κύριε,[82] which the people also recite. When all are blest and partake of the blest water and sprinkling, we go into the church chanting the same troparion three times, and forming a choir we chant with a mode[83] troparion in mode 4: *Today the Trinity in unity of deity showed its goodness to us, for the Father was heard proclaiming from heaven, the Son was recognised in fleshly form being baptised, the Holy Spirit's presence was shown, receiving which by faith we cry out in harmony 'Glory to you, O Christ our God, who was made manifest and has enlightened the world'*, then *Glory...both now...*, and we chant the next sticheron in plagal mode two: *Let us, the faithful, praise the greatness of God's beneficence regarding us; for in our transgression he who alone was pure and undefiled becoming man purifies our purification in the Jordan, sanctifying me and the waters and crushing the heads of the dragons in the water. Let us draw water therefore with gladness, brothers, for to those who draw in faith the grace of the Spirit is invisibly given by Christ our God and saviour of our souls.*

And after the completion of this, an ektene is immediately done by the deacon, in which we commemorate the hegoumenos and all the brotherhood in Christ, likewise also the founder. And after the ekphonesis by the priest, the antidoron is immediately distributed while we also recite the thirty-third psalm: Εὐλογήσω τὸν Κύριον. Then we cry aloud to the proestos, reciting the kontakion: Ἐπεφάνης σήμερον,[84] and we immediately begin the trapeza psalm.[85] And after we have eaten and have got up [from the table], we carry out the customary thanksgiving and begin **Apodeipnon** from the ninetieth psalm: Ὁ κατοικῶν ἐν βοηθείᾳ, and in succession all the service of **Apodeipnon**. The service [of the Feast] of Lights takes place like that when there is a fast.

---

[82] This troparion is used also as the apolytikion of the feast; see O.14 below.
[83] That is, to a melody.
[84] The kontakion of the canon of the feast; see O.9b below.
[85] Psalm 144.

ΙΑΝΝΟΥΑΡΙΟΣ

σήμερον, καὶ εὐθὺς ἀρχόμεθα τοῦ ψαλμοῦ τῆς τραπέζης. καὶ μετὰ τὸ γεύσασθαι καὶ ἀναστῆναι ποιοῦμεν τὴν συνήθη εὐχαριστίαν, καὶ ἀρχόμεθα τῶν ἀποδείπνων ἀπὸ τοῦ φ΄ ψαλμοῦ Ὁ κατοικῶν ἐν βοηθείᾳ, καὶ καθεξῆς[71] ἡ πᾶσα ἀκολουθία τῶν ἀποδείπνων. καὶ οὕτως μὲν γίνεται ἡ ἀκολουθία τῶν φώτων, νηστείας οὔσης.

Εἰ δὲ μὴ εἴη νηστεία, πρωῒ μὲν λειτουργοῦμεν ὡς καθ' ἑκάστην ποιοῦντες πᾶσαν τὴν ἀκολουθίαν τοῦ σαββάτου ἢ τῆς κυριακῆς πρὸ τῶν φώτων ὡς ἔχει λαχεῖν. ἑσπέρας δὲ σημαίνει πρὸς ὥραν θ΄, πᾶσα δὲ [64v] ἡ ἀκολουθία καὶ ἡ τάξις οὕτως γίνεται ὡς προεγράφη μέχρι τοῦ ἁγίου εὐαγγελίου καὶ τῆς ἐκτενοῦς. μετὰ δὲ τὸ εὐαγγέλιον καὶ τὴν ἐπὶ τῇ ἐκτενεῖ τοῦ ἱερέως ἐκφώνησιν ἐξερχόμεθα πάντες μετὰ κηρῶν ψάλλοντες τὸ προγραφὲν τροπάριον *Φωνὴ Κυρίου ἐπὶ τῶν ὑδάτων*, καὶ γίνεται ὡς προγέγραπται ὁ ἁγιασμός, πλὴν συναπτὴ εἰς τὸ τρισάγιον οὐ λέγεται διὰ τὸ μὴ ἐπιτελεῖσθαι λειτουργίαν. μετὰ δὲ τὸ γενέσθαι τὸν ἁγιασμὸν εἰσερχόμενοι ποιοῦμεν καθὼς προεγράφη εἶτα τὴν ἐκτενῆ, ἐν ᾗ μνημονεύομεν τοῦ καλογήρου ὡς εἴρηται καὶ ἀπολύει. εἰσερχόμενοι δὲ ἐν τῇ τραπέζῃ ποιοῦμεν τέλειον γεῦμα, μὴ οὔσης γὰρ ἡμέρας νηστίμου, οὔτε ἡ εὐλογία δίδοται, οὔτε τὸν ψαλμὸν ψάλλομεν τὸ *Εὐλογήσω τὸν Κύριον*· τὸ δὲ ἄριστον οὕτως ποιοῦμεν ὅτε οὐκ ἔστι νηστεία, ὡς προεγράψαμεν ἐν τῇ παραμονῇ τῶν Χριστουγέννων.

Εἰς τὴν παννυχίδα τῆς ἀγρυπνίας 1.ψάλλομεν κανόνας β΄· τοὺς προεορτίους τῆς αὐτῆς ἡμέρας, τόν τε εἰς ἦχον πλάγιον β΄ καὶ τὸν πρῶτον, τοὺς β΄ ἀνὰ ς΄. 2.ἀπὸ γ΄ ᾠδῆς κάθισμα τῆς ἑορτῆς ἦχος δ΄ *Τὰ ῥεῖθρα ἡγίασας*, *Δόξα καὶ νῦν*, τὸ αὐτό· 3.ἀπὸ ς΄ τὸ κοντάκιον τῆς ἑορτῆς καὶ οἶκον τὸν δ΄. καὶ 4.ἡ ἀνάγνωσις τοῦ Πραξαποστόλου.

Εἰς τὸν ὄρθρον 3.*Θεὸς Κύριος* ἦχος α΄ καὶ 4.τὸ τροπάριον τῆς ἑορτῆς ἐκ γ΄ *Ἐν Ἰορδάνῃ βαπτιζομένου σου*. 5.αἱ στιχολογίαι καθίσματα β΄ →

---

[71] καθ' ἑξῆς cod.

6 JANUARY

I.06 S./K. But if there is no fast, we celebrate the **Liturgy** early in the morning as on each day, doing all the service of Saturday or Sunday before [the Feast] of Lights as it happens to fall. But the signal for **Vespers** is given coming up to the ninth hour, and all the service and order take place in the way that was described before, as far as the holy gospel and the ektene. But after the gospel and the ekphonesis of the priest at the ektene, we all go out with candles chanting the aforementioned troparion: Φωνὴ Κυρίου ἐπὶ τῶν ὑδάτων, and the Blessing [of the Waters] takes place as has been described before, but at the trisagion a synapte is not recited because a **Liturgy** is not being celebrated. After the Blessing [of the Waters] has taken place, going in we then carry out, just as was described before, the ektene in which we commemorate the venerable one as has been stated, and apolysis. Entering the trapeza we have a complete meal, for it is not a fast day; neither is the antidoron distributed nor do we chant the psalm: Εὐλογήσω τὸν Κύριον [Ps 33]. We complete the morning meal when there is no fast in the way we described previously at the paramone of the Nativity of Christ.[86]

PN. At **Pannychis** of the **Agrypnia**, 1.we chant two canons, the forefeast ones of the same day, the one in plagal mode 2 and that in the first mode, from the two of them six troparia each; 2.after the third ode, poetic kathisma of the feast in mode 4: Τὰ ῥεῖθρα ἡγίασας, Glory...both now..., the same repeated; 3.after the sixth ode, the kontakion of the feast[87] and the fourth oikos. And 4.the reading: from the Praxapostolos.

O. At **Orthros**, 3.Θεὸς Κύριος in mode 1, and 4.the troparion of the feast three times: Ἐν Ἰορδάνῃ βαπτιζομένου σου.[88] 5.The recitations of continuous psalmody, two kathismata of the day; a.after the

---

[86] See XII.25 S./K.1.
[87] See I.06 Hesperinon after the collation at the close of the service.
[88] The troparion used as apolytikion of the feast at V.12 repeated here; see O.14 below.

ΙΑΝΝΟΥΑΡΙΟΣ

τῆς ἡμέρας· ἀπὸ τοῦ πρώτου καθίσματος κάθισμα ἦχος δ΄ πρὸς τὸ Κατεπλάγη Ἰορδάνη ποταμέ, Δόξα καὶ νῦν, τὸ αὐτό· ἀνάγνωσις εἰς τὸ πανηγυρικὸν βιβλίον λόγος τοῦ ἁγίου Γρηγορίου τοῦ θαυματουργοῦ, οὗ ἡ ἀρχὴ Ἄνδρες φιλόχριστοι· μετὰ τὴν δευτέραν στιχολογίαν κάθισμα ὅμοιον τῷ πρώτῳ Ἀπεστρέφετο ποτέ, Δόξα καὶ νῦν, τὸ αὐτό· ἀνάγνωσις ἐν τῷ αὐτῷ βιβλίῳ λόγος τοῦ Χρυσοστόμου, οὗ ἡ ἀρχὴ Πάντες ὑμεῖς ἐν εὐθυμίᾳ. εἶτα στιχολογοῦμεν ἕτερον κάθισμα τὸ Εἶπεν ὁ Κύριος τῷ κυρίῳ μου ἀργῶς καὶ μετὰ μειζόνων ἀλληλουϊαρίων, καὶ μετὰ τὸ τέλος αὐτῶν κάθισμα ὅμοιον τοῖς προγραφεῖσιν Ἰησοῦς ὁ τοῦ Ναυῆ,[72] Δόξα καὶ νῦν, τὸ αὐτό· ἀνάγνωσις ἐν τῷ αὐτῷ βιβλίῳ λόγος Σωφρονίου, οὗ ἡ ἀρχὴ Πάλιν φῶς. ἔπειτα τὸν πολυέλεον, εἰ ἔχει ἡ ὥρα, ὡς σύνηθες, καὶ μετὰ τὸ τέλος τὴν ὑπακοὴν τῆς ἑορτῆς ἦχος πλάγιος α΄ Ὅτε τῇ ἐπιφανείᾳ σου ὁ ψάλτης καὶ ὁ λαὸς μετὰ χειρονομίας· καὶ εὐθὺς ἀνάγνωσις λόγος τοῦ Θεολόγου Πάλιν Ἰησοῦς εἰς δόσιν μίαν. 6.εἶτα οἱ ἀναβαθμοὶ ἦχος δ΄ ἀντίφωνον ἕν. [65r] 7.προκείμενον ἦχος δ΄ Ἡ θάλασσα εἶδε καὶ ἔφυγεν· στίχος Τί σοί ἐστι θάλασσα ὅτι ἔφυγες· Πᾶσα πνοή· εὐαγγέλιον τῆς ἑορτῆς κατὰ Μάρκον Τῷ καιρῷ ἐκείνῳ ἦλθεν ὁ Ἰησοῦς ἀπὸ Ναζαρέτ. καὶ 8.ὁ Ν΄.

Χρὴ δὲ γινώσκειν ὅτι ἐὰν τύχῃ ἐν κυριακῇ ἡ ἑορτὴ αὕτη, οὐδὲν τῶν ἀναστασίμων ψάλλομεν, οὔτε εὐαγγέλιον λέγομεν οὔτε ἕτερόν τι, ἀλλ' ὡς εἴρηται πάντα τῆς ἑορτῆς.

9.Κανόνες β΄· εἰς ἦχον δεύτερον Κοσμᾶ καὶ Ἰωάννου ἀνὰ δεύτερον τά τε τροπάρια καὶ τοὺς εἱρμούς· ἔσχατον δὲ τὴν μίαν καταβασίαν ὁ εἷς χορός, καὶ τὴν ἑτέραν ὁ ἕτερος καθὼς καὶ ἐν τῇ τῶν Χριστουγέννων ἑορτῇ· ἀπὸ γ΄ ᾠδῆς κάθισμα τῆς ἑορτῆς ἦχος πλάγιος δ΄· πρὸς τὸ Αὐλῶν ποιμενικῶν Βαπτίζεται Χριστός, Δόξα καὶ νῦν, τὸ αὐτό· ἀνάγνωσις λόγος τοῦ Χρυσοστόμου ἐκ τῆς →

---

[72] Ναυί cod.

6 JANUARY

first kathisma, b.poetic kathisma in mode 4 to Κατεπλάγη: Ἰορδάνη ποταμέ, Glory...both now..., the same repeated, c.reading: in the Panegyrikon book Homily of holy Gregory the miracle worker beginning Ἄνδρες φιλόχριστοι [BHG, 1926]; d.after the second recitation, e.poetic kathisma to the same melody as the first: Ἀπεστρέφετο ποτέ, Glory...both now..., the same repeated, f.reading: in the same book Homily of Chrysostom beginning Πάντες ὑμεῖς ἐν εὐθυμίᾳ [BHG, 1941]. Then we recite g.another kathisma: Εἶπεν ὁ Κύριος τῷ κυρίῳ μου [kath 16][89] slowly and with the greater alleluia responses, and after the end of them h.poetic kathisma to the same melody as those described before: Ἰησοῦς ὁ τοῦ Ναυῆ, Glory...both now..., the same repeated, i.reading: in the same book Homily of Sophronios beginning Πάλιν φῶς [BHG, 1939]. j.Next the polyeleos as is customary, if there is time, and after its completion k.the hypakoe of the feast in plagal mode 1: Ὅτε τῇ ἐπιφανείᾳ σου [by] the cantor and the people with cheironomia, and immediately l.reading: Homily of the Theologian Πάλιν Ἰησοῦς [BHG, 1938] in one portion. 6.Then the anabathmoi in mode 4, one antiphon. 7a.Prokeimenon in mode 4: Ἡ θάλασσα εἶδε καὶ ἔφυγεν [Ps 113:3], stichos: Τί σοί ἐστι θάλασσα, ὅτι ἔφυγες [Ps 113:5], b.Πᾶσα πνοή, c.gospel of the feast: according to Mark [1:9ff], and 8.psalm 50.

> N. It is necessary to realise that if this feast falls on a Sunday, we chant none of the resurrection elements, neither do we recite a gospel nor anything else,[90] but all the elements of the feast, as has been stated.

9.Two canons: in second mode that of Kosmas and that of John twice each, both the troparia and the heirmoi, and finally one choir [chants] the one katabasia and the other [choir] the other, as also at the feast of Christ's Nativity.[91] a.After the third ode, poetic kathisma of the feast in plagal mode 4 to Αὐλῶν ποιμενικῶν: Βαπτίζεται Χριστός, Glory...both now..., the same repeated, reading: Homily of Chrysostom from the Commentary on the [Gospel]

---

[89] Psalms 109-117.
[90] That is, 'neither do we recite a resurrection gospel nor any other resurrection element'.
[91] See XII.25 O.9.

ἑρμηνείας τοῦ κατὰ Ματθαῖον, οὗ ἡ ἀρχὴ *Τότε παραγίνεται ὁ Ἰησοῦς·* ἀπὸ ϛ' τὸ κοντάκιον καὶ οἴκους, εἰ ἔχει ἡ ὥρα, γ'. 10.ἐξαποστειλάριον *Ἐπεφάνη ὁ Σωτήρ*. 11.εἰς τοὺς αἴνους ἱστῶμεν ϛ' καὶ ψάλλομεν στιχηρὰ γ' ἐκ δευτέρου, ἰδιόμελον ἦχος πλάγιος δ' *Κύριε πληρῶσαι βουλόμενος*, καὶ ἕτερα β' ὅμοια αὐτοῦ·[73] *Δόξα καὶ νῦν*, ἦχος δεύτερος *Σήμερον ὁ Χριστὸς ἐν Ἰορδάνῃ ἦλθε*. 13.δοξολογία μεγάλη. 14.ἀπολυτίκιον *Ἐν Ἰορδάνῃ βαπτιζομένου σου Κύριε, ἡ τῆς τριάδος*.[74]

Χρὴ δὲ γινώσκειν ὅτι τοὺς κανόνας χωρὶς ἐνάρξεως τῶν ᾠδῶν ἀρχόμεθα ἐκ τῶν εἱρμῶν αὐτῶν ἐν πάσαις ταῖς δεσποτικαῖς ἑορταῖς καὶ ταῖς τῆς Θεοτόκου.

Εἰς τὴν λειτουργίαν 1.ἀντίφωνον πρῶτον ψαλμὸς ριγ' στίχος α'
Ἐν ἐξόδῳ Ἰσραὴλ ἐξ Αἰγύπτου. Ταῖς πρεσβείαις τῆς Θεοτόκου Σῶτερ σῶσον ἡμᾶς.[75]
Ἐν ἐξόδῳ Ἰσραὴλ ἐξ Αἰγύπτου, οἴκου Ἰακὼβ ἐκ λαοῦ βαρβάρου. Ταῖς πρεσβείαις.[76]
Ἐγενήθη Ἰουδαία ἁγίασμα αὐτοῦ, Ἰσραὴλ ἐξουσία αὐτοῦ.[77] *Ταῖς πρεσβείαις*.[78]
Ἡ θάλασσα εἶδε καὶ ἔφυγεν, ὁ Ἰορδάνης ἐστράφη εἰς τὰ ὀπίσω.[79]
Ταῖς πρεσβείαις, Δόξα καὶ νῦν, Ταῖς πρεσβείαις τῆς Θεοτόκου.
ἀντίφωνον β' ψαλμὸς ριδ'[80]
Ἠγάπησα ὅτι εἰσακούσεται Κύριος τῆς φωνῆς τῆς δεήσεώς μου.[81]
Σῶσον ἡμᾶς Υἱὲ Θεοῦ ὁ ἐν Ἰορδάνῃ βαπτισθείς.[82]
Ἠγάπησα ὅτι εἰσακούσεται Κύριος τῆς φωνῆς τῆς δεήσεώς μου,[83] *ὅτι ἔκλινεν τὸ οὖς αὐτοῦ ἐμοὶ καὶ ἐν ταῖς ἡμέραις μου ἐπικαλέσομαι*.[84]
Σῶσον ἡμᾶς Υἱὲ[85] *Θεοῦ ὁ ἐν Ἰορδάνῃ βαπτισθείς*.[86]

---

[73] αὐτῷ D
[74] ἡ τῆς τριάδος om. D
[75] Στίχος β' add. D e marg. dext. cod.
[76] Στίχος γ' add. D e marg. dext. cod.
[77] Ἰσραὴλ ἐξουσία αὐτοῦ om. D
[78] Στίχος δ' add. D e marg. dext. cod.
[79] ὁ Ἰορδάνης...ὀπίσω om. D
[80] Στίχος α' add. D e marg. dext. cod.
[81] τῆς φωνῆς...μου om. D
[82] Στίχος β' add. D e marg. dext. cod.
[83] μου om. D
[84] ἐμοὶ καὶ...ἐπικαλέσομαι om. D
[85] Στίχος γ' add. D e marg. dext. cod.
[86] Θεοῦ ὁ...βαπτισθείς om. D

6 JANUARY

according to Matthew beginning Τότε παραγίνεται ὁ Ἰησοῦς. b.After the sixth ode, the kontakion[92] and oikoi, three if there is time. 10.Exaposteilarion: Ἐπεφάνη ὁ Σωτήρ. 11.At the ainoi, we intercalate six times and chant three stichera twice, idiomelon in plagal mode 4: Κύριε πληρῶσαι βουλόμενος, and another two to the same melody as it, *Glory...both now...*, in second mode Σήμερον ὁ Χριστὸς ἐν Ἰορδάνῃ ἦλθε. 13.Great doxology. 14.Apolytikion: Ἐν Ἰορδάνῃ βαπτιζομένου σου, Κύριε, ἡ τῆς τριάδος.[93]

> N. But it is necessary to realise that as regards the canons, apart from the beginning of the odes, we begin them from their heirmoi in all the feasts of our Lord and in those of the Theotokos.

L. At the Liturgy, 1.first antiphon, psalm 113 first stichos:
When Israel departed from Egypt. Through the intercessions of the Theotokos, Saviour, save us.
When Israel departed from Egypt, the house of Jacob from a foreign people. Through the intercessions....
Judah became his sanctuary, Israel his authority. Through the intercessions....
The sea saw it and fled, Jordan was turned back. Through the intercessions..., Glory...both now..., Through the intercessions of the Theotokos....
Second antiphon, psalm 114:
I love the Lord because he will hear the voice of my supplication. Save us, Son of God, who was baptised in Jordan.
I love the Lord because he will hear the voice of my supplication, because he inclined his ear to me and so during my days I will call on him. Save us, Son of God, who was baptised in Jordan.
The pangs of death hemmed me in, the dangers of Hades found me. Save us....
I found affliction and anguish and I called on the name of the Lord. Save us..., Glory...both now..., Ὁ μονογενὴς Υἱὸς καὶ Λόγος τοῦ Θεοῦ.

---

[92] See I.06 Hesperinon after the collation at the close of the service.
[93] This troparion continues to be used as the apolytikion of the feast up to and including I.13.

Περιέσχον με ώδίνες θανάτου κίνδυνοι ᾅδου εὕροσάν με.[87] *Σῶσον ἡμᾶς.*[88]
Θλῖψιν καὶ ὀδύνην εὗρον καὶ τὸ ὄνομα Κυρίου ἐπεκαλεσάμην.[89]
Σῶσον ἡμᾶς· [65v] *Δόξα καὶ νῦν, Ὁ μονογενὴς Υἱὸς καὶ Λόγος τοῦ Θεοῦ.*
ἀντίφωνον γ΄ ἦχος α΄ ψαλμὸς ριζ΄[90]
Ἐξομολογεῖσθε τῷ Κυρίῳ ὅτι ἀγαθός. Ἐν Ἰορδάνῃ βαπτιζομένου σου Κύριε.[91]
Ἐξομολογεῖσθε τῷ Κυρίῳ ὅτι ἀγαθός, ὅτι εἰς τὸν αἰῶνα τὸ ἔλεος αὐτοῦ. Ἐν Ἰορδάνῃ.[92]
Εἰπάτω δὴ οἶκος Ἰσραὴλ ὅτι ἀγαθός, ὅτι εἰς τὸν αἰῶνα τὸ ἔλεος αὐτοῦ.[93] *Ἐν Ἰορδάνῃ.*[94]
Εἰπάτω δὴ οἶκος Ἀαρὼν ὅτι ἀγαθός, ὅτι εἰς τὸν αἰῶνα τὸ ἔλεος αὐτοῦ.[95] *Ἐν Ἰορδάνῃ.*[96]
Εἰπάτωσαν δὴ πάντες οἱ φοβούμενοι τὸν Κύριον ὅτι ἀγαθός, ὅτι εἰς τὸν αἰῶνα τὸ ἔλεος αὐτοῦ.[97] *Ἐν Ἰορδάνῃ βαπτιζομένου σου Κύριε.*
Εἰς δὲ τὴν εἴσοδον λέγομεν στίχον ἕτερον *Εὐλογημένος ὁ ἐρχόμενος ἐν ὀνόματι Κυρίου, Θεὸς Κύριος καὶ ἐπέφανεν ἡμῖν. Ἐν Ἰορδάνῃ βαπτιζομένου σου Κύριε, Δόξα καὶ νῦν,* ἦχος δ΄ τὸ κοντάκιον. ἀντὶ τοῦ τρισαγίου *Ὅσοι εἰς Χριστὸν ἐβαπτίσθητε* χωρὶς συναπτῆς.
2.προκείμενον ἦχος δ΄ *Εὐλογημένος ὁ ἐρχόμενος ἐν ὀνόματι Κυρίου·* στίχος *Ἐξομολογεῖσθε τῷ Κυρίῳ ὅτι ἀγαθός·* ὁ ἀπόστολος πρὸς Τίτον *Τέκνον Τίτε, ἐπεφάνη ἡ χάρις τοῦ Θεοῦ ἡ σωτήριος.* Ἀλληλούια ἦχος δ΄ *Ἐνέγκατε τῷ Κυρίῳ υἱοὶ Θεοῦ·* στίχος β΄ *Φωνὴ Κυρίου ἐπὶ τῶν ὑδάτων·* εὐαγγέλιον κατὰ Ματθαῖον *Τῷ καιρῷ ἐκείνῳ παραγίνεται ὁ Ἰησοῦς.* 3.κοινωνικὸν *Ἐπεφάνη ἡ χάρις τοῦ Θεοῦ.*

Μηνὶ τῷ αὐτῷ ζ΄· ἡ σύναξις τοῦ ἁγίου Ἰωάννου τοῦ προδρόμου.

Ἑσπέρας 1.οὐ στιχολογοῦμεν, εἰ μὴ εἴη κυριακή,[98] 2.ἀλλ' εἰς τὸ *Κύριε ἐκέκραξα* ἱστῶμεν ς΄ καὶ ψάλλομεν στιχηρὰ ἰδιόμελα τῆς

---

[87] κίνδυνοι ᾅδου...με om. D
[88] Στίχος δ΄ add. D e marg. dext. cod.
[89] καὶ τὸ...ἐπεκαλεσάμην om. D
[90] Στίχος α΄ add. D e marg. sin. cod.
[91] Στίχος β΄ add. D e marg. sin. cod.
[92] Στίχος γ΄ add. D e marg. sin. cod.
[93] ὅτι ἀγαθός...αὐτοῦ om. D
[94] Στίχος δ΄ add. D e marg. sin. cod.
[95] ὅτι ἀγαθός...αὐτοῦ om. D
[96] Στίχος ε΄ add. D e marg. sin. cod.
[97] ὅτι ἀγαθός...αὐτοῦ om. D
[98] κυριακῇ D

6-7 JANUARY

Third antiphon in mode 1, psalm 117:
Give thanks to the Lord that he is good. In Jordan when you were baptised, Lord.[94]
Give thanks to the Lord that he is good, that his mercy [goes on] for ever. In Jordan....
Let the house of Israel say that he is good, that his mercy [goes on] for ever. In Jordan....
Let the house of Aaron say that he is good, that his mercy [goes on] for ever. In Jordan....
Let all those who fear the Lord say that he is good, that his mercy [goes on] for ever. In Jordan when you were baptised, Lord.
At the entrance, we recite another stichos: *Blessed is he who comes in the name of the Lord, God the Lord was also made manifest to us* [Ps 117:26-27]. *In Jordan when you were baptised, Lord, Glory...both now...*, in mode 4 the kontakion. Instead of the trisagion, Ὅσοι εἰς Χριστὸν ἐβαπτίσθητε without synapte.[95] 2.Prokeimenon in mode 4: Εὐλογημένος ὁ ἐρχόμενος ἐν ὀνόματι Κυρίου [Ps 117:26], stichos: Ἐξομολογεῖσθε τῷ Κυρίῳ ὅτι ἀγαθός [Ps 117:1], the apostle: to Titus [2:11ff]. *Alleluia* in mode 4: Ἐνέγκατε τῷ Κυρίῳ υἱοὶ Θεοῦ [Ps 28:1], second stichos: Φωνὴ Κυρίου ἐπὶ τῶν ὑδάτων [Ps 28:3], gospel: according to Matthew [3:13ff]. 3.Koinonikon: Ἐπεφάνη ἡ χάρις τοῦ Θεοῦ [Tit 2:1].

I.07C. **7th of the same month. The Synaxis of holy John the Prodromos.**

V. **At Vespers,** 1.we do not recite the continuous psalmody, unless it were a Sunday, 2.but at Κύριε ἐκέκραξα we intercalate six times and chant three stichera idiomela of the feast twice in mode 4: Σὲ τὸν ἐν πνεύματι, another: Ἔτρεμεν ἡ χεὶρ τοῦ βαπτιστοῦ, another: Βαπτίζεται Χριστός, *Glory...both now...*, idiomelon in the same mode: Ὁ ἀναβαλλόμενος φῶς ὡς ἱμάτιον. 3.Entrance at Φῶς ἱλαρόν. 4.Prokeimenon in barys mode: Ὁ Θεὸς ἡμῶν ἐν τῷ οὐρανῷ καὶ ἐν τῇ γῇ [Ps 113:11], first stichos: *When Israel went out of Egypt* [Ps 113:1], second stichos: *The sea saw it and fled, Jordan was turned*

---

[94] See V.12, O.4 and O.14.
[95] This troparion consists of Gal 3:27 plus *Alleluia*.

ΙΑΝΝΟΥΑΡΙΟΣ

ἑορτῆς εἰς ἦχον δ΄, γ΄ ἐκ δευτέρου, Σὲ τὸν ἐν πνεύματι, ἄλλο Ἔτρεμεν ἡ χεὶρ τοῦ βαπτιστοῦ,[99] ἄλλο Βαπτίζεται Χριστός, Δόξα καὶ νῦν, ἰδιόμελον εἰς τὸν αὐτὸν ἦχον Ὁ ἀναβαλλόμενος φῶς ὡς ἱμάτιον. 3.εἴσοδος εἰς τὸ Φῶς ἱλαρόν. 4.προκείμενον ἦχος βαρὺς Ὁ Θεὸς ἡμῶν ἐν τῷ οὐρανῷ καὶ ἐν τῇ γῇ· στίχος α΄ Ἐν ἐξόδῳ Ἰσραὴλ ἐξ Αἰγύπτου, στίχος β΄ Ἡ θάλασσα εἶδε καὶ ἔφυγεν, ὁ Ἰορδάνης ἐστράφη εἰς τὰ ὀπίσω, στίχος γ΄ Τί σοί ἐστι θάλασσα ὅτι ἔφυγες καὶ σοὶ[100] Ἰορδάνη ὅτι ἐστράφης εἰς τὰ ὀπίσω, τὰ ὄρη ὅτι ἐσκιρτήσατε ὡσεὶ κριοὶ καὶ οἱ βουνοὶ ὡς ἀρνία προβάτων;[101]

εἰ δὲ λάχη κυριακή,[102] λέγομεν προκείμενον Ὁ Κύριος ἐβασίλευσεν, προηγεῖται γὰρ πάντων τῶν προκειμένων.

10.εἰς τὸν στίχον στιχηρὰ τῆς ἑορτῆς ἰδιόμελα ἦχος α΄ Φῶς ἐκ φωτός, στίχος Ἡ θάλασσα εἶδε καὶ ἔφυγεν, ὁ Ἰορδάνης ἐστράφη εἰς τὰ ὀπίσω· Πῶς σε Χριστὲ δοῦλοι τὸν δεσπότην· [66r] στίχος Τί σοί ἐστι θάλασσα ὅτι ἔφυγες· Σὺ ἐν Ἰορδάνῃ βαπτισθεὶς ὁ Σωτὴρ ἡμῶν, Δόξα καὶ νῦν, ἰδιόμελον τοῦ προδρόμου ἦχος πλάγιος β΄ Ἄγγελος ἐκ στειρωτικῶν ὠδίνων προῆλθες. 12.ἀπολυτίκιον Ἐν Ἰορδάνῃ βαπτιζομένου σου Κύριε.

Παννυχίδα δὲ οὐ ψάλλομεν, εἰ μὴ ἔστι κυριακή.

Εἰς δὲ τὸν ὄρθρον ἐγειρόμεθα πρὸς ὥραν θ΄, 3.εἰς τὸ Θεὸς Κύριος 4.λέγομεν τροπάριον τὸ τῆς ἑορτῆς δεύτερον, Δόξα καὶ νῦν, ἦχος β΄ Μνήμη δικαίου μετὰ ἐγκωμίων. 5.οὐ στιχολογοῦμεν, ἀλλ᾽ εὐθὺς 8.τὸν Ν΄. 9.κανόνες[103] β΄· ἕνα τῆς ἑορτῆς <πρὸς τὸ> Βυθοῦ ἀνεκάλυψε ἦχος β΄, καὶ ἕτερον τοῦ προδρόμου ἦχος ὁ αὐτὸς <πρὸς τὸ> Τῷ τὴν ἄβατον, τοὺς β΄[104] ἀνὰ ς΄, λέγομεν δὲ καὶ Τῷ Κυρίῳ ᾄσωμεν· ἀπὸ γ΄ ᾠδῆς κάθισμα τῆς ἑορτῆς ἦχος γ΄ πρὸς τὸ Τὴν ὡραιότητα Ἐπιφανέντος σου ἐν Ἰορδάνῃ, Δόξα καὶ νῦν, τὸ αὐτό· ἀνάγνωσις λόγος τοῦ θεολόγου, οὗ ἡ ἀρχὴ Χθὲς τῇ λαμπρᾷ τῶν φώτων ἡμέρᾳ εἰς δόσεις δ΄· ἀπὸ ς΄ τὸ[105] κοντάκιον Τὴν σωματικήν σου παρουσίαν ἦχος πλάγιος β΄ καὶ τὸν οἶκον. 10.ἐξαποστειλάριον Ἐπεφάνη ὁ Σωτήρ.[106] 12.εἰς τὸν στίχον τῶν αἴνων στιχηρὰ τῆς ἑορτῆς ἦχος →

---

[99] Βαστιστοῦ D
[100] σὺ cod.
[101] καὶ σοὶ...προβάτων om. D
[102] κυριακῇ D
[103] κανόνας D
[104] δύο D
[105] om. D
[106] σήμερον D

428

7 JANUARY

backwards [Ps 113:3], third stichos: *What ails you, sea, that you fled, and you, Jordan, that you were turned backwards, you mountains, that you skipped like rams and the hills like young sheep?* [Ps 113:5-6].

I.07 K.1 But if it turns out to be a Sunday, we recite prokeimenon: Ὁ Κύριος ἐβασίλευσεν [Ps 92:1], for it takes precedence over all the prokeimena.

10. At the stichos, stichera idiomela of the feast in mode 1: Φῶς ἐκ φωτός, stichos: Ἡ θάλασσα εἶδε καὶ ἔφυγεν, ὁ Ἰορδάνης ἐστράφη εἰς τὰ ὀπίσω [Ps 113:3], Πῶς σε, Χριστέ, δοῦλοι τὸν δεσπότην, stichos: Τί σοί ἐστι θάλασσα, ὅτι ἔφυγες [Ps 113:5]. Σὺ ἐν Ἰορδάνῃ βαπτισθεὶς ὁ Σωτὴρ ἡμῶν, *Glory...both now...*, idiomelon of the Prodromos in plagal mode 2: Ἄγγελος ἐκ στειρωτικῶν ὠδίνων προῆλθες. **12.**Apolytikion: Ἐν Ἰορδάνῃ βαπτιζομένου σου, Κύριε.[96]

PN. We do not chant **Pannychis**, unless it is a Sunday.

O. At Orthros, we rise coming up to the ninth hour. **3.**At Θεὸς Κύριος **4.**we recite the troparion of the feast twice, *Glory...both now...*, in mode 2 Μνήμη δικαίου μετὰ ἐγκωμίων [Prov 10:7].[97] **5.**We do not recite the continuous psalmody, but immediately **8.**psalm 50. **9.**Two canons: one of the feast <to> Βυθοῦ ἀνεκάλυψε[98] in mode 2, and another of the Prodromos in the same mode <to> Τῷ τὴν ἄβατον,[99] from the two of them six troparia each; and we also recite Τῷ Κυρίῳ ᾄσωμεν.[100] **a.**After the third ode, poetic kathisma of the feast in mode 3 to Τὴν ὡραιότητα: Ἐπιφανέντος σου ἐν Ἰορδάνῃ, *Glory...both now...*, the same repeated, reading: *Homily* of the Theologian beginning Χθὲς τῇ λαμπρᾷ τῶν φώτων ἡμέρᾳ [BHG, 1947] in four portions; **b.**after the sixth ode, the kontakion: Τὴν σωματικήν σου παρουσίαν in plagal mode 2 and the oikos. **10.**Exaposteilarion: Ἐπεφάνη ὁ Σωτήρ.[101] **12.**At the stichos of the

---
[96] The troparion used as apolytikion of the feast; see note 82.
[97] The troparion of the Prodromos.
[98] The heirmos.
[99] The heirmos.
[100] Ode 1.
[101] The exaposteilarion of the feast, see I.06 O.10.

ΙΑΝΝΟΥΑΡΙΟΣ

πλάγιος α΄ πρὸς τὸ Χαίροις *Πάλαι τὴν ῥυπωθεῖσαν*, στίχος *Ἡ θάλασσα εἶδε καὶ ἔφυγεν*· *Θέλων τοὺς ποταμούς*, στίχος *Τί σοί ἐστι θάλασσα·* *Ποίαν εὐχαριστίαν Σωτήρ*, *Δόξα καὶ νῦν*, ἰδιόμελον τοῦ προδρόμου εἰς τὸν αὐτὸν ἦχον *Τὴν χεῖρά σου τὴν ἀψαμένην*, ζήτει εἰς τὰ ιβ΄ τροπάρια. 14.ἀπολυτίκιον *Ἐν Ἰορδάνῃ βαπτιζομένου σου Κύριε.*

Εἰς τὴν λειτουργίαν 1.τὰ ἀντίφωνα τῆς ἑορτῆς, εἰ μὴ τύχῃ κυριακῇ,[107] τὸν δὲ στίχον τῆς εἰσόδου, εἰς ἦχον β΄ τροπάριον *Μνήμη δικαίου*, *Δόξα καὶ νῦν*, ἦχος πλάγιος β΄ *Τὴν σωματικήν σου*. ὁ τρισάγιος. 2.προκείμενον ἦχος δ΄ *Εὐφρανθήσεται δίκαιος*· στίχος *Εἰσάκουσον ὁ Θεὸς φωνῆς μου*· ὁ ἀπόστολος *Ἐν ταῖς ἡμέραις ἐκείναις ἐγένετο ἐν τῷ τὸν Ἀπολλώ*, ζήτει τῇ ἐπαύριον τῆς ἀναληψίμου. Ἀλληλούια ἦχος δ΄ *Δίκαιος ὡς φοῖνιξ ἀνθήσει*· εὐαγγέλιον κατὰ Ἰωάννην *Τῷ καιρῷ ἐκείνῳ βλέπει ὁ Ἰωάννης τὸν Ἰησοῦν*. 3.κοινωνικὸν τῆς ἑορτῆς, καὶ τοῦ ἁγίου *Μνήμη δικαίου.*

Εἰ δὲ τύχῃ ἐν ἡμέρᾳ κυριακῇ, ἑσπέρας μὲν 1.γίνεται ἡ στιχολογία ὡς σύνηθες τὸ *Μακάριος ἀνήρ*, 2.εἰς δὲ τὸ *Κύριε ἐκέκραξα* ἱστῶμεν η΄ καὶ ψάλλομεν τὰ γ΄ ἀναστάσιμα τοῦ ἤχου πρὸς μίαν καὶ τὰ εἰρημένα ἰδιόμελα στιχηρὰ τὰ β΄ ἐκ δευτέρου, τὸ δὲ γ΄ ἅπαξ, *Δόξα καὶ νῦν*, τὸ εἰρημένον ἰδιόμελον *Ὁ ἀναβαλλόμενος*. 3.εἴσοδος καὶ 4.προκείμενον *Ὁ Κύριος ἐβασίλευσεν*. 10.εἰς τὸν στίχον τὸ ἀναστάσιμον ἅπαξ καὶ δύο ἰδιόμελα ἦχος α΄ ἐκ τῶν εἰρημένων,

---

[107] κυριακή D

7 JANUARY

ainoi, stichera of the feast in plagal mode 1 to Χαίροις: *Πάλαι τὴν ῥυπωθεῖσαν*, stichos: *Ἡ θάλασσα εἶδε καὶ ἔφυγεν* [Ps 113:3]. *Θέλων τοὺς ποταμούς*, stichos: *Τί σοί ἐστι θάλασσα* [Ps 113:5]. *Ποίαν εὐχαριστίαν Σωτήρ*, Glory...both now..., idiomelon of the Prodromos in the same mode: *Τὴν χεῖρά σου τὴν ἀψαμένην* (look in the twelve troparia). 14.Apolytikion: *Ἐν Ἰορδάνῃ βαπτιζομένου σου, Κύριε.*[102]

L. At the Liturgy, 1.the antiphons of the feast, unless it happens to be a Sunday, and the stichos of the entrance, in mode 2 troparion: *Μνήμη δικαίου*,[103] Glory...both now..., in plagal mode 2 *Τὴν σωματικήν σου*.[104] The trisagion. 2.Prokeimenon in mode 4: *Εὐφρανθήσεται δίκαιος* [Ps 63:11], stichos: *Εἰσάκουσον ὁ Θεὸς φωνῆς μου* [Ps 63:2], the apostle: [Acts 19:1ff] (see the day after the Ascension). Alleluia in mode 4: *Δίκαιος ὡς φοῖνιξ ἀνθήσει* [Ps 91:13], gospel: according to John [1:29ff]. 3.Koinonikon of the feast,[105] and of the holy man: *Μνήμη δικαίου* [Prov 10:7].[106]

> **I.07 K.2** But if it falls on a Sunday, **V.at Vespers 1.**the recitation of continuous psalmody takes place as is customary: *Μακάριος ἀνήρ* [kath 1],[107] 2.and at *Κύριε ἐκέκραξα* we intercalate eight times and chant the three resurrection stichera of the mode once,[108] and the aforementioned stichera idiomela, the two of them twice but the third once, Glory...both now..., the aforementioned idiomelon: *Ὁ ἀναβαλλόμενος*.[109] 3.Entrance and 4.prokeimenon: *Ὁ Κύριος ἐβασίλευσεν* [Ps 92:1]. 10.At the stichos, the resurrection [sticheron] once, and two idiomela in mode 1 from the aforementioned ones,[110] Glory...both

---

[102] The troparion used as apolytikion of the feast; see V.12 above and note 82.
[103] See O.4 above.
[104] See the kontakion at O.9b above.
[105] See I.06 L.3.
[106] The troparion of the Prodromos used as a koinonikon here; see O.4 above.
[107] Kathisma 1 of the psalter (psalms 1-8) is always chanted at Vespers on Saturday evenings.
[108] The mode is set; see note 14.
[109] For these stichera idiomela see V.2 above.
[110] For these stichera idiomela see V.10 above.

ΙΑΝΝΟΥΑΡΙΟΣ

Δόξα καὶ νῦν, ἦχος πλάγιος β΄ τὸ εἰρημένον. Εἰς δὲ τὴν παννυχίδα τῆς ἀγρυπνίας 1.τὸν κανόνα τοῦ ἤχου τὸν ἕνα, καὶ ἕτερον τῆς ἑορτῆς ἦχος β΄ <πρὸς τὸ> Δεῦτε λαοὶ Ἰωάννου μοναχοῦ εἰς δ΄. κάθισμα δὲ καὶ κοντάκιον [66v] τὰ συνήθη, ἤγουν 2.ἀπὸ γ΄ τὸ κατανυκτικὸν τοῦ ἤχου καὶ 3.ἀπὸ ϛ΄ τὸ κοντάκιον τῆς Θεοτόκου· πλὴν βραδυτέρως ἀρχόμεθα τῆς ἀγρυπνίας διὰ τὸν τῆς προλαβούσης κόπον. Εἰς τὸν ὄρθρον 3.*Θεὸς Κύριος* εἰς τὸν ἐνεστῶτα ἦχον, καὶ 4.τὸ ἀναστάσιμον τροπάριον ἐκ δευτέρου, *Δόξα καὶ νῦν*, ἦχος β΄ *Μνήμη δικαίου μετ' ἐγκωμίων*. 5.αἱ στιχολογίαι καὶ[108] τὰ καθίσματα τὰ ἀναστάσιμα ὡς σύνηθες· αἱ ἀναγνώσεις ἐκ τῆς ἑρμηνείας τοῦ κατὰ Ματθαῖον καὶ ὁ λόγος τοῦ θεολόγου *Χθὲς τῇ λαμπρᾷ* εἰς δόσεις δ΄. εἰς δὲ τὸ τέλος τῶν στιχολογιῶν ἡ ὑπακοὴ τοῦ ἤχου. 6.εἶτα οἱ ἀναβαθμοί. 7.τὸ προκείμενον καὶ τὸ *Πᾶσα πνοή*, πάντα τοῦ ἤχου· εὐαγγέλιον ἀναστάσιμον· *Ἀνάστασιν Χριστοῦ θεασάμενοι*. καὶ 8.ὁ Ν΄. 9.κανόνες γ΄· τὸν ἀναστάσιμον εἰς δ΄, καὶ τῆς ἑορτῆς τὸν εἰρημένον εἰς δ΄, καὶ τοῦ ἁγίου εἰς ϛ΄· ἀπὸ γ΄ ᾠδῆς κάθισμα τὸ εἰρημένον· ἀπὸ ϛ΄ τὸ κοντάκιον. 10.ἐξαποστειλάριον *Ἅγιος Κύριος*. 11.εἰς τοὺς αἴνους ἱστῶμεν η΄ καὶ ψάλλομεν τὰ δ΄ ἀναστάσιμα καὶ τὰ εἰρημένα γ΄ τῆς ἑορτῆς δευτεροῦντες τὸ ἕν, εἰς ἦχον πλάγιον α΄, *Δόξα*, ἰδιόμελον εἰς τὸν αὐτὸν ἦχον *Τὴν χεῖρά σου*, →

---

[108] κατὰ D

7 JANUARY

now..., in plagal mode 2 the aforementioned one.[111] **PN.At Pannychis of the Agrypnia, 1.**one canon of the mode,[112] and from another, that of the feast in mode 2 <to> Δεῦτε λαοί by John the Monk four troparia, the customary poetic kathisma and kontakion, that is, **2.**after the third ode, the penitential one of the mode,[113] and **3.**after the sixth ode, the kontakion of the Theotokos. But we begin the **Agrypnia** later because of weariness from the preceding [day]. **O.At Orthros, 3.**Θεὸς Κύριος in the established mode,[114] and **4.**the resurrection troparion twice, *Glory...both now...*, in mode 2: Μνήμη δικαίου μετ᾽ ἐγκωμίων [Prov. 10:7].[115] **5.**The recitations of continuous psalmody, and the resurrection poetic kathismata as is customary, the readings: from the *Commentary* on the [Gospel] according to Matthew, and the *Homily* of the Theologian: Χθὲς τῇ λαμπρᾷ [BHG, 1947] in four portions. At the end of the recitations of continuous psalmody, the hypakoe of the mode.[116] **6.**Then the anabathmoi. **7a.**The prokeimenon and **b.**Πᾶσα πνοή, all of the mode;[117] **c.**resurrection gospel, **d.**Ἀνάστασιν Χριστοῦ θεασάμενοι, and **8.**psalm 50. **9.**Three canons: from the resurrection one four troparia, and from the aforementioned one of the feast four troparia, and from that of the holy man six troparia; **a.**after the third ode, the aforementioned poetic kathisma; **b.**after the sixth ode, the kontakion.[118] **10.**Exaposteilarion: Ἅγιος Κύριος. **11.**At the ainoi, we intercalate eight times and chant the four resurrection stichera, and the three aforementioned ones of the feast, repeating the first,[119] in plagal mode 1, *Glory...*, idiomelon in the same mode: Τὴν χεῖρά σου,[120] both

---

[111] The idiomelon of the Prodromos; see V.10 above.
[112] The mode is set; see note 14.
[113] The mode is set; see note 14.
[114] The mode is set; see note 14.
[115] The troparion of the Prodromos; see O.4 above.
[116] The mode is set; see note 14.
[117] The mode is set; see note 14.
[118] See Orthros 9b above.
[119] See O.12 above.
[120] An idiomelon of the Prodromos; see O.12 above.

καὶ νῦν, Ὑπερευλογημένη ὑπάρχεις. Εἰς δὲ τὴν λειτουργίαν 1.τυπικὰ καὶ οἱ ἀναστάσιμοι μακαρισμοί. μετὰ[109] τὴν εἴσοδον τροπάριον τὸ ἀναστάσιμον, *Δόξα καὶ νῦν*, τὸ κοντάκιον *Τὴν σωματικήν σου παρουσίαν*. ὁ τρισάγιος. 2.προκείμενον καὶ Ἀλληλούια τοῦ ἁγίου τὰ προειρημένα. ἀπόστολος δὲ καὶ εὐαγγέλιον ἀμφότερα, προηγοῦνται δὲ τὰ τῆς κυριακῆς· ὁμοίως καὶ 3.κοινωνικὸν τῆς ἑορτῆς καὶ τοῦ ἁγίου.

Χρὴ δὲ γινώσκειν ὅτι ἐὰν φθάσῃ ἡ ἑορτὴ ἐν μέσῳ ἑβδομάδος, μέχρι τῆς κυριακῆς ἓν κάθισμα στιχολογοῦμεν ἐν μόνῳ τῷ ὄρθρῳ· ἀπὸ δὲ ταύτης πάλιν δύο καθίσματα ἐν τῷ ὄρθρῳ καὶ ἕτερον τῇ ἑσπέρᾳ.

Σαββάτῳ μετὰ τὰ φῶτα 2.προκείμενον καὶ Ἀλληλούια τὰ κατὰ συνήθειαν. ὁ ἀπόστολος πρὸς Ἐφεσίους *Ἀδελφοί, ἐνδυναμοῦσθε ἐν Κυρίῳ*, ζήτει κυριακῇ κζ΄. εὐαγγέλιον κατὰ Λουκᾶν *Τῷ καιρῷ ἐκείνῳ ἀνήχθη ὁ Ἰησοῦς ὑπὸ τοῦ Πνεύματος πειρασθῆναι ὑπὸ τοῦ διαβόλου*.

Κυριακῇ μετὰ τὰ φῶτα 2.προκείμενον καὶ Ἀλληλούια ἄμνημα. ἀπόστολος δὲ πρὸς Τιμόθεον *Τέκνον Τιμόθεε, χάριν ἔχω τῷ Θεῷ ᾧ λατρεύω*, ζήτει κυριακῇ λγ΄. εὐαγγέλιον κατὰ Ματθαῖον *Τῷ καιρῷ ἐκείνῳ ἀκούσας ὁ Ἰησοῦς ὅτι Ἰωάννης παρεδόθη*.

Μηνὶ τῷ αὐτῷ η΄· μεθέορτα τῶν φώτων, καὶ τοῦ ἁγίου μάρτυρος Ἰουλιανοῦ, καὶ τῆς ἁγίας ὁσιομάρτυρος Δομνίκας.

Ἑσπέρας 1.οὐ στιχολογοῦμεν, 2.εἰς δὲ τὸ *Κύριε ἐκέκραξα* ἱστῶμεν ϛ΄ καὶ ψάλλομεν στιχηρὰ τῆς ἑορτῆς β΄ εἰς ἦχον δ΄ πρὸς τὸ *Ἔδωκας σημείωσιν Ὡς εἶδέ σε Δέσποτα*, καὶ ἕτερον *Δεῦρό μοι μυστήριον*, καὶ ἕτερα δύο [67r] τῆς ὁσίας ὁμοίως, καὶ δύο τοῦ μάρτυρος εἰς τὸν

---

[109] δὲ add. D

7-8 JANUARY

now..., Ὑπερευλογημένη ὑπάρχεις. **L.At the Liturgy, 1.**typika, and the resurrection makarismoi. After the entrance, the resurrection troparion, *Glory...both now...*, the kontakion: *Τὴν σωματικήν σου παρουσίαν.*[121] The trisagion. **2.**The aforementioned prokeimenon and *Alleluia* of the holy man.[122] Apostle and gospel, both sets; but those of the Sunday have precedence. Similarly also **3.**koinonikon of the feast and of the holy man.[123]

N. It is necessary to realise that if the feast comes in the middle of a week, until Sunday we recite one kathisma of continuous psalmody during **Orthros** only, but after that again two kathismata during **Orthros** and another at **Vespers**.[124]

I.07 S.1 On Saturday after [the Feast of] Lights, **L.2.**prokeimenon and *Alleluia*, the ones according to custom. The apostle: to the Ephesians [6:10ff] (see the twenty-seventh Sunday); gospel: according to Luke [Mt 4:1ff].[125]

I.07 K.3 On Sunday after [the Feast of] Lights, **L.2.**non-commemorative prokeimenon and *Alleluia*. Apostle: to Timothy [II 1:3ff] (see the thirty-third Sunday); gospel: according to Matthew [4:12ff].

I.08C. 8th of the same month. Afterfeast of Lights, and the commemoration of the holy martyr Julian, and of the holy hosiomartyr Domnika.

V. At Vespers, 1.we do not recite the continuous psalmody, **2.**but at Κύριε ἐκέκραξα we intercalate six times and chant two stichera of the feast in mode 4 to Ἔδωκας σημείωσιν: Ὡς εἶδέ σε, Δέσποτα, and another: Δεῦρό μοι μυστήριον, and another two of the saintly woman to the same melody, and two of the martyr in the same

---
[121] See O.9b above.
[122] See L.2 above.
[123] See L.3 above.
[124] See IX.17 Orthros N, XII.27 N. The two kathismata of continuous psalmody at Orthros and one at Vespers resume on I.09.
[125] This gospel reading is cited incorrectly.

ΙΑΝΝΟΥΑΡΙΟΣ

αὐτὸν ἦχον πρὸς τὸ Ὡς γενναῖον, *Δόξα καὶ νῦν*, ἰδιόμελον τῆς ἑορτῆς εἰς τὸν αὐτὸν ἦχον *Δεῦτε μιμησώμεθα*. 4.προκείμενον. 10.εἰς τὸν στίχον στιχηρὰ τῆς ἑορτῆς γ´ ἦχος πλάγιος β´ πρὸς τὸ Τριήμερος ἀνέστης Χριστέ, *Δόξα καὶ νῦν*, ἰδιόμελον εἰς τὸν αὐτὸν ἦχον *Ἀνυμνήσωμεν οἱ πιστοί*. 12.ἀπολυτίκιον τῆς ἑορτῆς.

Εἰς τὴν παννυχίδα 1.κανὼν τῆς ἑορτῆς ἦχος β´ Ἰωάννου μοναχοῦ εἰς δ´· 3.ἀπὸ ς´ τὸ κοντάκιον τῆς ἑορτῆς. εἰ δὲ εἴη κυριακή, ἑσπέρας[110] τὸν κανόνα τῆς Θεοτόκου εἰς τὸν ἐνεστῶτα ἦχον.

Εἰς τὸν ὄρθρον 5.ἀπὸ τῆς στιχολογίας κάθισμα τῆς ἑορτῆς, *Δόξα καὶ νῦν*, τὸ αὐτό· ἀνάγνωσις τὸ ὑπολειφθὲν ἐκ τοῦ λόγου τοῦ θεολόγου· καὶ ἀπὸ γ´ ᾠδῆς τὸν βίον τῆς ὁσίας, οὗ ἡ ἀρχὴ *Δομνίκαν τὴν τῷ ὄντι*. 9.κανόνες γ´· ἕνα τῆς ἑορτῆς τὸν ἰαμβικὸν εἰς δ´ ἦχος β´ <πρὸς τὸ> Στείβει θαλάσσης, καὶ τῆς ὁσίας εἰς τὸν αὐτὸν ἦχον Ἰωσὴφ εἰς δ´ <πρὸς τὸ> Ἐν βυθῷ κατέστρωσε, καὶ τοῦ ἁγίου εἰς ἦχον α´ Ἰωσὴφ <πρὸς τὸ> Σοῦ ἡ τροπαιοῦχος εἰς δ´· ἀπὸ γ´ ᾠδῆς κάθισμα τοῦ μάρτυρος πρὸς τὸ Ταχὺ προκατάλαβε, *Δόξα καὶ νῦν*, θεοτοκίον· ἀπὸ ς´ τὸ κοντάκιον τῆς ἑορτῆς. 12.εἰς τὸν στίχον στιχηρὰ τῆς ἑορτῆς γ´ ἦχος πλάγιος β´ πρὸς τὸ Αἱ ἀγγελικαί, *Δόξα καὶ νῦν*, ἰδιόμελον ἦχος β´ *Εἴδοσάν σε ὕδατα ὁ Θεός*. 14.ἀπολυτίκιον τῆς ἑορτῆς.

---

[110] om. D

8 JANUARY

mode to Ὡς γενναῖον, *Glory...both now...,* idiomelon of the feast in the same mode: Δεῦτε μιμησώμεθα. 4.Prokeimenon. 10.At the stichos, three stichera of the feast in plagal mode 2 to Τριήμερος ἀνέστης Χριστέ, *Glory...both now...,* idiomelon in the same mode: Ἀνυμνήσωμεν οἱ πιστοί. 12.Apolytikion of the feast.[126]

PN. At Pannychis, 1.from canon of the feast in mode 2 by John the Monk four troparia; **3.**after the sixth ode, the kontakion of the feast.[127] But if it were a Sunday, in the evening[128] the canon of the Theotokos in the established mode.[129]

O. At Orthros, 5a.after the recitation of continuous psalmody, **b.**poetic kathisma of the feast, *Glory...both now...,* the same repeated, **c.**reading: what was left over from the *Homily* of the Theologian, and **9a.**after the third ode, the *Life* of the saintly woman beginning Δομνίκαν τὴν τῷ ὄντι [BHG, 562]. **9.**Three canons: from the iambic one of the feast four troparia in mode 2 <to> Στείβει θαλάσσης,[130] and from that of the saintly woman in the same mode by Joseph four troparia <to> Ἐν βυθῷ κατέστρωσε,[131] and from that of the holy man in mode 1 by Joseph <to> Σοῦ ἡ τροπαιοῦχος four troparia; **a.**after the third ode, poetic kathisma of the martyr to Ταχὺ προκατάλαβε, *Glory...both now...,* theotokion; **b.**after the sixth ode, the kontakion of the feast.[132] **12.**At the stichos, three stichera of the feast in plagal mode 2 to Αἱ ἀγγελικαί, *Glory...both now...,* idiomelon in mode 2: Εἴδοσάν σε ὕδατα, ὁ Θεός. **14.**Apolytikion of the feast.[133]

---

[126] See I.07 V.12.
[127] See I.06 Hesperinon after the collation at the close of the service.
[128] The scribe means at Pannychis, since Pannychis is appended to Vespers.
[129] The mode is set; see note 14.
[130] The heirmos.
[131] The heirmos.
[132] See I.06 Hesperinon after the collation at the end of the service.
[133] See I.06 O.14.

ΙΑΝΝΟΥΑΡΙΟΣ

Εἰς τὴν λειτουργίαν 1.τυπικὰ καὶ μακαρισμοὶ τῆς ἑορτῆς ἦχος δ'. τροπάριον καὶ τὸ κοντάκιον τῆς ἑορτῆς. 2.ὁμοίως δὲ καὶ προκείμενον καὶ *Ἀλληλούια* καὶ 3.κοινωνικὸν τῆς ἑορτῆς. ἀπόστολος δὲ μεθέορτος πρὸς Ἐφεσίους *Ἀδελφοί, ἑνὶ ἑκάστῳ ἡμῶν ἐδόθη χάρις,*[111] ζήτει...[112] καὶ[113] εὐαγγέλιον, ζήτει μεθέορτον εἰς τὰς η' τοῦ αὐτοῦ μηνός.

Εἰ δὲ τύχῃ κυριακῇ, πάντα κοινά.

Μηνὶ τῷ αὐτῷ θ'· μεθέορτα, καὶ τοῦ ἁγίου μάρτυρος Πολυεύκτου, καὶ τοῦ ὁσίου Μαρκιανοῦ.

Ἑσπέρας 1.μετὰ τὴν στιχολογίαν 2.εἰς τὸ *Κύριε ἐκέκραξα* ἱστῶμεν ϛ' καὶ ψάλλομεν στιχηρὰ τῆς ἑορτῆς β' ἦχος α' πρὸς τὸ Πανεύφημοι μάρτυρες *Ἰδών σε ἐρχόμενον, Ὤφθης ὅλος ἄνθρωπος*, καὶ τοῦ ὁσίου εἰς τὸν αὐτὸν ἦχον ἕτερα β', ἦχος πλάγιος δ' πρὸς τὸ Ὦ τοῦ παραδόξου τὰ τοῦ μάρτυρος καὶ αὐτὰ β', *Δόξα καὶ νῦν*, ἰδιόμελον τῆς ἑορτῆς εἰς τὸν αὐτὸν ἦχον *Σήμερον ἡ κτίσις φωτίζεται*. 4.προκείμενον. 10.εἰς τὸν στίχον στιχηρὰ γ' τῆς ἑορτῆς ἦχος δεύτερος πρὸς τὸ Οἶκος τοῦ Ἐφραθᾶ, *Δόξα καὶ νῦν*, εἰς τὸν αὐτὸν ἦχον *Ἐν Ἰορδάνῃ ποταμῷ*. 12.ἀπολυτίκιον τῆς ἑορτῆς.

Εἰς τὴν παννυχίδα ὡς σύνηθες.

Εἰς τὸν ὄρθρον 3.*Θεὸς Κύριος* καὶ 4.τὸ τροπάριον τῆς ἑορτῆς ἐκ γ'. 5.αἱ στιχολογίαι καθίσματα β', εἰ μὴ ἔστι τέλος τῆς ἑβδομάδος· ἀπὸ πρώτης στιχολογίας κάθισμα τῆς ἑορτῆς, *Δόξα καὶ νῦν*, τὸ αὐτό·

---

[111] ἡ praepos. D
[112] lacuna est in cod.
[113] om. D

8-9 JANUARY

L. At the Liturgy, 1.typika and makarismoi of the feast in mode 4, troparion and the kontakion of the feast.[134] 2.And similarly both prokeimenon and *Alleluia* and 3.koinonikon of the feast.[135] But the afterfeast apostle: to the Ephesians [4:7ff] (look...),[136] and gospel (look for that of the afterfeast at the eighth of the same month).[137]

I.08 K. But if it happens to be on a Sunday, all the customary elements.

I.09C. 9th of the same month. Afterfeast, and the commemoration of the holy martyr Polyeuktos, and of saintly Markianos.

V. At Vespers, 1.after the recitation of continuous psalmody, 2.at Κύριε ἐκέκραξα we intercalate six times and chant two stichera of the feast in mode 1 to Πανεύφημοι μάρτυρες: Ἰδών σε ἐρχόμενον, Ὤφθης ὅλος ἄνθρωπος, and another two of the saintly man in the same mode, in plagal mode 4 to Ὦ τοῦ παραδόξου those of the martyr also two in number, *Glory...both now...*, idiomelon of the feast in the same mode: Σήμερον ἡ κτίσις φωτίζεται. 4.Prokeimenon. 10.At the stichos, three stichera of the feast in the second mode to Οἶκος τοῦ Ἐφραθᾶ, *Glory...both now...*, in the same mode Ἐν Ἰορδάνῃ ποταμῷ. 12.Apolytikion of the feast.[138]

PN. At Pannychis, as is customary.

O. At Orthros, 3.Θεὸς Κύριος, and 4.the troparion of the feast[139] three times. 5.The recitations of continuous psalmody, two kathismata unless it is the end of the week;[140] a.after the first recitation, b.poetic kathisma of the feast, *Glory...both now...*, the

---

[134] For the troparion see I.06 O.4, for the kontakion see I.06 after the collation at the end of the service.
[135] For these see I.06 L.2 and 3.
[136] There is a short gap in the manuscript, presumably intended for the reference to the reading.
[137] Probably Jn 3:22ff.
[138] See I.07 V.12.
[139] See I.06 O.4.
[140] See I.07 N.

ΙΑΝΝΟΥΑΡΙΟΣ

ἀπὸ δευτέρας στιχολογίας κάθισμα τοῦ μάρτυρος ἦχος πλάγιος δ΄ καὶ θεοτοκίον· ἀνάγνωσις τὸ μαρτύριον [67v] τοῦ ἁγίου, οὗ ἡ ἀρχὴ *Εἴπερ τις ἄλλη καλλίστη*, καὶ ὁ βίος τοῦ ὁσίου, οὗ ἡ ἀρχὴ *Πολλὰ μὲν καὶ ἄλλα*. 9.κανόνες γ΄· τὸν ἕνα τῆς ἑορτῆς <πρὸς τὸ> Βυθοῦ ἀνεκάλυψε, καὶ ἄλλον τοῦ μάρτυρος ἦχος πλάγιος δ΄ Θεοφάνους <πρὸς τὸ> Ἡ κεκομμένη, καὶ ἕτερον τοῦ ὁσίου ἦχος α΄ πρὸς τὸ Ὠιδὴν ἐπινίκιον Θεοφάνους, τοὺς γ΄ ἀνὰ δ΄· ἀπὸ γ΄ ᾠδῆς κάθισμα τοῦ ὁσίου ἦχος πλάγιος δ΄ καὶ θεοτοκίον· ἀπὸ ς΄ τὸ κοντάκιον τῆς ἑορτῆς καὶ οἴκους γ΄. 10.ἐξαποστειλάριον τῆς ἑορτῆς. 12.εἰς τὸν στίχον τῶν αἴνων στιχηρὰ γ΄ τῆς ἑορτῆς ἦχος πλάγιος β΄ πρὸς τὸ Αἱ ἀγγελικαί, *Δόξα καὶ νῦν*, ἰδιόμελον ἦχος β΄ *Ὑπέκλινας κάραν*. 14.ἀπολυτίκιον τῆς ἑορτῆς.

Εἰς τὴν λειτουργίαν 1.τυπικὰ καὶ μακαρισμοὶ τῆς ἑορτῆς οἱ καταλειφθέντες[114] ἦχος δ΄. τροπάριον καὶ τὸ κοντάκιον τῆς ἑορτῆς, 2.ὁμοίως δὲ καὶ προκείμενον καὶ Ἀλληλούια, τὸν δεύτερον στίχον τῆς ἑορτῆς. ἀπόστολος[115] δὲ καὶ εὐαγγέλιον τῆς ἡμέρας. 3.κοινωνικὸν τῆς ἑορτῆς.

Μηνὶ τῷ αὐτῷ ι΄· μεθέορτα· καὶ τοῦ ὁσίου πατρὸς ἡμῶν Γρηγορίου ἐπισκόπου Νύσσης.

Ἑσπέρας 1.μετὰ τὴν στιχολογίαν 2.εἰς τὸ *Κύριε ἐκέκραξα* ἱστῶμεν ς΄ καὶ ψάλλομεν στιχηρὰ τῆς ἑορτῆς γ΄ ἦχος α΄ πρὸς τὸ Πανεύφημοι μάρτυρες *Συνέχομαι πάντοθεν*, ἄλλο *Ἥλιον ῥυπτόμενον*, ἕτερον

---

[114] ἐγκαταλειφθέντες D
[115] ἀπόστολον D

9-10 JANUARY

same repeated; d.after the second recitation, e.poetic kathisma of the martyr in plagal mode 4, and theotokion, f.reading: the *Martyrion* of the holy man beginning Εἴπερ τις ἄλλη καλλίστη [BHG, 1568], and the *Life* of the saintly man beginning Πολλὰ μὲν καὶ ἄλλα [BHG, 1034]. 9.Three canons: one of the feast <to> Βυθοῦ ἀνεκάλυψε,[141] and another of the martyr in plagal mode 4 by Theophanes <to> Ἡ κεκομμένη,[142] and another of the saintly man in mode 1 to Ὠιδὴν ἐπινίκιον by Theophanes, from the three of them four troparia each; a.after the third ode, poetic kathisma of the saintly man in plagal mode 4, and theotokion; b.after the sixth ode, the kontakion of the feast,[143] and three oikoi. 10.Exaposteilarion of the feast.[144] 12.At the stichos of the ainoi, three stichera of the feast in plagal mode 2 to Αἱ ἀγγελικαί, *Glory...both now...*, idiomelon in tone 2: Ὑπέκλινας κάραν. 14.Apolytikion of the feast.[145]

L. At the Liturgy, 1.typika and makarismoi of the feast in mode 4, the ones that were left out,[146] troparion and the kontakion of the feast.[147] 2.And similarly both prokeimenon and *Alleluia*, the second stichos of the feast.[148] Apostle and gospel of the day. 3.Koinonikon of the feast.[149]

I.10C. 10th of the same month. Afterfeast, and the commemoration of our saintly father Gregory bishop of Nyssa.

V. At Vespers, 1.after the recitation of continuous psalmody, 2.at Κύριε ἐκέκραξα we intercalate six times and chant three stichera of the feast in mode 1 to Πανεύφημοι μάρτυρες: Συνέχομαι πάντοθεν,

---

[141] The heirmos.
[142] The heirmos.
[143] See I.06 Hesperinon after the collation at the close of the service.
[144] See I.06 O.10.
[145] See I.06 O.14.
[146] That is, the refrains to be selected for the makarismoi are those not used elsewhere in the services of the day.
[147] For the troparion see I.06 O.4, for the kontakion see I.06 Hesperinon after the collation at the end of the service.
[148] See I.06 L.2.
[149] See I.06 L.3.

ΙΑΝΝΟΥΑΡΙΟΣ

Φρίττω σου τὴν ἔλευσιν, καὶ τοῦ ἁγίου ἦχος πλάγιος α΄ πρὸς τὸ ῞Οσιε πάτερ, *Δόξα καὶ νῦν*, ἐκ τῶν προσομοίων τῆς ἑορτῆς[116] πρὸς τὸ Χαίροις *Πάλαι τὴν ῥυπωθεῖσαν*. 4.προκείμενον. 10.εἰς τὸν στίχον στιχηρὰ ἰδιόμελα τῆς ἑορτῆς ἦχος α΄ *Φῶς ἐκ φωτός, Πῶς σε Χριστέ*, καὶ ἰδιόμελον τοῦ ἁγίου εἰς τὸν αὐτὸν ἦχον *Ὁ τῆς ὀρθῆς πίστεως, Δόξα καὶ νῦν, Τὸ ἀληθινὸν φῶς ἐπεφάνη*. 12.ἀπολυτίκιον τὸ τῆς ἑορτῆς.

Εἰς τὴν παννυχίδα ὡς σύνηθες.

Εἰς τὸν ὄρθρον 4.τὸ τροπάριον τῆς ἑορτῆς ἐκ δευτέρου 3.εἰς τὸ *Θεὸς Κύριος*, καὶ εἰς[117] τὸ *Δόξα καὶ νῦν* τοῦ ἁγίου ἦχος πλάγιος δ΄ *Ὀρθοδοξίας ὁδηγέ*. 5.ἀπὸ τῆς στιχολογίας κάθισμα τῆς ἑορτῆς, *Δόξα καὶ νῦν*, τὸ αὐτό· ἀνάγνωσις λόγος τοῦ θεολόγου, οὗ ἡ ἀρχὴ *Φίλου πιστοῦ εἰς δόσιν μίαν*· ἀπὸ δευτέρας στιχολογίας κάθισμα ὅμοιον τῆς ἑορτῆς, *Δόξα καὶ νῦν*, τὸ αὐτό· ἀνάγνωσις ἐκ τοῦ βίου τοῦ ὁσίου Θεοδοσίου, οὗ ἡ ἀρχὴ *῞Ηδιστον μὲν ἔαρ ἐν ὥραις*. 9.κανόνες β΄· τῆς ἑορτῆς τὸν ἰαμβικὸν <πρὸς τὸ> *Στείβει θαλάσσης*, καὶ τοῦ ἁγίου ἦχος πλάγιος α΄ Θεοφάνους, ἀνὰ ϛ΄· ἀπὸ γ΄ ᾠδῆς κάθισμα τοῦ ἁγίου, τὸ ἓν ὁ ψάλτης καὶ τὸ ἕτερον ὁ λαός, *Δόξα καὶ νῦν*, θεοτοκίον· ἀπὸ ϛ΄ τὸ κοντάκιον τοῦ ἁγίου. 10.ἐξαποστειλάριον τῆς ἑορτῆς καὶ τοῦ ἁγίου <πρὸς τὸ> *Ὁ οὐρανόν*. 12.εἰς τὸν στίχον στιχηρὰ τῆς ἑορτῆς β΄ ἦχος πλάγιος β΄ πρὸς τὸ Αἱ ἀγγελικαί, καὶ ἓν τοῦ ἁγίου ἦχος πλάγιος α΄ πρὸς τὸ Χαίροις, *Δόξα καὶ νῦν*,

---

[116] πρὸς τὸ...ἑορτῆς om. D
[117] om. D

10 JANUARY

another: Ἥλιον ῥυπτόμενον, another: Φρίττω σου τὴν ἔλευσιν, and those of the holy man[150] in plagal mode 1 to Ὅσιε πάτερ, Glory...both now..., from the prosomoia of the feast to Χαίροις: Πάλαι τὴν ῥυπωθεῖσαν. 4.Prokeimenon. 10.At the stichos, stichera idiomela of the feast in mode 1: Φῶς ἐκ φωτός, Πῶς σε Χριστέ,[151] and idiomelon of the holy man in the same mode: Ὁ τῆς ὀρθῆς πίστεως, Glory...both now..., Τὸ ἀληθινὸν φῶς ἐπεφάνη. 12.The apolytikion of the feast.[152]

PN. At Pannychis, as is customary.

O. At Orthros, 4.the troparion of the feast[153] twice at 3.Θεὸς Κύριος, and at Glory...both now..., 4.that of the holy man in plagal mode 4: Ὀρθοδοξίας ὁδηγέ. 5a.After the recitation of continuous psalmody,[154] b.poetic kathisma of the feast, Glory...both now..., the same repeated, c.reading: Homily of the Theologian beginning Φίλου πιστοῦ, in one portion [BHG, 716]; d.after the second recitation of continuous psalmody, e.poetic kathisma of the feast to the same melody, Glory...both now..., the same repeated, f.reading: from the Life of the saintly Theodosios beginning Ἥδιστον μὲν ἔαρ ἐν ὥραις [BHG, 1778]. 9.Two canons: from the iambic one of the feast <to> Στείβει θαλάσσης,[155] and from that of the holy man in plagal mode 1 by Theophanes, six troparia each; a.after the third ode, poetic kathisma of the holy man (the cantor [chants] one and the people the other),[156] Glory...both now..., theotokion; b.after the sixth ode, the kontakion of the holy man. 10.Exaposteilarion of the feast,[157] and of the holy man <to> Ὁ οὐρανόν. 12.At the stichos, two stichera of the feast in plagal mode 2 to Αἱ ἀγγελικαί,[158] and one of →

---

[150] Another three stichera.
[151] See I.07 V.10.
[152] See I.07 V.12.
[153] See I.06 O.4.
[154] That is, after the first recitation of continuous psalmody; see d. below.
[155] The heirmos.
[156] This indicates that two kathismata are chanted; the first a solo by the cantor, the other chanted by everyone.
[157] See I.06 O.10.
[158] See I.08 O.12.

προσόμοιον τῆς ἑορτῆς [68r] *Ποίαν εὐχαριστίαν Σωτήρ.*
14.ἀπολυτίκιον τῆς ἑορτῆς.

Εἰς τὴν λειτουργίαν 1.τυπικὰ καὶ ᾠδὴ τοῦ κανόνος τοῦ ἁγίου ἡ γ'. καὶ μετὰ τὴν εἴσοδον τροπάριον τοῦ ἁγίου, *Δόξα καὶ νῦν*, τὸ κοντάκιον τῆς ἑορτῆς. 2.προκείμενον τοῦ ἁγίου ἦχος βαρὺς *Τίμιος ἐναντίον·* στίχος *Τί ἀνταποδώσω*[118] *τῷ Κυρίῳ·* ὁ ἀπόστολος πρὸς Ἑβραίους *Ἀδελφοί, τοιοῦτος ἡμῖν ἔπρεπεν ἀρχιερεύς*, ζήτει σεπτεμβρίου δευτέρᾳ. Ἀλληλούια ἦχος β' *Οἱ ἱερεῖς σου Κύριε·* εὐαγγέλιον κατὰ Ἰωάννην *Εἶπεν ὁ Κύριος Ἐγώ εἰμι ἡ θύρα.* 3.κοινωνικὸν τῆς ἑορτῆς καὶ τοῦ ἁγίου *Εἰς μνημόσυνον αἰώνιον.*

Μηνὶ τῷ αὐτῷ ια'· μεθέορτα, καὶ τοῦ ὁσίου πατρὸς ἡμῶν Θεοδοσίου τοῦ κοινοβιάρχου.

Ἑσπέρας 1.οὐ στιχολογοῦμεν, 2.εἰς δὲ τὸ *Κύριε ἐκέκραξα* ἱστῶμεν ϛ' καὶ ψάλλομεν στιχηρὰ τῆς ἑορτῆς β' ἦχος δ' πρὸς τὸ *Ἔδωκας σημείωσιν Ἥλιον ῥυπτόμενον, Ἴδε πῶς περίκειμαι*, ἔπειτα τοῦ ὁσίου ἦχος πλάγιος α' γ' πρὸς τὸ *Ὅσιε πάτερ* δευτεροῦντες τὸ πρῶτον, *Δόξα καὶ νῦν*, ἦχος πλάγιος δ' *Κύριε πληρῶσαι βουλόμενος.* 10.εἰς τὸν στίχον στιχηρὰ τῆς ἑορτῆς β' πρὸς τὸ *Ὡς ὡράθης Χριστέ*, καὶ ἕτερον ἰδιόμελον τοῦ ἁγίου εἰς τὸν αὐτὸν ἦχον *Ὅσιε πάτερ ὡς πόλις ζῶντος Θεοῦ, Δόξα καὶ νῦν, Σῶσαι βουλόμενος.*
12.ἀπολυτίκιον τῆς ἑορτῆς.

Εἰς τὴν παννυχίδα ὡς σύνηθες.

---

[118] ἀνταποδώσωμεν D

the holy man in plagal mode 1 to Χαίροις, *Glory...both now...*, prosomoion of the feast: *Ποίαν εὐχαριστίαν Σωτήρ.*[159] 14.Apolytikion of the feast.[160]

L. At the Liturgy, 1.typika, and the third ode of the canon of the holy man,[161] and after the entrance, troparion of the holy man, *Glory...both now...*, the kontakion of the feast.[162] 2.Prokeimenon of the holy man in barys mode: *Τίμιος ἐναντίον* [Ps 115:6], stichos: *Τί ἀνταποδώσω τῷ Κυρίῳ* [Ps 115:3], the apostle: to the Hebrews [7:26ff] (see the second of September). *Alleluia* in mode 2: *Οἱ ἱερεῖς σου Κύριε* [Ps 131:9], gospel: according to John [10:9ff]. 3.Koinonikon of the feast,[163] and of the holy man: *Εἰς μνημόσυνον αἰώνιον* [Ps 111:6].

I.11C. 11th of the same month. Afterfeast, and the commemoration of our saintly father Theodosios the koinobiarch.

V. At Vespers, 1.we do not recite the continuous psalmody, 2.but at *Κύριε ἐκέκραξα* we intercalate six times and chant two stichera of the feast in mode 4 to *Ἔδωκας σημείωσιν*: *Ἥλιον ῥυπτόμενον, Ἴδε πῶς περίκειμαι,* next three of the saintly man in plagal mode 1 to *Ὅσιε πάτερ*, repeating the first, *Glory...both now...*, in plagal mode 4 *Κύριε, πληρῶσαι βουλόμενος*. 10.At the stichos, two stichera of the feast to *Ὡς ὡράθης Χριστέ*, and another idiomelon of the holy man in the same mode: *Ὅσιε πάτερ, ὡς πόλις ζῶντος Θεοῦ, Glory...both now..., Σῶσαι βουλόμενος*. 12.Apolytikion of the feast.[164]

PN. At Pannychis, as is customary.

---

[159] See I.07 O.12.
[160] See I.06 O.14.
[161] Most probably means that refrains of the third ode are intercalated into the makarismoi.
[162] See I.06 Hesperinon after the collation at the close of the service.
[163] See I.06 L.3.
[164] See I.07 V.12.

ΙΑΝΝΟΥΑΡΙΟΣ

Εἰς τὸν ὄρθρον 3.Θεὸς Κύριος καὶ 4.τὸ τροπάριον τῆς ἑορτῆς ἐκ δευτέρου, Δόξα καὶ νῦν, ἦχος πλάγιος δ΄ τοῦ ὁσίου Ταῖς τῶν δακρύων σου ῥοαῖς. 5.αἱ στιχολογίαι καθίσματα β΄, καθίσματα τῆς ἑορτῆς, Δόξα καὶ νῦν, τὰ αὐτά· ἀνάγνωσις ὁ βίος τοῦ ὁσίου. 9.κανόνες β΄· τῆς ἑορτῆς τὸ <πρὸς τὸ> Βυθοῦ ἀνεκάλυψε, καὶ τοῦ ὁσίου εἰς τὸν αὐτὸν ἦχον <πρὸς τὸ> Ἐν βυθῷ κατέστρωσε ποίημα Στεφάνου, ἀνὰ ϛ΄· ἀπὸ γ΄ ᾠδῆς κάθισμα τοῦ ὁσίου ἦχος πλάγιος δ΄, Δόξα καὶ νῦν, θεοτοκίον· ἀπὸ ϛ΄ τὸ κοντάκιον τοῦ ὁσίου. 10.ἐξαποστειλάριον τῆς ἑορτῆς καὶ τοῦ ὁσίου <πρὸς τὸ> Ὁ οὐρανόν. 12.εἰς τὸν στίχον τῶν αἴνων στιχηρὰ τοῦ ὁσίου γ΄ ἦχος πλάγιος α΄ πρὸς τὸ Χαίροις, Δόξα καὶ νῦν, ἰδιόμελον τῆς ἑορτῆς εἰς τὸν αὐτὸν ἦχον *Ὁρῶσά σε ἡ φύσις ἅπασα τῶν γηγενῶν*. 14.ἀπολυτίκιον τῆς ἑορτῆς.

Εἰς τὴν λειτουργίαν 1.τυπικὰ καὶ ᾠδὴ τοῦ κανόνος τοῦ ὁσίου ἡ γ΄. μετὰ τὴν εἴσοδον Δόξα καὶ νῦν, τὸ τροπάριον τοῦ ὁσίου καὶ τὸ κοντάκιον τῆς ἑορτῆς. 2.προκείμενον τοῦ ὁσίου ἦχος βαρὺς *Καυχήσονται ὅσιοι ἐν δόξῃ·* στίχος *Ἄισατε τῷ Κυρίῳ ᾆσμα καινόν·* ὁ ἀπόστολος πρὸς...[119] *Ἀδελφοί, ὁ καρπὸς τοῦ Πνεύματος*, ζήτει σαββάτῳ κζ΄. Ἀλληλούια ἦχος πλάγιος β΄ *Μακάριος ἀνήρ·* εὐαγγέλιον τοῦ ὁσίου, ζήτει εἰς τὸ μηνολόγιον τοῦ εὐαγγελίου. 3.κοινωνικὸν τῆς ἑορτῆς καὶ τοῦ ἁγίου. [68v]

---

[119] lacuna est in cod., supplendum Γαλάτας

11 JANUARY

O. **At Orthros**, 3.Θεὸς Κύριος, and 4.the troparion of the feast[165] twice, *Glory...both now...*, in plagal mode 4 that of the saintly man: Ταῖς τῶν δακρύων σου ῥοαῖς. 5.The recitations of continuous psalmody, two kathismata; poetic kathismata of the feast, *Glory...both now...*, the same repeated, reading: the *Life* of the saintly man.[166] 9.Two canons: that of the feast <to> Βυθοῦ ἀνεκάλυψε,[167] and that of the saintly man in the same mode <to> Ἐν βυθῷ κατέστρωσε,[168] composed by Stephen, six troparia from each; a.after the third ode, poetic kathisma of the saintly man in plagal mode 4, *Glory...both now...*, theotokion; b.after the sixth ode, the kontakion of the saintly man. 10.Exaposteilarion of the feast,[169] and of the saintly man <to> Ὁ οὐρανόν. 12.At the stichos of the ainoi, three stichera of the saintly man in plagal mode 1 to Χαίροις, *Glory...both now...*, idiomelon of the feast in the same mode: Ὁρῶσά σε ἡ φύσις ἅπασα τῶν γηγενῶν. 14.Apolytikion of the feast.[170]

L. **At the Liturgy**, 1.typika, and the third ode of the canon of the saintly man.[171] After the entrance, *Glory...both now...*, the troparion of the saintly man, and the kontakion of the feast.[172] 2.Prokeimenon of the saintly man in barys mode: Καυχήσονται ὅσιοι ἐν δόξῃ [Ps 149:5], stichos: Ἄισατε τῷ Κυρίῳ ᾆσμα καινόν [Ps 149:1], the apostle: to the <Galatians> [5:22ff] (see the twenty-seventh Saturday). *Alleluia* in plagal mode 2: Μακάριος ἀνήρ [Ps 111:1], gospel of the saintly man (look in the Menologion of the gospel). 3.Koinonikon of the feast,[173] and of the holy man.

---

[165] See I.06 O.4.
[166] See I.10 O.5f.
[167] The heirmos.
[168] The heirmos.
[169] See I.06 O.10
[170] See I.06 O.14.
[171] Most probably means that refrains of the third ode are intercalated into the makarismoi.
[172] See I.06 Hesperinon after the collation at the close of the service.
[173] See I.06 L.3.

ΙΑΝΝΟΥΑΡΙΟΣ

Μηνὶ τῷ αὐτῷ ιβ'· μεθέορτα, καὶ τῆς ἁγίας μάρτυρος Τατιανῆς, ψάλλομεν δὲ καὶ τοὺς ἁγίους τῆς ιγ' τοῦ αὐτοῦ μηνὸς Ἔρμυλον καὶ Στρατόνικον.

Ἑσπέρας 1.μετὰ τὴν στιχολογίαν 2.εἰς τὸ *Κύριε ἐκέκραξα* ἱστῶμεν ϛ' καὶ ψάλλομεν στιχηρὰ δύο τῆς ἑορτῆς ἦχος δ' πρὸς τὸ Ἔδωκας σημείωσιν *Ὤφθης σωματούμενος*, καὶ ἕτερον *Σύ με ἐν τοῖς ὕδασι*, καὶ ἕτερα β' τῆς ἁγίας ἦχος β' πρὸς τὸ Ὅτε ἐκ τοῦ ξύλου σε, καὶ ἕτερα δύο τῶν μαρτύρων ἦχος α' πρὸς τὸ Τῶν οὐρανίων ταγμάτων, *Δόξα καὶ νῦν*, ἰδιόμελον εἰς τὸν αὐτὸν ἦχον *Τὸ ἀληθινὸν φῶς ἐπεφάνη*. 4.προκείμενον. 10.εἰς τὸν στίχον στιχηρὰ τῆς ἑορτῆς γ' ἦχος πλάγιος δ' πρὸς τὸ Κύριε εἰ καὶ κριτηρίῳ, *Δόξα καὶ νῦν*, ἰδιόμελον εἰς τὸν αὐτὸν ἦχον *Σήμερον ἡ κτίσις φωτίζεται*.

Εἰς τὸν ὄρθρον 3.*Θεὸς Κύριος* καὶ 4.τὸ τροπάριον τῆς ἑορτῆς ἐκ γ'. 5.αἱ στιχολογίαι· ἀπὸ τῆς πρώτης κάθισμα τῆς ἑορτῆς, *Δόξα καὶ νῦν*, τὸ αὐτό· ἀπὸ δευτέρας στιχολογίας κάθισμα τῆς ἁγίας ἦχος δ', *Δόξα καὶ νῦν*, θεοτοκίον· ἀνάγνωσις τὸ μαρτύριον τῆς ἁγίας, οὗ ἡ ἀρχὴ *Βασιλεύοντος ἐν τῇ μεγαλοπόλει*.[120] 9.κανόνες γ'· ἀνὰ δ', τῆς ἑορτῆς ὁ ἰαμβικὸς τὸ <πρὸς τὸ> Στείβει θαλάσσης ἦχος β', καὶ τῆς ἁγίας εἰς τὸν αὐτὸν ἦχον Ἰγνατίου <πρὸς τὸ> Δεῦτε λαοί, καὶ τῶν μαρτύρων Ἰωσὴφ ἦχος πλάγιος δ' <πρὸς τὸ> Ἄισωμεν τῷ Κυρίῳ πάντες λαοί· ἀπὸ γ' ᾠδῆς κάθισμα τῶν μαρτύρων ἦχος α', *Δόξα καὶ νῦν*, θεοτοκίον· ἀνάγνωσις τὸ μαρτύριον αὐτῶν, οὗ ἡ ἀρχὴ *Βασιλεύοντος Λικινίου*·[121] ἀπὸ ϛ' τὸ κοντάκιον τῆς ἑορτῆς καὶ οἴκους γ'. 10.ἐξαποστειλάριον τῆς ἑορτῆς. 12.εἰς τὸν στίχον τῶν αἴνων στιχηρὰ τῆς ἑορτῆς γ' ἦχος πλάγιος β' πρὸς τὸ Αἱ ἀγγελικαί,

---

[120] Μεγαλοπόλει D
[121] Λικιννίου cod.

12 JANUARY

I.12C. 12th of the same month. Afterfeast, and the commemoration of the holy martyr Tatiana; we also chant [in celebration of] the holy men of the 13th of the same month Hermylos and Stratonikos.

V. At Vespers, 1.after the recitation of continuous psalmody, **2.**at Κύριε ἐκέκραξα we intercalate six times and chant two stichera of the feast in mode 4 to Ἔδωκας σημείωσιν: Ὤφθης σωματούμενος, and another: Σύ με ἐν τοῖς ὕδασι, and another two of the holy woman in mode 2 to Ὅτε ἐκ τοῦ ξύλου σε, and another two of the martyrs in mode 1 to Τῶν οὐρανίων ταγμάτων, *Glory...both now...*, idiomelon in the same mode: Τὸ ἀληθινὸν φῶς ἐπεφάνη. **4.**Prokeimenon. **10.**At the stichos, three stichera of the feast in plagal mode 4 to Κύριε εἰ καὶ κριτηρίῳ, *Glory...both now...*, idiomelon in the same mode: Σήμερον ἡ κτίσις φωτίζεται.

O. At Orthros, 3.Θεὸς Κύριος, and **4.**the troparion of the feast[174] three times. **5.**The recitations of continuous psalmody; **a.**after the first, **b.**poetic kathisma of the feast, *Glory...both now...*, the same repeated; **d.**after the second recitation, **e.**poetic kathisma of the holy woman in mode 4, *Glory...both now...*, theotokion, **f.**reading: the *Martyrion* of the holy woman beginning Βασιλεύοντος ἐν τῇ μεγαλοπόλει [BHG, 1699b]. **9.**Three canons: four troparia each from the iambic one of the feast <to> Στείβει θαλάσσης[175] in mode 2, and from that of the holy woman in the same mode by Ignatios <to> Δεῦτε λαοί,[176] and from that of the martyrs by Joseph in plagal mode 4 <to> Ἄισωμεν τῷ Κυρίῳ πάντες λαοί.[177] **a.**After the third ode, poetic kathisma of the martyrs in mode 1, *Glory...both now...*, theotokion, reading: their *Martyrion* beginning Βασιλεύοντος Λικινίου [BHG, 745]; **b.**after the sixth ode, the kontakion of the feast[178] and three oikoi. **10.**Exaposteilarion of the feast.[179] **12.**At the stichos of the ainoi, three stichera of the feast in plagal mode 2 to →

---

[174] See I.06 O.4.
[175] The heirmos.
[176] The heirmos.
[177] The heirmos.
[178] See I.06 Hesperinon after the collation at the close of the service.
[179] See I.06 O.10.

ΙΑΝΝΟΥΑΡΙΟΣ

Δόξα καὶ νῦν, ἰδιόμελον εἰς τὸν αὐτὸν ἦχον *Νάματα Ἰορδάνια*. 14.ἀπολυτίκιον τῆς ἑορτῆς.

Εἰς τὴν λειτουργίαν 1.τυπικὰ καὶ ᾠδὴ τοῦ κανόνος τοῦ προδρόμου ἡ ϛ΄ *Ἐν ἀβύσσῳ*, τροπάριον καὶ τὸ κοντάκιον τῆς ἑορτῆς. 2.προκείμενον ἦχος γ΄ *Κύριος φωτισμός μου*· στίχος *Κύριος ὑπερασπιστής*. ἀπόστολος δὲ καὶ εὐαγγέλιον τῆς ἡμέρας. Ἀλληλούια ἦχος πλάγιος β΄ *Ἐξηρεύξατο ἡ καρδία μου λόγον ἀγαθόν*. 3.κοινωνικὸν τῆς ἑορτῆς.

Μηνὶ τῷ αὐτῷ ιγ΄· ἐν ταύτῃ ἀποδίδοται ἡ ἑορτή, τοὺς δὲ ἁγίους ἐψάλλομεν εἰς τὰς ιβ΄.

Ἑσπέρας 1.οὐ στιχολογοῦμεν, 2.εἰς δὲ τὸ *Κύριε ἐκέκραξα* ἱστῶμεν ϛ΄ καὶ ψάλλομεν στιχηρὰ τῆς ἑορτῆς ἰδιόμελα γ΄ ἀνὰ δεύτερον *Τὸν φωτισμὸν ἡμῶν, Τοῦ λυτρωτοῦ ἡμῶν*,[122] *Τὰ Ἰορδάνια ῥεῖθρα*, *Δόξα καὶ νῦν, Σῶσαι βουλόμενος*. 4.προκείμενον τῆς ἡμέρας. 10.εἰς τὸν στίχον στιχηρὰ ἰδιόμελα ἦχος α΄ *Φῶς ἐκ φωτός, Πῶς σε Χριστέ, Σὺ ἐν Ἰορδάνῃ*, *Δόξα καὶ νῦν*, ἦχος πλάγιος β΄ *Ἀνυμνήσωμεν οἱ πιστοί*.

Εἰς τὴν παννυχίδα 1.κανὼν τῆς ἑορτῆς ἦχος δεύτερος <πρὸς τὸ> *Δεῦτε λαοὶ* εἰς δ΄· 3.ἀπὸ ϛ΄ τὸ κοντάκιον τῆς ἑορτῆς. [69r]

Εἰς τὸν ὄρθρον 3.*Θεὸς Κύριος* καὶ 4.τὸ τροπάριον τῆς ἑορτῆς ἐκ γ΄. 5.αἱ στιχολογίαι καθίσματα β΄, καθίσματα τῆς ἑορτῆς, *Δόξα καὶ*

---

[122] Τοῦ λυτρωτοῦ ἡμῶν om. D

12-13 JANUARY

Αἱ ἀγγελικαί,[180] *Glory...both now...,* idiomelon in the same mode: Νάματα Ἰορδάνια. 14.Apolytikion of the feast.[181]

L. At the Liturgy, 1.typika, and the sixth ode of the canon of the Prodromos: Ἐν ἀβύσσῳ,[182] troparion and the kontakion of the feast.[183] 2.Prokeimenon in mode 3: Κύριος φωτισμός μου [Ps 26:1], stichos: Κύριος ὑπερασπιστής [Ps 26:1], apostle and gospel of the day. Alleluia in plagal mode 2: Ἐξηρεύξατο ἡ καρδία μου λόγον ἀγαθόν [Ps 44:2]. 3.Koinonikon of the feast.[184]

I.13C. 13th of the same month. On this day the feast is brought to an end, and we chanted [in celebration of] the holy men on the 12th.

V. At Vespers, 1.we do not recite the continuous psalmody, 2.but at Κύριε ἐκέκραξα we intercalate six times and chant three stichera idiomela of the feast twice each: Τὸν φωτισμὸν ἡμῶν, Τοῦ λυτρωτοῦ ἡμῶν, Τὰ Ἰορδάνια ῥεῖθρα, *Glory...both now...,* Σῶσαι βουλόμενος. 4.Prokeimenon of the day of the week. 10.At the stichos, stichera idiomela in mode 1: Φῶς ἐκ φωτός, Πῶς σε Χριστέ, Σὺ ἐν Ἰορδάνῃ, *Glory...both now...,* in plagal mode 2: Ἀνυμνήσωμεν οἱ πιστοί.

PN. At Pannychis, 1.from canon of the feast in the second mode <to> Δεῦτε λαοί[185] four troparia; 3.after the sixth ode, the kontakion of the feast.[186]

O. At Orthros, 3.Θεὸς Κύριος, and 4.the troparion of the feast[187] three times. 5.The recitations of continuous psalmody, two

---

[180] See I.08 O.12.
[181] See I.06 O.14.
[182] Most probably means that refrains of the sixth ode are intercalated into the makarismoi.
[183] For the troparion see 1.06 O.4, for the kontakion see I.06 Hesperinon after the collation at the close of the service.
[184] See I.06 L.3.
[185] The heirmos.
[186] See I.06 Hesperinon after the collation at the close of the service.
[187] See I.06 O.4.

ΙΑΝΝΟΥΑΡΙΟΣ

νῦν, τὰ αὐτά· ἀνάγνωσις εἰ κατελείφθη[123] ἐκ τοῦ βίου τοῦ ἁγίου Θεοδοσίου ἢ ἐκ τῆς ἑρμηνείας τοῦ κατὰ Ματθαῖον. 9.κανόνες·[124] τοὺς β΄ τῆς ἑορτῆς ἀνὰ ϛ΄· ἔσχατον δὲ τὰς καταβασίας πρὸς μίαν οἱ χοροί, λέγομεν δὲ καὶ *Τῷ Κυρίῳ ᾄσωμεν*· ἀπὸ γ΄ ᾠδῆς τὴν καταβασίαν τῆς ἑορτῆς *Ὅτε τῇ ἐπιφανείᾳ σου*, ὁ ψάλτης καὶ ὁ λαὸς μετὰ χειρονομίας· ἀπὸ ϛ΄ τὸ κοντάκιον τῆς ἑορτῆς καὶ οἴκους γ΄. 10.ἐξαποστειλάριον *Ἐπεφάνη ὁ Σωτήρ*. 12.εἰς τὸν στίχον τῶν αἴνων στιχηρὰ τῆς ἑορτῆς ἦχος πλάγιος δ΄ *Κύριε πληρῶσαι βουλόμενος* καὶ τὰ δύο τὰ τούτου ὅμοια, *Δόξα καὶ νῦν*, ἦχος ὁ αὐτὸς *Τὰ τῶν ἀγγέλων στρατεύματα*. 14.ἀπολυτίκιον[125] τὸ τῆς ἑορτῆς.

Εἰς τὴν λειτουργίαν 1.τυπικὰ καὶ ᾠδὴ τοῦ κανόνος τῆς ἑορτῆς ἡ ε΄ *Ἰησοῦς ὁ ζωῆς ἀρχηγός*, ὃ καὶ ἀρχόμεθα· λέγομεν δὲ καὶ τὰ δύο ταῦτα τροπάρια, ὁμοίως δὲ καὶ τῆς ϛ΄ τὰ ἕτερα β΄ χωρὶς τοῦ εἱρμοῦ· τὸ τροπάριον καὶ τὸ κοντάκιον τῆς ἑορτῆς. 2.προκείμενον καὶ Ἀλληλούια ἀπόστολος καὶ εὐαγγέλιον καὶ 3.κοινωνικὸν ἅπαντα τῆς ἑορτῆς.

Εἰ δὲ εἴη κυριακή, ψάλλομεν καὶ τὰ ἀναστάσιμα συνημμένως ἕν τε τῷ ἑσπερινῷ καὶ τῷ ὄρθρῳ καὶ τῇ λειτουργίᾳ. προηγοῦνται δὲ τὰ ἀναστάσιμα.

---

[123] κατελείφθη D
[124] κανόνας D
[125] ἀπολυτίκον D

13 JANUARY

kathismata; poetic kathismata of the feast, *Glory...both now...*, the same repeated, reading: if anything was left from the *Life* of the holy Theodosios, or from the *Commentary* on the [Gospel] according to Matthew. 9.Canons: from the two of the feast six troparia each, and finally the choirs [chant] the katabasiai once; we also recite *Τῷ Κυρίῳ ᾄσωμεν*.[188] a.After the third ode, the katabasia of the feast: *Ὅτε τῇ ἐπιφανείᾳ σου* [by] the cantor and the people with cheironomia; b.after the sixth ode, the kontakion of the feast[189] and three oikoi. 10.Exaposteilarion: *Ἐπεφάνη ὁ Σωτήρ*.[190] 12.At the stichos of the ainoi, stichera of the feast in plagal mode 4: *Κύριε πληρῶσαι βουλόμενος*, and the two to the same melody as that one, *Glory...both now...*, in the same mode *Τὰ τῶν ἀγγέλων στρατεύματα*. 14.The apolytikion of the feast.[191]

L. At the Liturgy, 1.typika, and the fifth ode of the canon of the feast: *Ἰησοῦς ὁ ζωῆς ἀρχηγός*, with which we also begin;[192] we also recite those two troparia, and likewise also the other two of the sixth ode without the heirmos. The troparion and the kontakion of the feast.[193] **2.**Prokeimenon and *Alleluia*, apostle and gospel, and **3.**koinonikon, all of the feast.[194]

I.13 K. But if it is a Sunday, we also chant the resurrection elements in combination during both **Hesperinon** and **Orthros** and the **Liturgy**; but the resurrection elements precede.

---

[188] Ode 1.
[189] See I.06 Hesperinon after the collation at the close of the service.
[190] The exaposteilarion of the feast, see I.06 O.10.
[191] See I.06 O.14.
[192] Most probably means that refrains of the fifth ode are intercalated into the makarismoi.
[193] For the troparion see I.06 O.4, for the kontakion see I.06 Hesperinon after the collation at the close of the service.
[194] See I.06 L.2 and 3.

ΙΑΝΝΟΥΑΡΙΟΣ

Μηνὶ τῷ αὐτῷ ιδ´· τῶν ἁγίων ἀββάδων.

Ἑσπέρας 1.μετὰ τὴν στιχολογίαν 2.εἰς τὸ *Κύριε ἐκέκραξα* ἱστῶμεν ς´ καὶ ψάλλομεν στιχηρὰ τῶν ὁσίων γ´ ἐκ δευτέρου ἦχος πλάγιος δ´ πρὸς τὸ Τί ὑμᾶς καλέσωμεν, *Δόξα καὶ νῦν*, θεοτοκίον. 10.εἰς τὸν στίχον στιχηρὰ τῆς ὀκτωήχου β´ καὶ ἰδιόμελον τῶν ὁσίων ἦχος πλάγιος δ´ *Ὅσιοι πατέρες μελετήσαντες*, *Δόξα καὶ νῦν*, θεοτοκίον. 12.ἀπολυτίκιον ἦχος δ´ *Ὁ Θεὸς τῶν πατέρων ἡμῶν ὁ ποιῶν*.

Εἰς τὸν ὄρθρον ἐγειρόμεθα ταχύτερον καὶ 3.ψάλλομεν εἰς τὸ *Θεὸς Κύριος* 4.τὸ αὐτὸ τροπάριον ἐκ δευτέρου, *Δόξα καὶ νῦν*, θεοτοκίον. 5.αἱ στιχολογίαι καθίσματα β´· ἀνάγνωσις λόγος Νείλου μοναχοῦ εἰς τὴν ἀναίρεσιν τῶν ἁγίων πατέρων, οὗ ἡ ἀρχὴ *Ἁλώμενος ἐγὼ* εἰς δόσεις γ´· καθίσματα τῆς ὀκτωήχου καὶ θεοτοκίον. 9.κανόνες γ´· τῆς ὀκτωήχου οἱ δύο εἰς ς´, καὶ τῶν ἁγίων ὁμοίως εἰς ς´ ἦχος δ´ Ἰωσὴφ <πρὸς τὸ> Θαλάσσης· ἀπὸ γ´ ᾠδῆς κάθισμα τῶν ἁγίων ἦχος πλάγιος α´ καὶ θεοτοκίον· ἀπὸ ς´ τὸ κοντάκιον αὐτῶν. 10.ἐξαποστειλάριον <πρὸς τὸ> <Ὁ> οὐρανόν. 12.εἰς τὸν στίχον τῶν αἴνων στιχηρὰ τῆς ὀκτωήχου β´ καὶ τῶν ἁγίων ἓν ἦχος πλάγιος α´ πρὸς τὸ Χαίροις, *Δόξα καὶ νῦν*, θεοτοκίον. 14.ἀπολυτίκιον τὸ προγραφέν.

Εἰς τὴν λειτουργίαν 1.τυπικὰ καὶ μακαρισμοὶ τοῦ ἤχου· τροπάριον τῶν ἁγίων καὶ θεοτοκίον. 2.προκείμενον ἦχος βαρὺς *Καυχήσονται ὅσιοι ἐν δόξῃ*· στίχος *Ἄισατε τῷ Κυρίῳ ᾆσμα καινόν*. Ἀλληλούια ἦχος δ´· στίχος β´ *Πολλαὶ αἱ θλίψεις τῶν δικαίων*. ἀπόστολος δὲ καὶ

14 JANUARY

I.14C. 14th of the same month. The commemoration of the holy Abbades.

V. At Vespers, 1.after the recitation of continuous psalmody, **2.**at Κύριε ἐκέκραξα we intercalate six times and chant three stichera of the saintly ones twice in plagal mode 4 to Τί ὑμᾶς καλέσωμεν, *Glory...both now...*, theotokion. **10.**At the stichos, two stichera from the Oktoechos, and idiomelon of the saintly ones in plagal mode 4: Ὅσιοι πατέρες μελετήσαντες, *Glory...both now...*, theotokion. **12.**Apolytikion in mode 4: Ὁ Θεὸς τῶν πατέρων ἡμῶν ὁ ποιῶν.

O. At Orthros, we rise earlier and **3.**at Θεὸς Κύριος we chant **4.**the same troparion[195] twice, *Glory...both now...*, theotokion. **5.**The recitations of continuous psalmody, two kathismata; reading: *Homily* of Neilos the Monk on the slaughter of the holy fathers beginning Ἀλώμενος ἐγώ, in three portions [BHG, 1301]; poetic kathismata from the Oktoechos, and theotokion. **9.**Three canons: from the two of the Oktoechos six troparia, and from that of the holy men in mode 4 by Joseph <to> Θαλάσσης similarly six troparia; **a.**after the third ode, poetic kathisma of the holy men in plagal mode 1, and theotokion; **b.**after the sixth ode, their kontakion. **10.**Exaposteilarion <to> <'Ο> οὐρανόν. **12.**At the stichos of the ainoi, two stichera from the Oktoechos, and one of the holy men in plagal mode 1 to Χαίροις, *Glory...both now...*, theotokion. **14.**The previously prescribed apolytikion.[196]

L. At the Liturgy, 1.typika and makarismoi of the mode,[197] troparion of the holy men,[198] and theotokion. **2.**Prokeimenon in barys mode: Καυχήσονται ὅσιοι ἐν δόξῃ, [Ps 149:5], stichos: Ἄισατε τῷ Κυρίῳ ᾆσμα καινόν [Ps 149:1]. Alleluia in mode 4,[199] second stichos: Πολλαὶ αἱ θλίψεις τῶν δικαίων [Ps 33:20], apostle

---

[195] The troparion used as apolytikion at V.12 repeated here.
[196] The troparion used as apolytikion at V.12 repeated here.
[197] The mode is set; see note 14.
[198] The troparion used as apolytikion at V.12 repeated here.
[199] Probably the first stichos is Ps 33:18.

εὐαγγέλιον τῆς ἡμέρας. 3.κοινωνικὸν *Ἀγαλλιᾶσθε δίκαιοι ἐν Κυρίῳ*.

Μηνὶ τῷ αὐτῷ ιε'· τοῦ ἁγίου Ἰωάννου τοῦ Καλυβίτου, καὶ τοῦ ὁσίου Παύλου τοῦ Θηβαίου. [69v]

Ἑσπέρας 1.μετὰ τὴν στιχολογίαν 2.εἰς τὸ *Κύριε ἐκέκραξα* ἱστῶμεν ϛ' καὶ ψάλλομεν στιχηρὰ γ' τοῦ Καλυβίτου ἦχος β' πρὸς τὸ *Ὅτε ἐκ τοῦ ξύλου σε*, καὶ ἕτερα δύο τοῦ ὁσίου Παύλου δευτεροῦντες τὸ πρῶτον, *Δόξα καὶ νῦν*, θεοτοκίον. 4.προκείμενον. 10.εἰς τὸν στίχον στιχηρὰ τῆς ὀκτωήχου β' καὶ ἰδιόμελον τοῦ ἁγίου Ἰωάννου ἦχος β' *Ἀρνησάμενος κόσμον*, *Δόξα καὶ νῦν*, θεοτοκίον. 12.ἀπολυτίκιον ἦχος πλάγιος δ' *Ἐν σοὶ πάτερ ἀκριβῶς διεσώθη τὸ κατ' εἰκόνα· λαβὼν γὰρ τὸν σταυρὸν ἠκολούθησας τῷ Χριστῷ καὶ πράττων ἐδίδασκες τὸ ὑπερορᾶν σαρκός, παρέρχεται γάρ, ἐπιμελεῖσθαι δὲ ψυχῆς πράγματος ἀθανάτου. διὸ καὶ μετὰ ἀγγέλων συναγάλλεται τὸ πνεῦμά σου.*[126]

Εἰς τὴν παννυχίδα ὡς σύνηθες.

Εἰς τὸν ὄρθρον 3.*Θεὸς Κύριος* καὶ 4.τὸ τροπάριον τοῦ ὁσίου β', *Δόξα καὶ νῦν*, θεοτοκίον. 5.αἱ στιχολογίαι, καθίσματα τῆς ὀκτωήχου· ἀνάγνωσις ὁ βίος τοῦ ὁσίου Παύλου, οὗ ἡ ἀρχὴ *Καὶ ζωγράφοις τῶν ἀρχετύπων εἰς δόσιν μίαν*· ἀπὸ δευτέρας στιχολογίας κάθισμα τοῦ αὐτοῦ ἦχος α' καὶ θεοτοκίον· ἀνάγνωσις ὁ βίος τοῦ ὁσίου Ἰωάννου τοῦ Καλυβίτου εἰς δόσεις δύο, οὗ ἡ ἀρχὴ *Τυραννικόν τι χρῆμα*. 9.κανόνες[127] γ'· ἕνα τῆς ὀκτωήχου, καὶ ἕτερον τοῦ Καλυβίτου εἰς ἦχον β' <πρὸς τὸ> *Ἐν βυθῷ κατέστρωσε*, καὶ τοῦ ὁσίου Παύλου ἦχος πλάγιος δ' <πρὸς τὸ> *Ἁρματηλάτην Φαραὼ Θεοφάνους*, τοὺς γ' ἀνὰ δ', πλὴν πρωτεύει εἷς τοῦ ἑτέρου πρὸς τὸν ἦχον τοῦ κανόνος →

---

[126] τὸ κατ'...σου om. D
[127] κανόνας D

14-15 JANUARY

and gospel of the day. 3.Koinonikon: Ἀγαλλιᾶσθε δίκαιοι ἐν Κυρίῳ [Ps 32:1].

I.15C. 15th of the same month. The commemoration of holy John Kalybites, and of saintly Paul of Thebes.

V. At Vespers, 1.after the recitation of continuous psalmody, 2.at Κύριε ἐκέκραξα we intercalate six times and chant three stichera of Kalybites in mode 2 to Ὅτε ἐκ τοῦ ξύλου σε, and another two of saintly Paul, repeating the first, *Glory...both now...*, theotokion. 4.Prokeimenon. 10.At the stichos, two stichera from the Oktoechos, and idiomelon of holy John in mode 2: Ἀρνησάμενος κόσμον, *Glory...both now...*, theotokion. 12.Apolytikion in plagal mode 4: *In you, father, the phrase 'in his image' was exactly maintained. For taking up the cross you followed Christ, and in action you taught the despising of the flesh for it passes away, and the caring for the soul, an immortal entity. Wherefore, your spirit rejoices together with the angels.*

PN. At Pannychis, as is customary.

O. At Orthros, 3.Θεὸς Κύριος, and 4.the troparion of the saintly man[200] twice, *Glory...both now...*, theotokion. 5.The recitations of continuous psalmody,[201] poetic kathismata from the Oktoechos, reading: the *Life* of saintly Paul beginning Καὶ ζωγράφοις τῶν ἀρχετύπων [BHG, 1468], in one portion. d.After the second recitation, e.poetic kathisma of the same man in mode 1, and theotokion, f.reading: the *Life* of saintly John Kalybites in two portions beginning Τυραννικόν τι χρῆμα [BHG, 869]. 9.Three canons: one from the Oktoechos, and another of Kalybites in mode 2 <to> Ἐν βυθῷ κατέστρωσε,[202] and that of saintly Paul in plagal mode 4 <to> Ἁρματηλάτην Φαραώ by Theophanes, from the three of them four troparia each; but one has precedence over the other with reference to the mode of the canon from the Oktoechos. →

---

[200] The troparion used as apolytikion at V.12 repeated here.
[201] Two kathismata of the psalter are to be recited; see IX.17 Orthros N, XII.27 N and I.07 N.
[202] The heirmos.

ΙΑΝΝΟΥΑΡΙΟΣ

τῆς ὀκτωήχου· ἀπὸ γ´ ᾠδῆς κάθισμα τοῦ Καλυβίτου ἦχος γ´ καὶ θεοτοκίον· ἀπὸ ς´ τὸ αὐτοῦ[128] κοντάκιον. 10.ἐξαποστειλάριον <πρὸς τὸ> Ὁ οὐρανόν. 12.εἰς τὸν στίχον τῶν αἴνων στιχηρὰ τῆς ὀκτωήχου δύο καὶ ἓν τοῦ ἁγίου Ἰωάννου ἦχος πλάγιος α´ πρὸς τὸ Ὅσιε πάτερ καὶ θεοτοκίον. 14.ἀπολυτίκιον τοῦ ὁσίου.

Εἰς τὴν λειτουργίαν 1.τυπικὰ καὶ μακαρισμοὶ τῆς ἡμέρας· τροπάριον τοῦ ἁγίου καὶ θεοτοκίον. 2.προκείμενον ἦχος βαρὺς *Καυχήσονται ὅσιοι·* στίχος *Ἄισατε τῷ Κυρίῳ. Ἀλληλούια* ἦχος πλάγιος β´ *Μακάριος ἀνήρ*. ἀπόστολος δὲ καὶ εὐαγγέλιον τῆς ἡμέρας. 3.κοινωνικὸν *Εἰς μνημόσυνον*.

Μηνὶ τῷ αὐτῷ ις´· ἡ προσκύνησις τῆς τιμίας ἁλύσεως τοῦ ἁγίου ἀποστόλου Πέτρου.

Ἑσπέρας 1.οὐ στιχολογοῦμεν, 2.εἰς δὲ τὸ *Κύριε ἐκέκραξα* ἱστῶμεν ς´ καὶ ψάλλομεν στιχηρὰ τοῦ ἀποστόλου γ´ ἦχος δ´ δευτεροῦντες τὸ πρῶτον, καὶ ἕτερα δύο εἰς τὸν αὐτὸν ἦχον πρὸς τὸ Ὁ ἐξ ὑψίστου, *Δόξα καὶ νῦν*, θεοτοκίον. 4.προκείμενον. 10.εἰς τὸν στίχον στιχηρὰ τῆς ὀκτωήχου[129] β´ καὶ τοῦ ἀποστόλου ἰδιόμελον ἦχος δ´ *Τῷ τρίτῳ τῆς ἐρωτήσεως*, ἢ τοῦτο μὲν ἐᾶν,[130] λέγειν δὲ ἦχος[131] πλάγιος β´ *Πάλιν ἡμῖν ὁ θερμὸς προστάτης*, καὶ θεοτοκίον. 12.ἀπολυτίκιον ἦχος δ´ [70r] *Τὴν Ῥώμην μὴ λιπὼν πρὸς ἡμᾶς ἐπεδήμησας, δι' ὧν ἐφόρεσας τιμίων ἁλύσεων, τῶν ἀποστόλων πρωτόθρονε· ἃς ἐν πίστει προσκυνοῦντες δεόμεθα ταῖς πρὸς Θεὸν πρεσβείαις σου αἴτησαι ἡμῖν τὸ μέγα ἔλεος*.[132]

Εἰς τὸν ὄρθρον 3.*Θεὸς Κύριος* καὶ 4.τὸ αὐτὸ τροπάριον β´, *Δόξα καὶ νῦν*, θεοτοκίον. 5.αἱ στιχολογίαι καθίσματα β´· ἀπὸ πρώτης στιχολογίας καθίσματα τῆς ὀκτωήχου· ἀνάγνωσις ἐγκώμιον τοῦ ἀποστόλου, οὗ ἡ ἀρχὴ *Ὅσοι τῷ τοῦ κορυφαίου τῶν ἀποστόλων εἰς δόσεις δύο·* ἀπὸ δευτέρας στιχολογίας κάθισμα τοῦ ἀποστόλου ἦχος

---

[128] αὐτὸ D
[129] ἦχος add. D
[130] ἐὰν et οὐ θέλῃ add. D
[131] ἦχον D
[132] πρὸς ἡμᾶς...ἔλεος om. D

a.After the third ode, poetic kathisma of Kalybites in mode 3, and theotokion; b.after the sixth ode, his kontakion. 10.Exaposteilarion <to> Ὁ οὐρανόν. 12.At the stichos of the ainoi, two stichera from the Oktoechos, and one of holy John in plagal mode 1 to Ὅσιε πάτερ, and theotokion. 14.Apolytikion of the saintly man.

L. At the Liturgy, 1.typika and makarismoi of the day, troparion of the holy man, and theotokion. 2.Prokeimenon in barys mode: *Καυχήσονται ὅσιοι* [Ps 149:5], stichos: *Ἄισατε τῷ Κυρίῳ* [Ps 149:1]. *Alleluia* in plagal mode 2: *Μακάριος ἀνήρ* [Ps 111:1], apostle and gospel of the day. 3.Koinonikon: *Εἰς μνημόσυνον* [Ps 111:6].

I.16C. **16th of the same month. The veneration of the precious chain of the holy apostle Peter.**

V. At Vespers, 1.we do not recite the continuous psalmody, 2.but at *Κύριε ἐκέκραξα* we intercalate six times and chant three stichera of the apostle in mode 4, repeating the first, and another two in the same mode to Ὁ ἐξ ὑψίστου, Glory...both now..., theotokion. 4.Prokeimenon. 10.At the stichos, two stichera from the Oktoechos, and idiomelon of the apostle in mode 4: *Τῷ τρίτῳ τῆς ἐρωτήσεως*, (or leave that one aside and recite in plagal mode 2 *Πάλιν ἡμῖν ὁ θερμὸς προστάτης*) and theotokion. 12.Apolytikion in mode 4: *Though not leaving Rome you came to reside with us through the precious chains which you wore, chief of the apostles. Venerating these in faith we beseech that in your intercessions with God you beg his great mercy for us.*

O. At Orthros, 3.*Θεὸς Κύριος*, and 4.the same troparion[203] twice, Glory...both now..., theotokion. 5.The recitations of continuous psalmody, two kathismata; a.after the first recitation, b.poetic kathismata from the Oktoechos, c.reading: *Encomium* of the apostle beginning Ὅσοι τῷ τοῦ κορυφαίου τῶν ἀποστόλων [BHG, 1486], in two portions; d.after the second recitation, e.poetic kathisma of the apostle in mode 4 to Ταχὺ προκατάλαβε, Glory...both now..., →

---

[203] The troparion used as apolytikion at V.12 repeated here.

ΙΑΝΝΟΥΑΡΙΟΣ

δ΄ πρὸς τὸ Ταχὺ προκατάλαβε, *Δόξα καὶ νῦν*, θεοτοκίον. 9.κανόνες γ΄· τῆς ὀκτωήχου τοὺς β΄ εἰς ς΄, καὶ τοῦ ἀποστόλου εἰς ς΄ ἦχος δ΄ <πρὸς τὸ> Χοροὶ[133] *Ἰσραήλ*· ἀπὸ γ΄ ᾠδῆς κάθισμα τοῦ[134] αὐτοῦ ἦχος[135] δ΄ πρὸς τὸ *Ὁ ὑψωθείς*, καὶ θεοτοκίον· ἀνάγνωσις ἐκ τοῦ βίου τοῦ ἁγίου Ἀντωνίου, οὗ ἡ ἀρχὴ *Ἀγαθὴν ἅμιλλαν*· ἀπὸ ς΄ τὸ κοντάκιον τοῦ ἀποστόλου. 10.ἐξαποστειλάριον <πρὸς τὸ> *Ὁ οὐρανόν*. 12.εἰς τὸν στίχον στιχηρὰ τῆς ὀκτωήχου β΄ καὶ ἰδιόμελον τοῦ ἀποστόλου. εἰ μὲν οὖν οὐ θέλει καταλεῖψαι τὸ στιχηρὸν τὸ *Τῷ τρίτῳ τῆς ἐρωτήσεως*, ψάλλομεν ἐνταῦθα εἰς τὸν στίχον τῶν αἴνων τὸ *Πάλιν ἡμῖν ὁ θερμός*. εἰ δὲ καταλεῖψαι ἐκεῖνο διὰ τὸ ψάλλεσθαι εἰς τὰς κθ΄ τοῦ ἰουνίου τῇ ἑορτῇ τῶν ἁγίων ἀποστόλων, ψάλλομεν εἰς τὸν στίχον τῶν αἴνων στιχηρὸν ἦχος πλάγιος β΄ *Σήμερον ἡμῖν ἡ κρηπὶς τῆς ἐκκλησίας*, καὶ θεοτοκίον. 14.ἀπολυτίκιον τοῦ ἀποστόλου.

Εἰς τὴν λειτουργίαν 1.τυπικὰ καὶ ᾠδὴ τοῦ κανόνος τοῦ ἀποστόλου ἡ γ΄· μετὰ τὴν εἴσοδον τὸ τροπάριον αὐτοῦ καὶ θεοτοκίον. 2.προκείμενον ἦχος πλάγιος δ΄ *Εἰς πᾶσαν τὴν γῆν*· στίχος *Οἱ οὐρανοὶ διηγοῦνται*· ὁ ἀπόστολος Πράξεων *Κατ᾽ ἐκεῖνον τὸν καιρόν*, ζήτει σαββάτῳ ε΄ τοῦ πάσχα. Ἀλληλούια ἦχος α΄ *Ἐξομολογήσονται οἱ οὐρανοί*· εὐαγγέλιον κατὰ Ἰωάννην *Τῷ καιρῷ ἐκείνῳ ἐφανέρωσεν ἑαυτὸν ὁ Ἰησοῦς τοῖς μαθηταῖς αὐτοῦ*. 3.κοινωνικὸν *Εἰς πᾶσαν τὴν γῆν*.

Μηνὶ τῷ αὐτῷ ιζ΄· τοῦ ὁσίου πατρὸς ἡμῶν Ἀντωνίου.

Ἑσπέρας 1.οὐ στιχολογοῦμεν, 2.εἰς δὲ τὸ *Κύριε ἐκέκραξα* ἱστῶμεν ς΄ καὶ ψάλλομεν στιχηρὰ τοῦ ἁγίου γ΄ ἦχος β΄ πρὸς τὸ *Ὅτε ἐκ τοῦ ξύλου σε*, καὶ ἕτερα γ΄ εἰς ἦχον δ΄ πρὸς τὸ *Ὁ ἐξ ὑψίστου*, *Δόξα καὶ νῦν*, θεοτοκίον. 4.προκείμενον. 10.εἰς τὸν στίχον στιχηρὰ τῆς ὀκτωήχου β΄, καὶ ἰδιόμελον τοῦ ὁσίου ἦχος πλάγιος β΄ *Τὸ κατ᾽*

---
[133] Χορὸς D
[134] om. D
[135] ἤχου D

16-17 JANUARY

theotokion. **9.**Three canons: from the two of the Oktoechos six troparia, and from that of the apostle in mode 4 <to> Χοροὶ Ἰσραήλ[204] six troparia; a.after the third ode, poetic kathisma of the same man in mode 4 to Ὁ ὑψωθείς, and theotokion, reading: from the *Life* of holy Anthony beginning Ἀγαθὴν ἅμιλλαν [BHG, 140]; b.after the sixth ode, the kontakion of the apostle. **10.**Exaposteilarion <to> Ὁ οὐρανόν. **12.**At the stichos, two stichera from the Oktoechos, and idiomelon of the apostle; if there is no wish to leave out the sticheron: Τῷ τρίτῳ τῆς ἐρωτήσεως, we chant here at the stichos of the ainoi Πάλιν ἡμῖν ὁ θερμός, but if [there is a wish] to leave that one out because it is chanted on the twenty-ninth of June at the Feast of the Holy Apostles, at the stichos of the ainoi we chant sticheron in plagal mode 2: Σήμερον ἡμῖν ἡ κρηπὶς τῆς ἐκκλησίας, and theotokion. **14.**Apolytikion of the apostle.[205]

L. At the Liturgy, 1.typika, and the third ode of the canon of the apostle;[206] after the entrance, his troparion,[207] and theotokion. **2.**Prokeimenon in plagal mode 4: Εἰς πᾶσαν τὴν γῆν [Ps 18:5], stichos: Οἱ οὐρανοὶ διηγοῦνται [Ps 18:2], the apostle: from Acts [12:1ff] (see the fifth Saturday of Easter). *Alleluia* in mode 1: Ἐξομολογήσονται οἱ οὐρανοί [Ps 88:6], gospel: according to John [21:14ff]. **3.**Koinonikon: Εἰς πᾶσαν τὴν γῆν [Ps 18:5].

I.17C. 17th of the same month. The commemoration of our saintly father Anthony.

V. At Vespers, 1.we do not recite the continuous psalmody, **2.**but at Κύριε ἐκέκραξα we intercalate six times and chant three stichera of the holy man in mode 2 to Ὅτε ἐκ τοῦ ξύλου σε, and another three in mode 4 to Ὁ ἐξ ὑψίστου, *Glory...both now...*, theotokion. **4.**Prokeimenon. **10.**At the stichos, two stichera from the Oktoechos, and idiomelon of the saintly man in plagal mode 2: Τὸ κατ᾽ εἰκόνα →

---

[204] The heirmos.
[205] The troparion used as apolytikion at V.12 repeated here.
[206] Most probably means that refrains of the third ode are intercalated into the makarismoi.
[207] The troparion used as apolytikion at V.12 repeated here; see O.4 above.

ΙΑΝΝΟΥΑΡΙΟΣ

εἰκόνα τηρήσας ἀλώβητον, καὶ θεοτοκίον. 12.ἀπολυτίκιον ἦχος δ΄ *Τὸν ζηλωτὴν Ἠλίαν τοῖς τρόποις μιμούμενος, τῷ βαπτιστῇ εὐθείαις ταῖς τρίβοις ἑπόμενος, πάτερ ὅσιε, τῆς ἐρήμου γέγονας οἰκιστής,* [70v] *καὶ τὴν οἰκουμένην ἐστήριξας εὐχαῖς· πρέσβευε Χριστῷ τῷ Θεῷ σωθῆναι τὰς ψυχὰς ἡμῶν.*[136]

Εἰς τὸν ὄρθρον 4.τροπάριον τὸ αὐτὸ καὶ θεοτοκίον. 5.αἱ στιχολογίαι καθίσματα β΄, καθίσματα τῆς ὀκτωήχου· ἀνάγνωσις ἐκ τοῦ βίου τοῦ ὁσίου. 9.κανόνες γ΄· οἱ β΄ τῆς ὀκτωήχου εἰς ϛ΄, καὶ τοῦ ὁσίου ὁμοίως εἰς ϛ΄ ἦχος πλάγιος δ΄ Θεοφάνους <πρὸς τὸ> *Ἁρματηλάτην Φαραὼ·* ἀπὸ γ΄ ᾠδῆς κάθισμα τοῦ ἁγίου ἦχος πλάγιος δ΄ καὶ θεοτοκίον· ἀπὸ ϛ΄ τὸ αὐτοῦ κοντάκιον. 10.ἐξαποστειλάριον <πρὸς τὸ> *Ὁ οὐρανόν.* 12.εἰς τὸν στίχον τῶν αἴνων στιχηρὰ τῆς ὀκτωήχου β΄, καὶ ἰδιόμελον τοῦ ὁσίου ἦχος πλάγιος δ΄ *Τῶν μοναστῶν τὰ πλήθη,* καὶ θεοτοκίον. 14.ἀπολυτίκιον τοῦ ἁγίου.

Εἰς τὴν λειτουργίαν 1.τυπικὰ καὶ ᾠδὴ τοῦ κανόνος τοῦ ὁσίου ἡ γ΄· τροπάριον τοῦ αὐτοῦ καὶ θεοτοκίον. 2.προκείμενον ἦχος βαρὺς *Καυχήσονται ὅσιοι·* στίχος *Ἄισατε τῷ Κυρίῳ·* ὁ ἀπόστολος πρὸς Ἑβραίους *Ἀδελφοί, πείθεσθε τοῖς ἡγουμένοις ὑμῶν,* ζήτει δεκεμβρίου ϛ΄. Ἀλληλούια ἦχος πλάγιος β΄ *Μακάριος ἀνὴρ ὁ φοβούμενος·* εὐαγγέλιον κατὰ Λουκᾶν *Τῷ καιρῷ ἐκείνῳ ἔστη ὁ Ἰησοῦς ἐπὶ τόπου πεδινοῦ,* ζήτει ἐν τῷ μηνολογίῳ τοῦ εὐαγγελίου. 3.κοινωνικὸν *Εἰς μνημόσυνον.*

---

[136] τῷ βαπτιστῇ...ἡμῶν om. D

17 JANUARY

τηρήσας ἀλώβητον, and theotokion. 12.Apolytikion in mode 4: *Imitating the zealous Elias in your character and following the baptizer by straight paths, saintly father, you became a coloniser of the desert and supported the inhabited world by prayers. Intercede with Christ our God that our souls be saved.*

O. At Orthros, 4.the same troparion,[208] and theotokion. 5.The recitations of continuous psalmody, two kathismata, poetic kathismata from the Oktoechos, reading: from the *Life* of the saintly man.[209] 9.Three canons: from the two of the Oktoechos six troparia, and from that of the saintly man by Theophanes in plagal mode 4 <to> Ἀρματηλάτην Φαραώ[210] similarly six troparia; a.after the third ode, poetic kathisma of the holy man in plagal mode 4, and theotokion; b.after the sixth ode, his kontakion. 10.Exaposteilarion <to> Ὁ οὐρανόν. 12.At the stichos of the ainoi, two stichera from the Oktoechos, and idiomelon of the saintly man in plagal mode 4: *Τῶν μοναστῶν τὰ πλήθη*, and theotokion. 14.Apolytikion of the holy man.[211]

L. At the Liturgy, 1.typika, and the third ode of the canon of the saintly man,[212] troparion of the same man,[213] and theotokion. 2.Prokeimenon in barys mode: *Καυχήσονται ὅσιοι* [Ps 149:5], stichos: Ἄισατε τῷ Κυρίῳ [Ps 149:1], the apostle: to the Hebrews [13:17ff] (see 6 December). *Alleluia* in plagal mode 2: *Μακάριος ἀνὴρ ὁ φοβούμενος* [Ps 111:1], gospel: according to Luke [6:17ff] (look in the Menologion of the gospel). 3.Koinonikon: *Εἰς μνημόσυνον* [Ps 111:6].

---

[208] The troparion used as apolytikion at V.12 repeated here.
[209] See also I.16 O.9a.
[210] The heirmos.
[211] The troparion used as apolytikion at V.12 repeated here.
[212] Most probably means that refrains of the third ode are intercalated into the makarismoi.
[213] The troparion used as apolytikion at V.12 repeated here; see O.4 above.

ΙΑΝΝΟΥΑΡΙΟΣ

Μηνὶ τῷ αὐτῷ ιη'· τῶν ὁσίων πατέρων ἡμῶν Ἀθανασίου καὶ Κυρίλλου.

Ἑσπέρας 1.μετὰ τὴν στιχολογίαν 2.εἰς τὸ *Κύριε ἐκέκραξα* ἱστῶμεν ς' καὶ ψάλλομεν στιχηρὰ γ' τοῦ ἁγίου Ἀθανασίου ἦχος πλάγιος α' δευτεροῦντες τὸ πρῶτον, καὶ ἕτερα δύο τοῦ ἁγίου Κυρίλλου ἦχος δ' πρὸς τὸ Ὡς γενναῖον καὶ θεοτοκίον. 4.προκείμενον. 10.εἰς τὸν στίχον στιχηρὰ τῆς ὀκτωήχου δύο, καὶ ἰδιόμελον τοῦ ἁγίου Ἀθανασίου ἦχος γ' *Τὸ μέγα κλέος τῶν ἱερέων, Δόξα καὶ νῦν*, θεοτοκίον. 12.ἀπολυτίκιον ἦχος δ' *Ὁ Θεὸς τῶν πατέρων ἡμῶν*.

Εἰς τὸν ὄρθρον 3.*Θεὸς Κύριος*, 4.τροπάριον τὸ αὐτὸ καὶ θεοτοκίον. 5.ἀπὸ α' στιχολογίας τὰ τῆς ὀκτωήχου καθίσματα· ἀπὸ β' κάθισμα τοῦ ἁγίου Κυρίλλου ἦχος γ', καὶ θεοτοκίον· ἀνάγνωσις λόγος τοῦ θεολόγου εἰς τὸν μέγαν Ἀθανάσιον, οὗ ἡ ἀρχὴ *Ἀθανάσιον ἐπαινῶν* εἰς δόσεις γ', ὁ γὰρ βίος αὐτοῦ ἀναγινώσκεται μάϊον μῆνα. 9.κανόνες γ'· εἷς τῆς ὀκτωήχου, καὶ ἕτερος τοῦ ἁγίου Κυρίλλου ἦχος δ' Ἰωάννου μοναχοῦ <πρὸς τὸ> *Θαλάσσης τὸ ἐρυθραῖον*, καὶ ἕτερος τοῦ ἁγίου Ἀθανασίου, ἦχος πλάγιος δ' <πρὸς τὸ> *Ἁρματηλάτην*, τοὺς γ' ἀνὰ δ', πλὴν πρὸς τὸν ἦχον πρωτεύει ὁ εἷς τοῦ ἑτέρου· ἀπὸ γ' ᾠδῆς κάθισμα τοῦ ἁγίου Ἀθανασίου ἦχος γ' καὶ θεοτοκίον· ἀπὸ ς' τὸ αὐτοῦ κοντάκιον. 10.ἐξαποστειλάριον <πρὸς τὸ> *Ὁ οὐρανόν*. 12.εἰς τὸν στίχον τῶν αἴνων στιχηρὰ τῆς ὀκτωήχου β', καὶ ἰδιόμελον τοῦ ἁγίου ἦχος γ' *Πάλιν ἡμῖν ὁ χρυσορρόας* καὶ θεοτοκίον.

Εἰς τὴν λειτουργίαν 1.τυπικὰ καὶ μακαρισμοὶ τῆς ἡμέρας· τροπάριον τῶν ἁγίων καὶ θεοτοκίον. 2.προκείμενον ἦχος βαρὺς *Τίμιος ἐναντίον Κυρίου*· στίχος *Τί ἀνταποδώσω*·[137] ὁ ἀπόστολος

---

[137] ἀνταποδώσωμεν D

18 JANUARY

I.18C. 18th of the same month. The commemoration of our saintly fathers Athanasios and Cyril.

V. At Vespers, 1.after the recitation of continuous psalmody, **2.**at Κύριε ἐκέκραξα we intercalate six times and chant three stichera of holy Athanasios in plagal mode 1, repeating the first, and another two of holy Cyril in mode 4 to Ὡς γενναῖον, and theotokion. **4.**Prokeimenon. **10.**At the stichos, two stichera from the Oktoechos, and idiomelon of holy Athanasios in mode 3: Τὸ μέγα κλέος τῶν ἱερέων, Glory...both now..., theotokion. **12.**Apolytikion in mode 4: Ὁ Θεὸς τῶν πατέρων ἡμῶν.

O. At Orthros, 3.Θεὸς Κύριος, **4.**the same troparion,[214] and theotokion. **5a.**After the first recitation of continuous psalmody, **b.**the poetic kathismata from the Oktoechos; **d.**after the second, **e.**poetic kathisma of holy Cyril in mode 3, and theotokion, **f.**reading: Homily of the Theologian on great Athanasios beginning Ἀθανάσιον ἐπαινῶν [BHG, 186], in three portions; for his Life is read during the month of May. **9.**Three canons: one from the Oktoechos, and another of holy Cyril in mode 4 by John the Monk <to> Θαλάσσης τὸ ἐρυθραῖον,[215] and another of holy Athanasios in plagal mode 4 <to> Ἁρματηλάτην,[216] from the three of them four troparia each; but the one has precedence over the other with reference to the mode. **a.**After the third ode, poetic kathisma of holy Athanasios in mode 3, and theotokion; **b.**after the sixth ode, his kontakion. **10.**Exaposteilarion <to> Ὁ οὐρανόν. **12.**At the stichos of the ainoi, two stichera from the Oktoechos, and idiomelon of the holy man in mode 3: Πάλιν ἡμῖν ὁ χρυσορρόας, and theotokion.

L. At the Liturgy, 1.typika and makarismoi of the day, troparion of the holy men,[217] and theotokion. **2.**Prokeimenon in barys mode: Τίμιος ἐναντίον Κυρίου [Ps 115:6], stichos: Τί ἀνταποδώσω [Ps

---

[214] The troparion used as apolytikion at V.12 repeated here.
[215] The heirmos.
[216] The heirmos.
[217] The troparion used as apolytikion at V.12 repeated here; see O.4 above.

πρὸς Ἑβραίους Ἀδελφοί, μνημονεύετε τῶν ἡγουμένων ὑμῶν. Ἀλληλούια ἦχος β´ Οἱ ἱερεῖς σου Κύριε· εὐαγγέλιον κατὰ Ματθαῖον Εἶπεν ὁ Κύριος τοῖς ἑαυτοῦ μαθηταῖς· Ὑμεῖς ἐστε τὸ φῶς τοῦ κόσμου, [71r] ζήτει εἰς τὸ μηνολόγιον τοῦ εὐαγγελίου. 3.κοινωνικὸν Εἰς μνημόσυνον αἰώνιον.

Δεῖ γινώσκειν ὅτι μετὰ τὴν παρέλευσιν τῆς ἑορτῆς τῶν ἁγίων θεοφανίων ἐπὰν[138] ἐπιστῇ ἡμέρα μὴ ἔχουσα δύο ἁγίους ἢ καὶ ἕνα μέγαν ἑορταζόμενον, ἀναψηφίζοντες τοὺς τῆς ἁγίας τεσσαρακοστῆς ἁγίους τοὺς λαγχάνοντας[139] ἀπὸ τῆς δευτέρας τῆς πρώτης ἑβδομάδος μέχρι τῆς νέας κυριακῆς τοῦ Θωμᾶ, ψάλλομεν αὐτούς.

Μηνὶ τῷ αὐτῷ ιθ´· τοῦ ὁσίου πατρὸς ἡμῶν Μακαρίου τοῦ Αἰγυπτίου.

Ἑσπέρας 1.μετὰ τὴν στιχολογίαν 2.εἰς τὸ Κύριε ἐκέκραξα ἱστῶμεν ς´ καὶ ψάλλομεν τοῦ ὁσίου στιχηρὰ γ´ ἦχος δ´ πρὸς τὸ Ἔδωκας σημείωσιν, καὶ ἕτερα γ´ τοῦ ἁγίου τῆς τεσσαρακοστῆς, Δόξα καὶ νῦν, θεοτοκίον. 4.ἀντὶ προκειμένου Ἀλληλούια. 10.εἰς τὸν στίχον στιχηρὰ τῆς ὀκτωήχου γ´ καὶ[140] θεοτοκίον. 12.ἀπολυτίκιον Θεοτόκε παρθένε.

Εἰς τὴν παννυχίδα, εἰ μὲν οὐκ ἔφθασεν ἀκμὴν ἡ κυριακὴ τοῦ τελώνου καὶ τοῦ φαρισαίου, 1.ψάλλομεν κανόνας τοὺς συνήθεις τῆς ὀκτωήχου· εἰ δὲ διῆλθεν ἡ εἰρημένη κυριακή, ψάλλομεν κανόνας τῶν ἁγίων τῆς τεσσαρακοστῆς, ὡς ἐκεῖσε δηλονότι εἴρηται.

Εἰς τὸν ὄρθρον 3.ψάλλομεν Ἀλληλούια καὶ 4.τὰ τριαδικὰ τοῦ ἤχου. 5.αἱ στιχολογίαι καθίσματα β´, καθίσματα τῆς ὀκτωήχου· ἀνάγνωσις ἐκ τοῦ ὁσίου καὶ μεγάλου Εὐθυμίου, οὗ ἡ ἀρχὴ Καὶ παντὸς μὲν ἄλλου πράγματος. 9.κανόνες γ´· τῆς ὀκτωήχου εἷς, καὶ τοῦ ὁσίου ἕτερος ἦχος δ´ Θεοφάνους <πρὸς τὸ> Χοροὶ Ἰσραήλ, καὶ

---

[138] ἐπ᾽ ἂν cod.
[139] λαχάνοντας cod.
[140] om. D

18-19 JANUARY

115:3], the apostle: to the Hebrews [13:7ff]. *Alleluia* in mode 2: *Οἱ ἱερεῖς σου Κύριε* [Ps 131:9], gospel: according to Matthew [5:14ff] (look in the Menologion of the gospel). 3.Koinonikon: *Εἰς μνημόσυνον αἰώνιον* [Ps 111:6].

> N. It is necessary to realise that after the passing of the feast of the holy Theophanies, whenever a day comes which does not have two saints, or even one great one celebrated with a feast, giving close consideration to the saints of holy Lent, those allotted from the Monday of the first week until the new Sunday of Thomas, we chant [in celebration of] them.

I.19C. 19th of the same month. The commemoration of our saintly father Makarios the Egyptian.

V. At Vespers, 1.after the recitation of continuous psalmody, 2.at *Κύριε ἐκέκραξα* we intercalate six times and chant three stichera of the saintly man in mode 4 to ῎Εδωκας σημείωσιν, and another three of the saint of Lent,[218] *Glory...both now...*, theotokion. 4.Instead of a prokeimenon, *Alleluia.* 10.At the stichos, three stichera from the Oktoechos, and theotokion. 12.Apolytikion: *Θεοτόκε παρθένε.*

PN. At Pannychis, if the Sunday of the Publican and the Pharisee has not come yet, 1.we chant the customary canons from the Oktoechos; but if the aforesaid Sunday has passed, we chant canons of the saints of Lent, as has been stated clearly there.

O. At Orthros, 3.we chant *Alleluia,* and 4.the triadika of the mode.[219] 5.The recitations of continuous psalmody, two kathismata, poetic kathismata from the Oktoechos, reading: from[220] saintly and great Euthymios beginning *Καὶ παντὸς μὲν ἄλλου πράγματος* [BHG, 649]. 9.Three canons: one from the Oktoechos, and another of the saintly man in mode 4 by Theophanes <to> Χοροὶ Ἰσραήλ,[221] and another of the saint of Lent,[222] four troparia →

---

[218] See I.18 N.
[219] The mode is set; see note 14.
[220] The scribe probably omitted 'the *Life* of'.
[221] The heirmos.
[222] See I.18 N.

ΙΑΝΝΟΥΑΡΙΟΣ

ἄλλος¹⁴¹ τοῦ ἁγίου τῆς τεσσαρακοστῆς, ἀνὰ δ΄, προηγοῦνται δὲ οἱ κανόνες ἀεὶ πρὸς τὸν ἦχον· ἀπὸ γ΄ ᾠδῆς κάθισμα τοῦ ὁσίου ἦχος α΄, καὶ θεοτοκίον· ἀπὸ ς΄ τὸ κάθισμα τοῦ ἑτέρου ἁγίου, καὶ θεοτοκίον. 10.ἐξαποστειλάριον <πρὸς τὸ> Ὁ οὐρανόν, ἢ μᾶλλον τοῦ ἤχου. 12.εἰς τὸν στίχον τῶν αἴνων στιχηρὰ τῆς ὀκτωήχου, καὶ θεοτοκίον. ἡ πρώτη ὥρα ὡς σύνηθες· ἀναγινώσκομεν δὲ τὰ ἀποφθέγματα τοῦ ἁγίου Μακαρίου, ὁμοίως δὲ καὶ ἐν τῇ τραπέζῃ.

Εἰς τὴν λειτουργίαν πᾶσα ἡ ἀκολουθία τῆς ἡμέρας.

Μηνὶ τῷ αὐτῷ κ΄· τοῦ ὁσίου πατρὸς ἡμῶν Εὐθυμίου τοῦ μεγάλου.

Ἑσπέρας 1.οὐ στιχολογοῦμεν, 2.εἰς δὲ τὸ *Κύριε ἐκέκραξα* ἱστῶμεν ς΄ καὶ ψάλλομεν στιχηρὰ γ΄ τοῦ ἁγίου ἀνὰ β΄ ἦχος δ΄ πρὸς τὸ Ὁ ἐξ ὑψίστου, *Δόξα καὶ νῦν*, θεοτοκίον. 4.προκείμενον. 10.εἰς τὸν στίχον στιχηρὰ τῆς ὀκτωήχου β΄, καὶ ἰδιόμελον τοῦ ἁγίου ἦχος β΄ *Τῶν ἐν τῷ βίῳ πραγμάτων*, *Δόξα καὶ νῦν*, θεοτοκίον. 12.ἀπολυτίκιον ἦχος δ΄ *Εὐφραίνου ἔρημος ἡ οὐ τίκτουσα, εὐθύμησον ἡ οὐκ ὠδίνουσα· ὅτι ἐπλήθυνέ σοι τέκνα ἀνὴρ ἐπιθυμιῶν τῶν τοῦ Πνεύματος, εὐσεβείᾳ φυτεύσας, ἐγκρατείᾳ ἐκθρέψας εἰς ἀρετῶν τελειότητα·*¹⁴² *ταῖς αὐτοῦ* [71v] *ἱκεσίαις, Χριστὲ ὁ Θεός, ἐλέησον ἡμᾶς.*

Εἰς τὸν ὄρθρον 3.*Θεὸς Κύριος* καὶ 4.τὸ αὐτὸ τροπάριον, *Δόξα καὶ νῦν*, θεοτοκίον. 5.αἱ στιχολογίαι, καθίσματα τῆς ὀκτωήχου· αἱ ἀναγνώσεις ἐκ τοῦ βίου αὐτοῦ. 9.κανόνες γ΄· τῆς ὀκτωήχου οἱ β΄ εἰς ς΄, καὶ τοῦ ἁγίου εἰς ς΄ ἦχος πλάγιος δ΄ <πρὸς τὸ> Ἁρματηλάτην Φαραὼ Θεοφάνους· ἀπὸ γ΄ ᾠδῆς κάθισμα τοῦ ἁγίου ἦχος πλάγιος δ΄

---

¹⁴¹ ἄλλον cod.
¹⁴² εὐθύμησον ἡ...τελειότητα om. D

19-20 JANUARY

from each (and the canons always have precedence with reference to the mode). a.after the third ode, poetic kathisma of the saintly man in mode 1, and theotokion; b.after the sixth ode, the poetic kathisma of the other holy one,[223] and theotokion. 10.Exaposteilarion <to> Ὁ οὐρανόν, or instead that of the mode.[224] 12.At the stichos of the ainoi, stichera from the Oktoechos, and theotokion. The First Hour as is customary; and we read the *Apophthegmata* of holy Makarios, and similarly also in the trapeza.

L. At the Liturgy, all the service of the day.

I.20C. 20th of the same month. The commemoration of our saintly father Euthymios the Great.

V. At Vespers, 1.we do not recite the continuous psalmody, 2.but at Κύριε ἐκέκραξα we intercalate six times and chant three stichera of the holy man twice each in mode 4 to Ὁ ἐξ ὑψίστου, Glory...both now..., theotokion. 4.Prokeimenon. 10.At the stichos, two stichera from the Oktoechos, and idiomelon of the holy man in mode 2: Τῶν ἐν τῷ βίῳ πραγμάτων, Glory...both now..., theotokion. 12.Apolytikion in mode 4: *Be glad, you desert that do not give birth, be cheerful, you that have no birth pangs, because a man desiring the things of the Spirit multiplied children for you, planting in reverence and rearing them in abstinence to the perfection of the virtues. Through his supplications, Christ our God, have mercy on us.*

O. At Orthros, 3.Θεὸς Κύριος, and 4.the same troparion,[225] Glory...both now..., theotokion. 5.The recitations of continuous psalmody, poetic kathismata from the Oktoechos, the readings: from his *Life*.[226] 9.Three canons: from the two of the Oktoechos six troparia, and from that of the holy man by Theophanes in plagal mode 4 <to> Ἁρματηλάτην Φαραώ[227] six troparia; a.after the third ode, poetic kathisma of the holy man in plagal mode 4, and

---

[223] That is, the saint of Lent; see V.2 above and I.18 N.
[224] The mode is set; see note 14.
[225] The troparion used as apolytikion at V.12 repeated here.
[226] That is, the *Life* of saintly Euthymios the Great.
[227] The heirmos.

ΙΑΝΝΟΥΑΡΙΟΣ

καὶ θεοτοκίον· ἀπὸ ϛ´ τὸ κοντάκιον αὐτοῦ. 10.ἐξαποστειλάριον <πρὸς τὸ> Ὁ οὐρανόν. 11.εἰς τοὺς αἴνους ἱστῶμεν δ´ καὶ ψάλλομεν στιχηρὰ τοῦ ὁσίου γ´ ἦχος α´ πρὸς τὸ Πανεύφημοι μάρτυρες δευτεροῦντες τὸ πρῶτον, *Δόξα καὶ νῦν*, θεοτοκίον. 12.εἰς τὸν στίχον τῶν αἴνων στιχηρὰ τῆς ὀκτωήχου β´, καὶ ἰδιόμελον τοῦ ἁγίου ἦχος δεύτερος *Ὅσιε πάτερ ἐκ βρέφους τὴν ἀρετήν*, καὶ θεοτοκίον. 14.ἀπολυτίκιον τὸ τοῦ ἁγίου.

Εἰς τὴν λειτουργίαν 1.τυπικὰ καὶ ᾠδὴ τοῦ κανόνος τοῦ ἁγίου ἡ γ´· τὸ τροπάριον τοῦ αὐτοῦ καὶ θεοτοκίον. 2.προκείμενον *Καυχήσονται ὅσιοι·* στίχος *Ἄισατε τῷ Κυρίῳ·* ὁ ἀπόστολος πρὸς Κορινθίους *Ἀδελφοί, Θεὸς*[143] *ὁ εἰπὼν ἐκ σκότους φῶς*, ζήτει κυριακῇ ιε´. *Ἀλληλούια* ἦχος πλάγιος β´ *Μακάριος ἀνὴρ ὁ φοβούμενος·* εὐαγγέλιον κατὰ Ματθαῖον *Εἶπεν ὁ Κύριος· Πάντα μοι παρεδόθη*, ζήτει τῇ ε´ τῆς δ´ ἑβδομάδος. 3.κοινωνικὸν *Εἰς μνημόσυνον αἰώνιον*.

Μηνὶ τῷ αὐτῷ κα´· τοῦ ὁσίου πατρὸς ἡμῶν Μαξίμου τοῦ ὁμολογητοῦ, καὶ τοῦ ἁγίου μάρτυρος Νεοφύτου.

Ἑσπέρας 1.μετὰ τὴν στιχολογίαν 2.εἰς τὸ *Κύριε ἐκέκραξα* ἱστῶμεν ϛ´ καὶ ψάλλομεν στιχηρὰ τοῦ ὁσίου γ´ ἦχος δ´ πρὸς τὸ Ὡς γενναῖον, καὶ ἕτερα γ´ τοῦ μάρτυρος ἦχος πλάγιος δ´ πρὸς τὸ Οἱ μάρτυρές σου Κύριε, *Δόξα καὶ νῦν*, θεοτοκίον. 4.Ἀλληλούια. 10.εἰς τὸν στίχον στιχηρὰ τῆς ὀκτωήχου γ´ καὶ θεοτοκίον. 12.ἀπολυτίκιον *Θεοτόκε παρθένε* καὶ τὰ λοιπά.

Εἰς τὸν ὄρθρον 3.Ἀλληλούια καὶ 4.τὰ τριαδικὰ τοῦ ἤχου. 5.αἱ στιχολογίαι, καθίσματα τῆς ὀκτωήχου· ἀνάγνωσις ἐκ τοῦ βίου τοῦ

---

[143] ὁ praepos. D

20-21 JANUARY

theotokion; **b.**after the sixth ode, his kontakion. **10.**Exaposteilarion <to> Ὁ οὐρανόν. **11.**At the ainoi, we intercalate four times and chant three stichera of the saintly man in mode 1 to Πανεύφημοι μάρτυρες, repeating the first, *Glory...both now...*, theotokion. **12.**At the stichos of the ainoi, two stichera from the Oktoechos, and idiomelon of the holy man in the second mode: Ὅσιε πάτερ, ἐκ βρέφους τὴν ἀρετήν, and theotokion. **14.**The apolytikion of the holy man.[228]

L. At the Liturgy, 1.typika, and the third ode of the canon of the holy man,[229] the troparion of the same man,[230] and theotokion. **2.**Prokeimenon: Καυχήσονται ὅσιοι [Ps 149:5], stichos: Ἄισατε τῷ Κυρίῳ [Ps 149:1], the apostle: to the Corinthians [II 4:6ff] (see the fifteenth Sunday). *Alleluia* in plagal mode 2: Μακάριος ἀνὴρ ὁ φοβούμενος [Ps 111:1], gospel: according to Matthew [11:27ff] (see Thursday of the fourth week). **3.**Koinonikon: Εἰς μνημόσυνον αἰώνιον [Ps 111:6].

I.21C. 21st of the same month. The commemoration of our saintly father Maximos the Confessor, and of the holy martyr Neophytos.

V. At Vespers, 1.after the recitation of continuous psalmody, **2.**at Κύριε ἐκέκραξα we intercalate six times and chant three stichera of the saintly man in mode 4 to Ὡς γενναῖον, and another three of the martyr in plagal mode 4 to Οἱ μάρτυρές σου Κύριε, *Glory...both now...*, theotokion. **4.***Alleluia.* **10.**At the stichos, three stichera from the Oktoechos, and theotokion. **12.**Apolytikion: Θεοτόκε παρθένε, and the rest.

O. At Orthros, 3.*Alleluia*, and **4.**the triadika of the mode.[231] **5.**The recitations of continuous psalmody,[232] poetic kathismata from the

---

[228] The troparion used as apolytikion at V.12 repeated here.

[229] Most probably means that refrains of the third ode are intercalated into the makarismoi.

[230] The troparion used as apolytikion at V.12 repeated here.

[231] The mode is set; see note 14.

[232] Two kathismata of the psalter are to be recited; see IX.17 Orthros N, XII.27 N and I.07 N.

ΙΑΝΝΟΥΑΡΙΟΣ

ἁγίου Εὐθυμίου. 9.κανόνες γ΄· εἷς τῆς ὀκτωήχου, καὶ ἕτερος τοῦ ὁσίου εἰς ἦχον πλάγιον δ΄ Ἰωάννου μοναχοῦ <πρὸς τὸ> ῎Αισωμεν τῷ Κυρίῳ, καὶ ἄλλος τοῦ μάρτυρος εἰς τὸν αὐτὸν ἦχον <πρὸς τὸ> Ὑγρὰν διοδεύσας, τοὺς γ΄ ἀνὰ δ΄· ἀπὸ γ΄ ᾠδῆς κάθισμα τοῦ ὁσίου ἦχος γ΄ καὶ θεοτοκίον· ἀπὸ ϛ΄ τὸ τοῦ μάρτυρος ἦχος δ΄ καὶ θεοτοκίον. 10.ἐξαποστειλάριον τοῦ ἤχου. 12.εἰς τὸν στίχον στιχηρὰ τῆς ὀκτωήχου καὶ θεοτοκίον.

Εἰς τὴν λειτουργίαν ἡ ἀκολουθία τῆς ἡμέρας.

Μηνὶ τῷ αὐτῷ κβ΄· τοῦ ἁγίου ἀποστόλου Τιμοθέου, καὶ τοῦ ὁσίου μάρτυρος Ἀναστασίου.

Ἑσπέρας 1.οὐ στιχολογοῦμεν, 2.εἰς δὲ τὸ *Κύριε ἐκέκραξα* ἱστῶμεν ϛ΄ καὶ ψάλλομεν στιχηρὰ τοῦ ἀποστόλου γ΄ εἰς ἦχον α΄ πρὸς τὸ Πανεύφημοι μάρτυρες, καὶ τοῦ ὁσίου μάρτυρος ἕτερα γ΄ εἰς τὸν αὐτὸν ἦχον καὶ θεοτοκίον. 4.προκείμενον. 10.εἰς τὸν στίχον στιχηρὰ τῆς ὀκτωήχου β΄, καὶ ἰδιόμελον τοῦ ἀποστόλου ἦχος α΄ *Τὸν φωστῆρα τῶν πιστῶν καὶ ἀπόστολον*, καὶ θεοτοκίον. 12.ἀπολυτίκιον ἦχος δ΄ *Χρηστότητα ἐκδιδαχθείς*.

Εἰς τὸν ὄρθρον 3.*Θεὸς Κύριος* καὶ 4.τροπάριον τὸ αὐτὸ δεύτερον, *Δόξα, Ὁ μάρτυς*[144] *σου Κύριε, καὶ νῦν*, θεοτοκίον. [72r] 5.αἱ στιχολογίαι· ἀπὸ πρώτης στιχολογίας κάθισμα τῆς ὀκτωήχου μαρτυρικὸν καὶ θεοτοκίον· ἀνάγνωσις τὸ ἐγκώμιον τοῦ ἀποστόλου εἰς δόσιν μίαν, οὗ ἡ ἀρχὴ *Τιμόθεον τὸν μέγαν*· ἀπὸ δευτέρας στιχολογίας κάθισμα τοῦ ἀποστόλου ἦχος δ΄ καὶ θεοτοκίον· ἀνάγνωσις τὸ μαρτύριον τοῦ ὁσιομάρτυρος Ἀναστασίου, οὗ ἡ ἀρχὴ

---

[144] οἱ μάρτυρες D

21-22 JANUARY

Oktoechos, reading: from the *Life* of holy Euthymios.²³³ **9.**Three canons: one from the Oktoechos, and another of the saintly man in plagal mode 4 by John the Monk <to> Ἄισωμεν τῷ Κυρίῳ,²³⁴ and another of the martyr in the same mode <to> Ὑγρὰν διοδεύσας,²³⁵ from the three of them four troparia each; **a.**after the third ode, poetic kathisma of the saintly man in mode 3, and theotokion; **b.**after the sixth ode, that of the martyr in mode 4, and theotokion. **10.**Exaposteilarion of the mode.²³⁶ **12.**At the stichos, stichera from the Oktoechos, and theotokion.

L. At the Liturgy, the service of the day.

I.22C. 22nd of the same month. The commemoration of the holy apostle Timothy, and of the saintly martyr Anastasios.

V. At Vespers, 1.we do not recite the continuous psalmody, **2.**but at Κύριε ἐκέκραξα we intercalate six times and chant three stichera of the apostle in mode 1 to Πανεύφημοι μάρτυρες, and another three of the saintly martyr in the same mode, and theotokion. **4.**Prokeimenon. **10.**At the stichos, two stichera from the Oktoechos, and idiomelon of the apostle in mode 1: *Τὸν φωστῆρα τῶν πιστῶν καὶ ἀπόστολον*, and theotokion. **12.**Apolytikion in mode 4: *Χρηστότητα ἐκδιδαχθείς*.

O. At Orthros, 3.Θεὸς Κύριος, and **4.**the same troparion²³⁷ twice, Glory..., *Ὁ μάρτυς σου Κύριε*, both now..., theotokion. **5.**The recitations of continuous psalmody; **a.**after the first recitation, **b.**poetic martyrikon kathisma from the Oktoechos, and theotokion, **c.**reading: the *Encomium* of the apostle in one portion beginning *Τιμόθεον τὸν μέγαν* [BHG, 1848]; **d.**after the second recitation, **e.**poetic kathisma of the apostle in mode 4, and theotokion, **f.**reading: the *Martyrion* of the hosiomartyr Anastasios beginning →

---

²³³ See also I.19 O.5 and I.20 O.5.
²³⁴ The heirmos.
²³⁵ The heirmos.
²³⁶ The mode is set; see note 14.
²³⁷ The troparion used as apolytikion at V.12 repeated here.

ΙΑΝΝΟΥΑΡΙΟΣ

Τῆς μεγάλης πόλεως Ἱεροσολύμων. 9.κανόνες[145] γ΄· τῆς ὀκτωήχου τοὺς δύο εἰς ς΄, καὶ τῶν ἁγίων ἀμφοτέρων[146] εἰς ς΄ Θεοφάνους <πρὸς τὸ> Σοῦ ἡ τροπαιοῦχος δεξιά. εἰ δὲ εἴη καὶ ἕτερος κανὼν τοῦ ἁγίου Τιμοθέου, λέγομεν τῆς ὀκτωήχου τὸν ἕνα εἰς δ΄, καὶ τοῦ ἁγίου Ἀναστασίου τροπάρια β΄, καὶ β΄ τοῦ ἀποστόλου ἐκ τοῦ προρρηθέντος κανόνος, καὶ τὸν ἕτερον τοῦ ἀποστόλου εἰς δ΄. ἀπὸ γ΄ ᾠδῆς κάθισμα τοῦ μάρτυρος ἦχος πλάγιος δ΄ καὶ θεοτοκίον· ἀπὸ ς΄ τὸ κοντάκιον τοῦ ἀποστόλου. 10.ἐξαποστειλάριον <πρὸς τὸ> Ὁ οὐρανόν. 12.εἰς τὸν στίχον στιχηρὰ β΄ τῆς ὀκτωήχου καὶ ἰδιόμελον τοῦ ὁσιομάρτυρος ἦχος πλάγιος α΄ *Ὅσιε πάτερ νικητὴς Μήδων καὶ Χαλδαίων,* καὶ θεοτοκίον. 14.ἀπολυτίκιον τὸ τοῦ ἀποστόλου *Χρηστότητα ἐκδιδαχθείς.*

Εἰς τὴν λειτουργίαν 1.τυπικὰ καὶ ᾠδὴ τοῦ κανόνος τοῦ ἀποστόλου ἡ γ΄· τὸ τροπάριον αὐτοῦ καὶ θεοτοκίον. 2.προκείμενον ἦχος πλάγιος δ΄ *Εἰς πᾶσαν τὴν γῆν*· στίχος *Οἱ οὐρανοὶ διηγοῦνται*· ὁ ἀπόστολος πρὸς Τιμόθεον *Τέκνον Τιμόθεε, χάριν ἔχω,* ζήτει κυριακῇ λγ΄. Ἀλληλούια ἦχος α΄ *Ἐξομολογήσονται οἱ οὐρανοί*· εὐαγγέλιον κατὰ Ματθαῖον *Εἶπεν ὁ Κύριος· Πᾶς ὅστις ὁμολογήσει,* ζήτει εἰς τὸ μηνολόγιον τοῦ εὐαγγελίου. 3.κοινωνικὸν *Εἰς πᾶσαν τὴν γῆν.*

Μηνὶ τῷ αὐτῷ κγ΄· τοῦ ἁγίου ἱερομάρτυρος Κλήμεντος Ἀγκύρας, καὶ Ἀγαθαγγέλου.

Ἑσπέρας 1.μετὰ τὴν στιχολογίαν 2.εἰς τὸ *Κύριε ἐκέκραξα* ἱστῶμεν ς΄ καὶ ψάλλομεν στιχηρὰ τοῦ ἁγίου Κλήμεντος γ΄ ἦχος β΄ πρὸς τὸ *Ὅτε ἐκ τοῦ ξύλου σε νεκρόν,* καὶ τοῦ ἁγίου Ἀγαθαγγέλου ἕτερα γ΄ ἦχος δ΄ πρὸς τὸ *Ὡς γενναῖον,* καὶ θεοτοκίον. 4.προκείμενον. 10.εἰς τὸν στίχον στιχηρὰ τῆς ὀκτωήχου β΄, καὶ ἰδιόμελον τοῦ ἁγίου

---

[145] κανόνας D
[146] ἀμφοτέρους cod. et D

Τῆς μεγάλης πόλεως Ἱεροσολύμων [BHG, 85]. 9.Three canons: from the two of the Oktoechos six troparia, and from that of both holy men by Theophanes <to> Σοῦ ἡ τροπαιοῦχος δεξιά[238] six troparia. But if there were another canon also of holy Timothy, we recite from the one of the Oktoechos four troparia, and two troparia of holy Anastasios, and two of the apostle from the aforementioned canon, and from the other of the apostle four troparia. a.After the third ode, poetic kathisma of the martyr in plagal mode 4, and theotokion; b.after the sixth ode, the kontakion of the apostle. 10.Exaposteilarion <to> Ὁ οὐρανόν. 12.At the stichos, two stichera from the Oktoechos, and idiomelon of the hosiomartyr in plagal mode 1: Ὅσιε πάτερ, νικητὴς Μήδων καὶ Χαλδαίων, and theotokion. 14.The apolytikion of the apostle: Χρηστότητα ἐκδιδαχθείς.[239]

L. In the Liturgy, 1.typika, and the third ode of the canon of the apostle,[240] his troparion,[241] and theotokion. 2.Prokeimenon in plagal mode 4: Εἰς πᾶσαν τὴν γῆν [Ps 18:5], stichos: Οἱ οὐρανοὶ διηγοῦνται [Ps 18:2], the apostle: to Timothy [II 1:3ff] (see the thirty-third Sunday). Alleluia in mode 1: Ἐξομολογήσονται οἱ οὐρανοί [Ps 88:6], gospel: according to Matthew [10:32ff] (look in the Menologion of the gospel). 3.Koinonikon: Εἰς πᾶσαν τὴν γῆν [Ps 18:5].

I.23C. 23rd of the same month. The commemoration of the holy hieromartyr Clement of Ankyra, and of Agathangelos.

V. At Vespers, 1.after the recitation of continuous psalmody, 2.at Κύριε ἐκέκραξα we intercalate six times and chant three stichera of holy Clement in mode 2 to Ὅτε ἐκ τοῦ ξύλου σε νεκρόν, and another three of holy Agathangelos in mode 4 to Ὡς γενναῖον, and theotokion. 4.Prokeimenon. 10.At the stichos, two stichera from

---

[238] The heirmos.
[239] See V.12 above.
[240] Most probably means that refrains of the third ode are intercalated into the makarismoi.
[241] The troparion used as apolytikion at V.12 repeated here.

ΙΑΝΝΟΥΑΡΙΟΣ

Κλήμεντος ἦχος πλάγιος δ΄ Τὴν τῶν χρόνων τετραχῶς, Δόξα καὶ νῦν, θεοτοκίον. 12.ἀπολυτίκιον τοῦ ἱερομάρτυρος ἦχος πλάγιος δ΄ Κλῆμα ὁσιότητος καὶ στέλεχος ἀθλήσεως, ἄνθος ἱερώτατον καὶ κάρπωσις θεόσδοτος, τοῖς πιστοῖς, μακάριε, ἀειθαλὲς δεδώρησαι.[147] ἀλλ᾽ ὡς μαρτύρων σύναθλος καὶ ἱεραρχῶν σύσκηνος πρέσβευε Χριστῷ τῷ Θεῷ σωθῆναι τὰς ψυχὰς ἡμῶν.

Εἰς τὸν ὄρθρον 3.Θεὸς Κύριος καὶ 4.τὸ αὐτὸ τροπάριον, καὶ θεοτοκίον. 5.αἱ στιχολογίαι καθίσματα· ἀπὸ πρώτης στιχολογίας τῆς ὀκτωήχου· ἀπὸ δευτέρας στιχολογίας κάθισμα τοῦ ἁγίου Ἀγαθαγγέλου ἦχος δ΄, καὶ θεοτοκίον· [72v] ἀνάγνωσις τὸ μαρτύριον αὐτοῦ, οὗ ἡ ἀρχὴ Μετὰ[148] διακοσιοστὸν καὶ πεντηκοστὸν ἔτος εἰς δόσεις δ΄. 9.κανόνες γ΄· τῆς ὀκτωήχου εἷς, καὶ ἕτερος τοῦ ἁγίου Κλήμεντος ἦχος πλάγιος β΄ <πρὸς τὸ> Ὡς ἐν ἠπείρῳ, καὶ ἕτερος τοῦ ἁγίου Ἀγαθαγγέλου ἦχος δ΄ Ἰωσὴφ <πρὸς τὸ> Ὁ πατάξας Αἴγυπτον· ἀπὸ γ΄ ᾠδῆς κάθισμα τοῦ ἱερομάρτυρος ἦχος πλάγιος δ΄, καὶ θεοτοκίον· ἀπὸ ϛ΄ τὸ αὐτοῦ κοντάκιον. 10.ἐξαποστειλάριον <πρὸς τὸ> Ὁ οὐρανόν. 12.εἰς τὸν στίχον τῶν αἴνων στιχηρὰ τῆς ὀκτωήχου β΄ καὶ ἓν τοῦ ἁγίου ἦχος πλάγιος β΄ πρὸς τὸ Ὅλην ἀποθέμενοι, Δόξα καὶ νῦν, θεοτοκίον. 14.ἀπολυτίκιον τὸ τοῦ ἱερομάρτυρος.

Εἰς τὴν λειτουργίαν 1.τυπικὰ καὶ μακαρισμοὶ τῆς ἡμέρας· τροπάριον τὸ τοῦ ἁγίου καὶ θεοτοκίον. 2.προκείμενον ἦχος βαρὺς Τίμιος ἐναντίον Κυρίου· στίχος Τί ἀνταποδώσω.[149] Ἀλληλούια ἦχος β΄ Οἱ ἱερεῖς σου Κύριε· ἀπόστολος καὶ εὐαγγέλιον τῆς ἡμέρας. 3.κοινωνικὸν Ἀγαλλιᾶσθε.

---

[147] διδώρησαι D
[148] τὸ add. D
[149] ἀνταποδώσωμεν D

23 JANUARY

the Oktoechos, and idiomelon of holy Clement in plagal mode 4: *Τὴν τῶν χρόνων τετραχῶς, Glory...both now...,* theotokion. **12.**Apolytikion of the hieromartyr in plagal mode 4: *Vine-shoot of holiness and stock of the struggle, most holy flower and God-given fruit, you have been presented to the faithful, blessed one, ever flourishing; but as a fellow contender with martyrs and a companion of hierarchs, intercede with Christ our God that our souls be saved.*

O. At Orthros, 3.Θεὸς Κύριος, and **4.**the same troparion,[242] and theotokion. **5.**The recitations of continuous psalmody, poetic kathismata; **a.**after the first recitation, **b.**[poetic kathisma] from the Oktoechos, **d.**after the second recitation, **e.**poetic kathisma of holy Agathangelos in mode 4, and theotokion, **f.**reading: his *Martyrion* beginning Μετὰ διακοσιοστὸν καὶ πεντηκοστὸν ἔτος [BHG, 353] in four portions. **9.**Three canons: one from the Oktoechos, and another of holy Clement in plagal mode 2 <to> Ὡς ἐν ἠπείρῳ,[243] and another of holy Agathangelos in mode 4 by Joseph <to> Ὁ πατάξας Αἴγυπτον.[244] **a.**After the third ode, poetic kathisma of the hieromartyr in plagal mode 4, and theotokion; **b.**after the sixth ode, his kontakion. **10.**Exaposteilarion <to> Ὁ οὐρανόν. **12.**At the stichos of the ainoi, two stichera from the Oktoechos, and one of the holy man in plagal mode 2 to Ὅλην ἀποθέμενοι, *Glory...both now...,* theotokion. **14.**The apolytikion of the hieromartyr.[245]

L. At the Liturgy, 1.typika and makarismoi of the day, the troparion of the holy man,[246] and theotokion. **2.**Prokeimenon in barys mode: *Τίμιος ἐναντίον Κυρίου* [Ps 115:6], stichos: *Τί ἀνταποδώσω* [Ps 115:3]. Alleluia in mode 2: *Οἱ ἱερεῖς σου Κύριε* [Ps 131:9]. Apostle and gospel of the day. **3.**Koinonikon: *Ἀγαλλιᾶσθε* [Ps 32:1].

---

[242] The troparion used as apolytikion at V.12 repeated here.
[243] The heirmos.
[244] The heirmos.
[245] The troparion used as apolytikion at V.12 repeated here.
[246] The troparion used as apolytikion at V.12 repeated here.

ΙΑΝΝΟΥΑΡΙΟΣ

Μηνὶ τῷ αὐτῷ κδ΄· τῆς ὁσίας μητρὸς ἡμῶν Ξένης.

Ἑσπέρας 1.μετὰ τὴν στιχολογίαν 2.εἰς τὸ *Κύριε ἐκέκραξα* ἱστῶμεν ϛ΄ καὶ ψάλλομεν στιχηρὰ τῆς ὁσίας γ΄ ἦχος πλάγιος δ΄ πρὸς τὸ Οἱ μάρτυρές σου Κύριε, καὶ ἕτερα γ΄ τοῦ ἁγίου τῆς τεσσαρακοστῆς, *Δόξα καὶ νῦν*, θεοτοκίον. 4.*Ἀλληλούια*. 10.εἰς τὸν στίχον στιχηρὰ τῆς ὀκτωήχου καὶ θεοτοκίον. 12.ἀπολυτίκιον *Θεοτόκε παρθένε*.

Εἰς τὸν ὄρθρον 3.*Ἀλληλούια* καὶ 4.τὰ τριαδικὰ τοῦ ἤχου. 5.αἱ στιχολογίαι, καθίσματα τῆς ὀκτωήχου· ἀνάγνωσις τὸ καταλειφθὲν ἐκ τοῦ μαρτυρίου τοῦ ἁγίου Κλήμεντος. 9.κανόνες γ΄· τῆς ὀκτωήχου εἷς, καὶ τῆς ὁσίας ἕτερος ἦχος πλάγιος δ΄ Ἰγνατίου <πρὸς τὸ> *Ἆισμα ἀναπέμψωμεν λαοί*, καὶ ἕτερος τοῦ ἁγίου τῆς τεσσαρακοστῆς, ἀνὰ δ΄, προηγοῦνται δὲ πρὸς τὸν ἦχον· ἀπὸ γ΄ ᾠδῆς κάθισμα τῆς ὁσίας ἦχος πλάγιος δ΄ καὶ θεοτοκίον· ἀνάγνωσις ὁ βίος αὐτῆς, οὗ ἡ ἀρχὴ *Ὁ καινὸς καὶ ξένος*· ἀπὸ ϛ΄ ᾠδῆς κάθισμα τοῦ ἁγίου τῆς τεσσαρακοστῆς. 10.ἐξαποστειλάριον τοῦ ἤχου. 12.εἰς τὸν στίχον τῶν αἴνων στιχηρὰ τῆς ὀκτωήχου καὶ θεοτοκίον.

Εἰς τὴν λειτουργίαν πᾶσα ἡ ἀκολουθία τῆς ἡμέρας.

Μηνὶ τῷ αὐτῷ κε΄· τοῦ ἐν ἁγίοις πατρὸς ἡμῶν Γρηγορίου τοῦ θεολόγου.

Ἑσπέρας 1.οὐ στιχολογοῦμεν, 2.ἀλλ' εἰς τὸ *Κύριε ἐκέκραξα* ἱστῶμεν ϛ΄ καὶ ψάλλομεν στιχηρὰ τοῦ ἁγίου γ΄ ἐκ δευτέρου ἦχος α΄ πρὸς τὸ Πανεύφημοι μάρτυρες, καὶ θεοτοκίον. 4.προκείμενον. 10.εἰς τὸν στίχον στιχηρὰ τῆς ὀκτωήχου β΄, καὶ ἰδιόμελον τοῦ ἁγίου ἦχος →

24-25 JANUARY

I.24C. 24th of the same month. The commemoration of our saintly mother Xene.

V. At Vespers, 1.after the recitation of continuous psalmody, 2.at Κύριε ἐκέκραξα we intercalate six times and chant three stichera of the saintly woman in plagal mode 4 to Οἱ μάρτυρές σου Κύριε, and another three of the saint of Lent,[247] *Glory...both now...,* theotokion. 4.*Alleluia.* 10.At the stichos, stichera from the Oktoechos, and theotokion. 12.Apolytikion: Θεοτόκε παρθένε.

O. At Orthros, 3.*Alleluia,* and 4.the triadika of the mode.[248] 5.The recitations of continuous psalmody,[249] poetic kathismata from the Oktoechos, reading: the portion left from the *Martyrion* of holy Clement. 9.Three canons: one from the Oktoechos, and another of the saintly woman in plagal mode 4 by Ignatios <to> Ἄισμα ἀναπέμψωμεν λαοί,[250] and another of the saint of Lent, four troparia from each (and they precede with reference to the mode). a.After the third ode, poetic kathisma of the saintly woman in plagal mode 4, and theotokion, reading: her *Life* beginning Ὁ καινὸς καὶ ξένος [BHG, 634]; b.after the sixth ode, poetic kathisma of the saint of Lent. 10.Exaposteilarion of the mode.[251] 12.At the stichos of the ainoi, stichera from the Oktoechos, and theotokion.

L. At the Liturgy, all the service of the day.

I.25C. 25th of the same month. The commemoration of our father among the holy ones Gregory the Theologian.

V. At Vespers, 1.we do not recite the continuous psalmody, 2.but at Κύριε ἐκέκραξα we intercalate six times and chant three stichera of the holy man twice in mode 1 to Πανεύφημοι μάρτυρες, and theotokion. 4.Prokeimenon. 10.At the stichos, two stichera from

---

[247] See I.18 N.
[248] The mode is set; see note 14.
[249] Two kathismata of the psalter are to be recited; see IX.17 Orthros N, XII.27 N and I.07 N.
[250] The heirmos.
[251] The mode is set; see note 14.

ΙΑΝΝΟΥΑΡΙΟΣ

πλάγιος δ' *Τὰς καρδίας τῶν πιστῶν, Δόξα καὶ νῦν,* θεοτοκίον. 12.ἀπολυτίκιον ἦχος α' *Ὁ ποιμενικὸς αὐλὸς τῆς θεολογίας σου τὰς τῶν ῥητόρων ἐνίκησε σάλπιγγας· ὡς γὰρ τὰ βάθη τοῦ Πνεύματος ἐκζητήσαντι καὶ τὰ κάλλη τοῦ φθέγματος προσετέθη σοι. ἀλλὰ πρέσβευε Χριστῷ τῷ Θεῷ, πάτερ Γρηγόριε, σωθῆναι τὰς ψυχὰς ἡμῶν.*[150] [73r]

Εἰς τὸν ὄρθρον 3.*Θεὸς Κύριος,* 4.τροπάριον τὸ αὐτό, καὶ θεοτοκίον. 5.αἱ στιχολογίαι· ἀπὸ πρώτης στιχολογίας καθίσματα τῆς ὀκτωήχου· ἀπὸ δευτέρας κάθισμα τοῦ ἁγίου ἦχος γ' καὶ θεοτοκίον· ἀνάγνωσις *Ὁ συντακτήριος τοῦ θεολόγου,* οὗ ἡ ἀρχὴ *Πῶς ὑμῖν τὰ ὑμέτερα εἰς δόσεις γ'.* 9.κανόνες γ'· τῆς ὀκτωήχου οἱ β' εἰς ϛ', καὶ τοῦ ἁγίου εἰς ϛ' ἦχος α' πρὸς τὸ *Χριστὸς γεννᾶται* Θεοφάνους· ἀπὸ γ' ᾠδῆς κάθισμα τοῦ ἁγίου ἦχος πλάγιος δ' καὶ θεοτοκίον· ἀπὸ ϛ' τὸ κοντάκιον αὐτοῦ. 10.ἐξαποστειλάριον <πρὸς τὸ> *Ὁ οὐρανὸν τοῖς ἄστροις.* 11.εἰς τοὺς αἴνους ἱστῶμεν δ' καὶ ψάλλομεν στιχηρὰ τοῦ ἁγίου γ' ἦχος δ' πρὸς τὸ *Ὁ ἐξ ὑψίστου,* καὶ ἄλλο ἦχος πλάγιος α' πρὸς τὸ *Χαίροις,* καὶ θεοτοκίον. 12.εἰς τὸν στίχον στιχηρὰ τῆς ὀκτωήχου β', καὶ ἰδιόμελον τοῦ ἁγίου ἦχος α' *Τὴν λύραν τοῦ Πνεύματος, Δόξα καὶ νῦν,* θεοτοκίον. 14.ἀπολυτίκιον τοῦ ἁγίου.

Εἰς τὴν λειτουργίαν 1.τυπικὰ καὶ ᾠδὴ τοῦ κανόνος τοῦ ἁγίου ἡ ϛ'· τροπάριον τοῦ αὐτοῦ καὶ θεοτοκίον. 2.προκείμενον ἦχος α' *Τὸ στόμα μου λαλήσει σοφίαν·* στίχος *Ἀκούσατε ταῦτα πάντα τὰ ἔθνη·* ὁ ἀπόστολος πρὸς Κορινθίους *Ἀδελφοί, ἑκάστῳ δίδοται ἡ φανέρωσις,* ζήτει νοεμβρίου ιζ'. *Ἀλληλούια* ἦχος β' *Οἱ ἱερεῖς σου Κύριε,* ἢ μᾶλλον *Προσέχετε λαός μου τὸν νόμον μου, κλίνατε τὸ οὖς ὑμῶν* →

---

[150] τὰς τῶν...ἡμῶν om. D

25 JANUARY

the Oktoechos, and idiomelon of the holy man in plagal mode 4: *Τὰς καρδίας τῶν πιστῶν*, Glory...both now..., theotokion. 12.Apolytikion in mode 1: *The shepherd's flute of your teaching about God conquered the trumpets of the orators; for as you sought the depths of the Spirit to you were added also the beauties of utterance. But intercede with Christ our God, father Gregory, that our souls be saved.*

O. **At Orthros**, 3.*Θεὸς Κύριος*, 4.the same troparion,[252] and theotokion. 5.The recitations of continuous psalmody; a.after the first recitation, b.poetic kathismata from the Oktoechos, d.after the second, e.poetic kathisma of the holy man in mode 3, and theotokion, f.reading: the *Valediction* of the Theologian beginning *Πῶς ὑμῖν τὰ ὑμέτερα* [BHG, 730b], in three portions. 9.Three canons: from the two of the Oktoechos six troparia, and from that of the holy man six troparia in mode 1 to *Χριστὸς γεννᾶται*[253] by Theophanes; a.after the third ode, poetic kathisma of the holy man in plagal mode 4, and theotokion; b.after the sixth ode, his kontakion. 10.Exaposteilarion <to> *Ὁ οὐρανὸν τοῖς ἄστροις.* 11.At the ainoi, we intercalate four times and chant three stichera of the holy man in mode 4 to *Ὁ ἐξ ὑψίστου*, and another in plagal mode 1 to *Χαίροις*, and theotokion. 12.At the stichos, two stichera from the Oktoechos, and idiomelon of the holy man in mode 1: *Τὴν λύραν τοῦ Πνεύματος*, Glory...both now..., theotokion. 14.Apolytikion of the holy man.[254]

L. **At the Liturgy**, 1.typika, and the sixth ode of the canon of the holy man,[255] troparion of the same man,[256] and theotokion. 2.Prokeimenon in mode 1: *Τὸ στόμα μου λαλήσει σοφίαν* [Ps 48:4], stichos: *Ἀκούσατε ταῦτα, πάντα τὰ ἔθνη* [Ps 48:2], the apostle: to the Corinthians [I 12:7ff] (see the 17 November). *Alleluia* in mode 2: *Οἱ ἱερεῖς σου Κύριε* [Ps 131:9] (or instead *Προσέχετε, λαός μου, τὸν νόμον μου, κλίνατε τὸ οὖς ὑμῶν εἰς τὰ ῥήματα τοῦ στόματός*

---

[252] The troparion used as apolytikion at V.12 repeated here.
[253] The heirmos.
[254] The troparion used as apolytikion at V.12 repeated here.
[255] Most probably means that refrains of the sixth ode are intercalated into the makarismoi.
[256] The troparion used as apolytikion at V.12 repeated here.

εἰς τὰ ῥήματα τοῦ στόματός μου·[151] στίχος Ἀνοίξω ἐν παραβολαῖς τὸ στόμα μου, φθέγξομαι προβλήματα·[152] εὐαγγέλιον κατὰ Ματθαῖον Τῷ καιρῷ ἐκείνῳ ἠκολούθησαν τῷ Ἰησοῦ ὄχλοι. 3.κοινωνικὸν Εἰς μνημόσυνον.

Μηνὶ τῷ αὐτῷ κϛ'· τοῦ ἁγίου Ξενοφῶντος.

Ἑσπέρας 1.μετὰ τὴν στιχολογίαν 2.εἰς τὸ Κύριε ἐκέκραξα ἱστῶμεν ϛ' καὶ ψάλλομεν στιχηρὰ γ' τοῦ ἁγίου ἦχος β' πρὸς τὸ Ὅτε ἐκ τοῦ ξύλου σε, καὶ ἕτερα γ' τοῦ ἁγίου τῆς τεσσαρακοστῆς καὶ θεοτοκίον. 4.Ἀλληλούϊα. 10.εἰς τὸν στίχον στιχηρὰ τῆς ὀκτωήχου καὶ θεοτοκίον. 12.ἀπολυτίκιον Θεοτόκε παρθένε.

Εἰς τὸν ὄρθρον 3.Ἀλληλούϊα καὶ 4.τὰ τριαδικὰ τοῦ ἤχου. 5.αἱ στιχολογίαι, καθίσματα τῆς ὀκτωήχου· ἀνάγνωσις ἐκ τοῦ προκειμένου βιβλίου. 9.κανόνες γ'· τῆς ὀκτωήχου εἷς, καὶ ἕτερος τοῦ ἁγίου ἦχος β' Θεοφάνους <πρὸς τὸ> Δεῦτε λαοί, καὶ ἕτερος τοῦ ἁγίου τῆς τεσσαρακοστῆς, ἀνὰ δ', προηγοῦνται δὲ πρὸς τὸν ἦχον· ἀπὸ γ' ᾠδῆς κάθισμα τοῦ ὁσίου ἦχος πλάγιος δ' καὶ θεοτοκίον· ἀνάγνωσις ὁ βίος τοῦ ὁσίου, οὗ ἡ ἀρχὴ Ξενοφῶν ὁ θαυμάσιος· ἀπὸ ϛ' κάθισμα τοῦ ἁγίου τῆς τεσσαρακοστῆς καὶ θεοτοκίον. 10.ἐξαποστειλάριον τοῦ ἤχου. 12.εἰς τὸν στίχον τῶν αἴνων στιχηρὰ τῆς ὀκτωήχου καὶ θεοτοκίον.

Εἰς τὴν λειτουργίαν πᾶσα ἡ ἀκολουθία τῆς ἡμέρας.

---

[151] κλίνατε τὸ...μου om. D
[152] φθέγξομαι προβλήματα om. D

25-26 JANUARY

μου [Ps 77:1]) stichos: Ἀνοίξω ἐν παραβολαῖς τὸ στόμα μου, φθέγξομαι προβλήματα [Ps 77:2], gospel: according to Matthew [4:25ff]. 3.Koinonikon: Εἰς μνημόσυνον [Ps 111:6].

I.26C. 26th of the same month. The commemoration of holy Xenophon.

V. At Vespers, 1.after the recitation of continuous psalmody, 2.at Κύριε ἐκέκραξα we intercalate six times and chant three stichera of the holy man in mode 2 to Ὅτε ἐκ τοῦ ξύλου σε, and another three of the saint of Lent,[257] and theotokion. 4.*Alleluia*. 10.At the stichos, stichera from the Oktoechos, and theotokion. 12.Apolytikion: Θεοτόκε παρθένε.

O. At Orthros, 3.*Alleluia*, and 4.the triadika of the mode.[258] 5.The recitations of continuous psalmody,[259] poetic kathismata from the Oktoechos, reading: from the book set out.[260] 9.Three canons: one from the Oktoechos, and another of the holy man in mode 2 by Theophanes <to> Δεῦτε λαοί,[261] and another of the saint of Lent,[262] four troparia from each (and they precede with reference to the mode). a.After the third ode, poetic kathisma of the saintly man in plagal mode 4, and theotokion, reading: the *Life* of the saintly man beginning Ξενοφῶν ὁ θαυμάσιος [BHG, 1878]; b.after the sixth ode, poetic kathisma of the saint of Lent, and theotokion. 10.Exaposteilarion of the mode.[263] 12.At the stichos of the ainoi, stichera from the Oktoechos, and theotokion.

L. At the Liturgy, all the service of the day.

---

[257] See I.18 N.
[258] The mode is set; see note 14.
[259] Two kathismata of the psalter are to be recited; see IX.17 Orthros N, XII.27 N and I.07 N.
[260] John Chrysostom's *Commentary* on St Matthew's Gospel; see XII.19 K.1 O.5 and N.
[261] The heirmos.
[262] See I.18 N.
[263] The mode is set; see note 14.

ΙΑΝΝΟΥΑΡΙΟΣ

Μηνί τῷ αὐτῷ κζ΄· ἡ ἀνακομιδὴ τοῦ λειψάνου τοῦ ἁγίου Ἰωάννου τοῦ Χρυσοστόμου.

Ἑσπέρας 1.οὐ στιχολογοῦμεν, 2.εἰς δὲ τὸ *Κύριε ἐκέκραξα* ἱστῶμεν ϛ΄ καὶ ψάλλομεν στιχηρὰ τοῦ ἁγίου ἦχος δ΄ πρὸς τὸ *Ὁ ἐξ ὑψίστου κληθείς*, καὶ ἕτερα γ΄ εἰς τὸν αὐτὸν ἦχον πρὸς τὸ *Ἔδωκας σημείωσιν*, καὶ θεοτοκίον. 4.προκείμενον. 10.εἰς τὸν στίχον στιχηρὰ τῆς ὀκτωήχου β΄, καὶ ἰδιόμελον τοῦ ἁγίου ἦχος δ΄ [73v] *Οὐκ ἔδει σε Χρυσόστομε, Δόξα καὶ νῦν*, θεοτοκίον. 12.ἀπολυτίκιον ἦχος πλάγιος δ΄ *Ἡ τοῦ στόματός σου*.

Εἰς τὴν παννυχίδα 1.κανὼν παρακλητικὸς τοῦ Χρυσοστόμου· 2.ἀπὸ γ΄ οὐδέν· 3.ἀπὸ ϛ΄ τὸ κοντάκιον *Ἐκ τῶν οὐρανῶν ἐδέξω τὴν θείαν χάριν*.

Εἰς τὸν ὄρθρον 3.*Θεὸς Κύριος* καὶ 4.τὸ τροπάριον τοῦ ἁγίου καὶ θεοτοκίον. 5.αἱ στιχολογίαι· καθίσματα τῆς ὀκτωήχου ἀπὸ τῆς πρώτης στιχολογίας· ἀπὸ δὲ τῆς δευτέρας κάθισμα τοῦ ἁγίου πρὸς τὸ *Ὁ ὑψωθείς*, καὶ θεοτοκίον· ἀνάγνωσις λόγος Κοσμᾶ Βεστήτορος εἰς τὴν ἀνακομιδὴν τοῦ Χρυσοστόμου, καὶ ἕτερος λόγος εἰς τὴν μετάφρασιν τοῦ λογοθέτου ὑπόμνημα εἰς τὴν ἐπάνοδον, οὗ ἡ ἀρχὴ *Ἀλλὰ πῶς ἄν τις*. 9.κανόνες γ΄· τῆς ὀκτωήχου οἱ β΄ εἰς ϛ΄, καὶ τοῦ ἁγίου ὁμοίως εἰς ϛ΄ ἦχος πλάγιος δ΄ Ἰωάννου μοναχοῦ <πρὸς τὸ> *Ἆισμα·*[153] ἀπὸ γ΄ ᾠδῆς κάθισμα τοῦ ἁγίου ἦχος πλάγιος δ΄ καὶ θεοτοκίον· ἀπὸ ϛ΄ τὸ κοντάκιον ἦχος α΄ *Χορὸς ἀγγελικός*. 10.ἐξαποστειλάριον <πρὸς τὸ> *Ὁ οὐρανόν*. 11.εἰς τοὺς αἴνους οὐδέν. 12.εἰς τὸν στίχον τῶν αἴνων στιχηρὰ τῆς ὀκτωήχου β΄, καὶ ἰδιόμελον ἦχος α΄ *Ἀγάλλεται σήμερον* καὶ θεοτοκίον. 14.ἀπολυτίκιον τοῦ ἁγίου.

---

[153] om. D

27 JANUARY

I.27C. 27th of the same month. The Translation of the relic of holy John Chrysostom.

V. At Vespers, 1.we do not recite the continuous psalmody, **2.**but at Κύριε εκέκραξα we intercalate six times and chant stichera of the holy man in mode 4 to Ὁ ἐξ ὑψίστου κληθείς, and another three in the same mode to Ἔδωκας σημείωσιν, and theotokion. **4.**Prokeimenon. **10.**At the stichos, two stichera from the Oktoechos, and idiomelon of the holy man in mode 4: Οὐκ ἔδει σε, Χρυσόστομε, Glory...both now..., theotokion. **12.**Apolytikion in plagal mode 4: Ἡ τοῦ στόματός σου.

PN. At Pannychis, 1.parakletikos canon of Chrysostom; **2.**after the third ode, nothing; **3.**after the sixth ode, the kontakion: Ἐκ τῶν οὐρανῶν ἐδέξω τὴν θείαν χάριν.

O. At Orthros, 3.Θεός Κύριος, and **4.**the troparion of the holy man,[264] and theotokion. **5.**The recitations of continuous psalmody; **b.**poetic kathismata from the Oktoechos, **a.**after the first recitation; **d.**but after the second, **e.**poetic kathisma of the holy man to Ὁ ὑψωθείς, and theotokion, **f.**reading: *Homily* of Kosmas Bestetor on the laying up of Chrysostom [BHG, 877v-878b], and another *Homily* in the *Metaphrasis* of the logothete: *Memorial* on the return beginning Ἀλλὰ πῶς ἄν τις [BHG, 877]. **9.**Three canons: from the two of the Oktoechos six troparia, and from that of the holy man in plagal mode 4 by John the Monk <to> Ἆισμα[265] similarly six troparia; **a.**after the third ode, poetic kathisma of the holy man in plagal mode 4, and theotokion; **b.**after the sixth ode, the kontakion in mode 1: Χορός ἀγγελικός. **10.**Exaposteilarion <to> Ὁ οὐρανόν. **11.**At the ainoi, nothing. **12.**At the stichos of the ainoi, two stichera from the Oktoechos, and idiomelon in mode 1: Ἀγάλλεται σήμερον, and theotokion. **14.**Apolytikion of the holy man.[266]

---

[264] The troparion used as apolytikion at V.12 repeated here.
[265] The heirmos.
[266] The troparion used as apolytikion at V.12 repeated here.

Εἰς τὴν λειτουργίαν 1.τυπικὰ καὶ ᾠδὴ τοῦ κανόνος τοῦ ἁγίου ἡ δ΄· τροπάριον τοῦ ἁγίου, *Δόξα καὶ νῦν*, τὸ κοντάκιον αὐτοῦ *Ἐκ τῶν οὐρανῶν ἐδέξω*. 2.προκείμενον ἦχος α΄ *Τὸ στόμα μου λαλήσει·* στίχος *Ἀκούσατε ταῦτα πάντα τὰ ἔθνη·* ὁ ἀπόστολος πρὸς Ἑβραίους *Ἀδελφοί, τοιοῦτος ἡμῖν ἔπρεπεν ἀρχιερεύς*, ζήτει σεπτεμβρίου β΄. Ἀλληλούια ἦχος β΄ *Στόμα δικαίου μελετήσει σοφίαν, καὶ ἡ γλῶσσα αὐτοῦ*·[154] στίχος β΄ *Ὁ νόμος τοῦ Θεοῦ αὐτοῦ ἐν καρδίᾳ αὐτοῦ καὶ οὐχ ὑποσκελισθήσεται*·[155] εὐαγγέλιον κατὰ Ἰωάννην *Εἶπεν ὁ Κύριος· Ἐγώ εἰμι ἡ θύρα*, ζήτει ἐν τῷ μηνολογίῳ τοῦ εὐαγγελίου. 3.κοινωνικὸν *Εἰς μνημόσυνον*.

Μηνὶ τῷ αὐτῷ κη΄· τοῦ ὁσίου πατρὸς ἡμῶν Ἐφραὶμ τοῦ Σύρου.

Ἑσπέρας 1.μετὰ τὴν στιχολογίαν 2.εἰς τὸ *Κύριε ἐκέκραξα* ἱστῶμεν ϛ΄ καὶ ψάλλομεν στιχηρὰ τοῦ ὁσίου γ΄ ἀνὰ δεύτερον ἦχος α΄ καὶ θεοτοκίον. 4.προκείμενον. 10.εἰς τὸν στίχον στιχηρὰ τῆς ὀκτωήχου β΄ καὶ ἰδιόμελον τοῦ ἁγίου ἦχος πλάγιος β΄ *Εὐφρόνως τῶν ὀχληρῶν* καὶ θεοτοκίον. 12.ἀπολυτίκιον *Ταῖς τῶν δακρύων σου ῥοαῖς*.

Εἰς τὸν ὄρθρον 3.*Θεὸς Κύριος*, 4.τὸ αὐτὸ τροπάριον, καὶ θεοτοκίον. 5.αἱ στιχολογίαι· ἀπὸ τοῦ πρώτου καθίσματος καθίσματα τῆς ὀκτωήχου· ὁμοίως δὲ καὶ ἀπὸ τοῦ δευτέρου· ἀνάγνωσις ὁ βίος τοῦ ὁσίου, οὗ ἡ ἀρχὴ *Ἐφραὶμ ὁ θαυμάσιος*. 9.κανόνες γ΄· οἱ β΄ τῆς ὀκτωήχου εἰς ϛ΄, καὶ τοῦ ἁγίου εἰς ϛ΄ ἦχος πλάγιος β΄ <πρὸς τὸ> *Ὡς ἐν ἠπείρῳ·* ἀπὸ γ΄ ᾠδῆς κάθισμα τοῦ ὁσίου ἦχος πλάγιος α΄ καὶ θεοτοκίον· ἀπὸ ϛ΄ τὸ κοντάκιον αὐτοῦ. 10.ἐξαποστειλάριον <πρὸς τὸ> *Ὁ οὐρανόν*. 12.εἰς τὸν στίχον στιχηρὰ τῆς ὀκτωήχου β΄, καὶ

---

[154] καὶ ἡ...αὐτοῦ om. D
[155] καὶ οὐχ ὑποσκελισθήσεται om. D

27-28 JANUARY

L. At the Liturgy, 1.typika, and the fourth ode of the canon of the holy man,[267] troparion of the holy man,[268] *Glory...both now...,* his kontakion: *Ἐκ τῶν οὐρανῶν ἐδέξω.* **2.**Prokeimenon in mode 1: *Τὸ στόμα μου λαλήσει* [Ps 48:4], stichos: *Ἀκούσατε ταῦτα, πάντα τὰ ἔθνη* [Ps 48:2], the apostle: to the Hebrews [7:26ff] (see 2 September). *Alleluia* in mode 2: *Στόμα δικαίου μελετήσει σοφίαν, καὶ ἡ γλῶσσα αὐτοῦ* [Ps 36:30], second stichos: *Ὁ νόμος τοῦ Θεοῦ αὐτοῦ ἐν καρδίᾳ αὐτοῦ, καὶ οὐχ ὑποσκελισθήσεται* [Ps 36:31], gospel: according to John [10:9ff] (look in the Menologion of the gospel). **3.**Koinonikon: *Εἰς μνημόσυνον* [Ps 111:6].

I.28C. 28th of the same month. The commemoration of our saintly father Ephrem the Syrian.

V. At Vespers, 1.after the recitation of continuous psalmody, **2.**at *Κύριε ἐκέκραξα* we intercalate six times and chant three stichera of the saintly man twice each in mode 1, and theotokion. **4.**Prokeimenon. **10.**At the stichos, two stichera from the Oktoechos, and idiomelon of the holy man in plagal mode 2: *Εὐφρόνως τῶν ὀχληρῶν,* and theotokion. **12.**Apolytikion: *Ταῖς τῶν δακρύων σου ῥοαῖς.*

O. At Orthros, 3.*Θεὸς Κύριος,* **4.**the same troparion,[269] and theotokion. **5.**The recitations of continuous psalmody; **a.**after the first recitation, **b.**poetic kathismata from the Oktoechos, likewise also **d.**after the second, **f.**reading: the *Life* of the saintly man beginning *Ἐφραὶμ ὁ θαυμάσιος* [BHG, 584]. **9.**Three canons: from the two of the Oktoechos six troparia, and from that of the holy man in plagal mode 2 <to> *Ὡς ἐν ἠπείρῳ*[270] six troparia; **a.**after the third ode, poetic kathisma of the saintly man in plagal mode 1, and theotokion; **b.**after the sixth ode, his kontakion. **10.**Exaposteilarion <to> *Ὁ οὐρανόν.* **12.**At the stichos, two stichera from the →

---

[267] Most probably means that refrains of the fourth ode are intercalated into the makarismoi.
[268] The troparion used as apolytikion at V.12 repeated here.
[269] The troparion used as apolytikion at V.12 repeated here.
[270] The heirmos.

487

ΙΑΝΝΟΥΑΡΙΟΣ

ἕτερον τοῦ ὁσίου ἦχος β΄ πρὸς τὸ Ὅτε ἐκ τοῦ ξύλου σε νεκρόν, καὶ θεοτοκίον.

Εἰς τὴν λειτουργίαν 1.τυπικὰ καὶ μακαρισμοὶ τῆς ἡμέρας· τροπάριον τοῦ ἁγίου, καὶ θεοτοκίον. [74r] 2.προκείμενον ἦχος βαρὺς *Καυχήσονται ὅσιοι ἐν δόξῃ*· στίχος *Ἄισατε τῷ Κυρίῳ*. Ἀλληλούια ἦχος πλάγιος β΄ *Μακάριος ἀνήρ*· ἀπόστολος καὶ εὐαγγέλιον τῆς ἡμέρας. 3.κοινωνικὸν *Εἰς μνημόσυνον*.

Μηνὶ τῷ αὐτῷ κθ΄.[156] **ἡ ἀνακομιδὴ τοῦ λειψάνου τοῦ ἁγίου Ἰγνατίου τοῦ θεοφόρου.**

Ἑσπέρας 1.μετὰ τὴν στιχολογίαν 2.εἰς τὸ *Κύριε ἐκέκραξα* ἱστῶμεν ϛ΄ καὶ ψάλλομεν στιχηρὰ τοῦ ἁγίου γ΄ εἰς ἦχον α΄ πρὸς τὸ Τῶν οὐρανίων ταγμάτων, καὶ ἕτερα γ΄ εἰς ἦχον δ΄ πρὸς τὸ Ὡς γενναῖον, *Δόξα καὶ νῦν*, θεοτοκίον. 4.προκείμενον. 10.εἰς τὸν στίχον στιχηρὰ τῆς ὀκτωήχου, καὶ ἰδιόμελον τοῦ ἁγίου ἦχος πλάγιος δ΄ *Θεοφόρε Ἰγνάτιε τὸν σόν*, *Δόξα καὶ νῦν*, θεοτοκίον. 12.ἀπολυτίκιον ἦχος δ΄ *Καὶ τρόπων μέτοχος*.

Εἰς τὸν ὄρθρον 3.*Θεὸς Κύριος*, 4.τροπάριον τὸ αὐτό, καὶ θεοτοκίον. 5.αἱ στιχολογίαι, καθίσματα τῆς ὀκτωήχου· ἀνάγνωσις ἐκ τοῦ προκειμένου βιβλίου. 9.κανόνες γ΄· τῆς ὀκτωήχου οἱ β΄ εἰς ϛ΄, καὶ τοῦ ἁγίου εἰς ϛ΄ ἦχος δ΄ Θεοφάνους <πρὸς τὸ> Θαλάσσης τὸ ἐρυθραῖον· ἀπὸ γ΄ ᾠδῆς κάθισμα τοῦ ἁγίου ἦχος δ΄ πρὸς τὸ Ταχὺ προκατάλαβε, καὶ θεοτοκίον· ἀνάγνωσις ἐγκώμιον τοῦ Χρυσοστόμου εἰς τὸν ἅγιον Ἰγνάτιον· ἀπὸ ϛ΄ τὸ κοντάκιον αὐτοῦ. 10.ἐξαποστειλάριον <πρὸς τὸ> Ὁ οὐρανὸν τοῖς ἄστροις. 12.εἰς τὸν

---

[156] κδ΄ D

28-29 JANUARY

Oktoechos, and another of the saintly man in mode 2 to Ὅτε ἐκ τοῦ ξύλου σε νεκρόν, and theotokion.

L. At the Liturgy, 1.typika and makarismoi of the day, troparion of the holy man,[271] and theotokion. 2.Prokeimenon in barys mode: *Καυχήσονται ὅσιοι ἐν δόξῃ* [Ps 149:5], stichos: *Ἄισατε τῷ Κυρίῳ* [Ps 149:1]. Alleluia in plagal mode 2: *Μακάριος ἀνήρ* [Ps 111:1]. Apostle and gospel of the day. 3.Koinonikon: *Εἰς μνημόσυνον* [Ps 111:6].

I.29C. 29th of the same month. The Translation of the relic of holy Ignatios Theophoros.

V. At Vespers, 1.after the recitation of continuous psalmody, 2.at *Κύριε ἐκέκραξα* we intercalate six times and chant three stichera of the holy man in mode 1 to Τῶν οὐρανίων ταγμάτων, and another three in mode 4 to Ὡς γενναῖον, Glory...both now..., theotokion. 4.Prokeimenon. 10.At the stichos, stichera from the Oktoechos, and idiomelon of the holy man in plagal mode 4: *Θεοφόρε Ἰγνάτιε, τὸν σόν*, Glory...both now..., theotokion. 12.Apolytikion in mode 4: *Καὶ τρόπων μέτοχος*.

O. At Orthros, 3.*Θεὸς Κύριος*, 4.the same troparion,[272] and theotokion. 5.The recitations of continuous psalmody,[273] poetic kathismata from the Oktoechos, reading: from the book set out.[274] 9.Three canons: from the two of the Oktoechos six troparia, and from that of the holy man in mode 4 by Theophanes <to> Θαλάσσης τὸ ἐρυθραῖον[275] six troparia; a.after the third ode, poetic kathisma of the holy man in mode 4 to Ταχὺ προκατάλαβε, and theotokion, reading: Chrysostom's *Encomium* on holy Ignatios; b.after the sixth ode, his kontakion. 10.Exaposteilarion <to> Ὁ

---

[271] The troparion used as apolytikion at V.12 repeated here.
[272] The troparion used as apolytikion at V.12 repeated here.
[273] Two kathismata of the psalter are to be recited; see IX.17 Orthros N, XII.27 N and I.07 N.
[274] John Chrysostom's *Commentary* on St Matthew's Gospel; see XII.19 K.1 O.5 and N.
[275] The heirmos.

ΙΑΝΝΟΥΆΡΙΟΣ

στίχον τῶν αἴνων στιχηρὰ τῆς ὀκτωήχου β΄, καὶ ἰδιόμελον τοῦ ἁγίου ἦχος α΄ *Στήλη ἔμψυχος*, καὶ θεοτοκίον. 14.ἀπολυτίκιον τοῦ ἁγίου *Καὶ τρόπων*.

Εἰς τὴν λειτουργίαν 1.τυπικὰ καὶ μακαρισμοὶ τῆς ἡμέρας, τροπάριον τοῦ ἁγίου, καὶ θεοτοκίον. 2.προκείμενον ἦχος βαρὺς *Τίμιος ἐναντίον Κυρίου·* στίχος *Τί ἀνταποδώσω*.[157] *Ἀλληλούια* ἦχος β΄ *Οἱ ἱερεῖς σου Κύριε ἐνδύσονται·* ἀπόστολος δὲ καὶ εὐαγγέλιον τῆς ἡμέρας. 3.κοινωνικὸν *Εἰς μνημόσυνον*.

Μηνὶ τῷ αὐτῷ λ΄· τοῦ ἁγίου ἱερομάρτυρος Ἱππολύτου.

Ἑσπέρας 1.μετὰ τὴν στιχολογίαν 2.εἰς τὸ *Κύριε ἐκέκραξα* ἱστῶμεν ς΄ καὶ ψάλλομεν στιχηρὰ τοῦ ἁγίου γ΄ ἦχος α΄ πρὸς τὸ Τῶν οὐρανίων, καὶ ἕτερα γ΄ τοῦ ἁγίου τῆς τεσσαρακοστῆς καὶ θεοτοκίον. 4.*Ἀλληλούια*. 10.εἰς τὸν στίχον στιχηρὰ τῆς ὀκτωήχου καὶ θεοτοκίον. 12.ἀπολυτίκιον *Θεοτόκε παρθένε*.

Εἰς τὸν ὄρθρον 3.*Ἀλληλούια* καὶ 4.τὰ τριαδικὰ τοῦ ἤχου. 5.αἱ στιχολογίαι, καθίσματα τῆς ὀκτωήχου· αἱ ἀναγνώσεις ἀπὸ τοῦ προκειμένου βιβλίου. 9.κανόνες γ΄· τῆς ὀκτωήχου εἷς, καὶ ἕτερος τοῦ ἁγίου ἦχος δ΄ Ἰωάννου μοναχοῦ <πρὸς τὸ> "Ἄρματα Φαραώ, καὶ ἕτερος τοῦ ἁγίου τῆς τεσσαρακοστῆς, προηγοῦνται δὲ πρὸς τὸν ἦχον· ἀπὸ γ΄ ᾠδῆς κάθισμα τοῦ ἁγίου τῆς ἡμέρας ἦχος α΄ καὶ

---

[157] ἀνταποδώσωμεν D

οὐρανὸν τοῖς ἄστροις. 12.At the stichos of the ainoi, two stichera from the Oktoechos, and idiomelon of the holy man in mode 1: Στήλη ἔμψυχος, and theotokion. 14.Apolytikion of the holy man: Καὶ τρόπων.[276]

L. At the Liturgy, 1.typika and makarismoi of the day, troparion of the holy man,[277] and theotokion. 2.Prokeimenon in barys mode: Τίμιος ἐναντίον Κυρίου [Ps 115:6], stichos: Τί ἀνταποδώσω [Ps 115:3]. Alleluia in mode 2: Οἱ ἱερεῖς σου, Κύριε, ἐνδύσονται [Ps 131:9]. Apostle and gospel of the day. 3.Koinonikon: Εἰς μνημόσυνον [Ps 111:6].

I.30C. 30th of the same month. The commemoration of the holy hieromartyr Hippolytos.

V. At Vespers, 1.after the recitation of continuous psalmody, 2.at Κύριε ἐκέκραξα we intercalate six times and chant three stichera of the holy man in mode 1 to Τῶν οὐρανίων, and another three of the saint of Lent,[278] and theotokion. 4.Alleluia. 10.At the stichos, stichera from the Oktoechos, and theotokion. 12.Apolytikion: Θεοτόκε παρθένε.

O. At Orthros, 3.Alleluia, and 4.the triadika of the mode.[279] 5.The recitations of continuous psalmody,[280] poetic kathismata from the Oktoechos, the readings: from the book set out.[281] 9.Three canons: one from the Oktoechos, and another of the holy man in mode 4 by John the Monk <to> Ἅρματα Φαραώ, and another of the saint of Lent[282] (and they have precedence with reference to the mode). a.After the third ode, poetic kathisma of the holy man of the day in

---

[276] The troparion used as apolytikion at V.12 repeated here.
[277] The troparion used as apolytikion at V.12 repeated here.
[278] See I.18 N.
[279] The mode is set; see note 14.
[280] Two kathismata of the psalter are to be recited; see IX.17 Orthros N, XII.27 N and I.07 N.
[281] John Chrysostom's Commentary on St Matthew's Gospel; see XII.19 K.1 O.5 and N.
[282] See I.18 N.

ΙΑΝΝΟΥΑΡΙΟΣ

θεοτοκίον· ἀπὸ ς´ τοῦ ἑτέρου ἁγίου τῆς τεσσαρακοστῆς. 10.ἐξαποστειλάριον τοῦ ἤχου. 12.εἰς τὸν στίχον τῶν αἴνων στιχηρὰ τῆς ὀκτωήχου καὶ θεοτοκίον.

Εἰς τὴν λειτουργίαν πᾶσα ἡ ἀκολουθία τῆς ἡμέρας.

Μηνὶ τῷ αὐτῷ λα´.[158] **τῶν ἁγίων μαρτύρων Κύρου καὶ Ἰωάννου.**

Ἑσπέρας 1.μετὰ τὴν στιχολογίαν 2.εἰς τὸ *Κύριε ἐκέκραξα* ἱστῶμεν ς´ καὶ ψάλλομεν στιχηρὰ τῶν ἁγίων γ´ ἀνὰ δεύτερον ἦχος δ´ πρὸς τὸ *Ὡς* γενναῖον, καὶ θεοτοκίον. 4.προκείμενον. 10.εἰς τὸν στίχον στιχηρὰ τῆς ὀκτωήχου β´, καὶ ἰδιόμελον τῶν ἁγίων ἦχος β´ [74v] *Δεῦτε τῶν πιστῶν ὁ σύλλογος, Δόξα καὶ νῦν*, θεοτοκίον. 12.ἀπολυτίκιον ἦχος πλάγιος α´ *Τὰ θαύματα τῶν ἁγίων σου.*

Εἰς τὸν ὄρθρον 3.*Θεὸς Κύριος*, 4.τροπάριον τὸ αὐτό, καὶ θεοτοκίον. 5.αἱ στιχολογίαι· ἀπὸ πρώτης στιχολογίας κάθισμα τῆς ὀκτωήχου καὶ θεοτοκίον· ἀπὸ δευτέρας τὸ προσόμοιον τῆς ἡμέρας· ἀνάγνωσις τὸ μαρτύριον τῶν ἁγίων, οὗ ἡ ἀρχὴ *Κῦρος*[159] *ὁ περιφανής*. 9.κανόνες γ´· οἱ β´ τῆς ὀκτωήχου εἰς ς´, καὶ τῶν ἁγίων ὁμοίως εἰς ς´ ἦχος δ´ πρὸς τὸ Θαλάσσης τὸ ἐρυθραῖον Ἰωάννου μοναχοῦ· ἀπὸ γ´ ᾠδῆς κάθισμα τῶν ἁγίων ἦχος δ´ πρὸς τὸ Ὁ ὑψωθείς, καὶ θεοτοκίον· ἀπὸ ς´ τὸ κοντάκιον αὐτῶν. 10.ἐξαποστειλάριον <πρὸς τὸ> Ὁ οὐρανόν. 12.εἰς τὸν στίχον τῶν αἴνων στιχηρὰ τῆς ὀκτωήχου γ´ καὶ θεοτοκίον. 14.ἀπολυτίκιον τῶν ἁγίων.

Εἰς τὴν λειτουργίαν 1.τυπικὰ καὶ μακαρισμοὶ τῆς ἡμέρας, τροπάριον τῶν ἁγίων καὶ θεοτοκίον. 2.προκείμενον ἦχος δ´ *Τοῖς*

---

[158] λ´ D
[159] κύρος cod. Κύριος D

mode 1, and theotokion; b.after the sixth ode, that of the other saint of Lent. 10.Exaposteilarion of the mode.[283] 12.At the stichos of the ainoi, stichera from the Oktoechos, and theotokion.

L. At the Liturgy, all the service of the day.

I.31C. 31st of the same month. The commemoration of the holy martyrs Cyrus and John.

V. At Vespers, 1.after the recitation of continuous psalmody, 2.at Κύριε ἐκέκραξα we intercalate six times and chant three stichera of the holy men twice each in mode 4 to Ὡς γενναῖον, and theotokion. 4.Prokeimenon. 10.At the stichos, two stichera from the Oktoechos, and idiomelon of the holy men in mode 2: Δεῦτε τῶν πιστῶν ὁ σύλλογος, Glory...both now..., theotokion. 12.Apolytikion in plagal mode 1: Τὰ θαύματα τῶν ἁγίων σου.

O. At Orthros, 3.Θεὸς Κύριος, 4.the same troparion,[284] and theotokion. 5.The recitations of continuous psalmody; a.after the first recitation, b.poetic kathisma from the Oktoechos, and theotokion; d.after the second, e.the prosomoion of the day, f.reading: the *Martyrion* of the holy men beginning Κῦρος ὁ περιφανής [BHG, 471]. 9.Three canons: from the two of the Oktoechos six troparia, and from that of the holy men in mode 4 to Θαλάσσης τὸ ἐρυθραῖον by John the Monk similarly six troparia; a.after the third ode, poetic kathisma of the holy men in mode 4 to Ὁ ὑψωθείς, and theotokion; b.after the sixth ode, their kontakion. 10.Exaposteilarion <to> Ὁ οὐρανόν. 12.At the stichos of the ainoi, three stichera from the Oktoechos, and theotokion. 14.Apolytikion of the holy men.[285]

L. At the Liturgy, 1.typika and makarismoi of the day, troparion of the holy men,[286] and theotokion. 2.Prokeimenon in mode 4: Τοῖς

---

[283] The mode is set; see note 14.
[284] The troparion used as apolytikion at V.12 repeated here.
[285] The troparion used as apolytikion at V.12 repeated here.
[286] The troparion used as apolytikion at V.12 repeated here.

ἁγίοις τοῖς ἐν τῇ γῇ αὐτοῦ· στίχος *Προωρώμην τὸν Κύριον*. Ἀλληλούια ἦχος β΄ *Ἰδοὺ δὴ τί καλὸν ἢ τί τερπνόν*. ἀπόστολος καὶ εὐαγγέλιον τῆς ἡμέρας. 3.κοινωνικὸν *Ἀγαλλιᾶσθε*.

31 JANUARY

ἁγίοις τοῖς ἐν τῇ γῇ αὐτοῦ [Ps 15:3], stichos: Προωρώμην τὸν Κύριον [Ps 15:8]. Alleluia in mode 2: Ἰδοὺ δὴ τί καλὸν ἢ τί τερπνόν [Ps 132:1]. Apostle and gospel of the day. 3.Koinonikon: Ἀγαλλιᾶσθε [Ps 32:1].

Μὴν Φεβρουάριος[1]

Μηνὶ φεβρουαρίῳ α'· προεόρτια τῆς ὑπαπαντῆς, καὶ τοῦ ἁγίου μάρτυρος Τρύφωνος.[2]

Ἑσπέρας 1.οὐ στιχολογοῦμεν, 2.εἰς δὲ τὸ *Κύριε ἐκέκραξα* ἱστῶμεν ϛ' καὶ ψάλλομεν στιχηρὰ προεόρτια β' δευτεροῦντες τὸ ἓν ἦχος δ' πρὸς τὸ Ὡς γενναῖον, καὶ ἕτερα γ' τοῦ μάρτυρος ἦχος ὁ αὐτός, καὶ θεοτοκίον. 4.προκείμενον. 10.εἰς τὸν στίχον στιχηρὰ τῆς ὀκτωήχου γ', καὶ ἰδιόμελον τῆς ἑορτῆς ἦχος α' *Ὁ παλαιὸς ἡμερῶν*. 12.ἀπολυτίκιον ἦχος α' *Χορὸς ἀγγελικὸς ἐκπληττέσθω τὸ θαῦμα, βροτοὶ δὲ ταῖς φωναῖς ἀνακράξομεν*[3] *ὕμνον, ὁρῶντες τὴν ἄφατον τοῦ Θεοῦ συγκατάβασιν· ὃν γὰρ τρέμουσι τῶν οὐρανῶν αἱ δυνάμεις, νῦν γηραλέαι ἐναγκαλίζονται χεῖρες, τὸν μόνον φιλάνθρωπον*.

Εἰς τὴν παννυχίδα 1.κανὼν προεόρτιος· 2.ἀπὸ γ' οὐδέν· 3.ἀπὸ ϛ' κάθισμα προεόρτιον χωρὶς τοῦ *Δόξα καὶ νῦν*.

Εἰς τὸν ὄρθρον 3.*Θεὸς Κύριος*, καὶ 4.τὸ προεόρτιον τροπάριον ἐκ γ'. 5.αἱ στιχολογίαι καθίσματα β'· ἀπὸ πρώτης στιχολογίας κάθισμα προεόρτιον ἦχος α' *Οὐράνιος χορός*, *Δόξα καὶ νῦν*, τὸ αὐτό· ἀπὸ δευτέρας στιχολογίας ἕτερον εἰς τὸν αὐτὸν ἦχον πρὸς τὸ *Τοῦ λίθου σφραγισθέντος*, *Δόξα καὶ νῦν*, τὸ αὐτό· ἀνάγνωσις τὸ τοῦ ἁγίου μαρτύριον, οὗ ἡ ἀρχὴ *Τοῦ Κυρίου καὶ Θεοῦ καὶ Σωτῆρος ἡμῶν*. 9.κανόνες γ'· ὁ προεόρτιος ἦχος δ' Γεωργίου <πρὸς τὸ> *Θαλάσσης τὸ ἐρυθραῖον*, καὶ τοῦ μάρτυρος ἦχος πλάγιος δ' [75r] Θεοφάνους <πρὸς τὸ> *Ὑγρὰν διοδεύσας*, καὶ ἕτερος τοῦ ἁγίου τῆς τεσσαρακοστῆς, ἀνὰ δ', προηγοῦνται δὲ πρὸς τὸν ἦχον· ἀπὸ γ' ᾠδῆς κάθισμα τοῦ μάρτυρος ἦχος πλάγιος δ' καὶ θεοτοκίον· ἀπὸ ϛ' τὸ τοῦ ἁγίου τοῦ →

---

[1] tit. in marg. sup. cod.
[2] Τρίφωνος D
[3] ἀνακράζομεν D

MONTH OF FEBRUARY

II.01C. February 1st. Forefeast of the Meeting of Our Lord [with Symeon], and the commemoration of the holy martyr Tryphon.

V. At Vespers, 1.we do not recite the continuous psalmody, **2.**but at Κύριε ἐκέκραξα we intercalate six times and chant two forefeast stichera, repeating the one, in mode 4 to Ὡς γενναῖον, and another three of the martyr in the same mode, and theotokion. **4.**Prokeimenon. **10.**At the stichos, three stichera from the Oktoechos, and idiomelon of the feast in mode 1: Ὁ παλαιὸς ἡμερῶν. **12.**Apolytikion in mode 1: *Let the angelic choir be astounded at the wonder and we mortals will raise a hymn on high with our voices, seeing the indescribable condescension of God; for whom the powers of heaven tremble at, now aged hands cradle, him alone merciful.*

PN. At Pannychis, 1.forefeast canon; **2.**after the third ode, nothing; **3.**after the sixth ode, forefeast poetic kathisma without *Glory...both now....*

O. At Orthros, 3.Θεὸς Κύριος, and **4.**the forefeast troparion three times.[1] **5.**The recitations of continuous psalmody, two kathismata; **a.**after the first recitation, **b.**forefeast poetic kathisma in mode 1: Οὐράνιος χορός, *Glory...both now...*, the same repeated; **d.**after the second recitation, **e.**another [poetic kathisma] in the same mode to Τοῦ λίθου σφραγισθέντος, *Glory...both now...*, the same repeated, **f.**reading: the holy man's *Martyrion* beginning Τοῦ Κυρίου καὶ Θεοῦ καὶ Σωτῆρος ἡμῶν [BHG, 1856]. **9.**Three canons: the forefeast one in mode 4 by George <to> Θαλάσσης τὸ ἐρυθραῖον, and that of the martyr in plagal mode 4 by Theophanes <to> Ὑγρὰν διοδεύσας, and another of the saint of Lent,[2] four troparia from each (and they precede with reference to the mode). **a.**After the third ode, poetic kathisma of the martyr in plagal mode 4, and theotokion; **b.**after the sixth ode, that of the saint celebrated in

---

[1] The troparion used as apolytikion at V.12 repeated here.
[2] See I.18 N.

ΦΕΒΡΟΥΑΡΙΟΣ

προψαλλομένου καὶ θεοτοκίον. 10.ἐξαποστειλάριον Ἅγιος Κύριος εἰς τὸν ἐνεστῶτα ἦχον. 12.εἰς δὲ τὸν στίχον τῶν αἴνων στιχηρὰ τῆς ὀκτωήχου γ', καὶ ἰδιόμελον τῆς ἑορτῆς ἦχος βαρὺς *Φῶς εἰς ἀποκάλυψιν*. 14.ἀπολυτίκιον τὸ προεόρτιον.

Εἰς δὲ[4] τὴν λειτουργίαν πᾶσα ἡ ἀκολουθία τῆς ἡμέρας. 2.προκείμενον δὲ ἦχος πλάγιος β' *Μνησθήσομαι τοῦ ὀνόματός σου*· στίχος *Ἄκουσον θύγατερ*. Ἀλληλούια ἦχος πλάγιος δ' *Ἀνάστηθι Κύριε εἰς τὴν ἀνάπαυσίν σου*. 3.κοινωνικὸν *Ποτήριον*.

Εἰ δὲ τύχῃ ἡ προεόρτιος αὕτη ἡμέρα τῇ δ' ἢ τῇ παρασκευῇ τῆς τυροφάγου, 2.εἰς τὸ *Κύριε ἐκέκραξα* ψάλλομεν τὰ προγραφέντα προεόρτια στιχηρὰ μετὰ καὶ τοῦ ἁγίου ὁμοίως. 4.ἀντὶ δὲ προκειμένου *Ἀλληλούια*. 10.εἰς δὲ τὸν στίχον τὸ ἰδιόμελον τοῦ τριῳδίου β' καὶ μαρτυρικόν, *Δόξα καὶ νῦν*, τὸ προγεγραμμένον στιχηρὸν *Ὁ παλαιὸς ἡμερῶν* καὶ ἀπολυτίκιον τὸ προγραφέν. Εἰς τὴν παννυχίδα 1.τὸν κανόνα ὡς εἴρηται. Εἰς τὸν ὄρθρον 3.*Ἀλληλούια* εἰς ἦχον α' καὶ 4.τὸ προεόρτιον τροπάριον ἐκ γ', καὶ καθεξῆς πᾶσα ἡ ἀκολουθία καθὼς δεδήλωται. καὶ αἱ ὧραι ἐν τῷ κοινῷ μετὰ καὶ στιχολογιῶν, ἤγουν ἡ γ' καὶ θ' ἄνευ τῆς πρώτης καὶ ϛ' καὶ χωρὶς μετανοιῶν. ἀρχὴ[5] δὲ ὥρας ϛ' σημαίνει τὴν θ', καὶ μετὰ τὴν στιχολογίαν λέγομεν τὸ προεόρτιον τροπάριον ὡς καὶ ἐν πάσαις ταῖς ὥραις. οὐ γὰρ λέγομεν τὰ προκείμενα τῶν ὡρῶν καθὼς ἔθος ἐστὶν ἐν ταῖς στιχολογίαις ὅτε ψάλλομεν *Ἀλληλούια*, ἀλλ' εὐθὺς ὡς εἴρηται τὸ τροπάριον τὸ προεόρτιον, *Δόξα καὶ νῦν*, τὸ θεοτοκίον *Ὁ δι' ἡμᾶς*, καὶ καθεξῆς ἡ ἀκολουθία τῆς θ' ὥρας. εἶτα μετὰ τὸ ταύτης τέλος εὐθὺς λέγομεν τὸ *Μνήσθητί μου ὅταν ἔλθῃς ἐν τῇ* →

---

[4] om. D
[5] ἀρχὴ cod. et D

1 FEBRUARY

advance,[3] and theotokion. **10.**Exaposteilarion: Ἅγιος Κύριος in the established mode.[4] **12.**At the stichos of the ainoi, three stichera from the Oktoechos, and idiomelon of the feast in barys mode: Φῶς εἰς ἀποκάλυψιν. **14.**The forefeast apolytikion.

L. At the Liturgy, all the service of the day. **2.**but prokeimenon in plagal mode 2: Μνησθήσομαι τοῦ ὀνόματός σου [Ps 44:18], stichos: Ἄκουσον, θύγατερ [Ps 44:11]. Alleluia in plagal mode 4: Ἀνάστηθι, Κύριε, εἰς τὴν ἀνάπαυσίν σου [Ps 131:8]. **3.**Koinonikon: Ποτήριον [Ps 111:6].

II.01 T.1 But if this forefeast day falls on the Wednesday or Friday of Tyrophagos, **V.2.**at Κύριε ἐκέκραξα we chant the prescribed forefeast stichera, with those also of the holy man to the same melody. **4.**But instead of a prokeimenon, Alleluia. **10.**At the stichos, the idiomelon from the Triodion twice, and martyrikon, Glory...both now..., the prescribed sticheron: Ὁ παλαιὸς ἡμερῶν, and **12.**the prescribed apolytikion. **PN.At Pannychis, 1.**the canon, as has been stated. **O.At Orthros, 3.**Alleluia in mode 1, and **4.**the forefeast troparion three times, and following that all the service as has been made clear. And the **Hours** communally with recitations of continuous psalmody also; that is, the **Third** and **Ninth** without the **First** and **Sixth**, and without metanoiai. At the beginning of the sixth hour, the signal is given for the **Ninth Hour**, and after the recitation of continuous psalmody, we recite the forefeast troparion as we also do during all the **Hours**. For we do not recite the prokeimena of the **Hours**, as is the custom during the recitations of continuous psalmody when we chant Alleluia, but immediately, as has been stated, the forefeast troparion, Glory...both now..., the theotokion: Ὁ δι᾽ ἡμᾶς, and following that the service of the **Ninth Hour**. Then after the end of that we immediately recite Μνήσθητί μου ὅταν ἔλθῃς ἐν τῇ βασιλείᾳ σου, Κύριε [Lk 23:42], and →

---

[3] See I.18 N.
[4] The mode is set on Sunday for the following week according to the sequence laid out in the Oktoechos.

ΦΕΒΡΟΥΑΡΙΟΣ

βασιλείᾳ σου *Κύριε*, καὶ καθεξῆς τὰ λοιπὰ καθὰ τῇ τεσσαρακοστῇ ποιοῦμεν. εἶτα θυμιάσαντος τοῦ διακόνου καὶ τῆς ἀκολουθίας τέλει[6] δοθείσης ἀρχόμεθα τοῦ ἑσπερινοῦ.

Καὶ εἰ ἔστιν ὡς εἴρηται ἡ παραμονὴ τῆς ὑπαπαντῆς, εἴη δὲ καὶ ἡ μνήμη τῶν ὁσίων πατέρων ἡμῶν, εἰς τὸ *Κύριε ἐκέκραξα* ἱστῶμεν η΄ καὶ ψάλλομεν τοῦ τριῳδίου τὸ ἰδιόμελον δεύτερον·[7] εἶτα τῶν ἁγίων πατέρων τὰ γ΄ πρὸς μίαν ἦχος πλάγιος δ΄ *Δεῦτε ἅπαντες πιστοί*· ἔπειτα τὰ τῆς ἑορτῆς ἦχος βαρὺς *Κατακόσμησον* καὶ τὰ ἕτερα δύο ἐφ᾽ ἅπαξ, *Δόξα καὶ νῦν*, ἦχος πλάγιος β΄ *Ἀνοιγέσθω ἡ πύλη*· 3.ἔπειτα μετὰ τὴν εἴσοδον 5.τὰ τῆς ἡμέρας ἀναγνώσματα, εἶτα τὰ τῆς ἑορτῆς. 4.ἀντὶ δὲ τοῦ *Κατευθυνθήτω* ψάλλομεν προκείμενον ἦχος πλάγιος β΄ *Ἐλπισάτω Ἰσραὴλ ἐπὶ τὸν Κύριον* μετὰ καὶ[8] τῶν στίχων αὐτοῦ, [75v] καὶ καθεξῆς ἡ θεία λειτουργία τῶν προηγιασμένων. Εἰς τὴν παννυχίδα τῆς ἀγρυπνίας 1.ψάλλομεν κανόνας β΄ τοῦ ἁγίου τῆς τεσσαρακοστῆς, καὶ τῶν ἁγίων πατέρων εἰς η΄· 2.ἀπὸ γ΄ ᾠδῆς κάθισμα τῶν ἁγίων· 3.καὶ ἀπὸ ϛ΄ τὸ κοντάκιον αὐτῶν. ἀπολυτίκιον τῶν ἁγίων πατέρων καὶ 4.ἡ συνήθης ἀνάγνωσις. Εἰς δὲ τὸν ὄρθρον ψάλλομεν πᾶσαν τὴν ἀκολουθίαν τῆς ἑορτῆς τῆς ὑπαπαντῆς.

Ἐὰν δὲ τύχῃ αὐτὴ ἡ ἡμέρα τῆς ὑπαπαντῆς τῇ δ΄ ἢ τῇ παρασκευῇ τῆς τυροφάγου, τῇ γ΄ ἢ τῇ ε΄ ἑσπέρας 2.εἰς τὸ *Κύριε ἐκέκραξα* ἱστῶντες η΄ ψάλλομεν τὸ ἰδιόμελον τοῦ τριῳδίου στιχηρὸν ἐκ δευτέρου, εἶτα τὰ προγεγραμμένα τῆς ἑορτῆς στιχηρὰ εἰς ἦχον βαρύν, τὰ γ΄ ἀνὰ δεύτερον, *Δόξα καὶ νῦν*, τὸ πρῶτον *Κατακόσμησον*· εἶτα 4.τὸ προκείμενον καὶ 5.τὰ ἀναγνώσματα τῆς ἑορτῆς. 10.εἰς δὲ τὸν στίχον στιχηρὰ ἰδιόμελα τῆς ἑορτῆς ἦχος β΄, ζήτει εἰς τὴν αὐτὴν ἑορτὴν μετὰ τῶν στίχων αὐτῶν, *Δόξα καὶ νῦν*, *Ἀνοιγέσθω ἡ πύλη* →

---

[6] τέλος D
[7] ἐκ δευτέρου D
[8] καὶ (μετὰ) D

1 FEBRUARY

following that we carry out the rest of the elements as in Lent. Then when the deacon has done the censing and the service has reached its end, **V.we begin Hesperinon.**

And if, as has been stated, it is the paramone of the Meeting of Our Lord and if it were also the commemoration of our saintly fathers, 2.at Κύριε ἐκέκραξα we intercalate eight times and chant the idiomelon from the Triodion twice, then the three [stichera] of the holy fathers once in plagal mode 4: Δεῦτε ἄπαντες πιστοί, next those of the feast in barys mode: Κατακόσμησον and the other two once,[5] Glory...both now..., in plagal mode 2 Ἀνοιγέσθω ἡ πύλη. 3.Next after the entrance, 5.the readings of the day, then those of the feast. 4.Instead of Κατευθυνθήτω, we chant prokeimenon in plagal mode 2: Ἐλπισάτω Ἰσραὴλ ἐπὶ τὸν Κύριον [Ps 130:3] along with its stichoi also, and following that the **Divine Liturgy** of the Presanctified [Gifts]. **PN.At Pannychis of the Agrypnia, 1.**we chant from two canons of the saint of Lent,[6] and from that of the holy fathers eight troparia; 2.after the third ode, poetic kathisma of the holy men; and 3.after the sixth ode, their kontakion. Apolytikion of the holy fathers, and 4.the customary reading. **O.At Orthros**, we chant all the service of the feast of the Meeting of Our Lord.

II.01 T.2 But if the day of the Meeting of Our Lord itself falls on the Wednesday or the Friday of Tyrophagos, on the Tuesday or the Thursday **V.at Vespers, 2.**at Κύριε ἐκέκραξα, intercalating eight times, we chant the sticheron idiomelon from the Triodion twice, then the three prescribed stichera of the feast in barys mode twice each, Glory...both now..., the first one: Κατακόσμησον,[7] then 4.the prokeimenon, and 5.the readings of the feast. **10.**At the stichos, stichera idiomela of the feast in mode 2 (look in the same feast with their stichoi), Glory...both now..., Ἀνοιγέσθω ἡ πύλη, and **12.**the apolytikion →

---

[5] See II.02 V.2.
[6] See I.18 N.
[7] See II.02 V.2.

ΦΕΒΡΟΥΑΡΙΟΣ

καὶ 12.τὸ ἀπολυτίκιον τῆς ἑορτῆς ἦχος α΄ *Χαῖρε κεχαριτωμένη*. Εἰς δὲ τὴν παννυχίδα ζήτει τοὺς κανόνας τῆς ἀγρυπνίας οὓς ἔχει εἰς τὴν αὐτὴν ἑορτήν, ὁμοίως δὲ καὶ τὴν λοιπὴν πᾶσαν ἀκολουθίαν. Εἰς δὲ[9] τὸν ὄρθρον πᾶσα ἡ ἀκολουθία τῆς ἑορτῆς ὡς ἐκεῖσε διαγορεύει· ἄγομεν δὲ καὶ ἀργίαν τῶν ὡρῶν ἐν τῷ μέσῳ. πρὸς ὥραν δὲ θ΄ σημαίνει τὴν θ΄ καὶ ψάλλομεν αὐτὴν ἐν τῷ ναῷ χωρὶς στιχολογίας· εἶτα τὸ τῆς ἑορτῆς τροπάριον, *Δόξα καὶ νῦν*, θεοτοκίον *Ὁ δι' ἡμᾶς γεννηθεὶς ἐκ παρθένου*, καὶ εὐθέως τὸ τροπάριον τῆς προφητείας, καὶ ἡ προφητεία τῆς ϛ΄ ὥρας· εἶτα *Μὴ δὴ παραδώῃς ἡμᾶς εἰς τέλος*, τρισάγιον, *Κύριε ἐλέησον* με΄, αἱ γ΄ προσκυνήσεις, καὶ αἱ συνήθεις εὐχαί, καὶ μετὰ τὸ τέλος τῆς εὐχῆς τὸ *Μνήσθητί μου* καὶ τὰ λοιπὰ ὡς σύνηθες καὶ ἀρχόμεθα τοῦ ἑσπερινοῦ. 2.εἰς δὲ τὸ *Κύριε ἐκέκραξα* ἰστῶμεν η΄ καὶ ψάλλομεν τὸ ἰδιόμελον τοῦ τριῳδίου τῆς παρασκευῆς δεύτερον· εἶτα τὰ τῆς ἑορτῆς ἰδιόμελα στιχηρὰ ἦχος α΄ *Λέγε Συμεών*, καὶ τὰ ὅμοια τούτῳ ἐφ᾽ ἅπαξ· εἶτα ἕτερα γ΄ τοῦ δικαίου Συμεὼν ἦχος δ΄ πρὸς τὸ *Ἔδωκας σημείωσιν*, *Δόξα καὶ νῦν*, ἰδιόμελον ἦχος βαρὺς *Φῶς εἰς ἀποκάλυψιν ἐθνῶν*. εἶτα 3.εἴσοδος, καὶ 5.τὰ ἀναγνώσματα τῆς ἡμέρας, καὶ 4.τὸ προκείμενον *Ἐλπισάτω Ἰσραὴλ ἐπὶ τὸν Κύριον* χωρὶς τοῦ *Ψαλμὸς τῷ Δαβίδ*. καὶ μετὰ τοῦτο 8.γίνεται συναπτὴ ὑπὸ τοῦ διακόνου, καὶ εὐθὺς 11.τὸ τρισάγιον. εἶτα τὸ προκείμενον τῆς ἑορτῆς *Μεγαλύνει ἡ ψυχή μου τὸν Κύριον*· ὁ ἀπόστολος, τὸ *Ἀλληλούια*, τὸ εὐαγγέλιον, πάντα τῆς ἑορτῆς, καὶ καθεξῆς ἡ θεία λειτουργία τοῦ Χρυσοστόμου. [76r] ἡ δὲ εἴσοδος γίνεται μετὰ τοῦ εὐαγγελίου καὶ τῶν μανουαλίων τῆς εἰσόδου.

---

[9] om. D

1 FEBRUARY

of the feast in mode 1: *Χαῖρε κεχαριτωμένη.* **PN.**At **Pannychis**, (look for the canons of the **Agrypnia** which are for the same feast, and likewise also all the rest of the service). O.And at **Orthros**, all the service of the feast as is specified there; and we also observe a suspension of the **Hours** in the middle.[8] But coming up to the ninth hour the signal is given for the **Ninth Hour**, and we chant it in the church without recitation of continuous psalmody, then the troparion of the feast, *Glory...both now...*, theotokion: *Ὁ δι᾽ ἡμᾶς γεννηθεὶς ἐκ παρθένου*, and immediately the troparion of the prophecy, and the prophecy of the **Sixth Hour**, then *Μὴ δὴ παραδώῃς ἡμᾶς εἰς τέλος*, trisagion, *Κύριε ἐλέησον* forty-five times, the three proskyneseis, and the customary prayers. And after the end of the prayer: *Μνήσθητί μου*, the remaining elements also as is customary, and we begin **Hesperinon**. **V.2.**At *Κύριε ἐκέκραξα* we intercalate eight times and chant the idiomelon of Friday from the Triodion twice, then the stichera idiomela of the feast in mode 1: *Λέγε Συμεών* and the ones to the same melody as this once, then another three of the righteous Simeon in mode 4 to Ἔδωκας σημείωσιν, *Glory...both now...*, idiomelon in barys mode: *Φῶς εἰς ἀποκάλυψιν ἐθνῶν*. Then **3.**the entrance, and **5.**the readings of the day, and **4.**the prokeimenon: *Ἐλπισάτω Ἰσραὴλ ἐπὶ τὸν Κύριον* [Ps 130:3] without *Ψαλμὸς τῷ Δαβίδ*.[9] And after this, **8.**a synapte is carried out by the deacon, and immediately **11.**the trisagion. Then the prokeimenon of the feast: *Μεγαλύνει ἡ ψυχή μου τὸν Κύριον* [Lk 1:46], the apostle, the *Alleluia*, the gospel, all of the feast; and following that the **Divine Liturgy** of Chrysostom. And the entrance takes place with the Gospel and the candelabra of the entrance.

---

[8] That is, a suspension of the communal Hours.
[9] For the fuller form see XII.24 the Third Hour and I.05 the Hours.

ΦΕΒΡΟΥΑΡΙΟΣ

Μηνὶ τῷ αὐτῷ β'· ἡ ἑορτὴ τῆς ὑπαπαντῆς τοῦ Κυρίου ἡμῶν Ἰησοῦ Χριστοῦ.

Ἑσπέρας 1.οὐ στιχολογοῦμεν, εἰ μή που εἴη σαββάτῳ ἑσπέρας, τότε γὰρ στιχολογοῦμεν τὸ *Μακάριος ἀνήρ*, πλὴν οὐδὲν τῶν ἀναστασίμων ψάλλομεν. 2.εἰς γὰρ τὸ *Κύριε ἐκέκραξα* ἱστῶντες η´ ψάλλομεν στιχηρὰ ἰδιόμελα τῆς ἑορτῆς γ´ ἦχος βαρύς, *Κατακόσμησον ἐκ δευτέρου*, ἕτερον *Τὸν ὀχούμενον ἐκ* γ´, ἕτερον *Τὸν ἐκλάμψαντα ἐκ* γ´, *Δόξα καὶ νῦν*, τὸ πρῶτον *Κατακόσμησον*. 3.εἴσοδος, τὸ *Φῶς ἱλαρόν*. καὶ[10] 4.τὸ τῆς ἡμέρας προκείμενον. 5.τὰ τῆς ἑορτῆς ἀναγνώσματα· τὸ πρῶτον Ἡσαΐου *Ἐγένετο τοῦ ἔτους*, ζήτει τῇ ε´ τῆς δευτέρας ἑβδομάδος· τὸ δεύτερον Ἰεζεκιὴλ *Ἔσται ἀπὸ τῆς ἡμέρας*, ζήτει εἰς τὴν κοίμησιν τῆς Θεοτόκου· τὸ γ´ Παροιμιῶν *Κύριος ἔκτισέ με*, ζήτει εἰς τὴν ἑορτὴν τοῦ εὐαγγελισμοῦ. 10.εἰς τὸν στίχον στιχηρὰ ἰδιόμελα γ´ ἦχος β´ *Τὸν ἱερὸν ἡ ἱερὰ παρθένος·* στίχος *Νῦν ἀπολύεις τὸν δοῦλόν σου Δέσποτα·* ἄλλο *Ὅνπερ οἱ ἄνω λειτουργοὶ τρόμῳ·* στίχος *Φῶς εἰς ἀποκάλυψιν ἐθνῶν·* ἕτερον *Ὁ κτίστης οὐρανοῦ καὶ γῆς*, *Δόξα καὶ νῦν*, ἦχος πλάγιος β´ *Ἀνοιγέσθω ἡ πύλη*. 12.ἀπολυτίκιον ἦχος α´ *Χαῖρε κεχαριτωμένη Θεοτόκε παρθένε, ἐκ σοῦ γὰρ ἀνέτειλε Χριστὸς ὁ Θεὸς ἡμῶν φωτίζων τοὺς ἐν σκότει· εὐφραίνου καὶ σύ, πρεσβῦτα δίκαιε, δεξάμενος ἐν ἀγκάλαις τὸν ἐλευθερωτὴν τῶν ψυχῶν ἡμῶν, χαριζόμενον ἡμῖν καὶ τὴν ἀνάστασιν*.[11]

Εἰς τὴν παννυχίδα 1.κανὼν ὁ κατανυκτικὸς τῆς ἡμέρας εἰς ϛ´, καὶ τῆς ἑορτῆς Γερμανοῦ ἦχος δ´ <πρὸς τὸ> *Ἄισομαί σοι Κύριε ὁ Θεός μου*, εἰς δ´· 2.ἀπὸ γ´ ᾠδῆς κάθισμα τὸ κατανυκτικόν· 3.ἀπὸ ϛ´ τὸ κοντάκιον τῆς Θεοτόκου *Προστασία τῶν χριστιανῶν ἀκαταίσχυντε*.

Εἰ δὲ εἴη κυριακή, ἑσπέρας ζήτει ἕτερον κανόνα τοῦ ἤχου

---

[10] om. D

[11] ἐκ σοῦ...ἀνάστασιν om. D

2 FEBRUARY

II.02C. 2nd of the same month. The feast of the Meeting of Our Lord Jesus Christ [with Symeon].

V. At Vespers, 1.we do not recite the continuous psalmody, unless of course it were at **Vespers** on a Saturday, for then we recite Μακάριος ἀνήρ [kath 1],[10] but we chant none of the resurrection elements; **2.**for at Κύριε ἐκέκραξα, intercalating eight times, we chant three stichera idiomela of the feast in barys mode: Κατακόσμησον twice, another: Τὸν ὀχούμενον three times, another: Τὸν ἐκλάμψαντα three times, *Glory...both now...*, the first one: Κατακόσμησον. **3.**Entrance, Φῶς ἱλαρόν, and **4.**the prokeimenon of the day of the week, **5.**the readings of the feast: the first from Isaiah [6:1ff] (see Thursday of the second week), the second from Ezekiel [43:27ff] (see the Dormition of the Theotokos), the third from Proverbs [8:22ff] (see the feast of the Annunciation). **10.**At the stichos, three stichera idiomela in mode 2: Τὸν ἱερὸν ἡ ἱερὰ παρθένος, stichos: Νῦν ἀπολύεις τὸν δοῦλόν σου, Δέσποτα [Lk 2:29], another: Ὅνπερ οἱ ἄνω λειτουργοὶ τρόμῳ, stichos: Φῶς εἰς ἀποκάλυψιν ἐθνῶν [Lk 2:32], another: Ὁ κτίστης οὐρανοῦ καὶ γῆς, *Glory...both now...*, in plagal mode 2 Ἀνοιγέσθω ἡ πύλη. **12.**Apolytikion in mode 1: *Hail, favoured one, virgin Theotokos, for from you Christ our God rose, enlightening those in darkness. You too, righteous old man, be glad, having received in your arms the one who sets our souls free and grants us resurrection.*

PN. At Pannychis, 1.from the penitential canon of the day six troparia, and from that of the feast by Germanos in mode 4 <to> Ἄισομαί σοι Κύριε ὁ Θεός μου four troparia; **2.**after the third ode, the penitential poetic kathisma; **3.**after the sixth ode, the kontakion of the Theotokos: Προστασία τῶν χριστιανῶν, ἀκαταίσχυντε.

II.02 K. But if it were a Sunday, **V.at Vespers,**[11] look for another penitential canon of the mode,[12] that is, of **Vespers**

---

[10] Kathisma 1 of the psalter (psalms 1-8) is always recited at Vespers on Saturday evenings.
[11] That is, at Pannychis; Pannychis is attached to Vespers.
[12] The mode is set; see note 4.

ΦΕΒΡΟΥΑΡΙΟΣ

κατανυκτικόν, ἤγουν τῆς δευτέρας ἑσπέρας καὶ μετὰ τὴν παννυχίδα ἡ τοῦ πραξαποστόλου ἀνάγνωσις.

Εἰς τὸν ὄρθρον 3.Θεὸς Κύριος ἦχος α΄ καὶ 4.τὸ τῆς ἑορτῆς τροπάριον ἐκ γ΄. 5.αἱ στιχολογίαι καθίσματα β΄ τῆς ἡμέρας, λέγομεν δὲ καθίσματα τῆς ἑορτῆς· ἀπὸ πρώτης στιχολογίας κάθισμα ἦχος δ΄ πρὸς τὸ Ταχὺ προκατάλαβε *Σαρκὶ νηπιάσαντα, Δόξα καὶ νῦν*, τὸ αὐτό· ἀνάγνωσις τῆς ἑορτῆς λόγος Μεθοδίου Πατάρων, οὗ ἡ ἀρχὴ *Πάλαι ἱκανῶς ὡς οἷόν τε* εἰς δόσεις β΄· ἀπὸ δευτέρας στιχολογίας ἕτερον κάθισμα εἰς τὸν αὐτὸν ἦχον πρὸς τὸ Ὁ ὑψωθεὶς *Χρηματισθεὶς παρὰ Θεοῦ*, [76v] *Δόξα καὶ νῦν*, τὸ αὐτό· ἀνάγνωσις δευτέρα τοῦ εἰρημένου λόγου· ἔπειτα ὁ πολυέλεος, καὶ κάθισμα ἐν τῷ μηναίῳ ἦχος α΄ *Ὁ ὢν σὺν τῷ Πατρί, Δόξα καὶ νῦν*, τὸ αὐτό· ἀνάγνωσις λόγος τοῦ θεολόγου ὁ περὶ φιλοπτωχίας, οὗ ἡ ἀρχὴ *Ἄνδρες ἀδελφοί* εἰς δόσεις β΄. 6.εἶτα οἱ ἀναβαθμοὶ ἦχος δ΄ ἀντίφωνον ἕν. εἰ δὲ εἴη κυριακή, τὰ γ΄ τοῦ ἤχου ἀντίφωνα. 7.προκείμενον τῆς ἑορτῆς ἦχος δ΄ *Ἐγνώρισε Κύριος τὸ σωτήριον αὐτοῦ, ἐναντίον τῶν ἐθνῶν ἀπεκάλυψε τὴν δικαιοσύνην αὐτοῦ*·[12] στίχος *Ἄισατε τῷ Κυρίῳ ᾆσμα καινόν· Πᾶσα πνοή·* εὐαγγέλιον κατὰ Λουκᾶν, ζήτει εἰς τὸ εὐαγγέλιον τῆς λειτουργίας ἀπὸ τὸ μέσον, *Τῷ καιρῷ ἐκείνῳ ἦν ἄνθρωπος ἐν Ἱερουσαλὴμ ᾧ ὄνομα Συμεών*. εἶτα 8.ὁ Ν΄. 9.ὁ κανὼν τῆς ἑορτῆς Κοσμᾶ μοναχοῦ χωρὶς ἐνάρξεως τῶν ᾠδῶν ἦχος γ΄ <πρὸς τὸ> Χέρσον ἀβυσσοτόκον, τοὺς μὲν εἱρμοὺς ἐκ δευτέρου, τὰ δὲ τροπάρια ἀνὰ δ΄, ἔσχατον δὲ καὶ πάλιν ὁμοῦ ἀμφότεροι οἱ χοροὶ τὴν καταβασίαν ἐφ᾽ ἅπαξ· ἀπὸ γ΄ ᾠδῆς κάθισμα ἦχος δ΄ πρὸς τὸ Κατεπλάγη *Νηπιάζεις δι᾽ ἐμέ, Δόξα καὶ νῦν*, τὸ αὐτό· ἀνάγνωσις τὸ ὑπολειφθὲν τοῦ περὶ φιλοπτωχίας λόγου τοῦ θεολόγου· ἀπὸ ς΄ τὸ κοντάκιον ἦχος γ΄ *Ὁ μήτραν παρθενικὴν καὶ οἴκους* κἂν γ΄, εἰ ἔχει ἡ ὥρα· ἀνάγνωσις ἐκ τοῦ

---

[12] ἐναντίον τῶν...αὐτοῦ om. D

2 FEBRUARY

on the second of the month, and after **PN.Pannychis, 4.**the reading from the Praxapostolos.

O. At Orthros, 3.Θεὸς Κύριος in mode 1, and **4.**the troparion of the feast[13] three times. **5.**The recitations of continuous psalmody, two kathismata of the day, and we recite poetic kathismata of the feast; **a.**after the first recitation, **b.**poetic kathisma in mode 4 to Ταχὺ προκατάλαβε: Σαρκὶ νηπιάσαντα, Glory...both now..., the same repeated, **c.**reading of the feast; Homily of Methodios of Patara beginning Πάλαι ἱκανῶς ὡς οἷόν τε [BHG, 1961], in two portions; **d.**after the second recitation, **e.**another poetic kathisma in the same mode to Ὁ ὑψωθείς: Χρηματισθεὶς παρὰ Θεοῦ, Glory...both now..., the same repeated, **f.**second reading: from the aforesaid Homily; **g.**next the polyeleos, and **h.**poetic kathisma in the Menaion in mode 1: Ὁ ὢν σὺν τῷ Πατρί, Glory...both now..., the same repeated, **i.**reading: Homily of the Theologian, the one concerning love of the poor, beginning Ἄνδρες ἀδελφοί [BHG, 1767k], in two portions. **6.**Then the anabathmoi in mode 4, one antiphon; but if it were a Sunday, the three antiphons of the mode.[14] **7a.**Prokeimenon of the feast in mode 4: Ἐγνώρισε Κύριος τὸ σωτήριον αὐτοῦ, ἐναντίον τῶν ἐθνῶν ἀπεκάλυψε τὴν δικαιοσύνην αὐτοῦ [Ps 97:2], stichos: Ἄισατε τῷ Κυρίῳ ᾆσμα καινόν [Ps 97:1], **b.**Πᾶσα πνοή, **c.**gospel: according to Luke [2:25ff] (look in the gospel of the **Liturgy** from the middle). Then **8.**psalm 50. **9.**The canon of the feast by Kosmas the Monk in mode 3, without the beginning of the odes, <to> Χέρσον ἀβυσσοτόκον,[15] the heirmoi twice but the troparia four times each, and at the end again both choirs together [chant] the katabasia once; **a.**after the third ode, poetic kathisma in mode 4 to Καταπλάγη: Νηπιάζεις δι' ἐμέ, Glory...both now..., the same repeated, reading: what was left from the Homily of the Theologian concerning love of the poor; **b.**after the sixth ode, the kontakion in mode 3: Ὁ μήτραν παρθενικήν, and oikoi as many as three if there →

---

[13] The troparion used as apolytikion at V.12 repeated here.
[14] The mode is set; see note 4.
[15] The heirmos.

ΦΕΒΡΟΥΑΡΙΟΣ

προκειμένου βιβλίου. 10.ἐξαποστειλάριον Ἐναγκάλιζε Χριστόν, καὶ ἕτερον Ἐν πνεύματι τῷ ἱερῷ. 11.εἰς τοὺς αἴνους ἱστῶμεν ϛ΄ καὶ ψάλλομεν στιχηρὰ γ΄ ἐκ δευτέρου ἦχος α΄ Λέγε Συμεών, Δέχου Συμεών, Δεῦτε καὶ ἡμεῖς, Δόξα, ἰδιόμελον ἦχος β΄ Σήμερον Συμεὼν ἐν ταῖς ἀγκάλαις, καὶ νῦν, Σήμερον τὸν Χριστὸν ἐν τῷ ναῷ. 13.δοξολογία μεγάλη καὶ 14.ἀπολυτίκιον τὸ τῆς ἑορτῆς. εἰ γὰρ καὶ κυριακῇ τύχῃ, οὐδὲν τῶν ἀναστασίμων ψάλλομεν.

Εἰς τὴν λειτουργίαν 1.ἀντίφωνον α΄ Ἀγαθὸν τὸ ὁμολογεῖσθαι[13] τῷ Κυρίῳ. Ταῖς πρεσβείαις τῆς Θεοτόκου.[14] Ὁ Κύριος ἐβασίλευσεν εὐπρέπειαν ἐνεδύσατο. Σῶσον ἡμᾶς Υἱὲ Θεοῦ ὁ ἐκ παρθένου.[15] Δεῦτε ἀγαλλιασώμεθα τῷ Κυρίῳ ἦχος α΄ καὶ τροπάριον τῆς ἑορτῆς Χαῖρε κεχαριτωμένη. εἰς δὲ τὴν εἴσοδον Ἐγνώρισε Κύριος τὸ σωτήριον αὐτοῦ ἐναντίον τῶν ἐθνῶν, ἀπεκάλυψε τὴν δικαιοσύνην αὐτοῦ, Χαῖρε κεχαριτωμένη Θεοτόκε παρθένε, Δόξα καὶ νῦν, τὸ κοντάκιον. 2.προκείμενον ἦχος γ΄ ᾠδὴ τῆς Θεοτόκου Μεγαλύνει ἡ ψυχή μου τὸν Κύριον· στίχος Ὅτι ἐπέβλεψεν ἐπὶ τὴν ταπείνωσιν, ὁ ἀπόστολος πρὸς Ἑβραίους Ἀδελφοί, χωρὶς πάσης ἀντιλογίας τὸ ἔλαττον ὑπὸ τοῦ κρείττονος εὐλογεῖται. Ἀλληλούια ἦχος πλάγιος δ΄ Νῦν ἀπολύεις τὸν δοῦλόν σου Δέσποτα· στίχος β΄ Φῶς εἰς ἀποκάλυψιν ἐθνῶν καὶ δόξαν λαοῦ σου Ἰσραήλ. [77r] εὐαγγέλιον κατὰ Λουκᾶν Τῷ καιρῷ ἐκείνῳ ἀνήγαγον οἱ γονεῖς τὸ παιδίον Ἰησοῦν εἰς Ἱεροσόλυμα παραστῆσαι τῷ Κυρίῳ. 3.κοινωνικὸν Ποτήριον σωτηρίου.

Μηνὶ τῷ αὐτῷ γ΄· μεθέορτα, καὶ ἡ μνήμη τοῦ δικαίου Συμεών.

Ἑσπέρας 1.οὐ στιχολογοῦμεν, 2.εἰς δὲ τὸ Κύριε ἐκέκραξα ἱστῶμεν ϛ΄ καὶ ψάλλομεν στιχηρὰ τῆς ἑορτῆς γ΄ ἰδιόμελα ἦχος α΄ Λέγε Συμεών, καὶ τὰ ἕτερα β΄· ἔπειτα ἕτερα γ΄ τοῦ δικαίου ἦχος δ΄ πρὸς

---

[13] ὁμολογεῖσθε cod. et D
[14] Ἀντίφωνον β΄ add. D e marg. sin. cod.
[15] Ἀντίφωνον γ΄ add. D e marg. sin. cod.

2-3 FEBRUARY

is time, reading: from the book set out.[16] 10.Exaposteilarion: Ἐναγκάλιζε Χριστόν, and another: Ἐν πνεύματι τῷ ἱερῷ. 11.At the ainoi, we intercalate six times and chant three stichera twice in mode 1: Λέγε Συμεών, Δέχου Συμεών, Δεῦτε καὶ ἡμεῖς, Glory..., idiomelon in mode 2: Σήμερον Συμεὼν ἐν ταῖς ἀγκάλαις, both now..., Σήμερον τὸν Χριστὸν ἐν τῷ ναῷ. 13.Great doxology, and 14.the apolytikion of the feast.[17] For even if it falls on a Sunday, we chant none of the resurrection elements.

L. At the Liturgy, 1.first antiphon: Ἀγαθὸν τὸ ἐξομολογεῖσθαι τῷ Κυρίῳ [Ps 91:1]. Ταῖς πρεσβείαις τῆς Θεοτόκου. Ὁ Κύριος ἐβασίλευσεν, εὐπρέπειαν ἐνεδύσατο [Ps 92:1]. Σῶσον ἡμᾶς, Υἱὲ Θεοῦ, ὁ ἐκ παρθένου. Δεῦτε ἀγαλλιασώμεθα τῷ Κυρίῳ [Ps 94:1], and in mode 1 troparion of the feast: Χαῖρε κεχαριτωμένη.[18] At the entrance, Ἐγνώρισε Κύριος τὸ σωτήριον αὐτοῦ ἐναντίον τῶν ἐθνῶν, ἀπεκάλυψε τὴν δικαιοσύνην αὐτοῦ [Ps 97:2], Χαῖρε κεχαριτωμένη Θεοτόκε παρθένε, Glory...both now..., the kontakion.[19] 2.Prokeimenon in mode 3, ode of the Theotokos: Μεγαλύνει ἡ ψυχή μου τὸν Κύριον [Lk 1:46], stichos: Ὅτι ἐπέβλεψεν ἐπὶ τὴν ταπείνωσιν [Lk 1:48], the apostle: to the Hebrews [7:7ff]. Alleluia in plagal mode 4: Νῦν ἀπολύεις τὸν δοῦλόν σου, Δέσποτα [Lk 2:29], second stichos: Φῶς εἰς ἀποκάλυψιν ἐθνῶν καὶ δόξαν λαοῦ σου Ἰσραήλ [Lk 2:32], gospel: according to Luke [2:22ff]. 3.Koinonikon: Ποτήριον σωτηρίου [Ps 115:4].

II.03C. 3rd of the same month. Afterfeast, and the commemoration of righteous Symeon.

V. At Vespers, 1.we do not recite the continuous psalmody, 2.but at Κύριε ἐκέκραξα we intercalate six times and chant three stichera idiomela of the feast in mode 1: Λέγε Συμεών, and the other two,[20]

---

[16] John Chrysostom's *Commentary* on St Matthew's Gospel; see XII.19 K.1 O.5 and N.
[17] The troparion used as apolytikion at V.12 repeated here.
[18] The troparion used as apolytikion at V.12 repeated here.
[19] See O.9b above.
[20] See II.02 O.11.

ΦΕΒΡΟΥΑΡΙΟΣ

τὸ Ἔδωκας σημείωσιν, Δόξα καὶ νῦν, στιχηρὸν προσόμοιον τῆς ἑορτῆς Φῶς εἰς ἀποκάλυψιν. 4.προκείμενον. 10.εἰς τὸν στίχον στιχηρὰ τῆς ἑορτῆς γ´ ἦχος β´ πρὸς τὸ Οἶκος τοῦ Ἐφραθᾶ *Φέρουσα ἡ ἁγνή, Δέχου ὦ Συμεών, Νῦν εἶδον ἀγαθέ*, λέγομεν δὲ καὶ τοὺς στίχους τῆς ἑορτῆς, Δόξα καὶ νῦν, ἰδιόμελον ἦχος α´ *Σήμερον ὁ πάλαι τῷ Μωσεῖ ἐν Σινᾷ*. 12.ἀπολυτίκιον τὸ[16] τῆς ἑορτῆς.

Παννυχίδα δὲ οὐ ψάλλομεν, εἰ μή που εἴη κυριακή, τουτέστιν ἀγρυπνία.

Εἰς τὸν ὄρθρον, εἰ μὴ ἔστι κυριακή, ἐγειρόμεθα πρὸς ὥραν θ´ καὶ 3. ψάλλομεν εἰς τὸ *Θεὸς Κύριος* 4.τὸ τροπάριον τῆς ἑορτῆς ἐκ γ´. 5.ἡ στιχολογία κάθισμα ἕν, κάθισμα τῆς ἑορτῆς· ἀνάγνωσις λόγος τοῦ Χρυσοστόμου εἰς τὴν ἑορτήν, οὗ ἡ ἀρχὴ *Οὐ μόνον φορεῖ σάρκα*. 8.ὁ Ν´. καὶ 9.κανόνες β´· τῆς ἑορτῆς εἰς ς´ <πρὸς τὸ> *Χέρσον ἀβυσσοτόκον*, καὶ τοῦ ἁγίου ἦχος δ´ Ἰωσὴφ εἰς ς´, λέγομεν δὲ καὶ *Τῷ Κυρίῳ ᾄσωμεν*· ἀπὸ γ´ ᾠδῆς κάθισμα τοῦ ἁγίου ἦχος δ´ *Ἐν τῷ ὄρει τῷ Σινᾷ*, Δόξα καὶ νῦν, θεοτοκίον· ἀνάγνωσις λόγος τοῦ ἁγίου Κυρίλλου εἰς τὴν αὐτὴν ἑορτήν, οὗ ἡ ἀρχὴ *Χαῖρε σφόδρα θύγατερ*· ἀπὸ ς´ τὸ κοντάκιον τῆς ἑορτῆς καὶ οἴκους γ´. 10.ἐξαποστειλάριον *Ἐν πνεύματι τῷ ἱερῷ*. 12.εἰς τὸν στίχον τῶν αἴνων στιχηρὰ τῆς ἑορτῆς ἦχος β´ πρὸς τὸ Οἶκος τοῦ Ἐφραθᾶ *Ὅνπερ οἱ λειτουργοί, Μέγα καὶ φοβερόν, Χαῖρε ἡ τὴν χαράν*, λέγομεν δὲ καὶ τοὺς στίχους τῆς ἑορτῆς, Δόξα καὶ νῦν, ἰδιόμελον ἦχος πλάγιος β´ *Ὁ ἐν χερσὶ πρεσβυτικαῖς*. 14.ἀπολυτίκιον τῆς ἑορτῆς.

---

[16] om. D

3 FEBRUARY

next another three of the righteous man in mode 4 to Ἔδωκας σημείωσιν, Glory...both now..., sticheron prosomoion of the feast: Φῶς εἰς ἀποκάλυψιν. **4.**Prokeimenon. **10.**At the stichos, three stichera of the feast in mode 2 to Οἶκος τοῦ Ἐφραθᾶ: Φέρουσα ἡ ἁγνή, Δέχου ὦ Συμεών, Νῦν εἶδον ἀγαθέ, and we recite the stichoi of the feast also, Glory...both now..., idiomelon in mode 1: Σήμερον ὁ πάλαι τῷ Μωσεῖ ἐν Σινᾷ. **12.**The apolytikion of the feast.[21]

PN. But we do not chant the **Pannychis**, unless of course it were a Sunday, that is, an **Agrypnia**.

O. At Orthros, unless it is a Sunday, we rise just before the ninth hour, and **3.**at Θεὸς Κύριος chant **4.**the troparion of the feast[22] three times. **5.**The recitation of continuous psalmody, one kathisma, poetic kathisma of the feast, reading: *Homily* of Chrysostom on the feast beginning Οὐ μόνον φορεῖ σάρκα [BHG, 1925]. **8.**Psalm 50. And **9.**two canons: from that of the feast six troparia <to> Χέρσον ἀβυσσοτόκον,[23] and from that of the holy man in mode 4 by Joseph six troparia, and we also recite Τῷ Κυρίῳ ᾄσωμεν.[24] **a.**After the third ode, poetic kathisma of the holy man in mode 4: Ἐν τῷ ὄρει τῷ Σινᾷ, Glory...both now..., theotokion, reading: *Homily* of holy Cyril on the same feast beginning Χαῖρε σφόδρα, θύγατερ [BHG, 1973]; **b.**after the sixth ode, the kontakion of the feast and three oikoi.[25] **10.**Exaposteilarion: Ἐν πνεύματι τῷ ἱερῷ. **12.**At the stichos of the ainoi, stichera of the feast in mode 2 to Οἶκος τοῦ Ἐφραθᾶ: Ὅνπερ οἱ λειτουργοί, Μέγα καὶ φοβερόν, Χαῖρε ἡ τὴν χαράν, and we also recite the stichoi of the feast, Glory...both now..., idiomelon in plagal mode 2: Ὁ ἐν χερσὶ πρεσβυτικαῖς. **14.**Apolytikion of the feast.[26]

---

[21] See II.02 V.12.
[22] See the troparion used as apolytikion at II.02 V.12; see also II.02 L.1.
[23] The heirmos.
[24] Ode 1.
[25] See II.02 O.9b.
[26] See the troparion used as apolytikion at II.02 V.12.

ΦΕΒΡΟΥΑΡΙΟΣ

Εἰς τὴν λειτουργίαν 1.τυπικὰ καὶ μακαρισμοὶ τῆς ἑορτῆς ἦχος δ'· τροπάριον καὶ κοντάκιον ὁμοίως τὰ τῆς ἑορτῆς. 2.προκείμενον ἦχος βαρὺς *Εὐφρανθήσεται δίκαιος*· στίχος *Εἰσάκουσον ὁ Θεὸς φωνῆς*[17] *μου*· ὁ ἀπόστολος πρὸς Κορινθίους *Ἀδελφοί, Χριστὸς παραγενόμενος*, ζήτει κυριακῇ ε' τῶν νηστειῶν. *Ἀλληλούϊα* τῆς ἑορτῆς· εὐαγγέλιον κατὰ Λουκᾶν, ζήτει τῆς ἑορτῆς ἀπὸ τὸ μέσον *Τῷ καιρῷ ἐκείνῳ ἦν ἄνθρωπος ἐν Ἱερουσαλὴμ ᾧ ὄνομα Συμεών*, τέλος *Δόξαν λαοῦ σου Ἰσραήλ*.[18] 3.κοινωνικὸν *Εἰς μνημόσυνον*.

Εἰ δὲ κυριακῇ τύχῃ, ἑσπέρας 1.στιχολογοῦμεν τὸ *Μακάριος ἀνὴρ* καὶ ψάλλομεν στιχηρὰ τὰ ἀναστάσιμα τοῦ ἤχου δευτεροῦντες τὸ α', ὁμοίως καὶ τὰ γ' τοῦ ἁγίου δευτεροῦντες τὸ α', [77v] *Δόξα καὶ νῦν*, τὸ δογματικὸν θεοτοκίον. 3.εἴσοδος καὶ 4.τὸ προκείμενον. 10.εἰς δὲ τὸν στίχον τὸ ἀναστάσιμον ἅπαξ, καὶ δύο ἐκ τῶν εἰρημένων τῆς ἑορτῆς πρὸς τὸ Οἶκος τοῦ Ἐφραθᾶ, *Δόξα καὶ νῦν*, *Ὁ ἐν χερσὶ πρεσβυτικαῖς*. 12.ἀπολυτίκιον τῆς ἑορτῆς. Εἰς τὴν παννυχίδα ὡς σύνηθες ἀεὶ τοῦ ἤχου πάντα. Ὁμοίως καὶ ἐν τῷ ὄρθρῳ 5.αἱ στιχολογίαι, καθίσματα ἀναστάσιμα, καὶ ἡ ὑπακοὴ τοῦ ἤχου· αἱ ἀναγνώσεις ἐκ τοῦ προκειμένου βιβλίου. 6.οἱ ἀναβαθμοί. 7.τὸ προκείμενον· τὸ *Πᾶσα πνοή*· εὐαγγέλιον ἑωθινὸν ἀναστάσιμον. 9.οἱ κανόνες· ὁ ἀναστάσιμος εἰς ς', καὶ τῆς ἑορτῆς εἰς δ', καὶ τοῦ ἁγίου →

---

[17] τῆς praepos. D
[18] τέλος Δόξαν...Ἰσραήλ om. D

3 FEBRUARY

L. At the Liturgy, 1.typika and makarismoi of the feast in mode 4, similarly the troparion and the kontakion of the feast.[27] **2.**Prokeimenon in barys mode: Εὐφρανθήσεται δίκαιος [Ps 63:11], stichos: Εἰσάκουσον, ὁ Θεός, φωνῆς μου [Ps 63:2], the apostle: to the Corinthians [Heb 9.11ff][28] (see the fifth Sunday of Lent). Alleluia of the feast,[29] gospel: according to Luke [2:25ff] (look in that of the feast from the middle ending at Δόξαν λαοῦ σου Ἰσραήλ). **3.**Koinonikon: Εἰς μνημόσυνον [Ps 111:6].

II.03 K. But if it falls on a Sunday, **V.at Vespers, 1.**we recite Μακάριος ἀνήρ [kath 1],[30] and chant the resurrection stichera of the mode,[31] repeating the first, similarly also the three of the holy man, repeating the first, *Glory...both now...*, the theotokion dogmatikon. **3.**Entrance, and **4.**the prokeimenon. **10.**At the stichos, the resurrection [sticheron] once, and two from the aforementioned ones of the feast to Οἶκος τοῦ Ἐφραθᾶ,[32] *Glory...both now...*, Ὁ ἐν χερσὶ πρεσβυτικαῖς. **12.**Apolytikion of the feast.[33] **PN.At Pannychis,** as is customary, always all the elements of the mode.[34] Similarly also O.during **Orthros; 5.**the recitations of continuous psalmody, resurrection poetic kathismata, and the hypakoe of the mode,[35] the readings: from the book set out.[36] **6.**The anabathmoi. **7a.**The prokeimenon, **b.**Πᾶσα πνοή, **c.**resurrection matins gospel. **9.**The canons: from the resurrection one six troparia, and from that of the feast four troparia, and from that of the holy man four troparia. **11.**At

---

[27] For the troparion of the feast see the troparion used as apolytikion at II.02 V.12; for the kontakion see II.02 O.9b.
[28] This apostle reading is incorrectly cited.
[29] See II.02 L.2.
[30] Kathisma 1 of the psalter (psalms 1-8) is always recited at Vespers on Saturday evenings.
[31] The mode is set; see note 4.
[32] See V.10 above.
[33] See the troparion used as apolytikion at II.02 V.12.
[34] The mode is set; see note 4.
[35] The mode is set; see note 4.
[36] John Chrysostom's *Commentary* on St Matthew's Gospel; see XII.19 K.1 O.5 and N.

ΦΕΒΡΟΥΑΡΙΟΣ

εἰς δ´. 11.εἰς τοὺς αἴνους τὰ δ´ ἀναστάσιμα, καὶ τὰ εἰρημένα γ´ τῆς ἑορτῆς, καὶ ἓν τὸ καταλειφθὲν[19] ἑσπέρας πρὸς τὸ Οἶκος τοῦ Ἐφραθᾶ, *Δόξα*, ἰδιόμελον *Ὁ ἐν χερσὶ πρεσβυτικαῖς, καὶ νῦν, Ὑπερευλογημένη ὑπάρχεις Θεοτόκε παρθένε*. Εἰς τὴν λειτουργίαν 1.τυπικὰ καὶ οἱ μακαρισμοὶ τῆς κυριακῆς, τροπάρια γ´, καὶ ἕτερα γ´ τροπάρια τῆς ἑορτῆς, τροπάριον ἀναστάσιμον· εἰς τὸ *Δόξα καὶ νῦν* τὸ τῆς ἑορτῆς κοντάκιον. 2.ἀπόστολος καὶ εὐαγγέλιον ἀμφότερα. 3.κοινωνικὸν *Αἰνεῖτε* καὶ *Εἰς μνημόσυνον*.

Μηνὶ τῷ αὐτῷ δ´· μεθέορτα, καὶ τοῦ ἁγίου Ἰσιδώρου τοῦ Πηλουσιώτου.

Ἑσπέρας 1.μετὰ τὴν στιχολογίαν 2.εἰς τὸ *Κύριε ἐκέκραξα* ἱστῶμεν ς´ καὶ ψάλλομεν στιχηρὰ τῆς ἑορτῆς β´ ἦχος δ´ πρὸς τὸ Ἔδωκας σημείωσιν, καὶ β´ τοῦ ἁγίου εἰς τὸν αὐτὸν ἦχον πρὸς τὸ Ὡς γενναῖον, καὶ ἕτερα β´ τοῦ προψαλλομένου ἁγίου, *Δόξα καὶ νῦν*, θεοτοκίον. 4.προκείμενον. 10.εἰς τὸν στίχον στιχηρά, εἰ μὲν τύχῃ τῇ ἑβδομάδι τῆς τυροφάγου ἢ ἔσωθεν τῆς τεσσαρακοστῆς, τὸ ἰδιόμελον τῆς ἡμέρας β´ καὶ μαρτυρικὸν καὶ θεοτοκίον· εἰ δὲ ἔξωθεν τῶν τοιούτων ἡμερῶν, στιχηρὰ τῆς ὀκτωήχου γ´, *Δόξα καὶ νῦν*, ἰδιόμελον ἦχος β´ *Σήμερον Συμεὼν ὁ πρεσβύτης*. 12.ἀπολυτίκιον τῆς ἑορτῆς.

Εἰς τὴν παννυχίδα 1.κανὼν τοῦ προψαλλομένου ἁγίου.

Εἰς τὸν ὄρθρον 3.*Θεὸς Κύριος* καὶ 4.τὸ τροπάριον τῆς ἑορτῆς ἐκ γ´. 5.αἱ στιχολογίαι καθίσματα β´, καθίσματα τῆς ἑορτῆς, εἰ δὲ τύχῃ

---

[19] τὸ add. D

the ainoi, the four resurrection [stichera], and the three aforementioned ones of the feast,[37] and the one of **Vespers** left over[38] to Οἶκος τοῦ Ἐφραθᾶ, *Glory...*, idiomelon: *Ὁ ἐν χερσὶ πρεσβυτικαῖς, both now..., Ὑπερευλογημένη ὑπάρχεις Θεοτόκε παρθένε*. **L.At the Liturgy**, 1.typika and the makarismoi of the Sunday, three troparia, and another three troparia of the feast, resurrection troparion, at *Glory...both now...* the kontakion of the feast.[39] 2.Both sets of apostle and gospel. 3.Koinonikon: *Αἰνεῖτε* [Ps 148:1] and *Εἰς μνημόσυνον* [Ps 111:6].

II.04C. 4th of the same month. Afterfeast, and the commemoration of holy Isidore the Pelousiote.

V. At Vespers, 1.after the recitation of continuous psalmody, 2.at *Κύριε ἐκέκραξα* we intercalate six times and chant two stichera of the feast in mode 4 to Ἔδωκας σημείωσιν, and two of the holy man in the same mode to Ὡς γενναῖον, and another two of the saint being celebrated in advance,[40] *Glory...both now...*, theotokion. 4.Prokeimenon. 10.At the stichos, stichera; if it falls in the week of Tyrophagos or within Lent, the idiomelon of the day twice, and martyrikon, and theotokion, but if it falls outside such days, three stichera from the Oktoechos, *Glory...both now...*, idiomelon in mode 2: *Σήμερον Συμεὼν ὁ πρεσβύτης*. 12.Apolytikion of the feast.[41]

PN. At Pannychis, 1.canon of the saint being celebrated in advance.[42]

O. At Orthros, 3.*Θεὸς Κύριος*, and 4.the troparion of the feast[43] three times. 5.The recitations of continuous psalmody, two kathismata, poetic kathismata of the feast; but if it happens to be a

---

[37] See O.12 above.
[38] See V.10 immediately above and V.10 above.
[39] See II.02 O.9b.
[40] See I.18 N.
[41] See the troparion used as apolytikion at II.02 V.12.
[42] See I.18 N.
[43] See the troparion used as apolytikion at II.02 V.12; see also II.02 L.1.

ΦΕΒΡΟΥΑΡΙΟΣ

σταυρώσιμος[20] ἢ ἀναστάσιμος,[21] τῆς ἡμέρας· αἱ ἀναγνώσεις ἐκ τοῦ προκειμένου βιβλίου τῆς εἰς τὸ κατὰ Ματθαῖον ἑρμηνείας τοῦ Χρυσοστόμου. 9.κανόνες γ'· ὁ τῆς ἑορτῆς εἰς δ', καὶ τοῦ ἁγίου εἰς δ' ἦχος πλάγιος β' <πρὸς τὸ> Ὡς ἐν ἠπείρῳ, καὶ ἕτερος τοῦ προψαλλομένου ἁγίου εἰς δ'· ἀπὸ γ' ᾠδῆς κάθισμα τοῦ ἁγίου ἦχος πλάγιος β' πρὸς τὸ Ἐλπὶς τοῦ κόσμου ἀγαθή, Δόξα καὶ νῦν, τὸ αὐτὸ θεοτοκίον· ἀπὸ ς' τὸ τῆς ἑορτῆς κοντάκιον καὶ οἴκους γ'. 10.ἐξαποστειλάριον Ἐναγκάλισαι Χριστόν. 12.εἰς τὸν στίχον τῶν αἴνων στιχηρὰ τῆς ὀκτωήχου, Δόξα καὶ νῦν, ἰδιόμελον τῆς ἑορτῆς ἦχος δ' Σήμερον ἡ ἱερὰ μήτηρ, εἰ δὲ τύχῃ ἔσωθεν τῆς τεσσαρακοστῆς, ὡς εἴρηται τῇ ἑσπέρᾳ. [78r]

Εἰς τὴν λειτουργίαν 1.τυπικὰ καὶ τὰ ὑπολειφθέντα τροπάρια τῶν μακαρισμῶν τῆς ἑορτῆς, καὶ τὸ τροπάριον ὁμοίως καὶ τὸ κοντάκιον. 2.προκείμενον ἦχος πλάγιος β' Μνησθήσομαι τοῦ ὀνόματός σου· στίχος Ἄκουσον θύγατερ. Ἀλληλούια τῆς ἑορτῆς, ὁ δεύτερος στίχος Φῶς εἰς ἀποκάλυψιν, ἀπόστολος καὶ εὐαγγέλιον τῆς ἡμέρας. 3.κοινωνικὸν Ποτήριον σωτηρίου.

---

[20] σταυρώσιμον D
[21] ἀναστάσιμον D

4 FEBRUARY

crucifixion or resurrection day,[44] those of the day. The readings from the book set out: from the *Commentary* of Chrysostom on the [Gospel] according to Matthew.[45] 9.Three canons: from the one of the feast four troparia, and from that of the holy man in plagal mode 2 <to> Ὡς ἐν ἠπείρῳ[46] four troparia, and from another of the saint being celebrated in advance[47] four troparia; a.after the third ode, poetic kathisma of the holy man in plagal mode 2 to Ἐλπὶς τοῦ κόσμου ἀγαθή, *Glory...both now...*, the same theotokion; b.after the sixth ode, the kontakion of the feast and three oikoi.[48] 10.Exaposteilarion: Ἐναγκάλισαι Χριστόν.[49] 12.At the stichos of the ainoi, stichera from the Oktoechos, *Glory...both now...*, idiomelon of the feast in mode 4: Σήμερον ἡ ἱερὰ μήτηρ, but if it falls within Lent, as has been stated for the evening.[50]

L. At the Liturgy, 1.typika, and the left over troparia of the makarismoi of the feast, and similarly the troparion and the kontakion.[51] 2.Prokeimenon in plagal mode 2: Μνησθήσομαι τοῦ ὀνόματός σου [Ps 44:18], stichos: Ἄκουσον, θύγατερ [Ps 44:11]. *Alleluia* of the feast,[52] the second stichos: Φῶς εἰς ἀποκάλυψιν [Lk 2:32], apostle and gospel of the day. 3.Koinonikon: Ποτήριον σωτηρίου [Ps 115:4].

---

[44] Wednesday and Friday are crucifixion days; Sunday is the resurrection day.
[45] See XII.19 K.1 O.5 and N.
[46] The heirmos.
[47] See I.18 N.
[48] See II.02 O.9b.
[49] See II.02 O.10.
[50] Idiomelon of the day; see V.10 above.
[51] That is, the troparion and kontakion of the feast; for the troparion see the troparion used as apolytikion II.02 V.12, see also II.02 L.1; for the kontakion see II.02 O.9b.
[52] See II.02 L.2.

ΦΕΒΡΟΥΑΡΙΟΣ

Μηνὶ τῷ αὐτῷ²² ε'· μεθέορτα, καὶ ἁγίας Ἀγάθης. ψάλλομεν δὲ καὶ τὸν ἅγιον ἱερομάρτυρα Βουκόλον διὰ τὸ ἀποδιδόναι τὴν ἑορτὴν εἰς τὰς ς'.

Ἑσπέρας 1.μετὰ τὴν στιχολογίαν 2.εἰς τὸ *Κύριε ἐκέκραξα* ἱστῶμεν ς' καὶ ψάλλομεν στιχηρὰ τῆς ἑορτῆς β' ἦχος δ' πρὸς τὸ Ἔδωκας σημείωσιν, καὶ τῆς ἁγίας ἕτερα β' ἦχος ὁ αὐτός, καὶ τοῦ ἱερομάρτυρος β' ἦχος πλάγιος β' πρὸς τὸ Τριήμερος ἀνέστης Χριστέ, *Δόξα καὶ νῦν,* ἰδιόμελον ἦχος πλάγιος α' *Ἐρευνᾶτε τὰς γραφάς.* 4.προκείμενον. 10.εἰς τὸν στίχον στιχηρὰ τῆς ὀκτωήχου γ', εἰ οὐκ ἔστι τεσσαρακοστή, *Δόξα καὶ νῦν,* ἰδιόμελον ἦχος πλάγιος δ' *Ὁ τοῖς Χερουβὶμ ἐποχούμενος.* 12.ἀπολυτίκιον τῆς ἑορτῆς.

Εἰς τὸν ὄρθρον 3.*Θεὸς Κύριος* καὶ 4.τὸ τροπάριον τῆς ἑορτῆς ἐκ γ'. 5.αἱ στιχολογίαι, καθίσματα, εἰ τύχῃ σταυρώσιμος ἡμέρα ἢ ἀναστάσιμος, τῆς ἡμέρας, εἰ δὲ μή γε, τῆς ἑορτῆς· αἱ ἀναγνώσεις ἐκ τοῦ προκειμένου βιβλίου. 9.κανόνες γ'· ἀνὰ δ', ὁ τῆς ἑορτῆς, καὶ τῆς ἁγίας ἦχος β' Θεοφάνους <πρὸς τὸ> Δεῦτε λαοί, καὶ τοῦ ἁγίου Βουκόλου ἦχος πλάγιος β' Θεοφάνους <πρὸς τὸ> Ὡς ἐν ἠπείρῳ· ἀπὸ γ' ᾠδῆς κάθισμα τοῦ ἱερομάρτυρος ἦχος δ' καὶ θεοτοκίον· ἀπὸ ς' τὸ κοντάκιον τῆς ἑορτῆς καὶ οἴκους γ'. 10.ἐξαποστειλάριον *Ἐναγκάλισαι Χριστόν.* 12.εἰς τὸν στίχον τῶν αἴνων στιχηρὰ τῆς

---

²² τῷ αὐτῷ om. D

5 FEBRUARY

II.05C. 5th of the same month. Afterfeast, and the commemoration of holy Agathe; we also chant [in celebration of] the holy hieromartyr Boukolos because of bringing the feast to an end on the 6th.

V. At Vespers, 1.after the recitation of continuous psalmody, 2.at Κύριε εκέκραξα we intercalate six times and chant two stichera of the feast in mode 4 to Ἔδωκας σημείωσιν, and another two of the holy woman in the same mode, and two of the hieromartyr in plagal mode 2 to Τριήμερος ἀνέστης Χριστέ, *Glory...both now...*, idiomelon in plagal mode 1: Ἐρευνᾶτε τὰς γραφάς. 4.Prokeimenon. 10.At the stichos, three stichera from the Oktoechos if it is not Lent, *Glory...both now...*, idiomelon in plagal mode 4: Ὁ τοῖς χερουβὶμ ἐποχούμενος. 12.Apolytikion of the feast.[53]

O. At Orthros, 3.Θεὸς Κύριος, and 4.the troparion of the feast[54] three times. 5.The recitations of continuous psalmody,[55] poetic kathismata; if it happens to be a crucifixion or resurrection day,[56] poetic kathismata of the day, if not, those of the feast; the readings: from the book set out.[57] 9.Three canons: four troparia from each; the one of the feast, and that of the holy woman in mode 2 by Theophanes <to> Δεῦτε λαοί,[58] and that of holy Boukolos in plagal mode 2 by Theophanes <to> Ὡς ἐν ἠπείρῳ.[59] a.After the third ode, poetic kathisma of the hieromartyr in mode 4, and theotokion; b.after the sixth ode, the kontakion of the feast and three oikoi.[60] 10.Exaposteilarion: Ἐναγκάλισαι Χριστόν.[61] 12.At the stichos of the →

---

[53] See the troparion used as apolytikion II.02 V.12.
[54] See II.02 L.1, for a full translation see the troparion used as apolytikion at II.02 V.12.
[55] Two kathismata of the psalter are to be recited; see IX.17 Orthros N, XII.27 N and I.07 N.
[56] Wednesday and Friday are crucifixion days; Sunday is the resurrection day.
[57] John Chrysostom's *Commentary* on St Matthew's Gospel; see XII.19 K.1 O.5 and N.
[58] The heirmos.
[59] The heirmos.
[60] See II.02 O.9b.
[61] See II.02 O.10.

ΦΕΒΡΟΥΑΡΙΟΣ

ἑορτῆς ἦχος α΄ πρὸς τὸ Τῶν οὐρανίων, *Δόξα καὶ νῦν*, ἰδιόμελον ἦχος πλάγιος α΄ *Ὁ παλαιὸς ἡμερῶν*. 14.ἀπολυτίκιον τῆς ἑορτῆς.

Εἰς τὴν λειτουργίαν 1.τυπικὰ καὶ οἱ μακαρισμοὶ τῆς ἑορτῆς, ὁμοίως τό τε τροπάριον καὶ τὸ κοντάκιον. 2.προκείμενον, ὃ λέγομεν[23] εἰς τὸ *Πᾶσα πνοή*, ἦχος δ΄ *Ἐγνώρισε Κύριος τὸ σωτήριον αὐτοῦ, ἐναντίον τῶν ἐθνῶν ἀπεκάλυψε τὴν δικαιοσύνην αὐτοῦ·* στίχος *Ἄισατε τῷ Κυρίῳ ᾆσμα καινόν*. Ἀλληλούϊα ἦχος πλάγιος δ΄ *Ἀνάστηθι Κύριε εἰς τὴν ἀνάπαυσίν σου·* ἀπόστολος καὶ εὐαγγέλιον τῆς ἡμέρας. 3.κοινωνικὸν *Ποτήριον σωτηρίου λήψομαι*.

Μηνὶ τῷ αὐτῷ εἰς τὰς[24] **ς΄· μεθέορτα, καὶ τοῦ ἁγίου ἱερομάρτυρος Βουκόλου ἐπισκόπου Σμύρνης. ἐν ταύτῃ ἀποδίδοται ἡ ἑορτή, τὸν δὲ ἅγιον Βουκόλον ἐψάλλομεν εἰς τὰς**[25] **ε΄.**

Ἑσπέρας 1.οὐ στιχολογοῦμεν, 2.εἰς δὲ τὸ *Κύριε ἐκέκραξα* ἱστῶμεν ς΄ καὶ ψάλλομεν τὰ γ΄ τῆς ἑορτῆς στιχηρὰ ἐκ δευτέρου ἦχος βαρὺς *Κατακόσμησον*, καὶ ἕτερα β΄ τὰ τούτου[26] ὅμοια, *Δόξα καὶ νῦν*, τὸ πρῶτον ἐξ αὐτῶν. 10.εἰς τὸν στίχον, εἰ μὲν τύχῃ ἡ τῆς τυροφάγου [78v] ἑβδομάς, λέγομεν τὸ ἰδιόμελον τῆς ἡμέρας β΄, εἶτα καὶ ἰδιόμελον τῆς ἑορτῆς πρὸς τὸν ἦχον τοῦ στιχηροῦ τῆς ἡμέρας, *Δόξα καὶ νῦν*, ἰδιόμελον ἦχος πλάγιος β΄ *Ἀνοιγέσθω ἡ πύλη*. εἰ δὲ ἔξωθεν τύχῃ τῆς τυροφάγου, πάντα τὰ στιχηρὰ καθὼς προεγράφησαν ἐν τῇ ἑορτῇ μετὰ καὶ τῶν στίχων αὐτῶν ἦχος β΄ *Τὸν ἱερὸν ἡ ἱερά*, καὶ τὰ λοιπὰ ὁμοίως, *Δόξα καὶ νῦν, Ἀνοιγέσθω ἡ πύλη*. 12.ἀπολυτίκιον τῆς ἑορτῆς.

---

[23] λέγεται D
[24] τὴν D
[25] τὴν D
[26] τούτῳ D

5-6 FEBRUARY

ainoi, stichera of the feast in mode 1 to Τῶν οὐρανίων, *Glory...both now...,* idiomelon in plagal mode 1: *Ὁ παλαιὸς ἡμερῶν.* 14.Apolytikion of the feast.⁶²

L. At the Liturgy, 1.typika and the makarismoi of the feast, similarly both the troparion and the kontakion.⁶³ 2.Prokeimenon, the one which we say at *Πᾶσα πνοή,*⁶⁴ in mode 4: *Ἐγνώρισε Κύριος τὸ σωτήριον αὐτοῦ, ἐναντίον τῶν ἐθνῶν ἀπεκάλυψε τὴν δικαιοσύνην αὐτοῦ* [Ps 97:2], stichos: *Ἄισατε τῷ Κυρίῳ ᾆσμα καινόν* [Ps 97:1]. *Alleluia* in plagal mode 4: *Ἀνάστηθι, Κύριε, εἰς τὴν ἀνάπαυσίν σου* [Ps 131:8], apostle and gospel of the day. 3.Koinonikon: *Ποτήριον σωτηρίου λήψομαι* [Ps 115:4].

II.06C. On the 6th of the same month. Afterfeast, and the commemoration of the holy hieromartyr Boukolos bishop of Smyrna. On this day the feast⁶⁵ is brought to an end, and we chanted [in celebration of] holy Boukolos on the 5th.

V. At Vespers, 1.we do not recite the continuous psalmody, 2.but at *Κύριε ἐκέκραξα* we intercalate six times and chant the three stichera of the feast twice in barys mode: *Κατακόσμησον,* and the other two to the same melody as that one, *Glory...both now...,* the first of them. 10.At the stichos, if it happens to be the week of Tyrophagos, we recite the idiomelon of the day twice, then also an idiomelon of the feast to the mode of the sticheron of the day, *Glory...both now...,* idiomelon in plagal mode 2: *Ἀνοιγέσθω ἡ πύλη.* But if it falls outside [the week of] Tyrophagos, all the stichera as they were prescribed during the feast along with their stichoi also in mode 2: *Τὸν ἱερὸν ἡ ἱερά,* and the rest similarly, *Glory...both now..., Ἀνοιγέσθω ἡ πύλη.*⁶⁶ 12.Apolytikion of the feast.⁶⁷

---

⁶² See the troparion used as apolytikion at II.02 V.12.
⁶³ That is, the troparion and kontakion of the feast; for the troparion see II.02 L.1 and the full translation at II.02 V.12; for the kontakion see II.02 O.9b.
⁶⁴ At O.7b.
⁶⁵ That is, the Meeting of Our Lord [with Symeon]; see II.02.
⁶⁶ See II.02 V.10.
⁶⁷ See the troparion used as apolytikion at II.02 V.12.

ΦΕΒΡΟΥΑΡΙΟΣ

Εἰς τὴν παννυχίδα 1.κανὼν τῆς ἑορτῆς εἰς ἦχον δ´· 2.ἀπὸ γ´ ᾠδῆς οὐδέν· 3.ἀπὸ ς´ τὸ κοντάκιον.

Εἰς τὸν ὄρθρον 3.Θεὸς Κύριος καὶ 4.τροπάριον τὸ τῆς ἑορτῆς. 5.αἱ στιχολογίαι καθίσματα β´, καθίσματα τῆς ἑορτῆς· αἱ ἀναγνώσεις ἐκ τοῦ προκειμένου βιβλίου, εἰ τύχῃ μετάφρασις ἢ τῆς ἑρμηνείας τοῦ κατὰ Ματθαῖον. 8.ὁ Ν´. 9.ὁ κανὼν τῆς ἑορτῆς, λέγομεν δὲ τοὺς μὲν εἱρμοὺς ἐκ δευτέρου, τὰ δὲ τροπάρια, τὰ μὲν β´ ἐκ γ´, τὸ δὲ ἓν εἰς δ´, ἱστῶμεν γὰρ ιβ´, λέγομεν δὲ καὶ *Τῷ Κυρίῳ ᾄσωμεν*, ἔσχατον δὲ τὴν αὐτὴν καταβασίαν ἀμφότεροι οἱ χοροί· ἀπὸ γ´ ᾠδῆς κάθισμα τῆς ἑορτῆς· ἀπὸ ς´ τὸ κοντάκιον καὶ οἴκους γ´. 10.ἐξαποστειλάριον *Ἐν πνεύματι τῷ ἱερῷ*. 12.εἰς τὸν στίχον τῶν αἴνων στιχηρὰ τῆς ἑορτῆς ἦχος α´ *Λέγε Συμεών*, καὶ ἕτερα β´ τὰ τούτου[27] ὅμοια μετὰ καὶ τῶν ἐπ᾽ αὐτοῖς στίχων, *Δόξα καὶ νῦν, Σήμερον Συμεὼν ἐν ταῖς ἀγκάλαις*. εἰ δέ ἐστιν ἡ ἑβδομὰς τῆς τυροφάγου, τὸ ἰδιόμελον τῆς ἡμέρας β´, καὶ πρὸς τὸν ἦχον αὐτοῦ ἰδιόμελον τῆς ἑορτῆς, *Δόξα καὶ νῦν*, τὸ εἰρημένον. 14.ἀπολυτίκιον τῆς ἑορτῆς.

Εἰς τὴν λειτουργίαν 1.τυπικὰ καὶ ᾠδὴ τοῦ κανόνος τῆς ἑορτῆς ἡ ς´ *Ἐβόησέ σοι*, ὃ καὶ ἀρχόμεθα δευτεροῦντες καὶ ἓν ἐκ τῶν τροπαρίων τῆς αὐτῆς ᾠδῆς· τὸ τροπάριον καὶ τὸ κοντάκιον τῆς ἑορτῆς. 2.προκείμενον, ἀπόστολος, Ἀλληλούια, εὐαγγέλιον καὶ 3.κοινωνικόν, ἅπαντα τῆς ἑορτῆς· ὁμοίως καὶ ἐν τῇ εἰσόδῳ λέγομεν στίχον *Ἐγνώρισε Κύριος τὸ σωτήριον αὐτοῦ*.

---

[27] τούτῳ D

6 FEBRUARY

PN. At Pannychis, 1.canon of the feast in mode 4; **2.**after the third ode, nothing; **3.**after the sixth ode, the kontakion.

O. At Orthros, 3.Θεὸς Κύριος, and **4.**the troparion of the feast.[68] **5.**The recitations of continuous psalmody, two kathismata, poetic kathismata of the feast, the readings: from the book set out if there happens to be a *Metaphrasis*, or from the *Commentary* on the [Gospel] according to Matthew.[69] **8.**Psalm 50. **9.**The canon of the feast; we recite the heirmoi twice, and the double troparia three times, but the single four times, for we intercalate twelve times; and we also recite Τῷ Κυρίῳ ᾄσωμεν.[70] Finally both choirs [recite] the same katabasia. **a.**After the third ode, poetic kathisma of the feast; **b.**after the sixth ode, the kontakion and three oikoi.[71] **10.**Exaposteilarion: Ἐν πνεύματι τῷ ἱερῷ. **12.**At the stichos of the ainoi, stichera of the feast in mode 1: Λέγε Συμεών, and the other two to the same melody as that one, with the stichoi for them also, *Glory...both now...,* Σήμερον Συμεὼν ἐν ταῖς ἀγκάλαις. But if it is the week of Tyrophagos, the idiomelon of the day twice, and to its mode an idiomelon of the feast, *Glory...both now...,* the aforementioned one. **14.**Apolytikion of the feast.[72]

L. At the Liturgy, 1.typika, and the sixth ode of the canon of the feast: Ἐβόησέ σοι,[73] with which we also begin, repeating also one of the troparia of the same ode, the troparion and the kontakion of the feast.[74] **2.**Prokeimenon, apostle, *Alleluia,* gospel and **3.**koinonikon, all of the feast;[75] **1.**similarly also during the entrance we recite stichos: Ἐγνώρισε Κύριος τὸ σωτήριον αὐτοῦ.[76]

---

[68] See II.02 L.1 and the full translation at II.02 V.12.
[69] The *Commentary* of John Chrysostom.
[70] Ode 1.
[71] See II.02 O.9b.
[72] See the troparion used as apolytikion at II.02 V.12.
[73] Most probably means that refrains of the sixth ode are intercalated into the makarismoi.
[74] For the troparion see II.02 L.1 and a full translation at II.02 V.12, for the kontakion see II.02 O.9b.
[75] See II.02 L.2 and L.3.
[76] See II.02 L.1.

ΦΕΒΡΟΥΑΡΙΟΣ

Εἰ δὲ τύχῃ ἀποδίδοσθαι[28] τὴν ἑορτὴν ἐν κυριακῇ, ψάλλομεν καὶ τὰ ἀναστάσιμα πάντα μετὰ τῶν τῆς ἑορτῆς ἑσπέρας τε καὶ πρωΐ, πλὴν λέγομεν καὶ εὐαγγέλιον ἑωθινὸν ἀναστάσιμον, καὶ τροπάριον ὁμοίως τὸ ἐπιλαγχάνον ἀναστάσιμον ἐν τῷ ὄρθρῳ μόνον εἰς 3.τὸ *Θεὸς Κύριος* μετὰ καὶ τοῦ τῆς ἑορτῆς. 9.καὶ κανόνας δέ, τὸν ἀναστάσιμον εἰς ϛ΄, καὶ τὸν τῆς ἑορτῆς εἰς η΄. Εἰς δὲ τὴν παννυχίδα τῆς ἀγρυπνίας 1.κανόνα τὸν κατανυκτικὸν τοῦ ἤχου εἰς ϛ΄, καὶ τῆς ἑορτῆς τὸν προρρηθέντα εἰς δ΄. εἰ δέ ἐστιν ἐκ τῶν προψαλλομένων ἁγίων, ἑῶμεν τὸν κατανυκτικὸν καὶ ψάλλομεν τῆς ἑορτῆς τὸν προρρηθέντα εἰς ϛ΄, καὶ τοῦ ἁγίου εἰς δ΄· 2.ἀπὸ γ΄ ᾠδῆς τὸ τῆς ἑορτῆς κάθισμα, εἰ δέ ἐστιν ἅγιος, τοῦ ἁγίου· 3.ἀπὸ ϛ΄ τὸ κοντάκιον τῆς Θεοτόκου ὡς σύνηθες· καὶ 4.ἡ ἀνάγνωσις ἐν τῷ πραξαποστόλῳ. [79r] Εἰς τὸν ὄρθρον πάντα ὡς εἴρηται κοινῶς. Εἰς τὴν λειτουργίαν 1.οἱ ἀναστάσιμοι μακαρισμοί. 2.προκείμενον καὶ *Ἀλληλούια* τῆς ἑορτῆς. ἀπόστολος δὲ καὶ εὐαγγέλιον ἀμφότερα τῆς τε κυριακῆς καὶ τῆς ἑορτῆς. 3.κοινωνικὸν ὁμοίως ἀμφότερα.

Χρὴ εἰδέναι ὅτι εἰ μὲν ἔξω τύχῃ τῆς ἑβδομάδος τῆς τυροφάγου ἡ ἑορτὴ αὕτη, ἑορτάζεται μετὰ τῶν ἁγίων ἡμέρας ε΄ ὡς εἴρηται, εἰ δὲ τύχῃ τῇ ἑβδομάδι τῆς τυρινῆς,[29] ἡμέρας γ΄, ἀποδίδοται δὲ εἰς τὰς δ΄ τοῦ μηνὸς ἕως τῆς τετράδος ἢ τῆς παρασκευῆς, ἐν ταύταις γάρ, εἰ μὴ ἡ ἑορτὴ αὕτη τύχῃ τῆς ὑπαπαντῆς, *Ἀλληλούια* ψάλλομεν· ὅταν δὲ ἀποδίδοται, ψάλλομεν ὡς καὶ ἐν τῇ ἑορτῇ, πλὴν εἰς τὴν

---

[28] ἀποδιδόναι D
[29] τυρηνῆς cod. et D

6 FEBRUARY

II.06 K. But if it happens that the feast is brought to an end on a Sunday, we also chant all the resurrection elements along with those of the feast both **V.at Vespers** and **O.at Orthros**, but we recite a resurrection matins gospel and similarly the resurrection troparion that is allotted only during **Orthros** at 3.Θεὸς Κύριος with that of the feast also; 9.and canons: from the resurrection one six troparia, and from that of the feast eight troparia. **PN.At Pannychis of the Agrypnia**, 1.from the penitential canon of the mode[77] six troparia, and from the aforementioned one of the feast four troparia; but if there is one of the saints being celebrated in advance,[78] we leave aside the penitential one and chant from the aforementioned one of the feast six troparia, and from that of the holy one four troparia. 2.After the third ode, the poetic kathisma of the feast, but if there is a saint,[79] that of the holy one; 3.after the sixth ode, the kontakion of the Theotokos,[80] as is customary, and 4.the reading in the Praxapostolos. **O.At Orthros** all elements communally as has been stated. **L.At the Liturgy**, 1.the resurrection makarismoi, 2.prokeimenon and *Alleluia* of the feast,[81] both sets of apostle and gospel: of both the Sunday and of the feast. 3.Similarly both koinonika.

II.06 T. It is necessary to know that if this feast falls outside the week of Tyrophagos, it is celebrated with the holy ones of the fifth as has been stated, but if it falls in the week of Tyrine, it is celebrated with the one of the third, and the feast is brought to an end on the fourth of the month except a Wednesday or a Friday. For if this feast of the Meeting of Our Lord does not fall on those days, we chant *Alleluia*, and when it [the afterfeast] concludes we chant it just as at the

---

[77] The mode is set; see note 4.
[78] See I.18 N.
[79] That is, one of Lent being celebrated in advance.
[80] See II.02 PN.3.
[81] See II.02 L.2.

ΦΕΒΡΟΥΑΡΙΟΣ

λειτουργίαν καθὼς ἐκεῖ[30] ἡρμηνεύσαμεν, ἤγουν εἰ τύχῃ τῇ παρασκευῇ τῆς τυρινῆς.[31]

Μηνὶ τῷ αὐτῷ ζ΄· τοῦ ὁσίου πατρὸς ἡμῶν Παρθενίου ἐπισκόπου Λαμψάκων, καὶ τοῦ ὁσίου πατρὸς ἡμῶν Λουκᾶ τοῦ ἐν Ἑλλάδι.

Ἑσπέρας 1.μετὰ τὴν στιχολογίαν 2.εἰς τὸ *Κύριε ἐκέκραξα* ἱστῶμεν ς΄ καὶ ψάλλομεν στιχηρὰ τοῦ ἱεράρχου γ΄ ἦχος α΄ πρὸς τὸ Τῶν οὐρανίων ταγμάτων, καὶ τοῦ ὁσίου Λουκᾶ ἕτερα γ΄ ἦχος πλάγιος β΄...,[32] *Δόξα καὶ νῦν*, θεοτοκίον. 4.*Ἀλληλούια*. 10.εἰς τὸν στίχον στιχηρὰ τῆς ὀκτωήχου καὶ θεοτοκίον. 12.ἀπολυτίκιον *Θεοτόκε παρθένε*.

Εἰς τὸν ὄρθρον 3.*Ἀλληλούια* καὶ 4.τὰ τριαδικὰ τοῦ ἤχου. 5.αἱ στιχολογίαι, καθίσματα τῆς ὀκτωήχου· ἀνάγνωσις ὁ βίος τοῦ ἁγίου Παρθενίου, οὗ ἡ ἀρχὴ *Τὰ κατὰ τὸν μέγαν Παρθένιον*. 9.κανόνες γ΄· τῆς ὀκτωήχου εἷς, καὶ τοῦ ἱεράρχου ἦχος δ΄ Γεωργίου <πρὸς τὸ> Θαλάσσης τὸ ἐρυθραῖον, καὶ τοῦ ὁσίου Λουκᾶ ἦχος πλάγιος β΄ <πρὸς τὸ> Ὡς ἐν ἠπείρῳ, ἀνὰ δ΄· ἀπὸ γ΄ ᾠδῆς κάθισμα τοῦ ἱεράρχου ἦχος πλάγιος δ΄ καὶ θεοτοκίον· ἀπὸ ς΄ κάθισμα τοῦ ὁσίου Λουκᾶ ἦχος[33]... καὶ θεοτοκίον. 10.ἐξαποστειλάριον τοῦ ἤχου. 12.εἰς τὸν στίχον τῶν αἴνων στιχηρὰ τῆς ὀκτωήχου καὶ θεοτοκίον.

Εἰς τὴν λειτουργίαν πᾶσα ἡ ἀκολουθία τῆς ἡμέρας.

---

[30] ἐκεῖσε D
[31] τυρηνῆς cod. et D
[32] lacuna est in cod.
[33] om. D post hoc verbum lacuna est in cod.

6–7 FEBRUARY

feast, except at the **Liturgy**, as we explained in that case, that is, if it falls on the Friday of Tyrine.

II.07C. 7th of the same month. The commemoration of our saintly father Parthenios bishop of Lampsakos, and of our saintly father Luke in Greece.

V. At Vespers, 1.after the recitation of continuous psalmody, 2.at Κύριε ἐκέκραξα we intercalate six times and chant three stichera of the hierarch in mode 1 to Τῶν οὐρανίων ταγμάτων, and another three of saintly Luke in plagal mode 2...,[82] *Glory...both now...*, theotokion. 4.*Alleluia*. 10.At the stichos, stichera from the Oktoechos, and theotokion. 12.Apolytikion: Θεοτόκε παρθένε.

O. At Orthros, 3.*Alleluia*, and 4.the triadika of the mode.[83] 5.The recitations of continuous psalmody,[84] poetic kathismata from the Oktoechos, reading: the *Life* of holy Parthenios beginning Τὰ κατὰ τὸν μέγαν Παρθένιον [BHG, 1423]. 9.Three canons: one from the Oktoechos, and that of the hierarch in mode 4 by George <to> Θαλάσσης τὸ ἐρυθραῖον, and that of saintly Luke in plagal mode 2 <to> Ὡς ἐν ἠπείρῳ,[85] four troparia from each; a.after the third ode, poetic kathisma of the hierarch in plagal mode 4, and theotokion; b.after the sixth ode, poetic kathisma of saintly Luke in mode...,[86] and theotokion. 10.Exaposteilarion of the mode.[87] 12.At the stichos of the ainoi, stichera from the Oktoechos, and theotokion.

L. At the Liturgy, all the service of the day.

---

[82] There is a lacuna in the manuscript probably left for the insertion of the melody.
[83] The mode is set; see note 4.
[84] Two kathismata of the psalter are to be recited; see IX.17 Orthros N, XII.27 N and I.07 N.
[85] The heirmos.
[86] There is a small lacuna in the manuscript probably left for the mode to be completed.
[87] The mode is set; see note 4.

ΦΕΒΡΟΥΑΡΙΟΣ

Μηνὶ τῷ αὐτῷ η'· τοῦ ἁγίου μεγαλομάρτυρος Θεοδώρου τοῦ στρατηλάτου, καὶ τοῦ ἁγίου προφήτου Ζαχαρίου.

Ἑσπέρας 1.οὐ στιχολογοῦμεν, 2.ἀλλ' εἰς τὸ *Κύριε ἐκέκραξα* ἱστῶμεν ϛ' καὶ ψάλλομεν στιχηρὰ τοῦ στρατηλάτου δ' ἦχος...[34] πρὸς τὸ[35]..., καὶ τοῦ προφήτου β' ἦχος πλάγιος δ' πρὸς τὸ *Τί ὑμᾶς καλέσωμεν*, καὶ θεοτοκίον. 4.προκείμενον. 10.εἰς τὸν στίχον στιχηρὰ τῆς ὀκτωήχου β', καὶ ἰδιόμελον τοῦ στρατηλάτου ἦχος πλάγιος δ' *Ἀθλητικὸν συστησάμενος στάδιον*. 12.ἀπολυτίκιον ἦχος δ' *Ὁ μάρτυς σου Κύριε*.

Εἰς τὴν παννυχίδα 1.κανόνα ἑνὸς τῶν προψαλλομένων ἁγίων· 3.ἀπὸ ϛ' ᾠδῆς τὸ κάθισμα αὐτοῦ.

Εἰς τὸν ὄρθρον 3.*Θεὸς Κύριος* καὶ 4.τὸ τοῦ μάρτυρος τροπάριον καὶ θεοτοκίον. 5.αἱ στιχολογίαι καθίσματα...[36] ἀνάγνωσις τὸ μαρτύριον τοῦ ἁγίου, οὗ ἡ ἀρχὴ *Λικινίῳ*[37] *τῷ βασιλεῖ*. 9.κανόνες γ'· τῆς ὀκτωήχου εἷς, τοῦ προφήτου ἕτερος ἦχος πλάγιος δ' Θεοφάνους [79v] <πρὸς τὸ> *Ἄισωμεν τῷ Κυρίῳ*, τοῦ μάρτυρος ἦχος[38]..., τοὺς γ' ἀνὰ δ'· ἀπὸ γ' ᾠδῆς κάθισμα...[39] ἀπὸ ϛ' τὸ τοῦ μάρτυρος κοντάκιον....[40] →

---

[34] lacuna est in cod.
[35] πρὸς τὸ om. D   post haec verba lacuna est in cod.
[36] lacuna est in cod.
[37] Λικιννίῳ cod.
[38] om. D   post hoc verbum lacuna est in cod.
[39] lacuna est in cod.
[40] lacuna est in cod.

8 FEBRUARY

II.08C. 8th of the same month. The commemoration of the holy megalomartyr Theodore Stratelates, and of the holy prophet Zacharias.

V. At Vespers, 1.we do not recite the continuous psalmody, 2.but at Κύριε ἐκέκραξα we intercalate six times and chant four stichera of Stratelates in mode...[88] to...,[89] and two of the prophet in plagal mode 4 to Τί ὑμᾶς καλέσωμεν, and theotokion. 4.Prokeimenon. 10.At the stichos, two stichera from the Oktoechos, and idiomelon of Stratelates in plagal mode 4: Ἀθλητικὸν συστησάμενος στάδιον. 12.Apolytikion in mode 4: Ὁ μάρτυς σου, Κύριε.

PN. At Pannychis, 1.canon of one of the saints being celebrated in advance;[90] 3.after the sixth ode, his poetic kathisma.

O. At Orthros, 3.Θεὸς Κύριος, and 4.the troparion of the martyr,[91] and theotokion. 5.The recitations of continuous psalmody,[92] kathismata...,[93] reading: the *Martyrion* of the holy man beginning Λικινίῳ τῷ βασιλεῖ [BHG, 1752]. 9.Three canons: one from the Oktoechos, another of the prophet in plagal mode 4 by Theophanes <to> Ἄισωμεν τῷ Κυρίῳ,[94] that of the martyr in mode...,[95] from the three of them four troparia each; a.after the third ode, poetic kathisma...;[96] b.after the sixth ode, the kontakion

---

[88] There is a small lacuna in the manuscript probably left for the mode to be completed.
[89] There is a lacuna in the manuscript probably left for the insertion of the melody.
[90] See I.18 N.
[91] The troparion used as apolytikion at V.12 repeated here.
[92] Two kathismata of the psalter are to be recited; see IX.17 Orthros N, XII.27 N and I.07 N.
[93] There is a lacuna in the manuscript probably left for the poetic kathismata to be completed.
[94] The heirmos.
[95] There is a lacuna in the manuscript probably left for the mode to be completed and the author or melody to be added.
[96] There is a lacuna in the manuscript probably left for the description of the poetic kathisma to be added.

ΦΕΒΡΟΥΑΡΙΟΣ

10.ἐξαποστειλάριον <πρὸς τὸ> Ὁ οὐρανόν. 12.εἰς τὸν στίχον τῶν αἴνων στιχηρὰ β΄ τῆς ὀκτωήχου, καὶ ἓν ἐκ[41] τῶν τοῦ μάρτυρος προσομοίων τῆς ἑσπέρας καὶ θεοτοκίον. 14.ἀπολυτίκιον τὸ τοῦ μάρτυρος.

Εἰς τὴν λειτουργίαν 1.τυπικὰ καὶ μακαρισμοὶ τῆς ἡμέρας, τὸ τροπάριον τοῦ ἁγίου καὶ θεοτοκίον. 2.προκείμενον ἦχος δ΄ *Θαυμαστὸς ὁ Θεὸς ἐν τοῖς ἁγίοις αὐτοῦ·* στίχος *Ἐν ἐκκλησίαις εὐλογεῖτε·* ὁ ἀπόστολος πρὸς[42]... *Ἀδελφοί, ἐνδυναμοῦσθε....*[43] εὐαγγέλιον κατὰ Λουκᾶν *Εἶπεν ὁ Κύριος τοῖς ἑαυτοῦ μαθηταῖς· Προσέχετε ἀπὸ τῶν ἀνθρώπων.* 3.κοινωνικὸν *Ἀγαλλιᾶσθε*.

Μηνὶ τῷ αὐτῷ θ΄· τοῦ ἁγίου μάρτυρος Νικηφόρου.

Ἑσπέρας 1.μετὰ τὴν στιχολογίαν 2.εἰς τὸ *Κύριε ἐκέκραξα* ἱστῶμεν ς΄ καὶ ψάλλομεν στιχηρὰ γ΄[44] τοῦ μάρτυρος ἦχος β΄ πρὸς τὸ Ὅτε ἐκ τοῦ ξύλου σε νεκρὸν δευτεροῦντες αὐτά, καὶ θεοτοκίον. 4.προκείμενον. 10.εἰς τὸν στίχον στιχηρὰ τῆς ὀκτωήχου β΄ καὶ ἰδιόμελον τοῦ ἁγίου ἦχος πλάγιος β΄ Ἔδειξας πᾶσιν ἐμφανῶς καὶ θεοτοκίον. 12.ἀπολυτίκιον ἦχος δ΄ *Ὁ μάρτυς σου Κύριε*.

Εἰς τὸν ὄρθρον 3.*Θεὸς Κύριος* καὶ 4.τὸ αὐτὸ τροπάριον καὶ θεοτοκίον. 5.αἱ στιχολογίαι καὶ καθίσματα τῆς ὀκτωήχου· ἀνάγνωσις ἐκ τοῦ βίου τοῦ ὁσίου Λουκᾶ, οὗ ἡ ἀρχὴ *Οὐ χρόνος ἦν ἀληθῶς*. 9.κανόνες γ΄· οἱ β΄ τῆς ὀκτωήχου εἰς ς΄ καὶ τοῦ ἁγίου

---

[41] om. D
[42] om. D post hoc verbum lacuna est in cod.
[43] lacuna est in cod.
[44] καὶ ψάλλομεν...γ΄ om. D

of the martyr....⁹⁷ 10.Exaposteilarion <to> Ὁ οὐρανόν. 12.At the stichos of the ainoi, two stichera from the Oktoechos, and one out of the martyr's prosomoia at **Vespers**, and theotokion. 14.The apolytikion of the martyr.⁹⁸

L. At the Liturgy, 1.typika and makarismoi of the day, the troparion of the holy man,⁹⁹ and theotokion. 2.Prokeimenon in mode 4: Θαυμαστὸς ὁ Θεὸς ἐν τοῖς ἁγίοις αὐτοῦ [Ps 67:36], stichos: Ἐν ἐκκλησίαις εὐλογεῖτε [Ps 67:27], the apostle: to¹⁰⁰...[Eph 6:10ff]....¹⁰¹ Gospel: according to Luke [21:12ff]. 3.Koinonikon: Ἀγαλλιᾶσθε [Ps 32:1].

II.09C. 9th of the same month. The commemoration of the holy martyr Nikephoros.

V. At Vespers, 1.after the recitation of continuous psalmody, 2.at Κύριε ἐκέκραξα we intercalate six times and chant three stichera of the martyr in mode 2 to Ὅτε ἐκ τοῦ ξύλου σε νεκρόν, repeating them, and theotokion. 4.Prokeimenon. 10.At the stichos, two stichera from the Oktoechos, and idiomelon of the holy man in plagal mode 2: Ἔδειξας πᾶσιν ἐμφανῶς, and theotokion. 12.Apolytikion in mode 4: Ὁ μάρτυς σου, Κύριε.

O. At Orthros, 3.Θεὸς Κύριος, and 4.the same troparion,¹⁰² and theotokion. 5.The recitations of continuous psalmody,¹⁰³ and poetic kathismata from the Oktoechos, reading: from the *Life* of saintly Luke beginning Οὐ χρόνος ἦν ἀληθῶς [BHG, 994]. 9.Three canons: →

---

⁹⁷ There is a lacuna in the manuscript probably left for the mode of the kontakion and the number of oikoi to be added.
⁹⁸ The troparion used as apolytikion at V.12 repeated here.
⁹⁹ The troparion used as apolytikion at V.12 repeated here.
¹⁰⁰ There is a lacuna in the manuscript; it should have given St Paul's letter to the Ephesians as the source of the apostolic reading for which the incipit is provided.
¹⁰¹ There is a lacuna in the manuscript probably left for the *Alleluia* incipit and mode to be added.
¹⁰² The troparion used as apolytikion at V.12 repeated here.
¹⁰³ Two kathismata of the psalter are to be recited; see IX 17 Orthros N, XII.27 N and I.07 N.

ΦΕΒΡΟΥΑΡΙΟΣ

ἕτερος ἦχος πλάγιος δ´ εἰς ϛ´ Θεοφάνους <πρὸς τὸ> Ἁρματηλάτην· ἀπὸ γ´ ᾠδῆς κάθισμα τοῦ μάρτυρος ἦχος δ´ καὶ θεοτοκίον, ἀνάγνωσις τὸ μαρτύριον αὐτοῦ, οὗ ἡ ἀρχὴ *Οὐδὲν ἔοικεν ἀγάπης μακαριώτερον*· ἀπὸ ϛ´ τὸ κοντάκιον αὐτοῦ. 10.ἐξαποστειλάριον <πρὸς τὸ> Ὁ οὐρανὸν τοῖς ἄστροις. 12.εἰς τὸν στίχον τῶν αἴνων στιχηρὰ τῆς ὀκτωήχου γ´, *Δόξα καὶ νῦν*, θεοτοκίον. 14.ἀπολυτίκιον τοῦ μάρτυρος.

Εἰς τὴν λειτουργίαν 1.τυπικὰ τῆς ἡμέρας, τροπάριον τὸ τοῦ ἁγίου καὶ θεοτοκίον. 2.προκείμενον ἦχος δ´ *Εὐφρανθήσεται δίκαιος*· στίχος *Ἐν ἐκκλησίαις εὐλογεῖτε τὸν Θεόν*. Ἀλληλούια ἦχος δ´ *Δίκαιος ὡς φοῖνιξ ἀνθήσει*. ἀπόστολος καὶ εὐαγγέλιον τῆς ἡμέρας. 3.κοινωνικὸν *Ἀγαλλιᾶσθε*.

Μηνὶ τῷ αὐτῷ ι´· τοῦ ἁγίου μάρτυρος Χαραλάμπους.

Ἑσπέρας 1.μετὰ τὴν στιχολογίαν 2.εἰς τὸ *Κύριε ἐκέκραξα* ἱστῶμεν ϛ´ καὶ ψάλλομεν στιχηρὰ τοῦ ἁγίου γ´ ἦχος πλάγιος β´ πρὸς τὸ Ὅλην ἀποθέμενοι, καὶ ἕτερα γ´ ἄλλου ἁγίου τῶν προψαλλομένων καὶ θεοτοκίον. 4.Ἀλληλούια. 10.εἰς τὸν στίχον στιχηρὰ τῆς ὀκτωήχου καὶ θεοτοκίον. 12.ἀπολυτίκιον *Θεοτόκε παρθένε*.

Εἰς τὸν ὄρθρον 3.Ἀλληλούια καὶ 4.τὰ τριαδικὰ τοῦ ἤχου. 5.αἱ στιχολογίαι καὶ καθίσματα τῆς ὀκτωήχου· ἀνάγνωσις ἐκ τοῦ βίου τοῦ ὁσίου Λουκᾶ. 9.κανόνες γ´· τῆς ὀκτωήχου εἷς, καὶ τοῦ ἁγίου

from the two of the Oktoechos six troparia, and from another of the holy man in plagal mode 4 by Theophanes <to> Ἀρματηλάτην[104] six troparia; a.after the third ode, poetic kathisma of the martyr in mode 4, and theotokion, reading: his *Martyrion* beginning Οὐδὲν ἔοικεν ἀγάπης μακαριώτερον [BHG, 1332]; b.after the sixth ode, his kontakion. 10.Exaposteilarion <to> Ὁ οὐρανὸν τοῖς ἄστροις. 12.At the stichos of the ainoi, three stichera from the Oktoechos, Glory...both now..., theotokion. 14.Apolytikion of the martyr.[105]

L. At the Liturgy, 1.typika of the day, the troparion of the holy man,[106] and theotokion. 2.Prokeimenon in mode 4: Εὐφρανθήσεται δίκαιος [Ps 63:11], stichos: Ἐν ἐκκλησίαις εὐλογεῖτε τὸν Θεόν [Ps 67:27]. Alleluia in mode 4: Δίκαιος ὡς φοῖνιξ ἀνθήσει [Ps 91:13]. Apostle and gospel of the day. 3.Koinonikon: Ἀγαλλιᾶσθε [Ps 32:1].

II.10C. 10th of the same month. The commemoration of the holy martyr Charalampos.

V. At Vespers, 1.after the recitation of continuous psalmody, 2.at Κύριε ἐκέκραξα we intercalate six times and chant three stichera of the holy man in plagal mode 2 to Ὅλην ἀποθέμενοι, and another three of another saint of those being celebrated in advance,[107] and theotokion. 4.*Alleluia*. 10.At the stichos, stichera from the Oktoechos, and theotokion. 12.Apolytikion: Θεοτόκε παρθένε.

O. At Orthros, 3.*Alleluia* and 4.the triadika of the mode.[108] 5.The recitations of continuous psalmody,[109] and poetic kathismata from the Oktoechos, reading: from the *Life* of saintly Luke.[110] 9.Three

---

[104] The heirmos.
[105] The troparion used as apolytikion at V.12 repeated here.
[106] The troparion used as apolytikion at V.12 repeated here.
[107] See I.18 N.
[108] The mode is set; see note 4.
[109] Two kathismata of the psalter are to be recited; see IX.17 Orthros N, XII.27 N and I.07 N.
[110] See II.09 O.5.

ἕτερος ἦχος πλάγιος β´ <πρὸς τὸ> Ὡς ἐν ἠπείρῳ Θεοφάνους, καὶ τοῦ προψαλλομένου ἁγίου ἕτερος, ἀνὰ δ´· [80r] ἀπὸ γ´ ᾠδῆς κάθισμα τοῦ ἁγίου ἦχος γ´ καὶ θεοτοκίον· ἀπὸ ϛ´ τοῦ προψαλλομένου ἁγίου. 10.ἐξαποστειλάριον τοῦ ἤχου. 12.εἰς τὸν στίχον στιχηρὰ τῆς ὀκτωήχου καὶ θεοτοκίον.

Εἰς τὴν λειτουργίαν πᾶσα ἡ ἀκολουθία τῆς ἡμέρας.

Μηνὶ τῷ αὐτῷ ια´· τοῦ ἁγίου ἱερομάρτυρος Βλασίου.

Ἑσπέρας 1.μετὰ τὴν στιχολογίαν 2.εἰς τὸ *Κύριε ἐκέκραξα* ἱστῶμεν ϛ´ καὶ ψάλλομεν στιχηρὰ τοῦ ἁγίου γ´ ἦχος δ´ πρὸς τὸ Ἔδωκας σημείωσιν ἀνὰ δεύτερον, καὶ θεοτοκίον. 4.προκείμενον. 10.εἰς τὸν στίχον στιχηρὰ τῆς ὀκτωήχου β´ καὶ ἰδιόμελον τοῦ ἁγίου ἦχος δ´ *Ὡς καλὸς παιδοτρίβης*, καὶ θεοτοκίον. 12.ἀπολυτίκιον ἦχος δ´ *Καὶ τρόπων μέτοχος*.

Εἰς τὸν ὄρθρον 3.*Θεὸς Κύριος* καὶ 4.τὸ αὐτὸ τροπάριον β´ καὶ θεοτοκίον. 5.αἱ στιχολογίαι, καθίσματα τῆς ὀκτωήχου· ἀνάγνωσις ἐκ τοῦ βίου τοῦ ὁσίου Λουκᾶ. 9.κανόνες γ´· οἱ β´ τῆς ὀκτωήχου εἰς ϛ´, καὶ τοῦ ἁγίου εἰς ϛ´ ἦχος δ´ <πρὸς τὸ> Θαλάσσης τὸ ἐρυθραῖον Θεοφάνους· ἀπὸ γ´ ᾠδῆς κάθισμα τοῦ ἁγίου ἦχος πλάγιος δ´ καὶ θεοτοκίον·[45] ἀπὸ ϛ´ τὸ κοντάκιον αὐτοῦ· ἀπὸ γ´ ἀνάγνωσις τὸ μαρτύριον αὐτοῦ, οὗ ἡ ἀρχὴ *Βλάσιος ὁ μάρτυς*. 10.ἐξαποστειλάριον

---

[45] καὶ θεοτοκίον om. D

10-11 FEBRUARY

canons: one from the Oktoechos, and another of the holy man in plagal mode 2 <to> Ὡς ἐν ἠπείρῳ[111] by Theophanes, and another of the saint being celebrated in advance,[112] four troparia from each; a.after the third ode, poetic kathisma of the holy man in mode 3, and theotokion; b.after the sixth ode, that of the saint being celebrated in advance. 10.Exaposteilarion of the mode.[113] 12.At the stichos, stichera from the Oktoechos, and theotokion.

L. At the Liturgy, all the service of the day.

II.11C. 11th of the same month. The commemoration of the holy hieromartyr Blasios.

V. At Vespers, 1.after the recitation of continuous psalmody, 2.at Κύριε ἐκέκραξα, we intercalate six times and chant three stichera of the holy man in mode 4 to Ἔδωκας σημείωσιν twice each, and theotokion. 4.Prokeimenon. 10.At the stichos, two stichera from the Oktoechos, and idiomelon of the holy man in mode 4: Ὡς καλὸς παιδοτρίβης, and theotokion. 12.Apolytikion in mode 4: Καὶ τρόπων μέτοχος.

O. At Orthros, 3.Θεὸς Κύριος, and 4.the same troparion twice,[114] and theotokion. 5.The recitations of continuous psalmody,[115] poetic kathismata from the Oktoechos, reading: from the *Life* of saintly Luke.[116] 9.Three canons: from the two of the Oktoechos six troparia, and from that of the holy man six troparia in mode 4 <to> Θαλάσσης τὸ ἐρυθραῖον by Theophanes; a.after the third ode, poetic kathisma of the holy man in plagal mode 4, and theotokion; b.after the sixth ode, his kontakion; a.after the third ode, reading: his *Martyrion* beginning Βλάσιος ὁ μάρτυς [BHG, 277]. 10.Exaposteilarion <to> Ὁ οὐρανόν. 12.At the stichos of the ainoi,

---

[111] The heirmos.
[112] See I.18 N.
[113] The mode is set; see note 4.
[114] The troparion used as apolytikion at V.12 repeated here.
[115] Two kathismata of the psalter are to be recited; see IX.17 Orthros N, XII.27 N and I.07 N.
[116] See II.09 O.5 and II.10 O.5.

ΦΕΒΡΟΥΑΡΙΟΣ

<πρὸς τὸ> Ὁ οὐρανόν. 12.εἰς τὸν στίχον τῶν αἴνων στιχηρὰ τῆς ὀκτωήχου καὶ θεοτοκίον. 14.ἀπολυτίκιον τοῦ ἁγίου.

Εἰς τὴν λειτουργίαν 1.τυπικὰ τῆς ἡμέρας, τροπάριον τοῦ ἁγίου καὶ θεοτοκίον. 2.προκείμενον ἦχος βαρὺς *Τίμιος ἐναντίον Κυρίου·* στίχος *Τί ἀνταποδώσω.*[46] Ἀλληλούια ἦχος β΄ *Οἱ ἱερεῖς σου Κύριε.* 3.κοινωνικὸν *Εἰς μνημόσυνον,* τὰ δὲ λοιπὰ τῆς ἡμέρας.

Μηνὶ τῷ αὐτῷ ιβ΄· τῶν ἁγίων χιλίων τριῶν μαρτύρων τῶν ἐν Νικομηδείᾳ, καὶ τοῦ ἁγίου Μελετίου πατριάρχου Ἀντιοχείας.

Ἑσπέρας 1.μετὰ τὴν στιχολογίαν 2.εἰς τὸ *Κύριε ἐκέκραξα* ἱστῶμεν ς΄ καὶ ψάλλομεν στιχηρὰ τοῦ ἱεράρχου γ΄ ἦχος δ΄ πρὸς τὸ *Ὡς γενναῖον,* καὶ ἕτερα γ΄ τῶν μαρτύρων εἰς τὸν αὐτὸν ἦχον, *Δόξα καὶ νῦν,* θεοτοκίον. 4.*Ἀλληλούια.* 10.εἰς τὸν στίχον στιχηρὰ τῆς ὀκτωήχου γ΄ καὶ θεοτοκίον. 12.ἀπολυτίκιον *Θεοτόκε παρθένε.*

Εἰς τὸν ὄρθρον 3.*Ἀλληλούια* καὶ 4.τὰ τριαδικὰ τοῦ ἤχου. 5.αἱ στιχολογίαι, καθίσματα τῆς ὀκτωήχου· αἱ ἀναγνώσεις ἐκ τοῦ προκειμένου βιβλίου. 9.κανόνες γ΄· τῆς ὀκτωήχου εἷς, καὶ τοῦ ἱεράρχου ἕτερος ἦχος πλάγιος δ΄ <πρὸς τὸ> Ἀρματηλάτην Φαραὼ Θεοφάνους, καὶ τῶν μαρτύρων ἦχος δ΄ <πρὸς τὸ> Ἄισομαί σοι Κύριε ὁ Θεός μου Ἰωσήφ, ἀνὰ δ΄, προηγοῦνται δὲ πρὸς τὸν ἦχον· ἀπὸ γ΄ ᾠδῆς κάθισμα τοῦ ἱεράρχου ἦχος πλάγιος δ΄ καὶ θεοτοκίον· ἀνάγνωσις ἐγκώμιον τοῦ Χρυσοστόμου εἰς αὐτόν· ἀπὸ ς΄ κάθισμα

---

[46] ἀνταποδώσωμεν D

11-12 FEBRUARY

stichera from the Oktoechos, and theotokion. 14.Apolytikion of the holy man.[117]

L. At the Liturgy, 1.typika of the day, troparion of the holy man,[118] and theotokion. 2.Prokeimenon in barys mode: Τίμιος ἐναντίον Κυρίου [Ps 115:6], stichos: Τί ἀνταποδώσω [Ps 115:3]. Alleluia in mode 2: Οἱ ἱερεῖς σου Κύριε [Ps 131:9]. 3.Koinonikon: Εἰς μνημόσυνον [Ps 111:6], and the remaining elements of the day.

II.12C. 12th of the same month. The commemoration of the three thousand holy martyrs in Nikomedia, and of holy Meletios patriarch of Antioch.

V. At Vespers, 1.after the recitation of continuous psalmody, 2.at Κύριε ἐκέκραξα we intercalate six times and chant three stichera of the hierarch in mode 4 to Ὡς γενναῖον, and another three of the martyrs in the same mode, Glory...both now..., theotokion. 4.Alleluia. 10.At the stichos, three stichera from the Oktoechos, and theotokion. 12.Apolytikion: Θεοτόκε παρθένε.

O. At Orthros, 3.Alleluia and 4.the triadika of the mode.[119] 5.The recitations of continuous psalmody,[120] poetic kathismata from the Oktoechos, the readings: from the book set out.[121] 9.Three canons: one from the Oktoechos, and another of the hierarch in plagal mode 4 <to> Ἁρματηλάτην Φαραώ by Theophanes, and that of the martyrs in mode 4 <to> Ἄισομαί σοι, Κύριε ὁ Θεός μου by Joseph, four troparia from each (and they precede with reference to the mode). a.After the third ode, poetic kathisma of the hierarch in plagal mode 4, and theotokion, reading: Chrysostom's *Encomium* on him; b.after the sixth ode, poetic kathisma of the martyrs in

---

[117] The troparion used as apolytikion at V.12 repeated here.
[118] The troparion used as apolytikion at V.12 repeated here.
[119] The mode is set; see note 4.
[120] Two kathismata of the psalter are to be recited; see IX.17 Orthros N, XII.27 N and I.07 N.
[121] John Chrysostom's *Commentary* on St Matthew's Gospel; see XII.19 K.1 O.5 and N.

ΦΕΒΡΟΥΑΡΙΟΣ

τῶν μαρτύρων ἦχος δ΄ καὶ θεοτοκίον. 10.ἐξαποστειλάριον τοῦ ἤχου. 12.εἰς τὸν στίχον τῶν αἴνων στιχηρὰ τῆς ὀκτωήχου καὶ θεοτοκίον.

Εἰς τὴν λειτουργίαν πᾶσα ἡ ἀκολουθία τῆς ἡμέρας.

Μηνὶ τῷ αὐτῷ ιγ΄· τοῦ ὁσίου πατρὸς ἡμῶν Μαρτινιανοῦ.

Ἑσπέρας 1.μετὰ τὴν στιχολογίαν 2.εἰς τὸ *Κύριε ἐκέκραξα* ἱστῶμεν ϛ΄ καὶ ψάλλομεν στιχηρὰ γ΄ τοῦ ὁσίου [80v] εἰς ἦχον δ΄ πρὸς τὸ Ἔδωκας σημείωσιν, καὶ ἕτερα γ΄ ἑνὸς τῶν προψαλλομένων ἁγίων. 4.Ἀλληλούια. 10.εἰς τὸν στίχον στιχηρὰ τῆς ὀκτωήχου καὶ θεοτοκίον.

Εἰς τὸν ὄρθρον 3.Ἀλληλούια καὶ 4.τὰ τριαδικὰ τοῦ ἤχου. 5.αἱ στιχολογίαι, καθίσματα τῆς ὀκτωήχου· ἀνάγνωσις ὁ βίος τοῦ ὁσίου, οὗ ἡ ἀρχὴ *Ὃν τρόπον αἱ τῶν προλαβόντων εἰς δόσεις γ΄.* 9.κανόνες γ΄·[47] τῆς ὀκτωήχου, καὶ τοῦ ὁσίου ἦχος δ΄ Θεοφάνους <πρὸς τὸ> Θαλάσσης τὸ ἐρυθραῖον πέλαγος, καὶ τοῦ προψαλλομένου ἁγίου, ἀνὰ δ΄· ἀπὸ γ΄ ᾠδῆς κάθισμα τοῦ ὁσίου ἦχος πλάγιος α΄ καὶ θεοτοκίον· ἀπὸ ϛ΄ τοῦ ἑτέρου ἁγίου. 12.εἰς τὸν στίχον τῶν αἴνων στιχηρὰ τῆς ὀκτωήχου καὶ θεοτοκίον.

Εἰς τὴν λειτουργίαν πᾶσα ἡ ἀκολουθία τῆς ἡμέρας.

---

[47] κανόνες γ΄ om. D

mode 4, and theotokion. 10.Exaposteilarion of the mode.¹²² 12.At the stichos of the ainoi, stichera from the Oktoechos, and theotokion.

L. At the Liturgy, all the service of the day.

II.13C. 13th of the same month. The commemoration of our saintly father Martinianos.

V. At Vespers, 1.after the recitation of continuous psalmody, 2.at Κύριε ἐκέκραξα we intercalate six times and chant three stichera of the saintly man in mode 4 to Ἔδωκας σημείωσιν, and another three of one of the saints being celebrated in advance.¹²³ 4.*Alleluia*. 10.At the stichos, stichera from the Oktoechos, and theotokion.

O. At Orthros, 3.*Alleluia*, and 4.the triadika of the mode.¹²⁴ 5.The recitations of continuous psalmody,¹²⁵ poetic kathismata from the Oktoechos, reading: the *Life* of the saintly man beginning Ὃν τρόπον αἱ τῶν προλαβόντων [BHG, 1178] in three portions. 9.Three canons: [one] from the Oktoechos, and that of the saintly man in mode 4 by Theophanes <to> Θαλάσσης τὸ ἐρυθραῖον πέλαγος,¹²⁶ and that of the saint being celebrated in advance,¹²⁷ four troparia from each; a.after the third ode, poetic kathisma of the saintly man in plagal mode 1, and theotokion; b.after the sixth ode, that of the other holy one.¹²⁸ 12.At the stichos of the ainoi, stichera from the Oktoechos, and theotokion.

L. At the Liturgy, all the service of the day.

---

¹²² The mode is set; see note 4.
¹²³ See I.18 N.
¹²⁴ The mode is set; see note 4.
¹²⁵ Two kathismata of the psalter are to be recited; see IX.17 Orthros N, XII.27 N and I.07 N.
¹²⁶ The heirmos.
¹²⁷ See I.18 N.
¹²⁸ That is, the saint of Lent being celebrated in advance.

ΦΕΒΡΟΥΑΡΙΟΣ

Μηνὶ τῷ αὐτῷ ιδ'· τοῦ ὁσίου πατρὸς ἡμῶν Αὐξεντίου.

Ἑσπέρας 1.μετὰ τὴν στιχολογίαν 2.εἰς τὸ *Κύριε ἐκέκραξα* ἱστῶμεν ς' καὶ ψάλλομεν στιχηρὰ τοῦ ὁσίου γ' ἦχος δ' πρὸς τὸ Ἔδωκας σημείωσιν δευτεροῦντες αὐτά, καὶ θεοτοκίον. 4.προκείμενον. 10.εἰς τὸν στίχον στιχηρὰ τῆς ὀκτωήχου β' καὶ ἰδιόμελον τοῦ ὁσίου ἦχος πλάγιος δ' *Ἡ καθαρὰ τοῦ πνεύματος*. 12.ἀπολυτίκιον *Ἐν σοὶ πάτερ*.

Εἰς τὸν ὄρθρον 3.*Θεὸς Κύριος*, 4.τροπάριον τὸ αὐτὸ καὶ θεοτοκίον. 5.αἱ στιχολογίαι, καθίσματα τῆς ὀκτωήχου· ἀνάγνωσις ὁ βίος τοῦ ὁσίου. 9.κανόνες γ'· τῆς ὀκτωήχου οἱ β' εἰς ς', καὶ τοῦ ὁσίου εἰς ς' ἦχος δ' Θεοφάνους <πρὸς τὸ> *Θαλάσσης τὸ ἐρυθραῖον·* ἀπὸ γ' ᾠδῆς κάθισμα τοῦ ὁσίου ἦχος πλάγιος δ' καὶ θεοτοκίον· ἀπὸ ς' τὸ κοντάκιον αὐτοῦ. 10.ἐξαποστειλάριον <πρὸς τὸ> *Ὁ οὐρανόν*. 12.εἰς τὸν στίχον τῶν αἴνων στιχηρὰ τῆς ὀκτωήχου καὶ θεοτοκίον.

Εἰς τὴν λειτουργίαν 1.τυπικὰ τῆς ἡμέρας, τροπάριον τὸ τοῦ ὁσίου καὶ θεοτοκίον. 2.προκείμενον ἦχος βαρὺς *Καυχήσονται ὅσιοι ἐν δόξῃ·* στίχος *Ἄισατε τῷ Κυρίῳ*. Ἀλληλούια ἦχος πλάγιος β' *Μακάριος ἀνήρ*. 3.κοινωνικὸν *Αἰνεῖτε*. ἀπόστολος δὲ καὶ εὐαγγέλιον τῆς ἡμέρας.

Χρὴ δὲ εἰδέναι ὅτι ἐὰν[48] τύχωσιν οἱ ἅγιοι οὗτοι οἱ ἑορταζόμενοι ἔσωθεν τῆς τεσσαρακοστῆς, ψάλλομεν αὐτοὺς ἐν τοῖς σάββασι καὶ ταῖς κυριακαῖς· ἀναγινώσκομεν δὲ καὶ τοὺς βίους αὐτῶν.

---

[48] ἄν D

14 FEBRUARY

II.14C. 14th of the same month. The commemoration of our saintly father Auxentios.

V. At Vespers, 1.after the recitation of continuous psalmody, 2.at Κύριε ἐκέκραξα we intercalate six times and chant three stichera of the saintly man in mode 4 to Ἔδωκας σημείωσιν, repeating them, and theotokion. 4.Prokeimenon. 10.At the stichos, two stichera from the Oktoechos, and idiomelon of the saintly man in plagal mode 4: Ἡ καθαρὰ τοῦ πνεύματος. 12.Apolytikion: Ἐν σοί, πάτερ.

O. At Orthros, 3.Θεὸς Κύριος, 4.the same troparion,[129] and theotokion. 5.The recitations of continuous psalmody,[130] poetic kathismata from the Oktoechos, reading: the *Life* of the saintly man. 9.Three canons: from the two of the Oktoechos six troparia, and from that of the saintly man in mode 4 by Theophanes <to> Θαλάσσης τὸ ἐρυθραῖον six troparia; a.after the third ode, poetic kathisma of the saintly man in plagal mode 4, and theotokion; b.after the sixth ode, his kontakion. 10.Exaposteilarion <to> Ὁ οὐρανόν. 12.At the stichos of the ainoi, stichera from the Oktoechos, and theotokion.

L. At the Liturgy, 1.typika of the day, the troparion of the saintly man,[131] and theotokion. 2.Prokeimenon in barys mode: Καυχήσονται ὅσιοι ἐν δόξῃ [Ps 149:5], stichos: Ἄισατε τῷ Κυρίῳ. [Ps 149:1]. *Alleluia* in plagal mode 2: Μακάριος ἀνήρ [Ps 111:1]. 3.Koinonikon: Αἰνεῖτε [Ps 148:1]. Apostle and gospel of the day.

II.14 T. It is necessary to know that if these saints who are celebrated with a feast fall within Lent, we chant [in celebration of] them on Saturdays and Sundays and we read their *Lives*.

---

[129] The troparion used as apolytikion at V.12 repeated here.
[130] Two kathismata of the psalter are to be recited; see IX.17 Orthros N, XII.27 N and I.07 N.
[131] The troparion used as apolytikion at V.12 repeated here.

ΦΕΒΡΟΥΑΡΙΟΣ

Μηνὶ τῷ αὐτῷ ιε'· τοῦ ἁγίου ἀποστόλου Ὀνησίμου.

Ἑσπέρας 1.μετὰ τὴν στιχολογίαν 2.εἰς τὸ *Κύριε ἐκέκραξα* ἱστῶμεν ς' καὶ ψάλλομεν στιχηρὰ τοῦ ἀποστόλου γ' ἦχος δ' πρὸς τὸ Ὡς γενναῖον δευτεροῦντες τὸ πρῶτον, καὶ ἕτερα β' ἑνὸς τῶν προψαλλομένων ἁγίων καὶ θεοτοκίον. 4.προκείμενον. 10.εἰς τὸν στίχον στιχηρὰ τῆς ὀκτωήχου γ' καὶ θεοτοκίον. 12.ἀπολυτίκιον *Ἀπόστολε ἅγιε πρέσβευε*.

Εἰς τὸν ὄρθρον 3.*Θεὸς Κύριος*, 4.τροπάριον τὸ αὐτὸ καὶ θεοτοκίον. 5.αἱ στιχολογίαι, καθίσματα τῆς ὀκτωήχου· αἱ ἀναγνώσεις ἐκ τοῦ προκειμένου βιβλίου. 9.κανόνες γ'· τῆς ὀκτωήχου εἷς, καὶ τοῦ ἀποστόλου ἦχος πλάγιος β' Θεοφάνους <πρὸς τὸ> Ὡς ἐν ἠπείρῳ, καὶ ἕτερος τοῦ προψαλλομένου ἁγίου τῆς τεσσαρακοστῆς, προηγοῦνται δὲ πρὸς τὸν ἦχον· ἀπὸ γ' ᾠδῆς κάθισμα τοῦ ἀποστόλου ἦχος πλάγιος δ' καὶ θεοτοκίον· [81r] ἀπὸ ς' τοῦ ἁγίου τῆς τεσσαρακοστῆς. 10.ἐξαποστειλάριον <πρὸς τὸ> Ὁ οὐρανόν. 12.εἰς τὸν στίχον τῶν αἴνων στιχηρὰ τῆς ὀκτωήχου καὶ θεοτοκίον. 14.ἀπολυτίκιον *Ἀπόστολε ἅγιε πρέσβευε τῷ ἐλεήμονι Θεῷ*.

Εἰς τὴν λειτουργίαν 1.τυπικὰ τῆς ἡμέρας, τροπάριον τοῦ ἀποστόλου καὶ θεοτοκίον. 2.προκείμενον, *Ἀλληλούϊα*, 3.κοινωνικὸν τοῦ αὐτοῦ. ἀπόστολος καὶ εὐαγγέλιον τῆς ἡμέρας καὶ τοῦ ἀποστόλου.

15 FEBRUARY

II.15C. 15th of the same month. The commemoration of the holy apostle Onesimos.

V. At Vespers, 1.after the recitation of continuous psalmody, 2.at Κύριε ἐκέκραξα we intercalate six times and chant three stichera of the apostle in mode 4 to Ὡς γενναῖον, repeating the first, and another two of one of the saints being celebrated in advance,[132] and theotokion. 4.Prokeimenon. 10.At the stichos, three stichera from the Oktoechos, and theotokion. 12.Apolytikion: Ἀπόστολε ἅγιε, πρέσβευε.[133]

O. At Orthros, 3.Θεὸς Κύριος, 4.the same troparion,[134] and theotokion. 5.The recitations of continuous psalmody,[135] poetic kathismata from the Oktoechos, the readings: from the book set out.[136] 9.Three canons: one from the Oktoechos, and that of the apostle in plagal mode 2 by Theophanes <to> Ὡς ἐν ἠπείρῳ,[137] and another of the saint of Lent being celebrated in advance[138] (and they precede with reference to the mode). a.After the third ode, poetic kathisma of the apostle in plagal mode 4, and theotokion; b.after the sixth ode that of the saint of Lent. 10.Exaposteilarion <to> Ὁ οὐρανόν. 12.At the stichos of the ainoi, stichera from the Oktoechos, and theotokion. 14.Apolytikion: Ἀπόστολε ἅγιε, πρέσβευε τῷ ἐλεήμονι Θεῷ.[139]

L. At the Liturgy, 1.typika of the day, troparion of the apostle,[140] and theotokion. 2.Prokeimenon, *Alleluia*, 3.koinonikon of the same man. 2.Apostle and gospel of the day, and of the apostle.

---

[132] See I.18 N.
[133] See O.14 below.
[134] The troparion used as apolytikion at V.12 repeated here.
[135] Two kathismata of the psalter are to be recited; see IX.17 Orthros N, XII.27 N and I.07 N.
[136] John Chrysostom's *Commentary* on St Matthew's Gospel; see XII.19 K.1 O.5 and N.
[137] The heirmos.
[138] See I.18 N.
[139] See the troparion used as apolytikion at V.12 above.
[140] The troparion used as apolytikion at V.12 repeated here.

ΦΕΒΡΟΥΑΡΙΟΣ

Μηνὶ τῷ αὐτῷ ις'· τοῦ ἁγίου ἱερομάρτυρος Παμφίλου καὶ τῶν σὺν αὐτῷ.

Ἑσπέρας 1.μετὰ τὴν στιχολογίαν 2.εἰς τὸ *Κύριε ἐκέκραξα* ἱστῶμεν ς' καὶ ψάλλομεν στιχηρὰ τοῦ ἁγίου γ' ἦχος δ' πρὸς τὸ Ὡς γενναῖον, καὶ ἕτερα γ' τοῦ ἁγίου τῆς τεσσαρακοστῆς καὶ θεοτοκίον. 4.*Ἀλληλούια*. 10.εἰς τὸν στίχον στιχηρὰ τῆς ὀκτωήχου γ' καὶ θεοτοκίον. 12.ἀπολυτίκιον *Θεοτόκε παρθένε*.

Εἰς τὸν ὄρθρον 3.*Ἀλληλούια* καὶ 4.τὰ τριαδικὰ τοῦ ἤχου. 5.αἱ στιχολογίαι, καθίσματα τῆς ὀκτωήχου· αἱ ἀναγνώσεις ὡς εἴρηται. 9.κανόνες γ'· τῆς ὀκτωήχου εἷς, καὶ τῶν ἁγίων ἦχος δ' Θεοφάνους[49] <πρὸς τὸ> Θαλάσσης τὸ ἐρυθραῖον, καὶ ἕτερος τοῦ ἁγίου τῆς τεσσαρακοστῆς, ἀνὰ δ'· ἀπὸ γ' ᾠδῆς κάθισμα τῶν ἁγίων ἦχος δ' καὶ θεοτοκίον· ἀπὸ ς' τὸ τοῦ ἑτέρου ἁγίου. 12.εἰς τὸν στίχον τῶν αἴνων στιχηρὰ τῆς ὀκτωήχου καὶ θεοτοκίον.

Εἰς τὴν λειτουργίαν πᾶσα ἡ ἀκολουθία τῆς ἡμέρας.

Μηνὶ τῷ αὐτῷ ιζ'· τοῦ ἁγίου μεγαλομάρτυρος Θεοδώρου τοῦ Τήρωνος, καὶ τῆς ἁγίας Μαριάμνης.

Ἑσπέρας 1.οὐ στιχολογοῦμεν, 2.εἰς δὲ τὸ *Κύριε ἐκέκραξα* ἱστῶμεν ς' καὶ ψάλλομεν στιχηρὰ τοῦ ἁγίου γ' δευτεροῦντες τὸ ἓν ἦχος δ' πρὸς τὸ Ὡς γενναῖον, καὶ β' τῆς ἁγίας[50] ἦχος β' πρὸς τὸ Ὅτε ἐκ τοῦ ξύλου σε. 4.προκείμενον. 10.εἰς τὸν στίχον στιχηρὰ τῆς ὀκτωήχου β', καὶ ἰδιόμελον τοῦ ἁγίου ἦχος πλάγιος δ' *Ἀθλητικὴν ἀνδρείαν* καὶ

---

[49] om. D
[50] τοῦ ἁγίου cod. et D

16-17 FEBRUARY

II.16C. 16th of the same month. The commemoration of the holy hieromartyr Pamphilos and those with him.

V. At Vespers, 1.after the recitation of continuous psalmody, 2.at Κύριε ἐκέκραξα we intercalate six times and chant three stichera of the holy man in mode 4 to Ὡς γενναῖον, and another three of the saint of Lent,[141] and theotokion. 4.Alleluia. 10.At the stichos, three stichera from the Oktoechos, and theotokion. 12.Apolytikion: Θεοτόκε παρθένε.

O. At Orthros, 3.Alleluia, and 4.the triadika of the mode.[142] 5.The recitations of continuous psalmody,[143] poetic kathismata from the Oktoechos, the readings: as has been stated. 9.Three canons: one from the Oktoechos, and that of the holy ones in mode 4 by Theophanes <to> Θαλάσσης τὸ ἐρυθραῖον,[144] and another of the saint of Lent,[145] four troparia from each; a.after the third ode, poetic kathisma of the holy ones in mode 4, and theotokion; b.after the sixth ode, that of the other holy one.[146] 12.At the stichos of the ainoi, stichera from the Oktoechos, and theotokion.

L. At the Liturgy, all the service of the day.

II.17C. 17th of the same month. The commemoration of the holy megalomartyr Theodore Teron, and of holy Mariam.

V. At Vespers, 1.we do not recite the continuous psalmody, 2.but at Κύριε ἐκέκραξα we intercalate six times and chant three stichera of the holy man in mode 4 to Ὡς γενναῖον, repeating the first, and two of the holy woman in mode 2 to Ὅτε ἐκ τοῦ ξύλου σε. 4.Prokeimenon. 10.At the stichos, two stichera from the Oktoechos, and idiomelon of the holy man in plagal mode 4: Ἀθλητικὴν →

---

[141] See I.18 N.
[142] The mode is set; see note 4.
[143] Two kathismata of the psalter are to be recited; see IX.17 Orthros N, XII.27 N and I.07 N.
[144] The heirmos.
[145] See I.18 N.
[146] That is, the saint of Lent being celebrated in advance.

545

ΦΕΒΡΟΥΑΡΙΟΣ

θεοτοκίον. 12.ἀπολυτίκιον ἦχος β΄ *Μεγάλα τὰ τῆς πίστεως κατορθώματα, ἐν τῇ πηγῇ τῆς φλογὸς ὡς ἐπὶ ὕδατος ἀναπαύσεως ὁ ἅγιος μάρτυς ἠγάλλετο· πυρὶ γὰρ ὁλοκαυτωθεὶς ὡς ἄρτος ἡδὺς τῇ Τριάδι προσήνεκται. ταῖς αὐτοῦ ἱκεσίαις, Χριστὲ ὁ Θεός, ἐλέησον ἡμᾶς.*[51]

Εἰς τὸν ὄρθρον 3.Θεὸς Κύριος καὶ 4.τὸ αὐτὸ τροπάριον καὶ θεοτοκίον. 5.αἱ στιχολογίαι, καθίσματα τῆς ὀκτωήχου· ἀπὸ δευτέρας στιχολογίας κάθισμα τῆς ἁγίας ἦχος πλάγιος δ΄ καὶ θεοτοκίον· ἀνάγνωσις τὸ μαρτύριον τοῦ ἁγίου, οὗ ἡ ἀρχὴ *Μαξιμιανῷ καὶ Μαξιμίνῳ εἰς δόσιν μίαν μέχρι τοῦ θαύματος.* 9.κανόνες γ΄· τῆς ὀκτωήχου τὸν πρῶτον, καὶ τοῦ μάρτυρος ἦχος πλάγιος δ΄ <πρὸς τὸ> Ἁρματηλάτην Ἰωσήφ, καὶ τῆς ἁγίας εἰς τὸν αὐτὸν ἦχον <πρὸς τὸ> Ἄισμα ἀναπέμψωμεν λαοί, ἀνὰ δ΄· ἀπὸ γ΄ ᾠδῆς κάθισμα τοῦ μάρτυρος ἦχος δ΄ πρὸς τὸ Ὁ ὑψωθείς, καὶ θεοτοκίον· ἀνάγνωσις ἐκ προκειμένου βιβλίου, τὸ γὰρ θαῦμα [81v] τοῦ μάρτυρος ἀρτίως καταλιμπάνεται διὰ τὸ ἀναγινώσκεσθαι τοῦτο τῷ σαββάτῳ τῆς πρώτης ἑβδομάδος· ἀπὸ ϛ΄ τὸ κοντάκιον αὐτοῦ. 10.ἐξαποστειλάριον <πρὸς τὸ> Ὁ οὐρανόν. 12.εἰς τὸν στίχον τῶν αἴνων στιχηρὰ τῆς ὀκτωήχου β΄ καὶ τοῦ ἁγίου ἦχος πλάγιος α΄ πρὸς τὸ Χαίροις, καὶ θεοτοκίον. 14.ἀπολυτίκιον τοῦ ἁγίου.

Εἰς τὴν λειτουργίαν 1.τυπικὰ τῆς ἡμέρας, τροπάριον τοῦ ἁγίου καὶ θεοτοκίον. 2.προκείμενον, Ἀλληλούια, 3.κοινωνικὸν τοῦ ἁγίου. ἀπόστολος καὶ εὐαγγέλιον τοῦ ἁγίου καὶ τῆς ἡμέρας. τὸ προκείμενον *Εὐφρανθήσεται*, τὸ Ἀλληλούια *Δίκαιος ὡς φοῖνιξ ἀνθήσει ὡσεὶ κέδρος.*[52]

---

[51] ἐν τῇ...ἡμᾶς om. D
[52] ὡσεὶ κέδρος om. D

17 FEBRUARY

ἀνδρείαν, and theotokion. 12.Apolytikion in mode 2: *Great are the achievements of faith; the holy martyr exulted in the fount of flame as though on the water of repose, for as a sacrifice totally burnt by fire he was offered like sweet bread to the Trinity. Through his intercessions, Christ our God, have mercy on us.*

O. At Orthros, 3.Θεὸς Κύριος, **and 4.**the same troparion,[147] and theotokion. **5.**The recitations of continuous psalmody,[148] poetic kathismata from the Oktoechos; **d.**after the second recitation, **e.**poetic kathisma of the holy woman in plagal mode 4, and theotokion, **f.**reading: the *Martyrion* of the holy man beginning Μαξιμιανῷ καὶ Μαξιμίνῳ [BHG, 1763], in one portion up to the miracle. **9.**Three canons: the first one from the Oktoechos, and that of the martyr in plagal mode 4 <to> Ἁρματηλάτην by Joseph, and that of the holy woman in the same mode <to> ᾎσμα ἀναπέμψωμεν λαοί, four troparia from each; **a.**after the third ode, poetic kathisma of the martyr in mode 4 to Ὁ ὑψωθείς, and theotokion, reading: from the book set out,[149] for the miracle of the martyr is omitted now because it is read on the Saturday of the first week; **b.**after the sixth ode, his kontakion. **10.**Exaposteilarion <to> Ὁ οὐρανόν. **12.**At the stichos of the ainoi, two stichera from the Oktoechos, and that of the holy man in plagal mode 1 to Χαίροις, and theotokion. **14.**Apolytikion of the holy man.[150]

L. At the Liturgy, 1.typika of the day, troparion of the holy man,[151] and theotokion. **2.**Prokeimenon, *Alleluia,* **3.**koinonikon of the holy man. Apostle and gospel of the holy man, and of the day. **2.**The prokeimenon: Εὐφρανθήσεται [Ps 63:11], the *Alleluia:* Δίκαιος ὡς φοῖνιξ ἀνθήσει, ὡσεὶ κέδρος [Ps 91:13].

---

[147] The troparion used as apolytikion at V.12 repeated here.
[148] Two kathismata of the psalter are to be recited; see IX.17 Orthros N, XII.27 N and I.07 N.
[149] John Chrysostom's *Commentary* on St Matthew's Gospel; see XII.19 K.1 O.5 and N.
[150] The troparion used as apolytikion at V.12 repeated here.
[151] The troparion used as apolytikion at V.12 repeated here.

ΦΕΒΡΟΥΑΡΙΟΣ

Δεῖ δὲ γινώσκειν ὅτι εἰ μὲν τύχῃ ἔξω τῆς ἁγίας τεσσαρακοστῆς ἡ μνήμη τοῦ μάρτυρος, οὕτως ψάλλεται ὡς προείρηται, εἰ δὲ ἔσωθεν τύχῃ, ἡ μὲν ἁγία ψάλλεται μετὰ τῶν προψαλλομένων ἁγίων, ὁ δέ γε μάρτυς τελείως καταλιμπάνεται διὰ τὸ ψάλλεσθαι αὐτὸν τῷ σαββάτῳ τῶν ἁγίων νηστειῶν ἐν τῷ τριῳδίῳ, ὅτε ἀναγινώσκεται καὶ τὸ μαρτύριον αὐτοῦ σὺν τῷ ἐγκωμίῳ τῷ περὶ τοῦ θαύματος τῶν κολλύβων.[53]

Μηνὶ τῷ αὐτῷ ιη'· τοῦ ἁγίου Λέοντος πάπα Ῥώμης.

Εἰ μὲν τύχῃ ἔσωθεν τῆς τεσσαρακοστῆς, ψάλλομεν ἐν σαββάτῳ ἢ κυριακῇ, εἰ δὲ ἔξω τύχῃ, 1.μετὰ[54] τὴν στιχολογίαν ἑσπέρας 2.εἰς τὸ *Κύριε ἐκέκραξα* ἱστῶμεν ϛ' καὶ ψάλλομεν στιχηρὰ γ' τοῦ ἁγίου ἦχος πλάγιος δ' δευτεροῦντες τὸ πρῶτον, καὶ ἕτερα β' τοῦ ἁγίου τῆς τεσσαρακοστῆς καὶ θεοτοκίον. 4.προκείμενον.[55] 10.εἰς τὸν στίχον στιχηρὰ τῆς ὀκτωήχου β' καὶ ἰδιόμελον τοῦ ἁγίου ἦχος πλάγιος β' *Σοῦ ἐξεχύθη ἡ χάρις ἐν χείλεσι*, ζήτει ἰαννουαρίου[56] πρώτῃ, *Δόξα καὶ νῦν*, θεοτοκίον. 12.ἀπολυτίκιον ἦχος πλάγιος δ' *Ὀρθοδοξίας ὁδηγέ*.

Εἰς τὸν ὄρθρον 3.*Θεὸς Κύριος*, 4.τὸ αὐτὸ τροπάριον καὶ θεοτοκίον. 5.αἱ στιχολογίαι, καθίσματα τῆς ὀκτωήχου· αἱ ἀναγνώσεις ἐκ τοῦ προκειμένου βιβλίου. 9.κανόνες γ'· τῆς ὀκτωήχου εἷς, καὶ τοῦ ἁγίου τῆς ἡμέρας ἕτερος, καὶ τοῦ ἱεράρχου ἦχος πλάγιος δ' Θεοφάνους

---

[53] κολύβων D
[54] ἑσπέρας praepos. D
[55] om. D
[56] Ἰανουαρίου D

II.17 T. It is necessary to realise that if the commemoration of the martyr falls outside holy Lent, it is chanted in the way that has previously been stated. But if it falls within [Lent], the holy woman is celebrated along with the saints celebrated in advance,[152] but the martyr is completely omitted because he is celebrated on the Saturday of the holy fast[153] in the Triodion when his *Martyrion* is also read together with the *Encomium*, the one concerning the miracle of the kollyba.

II.18C. 18th of the same month. The commemoration of holy Leo bishop of Rome.

If it falls within Lent, we celebrate it on a Saturday or Sunday, but if it falls outside [Lent], **V.1.**after the recitation of continuous psalmody **at Vespers, 2.**at Κύριε ἐκέκραξα we intercalate six times and chant three stichera of the holy man in plagal mode 4, repeating the first, and another two of the saint of Lent,[154] and theotokion. **4.**Prokeimenon. **10.**At the stichos, two stichera from the Oktoechos, and idiomelon of the holy man in plagal mode 2: Σοῦ ἐξεχύθη ἡ χάρις ἐν χείλεσι (see 1 January), Glory...both now..., theotokion. **12.**Apolytikion in plagal mode 4: Ὀρθοδοξίας ὁδηγέ.

O. At Orthros, 3.Θεὸς Κύριος, **4.**the same troparion,[155] and theotokion. **5.**The recitations of continuous psalmody,[156] poetic kathismata from the Oktoechos, the readings: from the book set out.[157] **9.**Three canons: one from the Oktoechos, and another of the holy one of the day,[158] and that of the hierarch in plagal mode 4 by

---

[152] See I.18 N.
[153] The Saturday of the first week; see O.9a above.
[154] See I.18 N.
[155] The troparion used as apolytikion at V.12 repeated here.
[156] Two kathismata of the psalter are to be recited; see IX.17 Orthros N, XII.27 N and I.07 N.
[157] John Chrysostom's *Commentary* on St Matthew's Gospel; see XII.19 K.1 O.5 and N.
[158] That is, the saint of Lent being celebrated in advance; see 9b below and I.18 N.

ΦΕΒΡΟΥΑΡΙΟΣ

<πρὸς τὸ> Ἄισωμεν τῷ Κυρίῳ, ἀνὰ δ΄· ἀπὸ γ΄ ᾠδῆς κάθισμα τοῦ ἁγίου ἦχος α΄ καὶ θεοτοκίον· ἀπὸ ϛ΄ τὸ κοντάκιον αὐτοῦ, τὸ γὰρ κάθισμα τοῦ ἑτέρου ἁγίου τῆς τεσσαρακοστῆς ψάλλομεν ἀπὸ τοῦ δευτέρου καθίσματος. 10.ἐξαποστειλάριον <πρὸς τὸ> Ὁ οὐρανόν. 12.εἰς τὸν στίχον τῶν[57] αἴνων στιχηρὰ τῆς ὀκτωήχου γ΄ καὶ θεοτοκίον.

Εἰς τὴν λειτουργίαν 1.τυπικὰ τῆς ἡμέρας, τροπάριον τοῦ ἁγίου καὶ θεοτοκίον. 2.προκείμενον ἦχος βαρὺς *Τίμιος ἐναντίον Κυρίου·* στίχος *Τί ἀνταποδώσω.*[58] *Ἀλληλούια* ἦχος β΄ *Οἱ ἱερεῖς σου Κύριε.* ἀπόστολος δὲ καὶ εὐαγγέλιον τῆς ἡμέρας καὶ τοῦ ἁγίου. 3.κοινωνικὸν *Εἰς μνημόσυνον.*

Δεῖ γινώσκειν ὅτι εἰ μὲν τύχῃ αὕτη ἡ ἡμέρα τῆς μνήμης αὐτοῦ [82r] ἐν τῇ τεσσαρακοστῇ ἐν σαββάτῳ ἢ κυριακῇ, ἑορτάζεται ἐκεῖσε οὕτως, καὶ πάλιν ἔξωθεν τῆς τεσσαρακοστῆς ὁμοίως. εἰ δὲ τύχῃ ἐν ἑβδομάδι μέσῃ νηστίμου, ψάλλεται καὶ οὕτως ἐν σαββάτῳ ἢ κυριακῇ, οὐ μέντοι δὲ καὶ ἑορτάζεται ἀλλὰ ψάλλονται μὲν τὰ τούτου στιχηρὰ καὶ ὁ κανὼν μετὰ τοῦ ἁγίου τῆς τεσσαρακοστῆς, τὸ δὲ τούτου ἀπολυτίκιον καταλιμπάνεται.

Μηνὶ τῷ αὐτῷ ιθ΄· τῶν ἁγίων Μαξίμου, Θεοδότου καὶ τῶν λοιπῶν.

Ἑσπέρας 1.μετὰ τὴν στιχολογίαν 2.εἰς τὸ *Κύριε ἐκέκραξα* ἱστῶμεν ϛ΄ καὶ ψάλλομεν στιχηρὰ τῶν ἁγίων γ΄ ἦχος α΄ πρὸς τὸ Πανεύφημοι, καὶ ἕτερα γ΄ ἑνὸς τῶν ἁγίων τῆς τεσσαρακοστῆς καὶ θεοτοκίον. 4.*Ἀλληλούια.* 10.εἰς τὸν στίχον στιχηρὰ τῆς ὀκτωήχου καὶ θεοτοκίον.

---

[57] τοὺς cod.
[58] ἀνταποδώσωμεν D

18-19 FEBRUARY

Theophanes <to> Ἄισωμεν τῷ Κυρίῳ,[159] four troparia from each; a.after the third ode, poetic kathisma of the holy man in mode 1, and theotokion; b.after the sixth ode, his kontakion; for we chant the poetic kathisma of the other saint of Lent after the second kathisma.[160] 10.Exaposteilarion <to> Ὁ οὐρανόν. 12.At the stichos of the ainoi, three stichera from the Oktoechos, and theotokion.

L. At the Liturgy, 1.typika of the day, troparion of the holy man,[161] and theotokion. 2.Prokeimenon in barys mode: *Τίμιος ἐναντίον Κυρίου* [Ps 115:6], stichos: *Τί ἀνταποδώσω* [Ps 115:3]. *Alleluia* in mode 2: *Οἱ ἱερεῖς σου Κύριε* [Ps 131:9]. Apostle and gospel of the day, and of the holy man. 3.Koinonikon: *Εἰς μνημόσυνον* [Ps 111:6].

> **II.18 T.** It is necessary to realise that, if this day of his commemoration falls during Lent on a Saturday or a Sunday, it is celebrated in that way as a feast then, and again outside Lent similarly. But if it falls in the middle of a week of the fast, it is chanted in that way too on a Saturday or a Sunday, however it is not also celebrated as a feast, but his stichera and canon are chanted with those of the saint of Lent,[162] and his apolytikion is omitted.

II.19C. 19th of the same month. The commemoration of holy Maximos, Theodotos and the rest.

V. At Vespers, 1.after the recitation of continuous psalmody, 2.at *Κύριε ἐκέκραξα* we intercalate six times and chant three stichera of the holy men in mode 1 to Πανεύφημοι, and another three of one of the saints of Lent,[163] and theotokion. 4.*Alleluia*. 10.At the stichos, stichera from the Oktoechos, and theotokion.

---

[159] The heirmos.
[160] That is, after the second kathisma of continuous psalmody.
[161] The troparion used as apolytikion at V.12 repeated here.
[162] See I.18 N.
[163] See I.18 N.

ΦΕΒΡΟΥΑΡΙΟΣ

Εἰς τὸν ὄρθρον 3.Ἀλληλούια καὶ 4.τὰ τριαδικὰ τοῦ ἤχου. 5.αἱ στιχολογίαι, καθίσματα τῆς ὀκτωήχου καὶ θεοτοκίον. 9.κανόνες γ΄· τῆς ὀκτωήχου εἷς, καὶ τῶν ἁγίων ἕτερος ἦχος δ΄ Ἰωσὴφ <πρὸς τὸ> Τριστάτας κραταιούς, καὶ τοῦ ἁγίου τῆς τεσσαρακοστῆς ἕτερος εἰς τὸν⁵⁹ δ΄· ἀπὸ γ΄ ᾠδῆς κάθισμα τῶν ἁγίων ἦχος δ΄ καὶ θεοτοκίον· ἀπό ϛ΄ τὸ τοῦ ἁγίου τῆς τεσσαρακοστῆς. 12.εἰς τὸν στίχον στιχηρὰ τῆς ὀκτωήχου καὶ θεοτοκίον.

Εἰς τὴν λειτουργίαν πᾶσα ἡ ἀκολουθία τῆς ἡμέρας.

Μηνὶ τῷ αὐτῷ κ΄· τοῦ ἁγίου ἀποστόλου Ἀρχίππου ἑνὸς τῶν ἑβδομήκοντα.

Ἑσπέρας 1.μετὰ τὴν στιχολογίαν 2.εἰς τὸ *Κύριε ἐκέκραξα* ἱστῶμεν ϛ΄ καὶ ψάλλομεν στιχηρὰ τοῦ ἀποστόλου γ΄ ἦχος πλάγιος δ΄ πρὸς τὸ Οἱ μάρτυρές σου Κύριε, καὶ ἕτερα γ΄ τοῦ ἁγίου τῆς τεσσαρακοστῆς καὶ θεοτοκίον. 4.Ἀλληλούια. 10.εἰς τὸν στίχον στιχηρὰ τῆς ὀκτωήχου γ΄ καὶ θεοτοκίον. 12.ἀπολυτίκιον *Θεοτόκε παρθένε*.

Εἰς τὸν ὄρθρον 3.Ἀλληλούια καὶ 4.τὰ τριαδικὰ τοῦ ἤχου. 5.αἱ στιχολογίαι, καθίσματα τῆς ὀκτωήχου. 9.κανόνες γ΄· τῆς ὀκτωήχου εἷς, τοῦ ἀποστόλου ἦχος δ΄ Ἰωσὴφ <πρὸς τὸ> Θαλάσσης τὸ ἐρυθραῖον, καὶ ἕτερος τοῦ ἁγίου τῆς τεσσαρακοστῆς, ἀνὰ δ΄· ἀπὸ γ΄ ᾠδῆς κάθισμα τοῦ ἀποστόλου ἦχος πρῶτος καὶ θεοτοκίον· ἀπὸ ϛ΄

---

⁵⁹ om. D

19-20 FEBRUARY

O. At Orthros, 3.*Alleluia*, and 4.the triadika of the mode.[164] 5.The recitations of continuous psalmody,[165] poetic kathismata from the Oktoechos, and theotokion. 9.Three canons: one from the Oktoechos, and another of the holy men in mode 4 by Joseph <to> Τριστάτας κραταιούς, and another of the saint of Lent[166] in [mode] four; a.after the third ode, poetic kathisma of the holy men in mode 4, and theotokion; b.after the sixth ode, that of the saint of Lent. 12.At the stichos, stichera from the Oktoechos, and theotokion.

L. At the Liturgy, all the service of the day.

II.20C. 20th of the same month. The commemoration of the holy apostle Archippos one of the seventy.

V. At Vespers, 1.after the recitation of continuous psalmody, 2.at Κύριε ἐκέκραξα we intercalate six times and chant three stichera of the apostle in plagal mode 4 to Οἱ μάρτυρές σου Κύριε, and another three of the saint of Lent,[167] and theotokion. 4.*Alleluia*. 10.At the stichos, three stichera from the Oktoechos, and theotokion. 12.Apolytikion: *Θεοτόκε παρθένε*.

O. At Orthros, 3.*Alleluia*, and 4.the triadika of the mode.[168] 5.The recitations of continuous psalmody,[169] poetic kathismata from the Oktoechos. 9.Three canons: one from the Oktoechos, that of the apostle in mode 4 by Joseph <to> Θαλάσσης τὸ ἐρυθραῖον,[170] and another of the saint of Lent,[171] four troparia from each; a.after the third ode, poetic kathisma of the apostle in the first mode, and

---

[164] The mode is set; see note 4.
[165] Two kathismata of the psalter are to be recited; see IX.17 Orthros N, XII.27 N and I.07 N.
[166] See I.18 N.
[167] See I.18 N.
[168] The mode is set; see note 4.
[169] Two kathismata of the psalter are to be recited; see IX.17 Orthros N, XII.27 N and I.07 N.
[170] The heirmos.
[171] See I.18 N.

ΦΕΒΡΟΥΑΡΙΟΣ

τοῦ ἑτέρου ἁγίου. 12.εἰς τὸν στίχον στιχηρὰ τῆς ὀκτωήχου καὶ θεοτοκίον.

Εἰς τὴν λειτουργίαν πᾶσα ἡ ἀκολουθία τῆς ἡμέρας.

Μηνὶ τῷ αὐτῷ κα'· τοῦ ὁσίου Τιμοθέου τοῦ ἐν Συμβόλοις, καὶ τοῦ ὁσίου Λέοντος ἐπισκόπου Κατάνης.

Ἑσπέρας 1.μετὰ τὴν στιχολογίαν 2.ἱστῶμεν ς' καὶ ψάλλομεν στιχηρὰ τοῦ ὁσίου γ' ἦχος πλάγιος δ' πρὸς τὸ Ὦ τοῦ παραδόξου, καὶ ἕτερα γ' τοῦ ἱεράρχου εἰς τὸν αὐτὸν ἦχον πρὸς τὸ Κύριε εἰ καὶ κριτηρίῳ, *Δόξα καὶ νῦν*, θεοτοκίον. 4.*Ἀλληλούια*. 10.εἰς τὸν στίχον στιχηρὰ τῆς ὀκτωήχου καὶ θεοτοκίον. 12.ἀπολυτίκιον *Θεοτόκε παρθένε*.

Εἰς τὸν ὄρθρον 3.*Ἀλληλούια* καὶ 4.τὰ τριαδικὰ τοῦ ἤχου. 5.αἱ στιχολογίαι, καθίσματα τῆς ὀκτωήχου. 9.κανόνες γ'· τῆς ὀκτωήχου, τοῦ ὁσίου ἦχος πλάγιος δ' Θεοφάνους <πρὸς τὸ> *Ἄισμα ἀναπέμψωμεν λαοί*, καὶ τοῦ ἱεράρχου ἦχος ὁ αὐτὸς <πρὸς τὸ> *Ὑγρὰν διοδεύσας*· ἀπὸ γ' ᾠδῆς κάθισμα τοῦ ὁσίου· ἀπὸ ς' [82v] τὸ τοῦ ἱεράρχου. 12.εἰς τὸν στίχον στιχηρὰ τῆς ὀκτωήχου καὶ θεοτοκίον.

Εἰς τὴν λειτουργίαν ἡ τῆς ἡμέρας ἀκολουθία.

Μηνὶ τῷ αὐτῷ κβ'· ἡ εὕρεσις τῶν λειψάνων τῶν ἁγίων μαρτύρων τῶν ἐν τοῖς Εὐγενίου.

Ἑσπέρας 2.στιχηρὰ γ' ἦχος δ' πρὸς τὸ Ὁ ἐξ ὑψίστου κληθείς, καὶ ἕτερα γ' τοῦ ἁγίου τῆς τεσσαρακοστῆς. 9.κανόνες· τῆς ὀκτωήχου, τῶν ἁγίων ἦχος πλάγιος δ' Θεοφάνους <πρὸς τὸ> *Ἁρματηλάτην*

theotokion; b.after the sixth ode, that of the other saint.¹⁷¹ᴬ 12.At the stichos, stichera from the Oktoechos, and theotokion.

L. At the Liturgy, all the service of the day.

II.21C. 21st of the same month. The commemoration of saintly Timothy in Symbola, and of saintly Leo bishop of Katane.

V. At Vespers, 1.after the recitation of continuous psalmody, 2.we intercalate six times and chant three stichera of the saintly man in plagal mode 4 to Ὦ τοῦ παραδόξου, and another three of the hierarch in the same mode to Κύριε εἰ καὶ κριτηρίῳ, *Glory...both now...*, theotokion. 4.*Alleluia*. 10.At the stichos, stichera from the Oktoechos, and theotokion. 12.Apolytikion: *Θεοτόκε παρθένε*.

O. At Orthros, 3.*Alleluia*, and 4.the triadika of the mode.¹⁷² 5a.The recitations of continuous psalmody,¹⁷³ b.poetic kathismata from the Oktoechos. 9.Three canons: [one] from the Oktoechos, that of the saintly man in plagal mode 4 by Theophanes <to> ᾎσμα ἀναπέμψωμεν λαοί, and that of the hierarch in the same mode <to> Ὑγρὰν διοδεύσας.¹⁷⁴ a.After the third ode, poetic kathisma of the saintly man; b.after the sixth ode, that of the hierarch. 12.At the stichos, stichera from the Oktoechos, and theotokion.

L. At the Liturgy, the service of the day.

II.22C. 22nd of the same month. The Finding of the relics of the holy martyrs on Eugenios' property.

V. At Vespers, 2.three stichera in mode 4 to Ὁ ἐξ ὑψίστου κληθείς, and another three of the saint of Lent.¹⁷⁵ O.9.Canons: [one] from the Oktoechos, that of the holy ones in plagal mode 4 by

---

¹⁷¹ᴬ See I.18 N.
¹⁷² The mode is set; see note 4.
¹⁷³ Two kathismata of the psalter are to be recited; see IX.17 Orthros N, XII.27 N and I.07 N.
¹⁷⁴ The heirmos.
¹⁷⁵ See I.18 N.

ΦΕΒΡΟΥΑΡΙΟΣ

Φαραώ, καὶ τοῦ ἑτέρου ἁγίου. 5.τὰ καθίσματα ὡς εἴρηται, 12.τὰ στιχηρὰ ὁμοίως, καὶ ἡ λειτουργία.

Μηνὶ τῷ αὐτῷ κγ΄· τοῦ ἁγίου Πολυκάρπου ἐπισκόπου Σμύρνης.

Ἑσπέρας 2.στιχηρὰ ἦχος β΄ πρὸς τὸ Ὅτε ἐκ τοῦ ξύλου σε γ΄, καὶ ἕτερα γ΄ ἄλλου ἁγίου. 5.αἱ στιχολογίαι καὶ τὰ καθίσματα ὡς πολλάκις εἴρηται. 9.κανόνες· τῆς ὀκτωήχου, καὶ τοῦ ἱερομάρτυρος ἦχος δεύτερος <πρὸς τὸ> Δεῦτε λαοὶ Ἰγνατίου, καὶ ἑτέρου ἁγίου τῆς τεσσαρακοστῆς.

Εἰς τὴν λειτουργίαν ὡς σύνηθες.

Μηνὶ τῷ αὐτῷ κδ΄· ἡ εὕρεσις τῆς τιμίας κεφαλῆς τοῦ Προδρόμου.

Ἑσπέρας 1.οὐ στιχολογοῦμεν, 2.εἰς δὲ τὸ *Κύριε ἐκέκραξα* ἱστῶμεν ς΄, εἰ οὐκ ἔστι νηστεία, καὶ ψάλλομεν στιχηρὰ γ΄ ἐκ δευτέρου ἦχος πλάγιος α΄ πρὸς τὸ Χαίροις, καὶ θεοτοκίον. 4.προκείμενον. 10.εἰς τὸν στίχον στιχηρὰ τῆς ὀκτωήχου β΄ καὶ ἰδιόμελον ἦχος πλάγιος β΄ *Θησαυρὸς ἐνθέων δωρεῶν, Δόξα καὶ νῦν*, θεοτοκίον. 12.ἀπολυτίκιον *Μνήμη δικαίου μετ᾽ ἐγκωμίων*.

Εἰς τὴν παννυχίδα 1.κανὼν τοῦ Προδρόμου εἰς τὸν ἐνεστῶτα ἦχον.

22-24 FEBRUARY

Theophanes <to> Ἁρματηλάτην Φαραώ,[176] and that of the other saint.[176A] O.5.The poetic kathismata as has been stated,[177] O.12.the stichera similarly, and L.the Liturgy.

II.23C. 23rd of the same month. The commemoration of holy Polycarp bishop of Smyrna.

V. At Vespers, 2.three stichera in mode 2 to Ὅτε ἐκ τοῦ ξύλου σε, and another three of another saint.[178] O.5.The recitations of continuous psalmody,[179] and the poetic kathismata, as has often been stated. O.9.Canons: [one] from the Oktoechos, and that of the hieromartyr in the second mode <to> Δεῦτε λαοί by Ignatios, and that of the other saint of Lent.

L. At the Liturgy as is customary.

II.24C. 24th of the same month. The Finding of the precious head of the Prodromos.

V. At Vespers, 1.we do not recite the continuous psalmody, 2.but at Κύριε ἐκέκραξα we intercalate six times, unless it is a fast, and chant three stichera twice in plagal mode 1 to Χαίροις, and theotokion. 4.Prokeimenon. 10.At the stichos, two stichera from the Oktoechos, and idiomelon in plagal mode 2: Θησαυρὸς ἐνθέων δωρεῶν, Glory...both now..., theotokion. 12.Apolytikion: Μνήμη δικαίου μετ' ἐγκωμίων [Prov 10:7].

PN. At Pannychis, 1.canon of the Prodromos in the established mode.[180]

---

[176] The heirmos.
[176A] See I.18 N.
[177] That is, two kathismata of the psalter are to be recited; see IX.17 Orthros N, XII.27 N and I.07 N.
[178] See I.18 N.
[179] Two kathismata of the psalter are to be recited; see IX.17 Orthros N, XII.27 N and I.07 N.
[180] The mode is set; see note 4.

ΦΕΒΡΟΥΑΡΙΟΣ

Εἰς τὸν ὄρθρον 3.Θεὸς Κύριος, 4.τὸ αὐτὸ τροπάριον καὶ θεοτοκίον. 5.αἱ στιχολογίαι, καθίσματα τῆς ὀκτωήχου ἀπὸ τῆς πρώτης στιχολογίας, ἀπὸ τῆς δευτέρας κάθισμα τοῦ Προδρόμου ἦχος δ΄ πρὸς τὸ Ταχὺ προκατάλαβε, καὶ θεοτοκίον· ἀνάγνωσις λόγος διαλαμβάνων τὴν πρώτην καὶ δευτέραν καὶ γ΄ εὕρεσιν τῆς τιμίας κεφαλῆς τοῦ Προδρόμου. 9.κανόνες β΄· τῆς ὀκτωήχου εἷς εἴτε κατανυκτικὸς ἢ σταυρώσιμος ἢ τῆς Θεοτόκου, οἷος ἂν λάχῃ, καὶ τοῦ Προδρόμου εἰς η΄ ἦχος πλάγιος β΄ <πρὸς τὸ> Ὡς ἐν ἠπείρῳ· ἀπὸ γ΄ ᾠδῆς κάθισμα τοῦ αὐτοῦ ἦχος δ΄ πρὸς τὸ Ὁ ὑψωθείς, καὶ θεοτοκίον· ἀπὸ ϛ΄ τὸ τούτου κοντάκιον ἦχος β΄. 10.ἐξαποστειλάριον <πρὸς τὸ> Ὁ οὐρανόν. 12.εἰς τὸν στίχον τῶν αἴνων, εἰ μέν ἐστι σταυρώσιμος ἡμέρα, λέγομεν σταυρώσιμα β΄ καὶ ἰδιόμελον τοῦ Προδρόμου ἦχος β΄ *Ἡ τῶν θείων ἐννοιῶν* καὶ θεοτοκίον, εἰ δὲ⁶⁰ οὐκ ἔστι σταυρώσιμος ἡμέρα, λέγομεν στιχηρὰ τοῦ Προδρόμου β΄ ἦχος α΄ *Τῆς ἀποτμηθείσης κεφαλῆς* καὶ ἕτερον ὅμοιον αὐτοῦ καὶ τὸ προρρηθὲν ἰδιόμελον *Ἡ τῶν θείων ἐννοιῶν*, *Δόξα καὶ νῦν*, θεοτοκίον.

Εἰς τὴν λειτουργίαν 1.τυπικὰ καὶ ᾠδὴ τοῦ κανόνος τοῦ ἁγίου ἡ ϛ΄, τὸ τροπάριον αὐτοῦ καὶ θεοτοκίον. 2.προκείμενον ἦχος βαρὺς *Εὐφρανθήσεται δίκαιος*· στίχος *Εἰσάκουσον ὁ Θεός*· ὁ ἀπόστολος πρὸς...⁶¹ *Ἀδελφοί, Θεὸς*⁶² *ὁ εἰπὼν ἐκ σκότους*, ζήτει κυριακῇ ιγ΄. *Ἀλληλούια* ἦχος δ΄ *Δίκαιος ὡς φοῖνιξ ἀνθήσει*· εὐαγγέλιον κατὰ Ματθαῖον *Τῷ καιρῷ ἐκείνῳ ἀκούσας ἐν τῷ δεσμωτηρίῳ*. 3.κοινωνικὸν *Εἰς μνημόσυνον αἰώνιον*. [83r]

---

⁶⁰ om. D
⁶¹ lacuna est in cod. (Ἑβραίους) supplevit D
⁶² ὁ praepos. D

24 FEBRUARY

O. **At Orthros,** 3.Θεὸς Κύριος, 4.the same troparion,[181] and theotokion. 5.The recitations of continuous psalmody;[182] a.after the first recitation, b.poetic kathismata from the Oktoechos; d.after the second, e.poetic kathisma of the Prodromos in mode 4 to Ταχὺ προκατάλαβε, and theotokion, f.reading: *Homily* including the first and second and third findings of the precious head of the Prodromos. 9.Two canons: one from the Oktoechos, either penitential or crucifixion or one of the Theotokos, whatever type it happens to be, and from that of the Prodromos in plagal mode 2 <to> Ὡς ἐν ἠπείρῳ[183] eight troparia; a.after the third ode, poetic kathisma of the same man in mode 4 to Ὁ ὑψωθείς, and theotokion; b.after the sixth ode, this man's kontakion in mode 2. 10.Exaposteilarion <to> Ὁ οὐρανόν. 12.At the stichos of the ainoi, if it is a crucifixion day[184] we recite two crucifixion [stichera], and idiomelon of the Prodromos in mode 2: *Ἡ τῶν θείων ἐννοιῶν*, and theotokion. But if it is not a crucifixion day we recite two stichera of the Prodromos in mode 1: *Τῆς ἀποτμηθείσης κεφαλῆς*, and another to its melody, and the aforementioned idiomelon: *Ἡ τῶν θείων ἐννοιῶν*, Glory...both now..., theotokion.

L. **At the Liturgy,** 1.typika, and the sixth ode of the canon of the holy man,[185] his troparion,[186] and theotokion. 2.Prokeimenon in barys mode: *Εὐφρανθήσεται δίκαιος* [Ps 63:11], stichos: *Εἰσάκουσον ὁ Θεός* [Ps 63:2], the apostle: to... [187] [II Cor 4:6ff] (see the thirteenth Sunday). *Alleluia* in mode 4: *Δίκαιος ὡς φοῖνιξ ἀνθήσει* [Ps 91:13], gospel: according to Matthew [11:2ff]. 3.Koinonikon: *Εἰς μνημόσυνον αἰώνιον* [Ps 111:6].

---

[181] The troparion used as apolytikion at V.12 repeated here.
[182] Two kathismata of the psalter are to be recited; see IX.17 Orthros N, XII.27 N and I.07 N.
[183] The heirmos.
[184] Wednesday and Friday are crucifixion days.
[185] Most probably means that refrains of the sixth ode are intercalated into the makarismoi.
[186] The troparion used as apolytikion at V.12 repeated here.
[187] There is a lacuna in the manuscript for the citation of the apostolic reading to be added; the incipit is given.

ΦΕΒΡΟΥΑΡΙΟΣ

Χρὴ γινώσκειν ὅτι ἐὰν τύχῃ νηστεία τῇ παραμονῇ 2.εἰς τὸ *Κύριε ἐκέκραξα* ἱστῶμεν η' καὶ ψάλλομεν τὰ β' προσόμοια τοῦ τριῳδίου τῆς ἡμέρας τοῦ κυροῦ Ἰωσὴφ πρὸς μίαν· εἶτα τὸ τῆς ἡμέρας ἰδιόμελον ἐκ δευτέρου, καὶ εἶθ' οὕτως τὰ προγραφέντα προσόμοια στιχηρὰ τοῦ Προδρόμου ἦχος πλάγιος α' πρὸς τὸ Χαίροις δευτεροῦντες τὸ πρῶτον, *Δόξα*, ἦχος πλάγιος β' *Θησαυρὸς ἐνθέων δωρεῶν, καὶ νῦν*, θεοτοκίον. 3.εἴσοδος, καὶ ἡ λειτουργία τῶν προηγιασμένων. Εἰς δὲ τὰ ἀπόδειπνα τὸ ἀπολυτίκιον τοῦ ἁγίου, τὸ δὲ *Μεθ' ἡμῶν ὁ Θεὸς* οὐ μετὰ ἤχου· καὶ κανόνα λέγομεν τοῦ Προδρόμου ὡς εἴρηται εἰς τὸν ἐνεστῶτα ἦχον, μετανοίας δὲ οὐ ποιοῦμεν ἀλλὰ προσκυνήσεις, εἰ μή τοί γε τύχῃ ἡ πρώτη ἑβδομάς. Εἰς τὸν ὄρθρον 3.Ἀλληλούια ἦχος β' καὶ 4.λέγομεν τὸ τροπάριον τοῦ ἁγίου, *Δόξα καὶ νῦν*, θεοτοκίον. 5.αἱ στιχολογίαι, καθίσματα β'· ἀπὸ πρώτης στιχολογίας κάθισμα τοῦ τριῳδίου, ὁμοίως καὶ ἀπὸ δευτέρας στιχολογίας· ἀνάγνωσις ὁ λόγος τῆς εὑρέσεως. 9.ψάλλομεν δὲ κανόνα ἕνα τοῦ Προδρόμου εἰς η' ἦχος πλάγιος β', εἰς δὲ τὰς ᾠδὰς ἐν αἷς εἰσι τὰ τριῴδια, ἀνὰ ς', προηγοῦνται δὲ τὰ τριῴδια τοῦ κανόνος, ψάλλομεν δὲ ταῦτα ὁμοίως ἀνὰ ς'· ἀπὸ γ' ᾠδῆς κάθισμα τοῦ Προδρόμου ἦχος δ' πρὸς τὸ Ὁ ὑψωθείς, καὶ θεοτοκίον· ἀπὸ ς' τὸ κοντάκιον. 10.ἐξαποστειλάριον τοῦ ἤχου *Πρεσβείαις Κύριε τοῦ Προδρόμου* β'· εἶτα *Τῆς τεκούσης σε*, καὶ πλεῖον[63] οὐδὲν πλὴν πρὸς τὸν ἦχον οἷος λάχῃ καὶ λέγομεν. 11.εἰς τοὺς αἴνους ἱστῶμεν δ' καὶ ψάλλομεν τοῦ Προδρόμου στιχηρὰ ἦχος πρῶτος *Τῆς ἀποτμηθείσης κεφαλῆς*, καὶ ἕτερα β' ὅμοια δευτεροῦντες τὸ πρῶτον, *Δόξα καὶ νῦν*, θεοτοκίον. 12.εἰς τὸν στίχον →

---

[63] πλέον D

24 FEBRUARY

II.24 T. It is necessary to realise that if there happens to be a fast, **at the Paramone V.2.**at *Κύριε ἐκέκραξα* we intercalate eight times and chant the two prosomoia of the day by Kyr Joseph from the Triodion once, then the idiomelon of the day twice, and so then the prescribed stichera prosomoia of the Prodromos in plagal mode 1 to Χαίροις,[188] repeating the first, *Glory...,* in plagal mode 2 *Θησαυρὸς ἐνθέων δωρεῶν,* both *now...,* theotokion. **3.**Entrance, and the **Liturgy** of the Presanctified [Gifts]. **AP.At Apodeipnon,** the apolytikion of the holy man, and *Μεθ' ἡμῶν ὁ Θεός* not with a mode;[189] and we recite a canon of the Prodromos, as has been stated, in the established mode,[190] but we do not perform metanoiai but proskyneseis, unless it happens to be the first week. **O.At Orthros, 3.***Alleluia* in mode 2, and **4.**we recite the troparion of the holy man,[191] *Glory...both now...,* theotokion. **5.**The recitations of continuous psalmody, two kathismata; **a.**after the first recitation, **b.**poetic kathisma from the Triodion; similarly also **d.**after the second recitation, **f.**reading: the *Homily* on the finding. **9.**We chant from one canon of the Prodromos eight troparia in plagal mode 2; but in the odes in which there are triodia, six troparia each, and the triodia of the canon precede, and we chant these similarly, six troparia from each. **a.**After the third ode, poetic kathisma of the Prodromos in mode 4 to Ὁ ὑψωθείς, and theotokion; **b.**after the sixth ode, the kontakion. **10.**Exaposteilarion of the mode: *Πρεσβείαις, Κύριε, τοῦ Προδρόμου* twice, then *Τῆς τεκούσης σε,* and nothing more, but we recite to the mode whatever one it happens to be.[192] **11.**At the ainoi, we intercalate four times and chant stichera of the Prodromos in the first mode: *Τῆς ἀποτμηθείσης κεφαλῆς,* and another two to the same melody, repeating the first, *Glory...both now...,* theotokion. **12.**At the stichos of the ainoi, stichera: the →

---

[188] See V.2 above.
[189] That is, not chanted to a melody.
[190] The mode is set; see note 4.
[191] See the troparion used as apolytikion at V.12 above.
[192] The mode is set; see note 4.

ΦΕΒΡΟΥΑΡΙΟΣ

τῶν αἴνων στιχηρά, τὸ ἰδιόμελον τῆς ἡμέρας ἐκ δευτέρου, καὶ τὸ τοῦ ἁγίου ἦχος β΄ *Ἡ τῶν θείων ἐννοιῶν, Δόξα καὶ νῦν*, θεοτοκίον. 14.ἀπολυτίκιον *Μνήμη δικαίου·* ἡ ἐκτενὴς καὶ ἡ πρώτη ὥρα συνημμένως μετὰ στιχολογίας καὶ ἀναγνώσεως· μετανοίας δὲ οὐ ποιοῦμεν ἀλλὰ προσκυνήσεις. εἰς δὲ τὰς λοιπὰς ὥρας ἐν τῷ καιρῷ αὐτῶν στιχολογοῦμεν, οὐκ ἀναγινώσκομεν δὲ οὔτε μετανοίας ποιοῦμεν, εἰ μή που λάχῃ ἡ πρώτη ἑβδομάς. Εἰς δὲ τὸ ἑσπερινὸν 2.εἰς τὸ *Κύριε ἐκέκραξα* ἱστῶμεν ϛ΄ καὶ ψάλλομεν τὰ β΄ προσόμοια τοῦ τριῳδίου τοῦ κυροῦ Ἰωσήφ, καὶ τὸ τῆς ἡμέρας ἰδιόμελον ἐκ δευτέρου, καὶ ἐκ τῶν προσομοίων τοῦ Προδρόμου β΄ πρὸς τὸ Χαίροις, *Δόξα*, τὸ ἰδιόμελον ἦχος πλάγιος β΄ *Τὴν πανσεβάσμιον θήκην, καὶ νῦν*, θεοτοκίον. 3.εἴσοδος μετὰ εὐαγγελίου, 4.τὰ προκείμενα καὶ 5.τὰ ἀναγνώσματα τῆς ἡμέρας. εἶτα τὸ *Κατευθυνθήτω*, καὶ μετὰ τοῦτο λέγει ὁ διάκονος *Σοφία* καὶ εὐθὺς ὁ ἀπόστολος χωρὶς προκειμένου. ἔπειτα τὸ *Ἀλληλούια* τοῦ ἁγίου *Δίκαιος ὡς φοῖνιξ ἀνθήσει*, καὶ τὸ εὐαγγέλιον ὁμοίως, καὶ καθεξῆς ἡ θεία λειτουργία τῶν προηγιασμένων. κοινωνικὸν *Γεύσασθε καὶ ἴδετε*, καὶ *Εἰς μνημόσυνον*. [83v]

Εἰ δὲ ἐν σαββάτῳ τύχῃ, τῇ παρασκευῇ ὀψὲ 2.οὐ λέγομεν μαρτυρικὸν ἀλλὰ τὸ ἰδιόμελον τῆς ἡμέρας β΄, καὶ τὰ γ΄ τοῦ ἁγίου δευτεροῦντες τὸ πρῶτον πρὸς τὸ Χαίροις, *Δόξα*, τὸ προειρημένον ἰδιόμελον τοῦ ἁγίου, *καὶ νῦν*, θεοτοκίον. εἴσοδος καὶ ἡ λειτουργία τῶν προηγιασμένων. Εἰς τὴν παννυχίδα 1.κανὼν νεκρώσιμος τοῦ ἤχου εἰς τοὺς τάφους. Εἰς δὲ τὸν ὄρθρον 3.*Θεὸς Κύριος* καὶ 4.τὸ τροπάριον τοῦ ἁγίου β΄ καὶ θεοτοκίον. 9.κανόνες β΄· τῆς Θεοτόκου

24 FEBRUARY

idiomelon of the day twice, and that of the holy man in mode 2: Ἡ τῶν θείων ἐννοιῶν, Glory...both now..., theotokion. 14.Apolytikion: Μνήμη δικαίου [Prov 10:7], the ektene and the **First Hour** following on immediately with recitation of continuous psalmody and reading; and we do not perform metanoiai but proskyneseis. We recite continuous psalmody in the remaining **Hours** at their appointed times; but we do not have a reading nor do we perform metanoiai, unless of course it turns out to be the first week. **V.At Hesperinon,** 2.at Κύριε ἐκέκραξα we intercalate six times and chant the two prosomoia from the Triodion by Kyr Joseph, and the idiomelon of the day twice, and two from the prosomoia of the Prodromos to Χαίροις,[193] Glory..., the idiomelon in plagal mode 2: Τὴν πανσεβάσμιον θήκην, both now..., theotokion. 3.Entrance with Gospel [book], 4.the prokeimena and 5.the readings of the day. Then Κατευθυνθήτω, and after that the deacon says Σοφία, and at once the apostle without prokeimenon. Next the *Alleluia* of the holy man: Δίκαιος ὡς φοῖνιξ ἀνθήσει [Ps 91:13], and the gospel similarly, and following that the **Divine Liturgy** of the Presanctified [Gifts]. 3.Koinonikon: Γεύσασθε καὶ ἴδετε [Ps 33:9], and Εἰς μνημόσυνον [Ps 111:6].

II.24 S. But if it falls on a Saturday, **V.**late on the Friday 2.we do not recite a martyrikon, but the idiomelon of the day twice, and the three [stichera] of the holy man, repeating the first, to Χαίροις,[194] Glory..., the aforementioned idiomelon of the holy man,[195] both now..., theotokion. 3.Entrance, and the **Liturgy** of the Presanctified [Gifts]. **PN.At Pannychis,** 1.canon of the dead of the mode[196] at the tombs. **O.At Orthros,** 3.Θεὸς Κύριος, and 4.the troparion of the holy man twice,[197] and theotokion. 9.Two canons: from that of the Theotokos four →

---

[193] See V.2 above.
[194] See V.2 above.
[195] See O.12 above.
[196] The mode is set; see note 4.
[197] The troparion used as apolytikion at V.12 repeated here.

ΦΕΒΡΟΥΑΡΙΟΣ

εἰς δ', καὶ τοῦ Προδρόμου εἰς η'. 11.εἰς τοὺς αἴνους ἱστῶμεν δ' καὶ ψάλλομεν τὰ δ' μαρτυρικὰ τοῦ ἤχου καὶ θεοτοκίον. 12.εἰς δὲ τὸν στίχον λέγομεν τὰ προειρημένα γ' στιχηρὰ τοῦ ἁγίου εἰς ἦχον πρῶτον *Τῆς ἀποτμηθείσης κεφαλῆς, Δόξα, τὸ ἰδιόμελον, καὶ νῦν*, θεοτοκίον. Εἰς δὲ τὴν λειτουργίαν πᾶσα ἡ ἀκολουθία τοῦ ἁγίου ὡς προείρηται νηστείας μὴ οὔσης. ἀπόστολος δὲ καὶ εὐαγγέλιον ἀμφότερα, τοῦ τε ἁγίου καὶ τῆς ἡμέρας ἃ καὶ προηγοῦνται.

Εἰ δὲ τύχῃ ἐν κυριακῇ, τῷ σαββάτῳ ἑσπέρας 2.ἱστῶμεν η' καὶ ψάλλομεν στιχηρὰ γ' ἀναστάσιμα δευτεροῦντες τὸ πρῶτον, καὶ τὰ εἰς ἦχον πλάγιον α' γ' προσόμοια τοῦ ἁγίου δευτεροῦντες τὸ πρῶτον, *Δόξα καὶ νῦν*, τὸ πρῶτον δογματικὸν τοῦ ἤχου. 10.εἰς τὸν στίχον τὸ ἀναστάσιμον τοῦ στίχου[64] ἅπαξ, καὶ ἕτερον ἀναστάσιμον ἐκ τῶν ἀνατολικῶν, καὶ ἰδιόμελον τοῦ ἁγίου ἦχος πλάγιος β' *Θησαυρὸς ἐνθέων δωρεῶν* καὶ θεοτοκίον. 12.ἀπολυτίκιον τοῦ ἁγίου.   Εἰς τὴν παννυχίδα 1.ὁ κατανυκτικὸς εἰς ϛ', καὶ τοῦ Προδρόμου εἰς δ'.   Εἰς τὸν ὄρθρον 3.*Θεὸς Κύριος*, 4.τροπάριον τὸ ἀναστάσιμον β' καὶ τοῦ ἁγίου εἰς τὸ *Δόξα καὶ νῦν*, θεοτοκίον, καὶ καθεξῆς πᾶσα ἡ ἀκολουθία ὡς σύνηθες. 5.αἱ στιχολογίαι, τὰ καθίσματα, αἱ ἀναγνώσεις καὶ τὰ λοιπά. 9.κανόνες· ὁ ἀναστάσιμος εἰς δ', καὶ εἰ ἔστι καὶ τοῦ τριῳδίου εἰς δ', καὶ τοῦ ἁγίου εἰς ϛ'. εἰ δ' ἴσως →

---

[64] ἤχου D

24 FEBRUARY

troparia, and from that of the Prodromos eight troparia. 11.At the ainoi, we intercalate four times and chant the four martyrika of the mode,[198] and theotokion. 12.At the stichos, we recite the three aforementioned stichera of the holy man in the first mode: *Τῆς ἀποτμηθείσης κεφαλῆς*,[199] Glory..., the idiomelon, *both now...*, theotokion. **L.At the Liturgy,** all the service of the holy man as has been previously stated, if there is no fast. Both sets of apostle and gospel, of both the holy man and of the day which also precede.[200]

II.24 K.1 But if it falls on a Sunday, on Saturday **V.at Vespers,** 2.we intercalate eight times and chant three resurrection stichera, repeating the first, and the three prosomoia of the holy man in plagal mode 1,[201] repeating the first, Glory...*both now...*, the first dogmatikon of the mode.[202] 10.At the stichos, the resurrection [sticheron] of the stichos once, and another resurrection one from the anatolika, and idiomelon of the holy man in plagal mode 2: *Θησαυρὸς ἐνθέων δωρεῶν,*[203] and theotokion. 12.Apolytikion of the holy man.[204] **PN.At Pannychis,** 1.from the penitential canon six troparia, and from that of the Prodromos four troparia. **O.At Orthros,** 3.*Θεὸς Κύριος,* 4.the resurrection troparion twice, and that of the holy man at Glory...*both now...*, theotokion; and following that all the service as is customary. 5.The recitations of continuous psalmody,[205] the poetic kathismata, the readings, and the remaining elements. 9.Canons: from the resurrection one four troparia, and from that of the Triodion, if there is one, four troparia also, and from that of the holy man six troparia. But if perhaps the one from the →

---

[198] The mode is set; see note 4.
[199] See O.12 above.
[200] That is, the apostle and gospel of the day precede those of the holy man.
[201] See V.2 above.
[202] The mode is set; see note 4.
[203] See V.10 above.
[204] See the troparion used as apolytikion at V.12 above.
[205] Two kathismata of the psalter are to be recited; see IX.17 Orthros N, XII.27 N and I.07 N.

ΦΕΒΡΟΥΑΡΙΟΣ

ψάλλεται ὁ τοῦ τριῳδίου ἐν τῇ παννυχίδι ὡς εἴς τινας κανόνας ἑρμηνεύει τὸ συναξάριον, λέγομεν τὸν ἀναστάσιμον εἰς ς´, τὸν δὲ τοῦ ἁγίου εἰς η´. 11.εἰς τοὺς αἴνους τὰ δ´ ἀναστάσιμα, καὶ τοῦ ἁγίου τὰ προειρημένα τροπάρια ἦχος α´. εἶτα τὸ ἰδιόμελον ἦχος β´ *Ἡ τῶν θείων ἐννοιῶν, Δόξα καὶ νῦν, Ὑπερευλογημένη ὑπάρχεις Θεοτόκε παρθένε*. 13.δοξολογία μεγάλη καὶ 14.τὸ ἀναστάσιμον ἀπολυτίκιον. Εἰς τὴν λειτουργίαν πᾶσα ἡ ἀκολουθία κοινή, ἡ ἀναστάσιμος καὶ ἡ τοῦ ἁγίου, 1.οἵ τε μακαρισμοί, τὰ τροπάρια, 2.οἱ ἀπόστολοι καὶ τὰ εὐαγγέλια καὶ 3.τὰ κοινωνικά· 2.προκείμενον δὲ καὶ *Ἀλληλούια* τὰ τοῦ ἁγίου.

Εἰ δὲ τύχῃ κυριακῇ, ὀψὲ τὸ ἑσπερινὸν 2.εἰς τὸ *Κύριε ἐκέκραξα* νηστείας οὔσης οὐ ψάλλομεν ὡς σύνηθες τὰ κατανυκτικὰ ἀλλὰ τὰ τοῦ ἁγίου δευτεροῦντες αὐτά. 4.ἀπὸ δὲ τοῦ προκειμένου 10.τὸ ἰδιόμελον τοῦ τριῳδίου ἐκ δευτέρου, εἶτα τὸ τοῦ ἁγίου καὶ θεοτοκίον. [84r] 12.ἀπολυτίκιον τοῦ ἁγίου· μετανοίας δὲ οὐ ποιοῦμεν. Εἰς τὴν παννυχίδα 1.κανὼν τοῦ ἁγίου. Εἰς τὸν ὄρθρον ὡς προείρηται νηστείας οὔσης, ὁμοίως καὶ ἐν τῇ λειτουργίᾳ.

Μηνὶ τῷ αὐτῷ κε´· τοῦ ὁσίου πατρὸς ἡμῶν Ταρασίου πατριάρχου Κωνσταντινουπόλεως.

στιχηρὰ ἦχος β´. ὁ κανὼν ἦχος ὁ αὐτὸς Ἰγνατίου· κάθισμα ἦχος δ´. προψάλλεται.

24-25 FEBRUARY

Triodion is chanted during **Pannychis**, as the Synaxarion explains in the case of some canons, we recite from the resurrection one six troparia, and from that of the holy man eight troparia. **11.**At the ainoi, the four resurrection [stichera], and the aforementioned troparia of the holy man in mode 1,[206] then the idiomelon in mode 2: *Ἡ τῶν θείων ἐννοιῶν*, Glory...both now..., *Ὑπερευλογημένη ὑπάρχεις Θεοτόκε παρθένε*. **13.**Great doxology, and **14.**the resurrection apolytikion. **L.At the Liturgy**, all the customary service, the resurrection one and that of the holy man: **1.**both the makarismoi, the troparia, **2.**the apostles and the gospels, and **3.**the koinonika; **2.**but the prokeimenon and *Alleluia* of the holy man.

II.24 K.2 But if it falls on a Sunday, in the evening **V.Hesperinon**,[207] **2.**at *Κύριε ἐκέκραξα*, if there is a fast, we do not chant the penitential [stichera] as is customary, but those of the holy man, repeating them. **4.**And after the prokeimenon, **10.**the idiomelon from the Triodion twice, then that of the holy man,[208] and theotokion. **12.**Apolytikion of the holy man,[209] but we do not perform metanoiai. **PN.At Pannychis**, **1.**canon of the holy man. **O.At Orthros**, as has been stated previously if there is a fast, **L.**similarly too during the **Liturgy**.

II.25C. 25th of the same month. The commemoration of our saintly father Tarasios patriarch of Constantinople.

Stichera in mode 2. The canon in the same mode by Ignatios; poetic kathisma in mode 4. He is celebrated in advance.[210]

---

[206] See O.12 above.
[207] That is, at Vespers on Saturday evening.
[208] See O.12 above.
[209] See the troparion used as apolytikion at V.12 above.
[210] See I.18 N.

Μηνὶ τῷ αὐτῷ κϛ΄· τοῦ ὁσίου Πορφυρίου ἐπισκόπου Γάζης.

στιχηρὰ ἦχος α΄. κανὼν ἦχος πλάγιος δ΄ Ἰωσήφ· κάθισμα ἦχος γ΄.[65] οὗτοι πάντες προψάλλονται εἰ μὴ τύχωσιν ἐν σαββάτῳ ἢ κυριακῇ.

Μηνὶ τῷ αὐτῷ κζ΄· τοῦ ὁσίου Προκοπίου τοῦ Δεκαπολίτου.

στιχηρὰ ἦχος δ΄. κανὼν ἦχος πλάγιος β΄ Θεοφάνους· κάθισμα ἦχος δ΄. προψάλλεται.

Μηνὶ τῷ αὐτῷ κη΄· τοῦ ὁσίου Βασιλείου, καὶ τοῦ ἁγίου ἱερομάρτυρος Προτερίου ἀρχιεπισκόπου Ἀλεξανδρείας.

στιχηρὰ τοῦ ὁσίου ἦχος δ΄. κανὼν καὶ κάθισμα ἦχος ὁ αὐτὸς Θεοφάνους. καὶ τοῦ ἱερομάρτυρος στιχηρὰ ἦχος α΄.[66] κανὼν καὶ κάθισμα ἦχος δ΄.

Δεῖ δὲ γινώσκειν ὅτι εἰ τύχῃ γενέσθαι βίσεκτον[67] καὶ ἔχει ὁ φεβρουάριος κθ΄, ψάλλομεν τὸν μὲν ὅσιον εἰς τὰς κη΄, τὸν ἱερομάρτυρα δὲ εἰς τὰς κθ΄.

---

[65] δ΄ D
[66] ὁ αὐτός D
[67] βίσεξστον cod.

26-28 FEBRUARY

II.26C. 26th of the same month. The commemoration of saintly Porphyrios bishop of Gaza.

Stichera in mode 1. Canon in plagal mode 4 by Joseph; poetic kathisma in mode 3. All these [saints] are celebrated in advance,[211] unless they fall on a Saturday or Sunday.

II.27C. 27th of the same month. The commemoration of saintly Prokopios from Decapolis.

Stichera in mode 4. Canon in plagal mode 2 by Theophanes; poetic kathisma in mode 4. He is celebrated in advance.[212]

II.28C. 28th of the same month. The commemoration of saintly Basil, and of the holy hieromartyr Proterios archbishop of Alexandria.

Stichera of the saintly man in mode 4. Canon and poetic kathisma in the same mode by Theophanes; and stichera of the hieromartyr in mode one. Canon and poetic kathisma in mode 4.

> N. But it is necessary to realise that if it happens to be a leap year and February has twenty-nine [days], we chant [in celebration of] the saintly man on the twenty-eighth and the hieromartyr on the twenty-ninth.

---

[211] See I.18 N.
[212] See I.18 N.

Glossary
of liturgical and monastic terms

afterfeast (octave): comprises one to eight days after a major feast during which festal elements continue to be recited and chanted.

Agrypnia (Vigil): the monastic term for a παννυχίς or all-night vigil service; it was regularly carried out at Evergetis on Saturday night and on the eve of a major feast.

ainoi (lauds): psalms 148-150 chanted at the end of Orthros sometimes with from 4 to 10 stichera intercalated between the verses.

Alleluia: a response plus verses from the Psalter chanted (a) at Vespers after the entrance as the alternative to a prokeimenon before the readings; (b) as the alternative to Θεὸς Κύριος near the beginning of Orthros (if *Alleluia* is prescribed for Vespers, it will also be prescribed for Orthros); (c) in the Divine Liturgy before the gospel reading.

ambo: a raised pulpit-like structure where the gospel is read, the katechesis delivered, etc.

amomos: psalm 118 which is chanted regularly at Orthros on Saturdays and Sundays from the middle of August until Lent.

anabathmoi: poetic compositions of 3 or 4 antiphons each made up of three short troparia and based on psalms 119-133. There is a set for each mode.

anatolikon: a troparion in praise of the resurrection commonly ascribed to Anatolios the patriarch, whence the name. There is a set for each mode.

GLOSSARY

antidoron: unconsecrated eucharistic bread left over from that offered for use at the Divine Liturgy. This left over bread, blessed but not consecrated, is distributed to the clergy and people at the end of the Divine Liturgy.

antiphon: an element, normally drawn from the Psalter, chanted antiphonally either by two choirs or by the choir and the people, especially: (a) the anabathmoi in Orthros; (b) the stichoi drawn from Isaiah 8:8ff with their refrains in great Apodeipnon; (c) the two psalms of Typika (102 and 145) and their refrains in the Divine Liturgy.

Apodeipnon (Compline): the concluding liturgical office of the day; as its name suggests this service took place after the evening meal.

apolysis: the dismissal prayer recited at the end of services.

apolytikion: a dismissal troparion chanted at the end of Vespers and Orthros. A commemoration of a holy man or woman may have its own apolytikion chanted on the appropriate day.

automelon: a troparion which is used as a model melody for other stichera and troparia, cf **heirmos**. A chant created on the melodic pattern of an automelon is a **prosomoion**.

bema: the raised area at the east end of the church that includes the sanctuary.

canon: poetical composition chanted at Pannychis and Orthros; in its full original form it comprised nine scriptural odes with intercalated troparia. The second, penitential ode fell out of general use so that by the time of this *Synaxarion* only eight of the nine odes were actually chanted each day. For the individual odes, see **ode**. Eventually the troparia proliferated and on most days the scriptural odes were suppressed. The troparia celebrate the person or mystery being commemorated on the day and the Theotokos.

GLOSSARY

There are breaks in the performance of the canon; after the third and sixth odes special compositions may be chanted and patristic readings take place.

The total number of troparia to be chanted after the odes of each canon varies from 8 to 16 and are prescribed for each day. This total is made up from between 2 and 4 canons. Troparia can be combined or repeated or omitted in order that the prescribed total number be achieved. In this reckoning the heirmos, if chanted, is also counted as a troparion towards the total.

cheironomia: (literally 'hand law') hand gestures performed by all singers of the choir in certain, preferably more solemn, pieces. Each conventional musical formula had its own cheironomia, involving various positions (flexions) of fingers and hand. Cheironomia is a phenomenon of a semi-oral musical tradition like the Byzantine one and can be described as a gestic or mnemonic notation rather than conducting in the modern sense.

collation: a light snack, usually of bread and wine, taken by the monks in the narthex on fast days in place of a meal in the trapeza.

crucifixion: an adjective to denote a sticheron or canon which celebrates the cross and the crucifixion of our Lord and is usually chanted on a Friday.

diakonika: liturgical elements like litanies, short admonitions, etc recited by the deacon.

diodion: an early type of canon consisting of two odes, usually the eighth and ninth.

dogmatikon: a type of theotokion concerned with the dogma of Christ's two natures.

ekklesiarches: the monk in charge of the services in the church.

GLOSSARY

ekphonesis: the concluding doxology proclaimed aloud by the priest at the end of a prayer which is often recited silently.

ektene: the litany of fervent intercession proclaimed by the priest or deacon to which the people respond with the refrain 'Lord, have mercy' repeated three or more times — whence the name.

entrance: in the daily office a procession of priest(s) and deacon with censer from the narthex into the church and on into the sanctuary. In Vespers this takes place on important feast days V.4. just before the evening canticle Φῶς ἱλαρόν. If there are going to be apostolic and gospel readings, the *Menologion*, a large book containing the gospel readings, is carried instead of the censer. In the Divine Liturgy there are two entrances from the bema out through the north door to circumambulate the nave and re-enter the bema via the central or holy doors of the templon; (i) the little entrance when the deacon carries the Gospel, and (ii) the great entrance when the clergy bring the bread and wine from the sanctuary down the north aisle of the church and return into the sanctuary by the central doors.

epimanikia (maniples): cuffs worn by a priest as part of his liturgical vestments. They are usually elaborately embroidered.

epitrachelion (stole): a long narrow band worn by a priest as part of his liturgical vestments over his neck and hanging down in front. It is usually embroidered, perhaps with depictions of such figures as the apostles and early church fathers.

exaposteilarion: a troparion chanted after the canon. It could be the one set for the mode, one to commemorate the holy man or woman of the day or one composed especially for a feast.

exonarthex: a second and outer narthex at the west end of the church.

GLOSSARY

First Hour (Prime): a short service which at Evergetis was attached to the end of Orthros.

forefeast: a short period of one to six days leading up to a major feast.

hegoumenos (abbot): the head of the Evergetis monastery (see also **kathegoumenos** and **proestos**).

heirmos: the first troparion which sets the rhythm and the melody for those troparia that follow each ode of the canon.

Hesperinon (Vespers): one of several name for Vespers (see also **Lychnikon**).

hexapsalmos: the six psalms (3, 37, 62, 87, 102, 142) chanted at the beginning of Orthros. After the third and sixth psalm there is a triple response of *Alleluia*.

hierarch: a title accorded to a patriarch (see 12 November).

hieromartyr: a priest martyr.

hosiomartyr: a monk martyr.

hypakoe: a troparion which may be chanted during Orthros: (a) after the third kathisma of continuous psalmody; (b) after the polyeleos or amomos; (c) after the third ode of the canon at great feasts.

idiomelon: a sticheron or troparion chanted to its own melody.

indiction: the beginning of the civil year, 1 September.

Interhours: short services of private devotion between the First, Third, Sixth and Ninth Hours.

GLOSSARY

katabasia: (literally 'the going down') the final troparion of the group that follows each ode of the canon for which the two choirs unite. Sometimes the heirmos is repeated as the katabasia.

kataxioson ('Dignare, Domine'): a prayer used during Vespers and Orthros.

katechesis: a homily delivered by the proestos or hegoumenos, or if he is unable to do so, someone deputised by him. This homily is composed by the proestos or hegoumenos, or is a portion taken from the *Paterikon*.

kathedra: (a) throne; (b) sitting to hear the readings at major feasts.

kathegoumenos (abbot): the head of the Evergetis monastery (see also **hegoumenos** and **proestos**).

kathisma: (literally 'session') (a) one of the twenty divisions of the Psalter, which are regularly recited **V.1.** at Vespers and **O.5.** at Orthros; (b) a name derived by metonymy for the poetic troparion chanted after each kathisma of the Psalter and after the third ode (sometimes also after the sixth ode) of a canon; during this the community could be seated. This meaning is distinguished in the translation by the addition of the adjective 'poetic'.

kellarites (cellarer): the monk whose duty it is to provide the food for the meals.

koinonikon: a response, usually from the psalms, chanted by the choir in the Divine Liturgy before communion.

kollyba: a mixture of flour and sugar customarily offered on the Saturdays before Lent in memory of the departed.

Kontakarion: a book containing kontakia and oikoi set out for each month on a daily basis.

GLOSSARY

kontakion: a poetic stanza in honour of any feast or commemoration, sometimes accompanied by one or more oikoi, and chanted at Orthros after the sixth ode of the canon. The kontakion of the day is also chanted at Apodeipnon, the Hours and during the Divine Liturgy.

Life: a prose biography of a holy man or woman.

lite: a procession with solemn intercessions.

Liturgy (Eucharist): in general celebrated at Evergetis on a daily basis outside the three periods of fasting. On weekdays during great Lent the Liturgy of the Presanctified Gifts, a communion service attached to Vespers, is substituted. During the other two fasts the service of Typika, a monastic presanctified communion service, is used instead, or the proestos can authorise a full celebration of the Divine Liturgy either for an important feast or because the monastery possesses a relic of the saint being commemorated.

Lychnikon: an ancient name for Vespers (see also **Hesperinon**).

makarismoi: the beatitudes (Mat 5:3-11) chanted with a repeated refrain.

martyrikon: a troparion chanted in honour of a martyr.

Martyrion: an account of a holy man's or holy woman's martyrdom.

Memorial: a passage composed to commemorate the life of an important figure such as an apostle.

Menaion: (literally 'monthly') the liturgical book in twelve volumes, one per month, containing the propers for every day of the fixed cycle of the year.

GLOSSARY

Menologion: there are two of these; (a) a book setting out the apostolic readings for the Divine Liturgy and (b) one setting out the gospel readings.

metanoia: a bow or prostration on the ground as a mark of repentance or reverence.

Metaphrasis: (literally 'translation') a text from the collection of *Lives* of the saints composed by Symeon Metaphrastes.

mode: the chanting is carried out in eight modes which are divided into four plain modes and four plagal ones as follows:
        mode 1   plagal mode 1
        mode 2   plagal mode 2
        mode 3   barys mode
        mode 4   plagal mode 4.
Throughout each week, beginning at Vespers on Saturday, the chanting is carried out in a particular mode, unless some element requires its own mode. This sequence of basic modes and their respective texts begins at Vespers on the Saturday of Easter Week with mode 1 and continues week by week through the plain modes and then the plagal ones. When the cycle is completed at the end of plagal mode 4, it begins again on the following week with mode 1. The Oktoechos contains the propers of the services set out according to each mode, fifty-six propers in all, one for each of the seven days of the eight-week cycle.

narthex: the covered area immediately in front of the entrance to the nave of a church. At Evergetis it was used for minor liturgical ceremonies and as a place for the monks to gather before they went to the trapeza.

Ninth Hour (None): carried out at approximately 2.00pm by the monks at Evergetis individually in their cells during the non-fasting periods of the year; it served as a prelude to Vespers. During the three periods of fasting it was celebrated communally in the church.

GLOSSARY

Oktoechos: a book in which the propers of the services are set out according to each of the modes (see also **mode**).

ode: one of the nine scriptural odes that form the basis of a canon. The nine odes are as follows: ode 1, Ex 15:1-19; ode 2, Deut 32:1-43; ode 3, 1 Kgs 2:1-10; ode 4, Hab 3:2-19; ode 5, Is 26:9-20; ode 6, Jon 2:3-10; ode 7, Dan 3:26-56; ode 8, Dan 3:57-88; ode 9, Lk 1:46-79.

oikos: a poetic stanza that follows immediately after a kontakion; both commonly occur after the sixth ode of the canon at Orthros.

Orthros (Matins): this service and Vespers are sometimes called the 'Major Hours'. At Evergetis Orthros began at about 2.00 am and finished about sunrise.

Panegyrikon: a book containing *Homilies* by such fathers of the church as John Chrysostom, John of Damascus and Gregory of Nyssa. Evergetis possessed several volumes with this name (see Orthros on 2 November).

Pannychis: (literally 'all-night') term in the Constantinopolitan cathedral rite for Apodeipnon; this service did not last all night as its name might suggest. At Evergetis it usually took place immediately after Vespers; however, during the three periods of fasting it was incorporated into Apodeipnon.

parakletikos: a description applied to canons which contain supplicatory requests to Christ, the Theotokos, the Prodromos or saints.

paramone: term for vigil in the cathedral rite of Constantinople, or, by extension, the eve of a major feast on which a vigil is often observed.

Paterikon: a book containing the collected sayings of the Desert Fathers.

GLOSSARY

phelonion (chasuble): the principal outer vestment of clergy in priestly orders (presbyters and, originally, also bishops). It is often elaborately embroidered.

phiale: a fountain house, often circular, usually situated in the courtyard outside the western end of the church. The service of the Blessing of the Waters takes place there on 6 January.

polyeleos: a term used to describe psalms 134 and 135 which are chanted with a refrain at Orthros on Sundays and on about ten other feast days. The name polyeleos comes from the very frequent occurrence of the Greek word for mercy (ἔλεος) in psalm 135.

proestos (abbot): the head of the Evergetis monastery (see also **hegoumenos** and **kathegoumenos**).

prokeimenon: a response chanted with up to two other stichoi, normally from the same psalm, before a prophetic, apostolic or gospel reading; by metonymy, the whole responsorial psalm.

proskynema: a single prostration.

proskynesis: an act of reverence; a prostration.

prosomoion: a sticheron or troparion chanted to another melody. On this see also **automelon**.

protomartyr: title given to the first male and female Christian martyrs, Stephen and Thekla.

reliquary: casket containing an object for veneration, such as the bones of a holy man or woman or a piece of the true Cross.

resurrection: an adjective to denote elements chanted specifically on a Sunday, since every Sunday commemorates Christ's resurrection.

GLOSSARY

semantron: a long piece of wood or a circle of metal which is beaten rhythmically a number of times as a signal for the monks to begin their private devotions (such as the Hours) or to summon them to assemble in the church for communal worship.

Sixth Hour (Sext): outside the three periods of fasting this service was carried out at Evergetis at approximately 11.00am by the monks individually in their cells or where they were working. During the three fasts it was carried out communally in the church.

skeuophylakion (sacristy, vestry): the room where the liturgical objects and vestments are stored.

sticheron: a short poetic stanza. It may be chanted on its own or as one of a group of two or three in celebration of some person or event. Stichera may be chanted with separate stichoi of the psalms (for example at **V.10.** and **O.12.**), but are normally intercalated into the closing verses of continuous psalmody (for example **V.2.** Κύριε ἐκέκραξα, psalm 140).

stichos: a verse of the psalms.

synapte: a litany usually proclaimed by the deacon.

synaxarion: this word has two main meanings: (a) a collection of lections from the *Lives* and *Martyria* of those holy men and women commemorated on feast days; (b) a liturgical calendar with rubrics and instructions indicating any liturgical particularities and all the liturgical propers for the year. In later usage such a document is termed a liturgical *typikon*. Clearly in this document the second meaning is intended.

synaxis: (a) an assembly for worship; (b) a celebration on the first day of the afterfeast period to commemorate a person intimately connected to the salvific work, (see 7 January and 26 March).

GLOSSARY

tetrapodion: a wooden stand used to display objects for veneration.

theotokion: a troparion in honour of the Theotokos.

Third Hour (Terce): outside the three periods of fasting this service at Evergetis was carried out at approximately 8.00am by the monks individually in their cells. During the three fasts it was carried out communally in the church.

thurible: a variation for censer.

trapeza (refectory): the large room or hall where the monks eat in almost total silence. During the meals patristic literature is read.

triadika: troparia chanted in honour of the Holy Trinity.

triodion: an early type of canon consisting of three odes, usually the eighth, ninth and one of numbers 1, 3-6.

Triodion: (a) a book containing all the Lenten propers for the services from the third week before Lent until Vespers on Holy Saturday with the Liturgy of St Basil included; (b) the period of Lent.

tripsalmos: a unit of three psalms, and in particular the three psalms that come at the beginning of the Hours; First Hour: psalms 5, 89, 100; Third Hour: psalms 16, 24, 50; Sixth Hour: psalms 53, 54, 90; Ninth Hour: psalms 83, 84, 85.

trisagion: the supplicatory chant 'Holy God, holy and mighty, holy and immortal, have mercy on us'. It occurs quite commonly, but in particular during the Divine Liturgy before the reading of the apostle, and at the end of Vespers and Orthros before the apolytikion.

GLOSSARY

troparion: (literally 'ritornello') a generic term for a poetic stanza used as a refrain for the psalms, the odes and the doxology. It often has an adjective to indicate the type of stanza it is or its textual content.

Tropologion: a book containing a collection of troparia and stichera.

Typika: (a) a short monastic presanctified communion service inserted at the end of the Ninth Hour on days when there is no celebration of the Divine Liturgy or the Liturgy of the Presanctified Gifts; (b) two psalms (102 and 145) out of the service of Typika which with the makarismoi are chanted at the beginning of the Divine Liturgy.

Tyrine: the name of the week before the beginning of Lent proper. Its name derives from the fact that although the eating of meat is forbidden, dairy products such as cheese may be eaten.

Tyrophagos: another name of the week before the beginning of Lent proper (see **Tyrine** above).

Vespers: this and Orthros are sometimes referred to as the 'Major Hours'. Vespers took place at Evergetis about 3.00pm after the Ninth Hour had been recited.

Lightning Source UK Ltd.
Milton Keynes UK
UKHW03f2237060418
320649UK00001B/4/P